KB180095

# Android
## Java / Kotlin

# 안드로이드 제2판
with
## Kotlin
# 앱 프로그래밍 가이드

# 안드로이드 with Kotlin 제2판
## 앱 프로그래밍 가이드

2판 1쇄 인쇄  2021년 03월 10일
2판 1쇄 발행  2021년 03월 20일

지은이   안귀정
펴낸이   한준희
펴낸곳   (주)아이콕스

기획/편집  다온미디어
디자인    이지선
영업지원   김진아, 손옥희
영업     김남권, 조용훈, 문성빈

Education by Sympathy

주소     경기도 부천시 조마루로385번길 122 삼보테크노타워 2002호
홈페이지   http://www.icoxpublish.com
이메일    icoxpub@naver.com
전화     032-674-5685
팩스     032-676-5685
등록     2015년 7월 9일 제 386-251002015000034호
ISBN    979-11-6426-163-5

책의 첫 기획 단계에서부터 고려된 가장 중요한 사항은 기존 안드로이드 도서와의 차별화를 꾀하기 위한 2가지 측면이었습니다.

**첫째,** 프로그램 개발의 전반적인 개념을 수록하였습니다. 많은 안드로이드 서적은 이미 Java 프로그래밍 언어를 선행 학습으로 익힌 것을 전제하므로, 프로그래밍과 Java 언어에 대한 개념이 없다면 이를 응용한 안드로이드 책은 어려워질 수밖에 없죠.

이 책은 프로그래밍 전반에 대한 내용과 Java는 물론, 새롭게 공식 언어로 지정된 Kotlin(코틀린)에 대한 내용까지 수록하였습니다. 물론 프로그래밍의 개념 전반과 Java, Kotlin까지 모두 1권으로 담기에는 부족한 측면도 있겠지만, 실제 프로그래밍 과정에서 모든 관련 이론과 지식을 전체적으로 사용하는 것은 아니므로 적어도 안드로이드 앱 개발을 위해 반드시 알아야 하거나 실무에서 자주 사용되는 API 등 보다 기능적인 필수 사항들을 챙길 수 있다면 앱 개발을 희망하는 분들께는 큰 도움이 될 것이라 생각했습니다.

**둘째,** 안드로이드와 프로그래밍의 개념을 단순 나열식으로 접근하는 것이 아니라, 실전형 앱 위주의 예제를 통해 접근하려고 노력한 부분입니다. 안드로이드의 기초적인 요소들을 나열한 후 그 요소들을 간단히 사용해 보는 구성이 아닌, 이 책은 먼저 실제 앱들과 비슷한 앱을 제시하고 해당 앱을 구현해 가는 과정을 통해 프로그래밍 개념들을 함께 완성해 갑니다. 이는 독자 여러분이 프로그래밍에 대한 두려움보다 더욱 도전적인 자세로 "나도 할 수 있다"는 자신감을 갖기를 원했기 때문이죠.

앞서 언급한 것처럼 많은 프로그램이 모든 지식을 요구하는 것이 아니며, 실무의 프로 개발자들 역시 모든 관련 지식을 익혀 개발하는 것은 아닙니다. 오히려 개발 분야는 매우 빠르게 변화하기 때문에 개발의 시작 전에 모든 것을 알고 개발하는 경우는 손에 꼽을 정도로 적습니다.

물론 프로그래밍 기반 지식이 많으면 프로그램 개발 시 도움이 되지만, 프로그램 개발에 처음 도전하면서 이를 모두 배우려고 하면 시작도 전에 지칠 수 있죠. 그렇다고 그저 기능 체험을 위한 예제만 따라하며 주 개념에 소홀하게 되면 실제 앱은 어찌어찌 구현할 수 있었다 해도 이후 프로그램을 수정하거나 변경할 때 많은 어려움을 겪게 됩니다.

책에서 다룬 예제들을 최대한 많이 변경해 가며 그 개념과 필요성을 자신의 것으로 만들어 가다 보면 다른 프로그래밍을 배울 때에도 많은 도움이 될 것이라 생각합니다. 또한 가급적 책을 보며 직접 타이핑하는 것이 좋지만, 빠르게 학습해야 하거나 코드에서 문제가 발생하는 경우 깃허브에 업로드된 완성 코드를 참조하는 것이 좋을 것입니다.

https://github.com/ahn-kj/icox-book-2nd

이 책과 함께할 모든 독자분들이 안드로이드 앱 개발은 물론 나아가 희망하는 모든 프로그램 영역에서 두려움보다는 자신감과 도전 정신을 갖게 되기를 희망합니다.

저자 안귀정

Chapter

# 09 서울시 화장실 찾기 앱

들어가기
　본 장에서는 '서울 열린 데이터 광장'의 Open API 를 활용하여 서울시에 위치한 공중 화장실의 위치를 지도상에 보여 주는 앱을 개발합니다. 본 과정을 통해 우리는 '오픈 API 활용'은 물론 '서버 데이터의 호출 방법' 및 '네트워크 작업 시 쓰레드의 활용', 그리고 '구글 맵과 GPS 센서의 사용법' 등을 익힐 수 있으므로 특히 환경 설정과 관련된 부분에 주의하여 진행해 주시길 당부 드립니다.

## 1. 장별 목표

주요 학습 단위별로 구성된 장의 시작부에는 해당 장에서 반드시 익혀야 할 목표들을 명확히 제시하여 독자 여러분들이 스스로 학습 스케줄을 관리할 수 있도록 구성하였습니다.

'Generate Layout File', 'Backwards Compability (AppCompat)'를 전부 체크하고 [Finish] 버튼을 누르면 드디어 첫 번째 프로젝트가 생성됩니다.

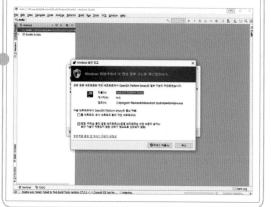

## 2. NOTE 및 TIP

본문 중 추가적인 설명이 필요한 개념의 경우 곳곳에 배치된 NOTE 박스로 정리하고, 예를 들어 특히 강조점을 두어야 할 내용들은 TIP 박스를 통해 보다 상세하게 설명하여 독자분들의 이해를 도울 수 있도록 하였습니다.

프로젝트의 생성에서 Activity 설정을 했기 때문에 자동으로 'Activity 의 소스'와 '레이아웃 XML' 파일이 생성되는데, 프로젝트 생성을 하고 나면 Android Studio 가 필요한 코드와 리소스들을 자동으로 생성해 주기 때문에 바로 실행이 가능합니다. 또한 앞서 Activity 유형을 'Empty'로 지정했기 때문에 이렇게 생성된 프로젝트를 실행하게 되면 원래 계획했던 "Hello World"가 샘플 텍스트로서 화면에 출력됩니다.

## 3. 실무 과정 및 생생한 어드바이스

각 장의 구성 자체를 문법 요소의 나열 등 전형적인 이론 중심 구조에서 벗어나 '기획 및 설계'부터 '실제 개발'까지 이어지는 실무적인 과정으로 담아냈으며, 해당 과정에서 범하기 쉬운 실수나 개발자로서 반드시 인지하고 있어야 할 기반 지식들을 적절히 융합하여 보다 생생한 이해가 가능하도록 구성하였습니다.

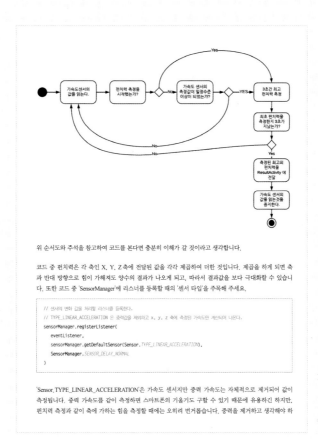

위 순서도와 주석을 참고하여 코드를 본다면 충분히 이해가 갈 것이라고 생각합니다.

코드 중 펀치력은 각 축인 X, Y, Z축에 전달된 값을 각각 제곱하여 더한 것입니다. 제곱을 하게 되면 축과 반대 방향으로 힘이 가해져도 양수의 결과가 나오게 되고, 따라서 결과값을 보다 극대화할 수 있습니다. 또한 코드 중 'SensorManager'에 리스너를 등록할 때의 '센서 타입'을 주목해 주세요.

```
// 센서의 변화 값을 처리할 리스너를 등록한다.
// TYPE_LINEAR_ACCELERATION 은 중력값을 제외하고 x, y, z 축에 측정된 가속도만 계산되어 나온다.
sensorManager.registerListener(
    eventListener,
    sensorManager.getDefaultSensor(Sensor.TYPE_LINEAR_ACCELERATION),
    SensorManager.SENSOR_DELAY_NORMAL
)
```

'Sensor.TYPE_LINEAR_ACCELERATION'은 가속도 센서지만 중력 가속도는 자체적으로 제거되어 값이 측정됩니다. 중력 가속도를 같이 측정하면 스마트폰의 기울기도 구할 수 있기 때문에 유용하긴 하지만, 펀치력 측정과 같이 축에 가하는 힘을 측정할 때에는 오히려 번거롭습니다. 중력을 제거하고 생각해야 하

❶ 아이콕스 홈페이지(http://icoxpublish.com)로 접속합니다.

❷ 상단 메뉴 중 [자료실 〉 도서부록소스] 순으로 메뉴를 클릭하여 해당 자료실로 이동합니다.

❸ 열린 [도서부록소스] 게시판 목록에서 해당하는 도서를 찾아 자료를 다운로드합니다.

**CHAPTER .9** — 703

## 서울시 화장실 찾기 앱

# 01 안드로이드 소개

들어가기 본 장에서는 안드로이드의 개념과 특징에 대하여 우선 간략하게 개괄하게 됩니다. 본 개발에 앞서 운영체제로서의 안드로이드를 알아보고, 이를 활용한 분야별 개발 및 지금까지의 발전 과정 등을 살펴보겠습니다.

# 1.1 | 안드로이드란?

본격적으로 안드로이드 프로그래밍을 배우기 전에 "안드로이드란 무엇인지" 먼저 알아보겠습니다.

안드로이드에 대한 어원은 그리스 시대까지 거슬러 올라가는데, 'Andro(인간)'와 'Eidos(형상)'의 합성어로서 '사람을 닮은 것'이라는 뜻이죠. 하지만 이 책에서 다룰 내용은 안드로이드 로봇이 아닌 '스마트폰에서 사용되는 안드로이드'입니다.

만일 현재 소프트웨어 업계에서 "안드로이드란 무엇인가?"라는 질문에 단답형으로 짧게 대답해야 한다면 "안드로이드는 운영체제"라고 답할 수 있겠습니다.

## 안드로이드는 운영체제다.

운영체제(OS, Operating System)는 컴퓨터 하드웨어 장치와 소프트웨어를 연결하고, 나아가서는 사람과 장치를 연결하는 시스템 소프트웨어입니다. 잘 알려진 운영체제로는 Microsoft 社의 Windows, Apple 社의 OS X, 그리고 오픈 소스 진영을 대표하는 Linux 등이 있습니다.

사실 이 책이 쓰이는 현 시점에서 안드로이드는 스마트폰에서 가장 대중적인 운영체제입니다. 그만큼 '안드로이드'라는 단어를 처음 듣는 분들은 그리 많지 않을 텐데요. 이렇게 안드로이드가 스마트폰에서 인기 있는 운영체제가 된 이유 중 하나는 안드로이드가 최초 설계될 때부터 휴대용 장치에 적합하게 설계되었기 때문입니다.

또 안드로이드는 완전한 오픈 소스 체제를 따르기 때문에 각 제조사별로 커스터마이징하여 출시가 가능합니다. 만약 안드로이드 플랫폼을 이해하고 적당한 지식이 있다면, 개인적으로도 안드로이드 플랫폼 소스를 수정하여 자신만의 휴대용 기기를 만들 수 있습니다. 따라서 안드로이드에 대해 좀 더 구체적으로 말한다면 다음과 같이 말할 수 있습니다.

## 안드로이드는 휴대용 장치에 적합하게 설계된 오픈 소스 운영체제다.

비록 안드로이드라는 운영체제의 시작은 스마트폰 기기와 함께였을지 모르지만 그 기능의 다양화 및 성능의 발전과 더불어 점차 다른 환경들도 지원할 수 있게 되었습니다.

안드로이드 지원 환경은 스마트폰 이외에도 자동차(Android Auto), 태블릿, 웨어러블(Android Wearable), TV(Android 5.0 버전에서 통합 지원), 사물인터넷 (Android Things) 등이 있습니다.

또 안드로이드는 오픈 소스 프로젝트이기 때문에 가정용 컴퓨터(PC)에 이식하기 위한 개발자들의 시도가 지속되어, PC에서도 설치 및 실행이 가능합니다. 이제는 단순히 휴대용 장치만을 위한 운영체제가 아닌 다목적 운영체제인 셈입니다.

지금까지 설명된 사항들을 요약하여 안드로이드를 말하면 다음과 같겠죠.

*안드로이드는 휴대용 장치에 적합하도록 설계된 오픈 소스 운영체제이며, 최근에는 태블릿과 TV는 물론 자동차와 시계 등의 웨어러블, 사물인터넷(IoT), PC에까지 적용 가능할 만큼 범용화되었다.*

## 1.2 | 안드로이드의 특징

앞서 살펴본 바와 같이, 안드로이드는 현재 스마트폰 시장에서 가장 널리 통용되는 운영체제입니다. 이러한 인기 비결을 파헤치기 위하여 안드로이드의 특징에 대해 더 구체적으로 알아보겠습니다.

### 1.2.01 오픈 소스와 무료 라이선스

안드로이드는 운영체제를 비롯하여 기본으로 제공되는 모든 응용프로그램에 대한 소스로 '오픈 소스'를, 라이선스로는 'Apache 2.0 라이선스'를 사용하고 있습니다.

'오픈 소스'라 하면 무료일 것으로 추측하기 쉽지만, 오픈 소스라고 하여 전부 무료인 것은 아닙니다. 다만 안드로이드는 무료 라이선스를 이용하여 따로 라이선스 비용이 들지 않기 때문에 제조사들의 공급 단가를 낮추는 데에 일조하고 있습니다. 이 점은 안드로이드가 높은 점유율을 차지할 수 있었던 주요한 원인으로도 생각해 볼 수 있겠죠?

### 1.2.02 Java와 Kotlin

안드로이드 응용 애플리케이션은 'Java' 및 'Kotlin' 언어로 개발이 가능합니다. 참고로 Java 언어는 2020년에도 여전히 가장 인기 있는 개발 언어죠.

안드로이드는 개발언어로 Java를 채택하면서 기존 Java 개발자를 빠르게 흡수하였습니다. 이러한 전략 덕분에, 출시 초기 아이폰에 비해 앱스토어 애플리케이션 수가 압도적으로 적었던 약점을 극복하고 빠른 속도로 아이폰과 동일 선상에 설 수 있었습니다.

Kotlin 언어는 Jetbrain에서 개발한 프로그래밍 언어로 2017년을 시작으로 안드로이드 공식 언어가 되었습니다. Kotlin 언어는 Java 언어와 100% 호환이 가능하며 최근에 개발된 언어답게 비교적 사용이 쉽고, 편리한 기능들을 제공한다는 장점이 있습니다.

## 1.2.03 Android Studio

프로그램 개발을 하다 보면 각기 다른 프로그램이라고 하더라도 결과적으로는 비슷한 기능을 가지는 경우가 많이 있습니다. 쉬운 예로 스마트폰 앱에서 제공하는 사진 촬영기능은 카메라 관련 앱이라면 모두 공통적으로 가지고 있는 기능이죠.

이렇듯 여러 프로그램에서 공통적으로 빈번하게 사용되는 기능을 별도로 분리하여 쓰기 편하도록 만들어 놓은 코드들의 모음을 가리켜 '라이브러리'라고 합니다. 만일 라이브러리라는 개념이 없었다면 간단한 애플리케이션을 개발할 때에도 모든 기능을 직접 구현해야 하므로 개발 시간이 굉장히 오래 걸릴 것입니다.

안드로이드가 기본으로 제공하는 '표준 개발 도구(SDK, Software Development Kit)'에는 스마트폰 개발에 필요한 대부분의 라이브러리가 이미 포함되어 있습니다. 덕분에 개발자들은 불필요한 절차를 최소화하고 빠른 속도로 자신이 원하는 애플리케이션을 개발할 수 있습니다.

또한 안드로이드는 'Android Studio'라는 훌륭한 통합 개발 환경(IDE, Integrated Development Environment)을 제공합니다. 여기서 'IDE'란 코딩(coding), 디버깅(debugging), 빌드(build), 배포 등 프로그램 개발에 대한 전반적인 모든 부분을 지원하는 소프트웨어를 가리킵니다.

과거에는 유명 오픈 소스 IDE인 '이클립스'에 플러그인 형태로 안드로이드 개발 환경이 제공되었지만, 현재는 'Android Studio'라는 독립적인 IDE가 제공되고 있습니다. Android Studio의 다양한 기능에 대해서는 뒤에서 더 자세하게 알아보도록 합시다.

## 1.2.04 빠르고 지속적인 업데이트

안드로이드는 매우 급격하게 진화하는 플랫폼 중 하나입니다. 따라서 빠른 업데이트를 기반으로 최신의 기술을 적용해 볼 수 있다는 장점이 있습니다.

반면 빠른 업데이트로 인한 문제점 역시 존재하는데요. 가장 대표적으로는 빠른 업데이트로 인해 상용화된 안드로이드의 버전이 너무나도 다양하기에 개발자들은 자신이 구현한 기능이 버전별로 어떻게 작동할 것인지 추가적으로 고민할 필요가 있다는 점입니다. 다행인 것은 안드로이드가 다양한 대응 방법을 제공한다는 점이죠. 이 역시 마찬가지로 뒤에서 자세하게 다루어 보도록 하겠습니다.

## 1.3 | 안드로이드의 연혁

안드로이드 운영체제는 2005년 캘리포니아 주 팔로알토에 위치한 '안드로이드'라는 회사를 인수한 뒤로 구글(Google)의 주도하에 개발되고 있습니다. 구글이 주로 채택하는 '오픈 소스 정책'을 보여주듯 안드로이드는 2008년 10월 21일, 오픈 소스로 선언되었습니다. 당시 공개된 소스 코드에도 이미 '네트워크'와 '텔레폰 스택'이 모두 포함되어 있었을 뿐만 아니라, Apache 라이선스를 적용하여 별도의 라이선스 비용 없이 제조사가 개발할 수 있도록 한 특징이 있었죠.

이후 안드로이드는 급속도로 버전 업데이트를 반복하며 초기의 부족한 모습에서 탈피하여 완성도를 높여나갔고, 현재에는 가장 인기 있는 스마트폰 운영체제가 되었습니다. 재미있는 점은 기존 안드로이드 버전은 버전별 코드 네임으로 알파벳 A~Z 까지 순서대로 이어지는 디저트 이름을 따로 지정했던 것입니다. 하지만 안드로이드 10 부터는 비영어권 로마자 이해 관계로 인해 디저트 이름을 버리게 되었죠.

이러한 안드로이드의 버전별 코드 네임들의 변천사를 표로 정리해 보면 다음과 같습니다.

| 이미지 | 코드명 | 버전 | API레벨 | 주요 내용 |
|---|---|---|---|---|
| | 애플파이<br>(Apple Pie) | 1.0 | 1 | 최초 발표된 안드로이드 |
| | 바나나브레드<br>(Banana Bread) | 1.1 | 2 | 버그 수정 및 API 변경<br>통화기능 수정 |

| | | | | |
|---|---|---|---|---|
| | 컵케이크<br>(Cupcake) | 1.5 | 3 | 동영상 녹화 및 재생<br>전화기에서 유튜브로 동영상 업로드 및 피카사로 그림 업로드 추가<br>문자 예측 기능을 제공하는 새로운 소프트 키보드<br>블루투스 A2DP 및 AVRCP 지원<br>일정 거리 안에서 블루투스 헤드셋으로의 자동 접속<br>홈 화면을 띄울 수 있는 새로운 위젯과 폴더.<br>애니메이션 화면 효과 |
| | 도넛<br>(Donut) | 1.6 | 4 | 개선된 안드로이드 마켓<br>카메라, 캠코더 UI 업데이트<br>갤러리에서 여러 장의 사진 삭제 가능<br>즐겨찾기, 열어본 웹 사이트 목록, 연락처, 웹을 홈 화면에서 검색 가능<br>CDMA, EVDO, 802.1x, VPNs, 제스처, 문자열 음성 변환 엔진 기술 지원 업데이트<br>WVGA 화면 해상도 지원 |
| | 에클레어<br>(Eclair) | 2.0 | 5~7 | 하드웨어 속도 최적화<br>더 많은 화면 크기 및 해상도 지원<br>새로운 브라우저 UI와 HTML5 지원<br>구글 맵 3.1.2의 향상<br>마이크로소프트 익스체인지 지원<br>카메라를 위한 내장 플래시 지원<br>멀티 터치 이벤트를 추적하는 모션 이벤트 클래스<br>블루투스 2.1<br>라이브 배경 화면<br>WVGA해상도 지원 |
| | 프로요<br>(Froyo) | 2.2 | 8 | 안드로이드 OS의 속도, 메모리, 성능 최적화<br>애플리케이션 속도 개선<br>크롬이 V8 자바스크립트 엔진 지원 브라우저 애플리케이션으로 통합됨<br>USB 테더링 및 와이파이 핫스팟 기능<br>일괄 자동 업데이트 기능을 포함한 마켓 애플리케이션 지원<br>외장 메모리에 애플리케이션 설치 지원<br>어도비 플래시 10.1 지원 |

| | | | | |
|---|---|---|---|---|
| | 진저브레드<br>(Gingerbread) | 2.3 | 9<br>10 | UI 단순화 및 성능 / 텍스트 입력 및 선택 개선<br><br>전원 관리 및 애플리케이션 관리 기능 향상<br><br>인터넷 전화(SIP) 및 NFC(near-field communication) 지원<br><br>자이로스코프, 회전 벡터, 선형 가속, 중력, 기압계 센서에 대한 지원 추가<br><br>OpenSL ES의 소프트웨어 구현으로 오디오 출력 기능 향상<br><br>게임을 위한 성능 향상<br><br>달빅 가상 머신의 병행 가비지 컬렉터 도입 및 개선<br><br>서드 파티 비디오 드라이버의 새 버전 사용으로 3D 성능 개선<br><br>네이티브 애플리케이션 지원 강화<br><br>EGL 라이브러리에 직접 접근<br><br>NativeActivity 구현 / Asset / Storage Manager 접근<br><br>NDK 향상 / AAC, AMR, VP8 및 WebM 등 새로운 코덱 지원 |
| | 허니콤<br>(Honeycomb) | 3.0<br>3.1<br>3.2 | 11<br>12<br>13 | 태블릿 PC에 최적화된 UI 지원<br><br>새롭게 디자인된 위젯을 포함한 3차원 데스크톱 화면<br><br>개선된 멀티 태스킹 기능<br><br>인터넷 브라우저의 개선<br><br>G토크를 이용한 영상통화 지원<br><br>USB 액세서리 연결 지원<br><br>홈 스크린에서 위젯 크기 조절 가능<br><br>외장 키보드 지원<br><br>조이스틱과 게임 패드 지원<br><br>스크린이 꺼진 상태에서도 고성능의 와이파이 인터넷 지원<br><br>연결된 각각의 와이 파이 액세스 포인트(AP)에 대한 HTTP 프록시 접근 지원<br><br>마이크로 SD 사용 가능 |

| | 이름 | 버전 | API | 주요 기능 |
|---|---|---|---|---|
| | 아이스크림 샌드위치 (Icecream Sandwich) | 4.0 | 14 ~ 15 | 진저브레드와 3.X 허니콤 통합<br>UI를 이용한 가상 버튼<br>대화를 인식하여 문자로 변환 가능한 음성 인식 입력<br>새로운 탭 위젯, 비슷한 유형의 애플리케이션 자동 분류<br>드래그 앤 드롭 방식으로 쉽게 만들 수 있는 폴더<br>화면 캡처 기능<br>얼굴 인식 기능을 통하여 잠금해제 |
| | 젤리빈 | 4.1<br>4.2<br>4.3 | 16<br>17<br>18 | 블루투스 LE / 오픈GL ES 3.0 지원<br>와이파이 성능 및 사용시 편의성 개선<br>쉬워진 글자 입력 / 유저 권한 확대<br>빠른 사용자 전환 지원 / 특수 앱개발자 옵션<br>보안 강화 / 지원 언어 확대 |
| | 킷캣 | 4.4<br>4.4W | 19<br>20 | 달빅 캐시 정리, zRAM으로 스왑 등 메모리 관리 기능<br>GPU 가속 / UI 변경 / 새로운 전환 효과<br>기기 화면 녹화 기능 추가(ADB사용) / 클라우드 프린팅 지원<br>SELinux 보안 강화 (permissive > enforcing)<br>크롬에 Webview 등을 적용하여 호환성 강화, 자바 스크립트 엔진 v8 업데이트<br>ART(Android RunTime) 추가 / 4.4W은 웨어러블 지원 |
| | 롤리팝 (Lollipop) | 5.0<br>5.1 | 21<br>22 | 달빅 캐시를 ART(Android RunTime)으로 완전히 변경<br>UI 변경 / 64비트 CPU 정식 지원 / OpenGL ES 3.1 지원<br>클라우드 프린팅 강화 / 머티리얼 디자인 적용<br>프로젝트 볼타(Project Volta) 적용하여 배터리 향상 |
| | 마시멜로 (Marshmallow) | 6.0 | 23 | 지문인식 지원 /<br>앱 권한 설정<br>VoLTE 지원<br>USB Type—C 지원<br>메모리 관련 설정 세분화 |

| | 이름 | 버전 | API | 특징 |
|---|---|---|---|---|
| | 누가<br>(Nougat) | 7.0<br>7.1 | 24<br>25 | 가상현실 플랫폼 데이드림 지원<br>멀티 윈도우<br>Vulkan API로 인한 더 높은 퍼포먼스의 3D 그래픽 지원 |
| | 오레오<br>(Oreo) | 8.0<br>8.1 | 26<br>27 | PIP 다중 디스플레이<br>백그라운드 제한<br>배터리 절전으로 사용 시간 개선 |
| | 파이<br>(Pie) | 9.0 | 28 | Wi-Fi RTT 지원<br>디스플레이 컷아웃 지원<br>통화 녹음 제한 |
| | 퀸케이크 | 10 | 29 | 어두운 테마 지원<br>향상된 권한관리<br>데스크탑 모드 지원 |
| | 레드벨벳<br>케이크 | 11 | 30 | 범위 지정 저장소 강제<br>일회성 권한<br>쿼리, 상호 작용 앱 지정<br>화면 녹화 정식 지원 |

안드로이드는 빈번한 업데이트를 거듭하며 빠르게 발전해 왔기 때문에 버전을 API 레벨로 분류할 경우 30가지에 이릅니다. 이때, 각각의 API는 레벨마다 지원되는 부분이 추가된 형식이기 때문에 개발자는 하위 버전에서 자신이 개발한 기능이 호환되는지의 여부를 확인해 볼 필요가 있습니다.

예를 들어, '지문 인식' 관련 기능을 만들었는데 해당 기능을 적용할 스마트폰의 안드로이드 버전이 낮다면 애플리케이션이 작동하지 않겠지요. 따라서 개발자는 항상 사용자의 장비가 낮은 버전인 경우에 대비하여 하위 버전과의 호환 여부를 염두에 두어야 합니다.

하지만 버전마다 지원되는 요소를 전부 숙지하기에는 어려움이 따르기 때문에 크게 변화된 몇 가지 버전에 한하여 접근해 보겠습니다. 먼저 살펴보아야 할 부분은 각 버전의 점유율입니다. 실제 시장에서 사용되지 않는 수준의 하위 버전까지 호환을 염려할 필요는 없으니까요.

안드로이드가 시장에서 최초로 대중화된 버전은 2.2 프로요 버전이지만, 2020년 기준 집계에 따르면 프로요 버전은 통계에서 잡히지 않을 정도로 적습니다. 또 아이스크림 샌드위치 사용자도 0.2 퍼센트 정도로 차지하는 비중이 희박하죠. 이와 같은 이유 때문에 '롤리팝' 단계까지의 호환 여부만 고려하여도 무방할 것으로 보입니다. 참고를 위하여 각 버전의 고객 점유율을 정리한 그림을 첨부합니다.

| ANDROID PLATFORM VERSION | API LEVEL | CUMULATIVE DISTRIBUTION |
|---|---|---|
| 4.0 Ice Cream Sandwich | 15 | |
| 4.1 Jelly Bean | 16 | 99.8% |
| 4.2 Jelly Bean | 17 | 99.2% |
| 4.3 Jelly Bean | 18 | 98.4% |
| 4.4 KitKat | 19 | 98.1% |
| 5.0 Lollipop | 21 | 94.1% |
| 5.1 Lollipop | 22 | 92.3% |
| 6.0 Marshmallow | 23 | 84.9% |
| 7.0 Nougat | 24 | 73.7% |
| 7.1 Nougat | 25 | 66.2% |
| 8.0 Oreo | 26 | 60.8% |
| 8.1 Oreo | 27 | 53.5% |
| 9.0 Pie | 28 | 39.5% |
| 10. Android 10 | 29 | 8.2% |

젤리빈 버전 이후로 주목할 만한 변화는 '5.0 롤리팝' 버전에서 나타나는데요. 해당 버전부터 안드로이드의 UI 기본 테마가 머티리얼(Material)로 변화하게 되었으며, 64비트를 지원하기 시작했죠. 또한 과거에는 'GTV(Google TV) 프로젝트'로 분리되어 있던 TV와 4.4W 버전에서의 wearable, 그리고 자동차를 위한 Android Auto가 5.0 버전에 통합되었습니다.

과거 GTV로 분리되어 있던 시절에는 TV 기능을 이용하기 위한 표준 SDK에 관련 기능이 없었기 때문에 같은 안드로이드 계열이라도 진입장벽이 높았습니다. 하지만 5.0 버전부터는 공식적으로 지원되기 때문에 SDK에서 개발자가 접근하기가 훨씬 더 수월해졌죠.

이렇게 여러 가지로 분리되어 있던 프로젝트가 하나로 통합된 사례는 과거에도 있었는데요. 스마트폰과 태블릿의 SDK를 통합한 것이 그 예입니다. 안드로이드는 현재 스마트폰과 태블릿을 하나의 SDK에서 통합하여 지원하지만 과거에는 그렇지 않았습니다. 안드로이드 2.X 버전은 스마트폰용, 3.X 버전은 태블릿용 버전으로 구분하여 지원하는 식이었죠. 보통 버전이 높으면 출시일 또한 늦어지지만 2.x 버전과 3.x 버전은 각각 지원하는 기기가 다르기 때문에 그렇지 않았습니다.

예를 들면 스마트폰 OS인 '진저브레드'는 마지막 버전인 2.3.7이 2011년 9월에 출시되었지만 보통 '안드로이드 흑역사'로 기억되곤 하는 태블릿용 OS '허니컴(3.0)'은 2011년 2월 출시되었습니다. 즉 버전만 보자면 3.0 버전이 출시된 지 7개월이나 지나서야 보다 낮은 2.3.7 버전이 나온 셈이지요.

이렇게 각각 지원되던 '스마트폰'과 '태블릿' 영역을 동시에 지원하게 된 안드로이드 버전은 '4.0 아이스크림 샌드위치(ICS)' 버전부터입니다. 이때부터 태블릿을 위해 기획되었던 UI 요소인 'Fragment' 등의 새로운 기능을 스마트폰에도 적용하는 것이 가능해졌죠. 이런 점을 봤을 때 안드로이드는 앞으로도, 시도 중인 각종 프로젝트를 통합해서 지원할 가능성이 높을 것으로 전망해 볼 수 있습니다.

다음 주목할 만한 변화는 마시멜로 버전입니다. 안드로이드 마시멜로 버전은 앱의 권한 설정을 더욱 엄격하게 적용하기 시작했습니다. 과거에는 마켓에서 다운로드할 때 앱 권한을 사용자에게 보여주는 것에 그치는 형태였습니다.

하지만 마시멜로 버전부터는 앱이 실행될 때 권한을 체크하기 때문에, 6.0 이전 버전에서 작성된 앱을 6.0 이상의 폰에서 동작시키기 위해서는 '권한 요청 설정'을 추가해야합니다. 이와 관련해서는 뒷 장에서 자세하게 다루어 보도록 하겠습니다.

안드로이드 오레오 버전의 주목할 만한 변화는 '백그라운드 서비스' 사용에 제한이 걸리게 되었다는 것입니다. 안드로이드는 백그라운드 서비스를 앱이 자유롭게 사용 가능했지만, 많은 앱이 백그라운드에서 작업을 수행하면서 배터리 소모가 너무 큰 문제가 있었습니다. 이에 오레오 버전부터는 백그라운드 서비스에 제한을 추가하고 사용자에게 실행 중임을 알리는 포어그라운드 서비스를 사용할 것을 제안합니다.

이번 장에서는 안드로이드란 무엇인지, 그 특징으로는 어떤 것들이 있으며, 역사와 더불어 현재까지의 흐름은 어떻게 진행되어 왔는지에 대해 공부해 보았습니다. 다음 장에서는 안드로이드 개발 환경을 설정하면서 본격적으로 안드로이드를 알아보도록 하겠습니다.

# 02 개발 환경 구축

들어가기

이번 장에서는 안드로이드 개발에 필요한 개발 환경을 설정해 보겠습니다. 안드로이드 개발 환경을 위해 'Android Studio'를 설치합니다.

## 2.1 | Android Studio 설치

안드로이드 개발 페이지(https://developer.android.com/studio)에 접속한 후 [DOWNLOAD ANDROID STUDIO]를 클릭하여 다운로드합니다.

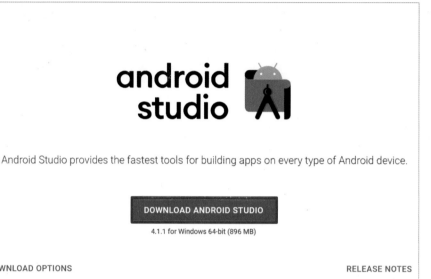

다운로드를 진행하려면 반드시 사용 약관에 동의해야 합니다. 하단의 체크 박스에 체크한 후 [다운로드: ANDROID STUDIO (WINDOWS 용)] 버튼을 클릭합니다.

다운로드한 파일을 실행한 후 [Next] 버튼을 클릭합니다.

설치할 컴포넌트를 선택하는 화면입니다. 체크된 항목을 그대로 두고 [Next]를 클릭합니다.

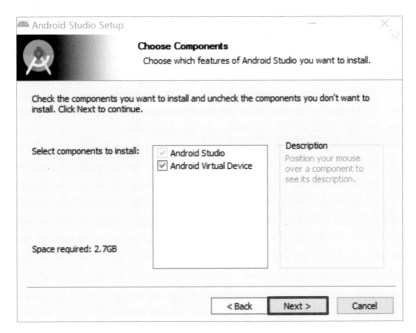

라이센스 동의 화면입니다. [I Agree] 버튼을 클릭합니다.v

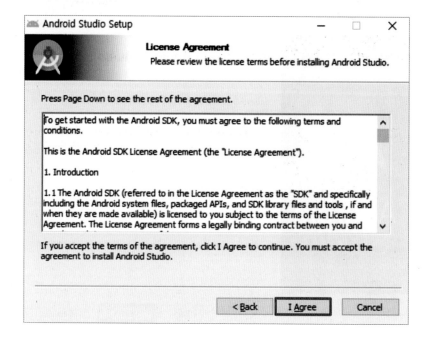

Android Studio 와 Android SDK 의 설치 경로를 자신이 원하는 위치로 설정한 후 [Next]를 클릭합니다.

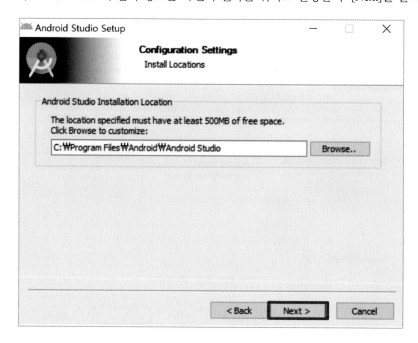

시작메뉴 폴더 설정 화면입니다. 기본 설정을 그대로 두고 [Install]을 클릭합니다.

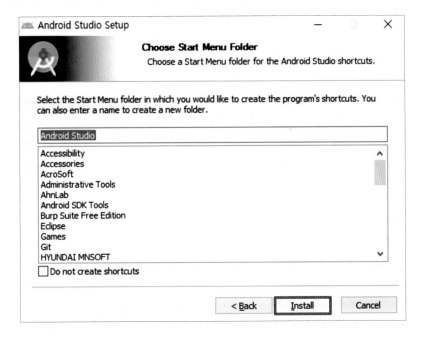

설치 완료 후 [Next]를 클릭합니다.

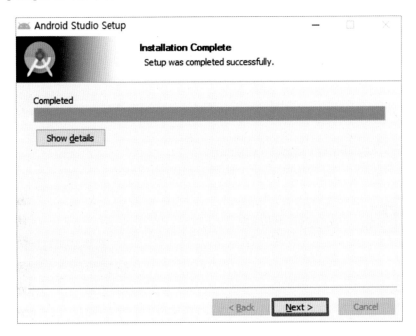

여기까지 진행되면 안드로이드 스튜디오 설치는 끝난 것입니다. 계속해서 Android SDK의 설치 및 설정을 위하여 [Start Android Studio]를 체크한 후 [Finish] 버튼을 클릭합니다.

안드로이드 스튜디오를 처음 설치한 경우라면 아래쪽 항목을 선택한 후 [OK]를 클릭합니다. 만약에 이전 설정 정보를 가져올 경우에는 위쪽의 항목을 선택합니다.

안드로이드 스튜디오의 [Welcome] 창이 나타납니다. [Next]를 클릭하여 다음 단계로 진행합니다.

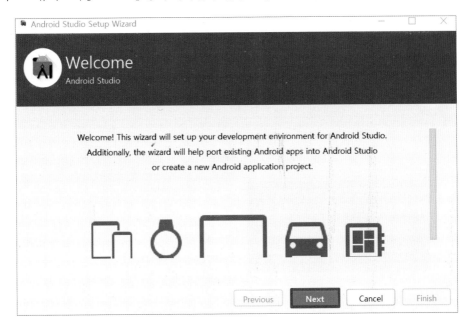

[Standard] 설치 타입을 선택한 후 [Next]를 클릭합니다.

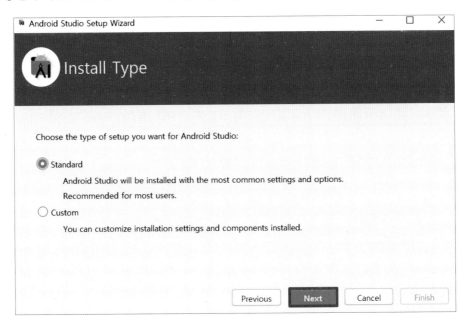

안드로이드 스튜디오의 테마를 선택합니다. 어두운 계통의 Darcula와 밝은 계통의 Light 중 원하는 테마를 선택한 후 [Next]를 클릭합니다. 이 책에서는 Light 테마를 사용합니다.v

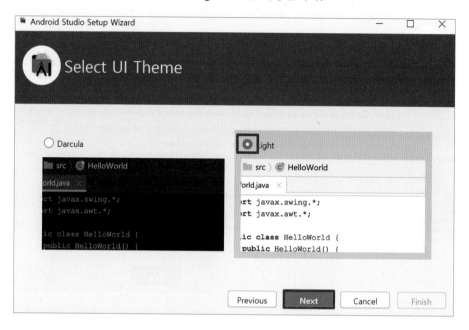

설치 정보를 확인한 후 [Finish]를 클릭합니다.

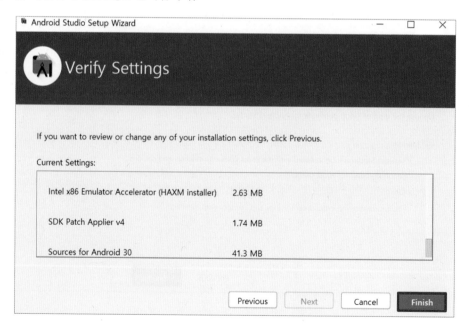

설치가 모두 완료되었다면 [Finish] 버튼을 클릭합니다.

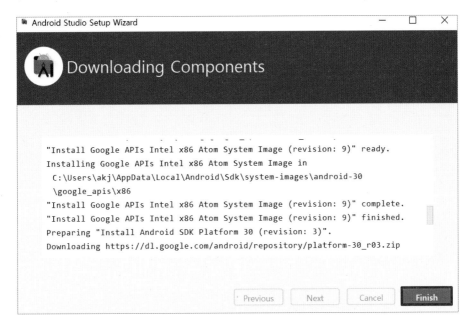

여기까지 진행이 되었다면 이제 안드로이드 개발이 가능합니다. 다음 장에서는 Hello 앱을 만들어 보고, 이를 수정하는 과정을 통해 프로그래밍 기본 개념을 익혀보도록 하겠습니다.

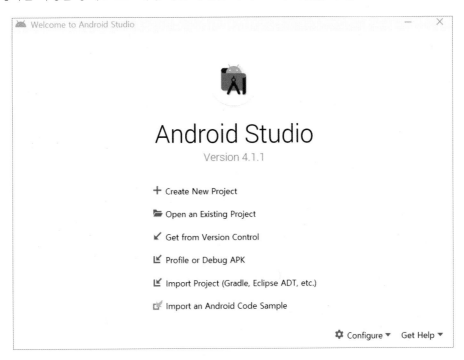

# 안드로이드 베이직 by "Hello World"

## 03

들어가기

이번에는 언어별 프로그래밍 학습의 기초 과정인 "Hello World"를 출력하면서, 안드로이드 앱 개발의 기본 개념들을 종합적으로 익혀 보겠습니다. 특히 이후 코틀린(Kotlin)과의 비교를 위해서도 주요한 내용이므로 잘 익혀 두길 권장합니다.

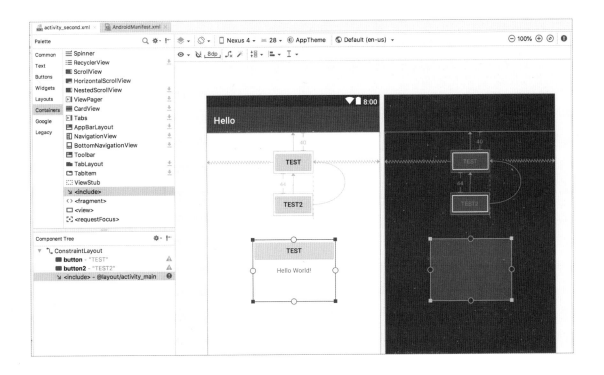

프로그래밍에 관심이 있는 독자라면, 'Hello World 예제'를 접해 보았을 텐데요.

'Hello World'는 프로그래밍에 관련해서는 고전 서적인 1978년作 'The C Programming Language'의 첫 번째 예제이며, 그 이후로 쓰여진 많은 개발 서적에서도 첫 장을 여는 예제로 소개되어 왔습니다.

소개가 다소 거창했지만, 실제로 구현하게 될 것은 "Hello World"라는 문구가 있는 애플리케이션일 뿐입니다. 근래에 나온 대부분의 개발 환경과 마찬가지로, 안드로이드 개발 환경이 올바르게 설정되기만 했다면 'Hello World! 프로그램'을 만드는 것은 어려운 일이 아닙니다.

하지만 중요한 점은 직접 만든 첫 번째 애플리케이션이 원활하게 작동하는 모습을 눈으로 확인할 수 있다는 것입니다. 만일 여러분이 안드로이드 기반의 스마트폰을 가지고 있다면 각자의 핸드폰에서 직접 구현해 볼 수도 있다는 장점이 있죠.

아직은 알쏭달쏭하고 궁금한 점이 많겠지만 함께 안드로이드 애플리케이션을 직접 제작해 보면서 프로그램에 대해 알아보기로 합시다.

## 3.1 | 프로젝트(Project) 생성과 실행

Hello World 애플리케이션을 만들기 위해서는 우선적으로 프로젝트를 생성해야 합니다. 그럼 '프로젝트'라는 개념에 대해 먼저 살펴볼까요?

일반적으로 **프로젝트**란 일정한 기간 안에 특정한 목적을 달성하기 위해 수행하는 업무의 묶음을 의미하는데요.

소프트웨어 개발 환경 측면에서의 프로젝트란? 바로 "프로그램의 코드, 환경 설정 정보, 그리고 관계 있는 데이터 등을 통합적으로 관리하는 것"을 의미합니다.

우측 그림은 프로젝트의 구성을 간단하게 도식화한 것입니다. 이는 프로그램의 개발 환경에 따라 조금씩 다를 수 있지만, 일반적으로는 본 도식과 같은 형태로 구성되어 있습니다. 각각의 요소에 대해 간략하게 정리해 보겠습니다.

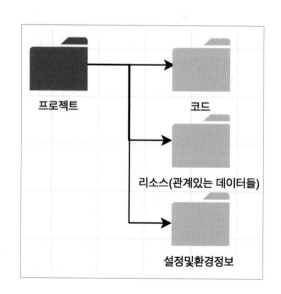

| | |
|---|---|
| 코드 | 코드는 프로그램이 어떻게 동작하는지를 기술해 놓은 파일들입니다. 프로그래밍 언어에 따라 java, c, cpp, kt, php 등의 확장자를 가지고 있습니다. |
| 리소스 | 리소스는 프로그램 실행과 관계된 정적 데이터입니다. '정적 데이터'란 '실행 환경이나 조건과 같은 변수에 의해 결과가 변하지 않고 고정되어 있는 데이터'를 말하며, 예로는 프로그램에서 사용하는 '이미지' 등이 있습니다. |
| 설정 및 환경정보 | 설정 및 환경 정보는 프로젝트가 가져야 하는 환경 정보의 모음입니다. 프로젝트의 소스코드는 어느 경로에 있는지, 빌드(소스코드로 프로그램을 만드는 과정)는 어떻게 이뤄지는지 등등의 정보입니다. |

이제 프로젝트가 어떻게 구성되어 있는지 살펴보았으니, Android Studio에서 프로젝트를 생성 해 보도록 하겠습니다.

'Android Studio'를 실행 후 첫 화면에서 [Create New Project] 를 선택합니다.

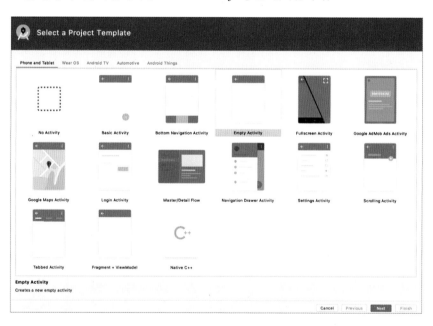

첫 화면에서는 애플리케이션이 갖게 될 Activity 의 템플릿(Template)을 지정합니다.

그런데 보통 앱 개발에서 쓰이는 Activity 란 개념은 무엇일까요? 안드로이드에서 'Activity'란 사용자와 상호 작용하는 가장 기본적인 요소입니다. 보통 Activity 는 'UI(User Interface)'라는 이름의 'View(화면)'를 가지고 있는데, 쉽게 말해 "안드로이드 애플리케이션에서 사용자에게 보여지는 화면을 의미한다"고 할 수 있습니다. Activity 의 개념에 대해서는 뒤에서 좀 더 자세히 다뤄 보겠습니다.

이렇게 프로젝트 생성 시 제공되는 '템플릿'을 이용하면 UI를 작성하는데 소요되는 시간을 대폭 줄이는 것이 가능합니다. 각 템플릿에 대해 간략하게 정리해 보면 다음과 같습니다.

| 템플릿 | 설명 |
|---|---|
| No Activity | 프로젝트를 생성하면서 액티비티를 생성하지 않는 경우입니다. 백그라운드에서만 작동하는 서비스형 애플리케이션이거나 라이브러리 프로젝트일 경우 UI가 필요 없으므로 'No Activity'를 사용하면 편리합니다. |
| Basic Activity | 'AppBar'와 'FloatingActionButton'이 포함된 단순한 앱을 생성합니다. |
| Bottom Navigation Activity | 사용자가 단일 탭에서 최상위 보기를 쉽게 탐색하고 전환할 수 있도록 '표준 하단 탐색 모음'을 제공합니다. 보통 애플리케이션에 3~5개의 최상위 대상이 있는 경우에 이 템플릿을 사용합니다. |
| Empty Activity | '샘플 텍스트' 컨텐츠가 있는 '단일 레이아웃' 파일과 '빈 Activity'를 생성합니다. 샘플 텍스트는 버전마다 다를 수 있지만, 보통은 프로그래밍 시작할 때 많이 사용하는 "Hello, World!"로 지정됩니다. |
| Fullscreen Activity | '기본 전체 화면 뷰'와, '표준 UI 컨트롤로 구성된 뷰'를 번갈아 표시하는 앱을 생성합니다. |
| Google Admob Ads Activity | 'Admob' 모바일 광고 플랫폼이 포함된 앱을 생성합니다. |
| Google Maps Activity | 'Google Map'이 포함된 앱을 생성합니다. |
| Login Activity | '표준 로그인 화면'을 생성합니다. 사용자 인터페이스로는 '이메일' 및 '암호' 필드, 그리고 '로그인 버튼' 등이 포함됩니다. |
| Master / Detail Flow | '항목의 목록'과 개별 항목의 '세부 정보'를 모두 보여주는 앱을 생성합니다. 목록 화면에 표시된 항목을 클릭하면 해당 항목의 세부 정보를 보이는 화면이 열립니다. 이 두 가지 표시에 대한 레이아웃은 앱을 실행하는 기기에 따라 결정됩니다. |
| Navigation Drawer Activity | Basic Activity에서 생성하는 항목과 함께 '탐색 창' 메뉴를 생성합니다. 탐색 메뉴는 앱의 왼쪽에서 오른쪽으로 확장되고 일반 AppBar와 더불어 표시됩니다. |
| Scrolling Activity | 긴 텍스트 콘텐츠를 위한 '스크롤 뷰'와 '축소형 툴바'가 있는 앱을 생성합니다. 페이지를 아래로 스크롤하면 헤더 역할을 할 수 있는 ToolBar가 자동으로 축소되고 FloatingActionButton이 사라집니다. |
| Settings Activity | 앱에 대한 '사용자 기본 설정' 또는 '설정을 표시하는 Activity'를 생성합니다. |

| | |
|---|---|
| Tabbed Activity | 여러 섹션과 Swipe 탐색 및 AppBar가 포함된 앱을 생성합니다. 섹션은 왼쪽 및 오른쪽으로 Swipe하여 탐색할 수 있는 Fragment로 정의됩니다. |
| Fragment + ViewModel | Fragment UI 와 연결된 ViewModel 을 사용하는 프로젝트 템플릿을 생성합니다. |
| Native C++ | C++ 코드를 사용하여 native 코드를 작성하는 프로젝트를 생성합니다. |

이번 장에서는 템플릿 중 'Empty Activity'를 선택하도록 하겠습니다. Empty Activity 를 선택한 후 [Next] 버튼을 누르면 해당 프로젝트를 설정하는 화면이 나오게 됩니다.

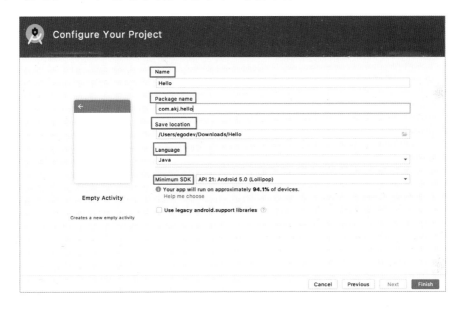

각 설정 사항들을 간략하게 설명하면 다음과 같습니다.

| 입력사항 | 설명 |
|---|---|
| Name | 만들게 될 애플리케이션의 이름입니다. 여기서는 "Hello World!"를 출력하는 프로그램이니 'Hello'라는 이름으로 지정해 보도록 하겠습니다. |
| Package name | Package name은 안드로이드 앱의 고유 ID처럼 사용되기 때문에 유니크한 이름을 해야 합니다. |
| Save location | 프로젝트가 생성되는 위치입니다. 보통 자동으로 선택되므로 변경할 필요는 없습니다. |
| Language | 프로젝트의 기본언어입니다. Java 와 Kotlin 을 선택할 수 있습니다. Kotlin은 기존 Java 코드와 100% 호환되며 Java보다 안드로이드 개발에 편리한 다양한 기능을 제공해 최근 각광받기 시작한 언어입니다. |

| | |
|---|---|
| Minimum SDK | SDK 란 그대로 해석하면 '표준 개발 도구' 입니다. 개발하기 위해 필요한 표준 도구들의 묶음을 말합니다. SDK 는 API LEVEL 로 나뉘게 됩니다.<br><br>API는 애플리케이션을 프로그래밍하기 위한 인터페이스입니다. '인터페이스'에 대해서 간략하게 설명한다면 TV 리모컨의 예를 들 수 있습니다.<br><br>TV 리모컨의 [채널 UP] 버튼을 누르면, TV의 내부가 어떻게 작동하는지는 알지 못하지만 채널이 한 단계 올라가고 해당 채널의 방송이 나오는 걸 볼 수 있죠?<br><br>마찬가지로 프로그래밍 역시 안드로이드 시스템이 내부적으로 어떻게 돌아가는지 정확히는 알 수 없지만, 안드로이드 시스템에 명령을 내릴 수 있는 방법을 정의한 것이 바로 API입니다.<br><br>안드로이드는 버전별로 기능이 바뀌기 때문에 API 도 바뀌게 됩니다. 그래서 각 버전별로 API LEVEL을 정의하여 관리합니다.<br><br>그리고 Minimum SDK 는 애플리케이션이 지원하는 가장 낮은 레벨의 SDK 를 의미합니다. |

설정 사항 중 중요한 것은 Package name 과 Minimum SDK 입니다.

위에서 설명한 것처럼 'Package Name'은 애플리케이션의 ID 로 사용되니 가급적 특색 있게 생성하는 것이 좋습니다.

그 다음 등장하는 'Minimum SDK'는 이 애플리케이션이 지원하는 가장 낮은 API 레벨을 뜻합니다. 안드로이드는 버전별로 지원되는 기능을 API 레벨로 구분하죠. 예를 들면 'API 레벨 24' 이전에는 지문 인식 기능을 지원하는 API 가 없지만, 24 이후에는 지원되는 식이로요. 또 다른 예로서 저전력 블루투스를 위한 'BLE(Bluetooth Low Energy)' 같은 경우에는 '안드로이드 4.3' 버전부터 지원이 됩니다.

Minimum SDK 를 높일수록 최신 기능을 사용할 때 고려해야 할 사항들이 줄어들게 됩니다. 예를 들어 '지문 인식 API'의 경우, 사용자 스마트폰의 API 레벨이 낮아 지원되지 않을 가능성이 있기 때문에, API 레벨이 낮은 경우에는 어떻게 동작해야 하는지 따로 정의해 주는 것이 좋죠.

그렇다면 무조건 API 레벨을 올리는 것이 능사일까요? 결론부터 말하자면 그렇지 않습니다. Minimum SDK 를 올리게 되면 그만큼 지원할 수 있는 기기가 줄어들게 됩니다. 예를 들어 Minimum SDK 가 '20'이라면 안드로이드 API 레벨이 '20 이하'인 '킷캣'에서는 사용할 수가 없고, 구글 플레이스토어에서도 검색이 되지 않는 문제점이 있답니다.

반대로 지원 가능한 스마트폰을 최대로 확보하기 위해 Minimum SDK를 무조건 낮게 잡는 것도 심사숙고해 볼 필요가 있습니다. 예를 들어 앱의 핵심기능이 'BLE'를 사용해야 하는 경우, API 레벨 18 미만에는 해당 SDK가 없으므로 그 이하의 MINIMUM SDK를 선택하는 것은 큰 의미가 없겠죠.

그래서 상황에 따라 적절한 Minimum SDK를 정하는 것이 중요합니다. Minimum SDK 하단에는 현재 선택한 API 레벨에서 지원 가능한 디바이스의 비율을 보여줍니다. 참고로 현재 그림에 보이는 문구는 "API 레벨이 15인 경우 100%의 디바이스를 지원한다"는 의미입니다. Android Studio는 자동으로 지원할 수 있는 디바이스의 비율에 따라 Minimum SDK를 지정해 줍니다. 예외적인 사유가 없다면, 자동으로 지정된 SDK를 이용하는 것이 좋습니다.

기본으로 설정된 사항을 확인 후 Finish 버튼을 눌러 프로젝트를 생성합니다.

## 프로젝트 생성 후 윈도우 보안 경고가 나오나요?

안드로이드 스튜디오가 내부적으로 사용하는 자바 프로그램이 인터넷을 사용하면서, [Windows 보안 경고]창이
뜰 수 있습니다. 운영체제 입장에서는 새로운 프로그램이 인터넷을 사용하려고 하니 경고창을 보여 "본 프로그
램의 통신을 허락할지"를 확인하는 것인데요. 이때에는 당황하지 말고 [액세스 허용] 버튼을 눌러 안드로이드 스
튜디오의 인터넷 접속을 허용해 주세요.

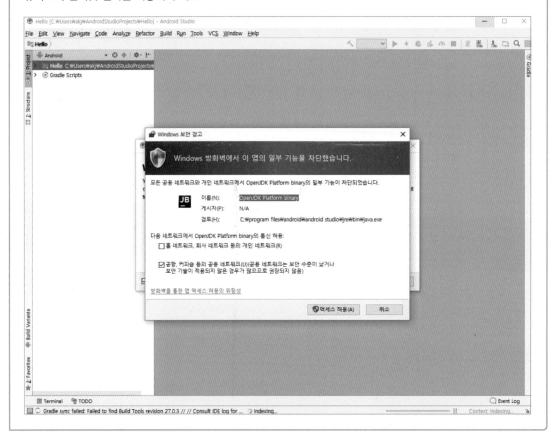

프로젝트의 생성에서 Activity 설정을 했기 때문에 자동으로 'Activity의 소스'와 '레이아웃 XML' 파일이 생
성되는데, 프로젝트 생성을 하고 나면 Android Studio가 필요한 코드와 리소스들을 자동으로 생성해 주기
때문에 바로 실행이 가능합니다. 또한 앞서 Activity 유형을 'Empty'로 지정했기 때문에 이렇게 생성된 프
로젝트를 실행하게 되면 원래 계획했던 "Hello World"가 샘플 텍스트로서 화면에 출력됩니다.

## 안드로이드 스튜디오의 팁 팝업창

안드로이드 스튜디오로 프로젝트를 여는 경우 안드로이드 스튜디오 관련 팁들을 보여주는 팝업창이 출력됩니다. 이런 팁 팝업에서는 안드로이드 스튜디오의 유용한 기능이나 새로 추가된 기능들을 보여주죠. 팁 팝업은 안드로이드 스튜디오가 시작될 때마다 뜨는데, 만약 더 이상 나오지 않게 하려면 좌측 하단의 'Show Tips on startup' 체크 박스를 해제하고 닫으면([Close] 버튼) 됩니다.

Android Studio 의 상단에 위치한 초록색 [Run] 버튼은 애플리케이션을 '빌드'하고 '실행'하는 버튼으로서, 클릭만 하면 바로 애플리케이션을 실행해 볼 수 있죠. 보통 프로젝트 생성 후 30초 내지 1분 가량 기다리면 활성화됩니다.

## [Run] 버튼이 활성화되지 않고 하단 메시지 창에 에러가 뜨나요?

일반적인 경우, Android Studio를 설치하고 '프로젝트를 생성'하면 1분 내로 오류 없이 활성화됩니다. 하지만 간혹 바로 실행되지 않는 경우가 있는데요. 이런 경우에는 Android Studio 하단에 출력되는 메시지를 잘 읽어 주세요. 이 메시지 창에서 해결 방법을 알려 주는 경우가 대부분이죠.

예를 들어 위 경우는 안드로이드 스튜디오가 프로젝트를 생성할 때 설정하는 Build Tools(프로그램을 구성 도구) 버전과 최초 설치할 때 다운로드하는 Build Tools 버전이 서로 다른 경우 발생하는 문제인데요. 이런 경우엔 하단 메시지 창에 'Build Tools 27.0.3 버전'을 설치하는 링크가 뜨는데요. 보통 이렇게 파란색 밑줄로 표시된 글씨는 '클릭'할 수 있으며, 해당 메시지를 클릭하면 문제가 해결될 수 있습니다. 이책이 출시된 후에도 안드로이드 스튜디오와 안드로이드는 계속 업데이트 될 것이므로, 비슷하지만 조금 다른 문제가 발생할 수도 있습니다.

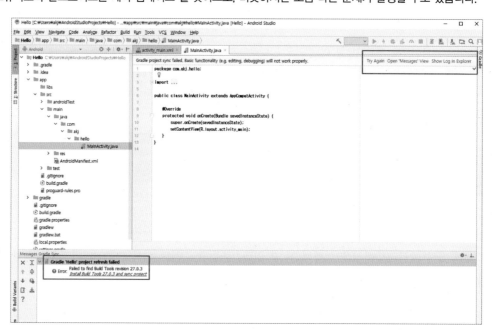

그런 경우에는 절대 당황하지 말고 메시지 창을 잘 살펴보세요. 대부분의 문제는 메시지 창에서 해결 방법을 알려 주며, 혹 해결되지 않더라도 해당 메시지로 인터넷에서 해결 방법을 검색할 수 있습니다. 대부분의 에러는 나만 겪는 게 아닌, 누군가 이미 경험한 문제여서 해결 방법이 도출된 경우가 더 많으니까요.

더불어 앞으로는 에러를 해결할 때 해당 '에러 메시지 내용'을 기억하는 습관을 갖는 것이 좋습니다. 마치 공부할 때 '오답 노트'를 정리하는 것처럼 에러 메시지에 대한 해결 방법을 익히다 보면 어느새 비슷한 에러는 금방 해결하는 자신을 발견하게 될 것입니다.

그런데 당장 앱을 실행해 볼 스마트폰이 없다면 어떻게 해야 할까요?

다행히, 안드로이드는 개발자가 실제로 스마트폰을 가지고 있지 않아도 개발을 할 수 있도록 'Virtual Device(가상 장치)'를 제공하는데요. 상단의 [Run] 버튼을 클릭해 보세요.

버튼을 눌러 실행하면 애플리케이션을 어느 장치에서 실행할지를 묻는 [Deployment Target] 팝업창이 뜨게 됩니다.

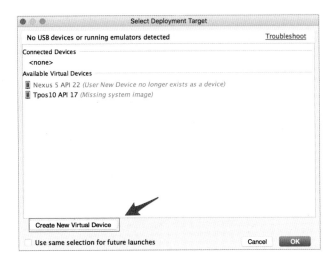

아직 실제 장비를 연결하지 않았기 때문에 'Connected Devices' 란에는 'none'으로 표기되었죠.

하단에 위치한 [Create New Virtual Device]는 위에서 설명한 바와 같이 실제 장비가 아닌 '가상 에뮬레이터'를 생성하는 버튼입니다. 클릭해 보겠습니다.

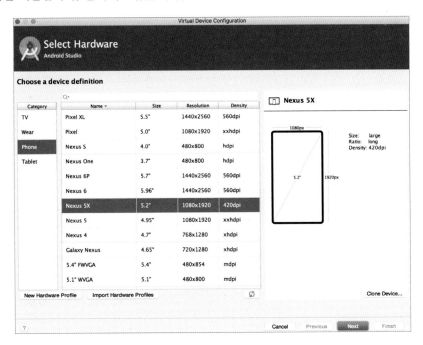

가상 장치를 생성하는 화면에서는 이미 다양한 안드로이드 스마트폰의 프리셋이 포함되어 있습니다. 소위 '레퍼런스 폰'으로 불리는 구글의 '넥서스(Nexus)' 시리즈와 '픽셀폰', '갤럭시 넥서스' 등이 있고 화면 사이 즈와 해상도에 관한 프리셋들이 있습니다. 여기서는 [Nexus 5x]를 선택하여 진행하겠습니다.

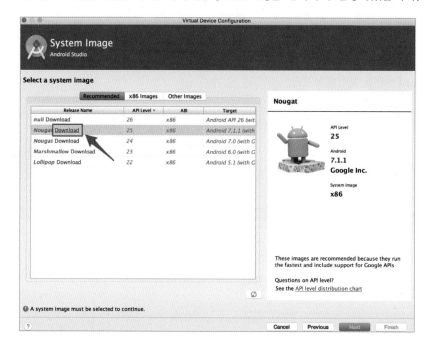

[Next] 버튼을 클릭해 다음 화면으로 넘어가면 가상 장치에 사용할 '안드로이드 시스템 이미지'를 선택하는 화면이 등장합니다. 이 때 주의할 점은 같은 장치에 설치한다고 해도, 설치된 안드로이드의 버전에 따라 기능에 많은 차이가 발생한다는 것입니다.

안드로이드 가상 장치를 실행하기 위해서는 해당 이미지가 필요한데, 이미지 파일은 1GB 이상의 대용량 파일이기 때문에 SDK 표준 설치 시에는 제외되는 경우가 대부분이므로 사용할 안드로이드 버전을 선택하여 해당 이미지를 다운로드해야 합니다.

여기서는 안드로이드 'Nougat 버전'인 'Android 7.1.1'을 선택하도록 하겠습니다. 'Android 7.1.1'이라고 되어 있는 셀의 [Download]를 클릭하여 이미지를 설치해 주세요.

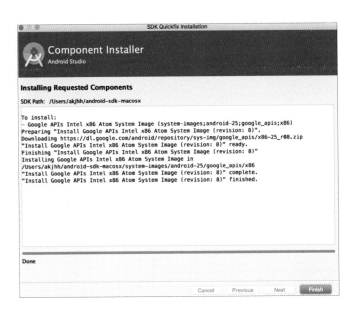

버튼을 클릭하면 Android Studio가 자동으로 필요한 이미지 파일들을 다운로드합니다. 보이는 화면은 필요한 파일들을 다운로드 중인 화면입니다.

예전에는 별도로 구현되어 있는 'SDK Manager'를 사용해야만 이미지를 다운로드할 수 있었지만, 현재에는 Android Studio로 통합되어 있습니다.

다운로드가 모두 완료된 후 [Finish] 버튼을 눌러 완료합니다. 다운로드가 완료되면 [Next] 버튼이 활성화되는데, 이를 클릭하여 다음 화면으로 진행합니다.

이제 '가상 장치의 이름' 및 '해상도', '화면'과 '방향' 등을 설정하는 화면이 나타납니다.

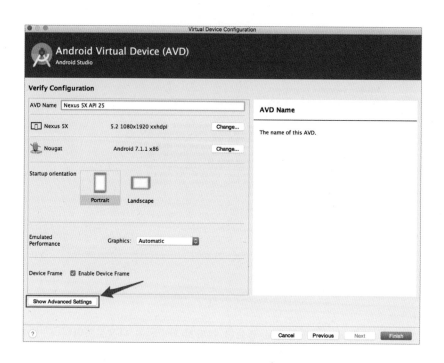

하단에 위치한 [Show Advanced Settings] 버튼을 눌러 보면 보다 다양한 장치 환경을 설정할 수 있습니다.

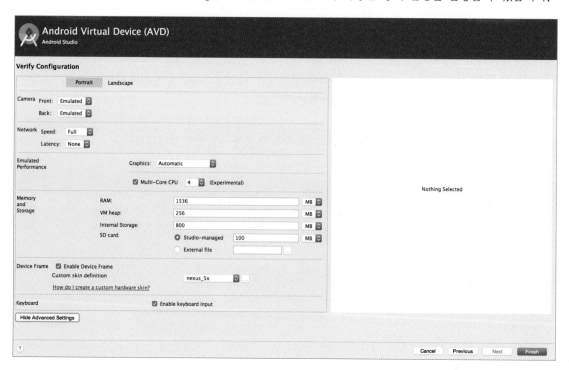

'가상 장치의 카메라 설정, 네트워크 및 에뮬레이터 성능, 주기억장치(RAM) 사이즈' 등 다양한 옵션을 선택할 수 있는데, 여기서는 기본으로 설정된 사항으로 진행할 것이기에 [Finish] 버튼을 눌러 완료합니다.

다시 [장치 선택] 화면으로 돌아가면 방금 생성한 에뮬레이터가 보이는 것을 확인할 수 있습니다.

해당 가상 장치를 선택한 후 [OK] 버튼을 눌러 실행해 보도록 하겠습니다. 우측의 이미지는 가상 장치 상에서 애플리케이션이 실행된 화면입니다. 화면 가운데에 "Hello, World!" 문자가 출력된 것이 보이죠?

특별히 어려운 과정이 없이 처음 목표했던 "Hello World"를 구현하는 데에 성공하였습니다. 옛 속담에 "시작이 반이다"라는 말이 있죠. 지금까지의 작업으로 안드로이드 개발을 이해했다고 보기는 어렵지만, 이제부터 공부할 수 있는 첫 발을 훌륭하게 내딛은 셈입니다.

물론 안드로이드 개발을 능숙하게 하기 위해서는 앞으로 살펴볼 것이 많습니다. 안드로이드 환경에서 실행되는 애플리케이션이 실제로 어떻게 작동하는지는 아직 미궁인 상태이니까요. 다음 과에서는 프로젝트의 구조와 파일을 살펴보면서 차근차근 이해해 보도록 하겠습니다.

---

> **NOTE**
>
> ### [Instant Run] 팝업에 대하여
>
> 처음 에뮬레이터를 실행하려고 할 때 Instant Run 플랫폼의 설치 여부를 물어보는 팝업이 뜰 수 있습니다. 'In-stant Run'은 어플리케이션 개발 시 수정 사항이 생길 때마다 '전체'가 아닌 '수정된 부분'만 장치에 업로드하여 빠르게 수정된 사항을 확인할 수 있도록 하는 기능입니다. 이렇게 [Instant Run] 팝업이 뜨면 [Install and Continue] 버튼을 눌러 주세요.
>
> | Instant Run | ✕ |
> |---|---|
> | ? Instant Run requires that the platform corresponding to your target device (Android 7.1.1 (Nougat)) is installed. | |
> | [Install and Continue] [Proceed without Instant Run] | |

## 앱 실행이 되지 않고 나올 수 있는 다양한 팝업들

1) 이미 설치된 APK가 있는 경우 기존 어플리케이션을 지우고 다시 설치할지 묻는 팝업창이 나올 수 있습니다. 하단 이미지가 그러한 경우인데요. 이 경우 [OK] 버튼을 누르고 진행해 주세요.

2) 에뮬레이터의 [Google Setting]에서 보안 경고가 나오는 경우

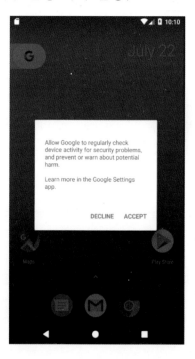

최신 버전의 안드로이드 기기는 기본적으로 알 수 없는 소스에서 앱이 설치되는 경우 보안 팝업을 출력합니다. 사용자 몰래 앱을 설치할 수 있다면 보안 상 매우 취약해지므로 취해지는 조치이죠.

이러한 팝업이 나오는 경우에는 당황하지 마시고 [ACCEPT] 또는 [허용] 버튼을 눌러 앱 설치를 허용해 주세요.

## 3.2 | 프로젝트의 구조

앞서 실행해 본 'Hello' 애플리케이션이 어떤 식으로 구
성되어 있는지 프로젝트의 구조를 살펴보도록 하겠습
니다. 프로젝트의 일반적인 형태는 미리 알아본 바와
같이 우측 그림과 같습니다.

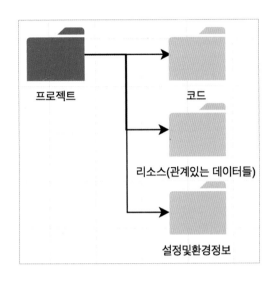

그렇다면 Hello 프로젝트 내 어딘가에는 프로그래밍 동
작 방법을 기술한 코드가 있을 것이고, 데이터에 해당
하는 리소스가 존재하겠죠. 또한 설정 및 환경 정보 역
시 프로젝트 어딘가에는 이미 생성되어 있을 것입니다.

그럼 Android Studio에서 서로 다른 역할을 하는 각 부
분들이 어디에 위치하는지 찾아보도록 하겠습니다.
우선 코드 파일의 위치부터 확인해 볼까요?

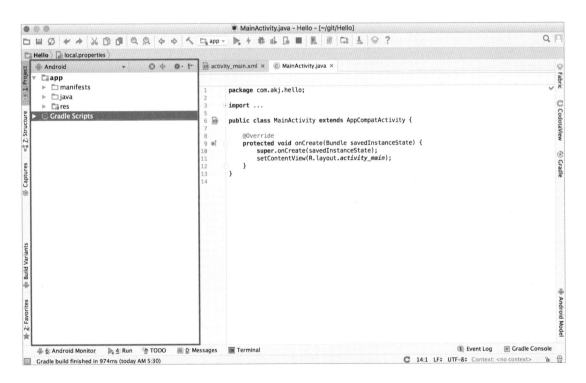

Android Studio 프로그램의 좌측에는 프로젝트의 각 파일들을 지정할 수 있는 '사이드 바'가 있습니다. 가
장 상위에는 'app, Gradle Scripts'가 있고 app 항목의 하위 목록으로 'manifests', 'java', 'res' 등의 항목이 있습

니다. 눈치가 빠른 분들은 이 중 '실제 코드'에 해당하는 것이 'Java'라는 것을 알아채셨을지도 모르겠네요. 앞서 안드로이드는 'Java'라는 언어를 주로 사용하여 개발한다고 설명했습니다. 바로 이 'Java'라는 항목이 'Java 코드의 파일들이 모여 있는 곳'입니다.

[app 〉 Java] 항목을 더블 클릭하면 다음과 같은 하위 항목들이 나타납니다.

처음 생성할 때 사용했던 패키지 네임이 'com.akj.hello'였던 것을 기억하시나요?

Java는 코드를 패키지 형태로 관리하는데, 'com.akj.hello' 형태의 항목이 같은 이름으로 3개나 형성되어 있군요.

같은 패키지 이름이 세 가지나 있는 이유는 바로 '유닛 테스트 지원' 때문으로, 소프트웨어 품질을 올리기 위해 '테스트'는 꽤나 중요하며 매우 다양한 방법이 있습니다.

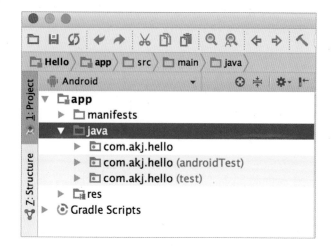

여기서 Unit Test 란 프로그래밍 단계에서 소스코드가 의도한 대로 정상 동작하고 있는지 기능별로 테스트하는 것을 의미합니다.

패키지 옆의 괄호 내용을 보면 (androidTest)와 (test)가 보이는 것을 확인할 수 있는데요. 이렇게 2개로 분리되어 있는 이유는 안드로이드의 특성 때문입니다. 안드로이드는 Java로 개발하지만 실질적으로 'JVM(Java Virtual Machine, 자바 가상 머신)'에서 실행되는 것은 아닙니다. Google 이 자체 개발한 Dalvik VM 또는 Android Runtime 에서 실행되죠. 그렇기 때문에 PC 에서 동작하는 Java 코드가 반드시 Android 에서도 정상적으로 작동한다는 보장은 없는 것이지요. 그래서 순수한 Java 코드를 테스트하기 위한 영역과 안드로이드 관련 기능을 테스트하기 위한 영역이 구분되어 있는 것입니다. 테스트 관련해서는 해당 과에서 좀 더 자세하게 다뤄 보도록 하겠습니다.

---

> **NOTE**
>
> ### JVM 이란?
>
> 'Java Virtual Machine'의 약자로서, Java로 구성된 애플리케이션이 구동될 때 OS를 포함한 실제의 컴퓨터 환경에 구애받지 않고 최고의 효율을 낼 수 있도록 그 실행 과정에서 구현되는 Java의 '가상 구동 환경'을 의미합니다.

'com.akj.hello'라는 이름의 3가지 패키지 항목 중 실제
앱 소스코드가 존재하는 항목은 아무런 괄호도 없는
패키지입니다. 이제 해당 패키지를 더블 클릭하면 다
음과 같은 하위 항목이 나타납니다.

프로젝트를 생성하면서 Activity로 지정한 'MainActivity'가 나타나게 되는데, MainActivity는 실제로는
'Java 클래스(*.java)'의 일종입니다. 이를 더블 클릭해 보겠습니다.

그럼 그림과 같이 [Editor] 화면에 'MainActivity.java' 파일의 소스 코드가 나타납니다.

```
MainActivity.java
1    package com.akj.hello;
2
3    import android.os.Bundle;
4    import androidx.appcompat.app.AppCompatActivity;
5
6    public class MainActivity extends AppCompatActivity {
7
8        @Override
9        protected void onCreate(Bundle savedInstanceState) {
10           super.onCreate(savedInstanceState);
11           setContentView(R.layout.activity_main);
12       }
13   }
```

그런데 MainActivity의 소스 코드 자체도 매우 짧을뿐더러 소스코드에 "Hello, World!"를 보여주라고 명령
하는 부분이 보이질 않습니다. 어떻게 된 일일까요?

이는 안드로이드가 UI를 담당하는 레이아웃을 'xml 리소스' 형태로 분리하여 관리하기 때문인데요. 11번
라인의 'setContentView(R.layout.activity_main)' 코드가 바로 액티비티의 'ContentView', 즉 UI를 'R.layout.
activity_main'으로 설정하겠다는 의미입니다.

다음으로는 '프로젝트의 리소스' 부분을
찾아볼 차례인데, 리소스의 경우는 코드
보다 더 알아보기 수월합니다.

[app] 항목 하위에 있는 [res] 항목이 바
로 '리소스(Resource)'를 줄여서 표현한
것입니다. 이 [res]를 더블 클릭하면 다
음과 같이 3개의 기본 리소스들이 보이
는데요.

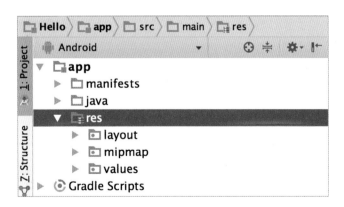

'layout', 'mipmap', 'values' 등 각각의 항목에 대해 간략하게 설명하면 다음과 같습니다.

| 용어 | 설명 |
|---|---|
| layout | 화면의 UI 를 담당하는 레이아웃 리소스 |
| mipmap | 애플리케이션 아이콘 등 이미지 |
| values | 문자열, 컬러 등 |

MainActivity 는 ContentView 로 'R.layout.activity_main'을 사용합니다. 이 파일이 바로 [layout] 디렉토리'
안에 담겨 있답니다. [layout] 하위에 위치하는 'activity_main.xml' 파일을 더블 클릭하면 다음과 같은 화면
이 등장합니다.

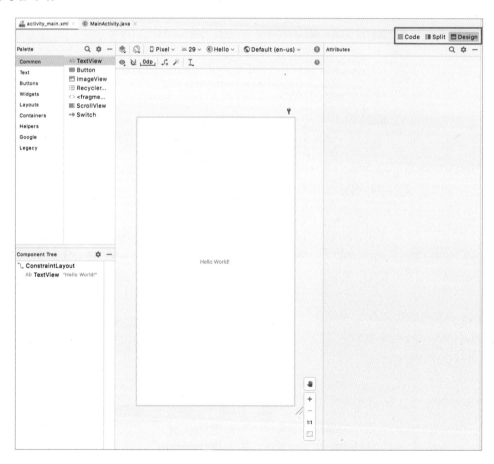

이는 'Layout 파일'을 편집할 수 있는 화면입니다. Android Studio는 레이아웃 편집을 세 가지 방법으로 제공하는데요, 하단에 있는 [Design], [Split], [Code] 탭을 확인해 주세요.

먼저 위지윅(WYSIWIG) 방식인 [Design] 탭 영역에서의 전반적인 편집은 마우스를 이용하여 UI를 작성하고 텍스트 편집은 해당 [텍스트 박스]를 직접 수정하는 방식으로 작업합니다.

이와 달리 코드를 직접 편집할 수 있는 화면도 살펴보죠. 하단의 [Code] 탭을 누르면 다음과 같은 화면이 나타납니다.

[Code] 탭에서는 안드로이드 UI를 XML 코드를 직접 수정하여 편집합니다. 'Design 모드'와 'Code 모드'는 각각 장단점이 있는데, [Design] 탭을 이용하여 UI를 수정하는 경우 마우스를 활용하여 Drag & Drop 형태로 편집하기 때문에 보다 직관적이고 빠르게 편집이 가능합니다.

하지만 안드로이드는 매우 다양한 해상도를 지원해야 하기 때문에, UI가 조금이라도 복잡해지면 Design 모드에서 세부 사항을 설정할 경우 상당한 시간이 소요됩니다.

[Split] 탭도 확인해보겠습니다.

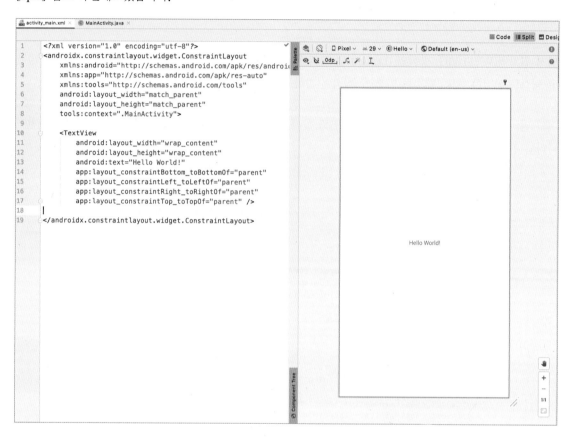

[Split] 탭은 코드와 미리보기 화면을 제공하는 형태입니다. 코드를 수정하면 미리보기 화면에서 바로 확인이 가능하죠.

사실 아직까지 실무에서는 'Design 모드'보다 'Split 모드'를 사용하여 대부분을 편집합니다. 우측에 Preview를 볼 수 있어 직관적인 편집이 가능하고, 사용법이 익숙해지면 복잡한 UI를 만들 때 빠른 속도로 개발이 가능하기 때문이죠.

하지만 최근에 새로운 레이아웃인 'Constraint Layout'이 제공되면서 [Design] 탭을 활용하여 UI를 작성하는 것 역시 매우 편리해졌습니다. 뒷장에서 실무 예제들을 다루면서 안드로이드 레이아웃을 어떻게 편집해야 하는지 자세하게 살펴보도록 하겠습니다.

다음으로 살펴볼 [res] 하위 항목은 [mipmap]입니다. 그 하위에는 'ic_launcher.png' 파일이 위치하는데, 이 이미지 파일은 애플리케이션이 런처에서 나타날 때 사용되는 아이콘입니다.

이미지 파일을 클릭하면 해당 이미지의 모양을 확인 할 수 있습니다.

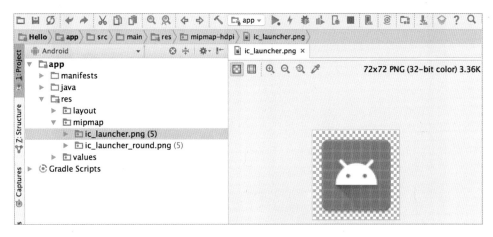

이렇게 출력된 '사이즈 정보' 및 '이미지 화상'은 런처에서 사용하는 앱 아이콘으로서, 실제로 아이콘이 이 모양과 크기로 보이는지 확인하려면 이전에 실행한 가상 장치를 참고하면 좋습니다.

이제, 가상 장치에서 [Home] 키를 입력하여 런처화면으로 진입합니다.

설치된 앱 리스트를 보기 위해 [앱 서랍] 버튼을 클릭합니다.

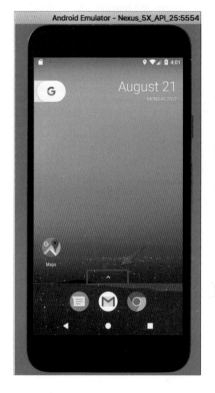

설치된 앱 리스트에 'Hello'가 보이시나요? Hello 앱의 아이콘은 이전의 mipmap 리소스에 있는 이미지와 동일하다는 것을 확인할 수 있습니다.

다음은 'values' 리소스를 살펴보겠습니다. values 리소스는 하위 목록으로 'color.xml', 'strings.xml', 'styles.xml'이 보입니다.

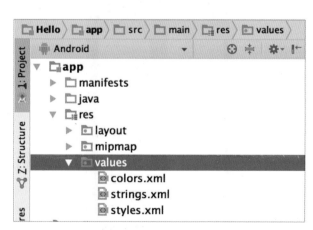

각 XML 파일은 이름처럼 컬러 값과, 문자열, 스타일 요소를 가지고 있습니다. 뒤에서 이 부분에 대해 자세하게 다루도록 하고, 여기서는 먼저 'strings.xml' 파일을 실행하여 열면 다음과 같은 화면이 나옵니다.

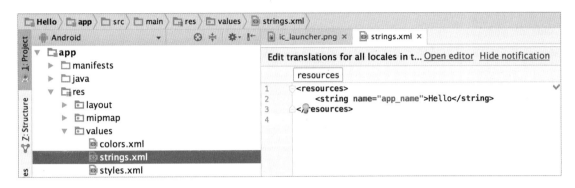

xml 내용중 'app_name'이라는 것이 보입니다. 이름에서 알 수 있듯이 'app_name'은 앱의 이름을 나타내는 문자열입니다. 실험 삼아 app_name 의 값인'Hello'를 'Hello Android'로 바꿔 보겠습니다.

다시 상단의 [Run] 버튼을 눌러 에뮬레이터에서 앱을 실행해 보세요. 다음과 같이 변경되어 있을 것입니다.

이렇게 안드로이드 프로젝트에서 코드의 위치 및 리소스 위치를 살펴보았습니다. 마지막으로 환경설정 파일 및 메타 정보 파일이 어디있는지 알아보도록 하겠습니다. 먼저 탐색할 것은 'AndroidManifest.xml' 파일입니다.

'AndroidManifest.xml' 파일은 Android 시스템이 앱의 코드를 실행하기 위해 반드시 알아야 하는 정보들을 모아 둔 것입니다. 따라서 모든 안드로이드 앱은 'AndroidManifest.xml' 파일을 가지고 있어야 합니다.

Android Studio에서 좌측 네비게이션 바의 [manifests]를 더블 클릭하겠습니다. 그럼 자동으로 'AndroidManifest. xml' 파일이 열리게 됩니다.

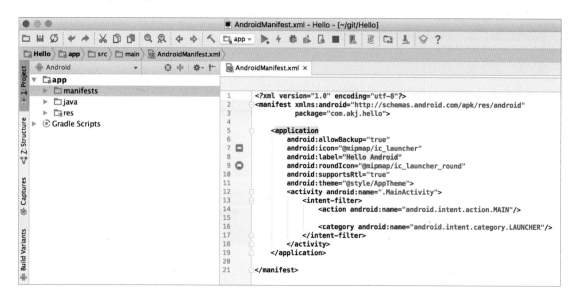

XML Application 태그에 이 앱에 기록된 정보들이 보입니다. 현재 보이는 각 항목들을 설명하면 다음과 같습니다.

| Attribute | 설명 |
|---|---|
| android:allowBackup | 애플리케이션의 데이터를 백업하고 복원할지 여부입니다. 이 속성의 기본 값은 true입니다. |
| android:icon | 애플리케이션의 아이콘과 각 애플리케이션의 구성 요소인 〈activity〉, 〈activity-alias〉, 〈service〉, 〈receiver〉, 〈provider〉에 대한 기본 아이콘입니다. |
| android:label | 전체 애플리케이션에 대한 사용자가 읽을 수 있는 레이블과 각 애플리케이션의 구성 요소인 〈activity〉, 〈activity-alias〉, 〈service〉, 〈receiver〉, 〈provider〉에 대한 기본 레이블입니다. |
| android:roundIcon | 안드로이드 7.1에 추가된 속성으로 원형 아이콘이 적합한 경우에는 원형 아이콘을 사용합니다. |

| | |
|---|---|
| android:supportsRtl | 애플리케이션이 오른쪽에서 왼쪽으로 (RTL) 레이아웃을 지원할지 여부를 선언합니다. 이 속성의 기본값은 false입니다 |
| android:theme | 기본 테마 스타일을 설정하는 속성입니다. Activity 마다 다르게 설정할 수 있습니다 |

AndroidManifest.xml 파일에 대해서도 뒷 장에서 자세하게 다루게 될 것입니다.

다음에 봐야 할 부분은 'Gradle Scripts'입니다. 'Gradle Scripts'는 애플리케이션이 어떻게 구성될 것인지 빌드 정보와 환경설정 정보를 가지고 있습니다. Android Studio 의 좌측 사이드 바에서 [Gradle Scripts]를 더블 클릭해 주세요.

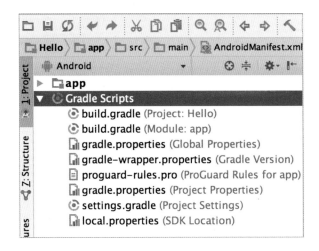

그런데 이 시점에서 궁금점이 생깁니다. 대체 '빌드'라는 것은 무엇일까요? 빌드와 컴파일에 대해서는 뒷 장의 프로그래밍의 개념 부분에서 다룰 것이기 때문에 여기서는 간단하게만 짚고 넘어 가겠습니다.

'빌드'란 바로 "프로젝트의 여러 파일을 취합하고 변환하여 안드로이드 시스템이 실행할 수 있는 소프트웨어를 만드는 과정"입니다. 그리고 이 빌드를 어떻게 할지 적어 둔 파일이 'build.gradle' 파일입니다.

'build.gradle' 파일은 'Project'와 'Module'로 두 가지가 있습니다. 이렇게 나뉘어져 있는 이유는 모듈화를 지원하기 위해서입니다. 모듈이란 서로 관련성이 높은 기능들을 하나로 묶고 독립적으로 관리하여 생산성을 높이는 방식 중 하나입니다.

예를 들어 비슷한 서비스를 하나는 스마트폰에 적용하고 하나는 스마트 워치에 적용한다면 서로 사용자에게 보여지는 UI 는 다르지만, 같은 서비스이기 때문에 동일하게 동작하는 부분들도 있을 터입니다. 만약에 두 개가 별도로 코드를 가지게 된다면 같은 기능을 업데이트 하기 위해 2개의 각기 다른 코드에서 작업해야 합니다. 이런 경우 실수가 발생하는 빈도가 높아, 버그가 발생할 확률도 함께 높아지겠지요. 하지만 같은 기능을 모듈로 분리하여 설계한다면 모듈의 코드만을 수정해도 스마트폰과 스마트 워치에 공통적으로 적용된다는 장점이 있습니다.

여기서 방금 만든 애플리케이션은 app 모듈입니다. 'build.gradle(Module:app)' 파일을 열어보겠습니다.

```
Hello  app    build.gradle

 Android ▾
  app
  Gradle Scripts
    build.gradle (Project: Hello)
    build.gradle (Module: Hello.app)
    gradle-wrapper.properties (Gradle Version)
    proguard-rules.pro (ProGuard Rules for Hello.app)
    gradle.properties (Project Properties)
    settings.gradle (Project Settings)
    local.properties (SDK Location)
```

```
You can use the Project Structure dialog to view and edit your project configuration        Open (⌘;)  Hide notification

 1   plugins {
 2       id 'com.android.application'
 3   }
 4
 5   android {
 6       compileSdkVersion 29
 7       buildToolsVersion "30.0.2"
 8
 9       defaultConfig {
10           applicationId "com.akj.hello"
11           minSdkVersion 21
12           targetSdkVersion 29
13           versionCode 1
14           versionName "1.0"
15
16           testInstrumentationRunner "androidx.test.runner.AndroidJUnitRunner"
17       }
18
19       buildTypes {
20           release {
21               minifyEnabled false
22               proguardFiles getDefaultProguardFile('proguard-android-optimize.txt'), 'proguard-rules.pro'
23           }
24       }
25       compileOptions {
26           sourceCompatibility JavaVersion.VERSION_1_8
27           targetCompatibility JavaVersion.VERSION_1_8
28       }
29   }
30
31   dependencies {
32
33       implementation 'androidx.appcompat:appcompat:1.1.0'
34       implementation 'com.google.android.material:material:1.1.0'
35       implementation 'androidx.constraintlayout:constraintlayout:1.1.3'
36       testImplementation 'junit:junit:4.+'
37       androidTestImplementation 'androidx.test.ext:junit:1.1.1'
38       androidTestImplementation 'androidx.test.espresso:espresso-core:3.2.0'
```

안드로이드는 'Gradle'이라는 빌드 시스템을 사용합니다. Gradle 에 관하여는 요소를 중심으로 간략하게 설명하도록 하겠습니다.

'build.gradle' 파일에는 크게 두가지 요소가 있는데요. 바로 'android'와 'dependencies'입니다. android 요소들은 빌드할 때 android 설정과 관련한 요소입니다. 다음 표를 참고하도록 하겠습니다.

| 속성 | 설명 |
| --- | --- |
| compileSdkVersion | Gradle이 앱을 컴파일하기 위해 사용해야하는 Android API 레벨을 지정합니다. |
| buildToolsVersion | Gradle이 앱을 빌드 할 때 사용해야하는 SDK 빌드 도구, command-line 유틸리티 및 컴파일러의 버전을 지정합니다. SDK 관리자를 사용하여 빌드 도구를 다운로드해야 합니다. |
| defaultConfig.applicationId | 게시할 패키지를 고유하게 식별하기 위한 속성입니다. AndroidManifest.xml 파일의 package 속성에 정의된 패키지 이름을 참조해야 합니다. |
| defaultConfig.minSdkVersion | 앱을 실행하는데 필요한 최소 API 레벨을 지정합니다. |
| defaultConfig.targetSdkVersion | 앱 구현에 사용되는 API 레벨을 지정합니다. |
| defaultConfig.versionCode | 앱의 버전을 정의합니다. |
| defaultConfig.versionName | 앱의 버전 이름을 정의합니다. |
| defaultConfig.testInstrumentationRunner | 기본 테스트 계측 실행기를 설정합니다. |

'dependencies'는 이 애플리케이션이 작동하기 위해 필요한 라이브러리들을 적는 곳입니다. 방금 만든 Hello 애플리케이션은 라이브러리로 'AppCompat', 'ConstraintLayout'을 사용하고 있는 것을 볼 수 있습니다. 다음은 각각에 대한 설명을 정리한 표입니다.

| 라이브러리 | 설명 |
|---|---|
| androidx.appcompat:appcompat | AppCompat이라고 불리는 라이브러리입니다. 안드로이드는 빠르게 업데이트 되는 플랫폼이기 때문에 최신 UI 요소들을 하위 플랫폼에서는 사용할 수 없는 경우가 많습니다.<br><br>AppCompat 은 하위 버전에서도 최신 버전의 UI 를 지원하기 위해 사용됩니다. |
| androidx.constraintlayout:constraintlayout | ConstraintLayout 은 멀티해상도를 좀더 쉽게 지원하기 위하여 최근 추가된 레이아웃입니다. UI 요소를 Constraint 라는 제약으로 관리하기 때문에 다양한 화면에 대응이 가능합니다.<br><br>뒷 장에서 이 부분에 대해서 자세하게 다루도록 하겠습니다. |

지금까지 안드로이드 프로젝트의 구조를 살펴보았습니다. 핵심적인 내용을 강조하자면 다음과 같습니다.

◆ 안드로이드 프로젝트는 크게 '코드, 리소스, 매니페스트(AndroidManifest.xml), 빌드 스크립트(build.gradle)' 등으로 이루어져 있다.

◆ '코드'는 [app 〉 java] 하위 경로에 있으며 프로그램의 동작을 작성한다.

◆ '리소스'는 [app 〉 res] 경로에 있으며 앱이 사용하는 화면 레이아웃, 아이콘 이미지, 문자열 등이 있다.

◆ 'AndroidManifest.xml' 파일은 안드로이드 시스템이 알아야하는 필수 정보를 가지고 있으며 Application 의 권한정보, Activity 정보 등을 가지고 있다.

◆ '빌드 스크립트'는 앱의 설정 정보(버전코드, 최소 SDK 버전 등)를 가지고 있으며 기타 앱이 의존하는 라이브러리의 정보 역시 포함된다.

## 3.3 | 프로그래밍의 기본

안드로이드 프로그래밍을 본격적으로 시작하기에 앞서 프로그래밍에 대한 기본적인 부분을 공부하기로 하겠습니다. 지금부터 3장의 끝까지는 이전의 Hello 애플리케이션을 이용하여 프로그래밍의 기초를 다룰 것이기 때문에 이미 개발 경험이 있는 분은 다음 장으로 넘어가도 무방합니다.

안드로이드를 본격적으로 다루기에 앞서 프로그래밍 기초를 다지는 이유는, 기초적인 사항들을 모르는 경우 예제들은 따라할 수 있더라도, 응용하기에는 무리가 따를 수 있기 때문입니다. 따라서 지금부터 프로그램의 기초적인 사항들을 차근차근 파악하고 넘어가고자 합니다. 프로그래밍 기초도 내용이 매우 방대하기 때문에 각 개념의 핵심적인 부분들만 간추려 공부하도록 하겠습니다.

우선 '프로그래밍'이란 무엇일까요?

프로그래밍은 프로그램을 개발하는 행위를 말합니다. 그렇다면 '프로그램'이란 무엇일까요? 프로그램의 사전적인 정의는 "어떤 작업을 하기위한 명령 또는 지시사항이 순서대로 나열되어 있는 것"입니다.

다음과 같은 순서도를 본 적이 있을 것입니다. 다음의 순서도는 전구가 작동하지 않을 때의 해결 방안을 도식화한 것인데, "전구가 작동하지 않는다" 라는 상황에서 수행할 수 있는 지시사항이 나열되어 있기 때문에 일상 생활에서 사용되는 하나의 프로그램이라고 간주할 수 있습니다.

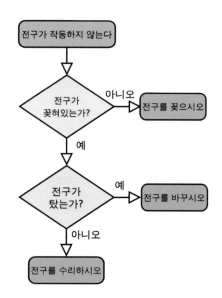

소프트웨어 프로그램 역시 마찬가지입니다. 소프트웨어 프로그램은 컴퓨터와 같은 기계가 작업을 하기 위한 명령 리스트를 작성하는 것이라고 볼 수 있습니다.

그리고 기계가 작동하는 방법을 적은 것이 '코드(Code)'이기 때문에, 프로그래밍하는 과정을 가리켜 코드를 작업하는 행위인 '코딩'이라고 부르기도 합니다.

이전 과에서 공부한 'Android Studio'에 코드가 어디에 있었는지 기억 하시나요? Hello 애플리케이션은 'MainActivity.java' 파일에 핵심 코드가 들어가 있었습니다. 즉, 프로그래밍을 하려면 해당 Java 파일을 수정하면 될 것임을 추측할 수 있습니다. 맞습니다. 여기서부터 실제로 'MainAcivity.java' 파일을 수정하면서 프로그래밍에 대해 익혀 보겠습니다.

Android Studio 에서 'MainActivity.java' 파일을 더블 클릭하세요. 'MainActivity.java'에 다음 코드를 입력해 보세요.

```
© MainActivity.java ×
1        package com.akj.hello;
2
3    ▶  import android.os.Bundle;
4    ▶  import android.widget.Toast;
5
6    ⌐  import androidx.appcompat.app.AppCompatActivity;
7
8 🖳     public class MainActivity extends AppCompatActivity {
9    ▶
10   ▶
11 ●↑      protected void onCreate(Bundle savedInstanceState) {
12   ▶          super.onCreate(savedInstanceState);
13   ▶          setContentView(R.layout.activity_main);
14   ▶          Toast.makeText(getApplicationContext(), text: "프로그래밍을 시작해보자!", Toast.LENGTH_LONG).show();
15   ▶      }
16       }
17
```

## Import 와 Auto Import 에 대하여

처음 코드를 작성할 때에 '자동 완성 기능'을 사용하지 않고 그대로 타이핑하는 경우에 14번 라인의 'Toast' 행이 빨간색으로 표시될 수 있습니다. 그 이유는 'Toast'라는 클래스가 import되지 않았기 때문인데요.

빨간색으로 표시되는 Toast 클래스를 클릭하고 [Alt + Enter] 키를 누르면 안드로이드 스튜디오에서 필요한 패키지를 자동으로 import하게 됩니다.

import는 Java 언어에서 다른 패키지에 선언되어 있는 모듈을 가져올 때 사용됩니다. 참고로 '클래스의 이름'이 같다고 하더라도 '패키지가 다르면' 엄연히 다른 클래스인데요. 예를 들어 위에 사용된 Toast의 실제 이름은 'android.widget.Toast'라는 클래스이지만 코드에서 매번 android.widget.Toast라는 클래스 이름을 쓰기에는 불편하기 때문에 상단부에서 패키지를 import해 두는 것입니다.

이런 import 과정 역시 매번 [Alt + Enter] 키를 눌러 진행하는 것은 불편하기 때문에 안드로이드 스튜디오에는 필요한 import 문을 자동으로 넣는 옵션이 있는데, [File 〉 Settings] 메뉴를 선택한 후 [Editor 〉 General 〉 Auto Import] 순으로 선택합니다.

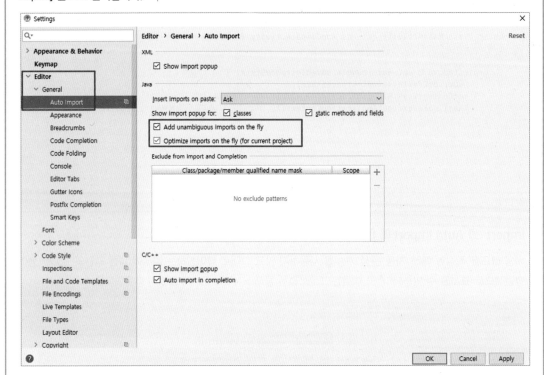

'첫 번째 체크 박스'는 모호하지 않은 import 문을 즉시 추가하는 것이며 '두 번째 체크 박스'는 불필요한 import 문을 제거하여 자동으로 최적화해 주는 선택 사항이죠.

첫 번째 체크 박스를 체크하더라도, 클래스에 이름이 중복되는 것이 존재하여 어느 것을 import해야 할지 안드로이드 스튜디오가 예측 불가능한 경우에는 자동으로 import되지 않을 수 있습니다. 이런 경우에는 앞서 실행한 것과 같이 [Alt + Enter] 키를 누르고 import 진행할 패키지를 선택하면 됩니다.

소스를 수정한 뒤에 상단 [Run] 버튼을 눌러 가상 장치를 실행해 보세요. 위 그림과 같이 메시지가 잠시 나왔다가 사라질 것입니다. 참고로, 여기서 작성한 코드는 일시적으로 메시지를 띄웠다가 사라지게 하는 역할을 합니다. 'Toast'라는 새로운 객체가 등장했지만 뒤에서 자세하게 설명할 것이므로 여기서는 프로그래밍의 개념 자체에만 우선 집중해 보겠습니다.

방금 작성한 코드는 'MainActivity'가 실행될 때 일시적으로 나왔다가 사라지는 'Toast' 관련 메시지를 보여주는 명령입니다. 방금 작성한 부분을 순서도로 그리면 다음과 같습니다.

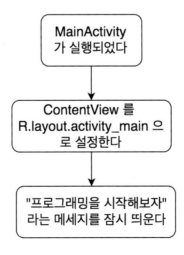

앞서 프로그래밍은 상황에 대한 지시사항 리스트를 작성하는 것으로 볼 수 있다고 했습니다.

방금 코드는 안드로이드 장치에서 'MainActivity'가 시작되었을 때 실행해야 할 명령을 작성한 것이니 분명한 프로그래밍입니다. 화면에 나오는 메시지처럼 이제 실질적인 프로그래밍을 시작한 것입니다.

이번 과에서 배운 내용을 요약하면 다음과 같습니다.

- ◆ 프로그램은 특정 상황에서 실행해야 할 명령 리스트를 작성한 것이다.

- ◆ 소프트웨어 프로그램은 컴퓨터와 같은 장치가 해야 하는 명령 리스트를 작성하는 것으로 볼 수 있다.

- ◆ 소프트웨어 프로그램 명령은 Code(코드)로 작성할 수 있다.

- ◆ 앞 장에서 만든 Hello 라는 애플리케이션의 코드는 MainActivity.java 이다.

# 3.4 | 컴파일(Compile)과 빌드(Build)

앞서 프로젝트의 구조를 살펴보았을 때 **컴파일(Compile)**과 **빌드(Build)**라는 용어를 언급했었습니다. 이번 과에서는 'Compile'과 'Build'가 무엇을 의미하는지 좀 더 자세하게 알아보고 넘어가도록 하겠습니다.

먼저 'Compile'에 대해 알아보도록 하겠습니다. 일상 생활에서 비슷한 예를 찾으면 '통역'을 생각할 수 있습니다. 통역사는 서로 사용하는 언어가 다른 사람들의 이야기를 이해하여 그 뜻을 전달해 주는 '매개체' 역할을 하죠.

프로그램 개발 과정에서 'Compile'이 필요한 이유는 사람과 기계가 정보를 인지하는 방식이 다르기 때문입니다. "디지털 세상은 '0'과 '1'로 이루어져 있다"는 말은 들어 보셨죠? 이러한 말이 생긴 이유는, 기계가 이해할 수 있는 정보는 '전기 신호가 통하는' 것과 '통하지 않는' 것 오직 2가지밖에 없기 때문입니다. 두 가지 정보이기 때문에 2진수로 표현이 가능하고, '0'과 '1'이라는 두 수로 나타내는 것이지요.

사람의 세계에서 통역은 통역사가 해주는 것처럼, 'Compile'은 'Compiler'가 담당합니다. 'Compiler'는 통역사처럼 사람과 기계 사이의 언어를 이해하고 뜻을 전달해 주는 역할을 하는 것이지요.

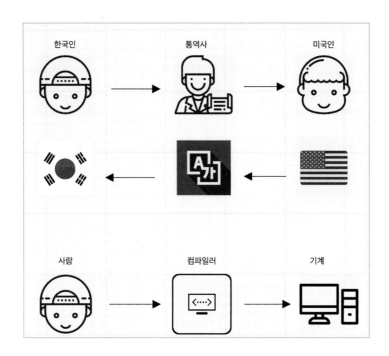

보다 더 정확하게 말하면 컴파일러가 꼭 '기계가 이해할 수 있는 언어'로 변환을 해야 하는 것은 아닙니다. 'A'라는 언어를 'B'라는 언어 형태로 변경한다면 그것도 '컴파일러'라고 부를 수 있습니다. 즉 'Java'라는 언어를 'C 언어'로 바꾸는 것 역시 '컴파일'이라고 볼 수 있는 것이죠. 이렇게 바로 기계어로 번역하지 않는 이유는 이미 기존에 있는 컴파일러를 이용하는 것이 완전히 새로운 컴파일러를 개발하는 것보다 유리하기 때문입니다.

컴파일러가 무엇이고, 왜 코드를 컴파일하는지 이해하기 위해서는 컴퓨터 프로그래밍의 발전이 거쳐 온 역사를 들여다보는 것이 좋습니다. 컴퓨터가 개발된 지 얼마되지 않았을 때, 컴퓨터는 주로 '계산을 빠르게 처리하는 장치'로 사용되었죠. 당시의 프로그래밍이란 '천공카드'를 이용하여 '종이에 구멍을 뚫는 형태'로 진행하였습니다.

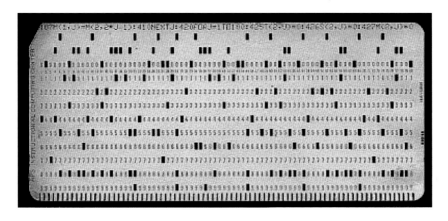

최초의 컴퓨터 프로그래밍은 위와 같은 모습으로 시작했을 것입니다. 필자도 그 때의 프로그래밍을 경험한 적은 없지만 현대와 비교해 매우 번거로운 과정이었음을 추측할 수 있겠죠? 이런 방법으로는 복잡하고 까다로운 프로그래밍을 하기가 거의 불가능할 것입니다.

시간이 흐른 뒤 반도체가 발전하면서 '어셈블리어'라는 언어가 나오게 되었습니다. 어셈블리어는 컴퓨터가 작동하는 방식을 그대로 기호화한 것입니다. 과거에 기계가 천공카드를 순서대로 읽으면서 동작하였듯이, 컴퓨터에서는 'CPU'라는 장치가 천공카드 대신 주기억장치(RAM)를 읽으면서 작동합니다.

컴퓨터 작동 방식을 그림과 함께 간략히 소개하면 다음과 같습니다.

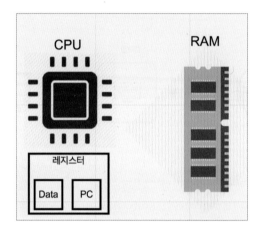

컴퓨터는 내부에 'CPU'라는 연산장치를 가지고 있고, CPU 는 '레지스터'라는 기억장치를 가지고 있습니다. CPU 의 기본 동작 방식은 PC 레지스터에 기록되어 있는 메모리 주소의 명령어를 읽어 실행하는 것입니다. 만일 메모리의 PC 레지스터 값을 바꾸는 명령이 없다면 순서대로 다음 메모리 영역의 명령어를 읽습니다. 그리고 RAM(메모리)에는 CPU 가 실행해야 할 명령어가 기록되어 있습니다. 메모리에 PC 레지스터 값을 바꾸는 명령이 있다면 다음부터는 바뀐 메모리 주소의 명령어를 읽어 실행하게 됩니다.

어셈블리어는 위와 같은 CPU 의 동작방식을 그대로 기호화 한 것입니다. 그렇기 때문에 CPU 연산에 대한 높은 이해도가 필수적이라고 할 수 있겠죠.

우측 그림은 어셈블리어로 "Hello, World!"를 화면에 출력하는 것입니다. 어셈블리어에서 'mov'는 레지스터에 데이터를 옮기는 것입니다. 즉 'mov ds, ax 명령'은 'ax 레지스터의 값'을 "ds 레지스터로 옮긴다"는 의미인 것이죠. 또 Int 21h 는 CPU 에게 특정 명령을 위한 인터럽트를 보내는 것입니다.

```
adosseg
.model small
.stack 100h

.data
hello_message db 'Hello, World!',0dh,0ah,'$'

.code
main proc
        mov     ax, @data
        mov     ds, ax

        mov     ah, 9
        mov     dx, offset hello_message
        int     21h

        mov     ax, 4C00h
        int     21h
main endp
end main
```

얼핏봐도 이 프로그램이 어떻게 동작하는지 한눈에 이해하기는 어렵습니다. 또한 레지스터의 종류와 명령어 종류는 CPU 마다 다르기 때문에 우측 코드는 다른 CPU 에서는 작동되지 않을 가능성이 매우 높습니다.

그렇지만 이것 조차도 기계어를 직접 작성하는 것보다는 훨씬 편리하다고 할 수 있습니다. 만일 기계어를 직접 작성했다면 다음과 같은 형태를 보였을 것입니다. 다음은 리눅스 운영체제에서 Hello, World 의 바이너리 코드입니다.

```
7f 45 4c 46 01 01 01 00    00 00 00 00 00 00 00 00
02 00 03 00 01 00 00 00    80 80 04 08 34 00 00 00
c8 00 00 00 00 00 00 00    34 00 20 00 02 00 28 00
04 00 03 00 01 00 00 00    00 00 00 00 00 80 04 08
00 80 04 08 9d 00 00 00    9d 00 00 00 05 00 00 00
00 10 00 00 01 00 00 00    a0 00 00 00 a0 90 04 08
a0 90 04 08 0e 00 00 00    0e 00 00 00 06 00 00 00
00 10 00 00 00 00 00 00    00 00 00 00 00 00 00 00
ba 0e 00 00 00 b9 a0 90    04 08 bb 01 00 00 00 b8
04 00 00 00 cd 80 b8 01    00 00 00 cd 80 00 00 00
48 65 6c 6c 6f 2c 20 77    6f 72 6c 64 21 0a 00 2e
73 68 73 74 72 74 61 62    00 2e 74 65 78 74 00 2e
64 61 74 61 00 00 00 00    00 00 00 00 00 00 00 00
00 00 00 00 00 00 00 00    00 00 00 00 00 00 00 00

0b 00 00 00 01 00 00 00    06 00 00 00 80 80 04 08
80 00 00 00 1d 00 00 00    00 00 00 00 00 00 00 00
10 00 00 00 00 00 00 00    11 00 00 00 01 00 00 00
03 00 00 00 a0 90 04 08    a0 00 00 00 0e 00 00 00
00 00 00 00 00 00 00 00    04 00 00 00 00 00 00 00
01 00 00 00 03 00 00 00    00 00 00 00 00 00 00 00
ae 00 00 00 17 00 00 00    00 00 00 00 00 00 00 00
01 00 00 00 00 00 00 00
```

위의 그림조차도 기계어 코드를 그냥 나타내면 너무 길어지기 때문에 2진수를 16진수로 변환하여 나타낸 것입니다. 이런 2진수의 코드를 직접 작성하는 것은 현실적으로 불가능 하기 때문에 어셈블리어도 기존의 것에 비하면 매우 프로그래밍이 쉬워진 셈입니다.

어셈블리어가 CPU 가 동작해야 하는 것을 그대로 프로그래밍 했다고 하더라도 사용된 언어는 영어이지 기계어가 아닙니다. 즉 어셈블리어도 기계어로 변환하기 위해서는 통역이 필요합니다. 이 때, 어셈블리어를 기계어로 변환해주는 역할은 '어셈블러'라는 프로그램이 담당합니다.

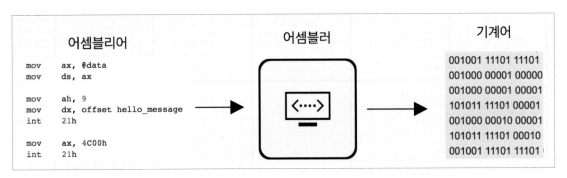

시간이 지나면서 더 사람이 이해하기 쉬운 높은 수준의 언어들이 등장했는데 대표적인 것으로 C 언어가 있습니다. C 언어도 기계가 이해하기 위해서는 기계어로 변환을 해야 하는데, C 언어와 같은 고급 언어를 바로 기계어로 바꾸는 것은 쉬운 일이 아닙니다.

그래서 C 언어를 곧바로 기계어로 바꾸는 것이 아니라 C 언어를 먼저 어셈블리어로 바꾸고, 어셈블리어는 기존에 사용되던 어셈블러를 거쳐 기계어로 만드는 방식이 채택됩니다.

이처럼 발전해 온 컴파일러의 최종 목적은 개발자가 작성한 코드를 기계가 이해하는 언어로 바꾸는 것이지만, 넓은 의미로는 고 수준의 언어를 저 수준의 언어로 바꾸는 것을 "Compile 한다"고 칭하고 있습니다.

여기서 '고수준, 저수준'이라는 것은 언어가 사람의 언어에 가까운지 기계의 언어에 가까운지로 구분합니다. 사람이 쓰기 쉬운 언어를 '고수준 언어'라고 부르고 기계가 이해하기 쉬운 형태의 언어를 '저수준의 언어'라고 부르죠.

저렇게 '고/저수준' 등으로 이야기하면 고수준의 언어가 항시 우월한 것이 아닌가에 대한 의문이 들 수 있지만 꼭 그런 것만은 아닙니다. 저수준의 언어는 사람이 이해하기는 어렵지만 기계 측면에서 보다 세밀하게 제어할 수 있다는 점에서 성능적인 이점이 존재하기 때문입니다.

프로그램에 버그가 없다는 전제 하에서 보면 JAVA 보다는 C 언어가, C 언어보다는 어셈블리어가 성능 상 이점을 지니게 되는 것이죠. 반면 저수준의 언어일수록 복잡한 프로그램을 작성하기 어렵고 오류를 범하기 쉽습니다. 현대에는 하드웨어가 눈부시게 발전했고 컴파일러가 기계어를 바꾸는 방법 역시 최적화되었기 때문에, 저수준의 언어가 가진 이점이 크지 않은 시대가 되었습니다. 따라서 점차 고수준 프로그래밍 언어들의 인기가 높아져 가고 있는 거죠.

이제 컴파일에 대해서는 알아보았는데 그렇다면 'Build'란 무엇일까요?

컴파일하여 기계어로 코드를 바꾼다고 하더라도 이 코드를 바로 실행할 수는 없습니다. 코드간에 존재할 수 있는 의존성 때문입니다. 예를 들어 A 코드의 'print'라는 기능이 B 코드에 적혀 있을 수 있는 것이죠.

코드는 결과적으로는 기계어로 번역되어 주 기억장치에 저장되어야 합니다. 앞서 CPU 의 동작을 간략하게 소개했듯이, CPU 는 PC 레지스터에 저장되어 있는 메모리 주소에 기록되어 있는 명령어를 읽어 와 실행하는 것이기 때문이지요.

그런데 앞의 예와 같이 A 코드의 'print'라는 기능이 B 코드에 적혀 있다면 서로 참조하는 메모리 주소를 몰라 참조할 수가 없게 되고, 각 코드의 시작 위치를 연결할 방법이 필요합니다. 이렇게 여러 개의 코드로 분리된 기능들을 취합하는 과정을 'Linking'이라고 하고 실제로 메모리에 올리는 것을 'Load'라고 합니다.

그리고 소프트웨어 빌드란 이런 세부적인 모든 과정을 모두 통합하여 칭하는 것입니다. 빌드의 개념에 접근하기 위해 다소 어려울 수 있는 이야기들을 소개했지만, 결국 빌드란 소스 코드 파일을 컴퓨터에서 실행할 수 있도록 독립 소프트웨어 가공물로 변환하는 과정을 뜻한다고 기억하면 좋겠습니다.

이번 장에서는 컴파일과 빌드에 대해서 좀더 자세하게 알아보았습니다. 하드웨어적인 부분이 포함되어, 처음 프로그래밍을 접하는 분에게는 살짝 난이도 있게 느껴졌을 수 있습니다. 하지만 빌드와 컴파일이 무엇을 의미하는지 대략적인 그림을 그릴 수 있는 정도만 되어도 충분합니다. 최근에 제공되는 통합 개발 환경에서는 위 사항들을 염려할 필요 없이 버튼 하나로 빌드 및 실행이 가능하기 때문이지요.

이전의 'Hello 예제' 역시 [Run] 버튼 하나로 빌드 및 실행이 된것입니다. 참으로 간단했지만 내부적으로는 코드를 컴파일하고 리소스를 변환하고 매니페스트를 통합하고 안드로이드 시스템이 실행가능한 형태로 변경되는 과정을 거친 것이지요.

이번 과의 내용을 요약하면 다음과 같습니다.

- ◆ 사람이 사용하는 프로그래밍 언어와 기계가 이해할 수 있는 언어는 다르다.
- ◆ Compile 은 고수준의 언어(사람이 사용하기 쉬운 언어) 를 저수준의 언어(기계가 이해하기 쉬운 언어)로 바꾸고 최종적으로는 기계가 이해할수 있는 언어로 바꾸는 것이다.
- ◆ 기계어로 바꾸어도 바로 실행할 수는 없고 각각 분리된 기계어 코드가 통합되고 메모리에 올라가는 Linking 과정과 Load 과정이 필요하다
- ◆ 빌드는 Compile, Linking, Load 과정을 포함해 소스 코드를 기계가 실행할 수 있는 독립적인 형태로 바꾸는 모든 과정을 말한다.

## 3.5 | 주석(Comment)의 이해

이번 과에서는 프로그래밍 언어를 본격적으로 학습하기에 앞서 '주석'에 대해 먼저 설명할 생각입니다. 앞으로 코드에 주석을 달아 내용을 설명할 것이기 때문이죠. 주석이란 작성된 코드를 이해하기 쉽게 끔 설명을 첨부하는 것입니다. 주석과 코드는 엄연히 다르며 주석은 기계어로 컴파일되지 않는 점이 특징적입니다. 순전히 개발자를 위해 존재하는 것이지요.

안드로이드 개발은 주로 'Java 언어'와 'XML'로 작업하기 때문에 Java 언어와 XML 에서 주석을 사용하는

법을 알아보도록 하겠습니다. 안드로이드 스튜디오(Android Studio)에서 'MainActivity.java' 파일을 열고 다음 그림처럼 주석을 작성해 주세요.

```java
1    package com.akj.hello;
2
3    import android.os.Bundle;
4    import android.widget.Toast;
5    import androidx.appcompat.app.AppCompatActivity;
6
7    public class MainActivity extends AppCompatActivity {
8
9        // MainActivity 가 최초 실행될때 실행된다
10       @Override
11       protected void onCreate(Bundle savedInstanceState) {
12           super.onCreate(savedInstanceState);
13           // Activity 의 UI 를 R.layout.activity_main 으로 한다.
14           setContentView(R.layout.activity_main);
15
16           // "프로그래밍을 시작해보자!" 메세지를 잠시 보여준다.
17           Toast.makeText(getApplicationContext(),  text: "프로그래밍을 시작해보자!", Toast.LENGTH_LONG).show();
18       }
19   }
20
```

9, 13, 16 라인에서 "//"로 시작하는 것이 보이나요? Java 에서 주석을 사용하는 가장 기본적인 방법 "//"를 삽입하는 것입니다. "//"를 입력하면 사용한 해당 라인이 주석으로 처리됩니다.

경우에 따라서는 주석을 여러 라인으로 달아야 하는 경우도 있습니다. 각 줄 마다"//"를 입력한다면 상당히 번거로울 것이기 때문이죠. 그런 경우에는 다음과 같이 작성하면 됩니다.

```java
1    package com.akj.hello;
2
3    import android.os.Bundle;
4    import android.widget.Toast;
5    import androidx.appcompat.app.AppCompatActivity;
6
7    public class MainActivity extends AppCompatActivity {
8
9        // MainActivity 가 최초 실행될때 실행된다
10       @Override
11       protected void onCreate(Bundle savedInstanceState) {
12           super.onCreate(savedInstanceState);
13           // Activity 의 UI 를 R.layout.activity_main 으로 한다.
14           setContentView(R.layout.activity_main);
15
16           // "프로그래밍을 시작해보자!" 메세지를 잠시 보여준다.
17           Toast.makeText(getApplicationContext(),  text: "프로그래밍을 시작해보자!", Toast.LENGTH_LONG).show();
18           /*
19           여러 라인의 주석을 사용하는 법
20           주석 2 번째줄
21           주석 3 번째줄
22           */
23       }
24   }
25
```

위의 예처럼 주석을 여러 라인으로 하고 싶은 경우엔 "/*"로 시작해서 "*/"로 끝내면 됩니다.

반면 Java에는 'JavaDoc'이라는 특별한 형태의 주석이 있는데 'Javadoc'은 주석을 체계화하여 관리하기 위해 사용됩니다. 특정 포맷에 맞게 주석을 적으면 외부 파일에서도 해당 코드의 설명을 읽을 수 있는 것이죠.

말로 설명하는 것보다 눈으로 확인하는 것이 더 좋을 것 같습니다. 안드로이드 스튜디오에 onCreate 함수를 마우스로 클릭하고 [Ctrl + Q] 키를 눌러 보세요.

```
1    package com.akj.hello;
2
3    import android.os.Bundle;
4    import android.widget.Toast;
5    import androidx.appcompat.app.AppCompatActivity;
6
7    public class MainActivity extends AppCompatActivity {
8
9        // MainActivity 가 최초 실행될때 실행된다
10       @Override
11       protected void onCreate(Bundle savedInstanceState) {
12           super.onCreate(
13           // Activity 의 U         com.akj.hello.MainActivity
14           setContentView(        protected void onCreate(Bundle savedInstanceState)
15
16           // "프로그래밍을 시         Description copied from class: androidx.fragment.app.FragmentActivity
17           Toast.makeText(                    Perform initialization of all fragments.
18           /*                      Overrides:                onCreate in class AppCompatActivity     st.LENGTH_LONG).show();
19           여러 라인의 주석을 사용하는 법   chapter3-hello.app
20           주석 2 번째줄
21           주석 3 번째줄
22           */
23       }
24   }
25
```

[Ctrl + Q] 키는 자동으로 'JavaDoc'을 인지하여 위 화면처럼 설명이 나오게 되는데 여기서도 간단하게 JavaDoc 포맷으로 주석을 달아 보도록 하죠. 'MainActivity'에 다음과 같이 주석을 추가하세요.

```
1    package com.akj.hello;
2
3    import android.os.Bundle;
4    import android.widget.Toast;
5    import androidx.appcompat.app.AppCompatActivity;
6
7    public class MainActivity extends AppCompatActivity {
8
9        /**
10        * MainActivity 가 최초 실행될 때 실행된다.
11        * 자바독 주석을 확인하려면 ctrl + q 키를 누르자
12        * @param savedInstanceState
13        */
14       @Override
15       protected void onCreate(Bundle savedInstanceState) {
16           super.onCreate(savedInstanceState);
17           // Activity 의 UI 를 R.layout.activity_main 으로 한다.
18           setContentView(R.layout.activity_main);
```

JavaDoc 주석은 '/**'로 시작해 '*/'로 끝납니다. 위와 같이 주석을 입력하고 다시 onCreate 함수에서 [Ctrl + Q] 키를 눌러 보세요.

```java
1    package com.akj.hello;
2
3    import android.os.Bundle;
4    import android.widget.Toast;
5
6    import androidx.appcompat.app.AppCompatActivity;
7
8    public class MainActivity extends AppCompatActivity {
9
10
11       /**
12        * MainActivity 가 최초 실행될 때 실행된다.
13        * 자바독 주석을 확인하려면 F1 키를 누르자.
14        *
15        * @param savedInstanceState
16        */
17       @Override
18       protected void onCreate(Bundle savedInstanceState) {
19           super.onCreate(s...
20           // Activity 의 UI...
21           setContentView(R...
22
23           // "프로그래밍을 시작...
24           Toast.makeText(g...                                    보자!", Toast.LENGTH_LONG).show();
25       }
26    }
27
```

도움말 팝업창에 방금 작성한 주석이 첨부된 것이 보이시나요? JavaDoc 사용법은 여러 가지가 있지만 여기서는 이 정도로 소개하도록 하겠습니다.

다음으로 알아보아야 하는 것은 XML 파일에서 주석을 사용하는 법입니다. XML은 태그 기반 언어이기 때문에 주석도 특정 태그를 사용합니다.

안드로이드 스튜디오에서 [app 〉 res 〉 activity_main.xml]을 열고 다음과 같이 주석을 입력해 보세요.

```xml
1    <?xml version="1.0" encoding="utf-8"?>
2    <androidx.constraintlayout.widget.ConstraintLayout
3        xmlns:android="http://schemas.android.com/apk/res/android"
4        xmlns:app="http://schemas.android.com/apk/res-auto"
5        xmlns:tools="http://schemas.android.com/tools"
6        android:layout_width="match_parent"
7        android:layout_height="match_parent"
8        tools:context=".MainActivity">
9        <!-- XML 파일에서 주석을 사용하는 법입니다 -->
10       <TextView
11           android:layout_width="wrap_content"
12           android:layout_height="wrap_content"
13           android:text="Hello World!"
```

9번째 라인을 주목해 주세요. XML에서는 "<!--"가 주석을 시작하는 방법입니다. 주석을 끝내려면 "-->"를 입력하면 됩니다. 이제 주석을 사용하는 방법을 알았으니 마음껏 코드에 설명을 적으며 작업할 수 있습니다. 다음 과 부터는 주석을 활용해 가며 안드로이드 프로그래밍을 익혀 보도록 하겠습니다.

이번 과에서 배운 내용을 요약하면 다음과 같습니다.

- ◆ 주석은 코드의 이해를 돕기 위해 추가 설명을 덧붙이는 것이다.

- ◆ 주석은 코드와 달리 컴파일되지 않는다.

- ◆ Java 에서 한 라인의 주석을 시작하기 위해서는 '//'를 사용한다.

- ◆ Java 에서 여러 라인의 주석을 시작하기 위해서는 '/* '로 시작해 ' */ '로 끝낸다.

- ◆ Java 는 Javadoc 이라는 특정 포맷의 주석이 있고, JavaDoc 으로 주석을 작성하면 IDE 에서 해당 코드의 도움말로 참조가 가능하다.

- ◆ XML 에서 주석을 작성하기 위해서는 '(!—'로 시작해 '— )'로 끝내야 한다.


## 3.6 | 시작점(Entry Point)과 매니페스트(Manifest) 파일

이번 과에서는 'Entry Point'에 대해서 이야기해 볼 예정입니다. 소프트웨어에서 'Entry Point'는 '진입점'을 지칭합니다. 좀더 쉽게 설명하자면 위에서 실습했던 Hello 예제에서 'Hello'라는 "애플리케이션 코드가 최초로 시작되는 부분"을 의미합니다.

'Entry Point'는 소프트웨어의 관점에서 꽤 중요합니다. 그 이유는 모든 코드가 Entry Point 가 될 수는 없기 때문입니다. 대부분의 운영체제나 언어에서 프로그램의 Entry Point 는 오직 하나만 존재하고 보통은 main 이라는 함수입니다. Java, C, C# 등 대부분의 언어가 main 이라는 단일 진입점을 가지고 있습니다.

반면에 안드로이드는 예외적으로 단일 진입점을 가지고 있지 않습니다. 즉 Main 이라는 최초로 시작되는 하나의 포인트를 가지고 있지 않은 것이죠. 안드로이드는 단일 Entry Point 대신 사용가능한 4가지 컴포넌트를 가지고 있습니다.

보통 "Android 4대 컴포넌트"라고 불리우는 것들이 바로 그것입니다. 'Activity', 'Service', 'BroadCast Receiver', 'Content Provider'가 안드로이드의 4대 컴포넌트입니다. 여기서는 4대 컴포넌트에 대해 간략하게만 알아보고 뒤에서 더 자세하게 익히도록 하겠습니다.

| 컴포넌트 | 설명 |
|---|---|
| Activity | Activity는 화면에 포커싱되어 사용자와 상호 작용을 하는 컴포넌트입니다. 앞서 Hello 예제에서의 'MainActivity'가 바로 Activity입니다. |
| Service | Service는 백그라운드에서 실행되는 구성 요소로, 오랫동안 실행되는 작업을 수행하거나 원격 프로세스를 위한 작업을 수행하는 것입니다. 이는 백그라운드에서 작업되는 것이기 때문에 사용자 UI를 제공하지 않습니다. |
| BroadCastReceiver | BroadCastReceiver는 시스템 변경 사항의 알림을 받기 위해 존재합니다. 예를 들어 네트워크를 사용하는 애플리케이션은 와이파이 접속이 끊겼을 때 추가적으로 작업을 해야할 수 있습니다. 이럴때 BroadCastReceiver를 등록하면 시스템에서 전송하는 와이파이 끊김 알림을 받을 수 있게 됩니다. |
| ContentProvider | 안드로이드에서 각 앱은 자신의 데이터만 볼 수 있습니다. 만약 다른 앱이 자신의 데이터를 변경할 수 있도록 허용하면 보안에도 위험하며 문제될 소지가 많기 때문입니다. 하지만 경우에 따라서는 자신의 앱의 데이터를 다른 앱에게 공유를 해야 하는 경우도 있습니다. 예를 들어 갤러리 앱의 경우 자신이 관리하는 사진을 다른 앱에서도 사용할 수 있도록 해 주어야 합니다. 이경우에 사용되는 것이 'ContentProvider'입니다. 데이터가 필요한 앱은, 데이터를 제공할 앱의 ContentProvider를 통해서만 데이터를 제공받을 수 있습니다. 이렇게 하면 데이터를 공유하면서도 다른 프로그램이 임의로 데이터를 바꿀 수 없도록 제어하는 것이 가능합니다. |

안드로이드는 앞서 말한 것처럼 단일 진입점은 없지만 위의 4대 구성요소로 진입이 가능하니, 사실상 4개의 진입점을 가지고 있다고 보아도 무방합니다.

프로그램의 진입점을 시스템이 알기 위해서는 'AndroidManifest.xml' 파일에 적어 두어야 합니다. 앞서 'AndroidManifest.xml'을 설명할 때 시스템이 알아야 할 필수 요소를 적는다는 것을 기억하시나요?

이제 실습을 통해 Hello 앱에서 진입점을 공부해 보도록 하겠습니다. 안드로이드 스튜디오에서 'com.akj. hello 패키지'를 마우스 우클릭하여 [New 〉 Activity 〉 Empty Activity]를 선택하세요.

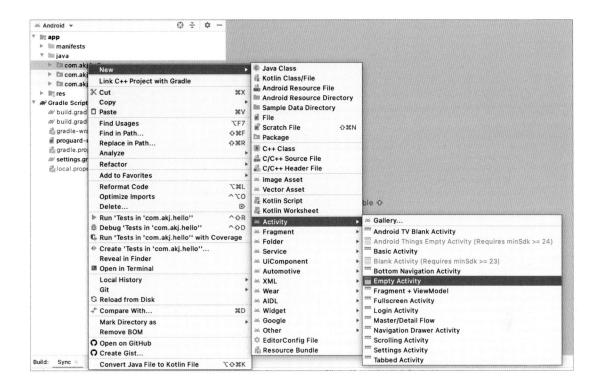

'Activity' 이름을 'SecondActivity'로 지정합니다.

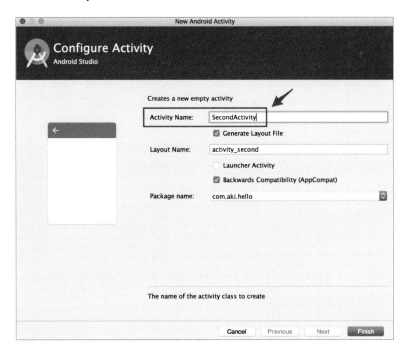

[Finish]로 완료하면 'SecondActivity'가 생성됩니다. 이제 'AndroidManifest.xml' 파일을 확인해 보도록 하겠습니다.

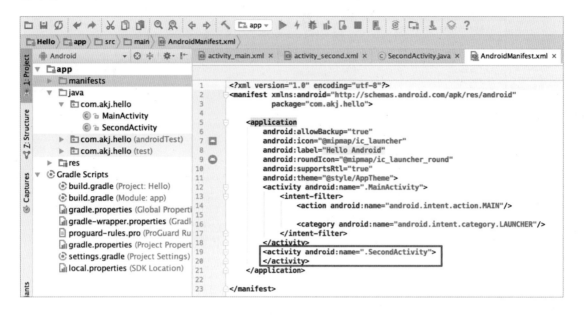

'AndroidManifest.xml'에 'SecondActivity'가 추가된 것이 보이시나요? 'Activity'는 시스템이 반드시 알아야 하는 구성 요소이기 때문에 안드로이드 스튜디오를 통해 'Activity'를 생성하면 자동으로 'AndroidManifest. xml' 파일에 추가되는 것입니다.

그런데 눈여겨볼 만한 점이 하나 더 있습니다. 바로 'AndroidManifest.xml'에서 'MainActivity'와 'SecondActivity' 와의 차이입니다. 'AndroidManifest.xml' 파일을 잘 보면 'MainActivity'는 ⟨intent −filter⟩라는 것을 가지고 있는 반면, 'SecondActivity'는 아무것도 가지고 있지 않습니다.

이 차이를 이해하기 위해서는 안드로이드 Launcher(런처)를 알아야 합니다. 안드로이드 런처는 안드로이드의 홈 화면을 담당하는 특수한 애플리케이션입니다. 안드로이드의 모든 애플리케이션은 'Home' 키를 누르는 경우 홈 화면을 담당하는 애플리케이션으로 복귀해야 합니다. 그리고 런처는 홈 화면에서 다른 애플리케이션을 실행하는 역할을 담당하죠.

대부분의 운영체제에서는 홈 화면을 담당하는 프로그램은 변경이 불가능합니다. 하지만 안드로이드는 런처조차 개발자가 개발하여 등록이 가능합니다. 실제로 구글 플레이스토어에 '런처'라고 검색하면 수많은 런처가 검색되는 것을 확인할 수 있습니다.

다시 'AndroidManifest.xml'로 돌아가 보겠습니다.

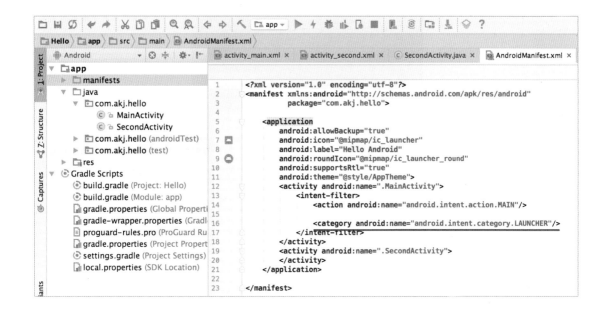

밑줄 그어진 'Launcher' 항목이 보이시나요? 이것의 의미는 런처라는 애플리케이션에서 앱을 실행할 때 시작되는 'Activity'라는 것입니다. 실험 삼아 'MainActivity'의 요소를 'SecondActivity'로 옮겨 보도록 하겠습니다.

```xml
<?xml version="1.0" encoding="utf-8"?>
<manifest xmlns:android="http://schemas.android.com/apk/res/android"
          package="com.akj.hello">

    <application
        android:allowBackup="true"
        android:icon="@mipmap/ic_launcher"
        android:label="Hello Android"
        android:roundIcon="@mipmap/ic_launcher_round"
        android:supportsRtl="true"
        android:theme="@style/AppTheme">
        <activity android:name=".MainActivity">
        </activity>
        <activity android:name=".SecondActivity">
            <intent-filter>
                <action android:name="android.intent.action.MAIN"/>

                <category android:name="android.intent.category.LAUNCHER"/>
            </intent-filter>
        </activity>
    </application>

</manifest>
```

이제 코드를 다시 한 번 [Run] 버튼으로 가상 장치에서 실행해 보세요. 기존에 있던 Hello, World! 텍스트가 사라진 것을 확인할 수 있습니다. 이것은 'MainActiity'가 아니라 'SecondActivity'가 실행되었기 때문입니다. 'SecondActivity'의 레이아웃이 빈 화면이기 때문에 아무런 UI가 없이 출력되는 것이죠.

여기까지 'Entry Point'의 의미와 안드로이드에서의 진입점의 의미, 또 'AndroidManifest.xml'에 적어야 하는 컴포넌트 등을 살펴보았습니다. 이번 과를 요약하면 다음과 같습니다.

◆ Entry Point 는 시스템에서 작성한 프로그램에서 애플리케이션으로 제어권이 넘어오는 최초 진입점을 말한다.

◆ 대부분의 운영체제나 언어에서는 하나의 단일 Entry Point 를 가지고 있고 보통 main 이라는 함수로 사용한다.

◆ Android 는 main 이라는 단일 진입점이 존재하지 않으며 대신에 Application 의 4대 구성요소라 불리우는 Activity, Service, BroadCastReceiver, ContentProvider 가 존재한다.

◆ Entry Point 를 통해 시스템에서 컴포넌트로 제어권을 넘기기 위해서는 AndroidManifest.xml 파일에 적어 두어야 한다.

# 3.7 | 변수와 데이터 형식

프로그래밍 언어에서는 **변수**라는 말을 자주 사용합니다. 중 · 고등학교 수학시간에 '변수'라는 용어를 들어 보았을 텐데요. 수학에서의 변수는 값을 변화시킬 수 있는 값을 얘기하죠. 예를 들어 1차 함수 'y = x + 2' 라는 수식에서 'x'의 값은 정해진 것이 아니라 그때그때 변할 수 있는 '변수'인 셈이죠.

컴퓨터 프로그래밍에서 변수란 수학에서의 그것과 유사하지만 조금 다른 의미를 갖습니다. 컴퓨터 과학에 서 변수는 실제로 메모리 크기를 차지하는 저장 공간이라고 볼 수 있는데, 앞서 컴퓨터가 동작하는 원리를 설명할 때 모든 코드는 기계가 이해할 수 있는 명령어가 되고 모두 메모리에 기록되어야 한다고 했죠?

즉 프로그래밍에서 변수는 프로그램 동작 시 그 값이 변할 수 있는 메모리 공간이라고도 볼 수 있습니다. 결국 프로그램이 동작하면서 값을 변화시킬 수 있는 저장 공간인 셈이죠.

변수를 사용하는 방법은 프로그래밍 언어마다 조금씩 다른데, 안드로이드는 주로 Java 를 사용하여 개발하 기 때문에 여기서는 Java 에서의 변수 사용 방법을 익혀 보겠습니다. 참고로 Java 는 변수를 선언할 때 데이 터의 형식을 함께 포함해야 하는데, 이부분은 직접 실습을 통해 살펴보도록 하겠습니다.

다시 안드로이드 스튜디오로 돌아가서 [app 〉 res 〉 activity_main.xml]을 다음과 같이 편집합시다.

```xml
activity_main.xml       MainActivity.java

1   <?xml version="1.0" encoding="utf-8"?>
2   <androidx.constraintlayout.widget.ConstraintLayout
3       xmlns:android="http://schemas.android.com/apk/res/android"
4       xmlns:app="http://schemas.android.com/apk/res-auto"
5       xmlns:tools="http://schemas.android.com/tools"
6       android:layout_width="match_parent"
7       android:layout_height="match_parent"
8       tools:context=".MainActivity">
9       <!-- XML 파일에서 주석을 사용하는 법입니다. -->
10      <TextView
11          android:layout_width="wrap_content"
12          android:layout_height="wrap_content"
13          android:text="Hello World!"
14          app:layout_constraintBottom_toBottomOf="parent"
15          app:layout_constraintLeft_toLeftOf="parent"
16          app:layout_constraintRight_toRightOf="parent"
17          app:layout_constraintTop_toTopOf="parent" />
18
19      <!-- 프로그래밍 실습을 위한 버튼 -->
20      <Button
21          android:id="@+id/button"
22          android:text="TEST"
23          android:layout_width="match_parent"
24          android:layout_height="wrap_content"
25          />
26
27  </androidx.constraintlayout.widget.ConstraintLayout>
```

20번째 라인에 버튼을 추가하였습니다. Button은 말 그대로 버튼을 UI로 보여주는 위젯입니다. 안드로이드 위젯과 레이아웃을 다루는 방법은 이후 더 자세하게 다룰 예정이니 여기서는 그대로 타이핑해 주세요. 레이아웃을 다음과 같이 변경하고 'AndroidManifest.xml'에서 다시 'MainActivity'가 런처로 실행될 수 있도록 바꿔 주세요.

```
manifest  application  activity
1   <?xml version="1.0" encoding="utf-8"?>
2   <manifest xmlns:android="http://schemas.android.com/apk/res/android"
3           package="com.akj.hello">
4
5       <application
6           android:allowBackup="true"
7           android:icon="@mipmap/ic_launcher"
8           android:label="Hello Android"
9           android:roundIcon="@mipmap/ic_launcher_round"
10          android:supportsRtl="true"
11          android:theme="@style/AppTheme">
12          <activity android:name=".MainActivity">
13              <intent-filter>
14                  <action android:name="android.intent.action.MAIN"/>
15
16                  <category android:name="android.intent.category.LAUNCHER"/>
17              </intent-filter>
18          </activity>
19          <activity android:name=".SecondActivity">
20          </activity>
21      </application>
22
23  </manifest>
```

이제 프로그램을 [Run] 버튼으로 가상 장치에서 실행하면 다음과 같은 화면이 나오게 됩니다.

상단에 'TEST'라고 적혀 있는 버튼이 생긴것이 보이시나요? 이제 저 버튼을 이용해 변수에 대해 학습할 예정인데요. 버튼을 누를 때마다 카운트를 1씩 증가시키는 프로그램을 구현해 보도록 하겠습니다.

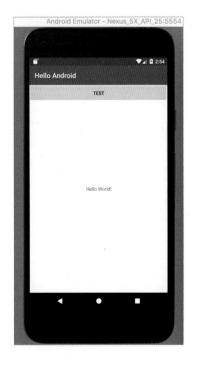

안드로이드 스튜디오에서 'MainActivity.java' 파일을 열어 주세요. 그리고 코드를 다음과 같이 편집합니다.

```java
package com.akj.hello;

import android.os.Bundle;
import android.view.View;
import android.widget.Toast;

import androidx.appcompat.app.AppCompatActivity;

public class MainActivity extends AppCompatActivity {

    // 버튼이 클릭된 횟수를 저장하는 변수를 선언한다.
    int clickCount = 0;

    /**
     * MainActivity 가 최초 실행될 때 실행된다.
     * 자바독 주석을 확인하려면 F1 키를 누르자.
     * @param savedInstanceState
     */
    @Override
    protected void onCreate(Bundle savedInstanceState) {
        super.onCreate(savedInstanceState);
        // Activity 의 UI 를 R.layout.activity_main 으로 한다.
        setContentView(R.layout.activity_main);

        // "프로그래밍을 시작해보자!" 메세지를 잠시 보여준다.
        Toast.makeText(getApplicationContext(), text: "프로그래밍을 시작해보자!", Toast.LENGTH_LONG).show();

        // 레이아웃에 button 이라는 ID 로 선언된 뷰에 클릭 이벤트 리스너를 등록한다.
        findViewById(R.id.button).setOnClickListener(new View.OnClickListener() {
            @Override
            public void onClick(View view) {
                // 클릭 카운트를 1회 증가시킨다.
                clickCount = clickCount + 1;

                // 버튼이 클릭되면 클릭된 횟수를 증가하면서 토스트 메세지를 보여준다.
                Toast.makeText(getApplicationContext(),
                        text: "clickCount: " + clickCount, Toast.LENGTH_SHORT).show();
            }
        });
    }
}
```

코드를 작성 후 [Run]을 눌러 실행한 후 버튼을 눌러 보세요.

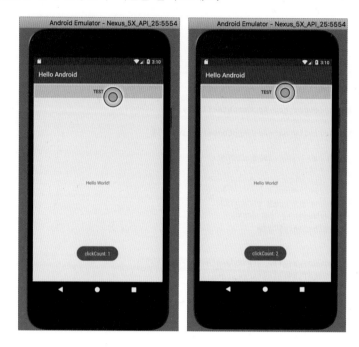

버튼을 누를때마다 숫자가 증가하면서 메시지가 나오는 것을 볼 수 있습니다. 이런 프로그램이 가능하기 위해서는 현재까지 누른 횟수를 어딘가에 저장해야 합니다. 즉 "누른 횟수"라는 "변하는 값"을 저장하기 위한 공간이 바로 변수라는 것이지요.

11번 라인에는 Java에서 변수를 사용하는 방법이 나와있습니다. Java는 11번 라인처럼 변수의 타입과 이름을 함께 지정해주어야 합니다. 변수의 타입이 따로 존재하는 이유는 프로그래밍에서 변수는 메모리에 실제로 공간을 차지해야 하기 때문입니다. 즉 메모리를 얼만큼 차지하고 메모리의 기록된 값을 어떤 형태로 해석할지를 정하는 것이 변수의 타입이라고 할 수 있습니다. 이름은 앞으로 변수를 사용할때 쓰는 이름인 것이죠.

'Int'라는 타입은 '4byte' 크기의 정수를 의미합니다. '-21억에서 21억 크기'까지의 정수를 저장할 수 있죠. 자바에서 주로 사용하는 변수 타입을 다음 표로 정리해 보겠습니다.

| 분류 | 데이터 형 | 설명 |
|---|---|---|
| 문자형 | char | 2byte를 사용하여 한글 또는 영문 1개만 입력 |
| 문자형 | String | 여러 글자의 문자열을 입력. |
| 정수형 | byte | 1바이트 크기의 정수형 데이터 |

| 정수형 | short | 2바이트 크기의 정수형 데이터 |
|---|---|---|
| 정수형 | int | 4바이트 크기의 정수형 데이터 |
| 정수형 | long | 8바이트 크기의 정수형 데이터 |
| 실수형 | float | 4바이트 크기의 실수형 데이터 |
| 실수형 | double | 8바이트 크기의 실수형 데이터 |
| 불리언형 | boolean | 1바이트 크기의 논리형 true, false 데이터 |

앞서 변수는 이름을 가진다고 했는데 그럼 변수를 한번 지정하면 어디서든 사용할 수 있는 것일까요? 결론부터 말하자면 그렇지 않습니다.

변수의 이름은 특정 영역에서만 유효한데 이것을 '유효 범위' 혹은 '가시 범위'라고 합니다. 대체 무슨 뜻일까요? 이내용도 간단한 실습을 하면서 이해를 돕도록 하겠습니다. 안드로이드 스튜디오에서 'MainActivity'를 다시 열어 주세요. 그리고 코드를 다음과 같이 편집합니다.

```java
  MainActivity.java ×
1      package com.akj.hello;
2
3      import android.os.Bundle;
4      import android.view.View;
5      import android.widget.Toast;
6
7      import androidx.appcompat.app.AppCompatActivity;
8
9      public class MainActivity extends AppCompatActivity {
10
11         // 버튼이 클릭된 횟수를 저장하는 변수를 선언한다.
12         int clickCount = 0;
13
14         /**
15          * MainActivity 가 최초 실행될 때 실행된다.
16          * 자바독 주석을 확인하려면 F1 키를 누르자.
17          * @param savedInstanceState
18          */
19         @Override
20         protected void onCreate(Bundle savedInstanceState) {
21             super.onCreate(savedInstanceState);
22             // Activity 의 UI 를 R.layout.activity_main 으로 한다.
23             setContentView(R.layout.activity_main);
24
25             // "프로그래밍을 시작해보자!" 메세지를 잠시 보여준다.
26             Toast.makeText(getApplicationContext(), text: "프로그래밍을 시작해보자!", Toast.LENGTH_LONG).show();
27
28             // 레이아웃에 button 이라는 ID 로 선언된 뷰에 클릭 이벤트 리스너를 등록한다.
29             findViewById(R.id.button).setOnClickListener(new View.OnClickListener() {
30                 @Override
31                 public void onClick(View view) {
32                     // 클릭 카운트를 1회 증가시킨다.
33                     clickCount = clickCount + 1;
34
35                     // 버튼이 클릭되면 클릭된 횟수를 증가하면서 토스트 메세지를 보여준다.
36                     Toast.makeText(getApplicationContext(),
37                             text: "clickCount: " + clickCount, Toast.LENGTH_SHORT).show();
38                 }
39             });
40
41             // 변수 var1 을 선언한다.
42             int var1 = 0;
43             {
44                 // 블록내에서도 변수 var1 을 접근 가능하다.
45                 var1 = 2;
46
47                 int var2 = 0;
48             }
49
50             // 블록내에서 선언된 변수 var2 는 블록 밖에서 접근할 수 없다.
51             // var2 = 1
52         }
53     }
```

51번째 라인의 주석을 풀면 빨간색 글씨인것이 보이시나요? 이것은 안드로이드 스튜디오가 에러를 감지한 것입니다. 47번 라인에서 지정한 'var2'는 51번 라인에서는 사용할 수 없는 것이지요. 이렇게 변수를 접근할 수 있는 영역을 '변수의 가시 범위'라고 부르는 것입니다.

Java 는 다양한 방법으로 변수의 유효 범위를 지정 가능하지만 가장 일반적이고 기본적인 방법은 중괄호 영역으로 구분하는 것입니다. 같은 중괄호 내의 변수는 접근이 가능하다는 개념이죠. 'var1 변수'는 'onCreate'

라는 중괄호 안에 지정되어 있으므로 내부 중괄호에서 접근이 가능하지만, 'var2 변수'는 중괄호 내부에서 지정되어 밖에서는 접근할 수 없는 것입니다.

Java는 이외에도 객체 지향을 지원하기 위하여 접근 제어 지시자를 가지고 있습니다. 이것은 뒤의 객체 지향 개념에서 좀 더 자세하게 다루도록 하겠습니다.

이번 과에서는 프로그래밍에서 변수가 어떤 의미인지, Java에서 변수를 사용하려면 어떻게 해야 하는지, 그리고 변수의 유효 범위에 대해 알아보았습니다. 이번 과를 요약하면 다음과 같습니다.

◆ 변수란 프로그램 동작 시에 값이 변경 가능한 저장 공간을 의미한다.

◆ Java 언어에서 변수는 타입과 이름을 적어야 한다.

◆ 변수의 가시 범위란 변수의 이름으로 접근 가능한 영역을 의미한다.

◆ Java 언어에서 변수가 유효한 가장 일반적인 단위는 중괄호이다.

## 3.8 | 제어와 분기방법 (if, else if, else, for, while)

프로그래밍의 대한 개념을 소개할 때 순서도를 소개했던 것이 기억나시나요? 다음 순서도를 보면 조건에 따라 해야하는 작업이 달라집니다.

마찬가지로 프로그래밍에서도 조건에 따라 서로 다른 작업을 해야 하는 경우가 많이 있습니다. 이것을 '분기문' 또는 '조건문' 이라고 합니다.

또 특정 조건에서는 같은 작업을 여러 번 반복해야 할 경우도 있습니다. 이 경우도 역시 특정 조건에 따라 서로 다른 작업을 하는 것이지만, 같은 작업을 반복하기 때문에 보통 '반복문'이 라고 부르죠.

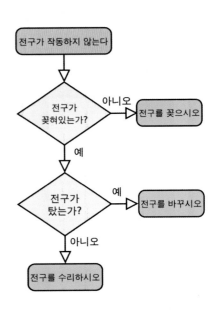

Java 언어에서 조건문을 사용하기 위해서는 'if, else if, else' 등을 사용합니다. 반복문을 위해서는 'for, while' 등을 사용하죠. 이번 장에서는 조건문과 반복문을 사용하여 프로그램을 어떻게 제어 가능한지 알아보도록 하겠습니다.

역시 MainActivity.java 코드를 수정하면서 알아볼 것이기 때문에 'MainActivity.java' 파일을 열고 다음과 같이 편집해 주세요.

```java
19          @Override
20 ●        protected void onCreate(Bundle savedInstanceState) {
21              super.onCreate(savedInstanceState);
22              // Activity 의 UI 를 R.layout.activit_main 으로 지정한다.
23              setContentView(R.layout.activity_main);
24
25              // "프로그래밍을 시작해보자!" 메세지를 잠시 보여준다.
26              Toast.makeText(getApplicationContext(), "프로그래밍을 시작해보자!", Toast.LENGTH_LONG).show();
27
28              // 레이아웃에 button 이라는 ID 로 선언된 뷰에 클릭 이벤트 리스너를 등록한다.
29              findViewById(R.id.button).setOnClickListener(new View.OnClickListener() {
30                  @Override
31 ●                public void onClick(View v) {
32                      // 클릭 카운트를 1회 증가시킨다.
33                      clickCount = clickCount + 1;
34
35                      if (clickCount % 2 == 0) {
36                          // 클릭 카운트가 2의 배수이면 버튼이 클릭된 횟수를 잠시 보여준다.
37                          Toast.makeText(getApplicationContext(), "clickCount: " + clickCount, Toast.LENGTH_SHORT).show();
38                      } else if (clickCount % 3 == 0) {
39                          // 클릭 카운트가 3의 배수이면 Hello, World 메세지를 잠시 보여준다..
40                          Toast.makeText(getApplicationContext(), "Hello, World!", Toast.LENGTH_SHORT).show();
41                      } else {
42                          // 클릭 카운트가 2의 배수도 아니고 3의 배수도 아닌경우 "Hello" 메세지를 잠시 보여준다.
43                          Toast.makeText(getApplicationContext(), "Hello", Toast.LENGTH_SHORT).show();
44                      }
45                  }
46              });
47          }
```

코드를 작성하고 [Run] 버튼을 눌러 프로그램을 실행해 보세요.

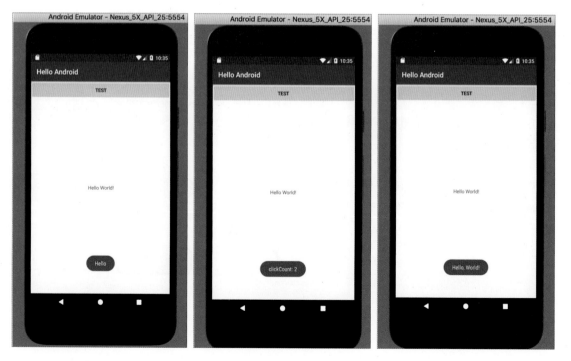

프로그램을 실행하고 버튼을 클릭하면, 버튼 클릭 횟수에 따라 각기 다르게 작동하는 것을 확인할 수 있습니다. 최초 1회 클릭 시에는 Hello 메시지가 잠시 나왔다가 사라지고, 2회 클릭 시에는 클릭 카운트가 나오며, 3회 클릭 시에는 "Hello, World" 메시지가 잠시 나왔다가 사라지게 됩니다. 이렇게 동작하는 이유는 코드에서 '조건문'을 사용하였기 때문입니다.

소스 코드의 35번째 라인부터 자바에서 조건문을 사용하는 방법을 볼 수 있습니다. if, else if 문은 괄호안의 '조건문이 true 인 경우' 실행됩니다. 마지막 else 의 경우, if 문의 조건과 else if 문의 조건문이 모두 'true 가 아닌 경우' 실행됩니다. 이 프로그램의 순서도를 그리면 다음과 같습니다.

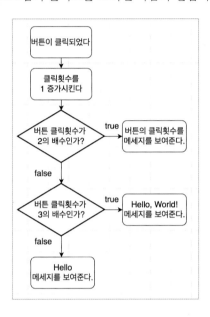

이번에는 조건에 따라 같은 작업을 반복하는 '반복문'에 대해 알아보겠습니다. 'MainActivity.java' 파일을 다음과 같이 수정해 주세요.

```
19          @Override
20  of      protected void onCreate(Bundle savedInstanceState) {
21              super.onCreate(savedInstanceState);
22              // Activity 의 UI 를 R.layout.activity_main 으로 한다.
23              setContentView(R.layout.activity_main);
24
25              // "프로그래밍을 시작해보자!" 메세지를 잠시 보여준다.
26              Toast.makeText(getApplicationContext(),  text: "프로그래밍을 시작해보자!", Toast.LENGTH_LONG).show();
27
28              // 레이아웃에 button 이라는 ID 로 선언된 뷰에 클릭 이벤트 리스너를 등록한다.
29              findViewById(R.id.button).setOnClickListener(new View.OnClickListener() {
30                  @Override
31  of              public void onClick(View view) {
32                      // 클릭 카운트를 1회 증가시킨다.
33                      clickCount = clickCount + 1;
34
35                      // 화면에 보여줄 메세지를 저장할 변수를 선언한다.
36                      String text = "";
37
38                      // 클릭 횟수만큼 반복하면서 메세지를 만든다.
39                      for(int i = 0; i < clickCount; i++){
40                          text = text + "안녕.";
41                      }
42
43                      // 반복문으로 생성된 메세지를 잠시 보여준다.
44                      Toast.makeText(getApplicationContext(), text, Toast.LENGTH_SHORT).show();
45                  }
46              });
47          }
48      }
```

마찬가지로 소스를 수정한 뒤 [Run] 버튼을 눌러 실행을 확인합니다.

가상 장치에서 실행을 확인하면 1회 누른 경우, "안녕"이라는 메시지가 나오고, 2회 누르면 "안녕.안녕"이라는 메시지가 출력됩니다. for 반복문 안에 반복 횟수를 클릭된 횟수로 지정했기 때문에 클릭한 횟수만큼 "안녕." 문자열이 합쳐져서 나타나게 되는 거죠. 즉 버튼을 클릭할수록 반복 횟수가 많아지는 셈입니다.

자바에서 'for 문'은 일반적으로 다음과 같이 사용할 수 있습니다.

```
for(초기식; 조건식; 증감식) {

}
```

'for 문'은 반복될때마 증감식에 의해 초기식에서 선언한 변수가 변경됩니다.

다음은 'while 반복문'에 대해서 알아보겠습니다. 'MainAcivity.java' 파일을 다음과 같이 편집해 주세요.

```java
20         protected void onCreate(Bundle savedInstanceState) {
21             super.onCreate(savedInstanceState);
22             // Activity 의 UI 를 R.layout.activity_main 으로 한다.
23             setContentView(R.layout.activity_main);
24
25             // "프로그래밍을 시작해보자!" 메세지를 잠시 보여준다.
26             Toast.makeText(getApplicationContext(),  text: "프로그래밍을 시작해보자!", Toast.LENGTH_LONG).show();
27
28             // 레이아웃에 button 이라는 ID 로 선언된 뷰에 클릭 이벤트 리스너를 등록한다.
29             findViewById(R.id.button).setOnClickListener(new View.OnClickListener() {
30                 @Override
31                 public void onClick(View view) {
32                     // 클릭 카운트를 1회 증가시킨다.
33                     clickCount = clickCount + 1;
34
35                     // 화면에 보여줄 메세지를 저장할 변수를 선언한다.
36                     String text = "";
37
38                     // 반복된 횟수를 저장할 변수를 선언한다.
39                     int i = 0;
40
41                     // 클릭 횟수만큼 반복하면서 메세지를 만든다.
42                     while(i < clickCount) {
43                         text = text + "안녕.";
44                     }
45
46                     // 반복문으로 생성된 메세지를 잠시 보여준다.
47                     Toast.makeText(getApplicationContext(), text, Toast.LENGTH_SHORT).show();
48                 }
49             });
50         }
51     }
```

'while 문'은 괄호안의 조건식이 'true'인 경우 다음 블럭을 실행하고 'false'면 반복문에서 나가게됩니다. for 문이 증감식을 실행하는 부분에 적는것과 달리 while 문은 조건식만을 본다는 것이 차이입니다.

경우에 따라서는 반복문을 중지시켜야 하는 경우도 있습니다. 자바에서 반복문을 빠져나오기 위해서는 'break 키워드'를 사용합니다. 다시 'MainActiviy.java 코드'를 수정해 보겠습니다.

```
19          @Override
20 ●↑    protected void onCreate(Bundle savedInstanceState) {
21             super.onCreate(savedInstanceState);
22             // Activity 의 UI 를 R.layout.activity_main 으로 한다.
23             setContentView(R.layout.activity_main);
24
25             // "프로그래밍을 시작해보자!" 메세지를 잠시 보여준다.
26             Toast.makeText(getApplicationContext(),  text: "프로그래밍을 시작해보자!", Toast.LENGTH_LONG).show();
27
28             // 레이아웃에 button 이라는 ID 로 선언된 뷰에 클릭 이벤트 리스너를 등록한다.
29             findViewById(R.id.button).setOnClickListener(new View.OnClickListener() {
30                 @Override
31 ●↑            public void onClick(View view) {
32                     // 클릭 카운트를 1회 증가시킨다.
33                     clickCount = clickCount + 1;
34
35                     // 화면에 보여줄 메세지를 저장할 변수를 선언한다.
36                     String text = "";
37
38                     for (int i = 0; i < clickCount; i++) {
39                         if (i >= 3) {
40                             break;
41                         }
42                         text = text + "안녕.";
43                     }
44
45                     // 반복문으로 생성된 메세지를 잠시 보여준다.
46                     Toast.makeText(getApplicationContext(), text, Toast.LENGTH_SHORT).show();
47                 }
48             });
49         }
50     }
```

이 코드에서는 특히 '39 ~ 41' 라인을 주목해 주세요. 반복 횟수가 3회를 넘어서면 반복문을 빠져나가는 break 를 사용한 것을 볼 수 있습니다. 프로그램을 [Run] 버튼으로 실행해 보세요. 3회 클릭할 때까지는 반복 횟수가 증가하며 메시지를 보여주지만, 3회를 초과하여 버튼을 클릭해도 3회 이상의 메시지는 나오지 않는 것을 확인할 수 있습니다.

이번 과에서는 "자바 언어에서 분기문을 어떻게 다루고 반복문은 어떻게 다루는지" 간략하게 알아보았습니다. 물론 언급된 방법 이외에도 코드 흐름을 제어하는 방법은 많지만, 가장 자주 쓰이는 문법 위주로 다루었습니다. 이번 과를 요약하면 다음과 같습니다.

◆ 코드의 실행 흐름을 조건에 따라 변경시키는 문법을 '조건문' 또는 '분기문'이라고 부른다.

◆ 자바에서 조건문을 사용하기 위해서는 if, else if, else 를 사용할 수 있다.

◆ 조건에 따라 같은 작업을 반복하는 구문을 '반복문'이라고 부른다.

◆ 자바에서 반복문을 사용하려면 for, while 문을 사용할 수 있다.

◆ 반복문을 빠져나오기 위해서는 break 키워드를 사용한다.

## 3.9 | 함수와 메소드(Method), 리소스(Resource)

프로그래밍 기법은 점차 재사용성(Re-usability)을 높이는 방법으로 진화해 왔습니다. 처음부터 전부 만드는 것보다는 기존에 작성된 코드를 재활용하는 것이 '생산성'과 '안정성' 측면에서 유리하기 때문이죠. 이렇게 '코드를 재활용하는 방법' 중 가장 기본이 되는 것 중 하나가 바로 '함수'의 활용입니다.

함수라는 용어 역시 변수처럼 중학교 수학 시간 등에서 들어본 적이 있을 것입니다. 함수라는 것에 변수를 넣으면 일정한 결과값이 나오죠. 프로그래밍에서 함수는 이런 수학의 함수와 비슷하면서도 조금 다른데요. 수학에서 함수는 반드시 결과값이 존재하지만 프로그래밍에서 함수는 반드시 반환값을 가질 필요는 없습니다.

함수의 의미에 관해서도 직접 실습하면서 익혀 보겠습니다. 이번 과에서는 버튼을 여러 개 만들고, 함수를 사용해 어떻게 코드를 재사용할 수 있는지 알아볼 것이기 때문에 UI 부터 만들어야 한답니다.

안드로이드 스튜디오에서 'activity_second.xml' 파일을 열어 주세요. 이번에는 레이아웃을 [Design] 탭에서 작성해 보겠습니다.

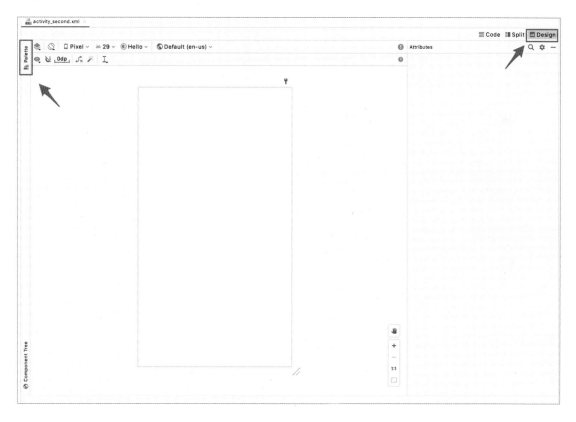

우측의 [Design] 탭을 선택하고, 좌측 상단의 [Palette(팔레트)] 버튼을 클릭하세요. 그러면 다음 그림과 같이 안드로이드에서 사용할 수 있는 'UI 요소'들이 나타납니다.

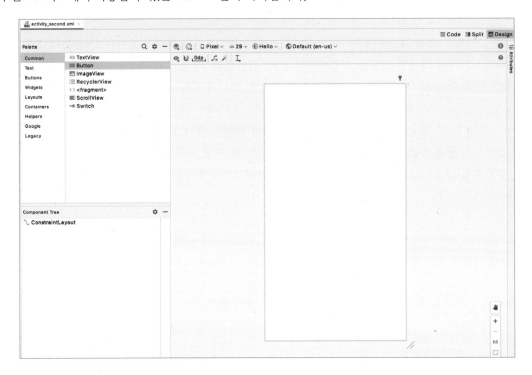

디자인 탭에서는 'UI 요소들을 마우스로 끌어서 배치하는' 것이 가능합니다. 먼저 '버튼' 하나를 마우스로 끌어 상단에 위치시켜 보겠습니다.

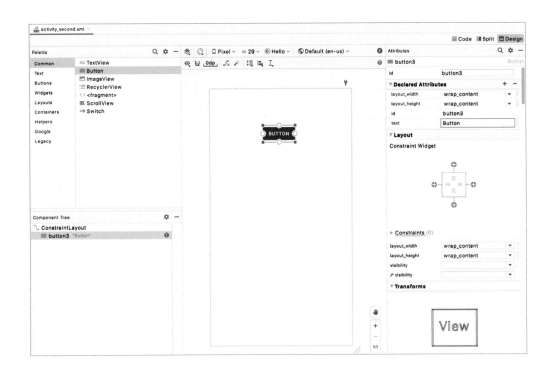

레이아웃에 배치한 버튼을 클릭하면 버튼의 각 요소들이 우측 [Properties 바]에 표시됩니다. 버튼의 텍스트(Button)를 'TEST'로 변경하기 위해 속성을 변경해 보도록 하겠습니다.

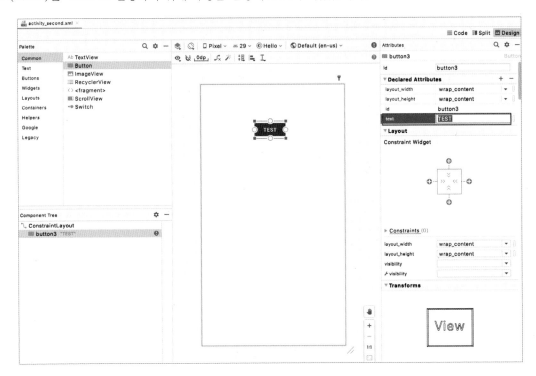

그리고 다시 팔레트에서 버튼을 하나 더 레이아웃에 드래그 앤 드롭으로 배치합니다. [TEST] 버튼 아래가
적당하겠네요.

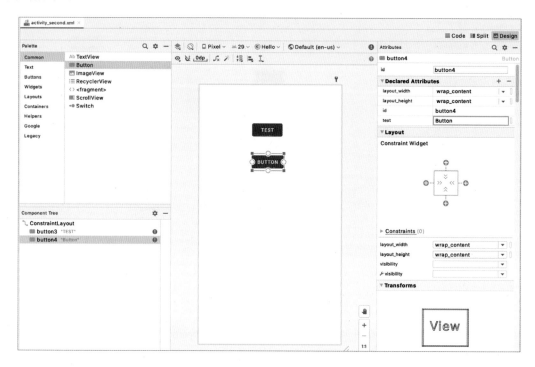

그리고 이전과 마찬가지로 [생성된 버튼]을 클릭하고 텍스트를 'TEST2'로 변경해 줍니다.

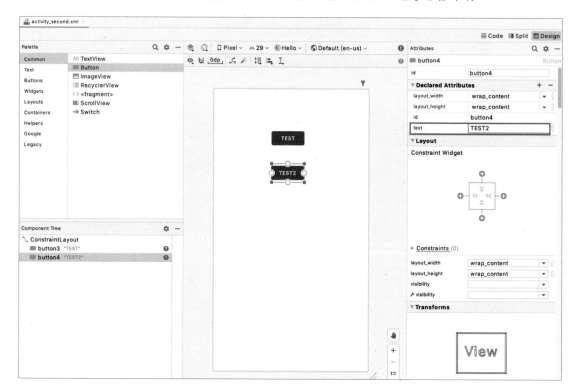

이번에 테스트 코드를 작업할 Activity는 'SecondActivity'이기 때문에 런처에서 실행되는 '진입점'을 'SecondActivity'
로 바꾸어야 합니다. 앞서 'Entry Point'에 대해 공부했던 것을 기억하시나요? 기억을 되살려 'AndroidManifest.xml'
파일을 다음과 같이 편집합니다.

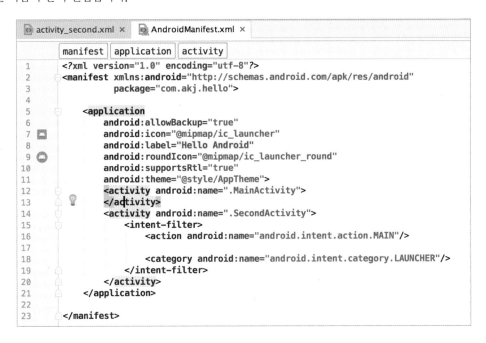

여기까지 작업되었다면 레이아웃이 잘 동작하는지 [Run] 버튼을 눌러 확인해 봅니다. 화면이 나오나요?

실행이 되기는 했는데 버튼의 배치가 이상하네요. 현재 사용하는 레
이아웃이 'Constraint' 레이아웃이기 때문입니다. 'ConstraintLayout'은
뷰의 위치를 제약함으로써 배치하는데 아직 아무런 제약도 작성하지
않았기 때문이죠. 'activity_second.xml' 하단의 [Text] 탭으로 들어가
주세요.

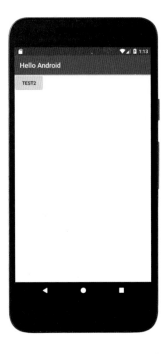

```
activity_second.xml ×

                                                              ≣Code ≣Split ⊠Design
1    <?xml version="1.0" encoding="utf-8"?>
2    <androidx.constraintlayout.widget.ConstraintLayout
3        xmlns:android="http://schemas.android.com/apk/res/android"
4        xmlns:tools="http://schemas.android.com/tools"
5        android:layout_width="match_parent"
6        android:layout_height="match_parent">
7
8        <Button
9            android:id="@+id/button3"
10           android:layout_width="wrap_content"
11           android:layout_height="wrap_content"
12           android:text="TEST"
13           tools:layout_editor_absoluteX="154dp"
14           tools:layout_editor_absoluteY="103dp" />
15
16       <Button
17           android:id="@+id/button4"
18           android:layout_width="wrap_content"
19           android:layout_height="wrap_content"
20           android:text="TEST2"
21           tools:layout_editor_absoluteX="153dp"
22           tools:layout_editor_absoluteY="193dp" />
23   </androidx.constraintlayout.widget.ConstraintLayout>
```

Button 의 글씨 색이 빨갛게 표시된 것이 보이시나요? 이것은 안드로이드 스튜디오가 '에러'를 감지했기 때문입니다. 제약으로 뷰를 배치하는 레이아웃인데 제약 정보가 없기 때문이죠.

이제 다시 [Design] 탭에 들어가 제약을 추가해 보겠습니다. 디자인 탭 상단에는 infer constraints 버튼이 있습니다. infer constraints 는 Constraint Layout 에서 현재 UI 의 배치상태를 보고 필요한 제약들을 추론하여 자동으로 추가해 주는 기능입니다.

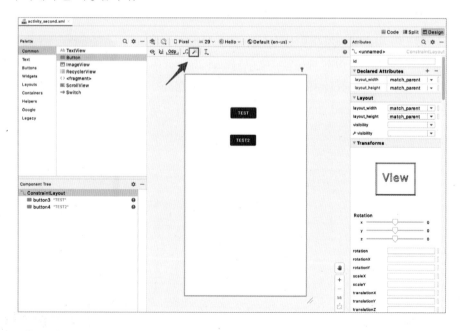

이제 메뉴 중 [Constraint Layout 〉 Infer Constraints] 를 클릭합니다.

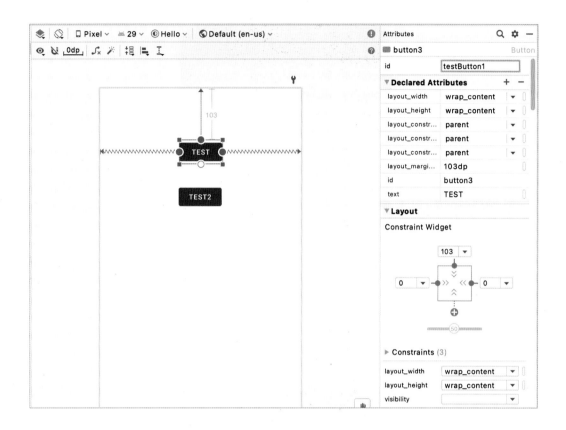

설정되었다면 다시 [Run] 버튼을 눌러 가상 머신에서 실행해 보세요.

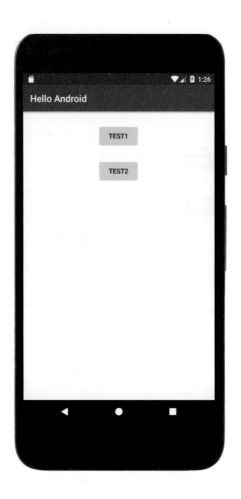

[ConstraintLayout 〉 Inter Constraints]는 현재 사용자가 드래그 앤 드랍한 객체를 기준으로 제약을 추론해 자동으로 생성해 줍니다. 'ConstraintLayout'과 같은 레이아웃은 안드로이드 UI의 핵심적인 요소들 중 하나로서 이후 안드로이드 실습을 이어가면서 자세하게 다루겠습니다. 여기서는 함수에 대한 이해에 집중하기 위해 'Constraint Layout'은 이 정도까지만 설명하고 넘어가도록 하겠습니다.

앞에서 안드로이드의 레이아웃은 코드가 아니라 '리소스'로 관리된다고 했는데요. 그렇기 때문에 XML로 작성한 '레이아웃'과 '뷰'를 코드에서 접근하기 위해서는 각 View의 'ID(아이디)'가 필요합니다. XML에서 View의 ID를 지정하면 코드에서는 'findViewById()'라는 함수를 통해 찾는 것이지요.

이제 생성한 버튼의 아이디를 만들도록 하겠습니다. 'Activity_second.xml' 파일을 다시 디자인 탭에서 열고 [TEST1] 버튼을 클릭하세요.

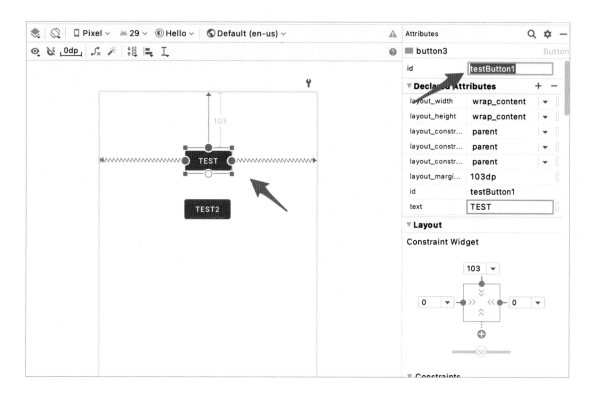

[Properties] 패널에서 [TEST1] 버튼의 ID를 'testButton1'로 바꿔 줍니다. 마찬가지로 [TEST2] 버튼을 눌러 아이디를 'testButton2'로 지정해 보겠습니다.

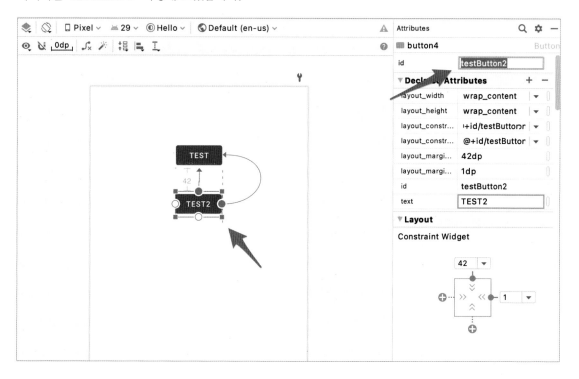

이제 버튼의 아이디가 생겼기 때문에 코드에서 접근이 가능하게 되었습니다. 코드에서 할 일은 비슷합니다. 기존에 작업한 것처럼 버튼에 카운트 횟수에 따라 메시지를 띄우는 작업을 할 예정입니다. 'SecondActivity. java' 파일을 다음과 같이 편집해 주세요.

```java
package com.akj.hello;

import android.os.Bundle;
import android.view.View;
import android.widget.Toast;
import androidx.appcompat.app.AppCompatActivity;

public class SecondActivity extends AppCompatActivity {

    // testButton1 의 클릭된 횟수를 저장하는 변수를 선언한다.
    int clickCount1 = 0;
    // testButton2 의 클릭된 횟수를 저장하는 변수를 선언한다.
    int clickCount2 = 0;

    @Override
    protected void onCreate(Bundle savedInstanceState) {
        super.onCreate(savedInstanceState);
        setContentView(R.layout.activity_second);

        // "프로그래밍을 시작해보자!" 메시지를 잠시 보여준다.
        Toast.makeText(getApplicationContext(), "프로그래밍을 시작해보자!", Toast.LENGTH_LONG).show();

        // 레이아웃에 testButton1 ID 로 선언된 뷰에 클릭 이벤트 리스너를 등록한다.
        findViewById(R.id.testButton1).setOnClickListener(new View.OnClickListener() {
            @Override
            public void onClick(View v) {
                // 클릭 카운트를 1회 증가시킨다.
                clickCount1 = clickCount1 + 1;

                // 클릭 횟수만큼 반복하면서 반복된 횟수 메시지를 보여준다.
                if (clickCount1 % 2 == 0) {
                    Toast.makeText(getApplicationContext(),
                        "클릭횟수:" + clickCount1,
                        Toast.LENGTH_SHORT).show();
                } else if (clickCount1 % 3 == 0) {
                    Toast.makeText(getApplicationContext(),
```

```
                            "Hello, World!",
                        Toast.LENGTH_SHORT).show();
                } else {
                    Toast.makeText(getApplicationContext(),
                            "Hello",
                        Toast.LENGTH_SHORT).show();
                }
            }
        });

        // 레이아웃에 testButton2 ID 로 선언된 뷰에 클릭 이벤트 리스너를 등록한다.
        findViewById(R.id.testButton2).setOnClickListener(new View.OnClickListener(){
            @Override
            public void onClick(View v) {
                // 클릭 카운트를 1회 증가시킨다.
                clickCount2 = clickCount2 + 1;

                // 클릭 횟수만큼 반복하면서 반복된 횟수 메시지를 보여준다.
                if (clickCount2 % 2 == 0) {
                    Toast.makeText(getApplicationContext(),
                            "클릭횟수:" + clickCount2,
                        Toast.LENGTH_SHORT).show();
                } else if (clickCount2 % 3 == 0) {
                    Toast.makeText(getApplicationContext(),
                            "Hello, World!",
                        Toast.LENGTH_SHORT).show();
                } else {
                    Toast.makeText(getApplicationContext(),
                            "Hello",
                        Toast.LENGTH_SHORT).show();
                }
            }
        });
    }
}
```

[Run] 버튼을 눌러 앱을 실행하면 각 버튼마다 클릭된 횟수를 저장하고 클릭된 횟수에 따라 메시지를 보여주는 것이 확인 가능합니다.

그런데 'testButton1'을 클릭했을 때 하는 일과 'testButton2'를 클릭했을 때 하는 일이 거의 똑같지 않은가요? 두 버튼이 클릭했을 때 시행되는 작업은, 클릭 횟수를 저장하는 변수 외에는 거의 동일합니다. 이렇게 비숫한 작업을 함수로 분리하면 코드가 간결해지고 재사용성을 높일 수 있습니다.

위의 코드를 함수로 분리해 보겠습니다. 'SecondActivity.java'를 다음과 같이 편집해 주세요.

```java
package com.akj.hello;

import android.os.Bundle;
import android.view.View;
import android.widget.Toast;
import androidx.appcompat.app.AppCompatActivity;

public class SecondActivity extends AppCompatActivity {

    // testButton1 의 클릭된 횟수를 저장하는 변수를 선언한다.
    int clickCount1 = 0;
    // testButton2 의 클릭된 횟수를 저장하는 변수를 선언한다.
    int clickCount2 = 0;

    @Override
    protected void onCreate(Bundle savedInstanceState) {
        super.onCreate(savedInstanceState);
        setContentView(R.layout.activity_second);

        // "프로그래밍을 시작해보자!" 메시지를 잠시 보여준다.
        Toast.makeText(getApplicationContext(), "프로그래밍을 시작해보자!", Toast.LENGTH_LONG).show();

        // 레이아웃에 testButton1 ID 로 선언된 뷰에 클릭 이벤트 리스너를 등록한다.
        findViewById(R.id.testButton1).setOnClickListener(new View.OnClickListener() {
            @Override
            public void onClick(View v) {
                // 클릭 카운트를 1회 증가시킨다.
                clickCount1 = clickCount1 + 1;

                // showMessage 함수 파라미터 clickCount 에 clickCount1 변수를 넘겨 실행한다.
                showMessage(clickCount1);
            }
        });

        // 레이아웃에 testButton2 ID 로 선언된 뷰에 클릭 이벤트 리스너를 등록한다.
        findViewById(R.id.testButton2).setOnClickListener(new View.OnClickListener() {
```

```
        @Override
        public void onClick(View v) {
            // 클릭 카운트를 1회 증가시킨다.
            clickCount2 = clickCount2 + 1;

            // showMessage 함수 파라미터 clickCount 에 clickCount2 변수를 넘겨 실행한다.
            showMessage(clickCount2);
        }
    });
}


// 함수에 전달받은 클릭횟수로 조건에 따라 메시지를 보여준다.
void showMessage(int clickCount) {
    if (clickCount % 2 == 0) {
        Toast.makeText(getApplicationContext(),
                "클릭횟수:" + clickCount2,
                Toast.LENGTH_SHORT).show();
    } else if (clickCount % 3 == 0) {
        Toast.makeText(getApplicationContext(),
                "Hello, World!",
                Toast.LENGTH_SHORT).show();
    } else {
        Toast.makeText(getApplicationContext(),
                "Hello",
                Toast.LENGTH_SHORT).show();
    }
  }
}
```

함수로 분리하면 이렇게 코드가 훨씬 짧아지게 됩니다. 또 유지 및 보수도 수월해지겠죠. 만약에 클릭 횟수가 '3의 배수'일 때 출력되는 메시지가 "Hello, World!"가 아닌 "Hello, Korea"로 수정되어야 한다면 어떨까요?

함수로 분리하기 전이라면 코드를 두 군데에서 수정해야 할 것입니다.

```
// 레이아웃에 testButton1 ID 로 선언된 뷰에 클릭 이벤트 리스너를 등록한다.
findViewById(R.id.testButton1).setOnClickListener(new View.OnClickListener() {
    @Override
    public void onClick(View v) {
        // 클릭 카운트를 1회 증가시킨다.
        clickCount1 = clickCount1 + 1;

        // 클릭 횟수만큼 반복하면서 반복된 횟수 메세지를 보여준다.
        if (clickCount1 % 2 == 0) {
            Toast.makeText(getApplicationContext(),
                    "클릭횟수:" + clickCount1,
                    Toast.LENGTH_SHORT).show();
        } else if (clickCount1 % 3 == 0) {
            Toast.makeText(getApplicationContext(),
                    "Hello, Korea!",
                    Toast.LENGTH_SHORT).show();
        } else {
            Toast.makeText(getApplicationContext(),
                    "Hello",
                    Toast.LENGTH_SHORT).show();
        }
    }
});

// 레이아웃에 testButton2 ID 로 선언된 뷰에 클릭 이벤트 리스너를 등록한다.
findViewById(R.id.testButton2).setOnClickListener(new View.OnClickListener(){
    @Override
    public void onClick(View v) {
        // 클릭 카운트를 1회 증가시킨다.
        clickCount2 = clickCount2 + 1;

        // 클릭 횟수만큼 반복하면서 반복된 횟수 메세지를 보여준다.
        if (clickCount2 % 2 == 0) {
            Toast.makeText(getApplicationContext(),
                    "클릭횟수:" + clickCount2,
                    Toast.LENGTH_SHORT).show();
        } else if (clickCount2 % 3 == 0) {
            Toast.makeText(getApplicationContext(),
                    "Hello, Korea!",
                    Toast.LENGTH_SHORT).show();
        } else {
            Toast.makeText(getApplicationContext(),
                    "Hello",
                    Toast.LENGTH_SHORT).show();
        }
    }
});
```

하지만 함수로 분리하였다면 함수의 내용만 수정하면 되겠죠.

```
// 함수에 전달받은 클릭횟수로 조건에 따라 메세지를 보여준다.
void showMessage(int clickCount) {
    if (clickCount % 2 == 0) {
        Toast.makeText(getApplicationContext(),
                "클릭횟수:" + clickCount2,
                Toast.LENGTH_SHORT).show();
    } else if (clickCount % 3 == 0) {
        Toast.makeText(getApplicationContext(),
                "Hello, Korea!",
                Toast.LENGTH_SHORT).show();
    } else {
        Toast.makeText(getApplicationContext(),
                "Hello",
                Toast.LENGTH_SHORT).show();
    }
}
```

지금은 매우 간단한 예제만 다루고 있기에 큰 차이가 느껴지지 않을 수 있지만, 소프트웨어의 기능이 복잡해질수록 난이도의 격차는 점차 심해질 수 있습니다.

함수는 위 예와 같이 파라미터값을 받고 적절한 처리를 수행하는 것을 말합니다. 또 함수는 반환값을 가질 수도 있습니다. 다음 예에 주목해 주세요.

```java
15        @Override
16  ●↑ ⌄  protected void onCreate(Bundle savedInstanceState) {
17            super.onCreate(savedInstanceState);
18            setContentView(R.layout.activity_second);
19
20            // "프로그래밍을 시작해보자!" 메세지를 잠시 보여준다.
21            Toast.makeText(getApplicationContext(), "프로그래밍을 시작해보자!", Toast.LENGTH_LONG).show();
22
23            // 레이아웃에 testButton1 ID 로 선언된 뷰에 클릭 이벤트 리스너를 등록한다.
24            findViewById(R.id.testButton1).setOnClickListener(new View.OnClickListener() {
25                @Override
26  ●↑          public void onClick(View v) {
27                    // 클릭 카운트를 1회 증가시킨다.
28                    clickCount1 = clickCount1 + 1;
29
30                    // getMessage 함수에서 반환된 문자열을 잠시 보여준다.
31                    Toast.makeText(getApplicationContext(), getMessage(clickCount1), Toast.LENGTH_SHORT).show();
32                }
33            });
34
35            // 레이아웃에 testButton2 ID 로 선언된 뷰에 클릭 이벤트 리스너를 등록한다.
36            findViewById(R.id.testButton2).setOnClickListener(new View.OnClickListener() {
37                @Override
38  ●↑          public void onClick(View v) {
39                    // 클릭 카운트를 1회 증가시킨다.
40                    clickCount2 = clickCount2 + 1;
41
42                    // getMessage 함수에서 반환된 문자열을 잠시 보여준다.
43                    Toast.makeText(getApplicationContext(), getMessage(clickCount2), Toast.LENGTH_SHORT).show();
44                }
45            });
46        }
47
48        // 함수에 전달받은 clickCount 를 기반으로 메세지에 해당하는 텍스트를 반환한다.
49        String getMessage(int clickCount) {
50            if (clickCount % 2 == 0) {
51                return "클릭횟수:" + clickCount2;
52            } else if (clickCount % 3 == 0) {
53                return "Hello, Korea!";
54            } else {
55                return "Hello";
56            }
57        }
```

이전과 달리 함수에서 직접 메시지를 보여 주지는 않습니다. 대신에 조건에 따라 적당한 텍스트를 반환하죠. 그리고 반환된 메시지는 함수를 호출하는 쪽에서 보여 주는 방식입니다.

예제를 살펴보면서 함수에 대해 조금 감이 오시나요? 결국 함수를 사용하는 이유는, 같은 기능을 하나로 묶어 재사용성을 높이고 코드의 중복을 줄여 수정을 쉽게 하려는 데에 있습니다.

자바에서 함수는 다음과 같은 형태로 정의할 수 있습니다.

반환타입 함수이름(파라미터1, 파라미터2 ...)

이제 함수를 통해 어떻게 코드를 재사용하고 유지/보수를 쉽게 할 수 있는지 알아보았습니다. 그런데 '메소드(Method)'란 무엇일까요? 'Method'는 Java와 같은 '객체 지향' 언어에서 특정 객체 안에 포함된 함수를 가리킬 때 사용하는 말입니다. 결국 '메소드도 함수의 한 가지 형태'라는 것이지요.

아직 '객체 지향'을 다루지 않았기 때문에 메소드와 함수의 차이가 얼른 와닿지 않을 수 있는데요. 다음 장에서 객체 지향에 대해 다루게 될 테니 걱정하지 않아도 됩니다. 여기서는 추가로 리소스를 이용해 재사용성을 높이는 방법에 대해 이야기해 보도록 하겠습니다.

'리소스 분리' 역시 목적은 함수와 같습니다. 여러 곳에서 사용하는 '정적인 요소(변하지 않는 요소)'를 분리시켜 재사용성을 높이고 수정을 쉽게 하려는 것이죠.

앞서 안드로이드에서 레이아웃은 리소스로 관리한다고 한 것을 기억하세요? 안드로이드에서 레이아웃을 리소스로 분리한 이유도 이런 이유 때문이었죠. 그렇다면 이 리소스를 어떻게 재활용할 수 있는지 실습을 통해 알아보겠습니다.

안드로이드 스튜디오에서 'activity_second.xml' 파일을 디자인 탭에서 열어 주세요. . [Palette] 창의 [Containers] 탭 하위에 'include'라는 항목이 존재합니다.

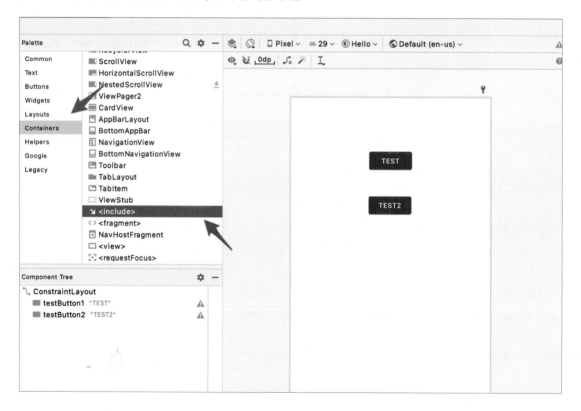

### [Palette] 창의 '검색' 기능

안드로이드에서 사용할 수 있는 다양한 UI 요소들이
Palette 창의 어느 탭에 있는지 모두 외우기란 쉽지 않
습니다. 또 안드로이드 스튜디오 버전에 따라 위치가
변경될 수도 있죠.

그럴 때 유용한 사용법은 Palette의 '검색' 기능을 사용
하는 것입니다. Palette에는 돋보기처럼 생긴 아이콘
이 있는데, 이것이 바로 [검색] 버튼입니다.

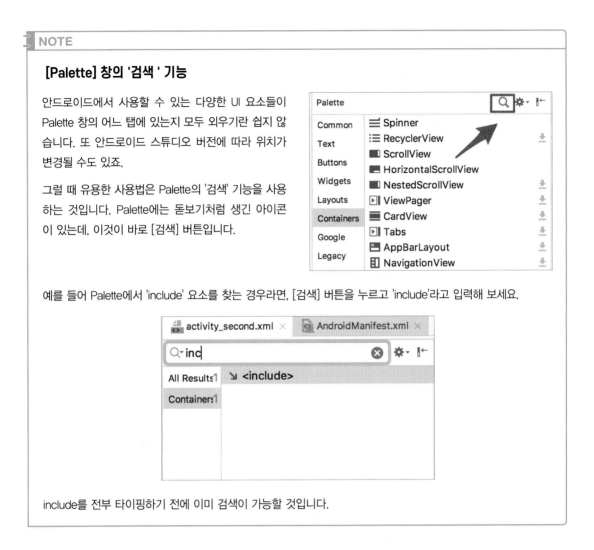

예를 들어 Palette에서 'include' 요소를 찾는 경우라면, [검색] 버튼을 누르고 'include'라고 입력해 보세요.

include를 전부 타이핑하기 전에 이미 검색이 가능할 것입니다.

안드로이드 UI 에서 'include'는 이미 다른 데에 정의되어 있는 레이아웃 리소스를 그대로 가져다 쓴다는 의
미입니다. 이 include 항목을 [TEST2] 버튼 아래에 배치하세요.

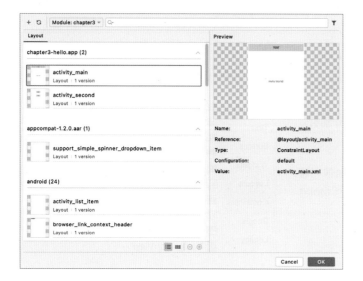

include를 배치하면 위와 같은 화면이 출력됩니다. 어떤 레이아웃을 포함시킬지 설정하는 화면이죠. 여기에는 사용 가능한 다양한 레이아웃 파일이 나오는데, 먼저 작성했던 'activity_main. xml' 파일도 보입니다. 'activity_main. xml' 파일을 선택하고 [OK] 버튼을 클릭해 주세요. 그렇게 적절히 배치시킨 뒤, 사이즈를 정해 줍니다.

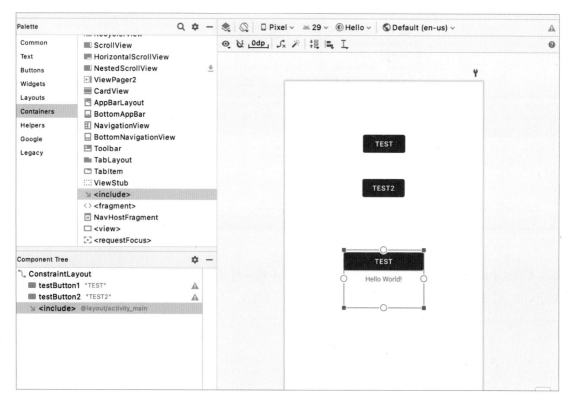

크기를 마우스로 늘려 주면 'activity_main.xml' 파일에서 정의했던 버튼과 "Hello, Wolrd!"라는 텍스트가 보이죠. 특별한 수정 작업 없이 기존에 사용한 레이아웃을 그대로 사용할 수 있는데, 이제 마지막으로 include된 레이아웃의 제약을 추가하도록 하겠습니다.

include된 레이아웃을 선택하고 다음 그림과 같이 [Design] 탭 툴바에서 [infer layout] 버튼을 클릭합니다.

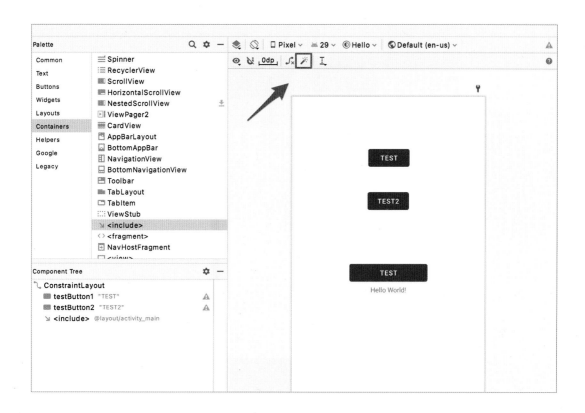

앞서 언급했듯 'infer layout 기능'은 현재 UI 배치를 보고 자동으로 추론하여 제약을 설정해 주죠. 제약이 추가되면 다음과 같이 화면이 나오게 됩니다.

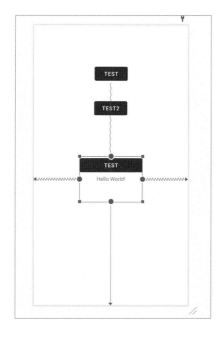

이제 상단의 [Run] 버튼을 클릭하여 가상 장치에서 실행해 보세요.

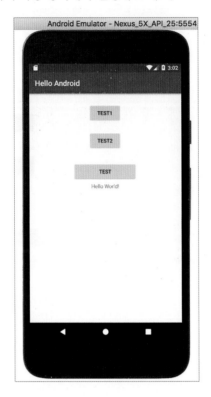

실행된 화면이 보이시나요? 멋지게 리소스를 재사용한 셈이죠. 결국 리소스를 사용하는 이유 역시 공통된 부분을 분리하여 '재사용성' 및 '재수정'을 용이하게 하는 것이죠.

이번 과에서는 '함수의 의미'와 '메소드'라는 용어에 대해 알아보았습니다. 더불어 함수를 사용하는 이유와 리소스를 사용하는 이유에 대해 공부하고, 실습을 통해 UI의 편집과 ConstlaintLayout을 가볍게 사용해 보았습니다. 이번 과를 요약하면 다음과 같습니다.

◆ 프로그래밍에서 함수란 전달받은 매개변수(파라미터)로 특정 작업을 수행한다.

◆ 함수는 작업 수행 뒤 반환값을 돌려줄수도 있고 반환값 없이 동작할 수도 있다.

◆ 함수를 사용하는 이유는 공통된 코드를 하나로 묶어 재사용성을 높이고 코드의 중복을 줄여 수정을 쉽게 하기 때문이다.

◆ 리소스의 사용 목적은 레이아웃, 문자열 등 정적인 요소를 분리하여 재사용성을 높이고 수정을 쉽게 하기 위해 존재한다.

◆ 안드로이드에서 UI는 보통 레이아웃 리소스로 작성하며 리소스로 분리하였기 때문에 쉽게 재사용이 가능하다.

◆ 특정 레이아웃을 재사용해서 사용하려면 〈include〉 태그를 사용한다.

# 3.10 | 객체 지향(OOP)과 클래스(Class), 인스턴스(Instance)

이번 과에서는 **객체 지향**(Object Oriented Programming)에 대해 다뤄 보겠습니다. 안드로이드에서 객체 지향이 중요한 이유는 바로 중심이 되는 언어인 Java가 '객체 지향 언어'이기 때문인데요.

'객체 지향'에 대해 논할 때 우선적으로 등장하는 것이 '패러다임'입니다. 구체적으로는 '프로그래밍 패러다임'이죠. 앞서 여러 번 언급했듯 프로그래밍 패러다임 역시 대부분 코드의 재사용성을 높이고 중복된 것들을 제거해 유지와 보수를 수월하게 만드는 것과 큰 관련이 있습니다.

객체 지향 패러다임은 재사용성을 높이고 유지/보수를 쉽게 하기 위한 하나의 방법으로서 '객체'를 제안합니다. 객체 지향은 이전의 패러다임과 달리 '프로그램의 구조'를 단순히 명령어의 나열로 보지 않고, '각각 독립적인 객체 간의 상호 작용'으로 해석하는 특징을 가집니다.

이해를 쉽게 하기 위해 객체 지향 이전의 패러다임인 '절차형 패러다임'을 먼저 살펴보겠습니다.

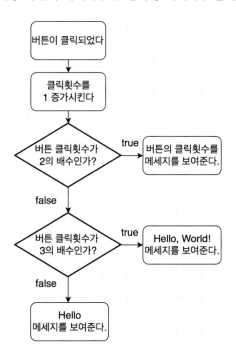

절차형 프로그래밍은 이와 같이 '순서도'를 그리는 방식과 비슷합니다. 절차식 프로그래밍은 프로그램을 이러한 '순서도'처럼 설계하고 각각의 실행 부분을 '함수'를 이용해 재사용하죠.

반면에 객체 지향 언어는 어떨까요? 객체 지향은 프로그래밍의 관점을 단순히 순서도와 같은 '논리의 나열'

로 보는 것이 아니라, 각 '객체 간의 상호 작용'으로 해결합니다. 현실 세상을 예로 들어보면 이해가 좀 더 쉬울 수 있는데요. TV를 보면서 TV 내부에서 어떤 방식으로 명령과 논리가 진행되어 재미있는 방송들이 나오는지 고민해 본 적이 있으신가요?

아마 대부분의 사람들은 'TV를 리모컨으로 조작하고 보는 것'에 그칠 뿐, 굳이 그런 '작동 원리'까지 고민하지 않을 것입니다. 객체 지향의 목적도 이 경우와 비슷합니다. 현실의 TV처럼 잘 설계된 객체가 있다면 그 객체를 재사용하는 입장에서는 해당 객체가 내부적으로 어떻게 돌아가는지 굳이 알 필요 없이 사용할 수 있는 것이죠.

물론 그 객체 내부에서는 수많은 명령어가 조건에 따라 절차식으로 돌아가고 있을 수도 있습니다. 그렇기 때문에 "객체 지향에서는 절차식 프로그래밍을 쓰면 안 된다"라는 게 아닙니다. 객체 지향은 절차식 패러다임과 서로 반대되는 개념이 아니라는 것이죠. 객체 지향 패러다임이란 결국 소프트웨어의 기본 설계에 대한 사고방식을 객체 간의 상호 작용으로 생각하여 코드의 재사용성을 높이자는 것입니다. 이제 객체 지향이 무엇인지 알아보았으니 'Java'라는 언어가 어떻게 객체 지향 방식으로 돌아가는지 알아보도록 하겠습니다.

객체 지향 언어에서 객체를 설계하기 위해 주로 사용되는 방법은 'Class'를 통해 정의하는 것입니다. 자바 역시 'class'라는 키워드를 통해 객체의 설계도를 만들 수 있죠. 그리고 'class'라는 키워드로 설계한 프로그램을 작동시키면 객체를 생성해서 사용합니다. 이렇게 생성된 객체를 'Instance'라고 부릅니다.

Class와 Instance의 차이를 요약해서 설명하자면 'Class'는 객체를 위한 설계도, 'Instance'는 설계도를 통해 생성된 실제 객체라는 것입니다. 예를 들어 '사람'이라는 객체에 대한 설계도가 'Class'라면 실제로 존재하는 '철수, 영희' 등은 'Instance'라는 것이죠.

이제 본격적으로 Java가 어떻게 객체 지향을 지원하는지 실습을 통해 알아보겠습니다. 안드로이드 스튜디오에서 'com.akj.hello' 패키지에 마우스 오른쪽 버튼을 클릭하여 [new 〉 Java Class]를 선택합니다.

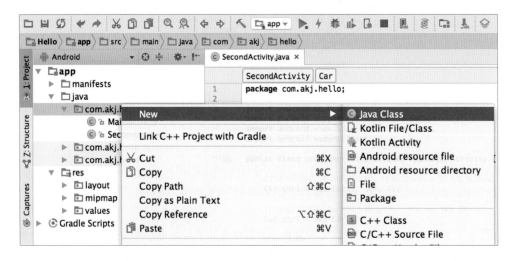

자동차 객체를 설계할 예정이므로 클래스 이름을 'Car'로 지정합니다.

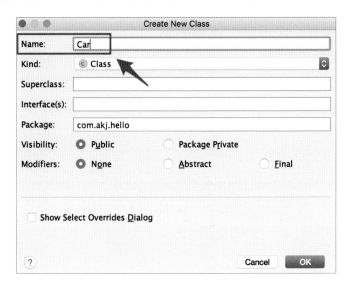

이제 [OK] 버튼을 누르면 클래스가 생성되는 것을 확인할 수 있습니다. 'Car.java' 파일을 다음과 같이 편집해 주세요.

```java
package com.akj.hello;

// 자동차라는 객체의 설계도인 Car Class 를 정의한다
public class Car {
    // 클래스 내부에는 객체가 가져야할 속성등을 정의할 수 있다. 이를테면 자동차의 가속도, 현재속도, 최고 속도 등이 있을수 있다.
    // 현재속도
    private int currentSpeed = 0;

    // 최고 속도
    private int maxSpeed = 100;

    // 가속도
    private int acceleration = 3;

    // 브레이크 속도
    private int brakeSpeed = 4;

    // 생성자
    public Car(int acceleration, int maxSpeed, int brakeSpeed) {
        this.acceleration = acceleration;
        this.maxSpeed = maxSpeed;
        this.brakeSpeed = brakeSpeed;
    }

    // 클래스는 메소드를 이용해 다른 객체들과 상호작용이 가능하다
    // 자동차 액셀을 밟는 메소드
    public void accelerationPedal() {
        // 페달을 밟을때마다 가속도만큼 현재속도를 올린다. 최고속도 이상으로 가속되지는 않는다.
        currentSpeed = currentSpeed + acceleration;
        if (currentSpeed > maxSpeed) {
            currentSpeed = maxSpeed;
        }
    }
```

```
35          // 자동차 브레이크 페달을 밟는다
36          public void brakePedal() {
37              // 페달을 밟을때마다 현재속도를 줄인다. 브레이크 페달로 속도가 0 이하는 될수 없다
38              currentSpeed = currentSpeed - brakeSpeed;
39              if (currentSpeed < 0) {
40                  currentSpeed = 0;
41              }
42          }
43
44          public String getCurrentSpeedText() {
45              return "현재속도는 " + this.currentSpeed + " km/h 입니다";
46          }
47      }
48
```

처음으로 클래스를 만든 것이니 상세하게 살펴보도록 하겠습니다. 먼저 '4번 라인'을 봐 주세요. '4번 라인'
의 구문은 자바에서 클래스를 만드는 방법입니다. 'public'은 '접근 지시자'로서 해당 클래스가 어디서든 접
근이 가능하다는 의미입니다. '접근 지시자'는 객체 지향 주요 개념 중 하나인 'Encapsulation(캡슐화)'를 지
원하기 위해 존재합니다.

여기서 객체 지향 개념인 '캡슐화'를 짚고 넘어가야 할 것 같습니다. '캡슐화'는 객체의 내부 정보를 외부에
서 은닉하는 것입니다. 그렇다면 어째서 은닉하는 것일까요? 캡슐화의 주된 목적은 크게 두 가지로 볼 수
있는데, 첫 번째로는 내부의 복잡한 로직을 숨겨 외부에서 기능을 사용하기 쉽게 하기 위한 것이고, 두 번
째로는 내부의 주요 속성들을 외부로부터 보호하는 것입니다.

내부의 복잡한 로직을 외부에서 전부 볼 수 있게 되면 외부에서는 어떤 인터페이스를 써야할지 알 수 없게
됩니다.

TV를 예로 들어, 만약 TV의 내부 기능을 전부 리모컨으로 조작 가능하도록 한다면 어떻게 될까요?
FullHD(1920x1080) 해상도 TV에서 '1 픽셀' 단위로 색을 조정하게끔 사용자에게 제공된다면 어떻게 될지
한번 생각해 보세요. 조작 방법 자체가 너무 복잡해 아예 조작을 못하게 될 것입니다. 즉 '캡슐화'를 통해
복잡한 기능은 숨기고 [리모컨]이라는 간편한 인터페이스를 제공하는 것이죠.

그렇다면 '데이터의 보호'란 어떤 것일까요? 객체는 자기 자신의 속성을 기반으로 동작하게 됩니다. 그런
데 갑자기 '외부에서 주요 속성을 바꿔 버리면' 정상적으로 작동하리라는 보장이 없어지는 것이죠. 이 역시
TV를 예로 들면, TV를 분해하여 주요 부품을 마음대로 바꾸어 버린다면 TV가 제대로 동작하지 않게 되
고, 이 경우에는 A/S도 되지 않겠죠?

자바 언어는 이런 캡슐화를 지원하기 위해 '접근 제어자'를 사용합니다. 클래스를 선언할때의 'public', 7번
라인 멤버 변수를 지정할때의 'private'과 같은 것들이죠. 자바에서 사용하는 접근 제어자에는 어떤 종류가
있는지 표로 간단하게 알아보겠습니다.

| 접근 제어자 | 설명 |
|---|---|
| public | 프로그램의 모든 위치에서 액세스할 수 있습니다. |
| protected | 동일한 패키지 또는 다른 패키지의 서브 클래스에서만 액세스할 수 있습니다. |
| default | 동일한 패키지 내에서만 액세스할 수 있습니다. |
| private | 자신의 클래스에서만 액세스할 수 있습니다. 클래스나 인터페이스는 private로 지정할 수 없습니다. |

7번 라인에는 현재 속도를 나타내는 변수가 'private'로 지정되어 있습니다. 이것은 외부로부터 은닉된 데이터인 셈이죠. 각 클래스는 '자기 자신만의 속성'을 변수로 가지고 있는데, 이런 것을 '멤버 변수' 혹은 '필드'라고 부릅니다.

19번 라인에는 객체의 생성자가 보입니다. 객체의 생성자는 객체를 생성하는 특수한 메소드인데요. 앞서 "Class는 설계도, Instance는 설계도대로 생성된 객체"라고 정의한 것을 기억하시나요? 'Class'에 맞게 객체를 생성하기 위해서는 '생성자 메소드'를 사용해야 한다는 것이죠.

'Car 클래스'는 생성자로부터 '가속도, 최고 속도, 브레이크 감속' 등을 전달받습니다. 멤버 변수를 'private'으로 선언한 이유는 객체를 생성한 뒤에 해당 필드들을 변화시킬 방법을 제한한 것입니다. 만약 생성자를 별도로 지정하지 않는다면 파라미터를 받지 않은 기본 생성자가 내부적으로 생기며, 객체의 필드값 역시 기본값으로 초기화되어 생성됩니다.

다음 27번 라인부터는 클래스의 메소드들이 지정되어 있습니다. 앞서 TV는 TV 리모컨이라는 인터페이스를 통해 외부에서 조작이 가능했습니다. 마찬가지로, 프로그램 세상에서도 'public' 메소드를 통해 객체와 상호 작용을 할 수 있습니다.

물론 '메소드'가 아닌 '필드'에도 public을 사용하면 외부에서 접근할 수 있습니다. 하지만 그렇게 하면 외부에서 객체의 속성에 직접 접근 가능해지기 때문에 '객체 지향의 캡슐화 원칙'은 지켜지기 어렵게 되겠죠. 물론 예외는 있기 마련이지만 가급적이면 외부와의 상호 작용은 'public 메소드'를 사용하는 것이 좋습니다.

이제 이 'Car 클래스'를 외부에서 사용해 보도록 하겠습니다. 'SecondActivity.java' 파일을 다음과 같이 편집해 주세요.

```java
package com.akj.hello;

import android.os.Bundle;
import android.view.View;
import android.widget.Toast;
import androidx.appcompat.app.AppCompatActivity;

public class SecondActivity extends AppCompatActivity {

    //가속도가 3, 최고속도가 100, 브레이크속도 4인 차를 만든다.
    Car car1 = new Car(3, 100, 4);

    //가속도가 10, 최고속도가 50, 브레이크속도가 8인 차를 만든다.
    Car car2 = new Car(10, 50, 8);

    @Override
    protected void onCreate(Bundle savedInstanceState) {
        super.onCreate(savedInstanceState);
        setContentView(R.layout.activity_second);

        //"프로그래밍을 시작해보자" 메세지를 잠시 보여준다.
        Toast.makeText(getApplicationContext(), "프로그래밍을 시작해보자!", Toast.LENGTH_LONG).show();

        // 레이아웃에 testButton1 ID 로 선언된 뷰에 클릭 이벤트 리스너를 등록한다.
        findViewById(R.id.testButton1).setOnClickListener(new View.OnClickListener() {
            @Override
            public void onClick(View view) {
                car1.accelerationPedal();
                car2.accelerationPedal();
                String info = "car1: " + car1.getCurrentSppedText() + ", car2: " + car2.
getCurrentSppedText();
                Toast.makeText(getApplicationContext(), info, Toast.LENGTH_LONG).show();
            }
        });
```

```
findViewById(R.id.testButton2).setOnClickListener(new View.OnClickListener() {
    @Override
    public void onClick(View view) {
        car1.brakePedal();
        car2.brakePedal();
        String info = "car1: " + car1.getCurrentSppedText() + ", car2: " + car2.
getCurrentSppedText();
        Toast.makeText(getApplicationContext(), info, Toast.LENGTH_LONG).show();
    }
});
    }
}
```

변경된 'SecondActivity.java'를 살펴보겠습니다. 'SecondActivity'는 Car 인스턴스 2개를 생성하여 변수로 가지고 있습니다. 11, 14번째 라인에 각각 쓰인 'new'라는 키워드가 보이시나요?

'new' 키워드는 자바에서 객체를 생성하는 역할을 합니다. 'car1'은 '가속도 3, 최고 속도 100, 브레이크 속도 4'인 차로 만들었고 'car2'는 '가속도 10, 최고 속도 50, 브레이크 속도 8'인 차로 생성되었습니다.

그 다음 [TEST1] 버튼을 누르면 car1, car2 모두 '가속 페달'을 밟고 현재 속도를 화면에 메시지로 보여주며, [TEST2] 버튼을 누르면 '브레이크 페달'을 밟은 후 현재 속도를 보여주게 됩니다.

[Run] 버튼을 눌러 실행해 보겠습니다.

이제 [TEST1] 버튼을 누를 때마다 Car 객체는 자신의 가속도와 최고 속도에 따라 현재 속도가 변화하고, 현재의 정보(속도)를 화면에 메시지로 나타냅니다. 또한 [TEST2] 버튼을 누른다면 Car 객체의 생성자에서 지정한 브레이크 속도에 따라 감속하고 마찬가지로 현재 속도를 화면에 나타냅니다.

만일 위 프로그램을 객체를 쓰지 않고 개발했다면 어떻게 되었을까요? Car 의 가속도, 현재 속도, 최고 속도 등의 속성은 전부 별도로 지정되어야 합니다. 직접 구현하지 않더라도 다음과 같이 될 것이라 충분히 예상할 수 있겠죠.

```java
// car1 의 현재속도
int currentSpeed1 = 0;
// car2 의 현재속도
int currentSpeed2 = 0;

// car1 의 최고속도
int maxSpeed1 = 100;
// car2 의 최고속도
int maxSpeed2 = 40;

// car1 의 가속도
int acceleration1 = 3;
// car2 의 가속도
int acceleration2 = 10;

// car1 의 브레이크 속도
int brakeSpeed1 = 4;
// car2 의 브레이크 속도
int brakeSpeed2 = 8;
```

또 버튼을 클릭했을 때 각각의 변수값을 사용하여 조건문으로 비교하고 현재 속도를 바꿔야 할 것입니다. 얼핏 봐도 쉽지 않을 것이라는 것을 예상할 수 있습니다. Car 인스턴스가 2대라면 그나마 할 수 있을 것도 같지만, 만약 10대가 필요하다면 어떻게 될까요?

즉 객체를 사용하여 코드의 공통되는 부분을 분리하고, 객체의 구체적인 작동은 은닉함으로서 재사용성이 높아졌다고 볼 수 있습니다.

다음은 객체 지향의 다른 주요 개념중 하나인 **상속** 부분을 살펴보겠습니다. '상속'은 객체 지향에서 코드를 재사용하기 위한 방법 중 하나인데요. 상속은 다른 클래스의 기능을 그대로 사용하면서 자신만의 기능을 추가하는 확장의 개념으로 볼 수도 있죠. 그래서 Java 언어는 '상속/확장'을 의미하는 키워드로 'extends'를 사용합니다.

이해를 돕기 위해 역시 코드로 실습하면서 알아보겠습니다. 기존의 'Car 클래스'를 생성했던 것처럼 이번에는 'SportsCar 클래스'를 생성해 주세요.

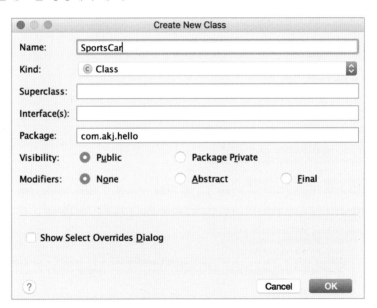

그리고 'SportsCar 클래스'를 다음과 같이 편집합니다.

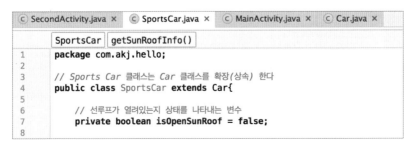

```
9       public SportsCar(int acceleration, int maxSpeed, int brakeSpeed)
10          super(acceleration, maxSpeed, brakeSpeed);
11      }
12
13      // 스포츠카의 선루프를 연다.
14      public void openSunRoof(){
15          isOpenSunRoof = true;
16      }
17
18      // 스포츠카의 선루프를 닫는다
19      public void closeSunRoof(){
20          isOpenSunRoof = false;
21      }
22
23      // 스포츠카의 선루프 정보를 읽어온다.
24      public String getSunRoofInfo(){
25          if(isOpenSunRoof){
26              return "선루프를 열었더니 상쾌하다.";
27          }else{
28              return "선루프는 닫혀있다.";
29          }
30      }
31
32  }
```

이제 'SportsCar 클래스'를 사용해 볼 시간입니다. 'SecondActivity.java' 파일을 다음과 같이 편집해 주세요.

```
7
8    public class SecondActivity extends AppCompatActivity {
9
10       // 가속도가 3, 최고속도가 100, 브레이크 속도 4 인 차를 만든다.
11       Car car1 = new Car(3, 100, 4);
12
13       // car2 는 스포츠카로 만든다. 가속도가 10, 최고속도가 50 브레이크 속도 8인 차를 만든다.
14       SportsCar car2 = new SportsCar(10, 50, 8);
15
16       @Override
17       protected void onCreate(Bundle savedInstanceState) {
18           super.onCreate(savedInstanceState);
19           setContentView(R.layout.activity_second);
20
21           // "프로그래밍을 시작해보자!" 메세지를 잠시 보여준다.
22           Toast.makeText(getApplicationContext(), "프로그래밍을 시작해보자!", Toast.LENGTH_LONG).show();
23
24           findViewById(R.id.testButton1).setOnClickListener(new View.OnClickListener() {
25               @Override
26               public void onClick(View v) {
27                   car1.accelerationPedal();
28                   car2.accelerationPedal();
29                   String info = "car1: " + car1.getCurrentSpeedText() + ", car2:" + car2.getCurrentSpeedText();
30                   Toast.makeText(getApplicationContext(), info, Toast.LENGTH_SHORT).show();
31                   // 스포츠카의 선루프를 연다.
32                   car2.openSunRoof();
33                   Toast.makeText(getApplicationContext(), car2.getSunRoofInfo(), Toast.LENGTH_SHORT).show();
34               }
35           });
36
37           findViewById(R.id.testButton2).setOnClickListener(new View.OnClickListener() {
38               @Override
39               public void onClick(View v) {
40                   car1.brakePedal();
41                   car2.brakePedal();
42                   String info = "car1: " + car1.getCurrentSpeedText() + ", car2:" + car2.getCurrentSpeedText();
43                   Toast.makeText(getApplicationContext(), info, Toast.LENGTH_SHORT).show();
44
45                   // 스포츠카의 선루프를 닫는다.
46                   car2.closeSunRoof();
47                   Toast.makeText(getApplicationContext(), car2.getSunRoofInfo(), Toast.LENGTH_SHORT).show();
48               }
49           });
50       }
51   }
```

14번 라인을 보면 'car2'를 기존의 'Car 클래스'가 아닌 'SportsCar 클래스'로 생성하였습니다. 29 번 라인을 봐 주세요. SportsCar 클래스는 현재 속도 정보를 반환하는 함수를 생성한 적이 없지만, 기존의 Car 에서 정의했던 모든 기능들이 정상적으로 작동하는 모습을 보입니다. 또 32번 라인에서는 스포츠카만의 기능인 'openSunRoof() 기능'을 사용하고 있습니다.

이것이 바로 '상속' 또는 '확장'이라는 개념입니다. 'SportsCar 클래스'는 'Car 클래스'를 '상속' 받았기 때문에 별다른 구현 없이 'Car 에서 정의된 기능들'을 사용할 수 있는 것입니다. 사실 첫 번째 등장한 'Hello' 예제부터 이미 객체 지향 상속 개념을 사용하고 있었습니다. 'SecondActivity.java' 파일을 선언한 부분을 봐 주세요.

```
// SecondActivity 는 AppCompatActivity 를 확장한다.
public class SecondActivity extends AppCompatActivity
```

'SecondActivity'는 'AppCompatActivity'를 상속받고 있습니다. 그래서 특별한 코드를 작성하지 않아도 '화면에 UI 가 그려지고 사용자 입력에 반응하는' 등의 작동이 가능했던 것이죠. 이제 상속에 대해 감이 오시나요?

그 다음으로 알아볼 객체 지향 개념은 '메소드 오버로딩'과 '오버라이딩'입니다. 먼저 **메소드 오버로딩**이 무엇인지 알아보겠습니다. '메소드 오버로딩'은 같은 기능을 하지만 입력 받는 '파라미터의 타입(자료형)'이 다를 때 사용합니다. 예를 들어 다음과 같은 경우를 생각해 보겠습니다.

```java
public int add(int x, int y){
    return x + y;
}

public float add(float x, float y){
    return x + y;
}
```

이 코드에서 'add' 메소드는 '더하기'라는 같은 기능을 하지만 서로 다른 타입(자료형)을 가지고 있습니다. '메소드 오버로딩'은 위와 같이 서로 다른 타입이어도 같은 메소드 이름을 쓸 수 있도록 되어 있죠.

메소드 오버로딩이 없을 때에는 각 함수의 이름을 다른 것으로 지어 줘야 했습니다. 'addInt()', 'addFloat()'와 같이, 서로 다르게 작명해야 했기 때문에 다소 번거로운 부분이 많았죠. 객체 지향에서 '메소드 오버로딩'은 이런 복잡함을 줄여 줍니다.

다음은 **메소드 오버라이딩**을 알아볼 차례인데, '메소드 오버라이딩'은 상속에서 부모가 제공한 기능을 그대로 쓰지 않고 바꿔서 사용하는 것을 말합니다. 이전의 'SportsCar.java 클래스'를 다시 편집해 봅시다.

```
 C  SecondActivity.java ×    C  SportsCar.java ×    C  MainActivity.java ×    C  Car.java ×

   SportsCar    getCurrentSpeedText()
1     package com.akj.hello;
2
3     // Sports Car 클래스는 Car 클래스를 확장(상속) 한다
4     public class SportsCar extends Car{
5
6         // 선루프가 열려있는지 상태를 나타내는 변수
7         private boolean isOpenSunRoof = false;
8
9         public SportsCar(int acceleration, int maxSpeed, int brakeSpeed) {
10            super(acceleration, maxSpeed, brakeSpeed);
11        }
12
13        // 스포츠카의 선루프를 연다.
14        public void openSunRoof(){
15            isOpenSunRoof = true;
16        }
17
18        // 스포츠카의 선루프를 닫는다
19        public void closeSunRoof(){
20            isOpenSunRoof = false;
21        }
22
23        // 스포츠카의 선루프 정보를 읽어온다.
24        public String getSunRoofInfo(){
25            if(isOpenSunRoof){
26                return "선루프를 열었더니 상쾌하다.";
27            }else{
28                return "선루프는 닫혀있다.";
29            }
30        }
31
32        // 부모에게 받은 기능을 그대로 쓰지 않고 재정의 해서 쓰는 것을 오버라이드라고 한다.
33        @Override
34        public String getCurrentSpeedText() {
35            return "스포츠카입니다. " + super.getCurrentSpeedText();
36        }
37    }
38
```

34번째 라인에서 정의된 메소드가 보이시나요? 'getCurrentSpeedText()'는 부모 클래스인 'Car 클래스'에 정의된 메소드였죠. 상속받은 기능을 하위 클래스에서 재정의해야 할 경우, 다시 메소드를 정의합니다. 그리고 이런 개념을 '메소드 오버라이드'라고 부르죠.

이번 과에서는 객체 지향의 정의를 비롯해 객체 지향의 주요 개념인 '캡슐화'와 '상속', '오버로딩', '오버라이딩'에 대해 알아보았습니다. 객체 지향과 관련된 이야기는 매우 방대할 뿐만 아니라 현재에도 구현 방법의 진화가 계속 진행 중에 있습니다. 따라서 이 책에서 객체 지향을 모두 다루기에는 힘든 부분이 있으므로, 가장 핵심이 되는 부분들을 우선적으로 짚고 심층적인 내용은 앞으로 등장할 실전 예제들을 통하여 다루겠습니다.

이러한 내용을 요약하면 다음과 같습니다.

 ◆ 객체 지향은 프로그래밍 패러다임이다.

◆ 객체 지향의 목적은 코드의 재사용성을 높이고 유지보수를 쉽게 하는 것에 있다.

◆ 객체 지향은 코드의 재사용성을 높이고 유지보수를 쉽게하기 위한 방법으로 객체를 제안한다.

◆ 객체는 자신만의 속성을 가지고 외부에 인터페이스를 제공한다.

◆ Class 는 객체의 설계도, Instance 는 설계도대로 생성된 실제 객체를 말한다.

◆ Java 에서 클래스는 class 키워드로 생성 가능하다.

◆ 객체 지향에서 캡슐화란 내부 처리과정을 외부로부터 은닉하여 인터페이스를 간편화하고 자기자신의 데이터를 보호하는 것이다.

◆ 객체 지향에서 상속(확장)은 이미 설계된 클래스의 기능을 그대로 재사용하면서 자신만의 기능을 추가하는 것이다.

◆ 메소드 오버로딩은 파라미터가 서로 다른 메소드를 같은 이름으로 쓰게 해주는 다형성을 위해 존재한다.

◆ 메소드 오버라이딩은 부모에게 받은 기능을 그대로 쓰지 않고 재 정의해서 쓰는것이며 이것 역시 사용하는 입장에서는 같은 메소드를 사용하지만 다양하게 변경이 가능하므로 다양성을 위한 예 중 하나로 볼 수 있다.

# 3.11 | 라이브러리(Library), 프레임워크(FrameWork), 콜백(Callback)

이번 과에서는 **라이브러리**와 **프레임워크**에 대해 다뤄 보겠습니다. 앞서 무엇인가를 개발할 때 직접 모든 것을 개발하는 것보다는 이미 사용되고 있는 기능을 재사용하는 것이 유리하다고 언급한 적이 있죠.

'라이브러리'란 개발의 생산성 향상을 위하여 자주 사용하는 기능을 여러 곳에서 사용할 수 있도록 묶은 것을 의미합니다. 앞서 프로젝트의 구조를 살필 때 'Gradle 스크립트'에서 확인했던 'dependencies 항목'을 기억하시나요?

```
28      // 라이브러리의 의존성을 적는 곳이다
29 ▶    dependencies {
30          implementation 'androidx.appcompat:appcompat:1.2.0'
31          implementation 'com.google.android.material:material:1.2.1'
32          implementation 'androidx.constraintlayout:constraintlayout:2.0.4'
33          testImplementation 'junit:junit:4.+'
34          androidTestImplementation 'androidx.test.ext:junit:1.1.2'
35      }
```

'build.gradle'에서 'dependencies'는 의존성이 있는 라이브러리를 적습니다. 'Hello 앱'은 이미 'ConstraintLayout'

과 'AppCompat' 등의 라이브러리를 사용하고 있는 것이죠.

만일 라이브러리가 없었다면, Hello 애플리케이션에서 드래그 앤 드랍으로 UI를 만들고 제약을 지정해 멀티해상도를 지원하는 일은 지금보다 굉장히 까다로웠을 것입니다. 이미 라이브러리에 해당 기능이 전부 구현되어 있기 때문에 쉽게 적용 가능한 것이죠.

현재는 '라이브러리'와 '프레임워크'의 시대라고 해도 과언이 아닙니다. 사용자의 요구는 나날이 심화되기 때문에 모든 것을 처음부터 개발하려면 너무 시간이 오래 걸리기 때문이죠.

'프레임워크' 역시 라이브러리처럼 자주 사용하는 기능을 묶어 개발 생산성 향상을 하는 것이 목적입니다.

이러한 '라이브러리'와 '프레임워크'의 차이점은 무엇일까요? 가장 주요한 차이는 "코드 흐름의 제어권을 누가 가지고 있느냐"에 있습니다. 간단하게 말하면 내가 메소드를 불러서 사용하면 '라이브러리', 거꾸로 나의 메소드가 불려 사용되면 '프레임워크'라고 할 수 있습니다.

'프레임워크'는 프로그램이 동작하는 일련의 과정 중 공통적인 요소들은 상위 클래스에서 정의하고, 서로 다르게 적용되어야 하는 부분은 하위 클래스에 구현된 'CallBack' 함수를 부르는 형태로 작동합니다.

'CallBack 함수'는 이전의 설명처럼 내가 부르는 것이 아닌, '불려지는 함수'를 이야기합니다. 실습을 하면서 Button 에 '이벤트 리스너'를 달았던 것을 기억하시나요?

```
findViewById(R.id.testButton1).setOnClickListener(new View.OnClickListener() {
    @Override
    public void onClick(View v) {
```

버튼의 'onClick(View v) 함수'는 내가 부르는 것이 아니라, 버튼이 클릭될 때 불려 오는 것입니다. 이러한 것들이 바로 'Callback 함수'죠.

'프레임워크'는 개발자가 해야 하는 일을 획기적으로 줄여 줍니다. 실제로 Hello 예제 실습은 큰 어려움 없이 개발이 완료되었죠.

그것은 이미 안드로이드 개발이 프레임워크로 진행되기 때문입니다. 애플리케이션이 시작되면 실제로는 기존 애플리케이션의 메모리 사용 영역을 해제하고, 앱의 메모리를 할당하여 Activity 의 테마, 스타일, UI 요소 등 다양한 설정을 해야 할 것입니다. 이 부분만 개발하려 해도 만만치 않겠죠.

하지만 이런 '공통된 부분'은 모든 애플리케이션이 유사하기 때문에 프레임워크에서 처리하고 Callback 을 불러 '서로 다른' 부분을 구현하도록 하는 것이죠.

Hello 예제는 사실 처음부터 프레임워크의 'Callback'을 사용하고 있습니다. 바로 'onCreate 함수'가 Callback 함수의 일종인 것이죠.

```java
// onCreate() 는 액티비티가 실행될때 불려지는 Callback 함수이다
@Override
protected void onCreate(Bundle savedInstanceState) {
```

앞서 개발할 때 'onCreate 함수'를 부르는 코드는 어디에도 없다는 것을 눈치채셨을 겁니다. 프레임워크에서 'Activity'를 실행할 때 공통적인 부분들은 해결이 된 상태로 'onCreate() 함수'를 불러 주기 때문이죠.

반면 프레임워크 개발의 단점은 무엇일까요? 바로 "프레임워크를 이해해야 한다"는 점이죠. 프레임워크는 '프로그램 실행의 제어권'이 개발자가 짜는 코드가 아닌 프레임워크에 있기 때문에 프레임워크를 별도로 공부하지 않는다면, 직접 짠 코드가 의도대로 실행되지 않을 수 있습니다. 하지만 이러한 단점은, 프레임워크로 인해 시간 단축이 가능한 장점을 고려했을 때 문제가 되지 않습니다. 때문에 현대의 개발은 대부분 프레임워크 기반으로 이뤄지고 있으며, 안드로이드 역시 프레임워크 기반으로 개발하는 것이죠.

앞서 언급했듯이 안드로이드 개발 역시 프레임워크 기반의 개발이므로 안드로이드 개발에 능숙해지기 위해서는 '안드로이드 프레임워크'를 이해해야만 합니다. 다음 과부터는 실전 예제들을 통해 본격적으로 안드로이드 프레임워크를 살펴볼 예정입니다.

이번 과를 요약하면 다음과 같습니다.

◆ 라이브러리와 프레임워크는 코드의 공통적인 부분을 별도로 분리하여 개발의 생산성 향상에 목적이 있다.

◆ 라이브러리는 'API 형태'로 기능을 제공한다.

◆ 라이브러리와 프레임워크의 차이는 코드 흐름의 제어권을 누가 가지고 있는가에 대한 차이이다.

◆ 개발자가 직접 부르는 것이 아닌, 외부에서 불려지는 함수를 'Callback 함수'라고 한다.

◆ 프레임워크는 프로그램이 해야할 작업중 공통적인 부분은 상위 클래스에서 구현하고 추가적으로 구현할 사항을 하위 클래스의 Callback 을 호출하는 형태로 동작한다.

◆ 안드로이드 애플리케이션 개발은 프레임워크 기반으로 개발된다.

# Kotlin(코틀린)
# 04 실전 프로그래밍

들어가기　　　　본 장에서는 구글이 안드로이드용 공식 언어로 새롭게 지정한 'Kotlin(코틀린)'의
　　　　　　　　실전 프로그래밍 기법을 살펴봅니다. 실제 앱을 개발하는 과정을 통해, 실무에서
　　　　　　　　사용되는 주요 기능들을 기존 안드로이드 개발 언어인 JAVA 와의 차이점 위주로
　　　　　　　　익혀 보도록 하겠습니다.

| 8:58 ✿ ☎ | ▼◢ 🔋 |
|---|---|
| **BmiJavaActivity** | |
| 키를 입력하세요 ———— cm | |
| 체중을 입력하세요 ———— kg | |
| 키와 체중을 입력후 BMI 확인 버튼을 눌러주세요 | |
| **BMI 계산** | |

| 8:59 ✿ ☎ | ▼◢ 🔋 |
|---|---|
| **BmiKotlinActivity** | |
| 키를 입력하세요 ———— cm | |
| 체중을 입력하세요 ———— kg | |
| 키와 체중을 입력후 BMI 확인 버튼을 눌러주세요 | |
| **BMI 계산** | |

# 4.1 | Kotlin에 대하여

## 4.1·01 Kotlin의 특징

**Kotlin(코틀린)**은 2017년 안드로이드 공식 개발 언어로 지정되었습니다. 안드로이드의 개발 환경은 지금껏 Java 언어를 중심으로 확장되어 왔는데, 굳이 새로운 개발 언어를 도입한 이유는 무엇일까요?

당연하게도 구글이 코틀린을 안드로이드 공식 언어로 지정한 이유는 코틀린이 현대적인 언어로서 갖는 많은 장점들 때문일 텐데, 코틀린의 장점 중 대표적인 것들을 요약해 보면 다음과 같습니다.

- ◆ 코트린은 'Java'와 100% 상호 호환되면서도 더 현대적이고 간결합니다. 때문에 Java 와 코틀린 코드를 하나의 프로젝트에서 섞어 사용할 수도 있습니다.

- ◆ 코틀린은 'Null Pointer Exception'이 발생할 수 있는 코드를 금지하고 Null 에 대해 안전한 코드를 간결하게 표현할 수 있도록 지원합니다.

- ◆ 코틀린은 '타입 추론'을 지원합니다. 때문에 정적 타입 지정 언어가 가진 정확성과 성능을 보장하면서도 동적 타입 언어와 같은 간결함을 유지할 수가 있습니다.

- ◆ 코틀린은 '람다 표현식'을 지원합니다. 코틀린의 람다 표현식은 'Java 8'부터 지원되는 람다 표현식보다 더 간결합니다.

- ◆ 코틀린은 '객체 지향' 프로그래밍과 '함수형' 프로그래밍 스타일을 모두 지원합니다.

- ◆ 코틀린의 '확장 함수'는 기존 클래스의 변경 없이 클래스의 기능을 추가하는 것이 가능합니다.

- ◆ 코틀린은 이미 널리 쓰이는 '코드 패턴을 간결화할 수 있도록 설계'되었습니다. 예를 들면 'getter, setter'를 묵시적으로 제공하고 자주 쓰이는 'Singleton 패턴'은 'object'로서 지원합니다.

- ◆ 코틀린의 함수는 '일급 객체'로서 다른 함수의 파라미터로 전달 가능하고 함수의 반환값을 함수 형태로 반환할 수 있어 '높은 추상화가 가능'합니다.

- ◆ 코틀린은 '불변성을 보장하는 변수'와 '변경이 가능한 변수'를 언어 차원에서 분리합니다. 불변값을 갖는 변수의 사용은 '다중 쓰레드 애플리케이션 개발'에 보다 유용합니다.

- ◆ 코틀린의 'Android Extension'을 사용하면 'findViewById( )' 함수로 접근해야 했던 코드들을 줄일 수 있어 소스 코드를 획기적으로 간결하게 유지할 수 있습니다.

- ◆ 코틀린은 유명 IDE 제작 회사인 JetBrain 이 만든 언어로, 같은 회사에서 만든 Intellij 및 Android Studio IDE 에서 매우 잘 지원되는 언어입니다.

코틀린은 이와 같은 장점들을 이유로 빠르게 기존 Java 언어 중심의 안드로이드 개발 환경을 대체해 가고 있습니다. 2017년 말, 모바일 데이터베이스 업체 'Realm'의 조사에 따르면 코틀린은 안드로이드 개발 환경에서 5.1% 사용되는데 그쳤지만 Google 이 코틀린을 안드로이드 공식 언어로 지정한 후 20%까지 사용 비율이 증가했다고 합니다.

앞서 나열된 장점 중에서도 특히 코틀린이 빠르게 개발자들을 확보하게 된 주요 특징 중 하나는 Java 언어와 100% 상호 지원이 된다는 점 때문일 것입니다. 코틀린은 기존 Java 환경과 100% 호환되도록 설계되어 기존의 방대한 라이브러리를 그대로 가져다 쓸 수 있죠.

또한 안드로이드를 공식적으로 지원하므로, 특히 안드로이드 환경에서 사용하기 편하도록 확장 기능을 제공합니다. 때문에 안드로이드에서 불필요하게 반복되는 코드를 획기적으로 줄일 수 있습니다.

필자 역시 코틀린을 사용해 본 결과 안드로이드 개발자라면 굳이 코틀린으로 갈아타지 않을 이유가 없다는 생각인데요. 코틀린 역시 다른 언어들이 의례 그렇듯 이론서적인 깊이 있는 학습을 위해서는 많은 지면을 할애해야겠지만 이 책은 그저 코틀린이라는 언어가 아닌 보다 실제적인 안드로이드 개발을 위한 책이므로 코틀린에 대한 설명 역시 안드로이드 개발에 필요한 내용 위주로, 또한 기존 Java 와의 차이점 위주로 설명하도록 하겠습니다.

## 4.1.02 학습 주안점

새로운 프로그래밍 언어를 익힐 때에는 기본적인 새 문법 요소들을 익히는 것도 물론이려니와, 해당 언어만의 독특한 특징과 개념을 익히는 것이 더 어렵다고 생각합니다. 예컨대 Java 를 새롭게 처음 배울 때에는 색다른 문법도 문법이지만 당시로선 새로웠던 '객체 지향'의 개념이 이해를 더욱 어렵게 했죠.

코틀린 역시 그 문법도 생소하지만, 보다 어려운 점은 코틀린만의 특징과 개념을 이해하는 것입니다. 사실 코틀린에서 사용하는 주요 특성 및 개념들은 이미 소프트웨어 측면에서 오랫동안 축적된 지식을 기반으로 하기 때문에 초심자들에게는 더 어려울 수 있습니다.

예를 들면 객체 지향의 개념이 그 이전의 프로그래밍적 어려움을 경험하지 않고는 잘 와닿지 않는 것처럼, 코틀린 역시 기본 베이스는 Java 의 개념을 사용하므로 Java 언어로 프로그래밍적 어려움을 경험해 보지 못한 입장에선 쉽게 와닿지 않는 부분들이 있습니다.

하지만 그렇다고 해서 너무 어렵다고만 생각할 필요는 없습니다. 사실 이런 프로그래밍적 개념이 어렵게 느껴지는 이유는 '개념 자체' 때문이라기보다 처음부터 복잡한 소프트웨어 개발을 시도하기 때문이죠.

예를 들어 "Hello, World!"라는 문구를 화면에 나타내기 위한 수준의 아주 간단한 프로그래밍이라면 어떤 언어나 프로그래밍 패러다임을 사용하더라도 크게 어렵지 않겠죠. 하지만 복잡한 소프트웨어를 개발할수록 단순한 방법만으로는 해결하기 힘든 문제점들이 여기저기에서 발생하게 되고, 그 문제점들을 보다 쉽게 해결하기 위해 생겨난 새로운 프로그래밍 개념들이 더욱 복잡함을 안겨 주는 것입니다.

즉 개념이 아니라 복잡한 소프트웨어 개발이 어려운 것이지만, 새 언어에 포함된 다양한 프로그래밍 개념들은 오히려 이런 복잡한 소프트웨어 개발을 쉽게 할 수 있도록 도와주는 역할을 하게 되죠.

이번 과에서는 코틀린의 특성을 이해하기 위한 다양한 프로그래밍 패러다임과 개념들을 설명해야 하므로 다소 어렵게 느껴질 수 있겠지만, 이는 코틀린이 매우 현대적인 언어이고 그만큼 이미 기존의 많은 프로그래밍 개념들과 함께 이를 개선하기 위한 새로운 개념들까지 포함하고 있기 때문입니다.

프로그래밍 언어를 배우기 위해 선택할 수 있는 방법에는 주로 '프로그래밍의 개념을 위주로 공부하는 것'과 '직접 눈에 보이는 예제를 코딩하는 방법들'이 있는데요. 이 중 개념을 위주로 공부하는 경우는 이론적으로만 나열된 개념들을 이해하는데 지쳐서 어렵고, 눈에 보이는 예제를 위주로 공부하게 되면 처음에는 잘 되는 것 같아 재미있지만 복잡한 프로그래밍 단계에 들어서면서 개념적인 이해가 부족해 좌절하게 되는 경우가 많죠.

따라서 독자분 중 프로그래밍 경험이 적은 경우라면, 이해를 하는 데에 너무 집착하지 말고 예제 위주로 코딩한 뒤 "이런 개념이 있구나" 하는 정도로만 일단 넘어가 주세요. 나중에 복잡한 소프트웨어를 다루게 될 때 다시 개념을 찾아봐도 충분하므로, 우선 각 개념의 대략적인 이해를 한 후 이를 구현한 예제들을 따라서 코딩하며 보다 실제적인 감을 익히는 방식으로 진행해 주세요.

## 4.2 | 샘플 앱 제작

이번 과에서는 코틀린의 기본적인 문법 요소들을 살펴보고 각각 Java 언어와 어떻게 다른지 살펴보기 위해 안드로이드 샘플 앱을 만들어 보겠습니다.

이 책에서는 코틀린의 언어적 특성을 시험해 보기 위해서 안드로이드 스튜디오 환경을 사용하지만, 코틀린이 꼭 안드로이드 환경에서만 사용되는 것은 아닙니다. JVM(Java Virtual Machine, 자바 가상 머신)이 동작하는 환경이라면 어디서든 사용할 수 있죠. 이를테면 Java가 주로 사용되는 서버 플랫폼에 활용하거나 코틀린 1.1부터 지원되는 Javascript 환경에서 프론트엔드 영역을 개발할 때에도 사용할 수 있습니다.

무엇보다 코틀린을 간단하게 맛보기 위해서라면 굳이 개발 환경을 설치하지 않더라도 웹에서 가볍게 시험해 볼 수 있도록 지원하고 있습니다. 웹에서 간단하게 코틀린의 코딩을 시험해 보고 싶다면, 코틀린 공식 홈페이지(https://kotlinlang.org/)에 방문하여 [Try Kotlin] 버튼을 클릭하면 됩니다.

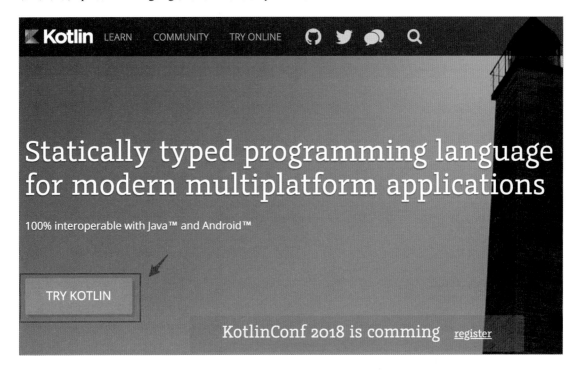

여기서는 코틀린을 공부하기 위해 몇 개의 '샘플 앱'과 안드로이드 스튜디오에서의 '단위 테스트'를 사용합니다. 샘플 앱을 만들어 보면서 안드로이드 환경과 앱을 만드는 방법에 익숙해지고, 단위 테스트의 의미를 코틀린의 개념들과 함께 익힐 수 있을 것입니다.

## 4.2.01 프로젝트 생성

앞서 프로그래밍 기본 요소를 배울 때처럼, 처음 시작은 유서 깊은 샘플 예제인 "Hello, World!"로 시작합니다. 3장에서 공부했던 예제들을 코틀린으로 어떻게 바꿀수 있는지 알아보고, 코틀린만의 장점을 익힐 수 있도록 몇가지 예제를 더 진행해 보겠습니다.

먼저 이번에 사용할 예제들을 만들 프로젝트부터 생성하죠. 안드로이드 스튜디오에서 [File > New > New Project]를 선택하고 앞서 익힌 방법대로 프로젝트를 생성합니다. 이 때 프로젝트의 이름은 'KotlinSample '로 하고, 하단의 'Include Kotlin support' 항목에 체크한 후 [Next] 버튼을 클릭하여 다음 과정으로 진행하면 됩니다.

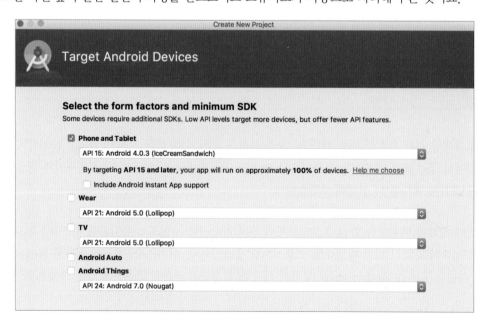

'Include Kotlin Support' 체크 박스는 구글이 안드로이드 공식 언어로 코틀린을 발표한 뒤 새로 생긴 옵션으로서, 기존에는 코틀린을 프로젝트에 적용하려면 먼저 자바 언어로 안드로이드 프로젝트를 생성한 뒤 코틀린 설정을 'build.gradle' 파일에 추가하고 생성된 자바 코드를 코틀린 코드로 변환하는 등의 꽤 번거로운 작업들이 필요했습니다.

하지만 최신 버전의 안드로이드 스튜디오(3.0 이상)에서는 프로젝트 생성 시 'Include Kotlin Support' 항목에 체크만 하면 앞서 말한 일련의 과정을 안드로이드 스튜디오가 자동으로 처리해 주는 것이죠.

다음 화면은 '안드로이드의 최저 사양'을 선택하고 '지원하는 하드웨어'를 정하는 화면입니다. 모바일 폰 또는 태블릿을 지원할 예정이므로 'Phone And Tablet'을 선택하여 Minimum SDK 버전을 안드로이드 스튜디오가 자동으로 지정해 주도록 하고 [Next] 버튼을 클릭합니다.

3장에서 배웠던 Minimus SDK 의 의미를 기억하시죠? 'Minimum SDK'는 꽤 중요한 설정 중 하나이므로 다시 복습해 보겠습니다.

Minimum SDK 는 앱이 지원하는 최저 레벨의 API 를 정하는 것으로, 앱이 설치되어야 할 폰이 Minimum SDK 설정치보다 낮은 API 레벨의 안드로이드 버전이라면 앱을 설치할 수 없게 되죠. 또 플레이스토어에서도 앱이 검색되지 않습니다. 따라서 Minimum SDK 를 너무 낮게 잡게 되면 개발 때 하위 버전에서 생기는 예외 사항을 전부 고려해야 하지만 그만큼 지원할 수 있는 폰이 많아지게 되고, 반대로 Minimum SDK 를 높게 설정하면 하위 버전을 고려하지 않아도 되므로 개발은 보다 쉬워지지만 지원 가능한 폰이 적어지게 되겠죠.

안드로이드 스튜디오는 가급적 최고 레벨의 API 를 사용하면서 동시에 최대한 많은 폰을 지원할 수 있는 API 버전을 기본값으로 하기 때문에 가급적 변경하지 않고 사용하면 됩니다.

다음 설정은 Activity 의 템플릿을 설정하는 화면입니다.

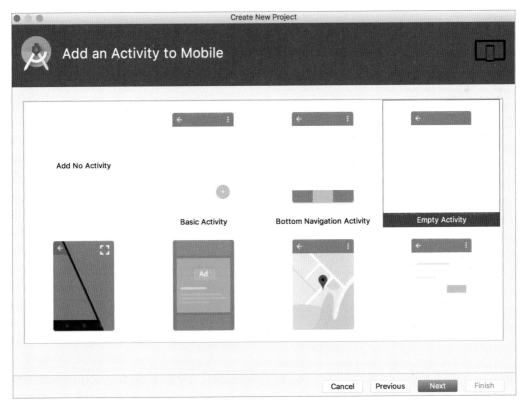

여기서도 **3장**에서와 같이 'Empty Activity'를 선택하고 [Next] 버튼을 누르고 [Finish(완료)]를 눌러 프로젝트를 생성합니다. 프로젝트가 생성되면 다음과 같은 화면이 나타납니다.

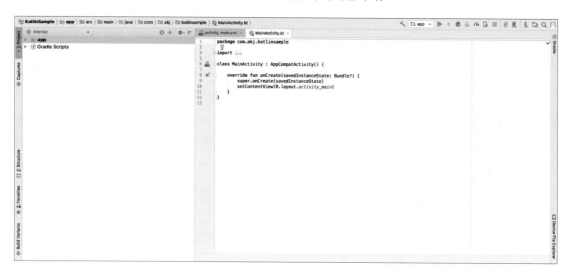

사실 코틀린으로 안드로이드 프로젝트를 만드는 방법은 안드로이드 스튜디오가 본격적인 지원을 시작하면서 매우 쉬워졌죠. 이제 프로젝트가 어떻게 다른지 살펴보도록 하겠습니다.

---

> **NOTE**
>
> ### 기존 Java 프로젝트에서 코틀린을 사용하려면 어떻게 사용할까요?
>
>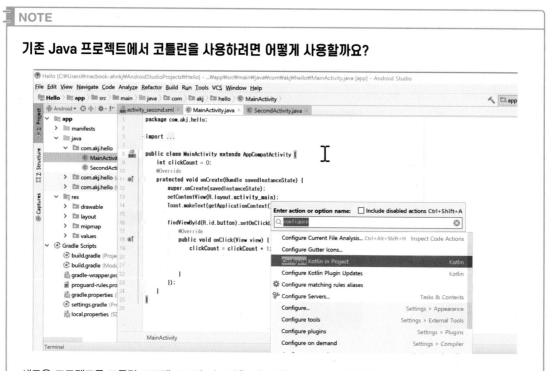
>
> 새로운 프로젝트를 코틀린 프로젝트로 만드는 것은 체크 박스만으로도 쉽게 할 수 있습니다. 그런데 만약 기존의

'Java 베이스 안드로이드 프로젝트'에서 코틀린을 사용하고 싶다면 어떻게 해야 할까요?

다행인 점은 안드로이드 스튜디오가 쉽게 기존 'Java 베이스 프로젝트'를 '코틀린 프로젝트'로 변환하도록 제공한다는 것입니다. 다음 순서를 따라해 주세요.

① 'MainActivity'에서 [Ctrl + Shift + A] 단축키를 누른 후 'Configure Kotlin in Project'를 선택합니다.

② 팝업에서 'Android with Gradle'를 선택하고, 'All modules'가 선택된 상태로 [OK] 버튼을 클릭합니다.

③ 마지막으로 '코틀린의 버전'을 선택하면 해당 버전의 코틀린 적용이 완료됩니다.

4.2. **02** 코드 살펴보기

프로젝트를 생성하면 'MainActicity.kt' 파일과 'activity_main.xml' 파일이 생성됩니다. 기존과 비슷하지만 코드에 해당하는 부분이 바뀌었죠.

눈치 빠른 분은 이미 아시겠지만, MainActivity.kt 파일은 기존 MainActivity.java 파일을 대체하는 파일로서, 파일의 내용을 보면 기존 Java 코드와 비슷하면서도 조금 다른 것을 확인할 수 있습니다.

그럼 MainActivity.kt 파일을 잠시 살펴보죠.

```kotlin
package com.akj.kotlinsample

import androidx.appcompat.app.AppCompatActivity
import android.os.Bundle

class MainActivity : AppCompatActivity() {

    override fun onCreate(savedInstanceState: Bundle?) {
        super.onCreate(savedInstanceState)
        setContentView(R.layout.activity_main)
    }
}
```

기존 Java 코드와의 차이점이 보이나요? 기존 코드와 잠시 비교를 해 보겠습니다.

```
// 코틀린에서는 상속을 사용하기 위해 ':'를 사용          // 자바에서는 클래스의 상속을 'extends' 키워드를 사용
class MainActivity : AppCompatActivity() {          public class MainActivity extends AppCompatActivity {

    // 코틀린에서는 변수 이름 뒤에 타입을 사용하고 NULL 가능 여          // 자바 언어에서 함수 파라미터는 타입 다음에 '이름'을 사용
       부를 '?'로 표현                                  @Override
    override fun onCreate(savedInstanceState: Bundle?) {          protected void onCreate(Bundle savedInstanceState) {
        super.onCreate(savedInstanceState)              super.onCreate(savedInstanceState);
        setContentView(R.layout.activity_main)          setContentView(R.layout.activity_main);
    }                                              }

}                                              }
```

△ 코틀린(Kotlin)의 예                                    △ 자바(Java)의 예

두 언어의 차이점이 보이죠? 먼저 눈에 띄는 차이점이라면, Java에서는 '변수 타입을 먼저' 쓰고 '이름을 나중에' 쓰는데 코틀린은 반대로 '이름을 먼저' 쓰고 '뒤에 타입을' 쓴다는 것입니다. 위의 예에서 알 수 있는 차이점을 간단하게 정리하면 다음과 같습니다.

- ◆ 함수를 선언할 때 'fun'이라는 키워드를 사용한다.

- ◆ 파라미터 이름 뒤에 파라미터 타입을 쓴다. 위 예제에서 Java의 경우 'String[ ] args'로 타입을 먼저 쓰고 이름을 쓰지만, 코틀린은 'args: Array〈String〉' 형식을 쓰고 있다.

- ◆ 최신 프로그래밍 추세에 따라, 문장 끝에 세미콜론(;)을 붙이지 않아도 된다.

- ◆ 클래스 상속을 표현할 때 'extends' 대신 콜론(:) 기호를 쓴다.

- ◆ 함수의 반환값이 없는 경우, 'void'를 표시하지 않고 생략한다.

가장 간단한 예제인 "Hello, World!"만 해도 Java 언어와 비슷한 것 같으면서도 다른 점이 꽤 있죠. 이제 다음 과부터는 코틀린이 Java와 어떻게 다른지, 그리고 왜 최근에 코틀린이 안드로이드 개발에서 인기를 얻고 있는지 주요 특징들을 살펴볼 예정입니다.

특히 이 책에서는 코틀린의 주요 특징들을 안드로이드 개발 측면에서 살펴볼 예정입니다. 그 이유는 코틀린이 가장 빠르게 적용되고 있는 분야가 안드로이드 환경이고, 이 책 역시 안드로이드를 중점으로 공부하는 책이기 때문이죠.

그에 맞춰 이제부터는 안드로이드 앱을 코틀린으로 구현하는 과정을 통해, Java 언어와의 차이점을 살펴보고 코틀린이 어떤 매력을 가지고 있는지 공부해 보도록 하겠습니다.

# 4.3 | 확장 플러그인(Plug-in)

## 4.3.01 기능과 활용

코틀린은 안드로이드용 **확장 플러그인**을 제공합니다. '확장 플러그인'이란 언어 자체가 아니라, 특정 환경을 위해 부가적으로 제공하는 기능이라고 할 수 있죠. 즉 코틀린 자체는 안드로이드만을 위한 언어가 아니므로 확장 플러그인으로 안드로이드를 위한 기능을 추가로 제공하는 것이죠. 코틀린의 안드로이드 확장 플러그인을 사용하기 위해서는 build.gradle 파일에 다음 플러그인을 추가합니다.

코틀린의 안드로이드 확장 플러그인은 **크게 2가지 기능을 제공합니다. 하나는** XML에서 만든 UI 요소를 findViewById() 없이 접근하는 'View Binding' 기능이고, **다른 하나는** 안드로이드에서 객체를 직렬화할 때 사용하는 'parcelable'을 위한 기능인데요. parcelable의 개념은 뒤에서 알아보기로 하고, 여기서는 우선 코틀린의 View Binding 기능을 먼저 살펴보겠습니다.

View Binding은 레이아웃 XML 파일에서 만든 UI 요소를 코드에서 접근할 수 있도록 변수에 바인딩하는 것으로, 어떤 의미인지 살펴보기 위한 간단한 예를 실습해 보죠. 'res 〉 layout 〉 activity_main.xml' 파일을 [Design] 탭으로 열어 주세요. 그 후 불필요한 UI인 'Hello, Wrold! 텍스트뷰'를 삭제합니다. 이때 삭제하려는 View를 [Component Tree]에서 마우스 우클릭하여 'Delete' 메뉴를 선택하거나, 키보드로 [Delete] 키를 누르면 되겠죠.

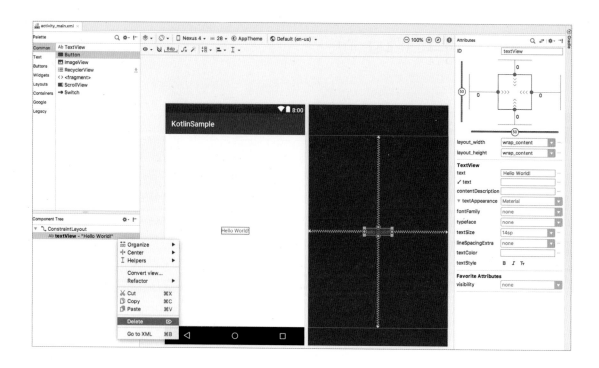

이제 화면 상단에 버튼을 배치합니다. [Palette] 도구 박스를 클릭하고 [Common > Button]을 선택한 뒤 마우스로 끌어 상단부에 배치하면 됩니다.

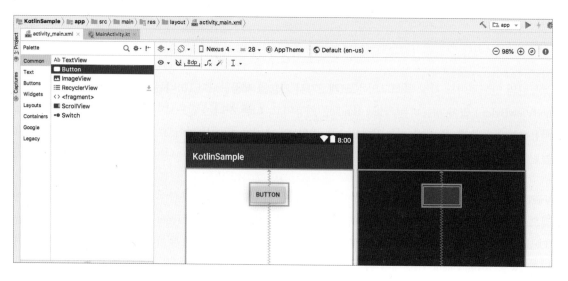

버튼을 클릭한 뒤 우측의 [속성(Attributes)] 창에서 ID를 'button1'로 지정해 주세요.

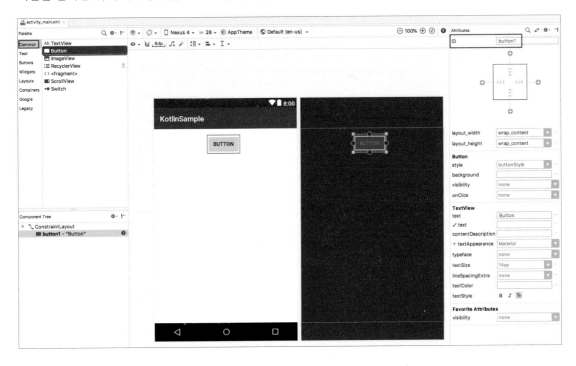

앞서 실습한 예제들에서 '제약 레이아웃(Constraints Layout)'에는 제약이 필요했던 것을 기억하시죠? 제약 레이아웃에 대한 보다 상세한 내용은 뒷장에서 좀 더 살펴보기로 하고, 여기서는 제약을 자동으로 추론해 적용하는 [Infer Constraints] 버튼을 클릭합니다.

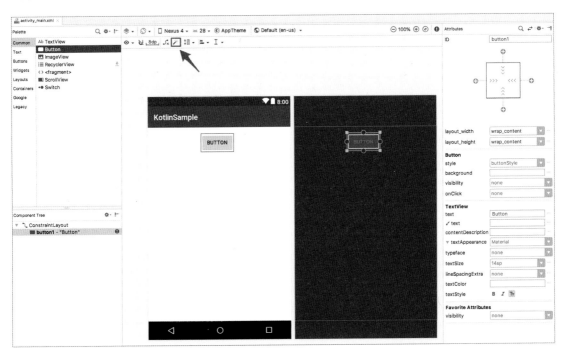

앞서 **3장**에서 Java 코드에 버튼의 이벤트 리스너를 등록하고 코드를 작성했던 것과 마찬가지로, 코틀린에서 버튼이 클릭될 때의 코드를 만들기 위해 MainActivity.kt 파일을 열고 다음과 같이 편집합니다.

```kotlin
package com.akj.kotlinsample

import android.os.Bundle
import androidx.appcompat.app.AppCompatActivity
import kotlinx.android.synthetic.main.activity_main.*

class MainActivity : AppCompatActivity() {

    override fun onCreate(savedInstanceState: Bundle?) {
        super.onCreate(savedInstanceState)
        setContentView(R.layout.activity_main)

        // 레이아웃에 button 이라는 ID 로 선언된 뷰에 클릭 이벤트 리스너를 등록한다.
        button1.setOnClickListener {
            // 버튼이 클릭되었을때의 코드 작성
        }
    }
}
```

**3장**에서 실습한 예제와의 차이점이 느껴지나요? 바로 findViewById() 메소드가 없다는 것이죠. Java 언어의 경우 XML 에서 그린 UI 요소를 가져오기 위해서는 우선 findViewById()로 객체를 찾아야 했는데, 코틀린에서는 'button1' 객체에 바로 접근하여 사용하고 있습니다.

**\<Note> 안드로이드 스튜디오의 자동 완성 기능을 최대한 활용하세요.**

책에 있는 코드를 타이핑할 때, 모든 코드를 직접 키보드로 타이핑해도 되지만 가급적 안드로이드 스튜디오의 '자동 완성' 기능을 활용하는 것이 좋습니다.

안드로이드 스튜디오는 코드의 일부분만 작성해도 예상되는 코드를 자동 완성해 주는데요. 자동 완성된 코드를 사용할 때의 장점은 다음과 같습니다.

① 오타와 실수를 줄여준다.

② 자동완성된 타입의 import 가 자동으로 실행된다.

③ 생산성이 높다.

코드의 자동 완성을 자주 사용할 때 걱정할 수 있는 유일한 단점은, 자동 완성만 이용하는 경우 '클래스 이름, 메소드 이름' 등을 외울 기회가 적어진다는 것입니다. 그러므로 자동 완성 기능을 사용하더라도 클래스와 메소드의 이름이나 사용 방법 등을 기억해 두면 보다 효율적으로 예제를 학습할 수 있을 것입니다.

이렇게 XML 에 정의된 button1에 바로 접근할 수 있는 이유는 코틀린이 안드로이드 확장 플러그인을 지원하기 때문인데요. 코드 상단의 'import 문'을 주목해 주세요.

```
import kotlinx.android.synthetic.main.activity_main.*
```

위 import 문이 바로 코틀린의 '안드로이드 확장 패키지'를 불러온 부분으로, 'kotlinx'는 kotlin 의 확장 패키지로서, '-x'는 대부분 '확장'을 의미합니다. 예컨대 Java 의 확장은 'javax'죠. 'kotlinx.android'는 안드로이드 개발의 편의를 위해 'View 를 바인딩'하는 기능과, 'Parcelable 을 쉽게' 작성할 수 있도록 돕는 기능을 제공합니다.

특히 findViewById( ) 메소드를 사용하지 않고도 UI 요소에 바로 접근할 수 있는 이런 기능은 안드로이드 개발자들로부터 큰 환영을 받고 있는데요. 왜냐하면 기존에는 UI 에 접근하기 위해 findViewById( )를 반드시 사용해야 했기 때문에 복잡한 화면의 경우 큰 의미 없는 'findViewById( ) 관련 코드' 영역들이 너무 많았기 때문이죠. 복잡한 UI 의 경우 findViewById( ) 부분만 100라인 가까이 되는 경우도 있었답니다.

코틀린의 View Binding 이 얼마나 강력한지 알아보기 위해 간단한 'BMI 지수 계산' 예제로 Java 와 코틀린 코드를 비교해 가면서 살펴보죠.

코틀린의 안드로이드 확장 기능을 알아보기 위해 실습할 예제는 입력 받은 텍스트로 텍스트뷰의 내용을 변경하는 예제입니다.

예제를 만들기 위해 먼저 UI부터 만들겠습니다.

'activity_main.xml' 파일의 UI는 이번 장에서 실습할 다른 예제들을 연결하는 화면으로 만들겠습니다. activity_main.xml 파일을 [Design] 탭으로 열어 주세요.

먼저 기존의 'Hello World' 텍스트뷰를 삭제하도록 하겠습니다. 삭제는 삭제할 View를 마우스 우클릭한 후에 [Delete]를 선택하거나, 키보드로 [Delete] 키를 눌러서 실행할 수 있습니다.

좀 전에 만든 button1의 텍스트를 "View Binding 자바"로 바꿔 주세요.

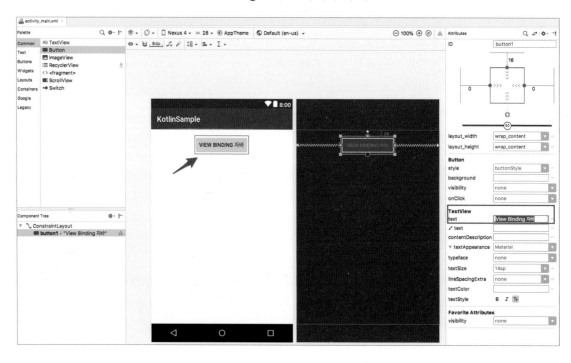

그리고 팔레트에서 버튼을 하나 더 끌어서 배치하고, ID를 'button2'로 설정한 후 텍스트를 "View Binding 코틀린"으로 변경합니다.

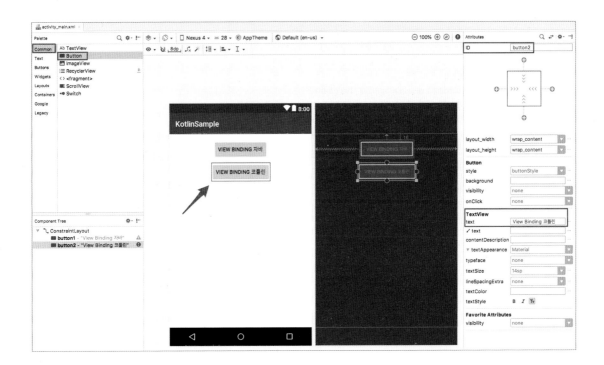

---

**NOTE**

## 버튼 텍스트에 소문자를 넣었는데 왜 버튼 UI에는 모두 대문자로 표시될까요?

| TextView | |
| --- | --- |
| text | View Binding 코틀린 ··· |
| ✗ text | ··· |
| contentDescription | ··· |
| ▼ textAppearance | ppCompat.Widget.Button ▼ |
| fontFamily | sans-serif-medium |
| typeface | none ▼ |
| textSize | 14sp ▼ ··· |
| lineSpacingExtra | none ▼ |
| textColor | ··· |
| textStyle | B  I  Tr |
| textAlignment | ☰ ☰ ☰ ☰ ☰ |

Button은 textStyle 기본 속성이 '대문자'로 설정되어 있습니다. 그렇기 때문에 소문자로 Text를 작성해도 대문자로 표시되는 것이죠.

버튼의 속성 중 'textAppearance 〉 textStyle' 부분을 확인해 주세요.

그림과 같이 textStyle 속성의 우측 아이콘 중에서 빨간 박스 부분을 비활성화하면 버튼에도 소문자가 나타나게 됩니다.

TextView는 'textAllCaps' 속성을 갖는데, 이 속성값이 'true'라면 모든 소문자가 UI에 대문자로 표시됩니다.

버튼은 결국 textAllCaps 속성이 'true'이기 때문에 대문자로 표시된 것이죠. XML에서 'textAllCaps' 속성도 확인해 보세요.

```
<Button
    android:id="@+id/button2"
    android:layout_width="wrap_content"
    android:layout_height="wrap_content"
    android:layout_marginTop="16dp"
    android:text="View Binding 코틀린"
    android:textAllCaps="false"
    app:layout_constraintHorizontal_bias="0.5"
    app:layout_constraintLeft_toLeftOf="parent"
    app:layout_constraintRight_toRightOf="parent"
    app:layout_constraintTop_toBottomOf="@+id/button1" />
```

button2 역시 제약을 사용해 위치를 지정해 줘야겠죠. 상단의 [Infer Constraints] 버튼을 클릭합니다.

이제 [View Binding 자바] 버튼을 누르면 Java 코드로 작성된 예제 화면으로 이동하고, [View Binding 코틀린] 버튼을 누르면 코틀린으로 만든 예제 화면으로 이동하도록 코드를 작성해야 합니다.

이를 위해서는 '이동 후 화면'에 해당하는 Activity 2개와 '공통으로 사용할' 레이아웃 파일 1개가 필요합니다. 먼저 공통으로 사용할 레이아웃부터 만들어 보겠습니다.

## 4.3.03 Java/Kotlin 공통 UI 구현

이번 예제에서는 같은 기능을 Java와 Kotlin으로 작성하여 비교하기 위한 예제이기 때문에 모두 '같은 UI'를 사용하게 됩니다. 우선 공통으로 사용할 레이아웃 파일을 만들 예정이므로 차근차근 따라와 주세요.

먼저 레이아웃 XML 파일을 만들어야 하는데, 레이아웃 파일을 만들기 위해서는 좌측 내비게이터에서 [app 〉 res 〉 layout]을 마우스로 우클릭한 후 [New 〉 Layout resource file]을 클릭합니다.

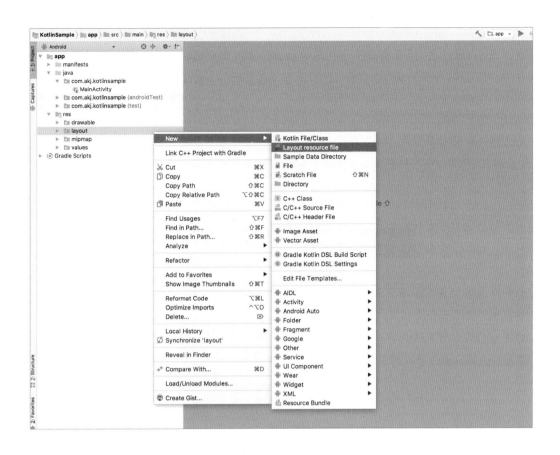

다음은 레이아웃의 이름과 최상위 레이아웃을 지정하는 화면입니다. 파일 이름은 'layout_view_binding'으로 하고 Root Element 는 'ConstraintLayout'으로 선택합니다.

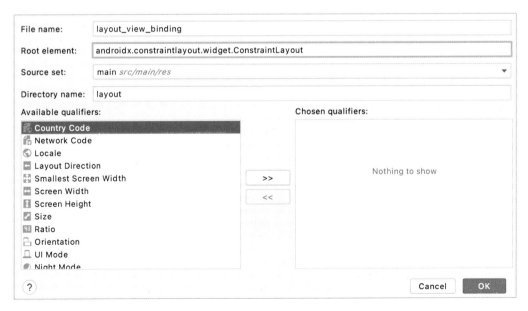

[OK] 버튼을 눌러 생성을 마치면 자동으로 파일이 열리게 됩니다. 이번에 만들 예제는 사용자로부터 '키'와 '체중'을 입력받으면 'BMI'를 출력해 내는 예제입니다.

먼저 팔레트(Palette)에서 [Text 〉 Number(Signed)]를 마우스로 끌어 좌측 상단에 배치합니다. 그 후 배치한 'EditText'의 ID를 'tallField'로 지정하고, 'hint' 속성을 "키를 입력하세요"로 바꿔 주세요.

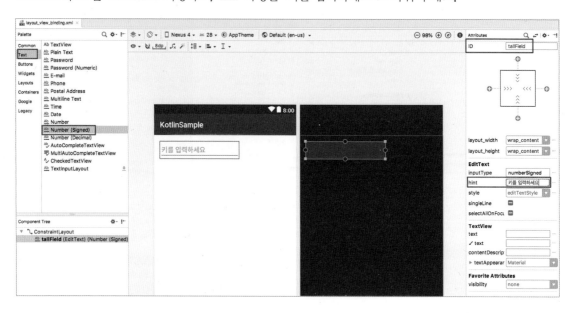

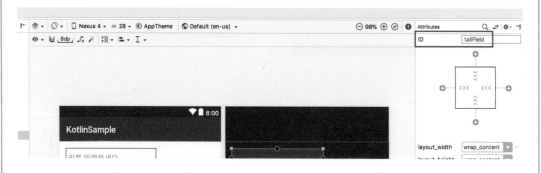

> **NOTE**
>
> ## UI 리소스 아이디로 사용할 수 있는 문자열
>
> 안드로이드는 UI의 '뷰 아이디'를 지정할 때 제약이 꽤 있습니다. 이는 ID에 허용되지 않은 문자열이 들어가면 안되기 때문인데, 허용되지 않는 문자열이 있으면 컴파일에 실패하고 에러가 발생하죠. 뷰의 아이디를 지정할 때에는 반드시 '알파벳 대소문자'와 언더바(_) 문자열로 구성된 ID로 만들어 주세요.
>
> 특히 ID 문자열에 '공백'이 들어가지 않도록 주의해야 합니다. 공백의 경우 [Design] 탭에서 보면 눈에 잘 띄지 않을 수 있으니 ID를 지정할 때에는 꼭 신경 써 주세요.

다음은 TextView를 마우스로 끌어 tallField 객체의 우측에 배치하고, text 속성을 "cm"으로 바꿉니다.

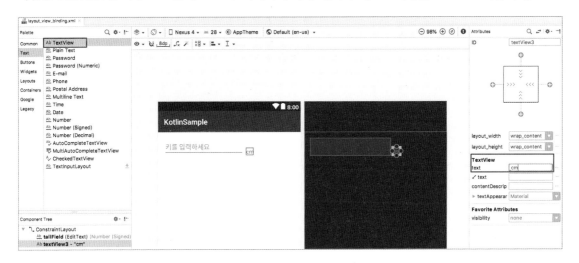

'키'를 입력받게 되었으니 이제 '체중' 입력 부분을 만들어야죠. 방금 전과 마찬가지로 팔레트에서 [Text 〉 Number(Signed)]를 마우스로 끌어 tallField 하단에 배치합니다. 배치 후 ID는 'weightField'로 하고 hint 속성은 "체중을 입력하세요"로 변경합니다.

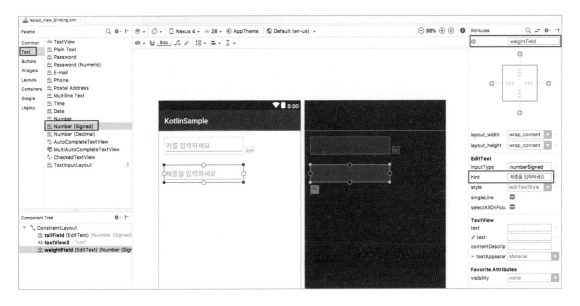

---

📋 NOTE

### TextView에는 아이디를 변경하지 않아도 될까요?

레이아웃 XML에서 ID를 지정하는 이유는 보통 코드에서 실행 중에 UI 요소에 접근하여 값을 변경하거나, 이벤트 리스너를 받아야 할 때 다른 UI 요소와 구분하기 위해서죠. 위 예제의 TextView는 "cm" 문자열을 프로그램 실행

중에 변경하거나, 이벤트를 처리할 필요가 없죠. 이런 고정적인 UI 요소는 굳이 ID를 신경 쓰지 않아도 됩니다.

그러나, '다른 UI를 기준으로' 해당 UI를 배치해야 하는 경우에는 ID를 의미 있는 이름으로 바꾸는 것이 좋습니다. 예를 들어 뒷장에서 배울 'RelativeLayout'과 같이 '상대적으로 UI를 구성하는 경우'가 이에 해당합니다.

다음은 TextView를 weightField 객체의 우측에 배치하고 text 속성을 "kg"으로 변경합니다.

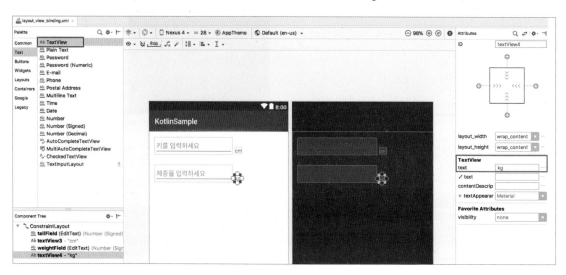

이제 'BMI 결과'를 보여 줄 TextView를 배치하겠습니다. TextView를 하나 마우스로 끌어 weightField 하단에 배치하고 ID를 'resultLabel'로 설정하고, text 속성은 "키와 체중을 입력 후 BMI 계산 버튼을 눌러 주세요"로 변경합니다.

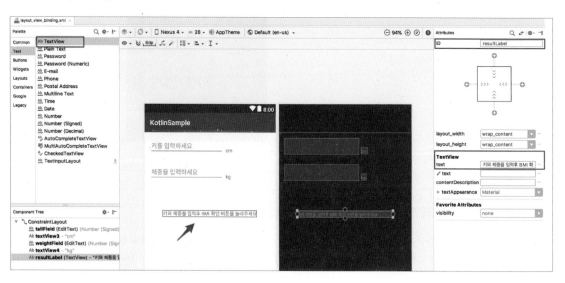

다음은 'BMI 지수 계산'을 실행할 버튼을 배치하겠습니다. 팔레트에서 [Common 〉 Button]을 선택하여 마우스로 끌어 resultLabel 하단에 배치한 후 ID를 'bmiButton', text를 "BMI 계산"으로 각각 변경합니다.

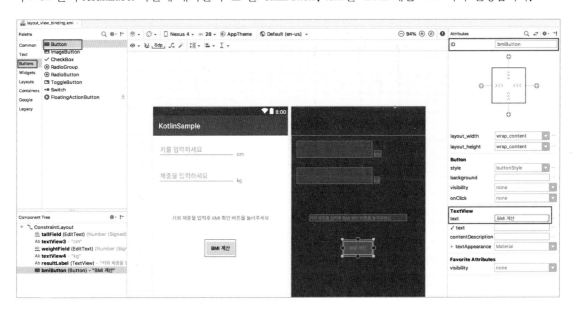

여기까지 진행하면 일단 BMI를 계산하기 위한 UI는 어느 정도 완성된 것 같네요. 그런데 한 가지 빠진 과정이 있는데 아시겠어요? 네. 바로 '제약'을 지정하지 않았죠. ConstraintLayout은 '제약'을 기반으로 UI를 배치하므로 반드시 지정해야 합니다. [Infer Constraints] 버튼을 이용해 자동으로 제약을 생성하겠습니다.

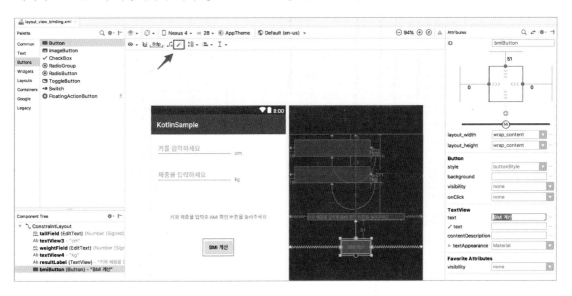

제약이 자동으로 추가되었으니 이제 정말로 UI가 완성되었습니다. 이제 Java와 코틀린으로 BMI를 계산하는 앱을 각각 만들어 보겠습니다.

우선 BMI 지수를 계산할 Java 용 Activity 를 먼저 만들어 보겠습니다.

앞서 **3장**에서 Activity 를 만들었던 방법이 기억나시죠? Activity 역시 뒤에서 자세하게 다룰 예정이니 일단 다시 천천히 따라해 주세요.

안드로이드 스튜디오 좌측 내비게이터에서 [app 〉 java 〉 com.akj.kotlinsample] 항목을 마우스로 우클릭하고 나타나는 메뉴에서 [New 〉 Activity 〉 Empty Activity]를 순차적으로 선택하여 빈 레이아웃을 생성해 주세요.

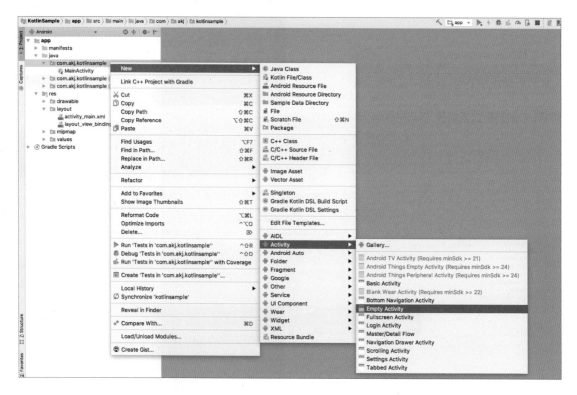

Activity Name 은 'BmiJavaActivity'로 지정하되, 레이아웃은 새로 생성하지 않고 앞서 만든 'layout_view_ binding' 파일을 사용할 것이므로 'Generate Layout File'의 체크 박스를 해제합니다.

또한 Java 언어로 작성할 것이므로 Source Language 로는 'Java'를 선택합니다.

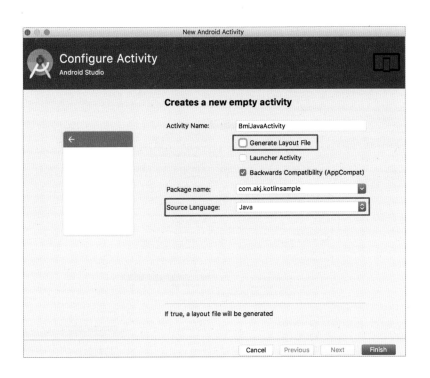

[Finish] 버튼을 눌러 생성을 완료해 주세요. 'BmiJavaActivity'는 UI로 사용할 레이아웃을 지정하지 않았기 때문에 레이아웃 지정부터 해야 합니다. 'BmiJavaActivity.java' 파일을 다음과 같이 수정해 주세요.

```java
package com.akj.kotlinsample;

import android.os.Bundle;
import androidx.appcompat.app.AppCompatActivity

public class BmiJavaActivity extends AppCompatActivity {

    @Override
    protected void onCreate(Bundle savedInstanceState) {
        super.onCreate(savedInstanceState);
        // UI로 사용할 레이아웃 XML 파일을 지정한다.
        setContentView(R.layout.layout_view_binding);
    }
}
```

이제 생성된 BmiJavaActivity의 UI가 지정되었습니다. 다음은 똑같은 UI를 사용할 '코틀린 쪽 Activity'를

만들겠습니다. 마찬가지로 안드로이드 스튜디오 좌측에 있는 내비게이터에서 패키지를 우클릭하고 [New
> Activity > Empty Activity]를 선택하여 클릭하세요.

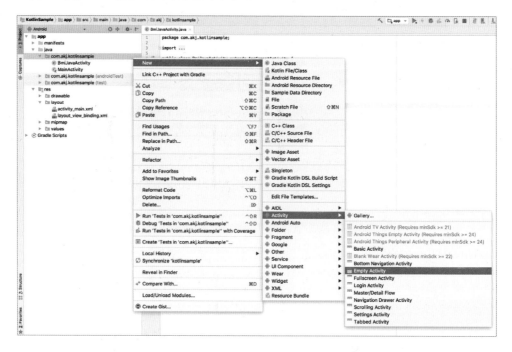

이번에는 Activity Name을 'BmiKotlinActivity'로 하고 역시 레이아웃은 이미 있는 것을 사용하므로 'Generate
Layout File' 체크 박스를 해제합니다. 그리고 Source Language는 'Kotlin'으로 설정해야겠죠.

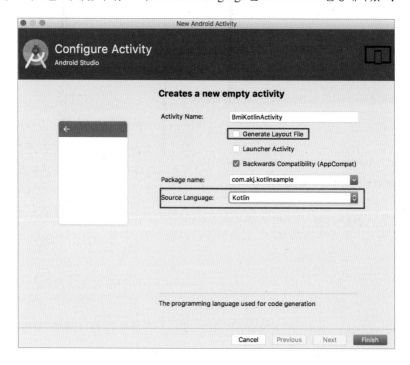

[Finish] 버튼을 눌러 생성을 완료하고, 생성된 'BmiKotlinActivity.kt' 파일도 UI를 지정하기 위해 다음과 같이 수정해 주세요.

```kotlin
package com.akj.kotlinsample

import androidx.appcompat.app.AppCompatActivity
import android.os.Bundle

class BmiKotlinActivity : AppCompatActivity() {

    override fun onCreate(savedInstanceState: Bundle?) {
        super.onCreate(savedInstanceState)
        // UI로 사용할 레이아웃 XML 파일을 지정한다.
        setContentView(R.layout.layout_view_binding)
    }
}
```

이제 Java와 코틀린 측 화면 모두 같은 UI 리소스를 사용하게 설정되었습니다. 안드로이드 UI가 XML 리소스로 분리되어 있는 이유가 바로 이렇게 XML로 분리되면 재사용하기 편리하기 때문이죠.

그런데 앱을 실행해도 MainActivity가 실행되기 때문에 'BmiJavaActivity'와 'BmiKotlinActivity'를 확인할 방법이 없습니다. 그래서 'BMI 계산 코드'를 작성하기 전에 MainActivity와 BmiJavaActivity, BmiKotlinActivity 등을 먼저 연결하도록 하겠습니다.

## 4.3.05 메인 액티비티 연결

안드로이드에서 Activity 간 화면 전환을 위해서는 Intent라는 클래스를 사용합니다. 'Intent'는 일종의 메세지 객체라고 일단 이해해 주세요. 뒤에서 안드로이드 예제를 다루며 좀 더 자세하게 설명할 예정입니다. 여기서는 일단 코드를 그대로 따라서 바꿔 주세요. 'MainActivity.kt' 파일을 다음과 같이 편집합니다.

```kotlin
package com.akj.kotlinsample

import android.content.Intent
import android.os.Bundle
```

```kotlin
import androidx.appcompat.app.AppCompatActivity
import kotlinx.android.synthetic.main.activity_main.*

class MainActivity : AppCompatActivity() {

    override fun onCreate(savedInstanceState: Bundle?) {
        super.onCreate(savedInstanceState)
        setContentView(R.layout.activity_main)

        // button1 클릭된 경우의 이벤트 리스너 설정
        button1.setOnClickListener {
            // Intent 로 BmiJavaActivity 를 타겟으로 지정하고 startActivity 로 실행
            startActivity(Intent(this@MainActivity, BmiJavaActivity::class.java))
        }

        // button2 클릭된 경우의 이벤트 리스너 설정
        button2.setOnClickListener {
            // Intent 로 BmiKotlinActivity 를 타겟으로 지정하고 startActivity 로 실행
            startActivity(Intent(this@MainActivity, BmiKotlinActivity::class.java))
        }
    }
}
```

위 코드는 'button1'과 'button2' 각각의 '클릭 이벤트 리스너'에서 BmiJavaActivity 와 BmiKotlinActivity 를 실행하는 코드입니다. 상단의 [Run] 버튼을 눌러 앱을 실행하고 각 버튼을 터치해 보세요. 화면이 전환되는 것을 확인할 수 있습니다.

그런데 button1, button2를 눌러도 똑같은 UI 가 나오니 서로 다른 Activity 인지 구분이 안 되죠. 어떤 게 코틀린이고 또 어떤 것이 Java 인지 헷갈리므로 제목만이라도 서로 달리 지정해 구분해야겠습니다. 안드로이드 Activity 는 각각 자신의 'Label'을 가질 수 있는데, Activity 화면 상단에 나타나는 타이틀은 '해당 Activity 의 Label 값'으로 기본 설정됩니다. 이는 '매니페스트(AndroidManifest.xml)' 파일에서 설정합니다.

AndroidManifest.xml 파일을 다음과 같이 변경해 주세요.

```xml
<?xml version="1.0" encoding="utf-8"?>
<manifest xmlns:android="http://schemas.android.com/apk/res/android" package="com.akj.kotlinsample">

    <application
```

```
            android:allowBackup="true"
            android:icon="@mipmap/ic_launcher"
            android:label="@string/app_name"
            android:roundIcon="@mipmap/ic_launcher_round"
            android:supportsRtl="true"
            android:theme="@style/AppTheme">
        <activity android:name=".MainActivity">
            <intent-filter>
                <action android:name="android.intent.action.MAIN" />

                <category android:name="android.intent.category.LAUNCHER" />
            </intent-filter>
        </activity>

        <!-- Activity 의 label 은 기본 제목으로 사용됩니다. -->
        <activity
            android:name=".BmiJavaActivity"
            android:label="BmiJavaActivity" />
        <activity
            android:name=".BmiKotlinActivity"
            android:label="BmiKotlinActivity" />
    </application>

</manifest>
```

다시 [Run] 버튼을 눌러 실행하고 각 버튼을 눌러 주세요. 각각 다음과 같이 동작하게 됩니다.

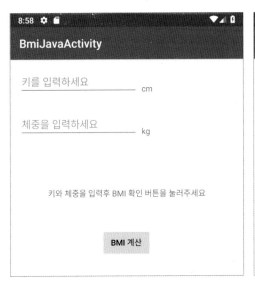 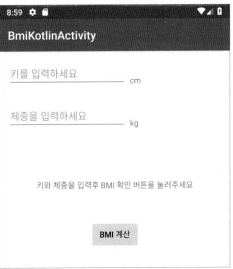

BMI를 계산하려면 '신장'과 '체중' 정보가 필요하죠. 따라서 UI 요소인 'tallField'와 'weightField'의 입력값을
'findViewById()' 함수를 사용하여 읽어와야겠죠. 또 결과값을 나타내기 위해서는 역시 findViewById()를
사용해 'resultLabel' 요소에 접근해야 합니다. 'BmiJavaActivity.java' 파일을 다음과 같이 편집해 주세요.

```java
package com.akj.kotlinsample;

import android.os.Bundle;
import android.view.View;
import android.widget.Button;
import android.widget.EditText;
import android.widget.TextView;

import androidx.appcompat.app.AppCompatActivity;

public class BmiJavaActivity extends AppCompatActivity {

    @Override
    protected void onCreate(Bundle savedInstanceState) {
        super.onCreate(savedInstanceState);
        // UI로 사용할 레이아웃 XML 파일을 지정한다.
        setContentView(R.layout.layout_view_binding);

        // bmiButton 이 클릭된 경우의 이벤트 리스너를 등록한다.
        findViewById(R.id.bmiButton).setOnClickListener(new View.OnClickListener() {
            @Override
            public void onClick(View view) {
                // tallField 의 값을 읽어온다.
                EditText tallField = findViewById(R.id.tallField);
                String tall = tallField.getText().toString();

                // weightField 의 값을 읽어온다.
                EditText weightField = findViewById(R.id.weightField);
                String weight = weightField.getText().toString();

                // BMI 를 계산한다. 체중(kg) / 키(m) * 키(m) >> 키를 cm 로 입력받았으므로 100 으로 나누어 제곱한다.
                // Math.pow() 는 넘겨받은 파라미터 값을 제곱해서 돌려준다.
                // 예를 들어 Math.pow(2, 3) 은 2의 3제곱 8을 돌려준다.
                double bmi = Double.parseDouble(weight) / Math.pow(Double.parseDouble(tall) / 100.0, 2);
```

```
            // 결과 bmi 를 resultLabel 에 보여준다.
            TextView resultLabel = findViewById(R.id.resultLabel);
            resultLabel.setText("키: " + tall + ", 체중: " + weight + ", BMI: " + bmi);
        }
    });
    }
}
```

[Run] 버튼을 누르고 실행하면 'BMI 수치'가 계산되는 것을 확인할 수 있습니다.

그런데 사실 위의 코드에는 한 가지 문제가 있는데, 버튼이 클릭될 때마다 findViewById() 함수를 실행한다는 점입니다.

findViewById() 함수는 꽤 비용이 비싼 함수로, 즉 자원 소모가 큰 함수로서 버튼이 클릭될 때마다 UI 요소를 전부 findViewById()로 찾는 것은 성능면에서 매우 안 좋은 패턴입니다.

따라서 성능면에서 불리한 findViewById()가 계속 호출되지 않도록, onCreate() 함수에서 Activity 가 최초로 실행될 때 '변수'로 바인딩해 두고 그 이후에는 해당 '변수'로만 접근하는 것이 보다 일반적이죠.

### findViewById()에서 왜 '캐스팅' 부분이 없나요?

사실 이 노트의 내용은 안드로이드 개발 경험이 없는 분들께는 해당이 없으므로 넘어 가 주시고요.

기존에 안드로이드를 접해 본 적이 있다면 위 코드가 조금 의아할 수 있습니다. 이전에는 findViewById( ) 함수를 사용할 때 반드시 '타입 캐스팅' 코드를 작성하여, 개발자가 직접 해당 View 요소의 형태(type)를 '텍스트뷰인지, 이미지뷰인지' 등으로 지정해야(cast) 했기 때문인데요.

하지만 'SDK 26' 버전 이후로는 findViewById( ) 반환 타입에 '제네릭(일반, 통칭)'을 사용하게 되면서 더 이상 타입 캐스팅을 따로 할 필요가 없어졌습니다. API 레퍼런스를 확인해 보면 'SDK 26'을 기준으로 다음과 같이 변경되었죠.

```java
Button bmiButton = (Button) findViewById(R.id.bmiButton);
```
Casting 'findViewById(R.id.bmiButton)' to 'Button' is redundant less... (⌘F1)

This inspection reports unnecessary cast expressions.

```java
// SDK 26 이전
public abstract View findViewById(int id);
```

```java
// SDK 26 이후
public abstract <T extends View> T findViewById(int id);
```

API가 변경되면 종종 이런 차이들이 생길 수 있으므로, 개발자 공식 사이트(https://developer.android.com)를 자주 방문하는 것이 좋습니다.

그럼, 앞서 설명한 방법대로 코드를 효율적으로 수정해 보겠습니다.

```java
package com.akj.kotlinsample;

import android.os.Bundle;
import android.view.View;
import android.widget.Button;
import android.widget.EditText;
import android.widget.TextView;

import androidx.appcompat.app.AppCompatActivity;

public class BmiJavaActivity extends AppCompatActivity {
```

```java
// 불필요한 findViewById 함수를 피하기 위해 UI 요소를 멤버 변수로 가지고 있는다.
EditText tallField;
EditText weightField;
TextView resultLabel;
Button bmiButton;

@Override
protected void onCreate(Bundle savedInstanceState) {
    super.onCreate(savedInstanceState);
    // UI 로 사용할 레이아웃 XML 파일을 지정한다.
    setContentView(R.layout.layout_view_binding);

    // UI 요소 멤버변수를 XML 레이아웃에서 findViewById 함수를 이용해 바인딩한다.
    tallField = findViewById(R.id.tallField);
    weightField = findViewById(R.id.weightField);
    resultLabel = findViewById(R.id.resultLabel);
    bmiButton = findViewById(R.id.bmiButton);

    // bmiButton 이 클릭된 경우의 이벤트 리스너를 등록한다.
    bmiButton.setOnClickListener(new View.OnClickListener() {
        @Override
        public void onClick(View view) {
            // tallField 의 값을 읽어온다.
            String tall = tallField.getText().toString();

            // weightField 의 값을 읽어온다.
            String weight = weightField.getText().toString();

            // BMI 를 계산한다. 체중(kg) / 키(m) * 키(m) >> 키를 cm 로 입력받았으므로 100 으로 나누어 제곱한다.
            // Math.pow() 는 넘겨받은 파라미터 값을 제곱해서 돌려준다.
            // 예를 들어 Math.pow(2, 3) 은 2의 3제곱 8을 돌려준다.
            double bmi = Double.parseDouble(weight) / Math.pow(Double.parseDouble(tall) / 100.0, 2);

            // 결과 bmi 를 resultLabel 에 보여준다.
            resultLabel.setText("키: " + tall + ", 체중: " + weight + ", BMI: " + bmi);
        }
    });
}
}
```

이제 findViewById() 함수를 버튼이 클릭될 때마다 호출하지 않으므로 성능적으로는 꽤 좋아졌지만, 코드의 양은 좀 더 길어졌습니다. findViewById() 함수를 바인딩할 '멤버 변수'를 따로 선언해야 하고, 또한 바인딩을 위한 코드가 필요하므로 UI 요소 하나 당 적어도 2개 라인이 추가되어야 하죠. 그러니 만일 UI 요소 20개를 바인딩해야 한다면 이를 위한 코드만 40줄이 필요한 것입니다.

사실 많은 안드로이드 개발자들이 findViewById() 함수는 불필요하다 여겨왔습니다. 실제로 앱이 실행되는 핵심 로직과는 관계가 없는데도 코드 대부분을 차지하는 경우가 많았기 때문이죠. 덕분에 findViewById()를 자동으로 처리해 주는 'ButterKnife'나 'Android Annotations' 같은 써드 파티 라이브러리들이 인기를 끌기도 했습니다.

> **NOTE**
>
> ### <NOTE> 써드 파티 라이브러리(Third Party Library)란?
>
> 써드 파티는 제3자를 뜻하는 단어로, 하드웨어나 소프트웨어 등의 제품을 제조하는 원래 회사나 기술제휴사 이외의 기업을 통칭합니다. 즉, 여기서는 구글 외의 기업에서 개발한 라이브러리를 '써드 파티 라이브러리'라고 일컫죠.
>
> ### 키와 체중을 입력하지 않고 BMI 계산 버튼을 클릭한다면?
>
> 키와 체중을 입력하지 않고 BMI 계산 버튼을 입력하게 되면 프로그램이 정상적으로 동작하지 않게되어 화면이 종료되거나 앱이 종료되게 됩니다. 키와 체중을 이용해 나눗셈을 해야하는데 입력된 값이 없기 때문에 에러가 발생하게 되는 것입니다.
>
> 프로그램에서 발생할 수 있는 각종 예외들을 처리하는 것은 뒤에서 다루도록 하겠습니다.

하지만 이제 '코틀린'을 사용한다면, 더는 findViewById() 함수에 대한 고민을 하지 않아도 됩니다. 그럼 다음으로는 코틀린 언어로 똑같은 앱을 만들면 어떻게 되는지 직접 보겠습니다.

## 4.3.07 Kotlin용 BMI 계산 앱

이번에는 코틀린에서 똑같은 기능을 제공하는 코드를 작성해 보겠습니다. 'BmiKotlinActivity.kt' 파일을 다음과 같이 편집해 주세요.

```
package com.akj.kotlinsample

import android.os.Bundle
```

```kotlin
import androidx.appcompat.app.AppCompatActivity
import kotlinx.android.synthetic.main.layout_view_binding.*

class BmiKotlinActivity : AppCompatActivity() {

    override fun onCreate(savedInstanceState: Bundle?) {
        super.onCreate(savedInstanceState)
        // UI 로 사용할 레이아웃 XML 파일을 지정한다.
        setContentView(R.layout.layout_view_binding)

        // bmi 버튼이 클릭된 경우 동작하는 코드를 작성한다.
        bmiButton.setOnClickListener {
            // tallField 의 값을 읽어온다.
            val tall = tallField.text.toString().toDouble()

            // weightField 의 값을 읽어온다.
            val weight = weightField.text.toString().toDouble()

            // BMI 를 계산한다. 체중(kg) / 키(m) * 키(m) >> 키를 cm 로 입력받았으므로 100 으로 나누어 제곱한다.
            // Math.pow() 는 넘겨받은 파라미터 값을 제곱해서 돌려준다.
            // 예를 들어 Math.pow(2, 3) 은 2의 3제곱 8을 돌려준다.
            val bmi = weight / Math.pow(tall / 100, 2.0)

            // 결과 BMI 를 resultLabel 에 보여준다.
            resultLabel.text = "키: ${tallField.text}, 체중: ${weightField.text}, BMI: $bmi"
        }
    }
}
```

코드가 훨씬 간결해진 것이 보이죠? 그뿐만 아니라 불필요한 'View 바인딩' 작업도 없어져서 어떤 동작을 하는지 명료하게 알 수 있게 되었습니다. 지금은 예제가 워낙 간단하기 때문에 차이가 적어 보일 수도 있지만, 실무에서 안드로이드 앱을 만들다 보면 UI 요소는 훨씬 더 많아지게 됩니다. 그런 경우라면 차이가 더욱 엄청나겠죠.

이제 왜 코틀린이 안드로이드 개발자들에게 환영받는지 조금 이해가 되나요? 물론 코틀린의 장점은 이런 점만은 아닙니다.

그런데 코드를 보면 View Binding 부분 이외에도 차이점이 꽤 있습니다. 예를 들면 다음 라인을 봐 주세요.

```
val tall = tallField.text.toString().toDouble()
```

Java 에서는 Double.parse( ) 함수를 이용해 문자열을 'Double' 형태로 바꿨는데 코틀린은 'toDouble( )'이라는 함수를 사용하고 있죠.

또 다음 라인을 봐 주세요.

```
resultLabel.text = "키: ${tallField.text}, 체중: ${weightField.text}, BMI: $bmi"
```

문자열을 합치는 방법도 Java 언어와 조금 다르죠. Java 의 경우는 '+' 기호를 사용해 문자열을 합쳤다면, 코틀린은 문자열 안에 '${ }'를 쓰고 있습니다. 물론 코틀린 역시 Java 와 같이 '+' 기호를 사용해도 되지만 문자열 내부에서 그대로 변수를 쓰도록 제공하는 것은 변수를 합칠 때마다 '+' 기호를 넣는 것이 번거롭기 때문입니다.

그리고 변수를 선언하는 방법도 Java 와 다릅니다. Java 에서는 먼저 '타입'을 쓰고 '변수' 이름을 사용하는데 코틀린은 'val'이라는 키워드를 사용하죠. 사실 코틀린은 val 이외에 'var'라는 키워드를 사용하기도 합니다.

```
val weight = weightField.text.toString().toDouble()
```

지금까지 살펴본 바와 같이 코틀린은 여러 가지 문법적 편의를 제공합니다. 그럼 이번 과의 주요 내용들을 정리하고, 다음 과에서는 코틀린에서 변수를 사용하는 방법이 Java 와는 어떻게 다른지 살펴보겠습니다.

◆ 코틀린은 확장 기능으로서 안드로이드 확장 플러그인을 제공합니다.

◆ 코틀린의 안드로이드 확장 플러그인은 View Binding, Parcelable 어노테이션을 지원합니다.

◆ View Binding 기능은 XML 로 작성된 UI 요소를 findViewById( ) 함수 없이 직접 접근하여 사용할 수 있도록 하는 기능입니다.

◆ View Binding 기능은 코드를 획기적으로 줄여 줄 수 있습니다.

◆ Parcelable 어노테이션은 Parcelable 인터페이스 구현을 어노테이션으로 대체하여 간결하게 작성할 수 있도록 하는 기능입니다.

# 4.4 | 변수

변수 선언

3장에서 익힌 '변수'에 대해 기억하시죠? 앞서 변수란 '값을 변화시킬 수 있는 저장 공간'과 같은 것이라고 설명했는데요. 코틀린에서도 변수의 개념은 변하지 않습니다. 다만 코틀린은 개발에 편의를 제공하기 위해 Java의 변수 선언과 조금 다른 방식을 제공합니다.

안드로이드 예제를 만들기 전에 Java와 코틀린에서 어떻게 변수를 선언하는지 먼저 맛보기로 하겠습니다.

Java에서는 변수를 사용하기 위해 '변수의 타입을 먼저' 지정하고 그 '다음에 변수의 이름'을 적음으로써 변수를 선언하고 사용합니다. 예를 들면 다음과 같은 형식으로 말이죠.

```
int age = 20;
```

반면 코틀린은 변수를 선언할 때 'var' 혹은 'val' 키워드를 사용하죠. 예를 들면 다음과 같습니다.

```
val ageVal = 20
var ageVar = 20
```

그럼 여기서 다음과 같은 궁금증이 생기게 됩니다.

코틀린은 변수를 선언하는데 왜 2가지 키워드가 존재하며, 그 2가지 방식의 차이는 무엇일까요? 그리고 Java는 컴파일 타임에 변수의 타입을 체크하기 때문에 반드시 타입을 적어야 했는데 왜 코틀린에서는 적지 않는 걸까요? 코틀린의 변수는 타입이 필요 없는 것일까요?

사실 '코틀린이 2가지 키워드를 사용하는 것'은 변수의 불변성을 보장하기 위한 것이고, '타입을 따로 적지 않는 것'은 '타입 추론'을 하기 때문입니다.

그럼 이제 예제를 만들어 가며 '변수의 불변성', '타입 추론' 등 코틀린만의 특징을 차근차근 학습해 보도록 하겠습니다.

Java와 코틀린이 변수를 사용할 때 어떤 차이가 있는지 알아보기 위해, 이전과 같은 UI를 사용하는 Java
와 코틀린 샘플을 각각 만들어 보겠습니다. 먼저 연결 화면부터 만들어 보죠.

'activity_main.xml' 파일을 다시 [Design] 탭으로 열어 주세요. 그 후 팔레트에서 버튼을 끌어 [VIEW
BINDING 코틀린] 버튼의 하단에 왼쪽으로 치우치게 배치해 주세요. 배치한 버튼의 ID는 'button3'로 하고
text는 "변수 자바"로 설정해 주세요.

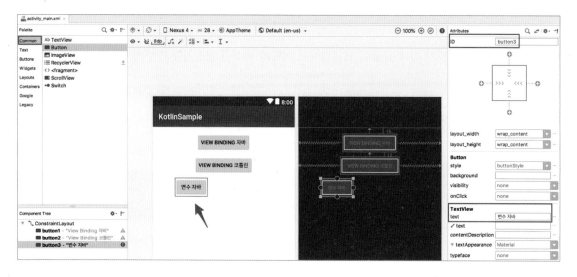

그리고 버튼 하나를 더 끌어와서 button3 우측에 배치하고, ID를 'button4', text 속성을 "변수 코틀린"으로
설정합니다.

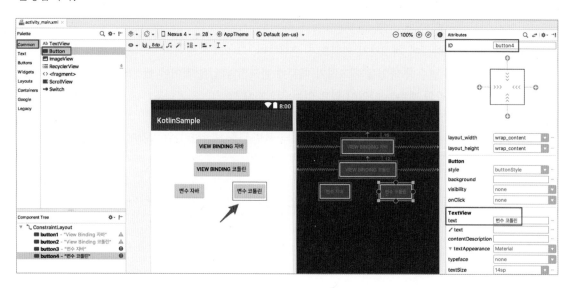

마지막으로 해야 할 작업이 남아 있죠. 계속 반복해 온 것처럼 [Infer Constraints] 버튼을 클릭하여 'button3, button4'에 대한 제약을 자동으로 지정하는 것입니다.

다음은 Java와 코틀린 코드에서 공통으로 사용할 UI를 만들어 보겠습니다.

## 4.4.03 공통 UI 구현

[app 〉 res 〉 layout]에 마우스를 우클릭하고 [New 〉 Layout resource file]을 선택합니다.

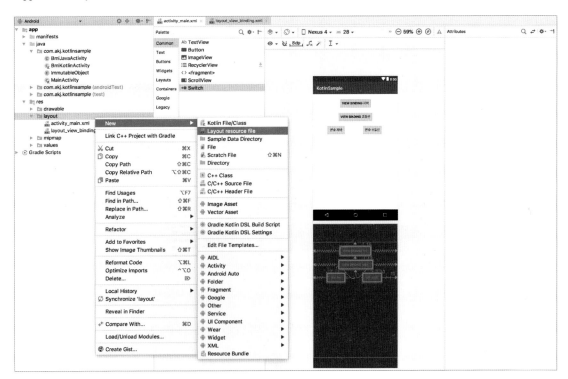

새롭게 만드는 레이아웃의 파일 이름은 'layout_variable'로 지정하고, Root element 속성은 'ConstraintLayout'을 선택합니다.

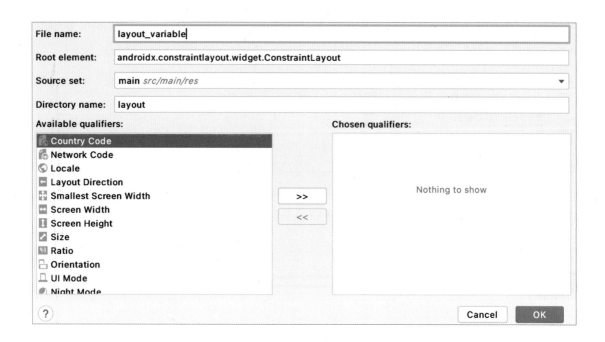

생성된 'layout_variable.xml' 파일을 [Design] 탭으로 열고, 팔레트에서 'Text 〉 TextView'를 하나 마우스로 끌어 화면 상단에 배치해 주세요.

그리고 난 후 배치한 TextView의 ID를 'startTimeLabel'로 변경하고, text 속성을 "Activity 시작 시간"으로 변경해 보겠습니다.

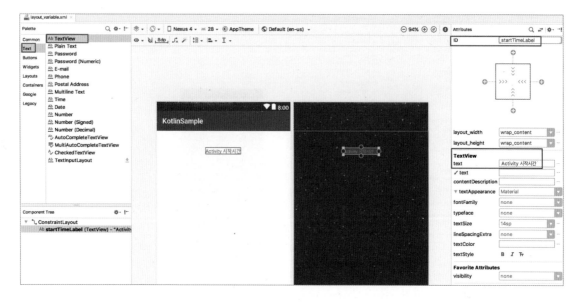

다시 팔레트에서 'TextView'를 하나 마우스로 끌어 startTimeLabel 객체 하단에 배치합니다. 그런 후 ID를 'clickCountLabel'로 하고, text 속성을 "버튼이 클릭된 횟수"로 설정합니다.

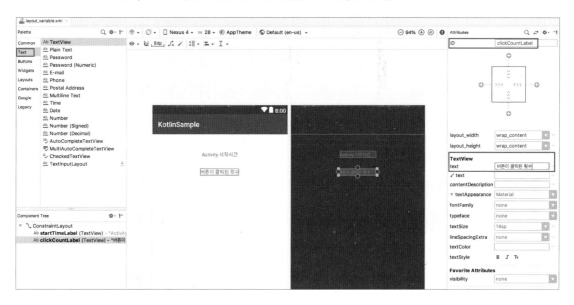

다시 팔레트에서 이번에는 'Common > Button'을 선택하고 마우스로 끌어 방금 추가한 clickCountLabel 객체의 하단에 배치합니다. 새로 만든 버튼의 ID는 'button'으로 설정하고, text 속성은 "클릭"으로 변경해 주세요.

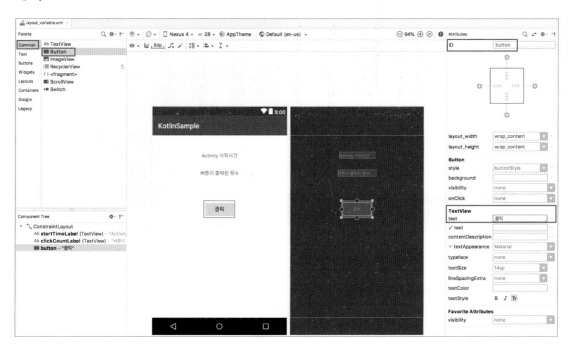

이제 UI에 자동으로 제약을 적용되도록, 이전과 마찬가지로 [Infer Constraints] 버튼을 클릭해 주세요.

자동으로 제약이 추가된 모습을 확인할 수 있습니다.

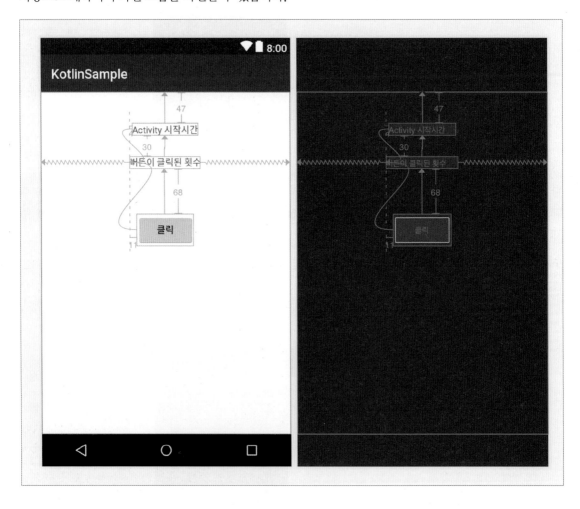

여기까지 진행했다면 UI 레이아웃은 완성된 것입니다. 화면이 최초에 보일 때에 'Activity 시작 시간'을 설정하고, 버튼을 클릭할 때마다 그 클릭 횟수를 증가시켜 가며 화면에 보여 주기 위한 샘플입니다. 다음에는 이와 같은 기능을 Java와 코틀린이 변수를 사용하여 각각 어떻게 구현하는지 살펴보겠습니다.

앞서 만든 UI를 코드로 구현할 Java와 코틀린 Activity를 각각 만들어 보겠습니다. 코드 패키지에서 마우스를 우클릭한 후 [New 〉 Activity 〉 Empty Activity]를 선택합니다.

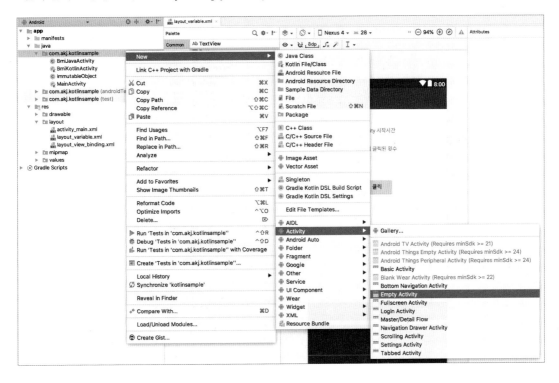

먼저 Java쪽 Activity부터 만들어 보죠. Activity Name을 'VariableJavaActivity'로 하고 Generate Layout File 체크 박스를 해제합니다. 그리고 Source Language를 'Java'로 선택해 주세요.

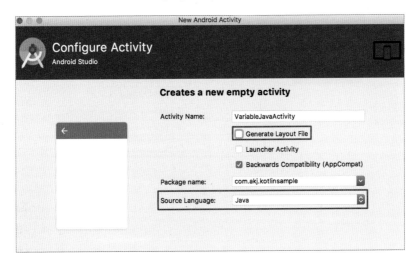

[Finish(완료)] 버튼을 누르고 UI로 사용할 레이아웃을 지정하는 코드를 추가합니다. 'VariableJavaActivity.
java' 파일을 다음과 같이 편집해 주세요.

```java
package com.akj.kotlinsample;

import android.os.Bundle;

import androidx.appcompat.app.AppCompatActivity;

public class VariableJavaActivity extends AppCompatActivity {

    @Override
    protected void onCreate(Bundle savedInstanceState) {
        super.onCreate(savedInstanceState);

        // UI 로 사용할 레이아웃 XML 파일을 지정한다.
        setContentView(R.layout.layout_variable);
    }
}
```

다음은 Java와 똑같은 UI를 사용하지만 코틀린으로 구현될 코틀린쪽 Activity를 만들겠습니다.

마찬가지로 패키지에서 마우스를 우클릭하고 [New 〉 Activity 〉 Empty Activity]를 선택합니다. 이번에는
Activity Name을 'VariableKotlinActivity'로, Generate Layout Files 체크 박스를 해제한 후 Source Language
를 'Kotlin'으로 변경하여 [Finish] 버튼을 눌러 Activity를 생성합니다.

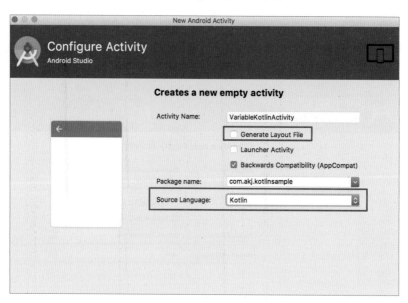

Activity가 생성되면 UI로 사용할 레이아웃 XML 파일을 설정합니다. 'VariableKotlinActivity.kt' 파일을 다음과 같이 편집합니다.

```kotlin
package com.akj.kotlinsample

import android.os.Bundle
import androidx.appcompat.app.AppCompatActivity

class VariableKotlinActivity : AppCompatActivity() {

    override fun onCreate(savedInstanceState: Bundle?) {
        super.onCreate(savedInstanceState)

        // UI 로 사용할 레이아웃 XML 파일을 지정한다.
        setContentView(R.layout.layout_variable)
    }
}
```

## 4.4.05 메인 액티비티 연결

이제 완성된 Activity들을 MainActivity와 연결해야 합니다. [VIEW BINDING 자바] 샘플을 만들 때와 마찬가지로 MainActivity 내에 위치한 버튼의 이벤트 리스너에서 Intent를 사용해 Activity를 실행하면 되죠.

'MainActivity.java' 파일을 다음과 같이 편집합니다.

```kotlin
package com.akj.kotlinsample

import android.os.Bundle
import androidx.appcompat.app.AppCompatActivity
import kotlinx.android.synthetic.main.activity_main.*

class MainActivity : AppCompatActivity() {

    override fun onCreate(savedInstanceState: Bundle?) {
        super.onCreate(savedInstanceState)
        setContentView(R.layout.activity_main)
```

```
       . . . 생략

       // button3 클릭된 경우의 이벤트 리스너 설정
       button3.setOnClickListener {
           // Intent 로 VariableJavaActivity 를 타겟으로 지정하고 startActivity 로 실행
           startActivity(Intent(this@MainActivity, VariableJavaActivity::class.java))
       }

       // button4 클릭된 경우의 이벤트 리스너 설정
       button4.setOnClickListener {
           // Intent 로 VariableKotlinActivity 를 타겟으로 지정하고 startActivity 로 실행
           startActivity(Intent(this@MainActivity, VariableKotlinActivity::class.java))
       }

   }
}
```

그리고 똑같은 UI 인 탓에 어떤 게 코틀린으로 구현된 것이고, 또 자바로 구현된 것인지 헷갈리기 때문에 타이틀만 서로 다르게 보이도록 하겠습니다. 앞서 VIEW BINDING 예제에서 구현했었죠?

'AndroidManifest.xml' 파일에서 Activity 의 'label'을 지정하면 Title 의 기본값이 바뀌었죠? AndroidManifest.xml 을 열어 다음과 같이 편집해 주세요.

```
<?xml version="1.0" encoding="utf-8"?>
<manifest xmlns:android="http://schemas.android.com/apk/res/android" package="com.akj.kotlinsample">

    <application
        android:allowBackup="true"
        android:icon="@mipmap/ic_launcher"
        android:label="@string/app_name"
        android:roundIcon="@mipmap/ic_launcher_round"
        android:supportsRtl="true"
        android:theme="@style/AppTheme">
        <activity android:name=".MainActivity">
            <intent-filter>
                <action android:name="android.intent.action.MAIN" />
```

```
                <category android:name="android.intent.category.LAUNCHER" />
            </intent-filter>
        </activity>

        <!-- Activity 의 label 은 기본 제목으로 사용됩니다. -->
        <activity
            android:name=".BmiJavaActivity"
            android:label="BmiJavaActivity" />
        <activity
            android:name=".BmiKotlinActivity"
            android:label="BmiKotlinActivity" />
        <activity android:name=".VariableJavaActivity"
            android:label="VariableJava"
            />
        <activity android:name=".VariableKotlinActivity"
            android:label="VariableKotlin"
            />
    </application>

</manifest>
```

이제 앱을 실행해서 버튼을 눌렀을 때 정상적으로 화면이 이동하는지 확인해 보세요. 다음에는 샘플의 기능을 Java와 코틀린으로 각각 구현해 보도록 하겠습니다.

## 4.4.06 Java 변수 샘플 앱

이 프로그램은 최초 화면이 보일 때의 시간을 보여 주고, 버튼이 클릭된 횟수를 화면에 나타내야 합니다. 이러한 기능을 구현하기 위해서는 변수를 사용해야 하는데, Java에서 변수를 사용하는 방법은 앞서 살펴본 바와 같이 '타입'을 먼저 적고 '변수'의 이름을 적어 주는 것입니다.

'VariableJavaActivity.java' 파일을 다음과 같이 편집해 주세요.

```
package com.akj.kotlinsample;

import android.os.Bundle;
import android.view.View;
```

```java
import android.widget.Button;
import android.widget.TextView;

import androidx.appcompat.app.AppCompatActivity;

import java.text.SimpleDateFormat;
import java.util.Locale;

public class VariableJavaActivity extends AppCompatActivity {

    // 버튼이 클릭된 횟수를 저장할 변수
    int clickCount = 0;

    // Activity 의 시작시간을 저장하는 변수
    long startTime = System.currentTimeMillis();

    // Activity 시작 시간을 보여주는 TextView
    TextView startTimeLabel;
    // 클릭된 횟수를 보여주는 TextView
    TextView clickCountLabel;
    // 클릭 버튼
    Button button;

    @Override
    protected void onCreate(Bundle savedInstanceState) {
        super.onCreate(savedInstanceState);

        // UI 로 사용할 레이아웃 XML 파일을 지정한다.
        setContentView(R.layout.layout_variable);

        // 레이아웃에서 startTimeLabel 을 찾아 바인딩한다.
        startTimeLabel = findViewById(R.id.startTimeLabel);

        // 레이아웃에서 clickCountLabel 을 찾아 바인딩한다.
        clickCountLabel = findViewById(R.id.clickCountLabel);

        // 레이아웃에서 button 을 찾아 바인딩한다.
        button = findViewById(R.id.button);

        // 시작시간을 텍스트 형태로 변환
        String timeText = new SimpleDateFormat("HH:mm:ss", Locale.KOREA).format(startTime);
```

```
            // 시작시간을 TextView 에 보여줌
            startTimeLabel.setText("Activity 시작시간: " + timeText);

            // 클릭된 횟수 보여줌
            clickCountLabel.setText("버튼이 클릭된 횟수: " + clickCount);

            // 버튼에 이벤트 리스너 등록
            button.setOnClickListener(new View.OnClickListener() {
                @Override
                public void onClick(View view) {
                    // 클릭된 횟수 추가
                    clickCount = clickCount + 1;

                    // UI 에 클릭횟수 다시 보여줌
                    clickCountLabel.setText("버튼이 클릭된 횟수: " + clickCount);
                }
            });
        }
    }
```

코드를 잠시 살펴보겠습니다. 먼저 'startTime' 변수에 시작 시간을 저장하고 있군요.

```
long startTime = System.currentTimeMillis();
```

'System.currentTimeMillis()' 함수는 현재 시간을 밀리세컨드(1/1000) 단위로 리턴하는 함수입니다. 예를 들어 현재 시간이 '2018년 1월 1일 0시 0분 0초'라면, '1514764800000'라는 값이 반환됩니다. 얼핏 보기에는 잘 이해가 되지 않습니다. 대체 저 숫자는 무엇을 의미하는 것일까요?

System.currentTimeMillis() 함수는 '1970년 1월 1일 이후로 몇 밀리세컨드가 지났는지'를 정수 형태로 반환하는 것이랍니다. 그 때문에 'long' 타입의 변수에 저장하는 것이죠.

또 중간에 새로운 코드가 등장합니다.

```
String timeText = new SimpleDateFormat("HH:mm:ss", Locale.KOREA).format(startTime);
```

System.currentTimeMillis() 함수는 앞서 정수 형태로 반환한다고 했는데요. 그렇기 때문에 사용자에게 시간을 보여 주려면 '텍스트' 형태로 포맷을 바꿔줘야 합니다. 코드의 'SimpleDateFormat' 클래스는 '시간과 관련된 텍스트를 포맷화'하는 클래스입니다. SimpleDateFormat은 이후 안드로이드 실전 예제에서 보다 자세히 알아보도록 하겠습니다.

한편 'button.setOnClickListener'는 버튼을 클릭할 때마다 '1'을 더한 후에 그 값을 'TextView'에 보여 주는 이벤트 리스너를 설정한 것입니다.

이제 [Run] 버튼을 눌러 앱의 실행이 정상적인지 확인해 보세요. 다음에는 '변수의 불변성, 가변성'이란 무엇인지 살펴보도록 하겠습니다.

## 4.4 07 변수의 가변성과 불변성

변수는 '변할 수 있는 값을 저장하는 공간'이라고 앞서 설명한 적이 있습니다. 그런데 **변수의 불변성**이라니 도대체 무슨 말일까요? 얼핏 들으면 '변하는 것'과 '변하지 않는 것'은 상충되는 의미이기 때문에 모순처럼 들릴 수도 있습니다.

'변수의 불변성'이랑 말그대로 변수의 값을 변할 수 없게 하는 것입니다. 그렇다면 이미 '변수'라고 부를 수 없는 것 아닐까 생각할 수도 있지만 그렇지는 않습니다. 예를 들어 다음 Java 객체의 경우를 생각해 보죠.

```java
public class ImmutableObject {
    // 접근제어자가 private 이므로 외부에서 value의 값을 변경하는 것이 불가능하다.
    private final int value;

    // 생성자에 전달받은 값으로 value 를 초기화한다.
    public ImmutableObject(int value){
        this.value = value;
    }

    // value 의 값을 반환한다.
    public int getValue() {
        return value;
    }
}
```

위 코드에서 선언된 클래스는 생성자를 통해 'value'라는 값이 정해집니다. 그리고 한 번 정해진 이후에는 value 값을 변경할 수가 없죠. 그렇다고 'ImmutableObject'의 value 값이 항상 같은 것은 아닙니다. 왜냐하면

ImmutableObject 객체가 생성될 때마다 각각 다른 value를 가지기 때문입니다. 이렇게 처음으로 내부 속성을 설정한 이후로 변경이 불가능한 객체를 '불변 객체'라고 부릅니다.

변수의 불변성 역시 불변 객체의 예와 같이 처음에 변수값을 초기화한 이후로는 변경할 수 없는 경우를 말합니다. Java에서 변수의 불변성을 표현하려면 어떻게 해야 할까요? Java에서는 변수 앞에 키워드를 사용하여 변수의 불변성을 표현합니다. 다음 코드는 "변수의 값을 더 이상 바꾸지 않겠다"는 의미죠.

```
final int age = 20;
```

Java의 'final' 키워드는 "변수가 더 이상 변경될 수 없다"는 것을 의미하는 키워드입니다. 이런 식으로 변수를 선언하면 불변성이 보장되는 것이죠. 그럼 앞서 4.4.6 영역에서 작성한 코드에서는 불변성을 신경 써야 할 부분이 없을까요? Activity의 시작 시간을 저장하는 변수 부분을 봐 주세요.

```
// Activity 의 시작 시간을 저장하는 변수
long startTime = System.currentTimeMillis();
```

Activity의 시작 시간은 처음에 값을 한 번 설정하면 더 이상 값을 변경할 필요가 없겠죠. 만약 값이 변경된다면 이를 기준으로 갱신되어야 하는 화면에 잘못된 정보를 보여 주게 될 것입니다.

'startTime' 변수를 final 없이 선언하게 되면, 다른 코드에서 실수로 값을 변경할 수 있기 때문에 실수를 방지하기 위해 final 키워드를 붙이는 것이 좋겠습니다. 즉, 코드는 다음과 같이 변경되어야겠죠.

```
final long startTime = System.currentTimeMillis();
```

참고로, 변수의 값을 불변으로 처리하는 것은 실수를 방지하는 것 외에도 여러 의미가 있습니다. 변수의 값을 변경 불가능하게 설정하면 프로그램은 해당 변수가 변경되지 않을 것임을 미리 알고 있으므로 시스템이 변수의 메모리를 보다 효율적으로 관리할 수 있게 됩니다.

또한 최근 중요해진 '멀티쓰레드' 프로그래밍에서도 유용한데요.

멀티쓰레드 프로그래밍에서 불변 변수는 '동시에 접근하더라도 변수의 불변성이 보장'되기 때문에 다른 쓰레드가 값을 변경할 것을 신경 쓸 필요가 없습니다.

## 프로세스와 쓰레드, 그리고 멀티쓰레드 프로그래밍

컴퓨터 프로그래밍을 하다 보면 '쓰레드(Thread)'라는 말을 자주 접하게 됩니다. 과연 쓰레드는 무엇일까요? 먼저 쓰레드의 정의를 살펴보면 '어떠한 프로그램 내에서, 특히 프로세스 내에서 실행되는 흐름의 단위'라고 설명합니다. 이게 무슨 의미인지 알기 위해서는 프로세스와 쓰레드의 관계, 또 프로그램이 어떤 식으로 실행되는지 알아야 합니다. 최대한 간략하게 설명해 보겠습니다.

먼저 프로그램은 운영체제 안에서 실행되죠. 운영체제는 1장에서 설명한 것처럼 '사람과 장치를 연결하는 소프트웨어'인데요. 그렇기 때문에 운영체제는 해야 할 일이 아주 많습니다. 컴퓨터는 CPU라는 장치가 메모리에서 명령어를 읽어 순차적으로 실행하는 것이죠.

그런데 운영체제가 특정 프로그램의 코드만 계속 실행하게 된다면 어떻게 될까요? 그렇게 되면 동시에 여러 프로그램을 실행하는 것은 불가능해집니다. 하지만 현대의 운영체제는 모두 여러 프로그램을 동시에 실행하죠.

예를 들면 동영상을 보면서 브라우저로 인터넷 쇼핑을 하고, 동시에 엑셀과 같은 문서 작업도 겸할 수 있습니다.

이렇게 여러 프로그램이 동시에 실행될 수 있는 이유는 현대의 운영체제는 모두 '멀티 프로세스(Multi Process)' 운영체제이기 때문인데요. '프로세스'란 '연속적으로 실행되고 있는 프로그램'을 의미하는데, 독립적인 프로그램들은 모두 프로세스로 실행된다고 생각하면 됩니다.

프로세스는 서로 독립적인 프로그램이기 때문에 프로세스 별로 각각 독립적인 메모리 공간을 사용합니다. CPU는 프로세스를 실행하다가 틈이 나면 현재 프로세스의 상태를 저장하고, 재빨리 다른 프로세스를 실행하죠. 이런 식으로 여러 프로세스가 동시에 실행될 수 있는 것입니다.

그렇다면 '쓰레드'는 무엇일까요? 하나의 프로세스에서도 동시에 여러 가지 작업을 해야 하는 경우가 있죠. 예를 들어 '1 ~ 100'까지 숫자를 더하는 프로그램이 있다고 가정해 보겠습니다.

이 '덧셈' 작업은, 하나의 CPU를 사용해 순차적으로 1~100까지 더하는 방법도 있지만 작업을 2개로 쪼개는 방법도 있겠죠. '1~50까지 더하는 작업'과 '51 ~100까지 더하는 작업' 등 2가지로 나눠 진행한 후 그 결과값을 합치는 방식이겠죠.

어차피 덧셈인데 무슨 차이가 있냐고 생각할 수도 있지만, 사실 그렇지 않습니다. 현대의 컴퓨터는 모두 CPU가 하나가 아닌 여러 개이기 때문이죠. CPU 코어가 2개인 컴퓨터가 있다고 가정해 보세요. 1~100까지 더하는 작업은 하나의 흐름으로 프로그램이 동작하므로, 한 개의 CPU 밖에 쓸 수 없습니다. 반면, 작업을 2개로 쪼개서 진행하면 '1~50까지의 덧셈은 CPU 1'에서 작업하고 '51~100까지의 덧셈은 CPU 2'에서 작업할 수 있겠죠. 이런 경우 거의 2배에 가까운 효율을 보이게 될 것입니다.

이렇게 프로세스 내부에서도 작업의 흐름을 나눌 수 있는데, 이러한 작업 흐름의 단위를 '쓰레드'라고 하는 것이죠. 쓰레드는 작업 흐름의 최소 단위로서, 프로세스는 하나의 쓰레드를 기본적으로 가지고 있습니다. 즉, '멀티쓰레드 프로그래밍'이란 하나의 프로세스에서 여러 개의 쓰레드를 사용하여 프로그래밍하는 것을 말합니다.

최신 컴퓨터들은 보통 CPU 코어가 여러 개이기 때문에 최근엔 더더욱 멀티쓰레드 프로그래밍이 중요해지게 되었습니다.

그리고 변경 불가능한 변수만 사용할 경우 프로그래밍 패러다임 중 최근 유행하는 '함수형' 코드에 가까워
집니다. 여기서 '함수형 프로그래밍'에 대해서 간략하게 알아보도록 하겠습니다.

함수형 프로그래밍은 '자료의 처리를 수학적 함수와 가깝게' 처리하고 '가변 데이터를 멀리하는' 프로그래
밍 패러다임입니다. 함수형 프로그래밍이 최근 인기 있는 이유는 이미 대세로 자리잡은 '객체 지향 프로그
래밍의 단점'을 개선할 수 있기 때문이죠.

객체 지향 언어에서는 객체의 상태에 따라, 함수에 입력된 조건이 같아도 그 결과가 달라집니다. 다음 코
드를 봐 주세요.

```java
public class Person {
    int age = 0;

    public int plusAge(int otherAge){
        return age + otherAge;
    }
}
```

'plusAge()' 함수는 같은 파라미터인 '3'을 전달해도 'Person' 클래스의 멤버 변수 'age'의 값에 따라 결과가
달라지게 됩니다. 이런 부분이 앞서 말한 '객체 지향 언어에서 상태값에 따라 입력값이 같아도 다른 결과
가 되는' 점이죠.

이 상태값은 프로그램 실행 중에 바뀌는 것으로, 함수의 코드만 보고 결과를 예상하는 것이 힘듭니다.

그리고 예측하기 어렵다는 것은 프로그램에 문제가 발생했을 때 대처하기도 어렵다는 것을 의미하죠. 이
렇게 "결과 예측이 어렵다"는 점이 객체 지향 프로그래밍의 단점으로 부각되었고, 그 대체제로 '함수형 프
로그래밍'이 주목받게 된 것입니다.

함수형 프로그래밍은 수학적 함수처럼 같은 입력값을 받으면 항상 같은 결과가 나오도록 코딩합니다. 예
를 들어 Java 언어에서는 다음과 같이 코딩할 수 있죠.

```java
public static int plus(int param1, int param2){
    return param1 + param2;
}
```

위 코드는 'param1, param2'에 같은 값을 전달하는 한 항상 같은 결과가 산출됩니다. 이런 식으로 프로그램

을 만들면, 입력값에 따른 결과가 항상 같으므로 테스트가 쉽고 결과를 쉽게 예측할 수 있겠죠.

이와 같이 함수형으로 프로그램을 만들기 위해서는 앞서 말한 '불변성'이 중요합니다. 변경 가능한 변수로 인해 프로그램의 예측이 어려워지기 때문이죠. 물론 프로그램을 모두 불변 요소로만 작성할 필요는 없지만, '변할 수 있는 요소'와 '변경 불가능한 요소'를 구분지어 생각하는 것이 핵심입니다.

이제 같은 예제를 코틀린으로 어떻게 구현하는지 알아보도록 하겠습니다. 코틀린 코드를 작성하면서 변수의 가변성, 불변성을 의미하는 'var, val' 키워드를 유의해서 봐 주세요.

## 4.4·08 Kotlin 변수 샘플 앱

앞서 우리는 Java 언어로 Activity의 시작 시간과 버튼이 클릭된 횟수를 화면에 보여 주는 앱을 만들었으며 변수의 불변성은 무엇인지 간략하게 알아보았습니다. 이제 변수의 불변성을 염두에 두고 코틀린으로 같은 기능을 만들어 보겠습니다.

'VariableKotlinActivity.kt' 파일을 다음과 같이 편집해 주세요.

```kotlin
package com.akj.kotlinsample

import android.os.Bundle
import androidx.appcompat.app.AppCompatActivity
import kotlinx.android.synthetic.main.layout_variable.*
import java.text.SimpleDateFormat
import java.util.*

class VariableKotlinActivity : AppCompatActivity() {

    // 클릭된 횟수를 저장할 변수
    var clickCount = 0

    // Activity가 시작된 시간
    val startTime = System.currentTimeMillis()

    override fun onCreate(savedInstanceState: Bundle?) {
        super.onCreate(savedInstanceState)

        // UI로 사용할 레이아웃 XML 파일을 지정한다.
```

```
setContentView(R.layout.layout_variable)

// 시작시간을 텍스트 형태로 변환
val timeText = SimpleDateFormat("HH:mm:ss", Locale.KOREA).format(startTime)

// 시작시간을 텍스트뷰에 보여줌
startTimeLabel.text = "Activity 시작시간: ${timeText}"

// 클릭된 횟수 보여줌
clickCountLabel.text = "버튼이 클릭된 횟수: ${clickCount}"

// 버튼에 이벤트 리스너 설정
button.setOnClickListener {

    // 클릭된 횟수 추가
    clickCount = clickCount + 1

    // UI 에 클릭횟수 다시 보여줌
    clickCountLabel.text = "버튼이 클릭된 횟수: ${clickCount}"
}
    }
}
```

역시 자바 쪽 코드보다 간결하게 작성된 것을 볼 수 있습니다. 또 앞서 말한 변수의 불변성을 생각하면서 다시 코드를 봐 주세요.

```
val startTime = System.currentTimeMillis()
```

코틀린에서 'val' 키워드를 사용하면 Java 의 'final' 키워드를 붙인 것과 같이 '불변 변수'가 됩니다. 반면 클릭된 횟수는 프로그램 실행 중 계속 값을 변경하여 저장되어야 하죠. 이런 경우 코틀린은 "변경할 수 있다"는 의미의 'var' 키워드를 사용합니다.

```
var clickCount = 0
```

이렇듯 코틀린은 Java와 달리 아예 변수 선언부터 해당 변수가 값을 변경할 수 있는지 여부를 키워드로 구분합니다. 'val, var' 키워드는 각각 변수가 불변인지 아닌지를 정하는 키워드죠.

이제 앞서 살펴본 val, var 키워드들의 의미를 표로 간략히 정리하면 다음과 같습니다.

| | |
|---|---|
| val | · 변경 불가능한 참조를 저장하는 변수로서, 특정한 값을 의미하는 'Value'를 나타냅니다.<br>· val로 선언하면 초기화 이후 '변수의 재 대입'이 불가능합니다.<br>· Java에서 'final' 키워드로 선언하는 것과 같습니다. |
| var | · 변경 가능한 참조입니다. 변경 가능하다는 의미의 'Variable'을 나타냅니다.<br>· Java의 일반적인 변수에 해당합니다. |

왜 코틀린은 변수를 선언하는 키워드 자체로 변수의 변경 가능성을 구분짓는 것일까요? 그 이유는 프로그래밍에서 대부분의 경우 변수의 값을 변경할 필요가 없고, 변수를 불변으로 하는 경우 여러 면에서 유리하다는 것을 알게 되었기 때문입니다.

변수를 사용할 때 대부분의 경우에는 변수의 최초 값 대입 이후로 굳이 값을 변경하지 않는 경우가 많습니다. 특히 임시적으로 사용되는 지역변수, 함수의 파라미터와 같은 경우 대부분 값을 변경하지 않죠. 반면 변수를 불변으로 선언할 경우, 앞서 살펴본 바와 같이 '메모리, 멀티쓰레드 안전성, 함수형 코드' 등 얻을 수 있는 이점이 많습니다.

때문에 코틀린은 가급적 모든 변수를 'val'로 선언하여 불변으로 설정하고, 필요한 경우에만 'var'를 쓰도록 권장하고 있습니다. 때문에 불필요하게 var 키워드로 선언한 경우 IDE가 이를 알려 줍니다.

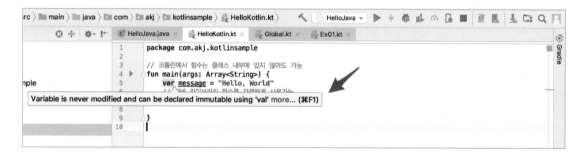

위 코드는 'message'라는 변수에 문자열을 한 번 초기화하고, 이후에 변경할 값이 없기 때문에 'val 키워드로 선언할 것'을 권장하고 있죠.

이 메세지는 안드로이드 스튜디오가 감지해서 알려 주는 것으로, 프로그램 동작 상 문제가 되지는 않지만 val로 바꾸는 것이 더 효율적이라는 의미입니다. 물론 변수의 특성 상 반드시 값을 변경해야 하는 경우도 있습니다. 그런 경우에는 당연히 'var' 키워드를 사용하면 되겠죠.

그런데 코틀린 코드를 작성하다 보면 계속 변수의 타입(자료형)을 적지 않고 있습니다. 그렇다고 코틀린의 변수에 타입이 없는 것은 아닙니다. 변수의 타입을 굳이 적지 않는 것은 코틀린이 자동으로 변수의 타입을 추론하기 때문입니다.

다음에는 코틀린의 타입 추론의 대해 알아보도록 하겠습니다.

## 4.4.09 변수의 타입 추론

코틀린에서 변수를 선언하는 방법은 앞서 'Hello World!' 예제의 함수 파라미터처럼 변수 이름을 먼저 적고 그 뒤에 값을 적습니다.

```
var clickCount = 0
```

사실 코틀린 언어는 타입이 결정되어 있는 언어이기 때문에 'clickCount' 변수는 정수형이고, 프로그램 실행 중에 타입을 바꿀 수는 없습니다. 물론 필요하다면 코틀린 역시 타입을 명시할 수 있습니다. 코틀린에서 변수 타입을 생략하지 않고 쓰면 다음과 같습니다.

```
var clickCount:Int = 0
```

앞서 설명했듯 코틀린에서는 변수의 타입을 이름 뒤에 사용하죠. Java 언어에서는 타입부터 쓰고 이름을 쓰는데 코틀린은 왜 순서를 바꿔 익숙하지 않게 만들었을까요? 그 이유는 코틀린은 대부분의 경우 변수의 타입을 '추론'하는 것이 가능하기 때문입니다.

초기화 시점에 정수로 초기화하였다면 해당 변수는 '정수형'일 것이 당연합니다. 그렇기 때문에 코틀린은 변수의 타입 추론이 가능한 경우에 굳이 타입을 명시하지 않아도 되는 것이죠.

한 가지 주의할 점은, 코틀린의 타입 추론은 '동적 타입' 언어와는 다르다는 것입니다. 코틀린은 컴파일 시점에 타입을 결정하는 **정적 타입** 언어입니다. 여기서 잠시 동적 타입 언어와 정적 타입 언어에 대해 알아보죠.

프로그래밍 언어는 보통 컴파일 시에 타입이 결정되는 '정적 타입' 언어와 프로그램 실행(런타임) 시에 타입을 결정하는 **동적 타입** 언어가 있습니다.

'정적 타입 언어'는 컴파일 시에 타입 캐스팅 문제를 확인할 수 있고, 실행이 빠르다는 장점이 있지만, 반드시 변수를 선언할 때 타입을 적어야 하므로 코드 작성 시에 타입을 신경 써야 하는 불편한 점이 있죠.

반대로 '동적 타입 언어'는 변수의 타입에 상관없이 코딩하기 때문에 코드 작성이 쉽지만, 사전에 타입을 체크하지 않기 때문에 프로그램 실행 중 타입으로 인한 에러가 발생할 수 있다는 단점이 있습니다.

코틀린에서는 대부분의 경우 타입을 지정할 필요가 없기 때문에 얼핏 보면 '자바스크립트'나 '파이썬' 같은 동적 타입 언어라고 생각하기 쉽습니다. 하지만 코틀린은 정적 타입 언어이며 변수의 타입을 '추론'하는 것이죠. 이는 비슷해 보여도 엄연히 다릅니다.

예를 들면 다음 코드는 자바스크립트에서는 실행되지만 코틀린에서는 실행되지 않죠.

```
var name = "akj"
// name 은 String 타입이므로 정수 타입인 Int 를 할당할 수 없음
name = 30
```

코틀린의 경우 위와 같은 코드를 입력하면 'name = 30' 명령줄에서 빨간 에러 표시가 나오게 됩니다. name 은 타입을 지정하지 않았지만 '타입 추론'에 의해 'String(문자열)'으로 이미 지정되었기 때문이죠.

코틀린의 타입 추론은 정적 타입 언어가 주로 해야 하는 '타입 캐스팅'에서도 보다 코드를 간결하게 작성할 수 있도록 도와줍니다. 예를 들면 if 문에서 이미 비교를 마친 타입은 굳이 또 타입 캐스팅을 할 필요가 없는 것이죠. 다음 코드를 봐 주세요.

```
// Any 클래스는 자바의 Object 처럼 코틀린의 최상위 클래스
fun plus3(param: Any) {
    // param 은 타입체크를 했기 때문에 Int 로 스마트 캐스팅됨
    if(param is Int) {
        var result = 3 + param
        println("" + result)
    }
    else {
        println("0")
    }
}
```

위 함수는 "전달 받은 파라미터가 'Int 형'인 경우라면 '3'을 더하여 출력하고, 그렇지 않으면 '0'을 출력하도록 작성되었습니다. 그런데 전달 받은 파라미터를 정수 '3'과 바로 더하고 있죠. 이것이 가능한 것은 if 문에서 이미 비교한 것을 기준으로 'param'을 'Int 형'으로 캐스팅했기 때문입니다. 이를 '스마트 캐스팅'이라고 하죠.

Java의 경우라면 어떨까요? 만약 그렇다면 if 문 안에서 'param'을 다시 캐스팅해야 합니다. 어차피 if 문에서 타입 체크를 했기 때문에 사실 불필요한 코드죠. 또 코드가 길어지면 잘못 캐스팅하는 실수도 생길 수 있습니다. 예를 들어 다음과 같은 코드는 컴파일 시에는 문제가 없지만 실행하면 에러가 발생하게 됩니다.

```java
public static void plus3(Object param) {
    if (param instanceof Integer) {
        // 자바의 경우 if 문으로 타입체크를 했지만 변수를 다시 캐스팅해야한다
        // 이때 타입 캐스팅을 잘못하는 경우 에러가 발생한다.
        double result = 3 + (double) param;
        System.out.println("" + result);
    } else {
        System.out.println("0");
    }
}
```

> **NOTE**
>
> ### 최상위 클래스인 Object 와 Any 클래스
>
> 앞서 실습한 코드에서는 함수에 전달받는 파라미터의 클래스로 코틀린은 'Any' 클래스, Java에서는 'Object' 클래스를 사용했죠. 그리고 함수 내부에서 해당 클래스를 다른 클래스로 캐스팅하는데, 이것이 가능한 이유는 Object 클래스와 Any 클래스가 언어 차원에서 지원하는 '최상위 클래스'이기 때문입니다.
>
> 앞서 객체 지향을 살펴볼 때 '상속'의 개념에 대해 공부했는데요. A 클래스를 B 클래스가 상속받았을때 A 클래스를 '상위' 클래스, B를 '하위' 클래스라고 부릅니다. 'Object'와 'Any' 클래스는 모든 클래스의 상위 클래스인 '최상위 클래스'인데요.
>
> 객체 지향 언어는 대부분 모든 클래스의 상위 클래스로서 최상위 클래스를 갖는데, 최상위 클래스는 가장 추상화된 클래스이므로 추상화적 측면과, 다른 어떤 클래스로도 캐스팅 가능한 성격을 지니므로 '다형성' 측면에서도 종종 편리할 때가 있기 때문입니다.

if 문에서는 'Integer'를 체크했지만 하단에서는 'double' 형태로 캐스팅했기 때문에 실행 시 에러가 발생하게 됩니다. if 문이 위의 예와 같이 짧다면 실수하는 경우가 적겠지만, 길어지는 경우엔 충분히 실수가 일어날 수 있겠죠. 그리고 이미 타입 체크한 것을 또 캐스팅하는 번거로움 역시 군이 필요 없기 때문에 코틀린은 이것을 자동으로 캐스팅하는 것입니다.

이렇게 타입 추론을 하여 캐스팅하는 것은 if 문이 여러 개여도 문제없이 작동합니다. 이를 테면 다음과 같은 함수도 문제가 없죠.

```kotlin
fun plus(param: Any) {
    if (param is Int) {
        var result = 3 + param
        println("" + result)
    } else if (param is Double) {
        var result = 6.0 + param
        println("" + result)
    } else if (param is String) {
        println("0")
    }
}
```

위 코드의 경우는 'if 문'과 'else if 문'으로 타입을 각각 Int 형과 Doblue 형으로 구분했지만, 해당 블럭 내에서는 캐스팅없이 이미 해당 타입으로 캐스팅된 것을 알 수 있습니다. '스마트 캐스팅' 역시 타입 추론을 적용한 것으로, 굳이 불필요한 코드를 줄여 주는 '언어적 배려'라고 할 수 있습니다.

그럼 이번 과에서 익힌 내용을 요약하고 다음 과로 진행하겠습니다.

◆ 코틀린의 변수는 'var, val' 키워드로 선언할 수 있다.

◆ var 변수는 초기값 지정 후 변경이 가능하지만, val 변수는 초기값 지정 후 값을 변경할 수 없다.

◆ 변수가 불변인 경우 메모리 사용측면, 멀티쓰레드 프로그래밍에서의 처리 등 유리한 점이 많다.

◆ 쓰레드는 프로그램 흐름의 최소 단위이며, 보통 프로세스마다 한 개 이상의 쓰레드를 가지고 있다.

◆ 프로세스가 2개 이상의 쓰레드를 사용하는 경우 멀티쓰레드 프로그래밍이라고 부른다.

◆ 코틀린은 변수의 타입을 추론하기 때문에 대부분의 경우 변수의 타입을 명시할 필요가 없다.

◆ 변수의 타입 추론은 변수의 '동적 타입'과는 다르다. 코틀린은 변수 타입이 컴파일 시점에 모두 결정되는 '정적 타입 언어'이다.

◆ 코틀린은 변수의 타입을 체크한 경우 블럭 내에서 타입 캐스팅이 자동으로 되는데 이것을 '스마트 캐스팅'이라고 한다.

◆ 스마트 캐스팅은 코드를 더욱 간결하게 하고, 실수를 줄여 준다.

# 4.5 | 프로그램 흐름 제어

## 4.5.01 공통 UI 구현

앞서 프로그램의 기본 요소를 익힐 때, 프로그램의 진행 흐름을 변경하는 구문을 '제어문'이라고 했죠. 이번 과에서는 코틀린에서 어떻게 코드의 흐름을 제어하는지 알아보겠습니다.

다행스럽게도 이 부분은 코틀린과 Java가 크게 다르지 않습니다. 다만 코틀린에서는 좀 더 편리하게 사용할 수 있도록 몇 가지 방법을 제공합니다. 이번에는 'if, for, while' 등의 제어문을 어떻게 사용하는지 알아보고, 코틀린에서 제공하는 보다 진보된 방법을 추가로 익히도록 하겠습니다.

이번 과 역시 예제를 위한 UI를 만들고 MainActivity의 UI와 연결하겠습니다. 반복적으로 Activity를 만들고 UI를 만드는 것은, 이런 과정을 통해 안드로이드와 보다 친숙해지기 위함입니다. 여러 번 반복하다 보면 작업이 익숙해지기 때문에 어느새 자신감이 붙은 자신을 발견할 것입니다.

이번 예제 역시 같은 UI를 Java와 코틀린으로 각각 구현할 것이기 때문에 공통으로 사용할 레이아웃을 먼저 만들겠습니다.

[res 〉 layout]에서 마우스를 우클릭하여 'layout_control'이란 이름의 레이아웃을 새로 만듭니다.

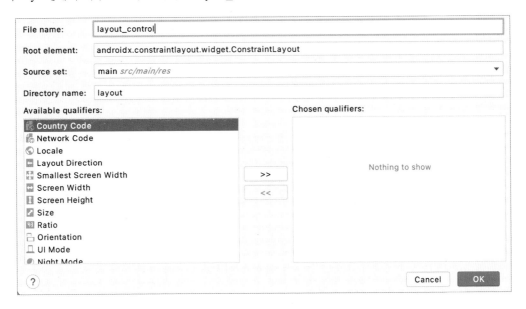

이제 ConstraintLayout으로 UI를 만드는 것에 어느 정도 익숙해졌겠죠. 다음 스크린샷과 설명을 보며 UI를 완성해 주세요.

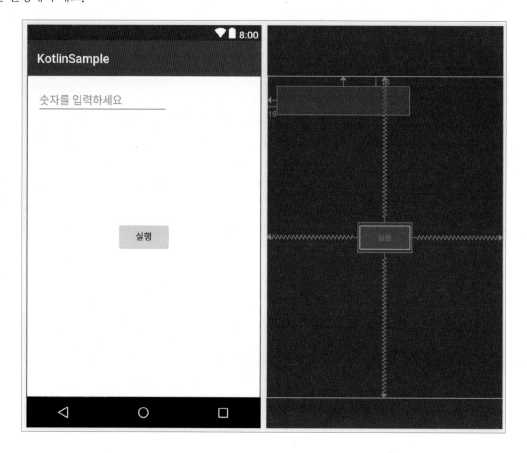

배치 방법은 다음과 같습니다.

① 팔레트에서 'Text 〉 Number'를 선택하여 끌어다가 좌측 상단에 배치하고, ID를 'numberField'로 지정합니다.

② numberField의 hint 속성을 "숫자를 입력하세요"로 변경합니다.

③ 팔레트에서 'Button'을 화면 가운데에 배치하고, ID를 'button'으로 변경합니다.

④ button의 텍스트(text) 속성을 "실행"으로 변경합니다.

⑤ 상단 메뉴바의 [Infer Constraints] 버튼을 클릭해 제약을 자동으로 추가합니다.

이번 예제는 [실행(RUN)] 버튼을 누르면 'numberField'의 입력된 값에 따라 서로 다른 토스트 메세지를 띄우게 됩니다. 이제 방금 만든 UI를 사용할 Activity 파일을 생성해 보겠습니다.

이번 예제도 Java와 코틀린을 비교하기 위해 각각의 Activity를 생성하겠습니다. Activity 생성 역시 반복하다보니 꽤 익숙해졌을거라 생각합니다. 먼저 Java측 Activity를 'Empty Activity'로 생성하고, Activity 이름은 'ControlJavaActivity'로 지정해 주세요.

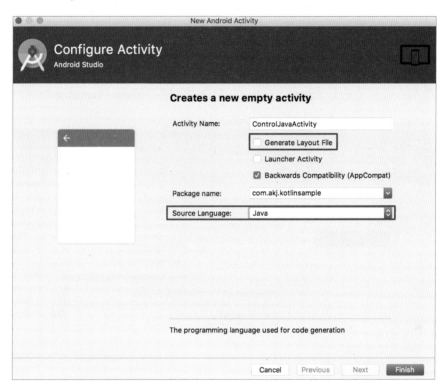

그림의 빨간색 네모 박스 부분들을 꼭 확인해 주세요. 레이아웃 파일을 생성하지 않아야 하며, 소스 언어는 'Java'로 선택되어야 합니다.

레이아웃 파일을 새로 생성하지 않았으니 코드에서 레이아웃 파일을 연결해야겠죠. ControlJavaActivity.java 파일을 다음과 같이 변경해 주세요.

```java
package com.akj.kotlinsample;

import android.os.Bundle;

import androidx.appcompat.app.AppCompatActivity;

public class ControlJavaActivity extends AppCompatActivity {
```

```
    @Override
    protected void onCreate(Bundle savedInstanceState) {
        super.onCreate(savedInstanceState);

        // UI 로 사용할 레이아웃 XML 파일을 지정한다.
        setContentView(R.layout.layout_control);
    }
}
```

이제 코틀린쪽 Activity를 만들죠. 'Empty Activity'로 생성하고 이름은 'ControlKotlinActivity'로 합니다.

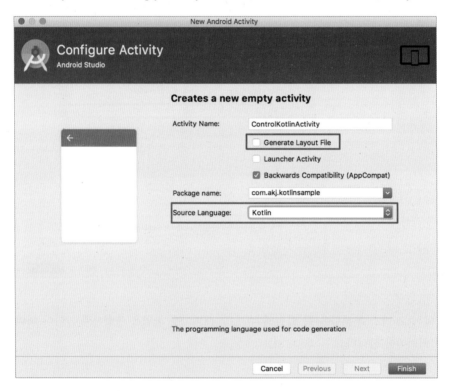

역시 빨간 박스를 주의하여 확인해 주세요. 레이아웃 파일을 만들지 않으며, 소스 언어는 '코틀린(Kotlin)'
이어야 합니다. 이번 Activity 역시 레이아웃 파일을 지정해 줘야 합니다. ContolKotlinActivity.kt 파일을 다
음과 같이 편집해 주세요.

```
package com.akj.kotlinsample

import android.os.Bundle
```

```
import androidx.appcompat.app.AppCompatActivity

class ControlKotlinActivity : AppCompatActivity() {

    override fun onCreate(savedInstanceState: Bundle?) {
        super.onCreate(savedInstanceState)
        setContentView(R.layout.layout_control)
    }
}
```

이제 방금 생성한 ControlJavaActivity, ControlKotlinActivity 등을 MainActivity 에 연결하죠. activity_main.xml
파일을 [Design] 탭으로 열고 버튼을 다음과 같이 추가해 주세요.

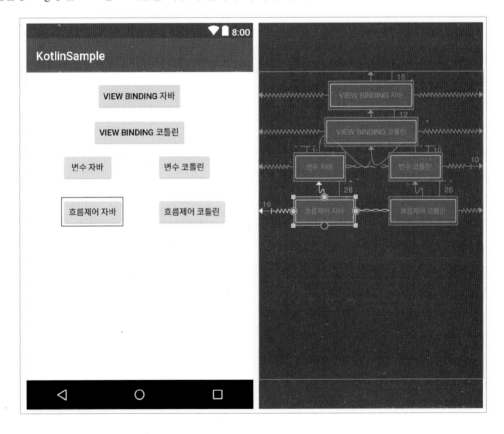

① 팔레트에서 버튼을 끌어 [변수 자바] 버튼 하단에 배치하고 ID 를 button5로 지정합니다.

② button5 의 text 속성을 "흐름제어 자바"로 변경합니다.

③ 팔레트에서 버튼을 끌어 "변수 코틀린" 버튼 하단에 배치하고 ID 를 button6로 지정합니다.

④ button6 의 text 속성을 "흐름제어 코틀린"으로 변경합니다.

⑤ Infer Constraints 버튼을 눌러 제약을 추가합니다.

다음에는 MainActivity 에서 각 화면으로 이동할 수 있도록 코드를 변경해야 합니다. MainActivity.kt 파일을 다음과 같이 변경해 주세요.

```kotlin
package com.akj.kotlinsample

import android.content.Intent
import android.os.Bundle
import androidx.appcompat.app.AppCompatActivity
import kotlinx.android.synthetic.main.activity_main.*

class MainActivity : AppCompatActivity() {

    override fun onCreate(savedInstanceState: Bundle?) {
        super.onCreate(savedInstanceState)
        setContentView(R.layout.activity_main)

        // ... 생략

        // button5 클릭된 경우의 이벤트 리스너 설정
        button5.setOnClickListener {
            // Intent 로 VariableKotlinActivity 를 타겟으로 지정하고 startActivity 로 실행
            startActivity(Intent(this@MainActivity, ControlJavaActivity::class.java))
        }

        // button6 클릭된 경우의 이벤트 리스너 설정
        button6.setOnClickListener {
            // Intent 로 VariableKotlinActivity 를 타겟으로 지정하고 startActivity 로 실행
            startActivity(Intent(this@MainActivity, ControlKotlinActivity::class.java))
        }

    }
}
```

두 Activity 모두 똑같은 UI 를 사용하여 그 구별이 어려우므로, 앞서와 마찬가지로 AndroidManifest.xml 파일에서 두 Activity 의 'label'을 변경하겠습니다. AndroidManifest.xml 파일을 다음과 같이 변경해 주세요.

```xml
<?xml version="1.0" encoding="utf-8"?>
<manifest xmlns:android="http://schemas.android.com/apk/res/android" package="com.akj.kotlinsample">

    <application
        android:allowBackup="true"
        android:icon="@mipmap/ic_launcher"
        android:label="@string/app_name"
        android:roundIcon="@mipmap/ic_launcher_round"
        android:supportsRtl="true"
        android:theme="@style/AppTheme">
        <activity android:name=".MainActivity">
            <intent-filter>
                <action android:name="android.intent.action.MAIN" />

                <category android:name="android.intent.category.LAUNCHER" />
            </intent-filter>
        </activity>

        <!-- Activity 의 label 은 기본 제목으로 사용됩니다. -->
        <activity
            android:name=".BmiJavaActivity"
            android:label="BmiJavaActivity" />
        <activity
            android:name=".BmiKotlinActivity"
            android:label="BmiKotlinActivity" />
        <activity
            android:name=".VariableJavaActivity"
            android:label="VariableJava" />
        <activity
            android:name=".VariableKotlinActivity"
            android:label="VariableKotlin" />
        <activity
            android:name=".ControlJavaActivity"
            android:label="ControlJava" />
        <activity
            android:name=".ControlKotlinActivity"
            android:label="ControlKotlin" />
    </application>

</manifest>
```

이제 [Run] 버튼으로 앱을 실행하면 각 버튼에 연결된 Activivty 가 나타나게 됩니다.

## 4.5.03 / Java의 if, else, switch

**3장**에서 우리는 Java 프로그램을 조건에 따라 실행되는 코드로 바꾸기 위해 'if, else if, else' 문을 사용했습니다. 이번 예제 역시 if, else, switch 문을 사용해 작성해 보겠습니다. ControlJavaActivity.java 파일을 다음과 같이 변경해 주세요.

```java
package ccom.akj.kotlinsample;

import android.os.Bundle;
import android.view.View;
import android.widget.Button;
import android.widget.EditText;
import android.widget.Toast;

import androidx.appcompat.app.AppCompatActivity;

public class ControlJavaActivity extends AppCompatActivity {

    // 불필요한 findViewById 함수를 피하기 위해 UI 요소를 멤버 변수로 가지고 있다.
    EditText numberField;
    Button button;

    @Override
    protected void onCreate(Bundle savedInstanceState) {
        super.onCreate(savedInstanceState);

        // UI 로 사용할 레이아웃 XML 파일을 지정한다.
        setContentView(R.layout.layout_control);

        // UI 요소 멤버변수를 XML 레이아웃에서 findViewById 함수를 이용해 바인딩한다.
        numberField = findViewById(R.id.numberField);
        button = findViewById(R.id.button);

        // 버튼이 클릭되었을때의 이벤트리스너 를 설정한다.
        button.setOnClickListener(new View.OnClickListener() {
            @Override
            public void onClick(View view) {
                int number = Integer.parseInt(numberField.getText().toString());
```

```java
// if, else if, else 문으로 2의 배수, 3의 배수를 체크해 서로 다른 토스트 메세지를 보여준다.
if (number % 2 == 0) {
    Toast.makeText(getApplicationContext(), "" + number + " 는  2의 배수입니다.", Toast.
    LENGTH_SHORT).show();
} else if (number % 3 == 0) {
    Toast.makeText(getApplicationContext(), "" + number + " 는  3의 배수입니다.", Toast.
    LENGTH_SHORT).show();
} else {
    Toast.makeText(getApplicationContext(), "" + number, Toast.LENGTH_SHORT).show();
}

// switch 문으로 체크후 버튼의 텍스트를 변경한다.
switch (number) {
    case 4:
        button.setText("실행 - 4");
        break;
    case 9:
        button.setText("실행 - 9");
        break;
    default:
        button.setText("실행");
        break;
}

        }
    });
    }
}
```

코드에서는 먼저 if ~ else 문으로 '2의 배수'와 '3의 배수'를 우선 체크하여 토스트 메세지를 보여 줍니다. 또한 switch 문으로 입력된 숫자를 체크하여 만일 '4'가 입력되면 버튼 텍스트를 "실행 − 4"로 바꾸고, '9'가 입력되면 버튼의 텍스트를 "실행 − 9"로 바꾸고 있습니다.

앱을 실행해서 동작을 확인해 보세요.

다음 그림과 같이 잘 동작하는 것을 확인할 수 있습니다.

그럼 코틀린 언어로 같은 기능을 구현해 보겠습니다.

ControlKotlinActivity.kt 파일을 열어 다음과 같이 편집해 주세요.

```kotlin
package com.akj.kotlinsample

import android.os.Bundle
import android.widget.Toast
import androidx.appcompat.app.AppCompatActivity
import kotlinx.android.synthetic.main.layout_control.*

class ControlKotlinActivity : AppCompatActivity() {

    override fun onCreate(savedInstanceState: Bundle?) {
        super.onCreate(savedInstanceState)
        setContentView(R.layout.layout_control)
```

```
            // 버튼이 클릭되었을때의 이벤트리스너 를 설정한다.
        button.setOnClickListener {
            // numberField 의 값을 읽어 int 형으로 변환한다.
            val number = numberField.text.toString().toInt()

            // if, else if, else 문으로 2의 배수, 3의 배수를 체크해 서로 다른 토스트 메세지를 보여준다.
            if (number % 2 == 0) {
                Toast.makeText(applicationContext, "${number} 는 2의 배수입니다.", Toast.LENGTH_SHORT).show()
            } else if (number % 3 == 0) {
                Toast.makeText(applicationContext, "${number} 는 3의 배수입니다.", Toast.LENGTH_SHORT).show()
            } else {
                Toast.makeText(applicationContext, "${number}", Toast.LENGTH_SHORT).show()
            }

            // 코틀린에서는 switch 문을 대체해 when 을 사용할 수 있다.
            when (number) {
                4 -> button.text = "실행 - 4"
                9 -> {
                    button.text = "실행 - 9"
                }
                else -> button.text = "실행"
            }
        }
    }
}
```

코틀린 코드는 앞의 Java 코드에 비해 더 간결해진 모습입니다. 먼저 if ~ else 문은 Java 와 큰 차이가 없군요. 그 다음에 나오는 'when 문'을 봐 주세요.

```
when (number) {
    4 -> button.text = "실행 - 4"
    9 -> {
        button.text = "실행 - 9"
    }
    else -> button.text = "실행"
}
```

사실 Java 의 'switch 문'은 C 언어의 영향을 짙게 받았습니다. 때문에 각 케이스에 'break 문'을 넣어야 하는 점까지 닮아 있으며, break 문을 넣지 않으면 다음 case 까지 실행되죠. 사실 case 를 여러 개 실행해야 하는 경우는 거의 없기 때문에 굳이 break를 넣지 않아도 한 개의 case만 실행되는 것이 보다 합리적입니다.

코틀린의 'when 문'은 switch 문처럼 break를 넣지 않아도 '해당되는 케이스만' 실행됩니다. 만일 해당 코드가 간결하다면 한 줄로 사용해도 되고, 코드가 2라인 이상 되는 경우 중괄호({})로 감싸 사용해도 되죠.

만약 switch 문처럼 두 가지 케이스가 모두 같은 코드를 실행해야 할 경우라면 어떻게 해야 할까요? 예를 들어 Java 언어의 switch 문은 다음과 같이 사용할 수 있습니다.

```java
// switch 문으로 체크후 버튼의 텍스트를 변경한다.
switch (number) {
    // 1 ~ 4 까지는 같은 코드를 실행한다.
    case 1:
    case 2:
    case 3:
    case 4:
        button.setText("실행 - 4");
        break;
    case 9:
        button.setText("실행 - 9");
        break;
    default:
        button.setText("실행");
        break;
}
```

switch 문은 break 문을 사용하지 않으면 다음 case 문까지 실행되기 때문에 위와 같은 코드를 사용할 수 있는 것이죠. ControlJavaActivity.java 파일의 switch 문을 바꿔서 실행해 보세요. 1~4까지의 숫자 입력은 모두 버튼의 텍스트가 "실행 – 4"로 변경될 것입니다.

코틀린의 when 문에서는 위와 같은 상황은 처리가 불가능한 것 아닐까 생각할 수 있습니다만 코틀린의 when 문 역시 같은 상황을, 그것도 보다 직관적인 방법으로 해결할 수 있습니다. 다음 코드를 봐 주세요.

```kotlin
// 코틀린에서는 switch 문을 대체해 when 을 사용할 수 있다.
when (number) {
    // number 가 1 ~ 4 까지인 경우 실행된다.
    in 1..4 -> button.text = "실행 - 4"
```

```
    9 -> {
        button.text = "실행 - 9"
    }
    else -> button.text = "실행"
}
```

이렇게 when 문 안에서 'in' 키워드를 사용하면 '..' 기호를 이용해 범위를 지정할 수 있습니다. switch 문과 비교해 훨씬 직관적이고, 코드 또한 간결하죠. 또 when 문의 경우 ',' 연산자도 사용할 수 있습니다. 다음 코드를 살펴보죠.

```
// 코틀린에서는 switch 문을 대체해 when 을 사용할 수 있다.
when (number) {
    // number 가 1 ~ 4 까지인 경우 실행된다.
    in 1..4 -> button.text = "실행 - 4"
    // number 가 9, 18 인 경우 실행된다.
    9, 18 -> {
        button.text = "실행 - 9"
    }
    else -> button.text = "실행"
}
```

위 코드는 number 값이 '9'와 '18'일 때 같은 코드를 지정한 경우입니다. 게다가 when 문은 if ~ else 문도 대체할 수 있죠. 사실 조건이 다양한 경우라면 if ~ else 문을 사용한 코드는 그만큼 직관적이지 않게 되는데, ControlKotlinActivity.java 파일의 if ~ else 문을 when 문으로 바꿔 보겠습니다.

```
package com.akj.kotlinsample

import android.os.Bundle
import android.widget.Toast
import androidx.appcompat.app.AppCompatActivity
import kotlinx.android.synthetic.main.layout_control.*

class ControlKotlinActivity : AppCompatActivity() {

    override fun onCreate(savedInstanceState: Bundle?) {
        super.onCreate(savedInstanceState)
        setContentView(R.layout.layout_control)
```

```kotlin
// 버튼이 클릭되었을때의 이벤트리스너 를 설정한다.
button.setOnClickListener {
    // numberField 의 값을 읽어 int 형으로 변환한다.
    val number = numberField.text.toString().toInt()

    // when 문은 케이스로 조건식도 사용 가능
    when {
        number % 2 == 0 -> Toast.makeText(applicationContext, "${number} 는 2의 배수입니다.",
        Toast.LENGTH_SHORT).show()
        number % 3 == 0 -> Toast.makeText(applicationContext, "${number} 는 3의 배수입니다.",
        Toast.LENGTH_SHORT).show()
        else -> Toast.makeText(applicationContext, "${number}", Toast.LENGTH_SHORT).show()
    }

    // 코틀린에서는 switch 문을 대체해 when 을 사용할 수 있다.
    when (number) {
        // number 가 1 ~ 4 까지인 경우 실행된다.
        in 1..4 -> button.text = "실행 - 4"
        // number 가 9, 18 인 경우 실행된다.
        9, 18 -> {
            button.text = "실행 - 9"
        }
        else -> button.text = "실행"
    }
}
```

위 코드는 if ~ else 문 대신 when 문을 사용한 모습입니다. 코드가 훨씬 간결하고 직관적으로 바뀐 것을 확인할 수 있죠. 기존의 switch 문은 물론, 많은 조건을 체크해야 하는 다중 if 문의 경우는 코틀린이 제공하는 when 문으로 변경하는 것을 고려해 보세요. 분명 보다 간결한 코드로 유지될 수 있을 것입니다.

이제 다음에는 코틀린에서 '반복문'을 사용하는 방법에 대하여 실습해 보겠습니다.

앞서 조건에 따른 '분기 제어문'을 학습했으니, 이제 '반복문'을 익힐 차례입니다. 코틀린의 반복문 역시 Java 언어와 큰 차이는 없습니다. 여기서는 Java와의 차이점 위주로 설명하겠습니다.

먼저 코틀린의 반복문을 보기 전에 Java의 반복문을 다시 보죠. 다음은 Java 언어에서 'for 문'의 기본적인 형태를 보여 줍니다.

```java
for(int i = 0; i < 100; i++){
    System.out.println(i);
}
```

'for' 키워드 괄호 안에서 '초기값, 조건식, 증감식'을 설정하고, 각각을 세미콜론(;)으로 분리합니다. 하지만 위와 같은 방식은 'Collection'에서 원소를 가져올 때 상당히 불편합니다. 대개의 경우 집합으로 이루어진 데이터 처리가 많기 때문에 Java는 향상된 for 문이라고 불리는 다음과 같은 형태의 for 문을 지원하죠.

```java
String[] array = {"apple", "banana"};
for(String item : array){
    System.out.println(item);
}
```

한편 코틀린의 for 문은 Java의 향상된 for 문장과 많이 비슷합니다. 코틀린에서 가장 일반적으로 사용하는 for 문을 보겠습니다.

```kotlin
for(item in collection){
    println(item)
}
```

이때 Java에서와 같이 특정 숫자값을 반복하기 위해서는 다음과 같이 작성하면 됩니다.

```kotlin
for(i in 0..100){
    println(i)
}
```

앞서 when 문에서 익혔던 대로, 코틀린은 범위(..)를 표현할 수 있습니다. 또한 간혹 'list'를 다루면서 '인덱스'가 필요한 경우도 있겠죠. 그런 경우 코틀린은 다음과 같이 사용할 수 있습니다.

```kotlin
val collection = mutableListOf<String>("apple", "banana")
for ((index, value) in collection.withIndex()) {
    println("the element at $index is $value")
}
```

다음으로 살펴볼 것은 또 다른 반복문 중 하나인 'while 문'의 사용입니다. 코틀린 역시 Java와 마찬가지로 'while 문'과 'do ~ while 문'을 같이 지원합니다. while 문의 경우 거의 차이가 없으므로, 코틀린에서의 사용법만 간단히 보겠습니다. 다음 코드를 봐 주세요.

```kotlin
var x = 0
while(x < 4){
    x++
}
```

'do ~ while 문'의 경우도 역시 Java와 비슷하지만 한 가지 차이점은 마지막 조건식의 'do 블럭' 내부 변수에 접근할 수 있다는 것이죠. 다음을 봐 주세요.

```kotlin
do {
    val y = retrieveData()
} while (y != null) // 여기서 do 블럭 내부의 변수 y에 접근 가능

// 여기서부터는 y에 접근 불가
```

Java의 경우 while 조건식에서 do 블럭 내부의 변수에는 접근할 수 없습니다. 따라서 앞의 코드가 Java라면 다음과 같이 작성되어야 하겠죠.

```java
Object y = null;

do {
    y = retrieveData();
} while (y != null);

// 블럭 밖에 y가 선언되어 있으므로 밖에서도 접근 가능
```

보통 이와 같은 경우, 변수 'y'는 블록 내부에서만 사용하므로 밖에서 선언하는 것은 비효율적입니다. 블록 밖에서 변수를 선언하면 이후 추가되는 변수를 이름짓는 것도 까다로워지죠. 그래서 코틀린은 'do ~ while 문'의 while 조건식에서 do 블록 내의 변수도 접근 가능하도록 허용합니다.

마지막으로 살펴볼 부분은 '조건문이나 루프를 빠져나올 수 있는 방법'입니다. Java 언어에서는 'break' 키워드를 이용해 빠져나올 수 있었죠. 다음은 Java에서 'break 문'을 통해 루프를 빠져나오는 방법입니다.

```
while(true){
    Object x = retrieveData();
    if(x == null) break;
}

// break 이후 while 문을 빠져나오게 됨
```

break는 이렇게 반복문을 중단하고 빠져나오게 하는 키워드로서, 중첩된 루프에서 break를 사용하는 경우 break 키워드가 포함된 반복문만 빠져나오죠. 다음 코드는 중첩된 루프에서 break가 사용된 경우입니다.

```
while(true){
    Object x = retrieveData();
    // 여기 사용된 break 문은 전체루프를 중단하고 빠져나가게 됨
    if(x == null) break;
    else {
        while(true){
            Object y = getData();
            // 여기 사용된 break 문은 실행되도 전체루프에서 빠져나가지는 않음
            if(y == null) break;
        }
    }
}
```

위 코드처럼 break 키워드는 '자신이 포함된' 반복 루프만 빠져나가게 합니다. 문제는 반복문의 중첩이 복잡해지고 break 키워드가 자주 쓰이게 되면 정확히 어느 루프를 빠져나가고 어느 코드가 실행되는 것인지 짐작이 어려워진다는 점이죠.

자바와 코틀린은 이런 문제를 해결하기 위해 레이블을 지원합니다. 레이블은 'break' 또는 'return' 이후 어디로 점프하는지 마킹을 해 두는 것과 비슷합니다. 코틀린에서 레이블을 선언할 때는 '@' 기호를 붙이고 선언한 레이블을 사용할 때에는 @ 기호 뒤에 레이블 이름을 지정하여 사용합니다.

다음 코드는 코틀린에서 레이블을 사용한 코드입니다.

```kotlin
loop1@ while(true){
    var x = retrieveData()
    if(x == null) break@loop1
    else {
        loop2@ while(true){
            var y = getData()
            if(y == null) break@loop2
        }
    }
}
```

이렇게 레이블을 사용함으로써, 루프가 복잡해지더라도 블럭을 빠져나갈 때 '어느 블럭을 빠져나가는지' 보다 명료하게 알 수 있습니다. 이는 또한 중첩된 반복문에서 바로 모든 반복문을 빠져나갈 때에도 유용하죠.

```kotlin
loop@ for (i in 1..100) {
    for (j in 1..100) {
        if (...) break@loop
    }
}
```

이와 같이, 중첩된 for 문 중 '내부의 for 문에서' 모든 반복문을 바로 빠져나가게 되므로 매우 편리합니다.

마지막으로 Java 의 반복문인 for, while 문에는 스텝을 한 번 건너뛰는 'continue' 키워드가 존재하는데, 코틀린 또한 마찬가지로 continue 키워드를 사용하여 스텝을 건너뛸 수 있습니다. 다음 함수를 봐 주세요.

```kotlin
@Test
fun loopContinueTest(){
    for(i in 1..10){
        // 짝수인 경우 스텝을 건너뛴다.
        if(i % 2 == 0) continue
        print(i)
    }
}
```

위 함수를 실행하면 '13579'가 출력되는데요. 짝수인 경우 스텝을 건너뛰게 되기 때문입니다.

이번 과를 통해 우리는 코틀린에서 코드의 제어 흐름을 어떻게 바꾸는지 알아봤습니다. 해당 내용을 정리한 후, 이제 함수를 어떻게 사용하고 Java와는 어떻게 다른지 살펴보겠습니다.

◆ 코틀린의 조건문은 Java와 같은 방법으로 if ~ else 문을 사용할 수 있다.

◆ when 문은 switch 문과 다중 if ~ else 문을 대체할 수 있으며 훨씬 더 간결하다.

◆ 코틀린은 반복문으로 'for, whilde, do ~ while' 문을 사용할 수 있다.

◆ 코틀린의 for 문은 Java의 향상된 for 문과 사용법이 유사하다.

◆ 코틀린의 do ~ while 문은 Java와 유사하지만, do 블럭에서 while 블럭의 변수에 접근할 수 있다.

◆ 코틀린의 'continue' 키워드는 자바의 'continue' 키워드처럼 loop를 건너뛰는 역할을 한다.

◆ 코틀린은 반복문에 레이블을 지정할 수 있으며, break 문 사용 시 해당 레이블로 빠져나갈 수 있다.


# 4.6 | 함수


## 4.6.01 함수 선언 방법

Java 언어를 사용하다가 코틀린에서 함수를 사용할 때 첫 번째로 어색해지는 부분은 아마도 '함수를 선언하는' 방법일 것입니다. 여기서는 Java에서의 함수 선언과 비교함으로써 각 상황에 맞는 코틀린의 함수 선언을 익혀보겠습니다. 함수는 프로그래밍에서 매우 중요한 부분 중 하나이니 문법을 꼭 숙지해 주세요.

먼저 Java의 경우는 함수를 선언하기 위해 별도의 키워드를 사용하지 않습니다. 반면 코틀린의 함수는 'fun'이라는 키워드를 사용하죠. 다음은 Java와 코틀린에서 각각 간단한 함수를 선언하는 방법입니다.

| JAVA | Kotlin |
| --- | --- |
| ```public void function() {```<br>```}``` | ```fun function() {```<br>```}``` |

또한 함수에 넣을 별도의 파라미터가 있는 경우, Java는 파라미터의 타입을 적고 파라미터의 이름을 적지만, 코틀린은 변수를 사용할 때와 같이 파라미터의 이름을 먼저 적고 타입을 지정합니다.

예를 들어 int 타입의, 이름이 'age'인 파라미터를 받는다면 다음과 같이 작성하죠.

| JAVA | Kotlin |
|---|---|
| `public void function(int age) {`<br>`}` | `fun function(age:int) {`<br>`}` |

앞서 프로그래밍 기초를 공부할 때, "함수는 반환값을 가질 수 있다"고 했는데요. Java의 경우는 '반환값의 타입'을 반드시 적어야 합니다. 심지어 함수가 반환하는 것이 없는 경우, "반환값이 없다"는 의미로 'void'를 표시하죠. 물론 Java는 함수 반환값의 타입을 함수 이름 앞에 적어야 합니다.

반면 코틀린은 반환값이 없는 경우 군이 반환값의 타입을 적을 필요가 없습니다. 반환값이 있는 경우에는 함수의 선언부 끝에 '콜론(:)' 기호를 사용하여 표시하죠. 다음은 각각의 언어에서 함수의 반환값이 있는 경우를 보여 줍니다.

| JAVA | Kotlin |
|---|---|
| `public void function1(int age) {`<br>`}`<br><br>`public int function2(int age) {`<br>`    return 0;`<br>`}` | `fun function1(age:int){`<br>`}`<br><br>`fun function2(age:int): int {`<br>`    return 0`<br>`}` |

함수의 선언 방법이 상황에 따라 Java와 어떻게 다른지 이해되죠? 어색하더라도 여러 번 반복하여 익숙해지는 과정이 필요합니다. 다음은 코틀린에서의 함수가 어떠한 기능을 새롭게 제공하는지 알아보겠습니다.

---

**NOTE**

**코틀린에는 Void 타입이 없는 것일까요?**

코틀린에는 'void'와 같은 형태로 'Unit' 타입이 있는데, 생략이 가능하므로 함수의 리턴값으로 적지 않아도 되죠.

---

### 4.6.02 Java의 정적 유틸리티 클래스

Java에서 **정적 유틸리티 클래스**란 객체 상태 정보가 없고, 정적 함수만을 제공하는 클래스를 말합니다. '정적 유틸리티 클래스'가 존재하는 이유는, Java에서는 모든 함수가 클래스 내부에 있어야 하기 때문인데, 예제를 통해 어떤 경우가 있는지 알아보도록 하겠습니다.

예제를 만들기 전에 프로그램 흐름 제어에 사용된 코드를 다시 한 번 보겠습니다. ControlJavaActivity.java 파일과 ContolKotlinActivity.kt 파일 각각의 토스트 메세지 호출 부분을 봐 주세요.

ControlJavaActivity.java

```
Toast.makeText(getApplicationContext(), "" + number + " 는 2의 배수입니다.",Toast.LENGTH_SHORT).show();
```

ControlKotlinActivity.kt

```
Toast.makeText(applicationContext, "${number} 는 2의 배수입니다.", Toast.LENGTH_SHORT).show()
```

토스트 메세지를 호출하는 코드가 너무 길다는 생각이 들지 않나요? 토스트 메세지를 호출할 때 관심이 있는 것은 '메세지 내용'과 '얼마나 길게 표시하는지'의 정보일 것입니다. 토스트 메세지는 코드 전체에서 사용하는 코드이므로 좀 더 간편하게 사용할 수 있도록 함수로 만들어 보겠습니다.

먼저 Java의 경우를 생각해 보죠. 토스트 메세지를 간편하게 사용하기 위해 ControlJavaActivity.java 파일에 다음 2개의 함수를 추가했습니다.

```
// 짧은 토스트 메세지를 보여주는 함수
public void toastShort(String message) {
    Toast.makeText(getApplicationContext(), message, Toast.LENGTH_SHORT).show();
}

// 긴 토스트 메세지를 보여주는 함수
public void toastLong(String message) {
    Toast.makeText(getApplicationContext(), message, Toast.LENGTH_LONG).show();
}
```

이제 버튼의 'OnClickListener' 코드를 다음과 같이 변경할 수 있습니다.

```
public void onClick(View view) {
    // numberField 의 값을 읽어 int 형으로 변환한다.
```

```java
int number = Integer.parseInt(numberField.getText().toString());

// if, else if, else 문으로 2의 배수, 3의 배수를 체크해 서로 다른 토스트 메세지를 보여준다.
if (number % 2 == 0) {
    toastShort("" + number + " 는  2의 배수입니다.");
} else if (number % 3 == 0) {
    toastShort("" + number + " 는  3의 배수입니다.");
} else {
    toastShort("" + number);
}

//... 생략
}
```

코드가 훨씬 간결해지고 보기 쉬워졌습니다. 만약 긴 토스트 메세지를 출력하고 싶다면, 'toastLong()' 함수를 같은 방법으로 사용하면 됩니다.

그런데 한 가지 문제점이 있습니다. ControlJavaActivity 클래스 내부에서는 함수를 호출해서 사용 가능하지만, 외부에서는 ControlJavaActivity 클래스 객체를 'new'로 생성한 후에 호출해야 합니다.

토스트 메세지와 ControlJavaActivity 는 별 연관성이 없기 때문에 토스트 메세지를 조금 편하게 쓰겠다고 ControlJavaActivity 를 new 로 생성하는 것은 효율성도 떨어질 뿐더러, 직관적이지도 않습니다. 다른 여러 클래스에서도 사용할 수 있도록 'toastShort(), toastLong()' 함수를 다른 클래스로 옮겨야 할 것 같습니다.

Java 에서는 '함수가 반드시 클래스 내부에' 있어야 하기 때문에 먼저 클래스를 만들어야 합니다. 토스트 메세지를 위한 클래스이므로 'ToastUtilJava' 클래스라고 이름 짓겠습니다.

패키지에서 마우스 우클릭 후 [New 〉 Java Class]를 선택합니다.

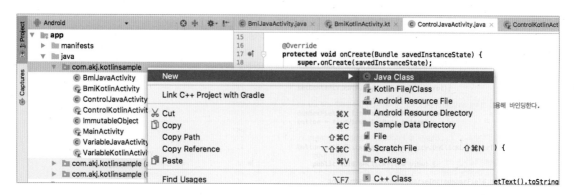

이제 클래스 이름을 'ToastUtilJava'라고 하고 [OK] 버튼을 눌러 클래스를 생성합니다.

새로 생성한 ToastUtilJava 클래스에 toastShort( ) 함수와 toastLong( ) 함수를 복사해 붙여 넣어 주세요.

```java
package com.akj.kotlinsample;

import android.widget.Toast;

public class ToastUtilJava {
    // 짧은 토스트 메세지를 보여주는 함수
    public static void toastShort(String message) {
        Toast.makeText(getApplicationContext(), message, Toast.LENGTH_SHORT).show();
    }

    // 긴 토스트 메세지를 보여주는 함수
    public static void toastLong(String message) {
        Toast.makeText(getApplicationContext(), message, Toast.LENGTH_LONG).show();
    }
}
```

그런데 코드를 붙여 넣으면 다음과 같이 에러가 발생하게 됩니다.

```
1    package com.akj.kotlinsample;
2
3    import android.widget.Toast;
4
5    public class ToastUtilJava {
6        // 짧은 토스트 메세지를 보여주는 함수
7        public void toastShort(String message) {
8            Toast.makeText(getApplicationContext(), message, Toast.LENGTH_SHORT).show();
9        }
10
11       // 긴 토스트 메세지를 보여주는 함수
12       public void toastLong(String message) {
13           Toast.makeText(getApplicationContext(), message, Toast.LENGTH_LONG).show();
14       }
15   }
16
```

'getApplicationContext()' 메소드는 Activity에서 정의된 메소드로서, Activity를 상속받지 않는 ToastUtilJava 클래스는 사용할 수가 없습니다. 그렇다고 ToastUtilJava 클래스가 Activity를 상속받도록 만들면 토스트 메세지를 띄울 때마다 새 Activity를 생성하는 꼴이 되어 불필요하게 많은 메모리를 사용하게 되죠.

이런 경우, Application 클래스를 상속받은 클래스를 만들고 해당 클래스에서 applicationContext를 제공하는 것이 하나의 방법이 될 수 있죠. 실제로 많은 안드로이드 앱 코드에서 사용하는 방법이기도 합니다.

먼저 'MainApplication' 클래스를 만들겠습니다. 패키지 디렉토리에서 마우스 우클릭 후 [New > Java Class]를 선택하고 클래스 이름을 'MainApplication'으로 지정해 주세요.

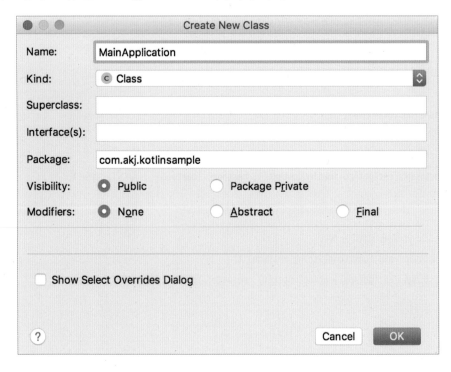

MainApplication 클래스가 생성되면 코드를 다음과 같이 변경합니다.

```java
package com.akj.kotlinsample;

import android.app.Application;
import android.content.Context;

// Application 클래스를 상속받는다.
// Application 클래스는 앱이 실행될때 가장 먼저 실행되며 한개의 인스턴스만 존재한다.
// 앱의 전역적으로 사용하는 상태 정보를 관리하는 기본 클래스
public class MainApplication extends Application {

    // applicationContext 를 바인딩한다.
    private static Context applicationContext;

    // applicationContext 를 전역적으로 제공할 메소드
    public static Context getAppContext(){
        return applicationContext;
    }

    // 앱이 최초 실행될때 호출된다.
    @Override
    public void onCreate() {
        super.onCreate();

        // static 으로 선언된 applicationContext 에 현재 실행중인
        // applicationContext 로 바인딩한다.
        applicationContext = getApplicationContext();
    }
}
```

앱이 실행될 때 사용할 Application 클래스를 바꾸려면 AndroidManifest.xml 파일에서 명시적으로 지정해 줘야 합니다. AndroidManifest.xml 파일을 다음과 같이 수정해 주세요.

```xml
<?xml version="1.0" encoding="utf-8"?>
<manifest xmlns:android="http://schemas.android.com/apk/res/android" package="com.akj.kotlinsample">

    <application
        android:name=".MainApplication"
```

```xml
            android:allowBackup="true"
            android:icon="@mipmap/ic_launcher"
            android:label="@string/app_name"
            android:roundIcon="@mipmap/ic_launcher_round"
            android:supportsRtl="true"
            android:theme="@style/AppTheme">
            <activity android:name=".MainActivity">
                <intent-filter>
                    <action android:name="android.intent.action.MAIN" />

                    <category android:name="android.intent.category.LAUNCHER" />
                </intent-filter>
            </activity>

            <!-- Activity 의 label 은 기본 제목으로 사용됩니다. -->
            <activity
                android:name=".BmiJavaActivity"
                android:label="BmiJavaActivity" />
            <activity
                android:name=".BmiKotlinActivity"
                android:label="BmiKotlinActivity" />
            <activity
                android:name=".VariableJavaActivity"
                android:label="VariableJava" />
            <activity
                android:name=".VariableKotlinActivity"
                android:label="VariableKotlin" />
            <activity
                android:name=".ControlJavaActivity"
                android:label="ControlJava" />
            <activity
                android:name=".ControlKotlinActivity"
                android:label="ControlKotlin" />
    </application>

</manifest>
```

위 AndroidManifest.xml 파일의 코드에서 특히 〈application〉 태그에 주목해 주세요.

```
<application
    android:name=".MainApplication"
    ... 생략
>
```

〈application〉 태그의 'android:name' 속성은 앱에서 사용할 Application 클래스를 지정하는 속성으로, 방금 전 생성한 MainApplication 클래스를 지정하였습니다. 앱이 실행되는 동안에는 반드시 하나의 인스턴스가 존재하기 때문에, Application 클래스는 applicationContext의 값이 'NULL'이 아닌 것을 보장하는 것입니다.

이제 다시 ToastUtilJava 클래스로 돌아가 보겠습니다. ToastUtilJava.java 파일을 다음과 같이 수정합니다.

```java
package com.akj.kotlinsample;

import android.widget.Toast;

public class ToastUtilJava {
    // 짧은 토스트 메세지를 보여주는 함수
    public void toastShort(String message) {
        Toast.makeText(MainApplication.getAppContext(), message, Toast.LENGTH_SHORT).show();
    }

    // 긴 토스트 메세지를 보여주는 함수
    public void toastLong(String message) {
        Toast.makeText(MainApplication.getAppContext(), message, Toast.LENGTH_LONG).show();
    }
}
```

이제 에러가 사라졌습니다. 그리고 어떤 클래스에서도 전역적으로 편하게 토스트 메세지를 띄울 수 있도록 되었습니다. 토스트 메세지를 사용하고 싶다면 어느 클래스에서라도 다음 코드를 타이핑하면 되겠죠.

```java
new ToastUtilJava().toastShort("message");
```

그런데 ToastUtilJava 클래스를 new 키워드로 생성해야 할까요? ToastUtilJava 클래스는 생성된 객체의 상태를 저장하는 속성이 없으므로 굳이 new 키워드로 '인스턴스화'하는 의미가 없습니다. 이런 경우에는 'static'을 이용해 정적인 함수로 만드는 것이 좋죠. ToastUtilJava 클래스를 다시 다음과 같이 편집해 주세요.

```java
package com.akj.kotlinsample;

import android.widget.Toast;

public class ToastUtilJava {
    // 짧은 토스트 메세지를 보여주는 함수
    public static void toastShort(String message) {
        Toast.makeText(MainApplication.getAppContext(), message, Toast.LENGTH_SHORT).show();
    }

    // 긴 토스트 메세지를 보여주는 함수
    public static void toastLong(String message) {
        Toast.makeText(MainApplication.getAppContext(), message, Toast.LENGTH_LONG).show();
    }
}
```

이제 불필요하게 객체를 생성할 필요가 없어졌고, 또 호출하는 코드도 더 간결해졌죠. 이제 모든 클래스에서 다음과 같이 호출하면 됩니다.

```java
ToastUtilJava.toastShort("message");
```

이렇게 '객체의 상태 정보가 없고 정적인' 메소드를 모아둔 클래스를 '정적 유틸리티 클래스'라고 부릅니다. 프로젝트를 진행하면 정적 유틸리티 클래스가 보통 생기기 마련인데, 방금 전 ToastUtilJava 클래스처럼, 전역적으로 공통된 유틸리티 함수를 사용하는 경우가 꽤 많기 때문입니다.

한 가지 불편한 점은, 이런 정적 함수들은 군이 '클래스'가 필요하지 않음에도 불구하고 클래스 형태를 만들어야 한다는 것입니다. 왜냐하면 Java는 '모든 함수가 클래스 내부에 있어야 하기 때문'입니다. 하지만 이제 정적 유틸리티 클래스를 생산할 필요가 없습니다. 코틀린을 쓴다면 말이죠. 코틀린은 최상위 함수를 제공하여 유틸리티 클래스 없이 전역적인 함수 접근을 제공합니다. 이제 코틀린의 최상위 함수를 알아보죠.

## 4.6.03 Kotlin의 최상위 함수

**최상위 함수**는 '클래스 내부'가 아닌, '클래스 외부'에 있는 함수를 의미합니다. Java에서 모든 함수는 클래스 내부에 있어야 하지만, 코틀린에서는 그럴 필요가 없죠. '최상위 함수'는 같은 패키지의 모든 코드에서 전역적 접근이 가능합니다.

최상위 함수는 유틸리티 함수를 선언할 때 매우 유리한데, **4.5.2. 파트**에서 만든 ToastUtilJava 클래스의 기능을 코틀린으로 만들면서 익혀보도록 하겠습니다.

먼저 최상위 함수의 코드를 작성할 코틀린 파일을 만들도록 하겠습니다. 소스의 패키지 디렉토리에서 마우스를 우클릭한 후 [New 〉 Kotlin File / Class]를 선택하세요.

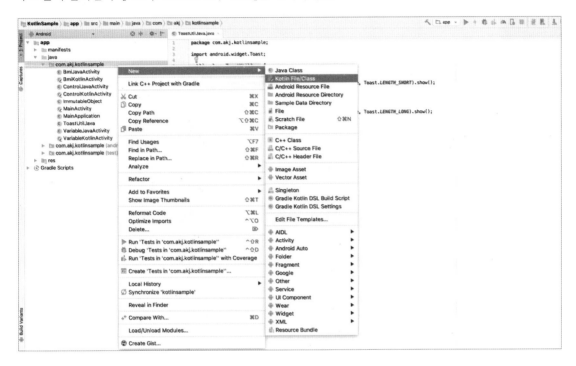

이제 이름을 'ToastUtilKotlin'으로 지정하고 [OK] 버튼을 눌러 파일을 생성합니다.

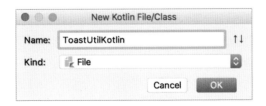

생성된 ToastUtilKotlin.kt 파일을 다음과 같이 편집해 주세요.

```
package com.akj.kotlinsample

import android.widget.Toast
```

```
fun toastShort(message:String){
    Toast.makeText(MainApplication.getAppContext(), message, Toast.LENGTH_SHORT).show()
}

fun toastLong(message: String){
    Toast.makeText(MainApplication.getAppContext(), message, Toast.LENGTH_LONG).show()
}
```

Java와의 차이가 보이나요? 코틀린에서는 앞서 설명한 것처럼 함수가 꼭 클래스 내부에 있어야 할 필요가 없습니다. 이렇게 클래스 외부에 선언된 함수는 '최상위 함수'라고 부르며, 모든 코드에서 사용할 수 있습니다.

ControlKotlinActivity 클래스에서 방금 만든 함수를 사용해 보죠. ControlKotlinActivity.kt 파일을 다음과 같이 편집해 주세요.

```
package com.akj.kotlinsample

import android.os.Bundle
import android.widget.Toast
import androidx.appcompat.app.AppCompatActivity
import kotlinx.android.synthetic.main.layout_control.*

class ControlKotlinActivity : AppCompatActivity() {

    override fun onCreate(savedInstanceState: Bundle?) {
        super.onCreate(savedInstanceState)
        setContentView(R.layout.layout_control)

        // 버튼이 클릭되었을때의 이벤트리스너 를 설정한다.
        button.setOnClickListener {
            // numberField 의 값을 읽어 int 형으로 변환한다.
            val number = numberField.text.toString().toInt()

            // when 문은 케이스로 조건식도 사용 가능
            when {
                number % 2 == 0 -> toastShort("${number} 는 2의 배수입니다.")
                number % 3 == 0 -> toastShort("${number} 는 3의 배수입니다.")
                else -> toastShort("${number}")
```

```
        }
    // 코틀린에서는 switch 문을 대체해 when 을 사용할 수 있다.
    when (number) {
    // number 가 1 ~ 4 까지인 경우 실행된다.
        in 1..4 -> button.text = "실행 - 4"
    // number 가 9, 18 인 경우 실행된다.
        9, 18 -> {
            button.text = "실행 - 9"
        }
        else -> button.text = "실행"
        }
    }
    }
    }
}
```

첫 번째 when 문을 주목해 주세요.

```
when {
    number % 2 == 0 -> toastShort("${number} 는 2의 배수입니다.")
    number % 3 == 0 -> toastShort("${number} 는 3의 배수입니다.")
    else -> toastShort("${number}")
}
```

클래스를 통하지 않고 직접 toastShort 함수를 호출하므로 코드가 더욱 간결해졌습니다.

그런데 여기서 한 가지 궁금증이 생깁니다. 코틀린에서 선언한 최상위 함수는 코틀린 코드에서는 매우 쉽게 사용할 수 있는데, 하지만 Java 의 경우에는 어떨까요? 앞서 코틀린은 Java 와 100% 호환이 된다고 했습니다. 그렇다면 Java 에서도 코틀린의 최상위 함수에 접근하고 호출할 수 있어야겠죠.

다음에는 Java 코드에서 어떻게 코틀린의 최상위 함수에 접근할 수 있는지 알아보겠습니다.

## 4.6.04 Java에서 Kotlin 최상위 함수 사용

코틀린과 Java 는 100% 상호 호환이 됩니다. 즉 코틀린에서도 Java 의 코드를 사용할 수 있고, 거꾸로 Java 에서도 코틀린의 코드를 사용할 수 있다는 얘기입니다. 그런데 Java 는 클래스 없이 함수를 사용할 수 없죠. 그럼 Java에서 코틀린의 최상위 함수를 사용하려면 어떻게 해야 할까요?

사실 코틀린의 최상위 함수는 '클래스가 없는 상태'가 아닙니다. 코틀린의 최상위 함수는 컴파일 시점에 자동으로 새로운 클래스에 포함되는데, 그 이유는 Java와의 호환 때문이죠. 앞서 수차례 강조했듯 Java에선 모든 함수가 클래스 내부에 있어야 하기 때문입니다.

컴파일러는 '최상위 함수가 위치한 코틀린 파일의 이름'을 보고 자동으로 클래스를 생성합니다. 예를 들어 앞서 작성한 ToastUtilKotlin.kt 파일은 'ToastUtilKotlinKT' 클래스가 되는 식이죠. 그리고 생성된 클래스에 '정적 함수'로서 최상위 함수를 등록하는 것입니다.

즉 Java 코드에서 코틀린의 최상위 함수를 사용하기 위해서는 최상위 함수가 선언된 코틀린 파일의 이름을 따서 생성된 '클래스 이름'을 유추하여 호출하면 됩니다. 그럼 ControlJavaActivity.java 파일에서 코틀린의 최상위 함수를 호출하면서 이해해 보도록 하죠. 다음과 같이 편집해 주세요.

```java
package com.akj.kotlinsample;

import android.os.Bundle;
import android.view.View;
import android.widget.Button;
import android.widget.EditText;
import android.widget.Toast;

import androidx.appcompat.app.AppCompatActivity;

public class ControlJavaActivity extends AppCompatActivity {

    // 불필요한 findViewById 함수를 피하기 위해 UI 요소를 멤버 변수로 가지고 있다.
    EditText numberField;
    Button button;

    @Override
    protected void onCreate(Bundle savedInstanceState) {
        super.onCreate(savedInstanceState);

        // UI로 사용할 레이아웃 XML 파일을 지정한다.
        setContentView(R.layout.layout_control);

        // UI 요소 멤버변수를 XML 레이아웃에서 findViewById 함수를 이용해 바인딩한다.
        numberField = findViewById(R.id.numberField);
        button = findViewById(R.id.button);
```

```java
// 버튼이 클릭되었을때의 이벤트리스너 를 설정한다.
button.setOnClickListener(new View.OnClickListener() {
    @Override
    public void onClick(View view) {
        // numberField 의 값을 읽어 int 형으로 변환한다.
        int number = Integer.parseInt(numberField.getText().toString());

        // if, else if, else 문으로 2의 배수, 3의 배수를 체크해 서로 다른 토스트 메세지를 보여준다.
        if (number % 2 == 0) {
            ToastUtilJava.toastShort("" + number + " 는  2의 배수입니다.");
        } else if (number % 3 == 0) {
            ToastUtilJava.toastShort("" + number + " 는  3의 배수입니다.");
        } else {
            ToastUtilKotlinKt.toastShort("" + number);
        }

        // switch 문으로 체크후 버튼의 텍스트를 변경한다.
        switch (number) {
            // 1 ~ 4 까지는 같은 코드를 실행한다.
            case 1:
            case 2:
            case 3:
            case 4:
                button.setText("실행 - 4");
                break;
            case 9:
                button.setText("실행 - 9");
                break;
            default:
                button.setText("실행");
                break;
        }

    }
});
}
}
```

첫 번째 if 문의 마지막 else 문을 봐 주세요.

```
if (number % 2 == 0) {
    ToastUtilJava.toastShort("" + number + " 는  2의 배수입니다.");
} else if (number % 3 == 0) {
    ToastUtilJava.toastShort("" + number + " 는  3의 배수입니다.");
} else {
    ToastUtilKotlinKt.toastShort("" + number);
}
```

Java에서 코틀린의 최상위 함수로 접근한 모습입니다. 그런데 이렇게 Java에서 접근하는 클래스 이름을 변경할 수는 없는 것일까요?

물론 변경이 가능합니다. 자동으로 생성되는 클래스 이름 대신 다른 이름을 사용하려면 '@file 어노테이션' 을 활용할 수 있습니다. 'ToastUtilKolintKT'라는 이름 대신 'ToastUtil'로 변경해 보죠.

ToastUtilKotlin.kt 파일을 다음과 같이 편집해 주세요.

```
@file:JvmName("ToastUtil")
package com.akj.kotlinsample

import android.widget.Toast

fun toastShort(message:String){
    Toast.makeText(MainApplication.getAppContext(), message, Toast.LENGTH_SHORT).show()
}

fun toastLong(message: String){
    Toast.makeText(MainApplication.getAppContext(), message, Toast.LENGTH_LONG).show()
}
```

패키지 상단의 어노테이션 설정이 보이죠? '@file:JvmName' 명령을 사용하면 '클래스 이름'을 지정할 수 있습니다.

다시 ControlJavaActivity.java 파일을 확인하면 코틀린의 최상위 함수 사용 부분에 에러가 표시됩니다.

```
// 버튼이 클릭되었을때의 이벤트리스너 를 설정한다.
button.setOnClickListener((view) → {
        // numberField 의 값을 읽어 int 형으로 변환한다.
        int number = Integer.parseInt(numberField.getText().toString());

        // if, else if, else 문으로 2의 배수, 3의 배수를 체크해 서로 다른 토스트 메세지를 보여준다.
        if (number % 2 == 0) {
            ToastUtilJava.toastShort("" + number + " 는   2의 배수입니다.");
        } else if (number % 3 == 0) {
            ToastUtilJava.toastShort("" + number + " 는   3의 배수입니다.");
        } else {
            ToastUtilKotlinKt.toastShort("" + number);
        }
```

이제 ControlJavaActivity.java 파일의 코드를 다음과 같이 변경해 주세요.

```
package com.akj.kotlinsample;

import android.os.Bundle;

import android.view.View;

import android.widget.Button;

import android.widget.EditText;

import android.widget.Toast;


import androidx.appcompat.app.AppCompatActivity;

public class ControlJavaActivity extends AppCompatActivity {

    // 불필요한 findViewById 함수를 피하기 위해 UI 요소를 멤버 변수로 가지고 있는다.
    EditText numberField;
    Button button;

    @Override
    protected void onCreate(Bundle savedInstanceState) {
        super.onCreate(savedInstanceState);

        // UI 로 사용할 레이아웃 XML 파일을 지정한다.
        setContentView(R.layout.layout_control);

        // UI 요소 멤버변수를 XML 레이아웃에서 findViewById 함수를 이용해 바인딩한다.
        numberField = findViewById(R.id.numberField);
        button = findViewById(R.id.button);

        // 버튼이 클릭되었을때의 이벤트리스너 를 설정한다.
        button.setOnClickListener(new View.OnClickListener() {
```

```
    @Override
    public void onClick(View view) {
        // numberField 의 값을 읽어 int 형으로 변환한다.
        int number = Integer.parseInt(numberField.getText().toString());

        //  if, else if, else 문으로 2의 배수, 3의 배수를 체크해 서로 다른 토스트 메세지를 보여준다.
        if (number % 2 == 0) {
            ToastUtilJava.toastShort("" + number + " 는  2의 배수입니다.");
        } else if (number % 3 == 0) {
            ToastUtilJava.toastShort("" + number + " 는  3의 배수입니다.");
        } else {
            ToastUtil.toastShort("" + number);
        }

        // ... 생략
    }
}
```

앞서 '@file:JvmName' 구문으로 사용한 이름을 활용하여 접근한 것을 확인할 수 있습니다. 여기까지 코틀린의 최상위 함수를 Java에서 접근하는 방법에 대해 살펴보았습니다. 다음은 코틀린 함수의 강력한 기능 중 하나인 '함수의 디폴트 파라미터 값'에 대해 알아보겠습니다.

## 4.6.05 / Java 함수의 디폴트 파라미터

코틀린으로 함수 코드를 작성하다 보면 기존 Java 코드에 비해 확실히 편해진 부분 중 하나가 '함수의 디폴트 파라미터 값'을 지원한다는 점입니다. 함수의 기본값 설정이 어떤 것인지 이해하기 위해 먼저 Java에서 함수 파라미터의 기본값이 필요한 경우를 생각해 보겠습니다.

앞서 만든 토스트 관련 함수를 '파라미터에 따라' 짧거나 길게 보여주기 위해 다음 함수를 설계했습니다. 'ToastUtilJava.java' 클래스를 다음과 같이 변경해 주세요.

```
package com.akj.kotlinsample;

import android.widget.Toast;

public class ToastUtilJava {
```

```java
    // 짧은 토스트 메세지를 보여주는 함수
    public static void toastShort(String message) {
        Toast.makeText(MainApplication.getAppContext(), message, Toast.LENGTH_SHORT).show();
    }

    // 긴 토스트 메세지를 보여주는 함수
    public static void toastLong(String message) {
        Toast.makeText(MainApplication.getAppContext(), message, Toast.LENGTH_LONG).show();
    }

    // 파라미터에 따라 긴 토스트 메세지, 또는 짧은 토스트 메세지를 보여준다.
    public static void toast(String message, int length){
        Toast.makeText(MainApplication.getAppContext(), message, length).show();
    }
}
```

새로 추가된 toast() 함수를 보겠습니다.

```java
// 파라미터에 따라 긴 토스트 메세지, 또는 짧은 토스트 메세지를 보여준다.
public static void toast(String message, int length){
    Toast.makeText(MainApplication.getAppContext(), message, length).show();
}
```

함수를 사용하려면 다음과 같이 사용하면 됩니다.

```java
ToastUtilJava.toast("" + number + " 는  2의 배수입니다.", Toast.LENGTH_SHORT);
```

toast() 함수는 String 타입의 메세지를 전달받은 '길이'를 기준으로 짧거나 길게 보여 줍니다. 그런데 막상 프로젝트를 진행하다 보니 Toast 메세지를 길게 쓰는 경우는 1% 정도밖에 되지 않았습니다. 이런 경우 사실 toast() 함수에 2번째 파라미터인 'length'는 거의 불필요하게 됩니다. 호출할 때 99%는 'Toast.LENGTH_SHORT'가 넘어올 것입니다.

함수를 사용하는 코드에서는 매번 'Toast.LENGTH_SHORT'를 넘겨야 해서 불편할 뿐만 아니라 자칫 실수로 잘못된 값을 넘길 수도 있죠.

이런 경우 '파라미터의 기본값'이 정해져 있으면 사용하기 더 편리한 함수를 만들 수 있겠죠. 다만 Java에서는 함수 파라미터의 기본값을 제공하지는 않기 때문에 '메소드 오버로딩'으로 문제를 해결해야 합니다.

ToastUtilJava.java 파일을 다음과 같이 편집해 주세요.

```java
// 파라미터에 따라 긴 토스트 메세지, 또는 짧은 토스트 메세지를 보여준다.
public static void toast(String message, int length){
    Toast.makeText(MainApplication.getAppContext(), message, length).show();
}


// 파라미터의 기본값을 사용하기 위해 메소드 오버라이딩
public static void toast(String message){
    toast(message, Toast.LENGTH_SHORT);
}
```

코드 중 메소드 오버로딩된 부분이 보이나요? 오버로딩된 toast() 함수는 파라미터로 'message'만 받습니다. 함수가 호출되면 파라미터로 받은 message와 기본값이 되어야 할 'length'는 자주 사용하는 'Toast. LENGTH_SHORT'를 사용하여 원래의 toast() 함수로 패스해 버립니다.

이제 이 함수를 사용하는 다른 클래스에서는 2가지 방법으로 함수를 사용할 수 있습니다.

```java
ToastUtilJava.toast("" + number + " 는  2의 배수입니다.", Toast.LENGTH_LONG);
ToastUtilJava.toast("" + number + " 는  2의 배수입니다.");
```

2번째 파라미터를 전달하지 않으면 자동으로 99%가 사용하는 '짧은 토스트 메세지'가 화면에 보이고, 필요한 경우에만 2번째 파라미터를 전달할 수 있는 것이죠.

이 방법은 꽤 잘 동작하긴 하지만 상당히 불편합니다. 지금은 파라미터가 2개이지만 파라미터가 5개, 6개라면 어떨까요? 파라미터가 5개인데 그 중 4개가 거의 같은 파라미터 값을 사용한다고 생각해 보세요.

```java
// 파라미터가 5개인 함수, 이중 param2 ~ param5 가 거의 같은 값을 사용한다면?
public static void function(int param1, int param2, int param3, int param4, int param5){

}

// param5 의 기본값을 지정한 함수
public static void function(int param1, int param2, int param3, int param4){
    function(param1, param2, param3, param4, 5);
```

```
    }

    // param4 ~ param5 의 기본값을 지정한 함수
    public static void function(int param1, int param2, int param3){
        function(param1, param2, param3, 4, 5);
    }

    // param3 ~ param5 의 기본값을 지정한 함수
    public static void function(int param1, int param2){
        function(param1, param2, 3, 4, 5);
    }

    // param2 ~ param5 의 기본값을 지정한 함수
    public static void function(int param1){
        function(param1, 2, 3, 4, 5);
    }
```

함수 파라미터의 기본값을 지정하기 위해 같은 메소드가 4번 오버라이딩되었죠. 코드의 양도 상당히 많습니다. 코틀린은 이런 문제점을 '파라미터의 기본값'을 지원함으로써 말끔히 해결합니다. 이제 코틀린에서 함수의 기본값을 어떻게 사용하는지 알아보겠습니다.

## 4.6.06 Kotlin 함수의 디폴트 파라미터

코틀린은 함수의 파라미터에 기본값을 지정할 수 있습니다. 그렇기 때문에 앞서 메소드 오버로딩으로 생기는 불필요한 코드를 대폭 줄일 수 있습니다. 앞서 만든 toast() 함수를 코틀린으로 구현해 보겠습니다.

'ToastUtilKotlin.kt' 파일에 다음과 같이 toast() 함수를 추가합니다.

```
@file:JvmName("ToastUtil")

package com.akj.kotlinsample

import android.widget.Toast

fun toastShort(message: String) {
    Toast.makeText(MainApplication.getAppContext(), message, Toast.LENGTH_SHORT).show()
```

```
    }

    fun toastLong(message: String) {
        Toast.makeText(MainApplication.getAppContext(), message, Toast.LENGTH_LONG).show()
    }

    // 코틀린에서는 함수의 기본값을 지정 가능하다.
    fun toast(message: String, length: Int = Toast.LENGTH_SHORT) {
        Toast.makeText(MainApplication.getAppContext(), message, length).show()
    }
```

코드를 살펴보면 Java와 달리 'length' 파라미터의 기본값을 함수 선언부에서 지정했습니다. 따라서 호출하는 쪽에서는 다음과 같이 호출할 수 있죠.

```
    toast("${number} 는 2의 배수입니다.")
    toast("${number} 는 2의 배수입니다.", Toast.LENGTH_LONG)
```

파라미터를 한 개만 써도 되고 필요한 경우 토스트 메세지의 길이를 지정해도 됩니다. 코드는 훨씬 간결하지만 결과는 Java의 '오버로딩'과 동일하죠.

코틀린은 이렇게 함수 파라미터의 기본값을 지원하기 때문에, 파라미터가 여러 개인 함수가 있더라도 큰 문제가 없죠. 예를 들어 Java에서 꽤 곤란했던 '파라미터가 5개인' 함수는 다음과 같이 표현 가능합니다.

```
    fun function(param1: Int, param2: Int = 2, param3: Int = 3, param4: Int = 4, param5: Int = 5) {

    }
```

Java의 코드에 비해 훨씬 간결하고 직관적이죠. 그런데 여기서 한 가지 궁금증이 생깁니다. 코틀린 코드에서 함수의 기본값을 사용하는 경우에는 당연히 아무 문제가 없는데, Java 코드에서 호출할 때에도 아무런 문제가 없을까요?

안타깝지만 아직 Java 컴파일러는 코틀린의 '파라미터 기본값'을 처리하지 못합니다. 때문에 Java 코드에서는 모든 파라미터의 값을 넘겨줘야 합니다. 다만 코틀린에서 '어노테이션' 기능을 사용해 마치 Java에서 메소드 오버로딩으로 처리한 것과 같은 효과를 줄 수 있습니다.

```
@JvmOverloads
fun function(param1: Int, param2: Int = 2, param3: Int = 3, param4: Int = 4, param5: Int = 5) {


}
```

'@JvmOverloads' 구문은 Java에서 파라미터 기본값을 위해 메소드 오버로딩을 처리한 것과 같은 효과를 주게 됩니다. @JvmOverloads 명령을 추가한 후 Java 코드에서 함수를 호출해 확인해 보세요.

다음은 코틀린에서 함수를 호출할 때 사용되는 '이름 붙인 인자'에 대해 알아보겠습니다.

## 4.6.07 함수의 이름 붙인 인자

코틀린의 함수 사용에서 특징적인 부분 중 하나는 함수를 호출할 때 '인자 이름'을 사용하여 값을 지정할 수 있다는 것입니다. 다음 코드를 봐 주세요.

```
toast(message = "${number} 는 2의 배수입니다.", length = Toast.LENGTH_LONG)
```

함수를 호출함에 있어 인자 앞에 이름을 사용했죠. 이렇게 호출하는 이유는 인자에 이름을 붙이게 되면 코드가 보다 명료해지므로 이해하기 쉽기 때문입니다.

특히 '이름 붙인 인자'는 함수의 파라미터가 많을 때 더욱 빛을 발하게 되는데, 예를 들어 다음과 같은 함수가 있다고 가정해 보겠습니다.

```
fun register(name:String, age:Int, tall:Int, weight:Int, address:String, point:Int, gender:Int){


}
```

이 함수를 호출할 때에는 4번째 파라미터가 'weight'인지 'tall'인지 쉽게 파악이 불가능합니다. 그렇기 때문에 실수도 자주 발생하게 되죠. 이런 문제점은 함수를 호출할 때 이름 붙인 인자를 사용함으로써 해결할 수 있죠.

또 함수 호출 시 이름 붙인 인자를 사용하면 함수의 '디폴트 파라미터'를 사용할 때에도 유용합니다. 예를 들어 앞서 만들었던 fuction() 함수의 파라미터 중 'param2, param4, param5'는 기본값으로 하고 'param3'만

값을 바꾸고 싶다면 어떻게 해야 할까요?

함수를 그대로 호출하면 param3만 값을 바꾸는 것은 불가능합니다. 함수의 파라미터는 나열된 순서대로 입력되기 때문이죠. 하지만 이름 붙인 인자를 사용하면 param3만 바꾸는 것이 가능합니다.

```
function(param1 = 10, param3 = 20)
```

가급적 함수의 인자에 이름을 붙이는 습관을 들여 보세요. 특히 파라미터가 많은 함수를 호출할 경우라면 이름 붙인 인자를 사용한다면 훨씬 더 코드를 읽기 쉬워질 것입니다. 다음 과부터는 '코틀린의 클래스'에 대해 알아보겠습니다.

◆ 코틀린에서 함수를 선언하려면 'fun' 키워드를 사용한다.

◆ 코틀린의 함수는 반환값이 없는 경우 반환 타입을 생략할 수 있다.

◆ 코틀린의 함수는 반드시 클래스 안에 있어야 할 필요가 없다. 코틀린은 클래스 외부에 함수를 선언할 수 있으며 이런 함수를 '최상위 함수'라고 부른다.

◆ 최상위 함수를 Java에서 사용할 때에는 최상위 함수가 포함된 파일 이름을 기반으로 클래스가 생성되고, 생성된 클래스의 정적 함수로 사용된다.

◆ 코틀린은 함수의 파라미터 기본값을 지원하여 메소드 오버로딩을 줄일 수 있다.

◆ 코틀린은 함수를 호출할 때 파라미터 인자에 이름을 붙여 값을 할당할 수 있다. 때문에 함수에 파라미터가 많거나, 일부의 파라미터만 전달할 때 매우 유연하게 활용할 수 있다.

# 4.7 | 클래스(Class)

## 4.7.01 테스트 케이스

이번 과에서는 코드의 샘플을 테스트하기 위해서 UI를 만드는 것이 아닌, '테스트 케이스'를 활용해 보도록 하겠습니다. 그 이유는 이번 장에 다른 예제들을 통해 이미 UI를 새로 만드는 것에 어느 정도 친숙해졌을 것이라 생각되기 때문입니다.

또 안드로이드 스튜디오에서 코드를 테스트하는 방법이 꼭 UI를 만들고 앱에서 실행하는 방법만 있는 것은 아니기 때문인데요. 테스트 케이스를 작성하여 단위 테스트를 실행하는 것은 소프트웨어를 제작하면서 유용할 때가 매우 많으므로, 정확한 사용 방법을 익히는 것이 좋습니다.

먼저 안드로이드 스튜디오 좌측 내비게이터의 '소스 코드' 패키지를 봐 주세요.

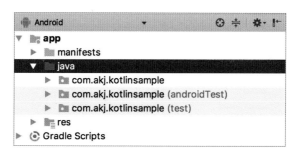

앞서 "같은 이름의 패키지가 3개인 이유는 단위 테스트를 지원하기 위해서"라고 했는데요. 이 중 '~(test)' 패키지는 안드로이드 기능과 상관없는 'Java' 또는 '코틀린'의 코드를 테스트할 수 있으며, '~(androidTest)' 패키지는 안드로이드 환경과 연관된 코드를 테스트할 수 있죠.

'~(androidTest)' 패키지는 어쨌든 안드로이드 환경에서 테스트하는 것이기 때문에 '안드로이드 에뮬레이터'나, '안드로이드 기기'가 필요합니다.

이번 과에서는 안드로이드와 관련이 없는 순수 코틀린 코드와 Java 코드를 테스트해 보겠습니다. 그렇다면 '~(test)'에 해당하는 'com.akj.kotlinsample (test)' 패키지에서 작업하면 되겠죠. 내비게이터에서 test 패키지를 더블 클릭하면 다음과 같이 이미 존재하는 테스트 케이스 파일이 열립니다.

```kotlin
package com.akj.kotlinsample

import ...

/**
 * Example local unit test, which will execute on the development machine (host).
 *
 * See [testing documentation](http://d.android.com/tools/testing).
 */
class ExampleUnitTest {
    @Test
    fun addition_isCorrect() {
        assertEquals( expected: 4,   actual: 2 + 2)
    }
}
```

테스트 케이스를 실행해 보는 것은 처음이므로, 이미 생성되어 있는 테스트 케이스부터 실행해 보겠습니다. 'ExampleUnitTeset.kt' 파일에 마우스를 우클릭한 후 열린 메뉴에서 [Run ExampleUnitTest]를 선택해 보세요.

잠시 후에 test 가 실행되고 결과가 나타납니다.

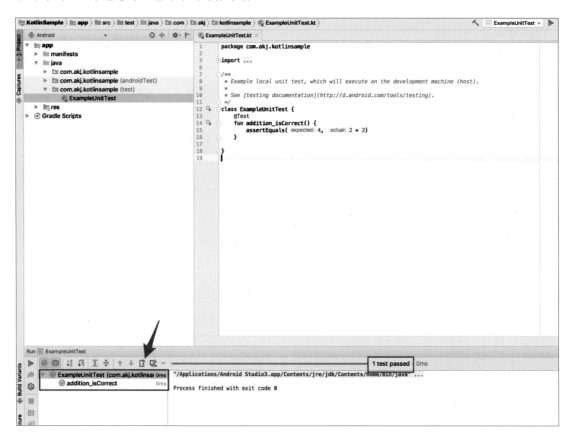

빨간 박스 부분을 보면 테스트 결과가 성공했다는 것을 알 수 있습니다. 왜 테스트가 성공했는지 코드를 잠시 살펴보죠.

```kotlin
package com.akj.kotlinsample
import org.junit.Test
import org.junit.Assert.*

/**
 * Example local unit test, which will execute on the development machine (host).
 *
 * See [testing documentation](http://d.android.com/tools/testing).
 */
class ExampleUnitTest {
    @Test
    fun addition_isCorrect() {
        assertEquals(4, 2 + 2)
    }
}
```

'assertEquals()' 함수는 '예측 결과'와 '실제 결과'가 동일하지 않다면 테스트를 실패시키는 함수입니다. 코드를 다음과 같이 바꿔 보세요.

```kotlin
class ExampleUnitTest {
    @Test
    fun addition_isCorrect() {
        assertEquals(4, 2 + 3)
    }
}
```

다시 [Run]을 눌러 테스트를 실행시키면 이번엔 테스트가 실패하게 됩니다.

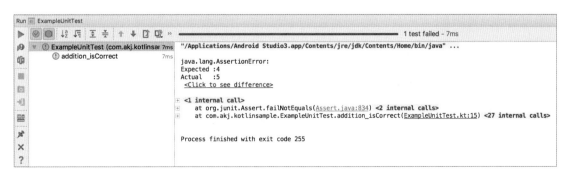

예상된 값은 '4'인데 실제의 값은 '5'로 넘어왔기 때문이죠.

'단위(Unit) 테스트'는 보통 위 경우와 같이 예측과 실제 결과를 비교합니다. 이것은 과학 실험과도 비슷한 면이 있는데요. 과학 실험에서도 '가설'을 세우고, '각종 변인들을 통제'하죠. 이후 실험의 결과가 가설의 예측 결과와 동일한지 확인합니다.

소프트웨어에서 단위 테스트도 이러한 실험과 비슷한 역할을 하게 됩니다. 소프트웨어는 매우 복잡해지는 경향이 많은데, 소프트웨어가 복잡해지면 이상 동작이 발생했을 때 정확한 원인을 찾기가 어려워집니다. 소프트웨어가 복잡하기 때문에 다양한 예외가 존재하기 때문이죠.

단위 테스트는 복잡한 소프트웨어를 작은 모듈로 분리하여 코드가 정상적으로 동작하는지 확인합니다. 이 과정에서 복잡한 비즈니스 로직을 신경 쓰지 않고 다양한 외부 요소들을 통제할 수 있게 되죠. 때문에 단위 테스트는 로직의 실행 결과에 집중하여 검증할 수 있게 됩니다.

또 단위 테스트의 장점 중 하나는 테스트를 빠르게 수행할 수 있다는 것입니다. 모든 테스트를 실제 환경에서 테스트하게 된다면 테스트를 수행할 때마다 많은 시간을 소요하게 되죠. 예를 들어, 덧셈을 하는 모듈의 테스트를 위해 안드로이드 앱을 만들고 기능이 수정될 때마다 앱을 실행하여 UI로 확인한다면 개발 시간보다 테스트 시간이 더 길어질 수도 있습니다. 이런 경우 단위 테스트를 사용한다면 빠르게 모듈의 로직을 검증할 수 있습니다.

단위 테스트를 어느 정도 수행해야 하는가에 대한 논의는 지금도 프로그래머 사이에서 자주 토론되는 주제 중 하나입니다. 필자의 생각은 "필요한 경우에 단위 테스트를 하되, 모든 기능에 대한 단위 테스트를 반드시 해야 할 필요는 없다"는 것입니다.

그 이유는 종종 단위 테스트에 너무 신경 쓴 나머지, 프로그램이 구현해야 하는 중요한 비즈니스 로직보다 테스트를 위해서만 존재하는 코드들을 위해 많은 시간을 투자해야 되는 경우도 있기 때문이죠. 또한 단위 테스트를 많이 하는 것과 소프트웨어 품질이 반드시 비례하는 것은 아니라고 생각하기 때문입니다.

그럼 단위 테스트에 대한 이야기는 여기까지 하고, 이제 본격적으로 클래스 관련 예제를 실행할 테스트 파일을 만들어 보겠습니다.

## 4.7·02 Java/Kotlin 개별 테스트 케이스

앞서 테스트 케이스란 무엇인지 알아보고 어떻게 실행하는지 살펴봤는데요. 이제 Java와 코틀린 각각의 클래스 차이를 공부하기 위해서 각각의 테스트 케이스 파일을 만들도록 하겠습니다.

먼저 Java 코드의 테스트 용도로 'JavaTest.java' 파일을 만들겠습니다. 테스트 패키지에서 마우스를 우클릭한 후 [New > Java Class]를 선택합니다.

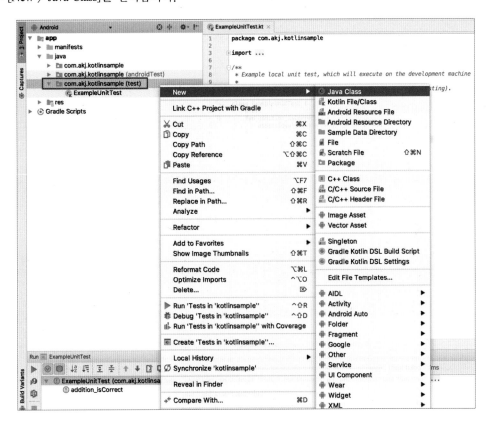

클래스 이름을 'JavaTest'로 하고 [OK] 버튼을 눌러 클래스를 생성합니다.

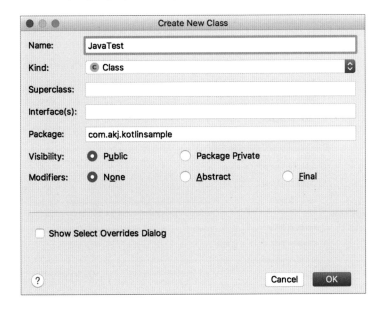

생성한 JavaTest.java 파일을 다음과 같이 편집해 주세요.

```java
package com.akj.kotlinsample;

import org.junit.Assert;
import org.junit.Test;

public class JavaTest {
    @Test
    public void test1(){
        Assert.assertEquals(4, 2 + 2);
    }
}
```

'@Test 어노테이션'은 함수가 '단위 테스트용 함수'라는 것을 알려 줍니다. JavaTest 파일을 우클릭한 후 테스트를 실행해 보세요.

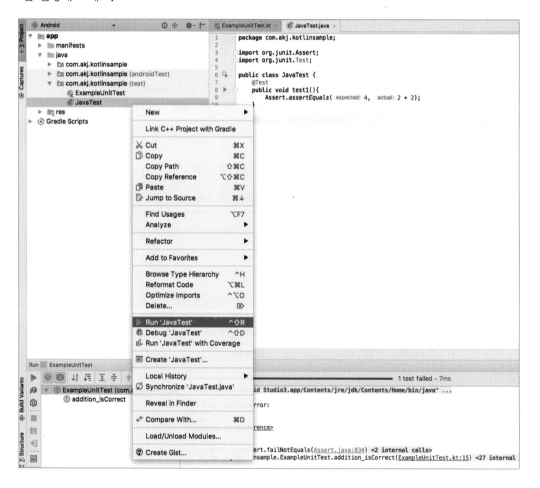

'test1()' 함수의 테스트가 실행되고 결과는 'pass'로 나타나게 됩니다.

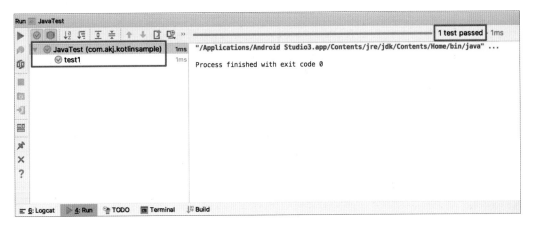

다음으로 코틀린의 테스트 케이스 클래스를 만들겠습니다. 역시 안드로이드 스튜디오 좌측 내비게이터에서 'test 패키지'에 마우스를 우클릭한 후 [New 〉 Kotlin File/Class]를 선택합니다.

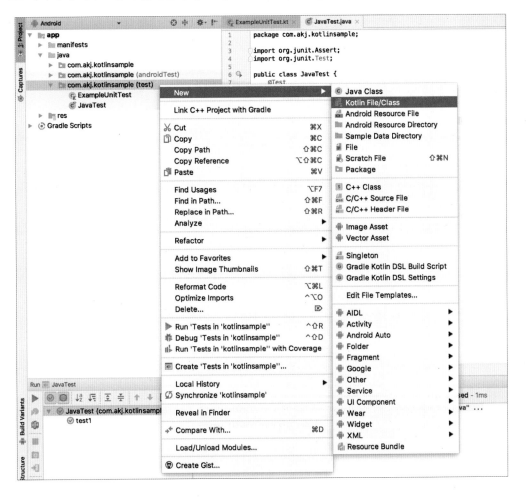

클래스 이름은 'KotlinTest'로 하고 Kind를 'Class'로 변
경합니다.

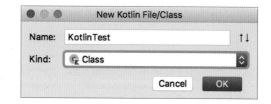

생성된 'KotlinTest.kt' 파일을 다음과 같이 편집합니다.

```kotlin
package com.akj.kotlinsample

import org.junit.Assert
import org.junit.Test

class KotlinTest {
    @Test
    fun test1(){
        Assert.assertEquals(4, 2 + 2)
    }
}
```

앞서 JavaTest와 마찬가지로 KotlinTest.kt 파일도 마우스 우클릭 후 [Run]을 선택하여 실행합니다.

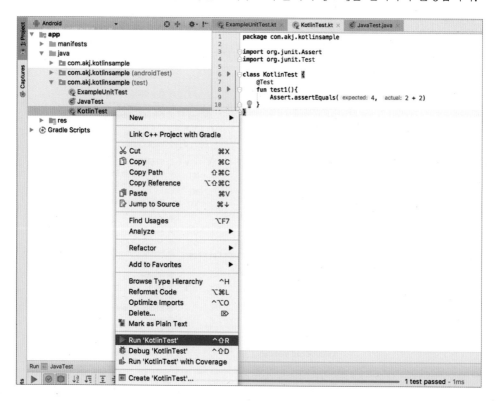

실행하면 KotlinTest 의 테스트 결과가 나오게 됩니다.

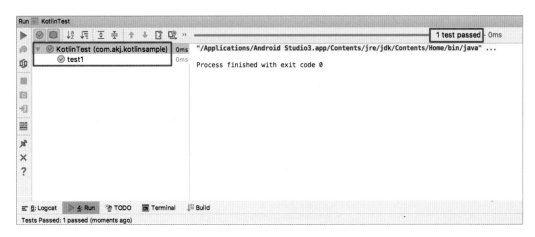

이제 샘플 예제를 만들고 테스트할 기본적인 환경이 세팅되었습니다. 그럼 본격적으로 클래스에 대해 공부해 보도록 하겠습니다.

## 4.7.03 Getter, Setter 클래스

코틀린의 클래스는 Java 와 비슷하면서도 조금 다릅니다. 이번 과에서는 코틀린과 Java 에서의 클래스 사용 방법의 차이점들을 짚고 넘어가도록 하겠습니다.

먼저 코틀린 클래스와 Java 클래스의 차이점 중 하나는 코틀린은 'Getter, Setter'가 자동 생성된다는 것입니다. 이것 역시 직접 코드를 작성해 보면서 익혀 보겠습니다. 이제 클래스 파일을 새로 추가하는 것 역시 어느 정도 익숙해졌을 테니, 패키지에 'PersonJava.java' 클래스를 다음과 같이 생성해 주세요.

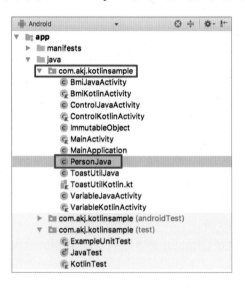

특히 빨간 박스 부분에 주의하세요. 클래스가 '테스트 패키지(test)'가 아니라 '소스 패키지(괄호 없음)'에 생성되어야 합니다. 정상적으로 생성이 완료되면 'PersonJava.java' 클래스를 다음과 같이 편집합니다.

```java
package com.akj.kotlinsample;

public class PersonJava {
    // 나이
    private int age;

    // 이름, 이름은 변경할 수 없음
    private final String name;

    // 생성자에서 이름을 받는다.
    public PersonJava(String name) {
        this.name = name;
    }

    public int getAge() {
        return age;
    }

    public void setAge(int age) {
```

```
            this.age = age;
    }

    public String getName() {
        return name;
    }
}
```

코드와 같이 'PersonJava' 클래스는 '나이'와 '이름'을 속성(Property, 프로퍼티)으로 갖는 클래스입니다. 나이의 경우 변경이 가능하지만 이름은 변경이 불가능하며, 생성자에서 이름을 파라미터로 받아 초기화하죠.

그리고 각 필드를 변경하거나 값을 가져오기 위해 'Getter, Setter' 메소드가 있습니다. '나이'에 해당하는 age는 값의 변경이 가능하기 때문에 Getter, Setter 메소드가 모두 있고, 이름의 경우에는 변경이 불가능하므로 Getter 메소드만 존재하죠.

그럼 위 클래스를 코틀린으로 만든다면 어떻게 될까요? 'Person.kt' 클래스 파일을 생성하고 다음과 같이 편집해 주세요.

```
package com.akj.kotlinsample

class Person {
    // 나이
    var age: Int = 0
    // 이름
    val name: String
    // 생성자에서 이름을 받는다
    constructor(name: String) {
        this.name = name
    }
}
```

'PersonJava.java' 클래스를 코틀린으로 표현하면 위와 같습니다. 코틀린 코드는 Java와 상당히 다르죠. 먼저 코틀린에서 생성자 부분은 'constructor()' 메소드를 사용합니다. 그리고 이상하게 코드가 너무 짧죠. 각 멤버 변수로의 접근을 허용하는 'Getter, Setter'가 없군요. 코틀린은 Getter, Setter를 기본적으로 제공하기 때문입니다. 코틀린에서 'var'로 선언하는 변수는 Getter, Setter 전부 생성되고, 'val' 키워드로 선언된 변수는 Getter 만 선언됩니다.

이것이 어떤 의미인지 알아보기 위해 테스트 코드를 작성해 보겠습니다. 'JavaTest.java' 파일을 다음과 같이 편집해 주세요.

```java
package com.akj.kotlinsample;

import org.junit.Assert;
import org.junit.Test;

public class JavaTest {
    @Test
    public void test1(){
        Assert.assertEquals(4, 2 + 2);
    }


    @Test
    public void testGetterSetter(){

        // PersonJava 클래스의 객체를 생성하고 이름을 "John" 나이를 20으로 설정
        PersonJava personJava = new PersonJava("john");
        personJava.setAge(20);

        // 설정한 값이 정상적인지 테스트
        Assert.assertEquals(20, personJava.getAge());
        Assert.assertEquals("john", personJava.getName());

        // 코틀린의 Person 객체를 생성하고 이름을 "John" 나이를 20으로 설정
        Person person = new Person("john");
        person.setAge(20);

        // 설정한 값이 정상적인지 테스트
        Assert.assertEquals(20, person.getAge());
        Assert.assertEquals("john", person.getName());
    }
}
```

위의 테스트 코드에서 코틀린으로 작성한 'Person' 클래스를 잘 살펴 주세요. 코틀린으로 작성한 Person 클래스는 Getter, Setter를 작성하지 않았지만 자동으로 생성된 것을 확인할 수 있습니다.

```
@Test
public void testGetterSetter() {

    // PersonJava 클래스의 객체를 생성하고 이름을 "John" 나이를 20으로 설정
    PersonJava personJava = new PersonJava( name: "john");
    personJava.setAge(20);

    // 설정한 값이 정상적인지 테스트
    Assert.assertEquals( expected: 20, personJava.getAge());
    Assert.assertEquals( expected: "john", personJava.getName());

    // 코틀린의 Person 객체를 생성하고 이름을 "John" 나이를 20으로 설정
    Person person = new Person( name: "john");
    person.setAge(20);

    // 설정한 값이 정상적인지 테스트
    Assert.assertEquals( expected: 20, person.getAge());
    Assert.assertEquals( expected: "john", person.getName());
}
```

이렇게 코틀린이 Getter, Setter를 자동으로 생성해 주는 이유는 소프트웨어를 개발하다 보면 꽤 많은 비중의 클래스가 특별한 로직 없이 단순히 데이터를 저장하는 용도로 사용되기 때문입니다.

단순히 데이터를 저장하는 용도로 사용하는 클래스의 경우, Getter, Setter 코드는 뻔하게 됩니다. 때문에 Getter, Setter를 간결하게 기술할 수 있는 방법을 제공하는 언어들도 꽤 많죠. 예를 들어 'C#'의 경우에는 'get, set' 키워드를 사용해 Getter, Setter를 자동으로 구현합니다.

Java의 경우에는 아직 Getter, Setter를 간결하게 기술할 수 있는 방법이 제공되지 않습니다. 그렇기 때문에 클래스의 속성들이 많아지면, 별다른 로직이 없는데도 코드 라인이 길어져 가독성이 매우 떨어지게 되죠. 그래서 Java 진영에서는 Getter, Setter를 자동으로 생성해 주는 'lombok' 같은 써드 파티 라이브러리들이 큰 인기를 얻고 있습니다.

코틀린은 자동으로 Getter, Setter를 제공해 주기 때문에 굳이 써드 파티 라이브러리들을 사용하지 않아도 간결한 코드를 유지할 수 있습니다. 게다가 코틀린은 아예 생성자에서 'value' 속성을 초기화하는 방법도 제공합니다. Person.kt 파일을 다음과 같이 변경해 주세요.

```
package com.akj.kotlinsample

// 이름을 생성자로 받는것을 표현
class Person(val name: String) {
    // 나이
    var age: Int = 0

    // 닉네임 - 소문자만 허용
```

```
    var nickname: String = ""
}
```

val 키워드로 선언된 'name'은 어차피 생성자에서 초기화되어야 합니다. 사실 생성자 코드 역시 뻔하죠. 그래서 코틀린은 이처럼 클래스에 '생성자'와 '속성'을 같이 표현하는 방법을 제공합니다. 앞의 코드는 처음 작성한 코틀린 코드와 완전히 동일합니다.

지금까지는 Java 코드에서 코틀린의 Getter 와 Setter 를 사용해 보았습니다. 코틀린 코드에서 '클래스의 속성(Properties)'을 사용하는 경우에는 조금 더 간편하게 사용할 수 있습니다. Java 에서 코틀린의 코드를 사용할 때에는 각 멤버 변수에 대해 Getter 와 Setter 메소드를 사용해야 하지만 코틀린 코드에서라면 그럴 필요가 없겠죠.

KotlinTest.kt 파일을 다음과 같이 편집해 주세요.

```
package com.akj.kotlinsample

import org.junit.Assert
import org.junit.Test

class KotlinTest {
    @Test
    fun test1(){
        Assert.assertEquals(4, 2 + 2)
    }

    @Test
    fun testGetterSetter(){

        // 코틀린의 Person 객체를 생성하고 이름을 "John" 으로 설정
        val person = Person("john")

        // 코틀린은 age 를 직접 사용해도 자동으로 setter 가 불린다.
        person.age = 20

        // 설정한 값이 정상적인지 테스트
        // 마찬가지로 직접 프로퍼티 접근해도 자동으로 getter 가 불린다.
        Assert.assertEquals(20, person.age)
```

```
        Assert.assertEquals("john", person.name)
    }
}
```

코틀린은 클래스의 프로퍼티에 직접적으로 값을 할당하거나 가져옵니다. 이렇게 해도 자동으로 Getter,
Setter가 호출되죠.

그런데 경우에 따라서 Getter, Setter에 다른 코드가 필요할 수 있습니다. 예를 들면, Person 클래스에 '별명'
에 해당하는 'nickname'이라는 프로퍼티를 추가하고 대문자가 입력되더라도 소문자로 저장해야 하는 경우,
Java라면 다음과 같이 작성할 수 있습니다. PersonJava.java 파일을 다음과 같이 편집해 주세요.

```
package com.akj.kotlinsample;

public class PersonJava {
    // 나이
    private int age;

    // 이름, 이름은 변경할 수 없음
    private final String name;

    // 닉네임 - 소문자만 허용한다.
    private String nickname;

    // 생성자에서 이름을 받는다.
    public PersonJava(String name) {
        this.name = name;
    }

    public int getAge() {
        return age;
    }

    public void setAge(int age) {
        this.age = age;
    }

    public String getName() {
        return name;
```

```
    }

    public String getNickname() {
        return nickname;
    }

    // 닉네임은 대문자 문자열이 와도 소문자로 저장한다.
    public void setNickname(String nickname) {
        this.nickname = nickname.toLowerCase();
    }
}
```

코드 중에서 nickname을 설정하는 'setNickname( )' 메소드를 봐 주세요.

```
// 닉네임은 대문자 문자열이 와도 소문자로 저장한다.
public void setNickname(String nickname) {
    this.nickname = nickname.toLowerCase();
}
```

nickname을 함수에 전달된 문자열 그대로 사용하지 않고, '소문자'로 변경하여 사용하죠. 이런 경우 자동 생성된 Setter 로는 같은 기능을 구현할 수 없습니다. 코틀린은 이런 경우 어떻게 해야 할까요? 코틀린 역시 프로퍼티에 자동으로 Getter, Setter 가 생성되지만, 필요한 코드를 추가해 특정 기능을 구현할 수 있습니다.

Person.kt 파일을 다음과 같이 변경합니다.

```
package com.akj.kotlinsample

// 이름을 생성자로 받는것을 표현
class Person(val name: String) {
    // 나이
    var age: Int = 0

    // 닉네임 - 소문자만 허용
    var nickname: String = ""
        set(value) {
            // field 는 Setter 의 대상이 되는 field 를 의미
            field = value.toLowerCase()
```

```
        }
    }
```

코틀린에서 자동으로 생성된 Getter, Setter 대신 직접 구현한 Getter, Setter를 사용하려면 해당 프로퍼티 하단에 'get(), set(value)' 함수를 설정하면 됩니다. 그럼 테스트 코드를 작성해 위의 Setter가 정상 동작하는지 확인해 보죠. 먼저 Java 쪽에서 테스트합니다. JavaTest.java 파일에 다음 테스트 케이스를 추가해 주세요.

```java
@Test
public void testSetNickname(){
    // 자바로 작성한 PersonJava 클래스의 객체 생성
    PersonJava personJava = new PersonJava("john");

    // 대문자가 포함된 문자열을 닉네임으로 설정해도 소문자로 저장한다.
    personJava.setNickname("Apple");

    // 대문자가 포함된 문자열이 소문자로 되었는지 확인
    Assert.assertEquals("apple", personJava.getNickname());

    // 코틀린으로 작성한 Person 클래스 생성
    Person person = new Person("john");

    // 대문자가 포함된 문자열을 닉네임으로 설정해도 소문자로 저장한다.
    person.setNickname("Apple");

    // 대문자가 포함된 문자열이 소문자로 되었는지 확인
    Assert.assertEquals("apple", person.getNickname());
}
```

Java로 작성한 'PersonJava' 클래스와 코틀린으로 작성한 'Person' 클래스 모두 Setter 메소드 상에서 대문자를 소문자로 바꿔 저장하는 것을 확인할 수 있습니다. 테스트를 실행해서 결과를 확인해 보세요.

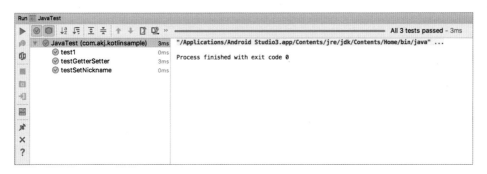

모든 테스트가 'Pass'되는 것을 확인할 수 있습니다. 그런데 코틀린의 Setter는 Java의 Setter와 꽤 다릅니다. 코틀린 코드 중 Setter를 정의한 부분을 다시 한 번 잘 살펴봐 주세요.

```kotlin
// 닉네임 - 소문자만 허용
var nickname: String = ""
    set(value) {
        field = value.toLowerCase()
    }
```

코틀린은 Java처럼 'this.nickname = nickname'으로 바로 접근하지 않고 'field'라는 키워드를 쓰고 있습니다. field는 Setter 메소드 내의 '값을 적용할 영역'을 의미합니다. 코틀린에서 이런 문법을 사용하는 이유는 '프로퍼티의 이름'을 사용하는 경우 자동으로 Setter 혹은 Getter가 호출되기 때문이죠. 예를 들어 코드를 다음과 같이 변경한 뒤에 테스트를 돌려 보세요.

```kotlin
// 닉네임 - 소문자만 허용
var nickname: String = ""
    set(value) {
        // this.nickname 은 setNickname() 을 호출해 재귀호출이 된다.
        this.nickname = value.toLowerCase()
    }
```

위 코드는 얼핏 봐선 아무 문제가 없어 보이지만, 실제로는 'setNickname()' 메소드가 다시 'setNickname()' 함수를 부르게 되어 에러가 발생합니다. 테스트 코드로 실행하여 확인해 보세요.

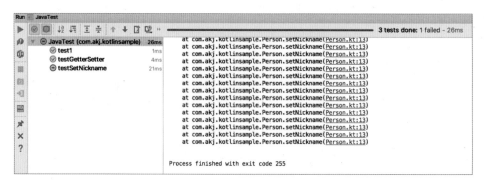

setNickname() 메소드가 또 setNickname() 함수를 호출하게 되면서 '스택오버플로우(StackOverFlow)' 에러가 발생한 모습이죠. 이렇게 코틀린에서 프로퍼티의 이름을 사용하는 것은 자동으로 Setter, Getter 메소드를 호출하게 되기 때문에, field 키워드로 접근하는 것입니다. 다시 원래의 정상 코드로 변경해 주세요.

```
package com.akj.kotlinsample

// 이름을 생성자로 받는것을 표현
class Person(val name: String) {
    // 나이
    var age: Int = 0

    // 닉네임 - 소문자만 허용
    var nickname: String = ""
        set(value) {
            // field 는 Setter 의 대상이 되는 field 를 의미
            field = value.toLowerCase()
        }
}
```

그럼 이제 nickname 이 적용된 클래스를 테스트할 코틀린쪽 코드도 만들어 보겠습니다. KotlinTest.kt 파일에 다음 테스트 함수를 추가해 주세요.

```
@Test
fun testSetNickname(){
    val person = Person("john")
    // 대문자가 포함된 문자열을 닉네임으로 설정해도 소문자로 저장한다.
    person.nickname = "Banana"
    // 대문자가 포함된 문자열이 소문자로 되었는지 확인
    Assert.assertEquals("banana", person.nickname)
}
```

코틀린의 테스트 케이스 역시 모두 Pass 되는 것을 확인할 수 있습니다.

결국 코틀린은 클래스의 프로퍼티 접근자인 'Getter'와 'Setter'를 기본적으로는 자동 생성하고, 필요한 경우에만 코드를 작성하게 하는 것이죠. 실제로 프로그래밍을 하다 보면 이런 방법이 훨씬 효율적이라는 것을 알 수 있습니다.

뻔한 구조의 Getter, Setter 를 매번 개발자가 직접 구현하는 것이 아니라, 코틀린에서 자동으로 생성시켜 줌으로써 생산성을 높일 수 있습니다. 그리고 Getter, Setter 가 자동 선언되는 부분은 다음 과에서 다루게 될 코틀린의 **프로퍼티 위임**과 연결됩니다.

'프로퍼티 위임'은 코틀린이 객체의 프로퍼티를 더욱 유연하게 활용할 수 있도록 지원하는 기능으로서, 이것을 이해하기 위해서는 먼저 클래스의 '필드'와 '프로퍼티'의 차이를 알아야 합니다.

그럼 이제 클래스의 필드와 프로퍼티가 어떻게 다른 것인지 알아보겠습니다.

## 4.7·04 프로퍼티(Property)와 필드(Field)

앞의 Getter, Setter 예제는 코틀린에 대한 또 하나의 중요한 점을 시사합니다. 바로 **프로퍼티(Property)**와 **필드(Field)**의 차이점이죠. 이것이 중요한 이유는 코틀린은 기본적으로 '필드'를 사용하지 않기 때문입니다.

먼저 코틀린에서 '필드'와 '프로퍼티'가 어떻게 다른지 개념부터 살펴보겠습니다. '필드(Field)'는 클래스에 선언되어 있는, '클래스 변수'가 아닌 '인스턴스 변수'를 의미합니다. 또한 필드는 외부에서 접근할 수 있는 Getter, Setter 메소드가 반드시 존재할 필요가 없죠. 즉 Getter, Setter 는 있건 없건 상관없다는 의미입니다.

예를 들어 Java 에서 Field 를 사용하려면 다음과 같이 코드를 구현하면 됩니다.

```java
package com.akj.kotlinsample;

public class FieldJava {
    // 인스턴스에서 사용하는 변수이므로 Field
    public int field1;

    // 접근 제어자와 상관없이 모두 Field
    private double field2;
    protected String filed3;

    // Getter, Setter 가 있어도 Field
    private int field4;

    public int getField4() {
        return field4;
    }

    public void setField4(int field4) {
        this.field4 = field4;
    }
}
```

```
    // 클래스 변수는 Field 가 아님.
    static int notField1;


    void func1() {
        // 함수 내의 변수들은 Field 가 아닌 지역변수.
        int notField2 = 0;
    }
}
```

'FieldJava' 클래스의 주석을 잘 읽어 주세요. 클래스의 인스턴스 변수들을 모두 '필드(Field)'라고 부릅니다. Getter, Setter 가 있든 없든, 혹은 접근 제어자가 무엇이든 Field 죠. 반면 '프로퍼티'는 조금 다릅니다. Java 에서 프로퍼티를 선언하려면 다음과 같이 하면 됩니다.

```
package com.akj.kotlinsample;


public class PropertyJava {
    // Field 가 선언되어 있고 Getter, Setter 가 있는 경우 Property
    private int property1 = 0;

    public int getProperty1() {
        return property1;
    }

    public void setProperty1(int property1) {
        this.property1 = property1;
    }

    // 변수의 값을 읽을수만 있는 경우도 Property 라 할수 있음
    private String property2 = "";

    public String getProperty2() {
        return property2;
    }

    // 단순 field 는 property 아니다.
    private int notProperty1 = 0;

    // 클래스 변수 역시 property 가 아님
```

```
    private static int notProperty2;
}
```

코드의 주석처럼, '프로퍼티(Property)'는 Field와 외부에서 접근 가능한 Getter 또는 Setter가 있는 경우입니다. 좀 더 정확히 말하면 '프로퍼티'는 Field와 접근 가능한 Getter, Setter의 조합을 의미합니다.

다음 코틀린 코드를 봐 주세요.

```
package com.akj.kotlinsample

class PropertyKotlin {
    // property1 은 Getter, Setter 가 존재함
    var property1 = 0

    // property2 는 Getter 만 존재함
    val property2 = 1
}
```

앞서 Getter와 Setter 예제에서 확인했듯, 코틀린에서는 'var 변수'의 경우 Getter와 Setter가 자동 생성되므로 멤버 변수는 자동으로 'Property'가 됩니다. 'val 변수' 또한 Getter가 자동 생성되므로 역시 Property가 되죠.

여기서 코틀린의 프로퍼티는 결국 '접근자(Getter, Setter)'에 의해 정의'된다는 사실을 알 수 있죠. 만약 프로퍼티가 접근자에 의해 결정된다면 Field는 굳이 없어도 되지 않을까요? 다음 코드를 보죠.

```
package com.akj.kotlinsample

class PropertySample {
    var name: String
        // Setter 에서는 print 함수를 호출한다.
        set(value: String) {
            print("set")
        }
        // 무조건 "Alice" 문자열을 반환한다.
        get():String {
            return "Alice"
        }
}
```

코드를 보면 'name' 프로퍼티는 'name'이라는 필드가 있어도 필드의 값과 전혀 상관없이 동작합니다. Setter 에서는 print( ) 함수를 호출할 뿐이고, Getter 에서는 무조건 "Alice"라는 문자열을 반환하죠. 결국 Field 값은 아무런 의미가 없는 셈이죠.

코틀린은 프로퍼티의 이름을 사용하는 경우, 자동으로 Getter, Setter 가 호출되기 때문에 실제로 Field 가 전혀 필요하지 않습니다.

그것이 코틀린이 프로퍼티를 대하는 기본 사상입니다. 코틀린은 실제로 Field 를 사용하지 않습니다.

필드(Field) 대신 프로퍼티를 사용하며, 그 프로퍼티를 제어할 수 있는 '접근자'만 제공하죠. 실제로 JavaTest. java 에서 앞서 테스트했던 코틀린 코드인 'Person' 클래스를 테스트해 보세요. Person 클래스의 name 프로퍼티는 public 이지만 Field 에 접근할 수 없습니다.

```
@Test
public void test2(){
    Person person = new Person( name: "");
    person.
}                    setAge(int i)              void
                     getAge()                    int
@Test                getName()                String
public               getNickname()            String
    Fi               setNickname(String value)   void
}              m ⓑ  equals(Object obj)        boolean
               m ⓑ  hashCode()                   int
```

또 코틀린은 클래스 내부에서도 멤버 변수를 이름으로 직접 접근할 수 없습니다. 그 이유도 코틀린은 Field 를 사용하지 않기 때문에 Field 에 접근할 수 없어서죠. 앞서 임의로 Setter 를 구현했던 custom Setter 에서, 클래스의 멤버에 접근하기 위해 'field' 키워드를 사용한 것이 기억나시나요?

프로퍼티의 Getter, Setter 에서도 코틀린은 Field 를 사용하지 않기 때문에 프로퍼티의 이름은 결국 Getter, Setter 호출이 되어 버립니다. 그래서 프로퍼티의 '이름'이 아니라 'field'라는 키워드로 프로퍼티의 '값'에 접근하는 것이죠. 이렇게 '접근자(Getter, Setter)'에서 field 키워드로 사용되는 개념을 '프로퍼티를 뒷받침하는 필드'라는 의미의 'Backing Field'라 부릅니다. Backing Field 는 클래스 내부의 접근자에서만 사용 가능합니다.

```
// 이름을 생성자로 받는것을 표현
class Person(val name: String) {
    // 나이
    var age: Int = 0

    // 닉네임 - 소문자만 허용
    var nickname: String = ""
        set(value) {
            // field 는 Setter 의 대상이 되는 field 를 의미
            field = value.toLowerCase()
        }
}
```

앞서 custom Setter에서는 필드에 접근하고자 밑줄 영역과 같이 field 키워드로 접근했는데, 이것이 Backing Field입니다. 코틀린은 Field를 사용하지 않기 때문에 이렇게 접근하는 것이죠.

여기서 한 가지 의문을 제기할 수 있죠. 그럼 굳이 왜 이 둘(Property, Field)을 구분하는 것일까요? Field든 Property든 상관없지 않을까요? 왜 코틀린은 Field를 사용하지 않는 것일까요? 그 이유는 Field를 사용하지 않기 때문에 얻을 수 있는 장점들 때문입니다.

Field를 사용하지 않기 때문에 코틀린은 '속성 위임'이나 '인터페이스에 프로퍼티 추가' 등을 할 수 있습니다. 속성 위임은 프로그래밍 경험이 적은 경우 조금 어려운 주제일 수 있지만, 코틀린의 주요 특성 중 하나이기 때문에 뒤에서 가볍게 다루고 넘어가겠습니다.

## 4.7.05 클래스 상속

이번에는 **코틀린에서의 상속**이 Java와 어떻게 다른지 알아보죠. 코틀린의 '클래스'는 기본적으로 상속이 불가합니다. 상속을 하기 위해서는 별도의 키워드로 '상속이 가능'하도록 표시해야 하죠. 이렇게 하는 이유는 객체 지향에서 상속을 잘못 사용할 경우 많은 문제가 발생하기 때문인데요. 이를 이해하려면 상속을 좀 더 구체적으로 살펴볼 필요가 있습니다.

앞서 객체 지향을 익힐 때 배운 '상속'의 개념을 기억하시나요? 상속은 반복되는 중복 코드를 줄여 주는 객체 지향 프로그래밍 핵심 기법 중 하나입니다. 사실 상속은 **2가지 측면에서 접근 가능**한데, **하나는** 코드 구현에 대한 상속이며, **또 다른 하나는** 인터페이스 집합에 대한 상속입니다.

먼저 '코드 구현의 상속'은 쉽게 말하면 코드의 복사와 붙여넣기를 줄여 주는 역할을 합니다. 다음 상속 관계를 봐 주세요.

```
package com.akj.kotlinsample;

public class Foo {
    int field1 = 0;

    public int getField1() {
        return field1;
    }

    public void setField1(int field1) {
        this.field1 = field1;
```

```
    }
}
```

```
package com.akj.kotlinsample;

public class Bar extends Foo {
}
```

'Bar' 클래스는 'Foo' 클래스를 'extends' 키워드로 상속 받았습니다. 이런 경우 Bar 클래스는 코드의 구현을
상속 받은 것이 되며, Bar 클래스는 다음 코드와 동일한 구조를 갖게 됩니다.

```
package com.akj.kotlinsample;

public class Bar extends Foo {
    int field1 = 0;

    public int getField1() {
        return field1;
    }

    public void setField1(int field1) {
        this.field1 = field1;
    }
}
```

이렇게 이미 구현된 코드를 상속받는 것을 '구현에 대한 상속'이라고 합니다. 반면 '인터페이스 상속'은
Java에서 'implements' 키워드를 사용하며, 코드 구현이 아닌 '메소드의 집합'을 상속받습니다. 예를 들어
보죠.

```
package com.akj.kotlinsample;

public interface SampleInterface {
    void plus(int a, int b);
}
```

인터페이스는 보통 코드를 전혀 포함하지 않습니다. 그렇기 때문에 이미 구현된 코드를 재사용하는 효과는 볼 수 없죠. '인터페이스의 상속'은 '인터페이스'를 사용하는 객체에서 인터페이스에 정의한 코드를 신경 쓰지 않고 호출할 수 있도록 하는 데에 의의가 있습니다.

앞서 '캡슐화'의 의미를 설명했던 것처럼 인터페이스를 사용하는 입장에서는 메소드의 실제 구현을 신경 쓰지 않고 사용할 수 있게 해주는 것입니다.

'구현 상속'과 '인터페이스 상속'의 주요 차이점 중 또 하나는 인터페이스 상속은 다중 상속에서 자유롭지만 구현 상속은 다중 상속을 하는 경우 문제점이 생긴다는 것입니다. 구현 상속은 실제 코드가 포함되어 있기 때문에 만약 상속받는 2개의 클래스에 똑같은 이름의 메소드가 있다면 어느 메소드를 호출해야 하는지 애매해집니다. 반면 인터페이스 상속은 구현되어 있는 코드가 없으므로 직접 구분지어 새로 정의를 하면 되겠죠.

그 외에도 구현 상속은 클래스 설계가 복잡해질 때 다양한 문제점들이 생겨납니다. 보통 'fragile base class'라고 불리는 문제인데요. 이 문제는 '상속'을 사용하는 언어들이 대부분 갖는 문제입니다.

'취약한 기반 클래스 문제(fragile base class)'는 하위 클래스에서 상위 클래스의 메소드를 오버라이딩하면서 발생하게 되는데, 그 이유는 클래스를 사용하는 코드에서는 클래스의 실제 구현에는 관심을 가지지 않아야 하기 때문입니다. 말로는 설명이 어려우니 간단한 예제를 살펴보겠습니다.

다음 코드의 'MoveObject' 클래스를 봐 주세요.

```
package com.akj.kotlinsample;

// 이동 가능한 객체
public class MoveObject {
    // 이동 스피드
    protected int speed;

    public void addSpeed(int param) {
        this.speed = speed + param;
    }

    public int getSpeed() {
        return speed;
    }

    // 좌표
```

```
    public int x, y;
}
```

MoveObject는 움직일 수 있는 객체를 클래스화한 것으로 '이동 속도(speed)' 속성이 있고 화면 상에 표시하기 위한 'x, y' 좌표 또한 갖고 있죠. 그런데 MoveObject가 선언한 'x,y' 좌표 속성은 필요하지만, 이동 속도는 항상 '0'인 새 오브젝트가 필요해져서 코드를 재사용하기 위해 'CantMoveObject'를 MoveObject의 상속을 받아 만들었다고 가정해 보죠.

```
package com.akj.kotlinsample;

public class CantMoveObject extends MoveObject {

    // 생성자에서 speed 를 0 으로 만듦.
    public CantMoveObject(){
        this.speed = 0;
    }

    // addSpeed 메소드를 오버라이드 함
    @Override
    public void addSpeed(int param) {
        // 움직일수 없는 오브젝트이므로 아무것도 하지 않음
    }
}
```

이런 상속은 겉보기에는 문제가 없을 것 같습니다. 하지만 이런 식의 상속은 객체 지향의 주요 개념들을 위반하게 되죠. 또 다른 예를 들어 다음과 같은 클래스가 있다고 생각해 보겠습니다.

```
package com.akj.kotlinsample;

public class Calculator {
    // 명중률 계산 함수, 파라미터로 MoveObject 객체와, 공격자의 명중률을 받는다.
    public static int calcAccuracy(MoveObject moveObject, int attackerAccuracy){

        // moveObject 의 speed 가 0 인 경우 잘못된 상황으로 판단하여 스피드 1 을 추가
        if(moveObject.getSpeed() == 0){
            moveObject.addSpeed(1);
```

```
        }

        // 위의 코드로 moveObject.getSpeed() 가 0 이 나오지 않는다고 생각하고 나눗셈을 함.
        double resultAccuracy = attackerAccuracy / moveObject.getSpeed();
        return (int) resultAccuracy;
    }
}
```

'Calcurator' 클래스는 'calcAccuracy()' 함수에서 moveObject 의 스피드가 '0'인 경우 뭔가가 잘못되어 꼬인 상황으로 판단하고 'moveObject.addSpeed()' 함수로 속도를 '1'로 만들고 있죠. 이 경우, MoveObject 클래스만 있는 경우에는 문제가 되지 않지만 MoveObject 가 사실 'CantMoveObject'이라면 '0'으로 값을 나누게 되어 에러가 발생합니다. 실제로 테스트 코드에서 확인해 보세요.

```
@Test
public void testMoveObject(){
    MoveObject moveObject = new MoveObject();
    // MoveObject 의 speed 를 아직 설정하지 않았으므로 0 인 상태로 calcAccuracy 함수를 호출
    int accuracy = Calculator.calcAccuracy(moveObject, 3);

    // Calculator.calcAccuracy() 는 MoveObject 의 스피드가 0 인 경우 자동으로 스피드를 1로 만들고 계산함
    Assert.assertEquals(1, moveObject.getSpeed());

    // MoveObject 의 실제 구현체를 CantMoveObject 로 생성
    MoveObject cantMoveObject = new CantMoveObject();
    // 똑같이 speed 를 설정하지 않고 calcAccuracy 를 호출
    accuracy = Calculator.calcAccuracy(cantMoveObject, 3);
    // 위 코드에서 이미 에러가 발생해 실행되지 않음
    Assert.assertEquals(1, cantMoveObject.getSpeed());
}
```

이 상태로 테스트 코드를 실행해 보세요. 다음 에러가 발생할 것입니다.

여기서 'ArithmeticException / by zero'는 코드에서 '0'으로 나눗셈을 했기 때문에 발생하는 에러입니다.

위 테스트 코드에서 보면, 한 번은 MoveObject 의 실제 인스턴스를 'MoveObject' 클래스로 하고 다음에는 'CantMoveObject'로 하고 있습니다. MoveObect 를 사용하는 'Calcurator' 입장에서는 MoveObject 가 실제로 는 어느 클래스인지 상관없이 사용할 수 있어야 합니다. 그런데 상속으로 오버라이딩을 하면서 Calcurator 는 MoveObject 가 실제로 어떤 클래스인지 알 수 없어 에러가 발생하게 된 것입니다.

위 상황은 객체 지향의 주요 원칙을 위반하게 됩니다. '캡슐화의 주요 목적' 중 하나는 클래스를 사용하는 측면에서 해당 클래스의 구체적인 사항을 모르게 하는 것입니다. 그런데 조금 전 예제는 구체적인 구현 클래스를 알아야만 하므로 "캡슐화가 깨졌다"고 볼 수 있는 것이죠.

이런 예는 앞서 말한 '취약한 기반 클래스 문제'의 일반적인 사례 중 하나입니다. 그렇기 때문에 Java 분야에서 유명한 서적 중 하나인 'Effective Java'에서는, 상속에 대하여 '상속을 위한 설계와 문서를 갖추거나, 그렇지 않은 경우 상속을 금지하라'라고 조언하죠. 여기서 말하는 '상속'은 '인터페이스 상속'이 아니라 '코드의 구현을 상속받는 경우'를 말합니다.

상속을 금지하는 것은 어떻게 할까요? Java 에서 상속을 금지하려면, 메소드에 'final'을 붙이면 됩니다.

```java
package com.akj.kotlinsample;

// 이동 가능한 객체
public class MoveObject {
    // 이동 스피드
    protected int speed;

    // 상속불가
    final public void addSpeed(int param) {
        this.speed = speed + param;
    }

    // 상속불가
    final public int getSpeed() {
        return speed;
    }

    // 좌표
    public int x, y;
}
```

아예 클래스 자체를 상속 불가능하게 하려면, 다음과 같이 class 에 'final' 키워드를 붙이면 되겠죠.

```java
package com.akj.kotlinsample;

// 이동 가능한 객체
// 이 클래스는 상속 불가
public final class MoveObject {
    // 이동 스피드
    protected int speed;

    public void addSpeed(int param) {
        this.speed = speed + param;
    }

    public int getSpeed() {
        return speed;
    }

    // 좌표
    public int x, y;
}
```

코틀린이 기본적으로 클래스의 상속을 불가능하게 만든 이유는 앞서 'Effective Java' 서적이 설명한 이유와 같고, 특별한 경우가 아니면 상속을 금지하는 철학을 따르고 있습니다.

```kotlin
package com.akj.kotlinsample

// 코틀린의 클래스는 기본적으로 상속불가하다.
class FooKotlin {
    var field1 = 0
}
```

반대로, 코틀린에서 상속을 허용하려면 'open' 키워드를 사용합니다.

```kotlin
package com.akj.kotlinsample

// open 키워드는 상속을 허용한다는 의미이다.
open class FooOpenClass {
```

```
    var property1 = 0

    // 메소드는 기본적으로 final 이고 오버라이드 불가하다.
    fun disable() {}

    // open 키워드로 메소드 역시 상속가능하게 변경할 수 있다.
    open fun animate(){}

    // 오버라이드 된 메소드는 하위 클래스에도 열려있다.
    override fun toString(): String {
        return super.toString()
    }
}
```

코틀린에서 클래스의 메소드는 기본적으로 'final' 상태이기 때문에 클래스뿐만 아니라 메소드 역시 open 처리를 해야 오버라이드할 수 있다는 것을 기억해 주세요. 또 코틀린은 오버라이드하는 함수에 대해서는 반드시 'override' 키워드를 사용하는 것 역시 잊지 말아 주세요.

그럼 이제 코틀린에서 상속의 단점을 줄이고 코드를 재사용할 수 있는 '위임'의 사용법을 알아보겠습니다.

## 4.7.06 클래스 위임

이번에는 코틀린의 강력한 기능 중 하나인 **클래스와 프로퍼티의 위임**을 익혀 보겠습니다. 우선 '위임'이란 것이 어떤 것인지 이해해야 할 것 같습니다.

'객체 지향에서 위임'이란 클래스의 특정 기능들을 대신 처리해 주는 것을 말합니다. 앞서 코드 구현을 상속하는 경우 발생할 수 있는 문제점을 살펴보았는데, 위임은 코드를 재사용하면서도 앞서 말한 문제점을 해결할 수 있는 방법 중 하나죠.

앞서 "코틀린은 기본적으로 상속을 허용하지 않는다"고 했는데, 소프트웨어를 개발하다 보면 상속이 불가능한 클래스도 새로운 동작을 확장하거나 수정해 활용해야 하는 경우가 있습니다. 이때 기존에 이미 작성된 코드를 복사하여 새로운 클래스를 추가한다면, 같은 코드들이 중복되므로 좋은 방법이 아니겠죠.

클래스를 상속하지 않고 기존 클래스의 일부 메소드를 변경하거나 새로운 기능을 확장할 수는 없을까요? 바로 이런 경우 사용할 수 있는 방법이 '위임'입니다. 위임을 사용하는 대표적인 패턴에는 **데코레이터**

(Decorator) 패턴이 있습니다.

'데코레이터 패턴'은 그 이름처럼 특정 클래스의 기능에 추가 기능을 덧붙이는 방법입니다. 데코레이터 패턴은 특정 클래스에 기능을 덧붙이고자 위임을 사용하는데, 이해를 돕기 위해 다음 예를 들어 보겠습니다.

어떤 게임에서 '검(Sword)'에 해당하는 클래스가 있다고 생각해 보죠. Sword 클래스는 캐릭터에 장착을 하면 "'검의 이름'으로 장착되었다"는 메세지를 출력합니다. 이런 경우 다음과 같이 클래스 코드를 만들 수 있습니다. 'Sword.java' 파일을 만들고 다음과 같이 편집해 주세요.

```java
package com.akj.kotlinsample;

// 검 객체 클래스
public final class Sword {
    // 검의 이름
    String name;

    // 생성자에서 이름을 받는다
    public Sword(String name) {
        this.name = name;
    }

    // 장착시 불리는 메소드
    public void equip(){
        System.out.println(name + " 이 장착되었습니다.");
    }
}
```

그런데 게임에 기능을 추가하다 보니 '마법검'이 필요하게 되었고, 마법검은 일반검과는 달리 장착할 때 멋있는 사운드를 플레이하고 싶어졌습니다. 이런 경우 먼저 생각나는 방법은 'Sword' 클래스를 상속받는 'MagicSword' 클래스를 만들고 'equip' 메소드를 오버라이드한 후 사운드를 플레이하고 장착 메세지를 출력하는 것입니다.

하지만 Sword 클래스는 final 로 선언되어 상속이 불가능한 상태죠. 이런 경우 '데코레이터 패턴'을 사용할 수 있습니다. 먼저 Sword 클래스의 메소드를 전부 포함하는 인터페이스를 만듭니다. 'ISword.java' 파일을 다음과 같이 작성합니다.

```java
package com.akj.kotlinsample;
```

```java
public interface ISword {
    // 장착시 불리는 메소드
    void equip();
}
```

기존의 Sword 클래스가 ISword 인터페이스를 상속받도록 합니다. ISword 인터페이스는 Sword 클래스와 메소드가 동일하기 때문에 내부 코드를 변경할 필요는 없죠.

```java
package com.akj.kotlinsample;

// 검 객체 클래스
public final class Sword implements ISword {
    // 검의 이름
    String name;

    // 생성자에서 이름을 받는다
    public Sword(String name) {
        this.name = name;
    }

    // 장착시 불리는 메소드
    public void equip(){
        System.out.println(name + " 이 장착되었습니다.");
    }
}
```

이제 Sword 클래스는 상속을 하지 않고도 기능을 확장할 수 있는 밑준비가 끝났습니다. 이제 '마법검'에 해당하는 'MagicSwordDelegate' 클래스를 만들겠습니다. 'MagicSwordDelegate.java' 파일을 만들고 다음과 같이 편집해 주세요.

```java
package com.akj.kotlinsample;

// ISword 인터페이스를 상속받는다
public class MagicSwordDelegate implements ISword {
    // ISword 타입의 객체를 필드로 가지고 있다.
    // 단지 Sword 클래스를 확장하려면 Sword 타입으로 해도 되지만 ISword 타입으로 하면 확장성이 더욱 커지게 된다.
    ISword iSword;
```

```java
    // 생성자에서 ISword 타입의 객체를 생성자에서 받는다
    public MagicSwordDelegate(ISword iSword) {
        this.iSword = iSword;
    }


    // 장착시 불리는 메소드
    @Override
    public void equip() {
        // 멋진 사운드를 플레이한다.
        playWonderfulSound();


        // 기존 기능은 iSword 에 위임한다.
        iSword.equip();


    }


    // 확장기능 - 멋진 사운드를 플레이하는 메소드
    public void playWonderfulSound() {
        // 멋진 사운드를 플레이 한다.
        System.out.println("짜잔");
    }
}
```

MagicSwordDelegate 클래스는 'ISword 인터페이스'를 필드로 가지고 있습니다. 단지 Sword 클래스의 기능에 추가 기능을 덧붙이는 경우라면 Sword 타입을 필드를 가져도 상관없지만, 인터페이스를 필드로 가지면 이후 인터페이스를 상속받은 모든 클래스에 대하여 확장 기능을 사용할 수 있습니다.

다음은 'playWonderfulSound()' 함수를 봐 주세요. 이 함수는 마법검만의 기능인 '장착시 멋진 사운드를 플레이하는' 역할을 합니다.

```java
    // 확장기능 - 멋진 사운드를 플레이하는 메소드
    public void playWonderfulSound() {
        // 멋진 사운드를 플레이 한다.
        System.out.println("짜잔");
    }
```

그리고 equip() 메소드를 보겠습니다. 이 메소드의 중요한 특징은 확장 기능을 실행한 뒤 필드로 가지고

있는 'iSword 클래스'의 'equip()' 함수를 호출한다는 것입니다.

```java
// 장착시 불리는 메소드
@Override
public void equip() {
    // 멋진 사운드를 플레이한다.
    playWonderfulSound();

    // 기존 기능은 iSword 에 위임한다.
    iSword.equip();
}
```

이렇게 '기존에 설계된 객체에게 책임을 전달하는 것'이 '위임'입니다. 확장 기능은 자신이 실행하고, 기존 Sword 의 기능은 그대로 기존 객체의 메소드에 전달하는 방식이죠.

데코레이터 패턴은 이런 위임을 활용한 패턴 중 하나로, 보통 기존 기능에 추가 기능을 덧붙이는 패턴입니다. 데코레이터 패턴을 활용하면 기존 클래스를 상속받지 않은 상태로 새로운 추가 기능을 덧붙이거나 확장할 수 있습니다.

문제는 이런 Decorator 패턴의 경우 단순한 경우에도 코드가 상당히 길어진다는 것입니다. 위의 경우 인터페이스가 워낙 간단하므로 잘 느껴지지 않지만 기반이 되는 인터페이스에 포함된 메소드가 많다면 코드가 매우 길어집니다. 일단은 인터페이스의 모든 메소드를 구현해야 하기 때문이죠.

예를 들어 Java 의 'Collection' 인터페이스의 구현 클래스인 'ArrayList'를 데코레이터 패턴으로 확장하면, 다음과 같이 구현됩니다.

```java
package com.akj.kotlinsample;

import android.support.annotation.NonNull;
import java.util.ArrayList;
import java.util.Collection;
import java.util.Iterator;

public class DelegatingCollection<T> implements Collection<T> {
    private ArrayList<T> innerList = new ArrayList<>();

    @Override
    public int size() {
```

```java
        return innerList.size();
    }

    @Override
    public boolean isEmpty() {
        return innerList.isEmpty();
    }

    @Override
    public boolean contains(Object o) {
        return innerList.contains(o);
    }

    @NonNull
    @Override
    public Iterator<T> iterator() {
        return innerList.iterator();
    }

    @NonNull
    @Override
    public Object[] toArray() {
        return innerList.toArray();
    }

    @NonNull
    @Override
    public <T1> T1[] toArray(@NonNull T1[] t1s) {
        return innerList.toArray(t1s);
    }

    @Override
    public boolean add(T t) {
        return innerList.add(t);
    }

    @Override
    public boolean remove(Object o) {
        return innerList.remove(o);
    }
```

```java
    @Override
    public boolean containsAll(@NonNull Collection<?> collection) {
        return innerList.containsAll(collection);
    }

    @Override
    public boolean addAll(@NonNull Collection<? extends T> collection) {
        return innerList.addAll(collection);
    }

    @Override
    public boolean removeAll(@NonNull Collection<?> collection) {
        return innerList.removeAll(collection);
    }

    @Override
    public boolean retainAll(@NonNull Collection<?> collection) {
        return innerList.removeAll(collection);
    }

    @Override
    public void clear() {
        innerList.clear();
    }
}
```

이것은 심지어 확장 기능 없이 그대로 'ArrayList'를 위임한 것뿐입니다. 그런데도 코드가 굉장히 길어진 것이 보이죠? 하지만 코틀린은 클래스 위임을 언어 차원에서 제공하기 때문에 훨씬 간결하게 표현할 수 있습니다.

예를 들어 코틀린은 방금 ArrayList를 확장하기 위해 다음과 같이 작성할수 있습니다. 'DelegatingArrayList. kt' 파일을 만들고 다음과 같이 편집해 주세요.

```kotlin
package com.akj.kotlinsample

class DelegatingArrayList<T>(val innerList: MutableCollection<T> = mutableListOf()) : MutableCollection<T>
by innerList
```

위의 경우 ArrayList로 모두 위임한 것이기 때문에 코틀린은 한 줄로 코드를 작성할 수 있는데, 이게 가능한 이유는 코틀린의 'by'라는 키워드 때문입니다. 위의 코틀린 코드는 'innerList'라는 ArrayList 타입의 프로퍼티가 있고 'Collection' 인터페이스를 상속받는데, "Collection 인터페이스의 기능을 'innerList'에 위임하겠다"는 의미입니다.

---

**NOTE**

### 왜 Java에서는 Collection과 ArrayList를 사용하고, 코틀린에서는 MutableCollection과 mutableListOf()를 사용했을까요?

앞서 코틀린은 '가변성'과 '불변성'을 타입 선언(val, var)부터 구분한다고 했습니다. 코틀린은 컬렉션을 다룰 때에도 똑같은 철학을 적용하는데, 코틀린에서 그냥 ArrayList, Collection을 사용하면 '불변'을 의미합니다. 즉, Colletion에 원소를 추가하거나 삭제할 수 없게 되는 것이죠.

Java의 Collection과 동일하게 사용하려면, 코틀린에서는 'MutableCollection'를 사용해야 합니다. 마찬가지로 Java의 ArrayList은 코틀린의 'MutableArrayList'에 해당하죠.

---

이후 특정 메소드에서 확장된 기능을 사용하고 싶다면 변경이 필요한 메소드만 오버라이드하면 됩니다. 예를 들면 코틀린에서는 다음과 같이 확장 가능하죠.

```kotlin
package com.akj.kotlinsample

class DelegatingArrayList<T>(val innerList: MutableCollection<T> = mutableListOf()) :
MutableCollection<T> by innerList {

    // add 메소드는 기존의 기능에 전달받은 아이템을 로그로 출력하는 기능을 추가한다.
    override fun add(element: T): Boolean {
        // 확장 기능을 실행
        printItem(element)
        // innerList 에 기능을 위임한다.
        return innerList.add(element)
    }

    // 아이템을 프린트 하는 함수
    fun printItem(item:T){
        println(item.toString())
    }
}
```

add( ) 함수에서 기능을 확장한 것이 보이죠?

```kotlin
// add 메소드는 기존의 기능에 전달받은 아이템을 로그로 출력하는 기능을 추가한다.
override fun add(element: T): Boolean {
    // 확장 기능을 실행
    printItem(element)
    // innerList 에 기능을 위임한다.
    return innerList.add(element)
}
```

Java 처럼 똑같이 데코레이터 패턴을 구현했지만, 코틀린 코드는 Java 에 비해 훨씬 간결하고 명료해진 것은 코틀린이 언어적 차원에서 '위임'을 제공하기 때문입니다. 다음은 코틀린에서 제공하는 또 다른 위임 방법인 '프로퍼티 위임'에 대해 알아보겠습니다.

## 4.7.07 프로퍼티 위임

코틀린은 '클래스'뿐 아니라 '프로퍼티'에 대해서도 역시 '위임'을 제공합니다. 코틀린의 '프로퍼티 위임'은 Getter, Setter 연산자를 위임할 수 있게 해 주며, 매우 유용한 3가지 방법을 제공합니다.

| | |
|---|---|
| lazy properties | 값의 초기화를 처음 프로퍼티를 사용할 때 초기화합니다. |
| observable properties | 프로퍼티에 값이 변경되면 옵저버에게 알려 줍니다. |
| storing properties | 필드가 아닌 맵에 속성을 저장합니다. |

먼저 프로퍼티에 Getter, Setter 를 위임하는 방법을 알아볼 텐데요. 물론 코틀린은 'Custom Getter, Setter'를 활용하여 자동으로 생성되는 Getter, Setter 를 얼마든지 변경할 수도 있지만, 종종 여러 클래스에서 같은 동작을 해야 할 경우도 있죠.예를 들어 String 문자열 프로퍼티의 Setter 가 호출될 때 자동으로 문자열을 대문자로 변경해야 하는 경우, '위임'을 사용하면 보다 편리합니다. 직접 예제를 만들어 테스트해 보죠.

먼저 Getter, Setter 연산자를 가진 'Delegate' 클래스를 만들겠습니다. 'DelegateString.kt' 파일을 만들고 다음과 같이 편집해 주세요.

```kotlin
package com.akj.kotlinsample

import kotlin.reflect.KProperty
```

```
class DelegateString {
    // Setter 에서 호출된 값을 저장할 변수
    var text = ""

    operator fun getValue(thisRef: Any?, property: KProperty<*>): String {
        return text
    }

    operator fun setValue(thisRef: Any?, property: KProperty<*>, value: String) {
        // 대문자로 변경하여 저장
        text = value.toUpperCase()
        // Setter 에 호출될때의 문자열과 변경후 문자열을 프린트
        println("$value ==> ${text}")
    }
}
```

'DelegateString' 클래스는 'getValue(), setValue()' 등의 함수를 갖는데 앞에 'operator' 키워드가 붙어 있죠. operator는 '연산자'를 의미하며 getValue(), setValue() 함수 앞에 operator 키워드를 붙인 것은 'Getter, Setter' 메소드가 연산자로 취급되기 때문입니다.

이제 어디서든 방금 만든 위임 클래스를 사용할 수 있습니다. 'User.kt' 클래스 파일을 만들고 다음과 같이 편집해 주세요.

```
package com.akj.kotlinsample

class User {
    // 닉네임은 DelegateString 클래스에 위임
    var nickname by DelegateString()
}
```

'User' 클래스는 'nickname'이라는 속성(property)이 있는데 이것은 DelegateString에 위임되었습니다. 이것이 가능한 이유는 코틀린에서 '속성(Property)'은 Field로 정해지는 것이 아니라 접근자인 'Getter, Setter'에 의해 결정되는 것이기 때문입니다.

이제 방금 만든 User 클래스가 예상대로 위임되는지 테스트 코드를 작성해 보겠습니다. 'TestKotlin.kt' 파일에 다음 테스트 함수를 추가해 주세요.

```
@Test
fun testUser(){
    val user = User()
    // 닉네임을 대소문자가 섞인 문자열로 설정
    user.nickname = "death Note"
    // 닉네임은 모두 대문자로 변경되어야 한다. 예상대로 변경되었는지 확인
    Assert.assertEquals("DEATH NOTE", user.nickname)
}
```

이제 테스트 코드를 실행하면 다음과 같이 나타나게 됩니다.

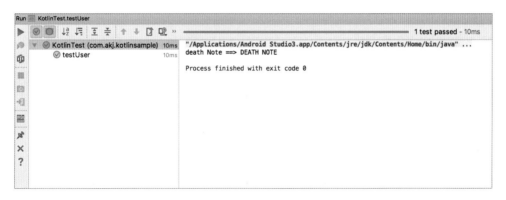

처음 nickname을 설정하면 위임된 Setter에서 로그를 출력되고, 대문자로 값을 저장합니다. 이미 대문자로 변경되었기 때문에 뒤에 Assert 문에서도 테스트를 통과하는 것이죠.

앞에서 코틀린은 "필드(Field)를 사용하지 않는다"고 했던 걸 기억하세요? 필드를 사용하지 않았을 때 얻을 수 있는 이점 중 하나가 바로 지금 사용한 '프로퍼티(Property, 속성) 위임'입니다. 코틀린의 프로퍼티는 Getter, Setter 연산자에 의해 결정되므로, Getter, Setter를 정의한 어느 클래스로도 위임이 가능합니다. 또한 프로퍼티를 특정 타입으로 선언하는 것보다 프로퍼티를 위임할 경우 훨씬 많은 유연성을 제공합니다.

> **NOTE**
>
> ### 프로퍼티 위임 클래스 요구사항
>
> 프로퍼티 위임 클래스를 만들기 위해서는 몇가지 지켜야 할 규칙이 있는데요. 그 이유는 코틀린은 var로 선언된 변수와 val로 선언된 변수의 Getter, Setter가 다르기 때문입니다. 먼저 var로 선언된 변수의 경우에는 위에서 만든 클래스 처럼 setValue, getValue 메소드를 모두 구현하면 됩니다. 반면 val 선언 된 경우에는 getValue 만 있어야 합니다. 위임 클래스를 만드는 방법은 하단 코드를 참조해 주세요.

```kotlin
// 읽기 전용 속성 - val 로 선언된 속성
interface ReadOnlyProperty<in R, out T> {
    operator fun getValue(thisRef: R, property: KProperty<*>): T
}

// 읽기 쓰기 속성 - var 로 선언된 속성
interface ReadWriteProperty<in R, T> {
    operator fun getValue(thisRef: R, property: KProperty<*>): T
    operator fun setValue(thisRef: R, property: KProperty<*>, value: T)
}
```

**코틀린은 프로퍼티의 위임을 위해** 기본적으로 제공되는 **3가지 방법을 추가로 제공합니다.** 각각의 속성도 하나씩 알아보도록 하겠습니다.

먼저 **lazy 위임**은 프로퍼티의 초기화를 인스턴스 생성 시점이 아니라 프로퍼티를 사용하는 시점에 초기화하는 것입니다. 이런 것이 왜 필요한 것일까요? lazy 는 한국어로 번역하면 게으르다는 뜻인데 사실 소프트웨어 개발에서 게으르다는 표현이 꼭 나쁜 것만은 아닙니다.

그 이유는 성능 때문인데요. 초기화가 오래 걸리는 속성이 있을 경우, 인스턴스 생성 시점에 모든 초기화를 진행한다면 전체적인 성능이 매우 저하되기 때문입니다. 그래서 일단은 초기화를 하지 않고 사용하다가 실제로 사용하는 시점에 초기화를 하는 것을 '게으른 초기화(lazy initialization)'라 하며, 프로그래밍에서 매우 자주 사용하는 패턴 중 하나입니다.

프로퍼티를 'lazy'로 위임하면 게으른 초기화를 할 수 있습니다. 이것 역시 코드로 알아보겠습니다. User.kt 파일을 다음과 같이 편집해 주세요.

```kotlin
package com.akj.kotlinsample

import java.io.InputStreamReader
import java.net.URL

class User {
    // 닉네임은 DelegateString 클래스에 위임
    var nickname by DelegateString()

    // lazy 위임은 val 키워드로 선언되어야만 가능함.
```

```
    // 네트워크에서 받은 텍스트는 시간이 걸리므로 실제로 사용할때 초기화
    val httpText by lazy {
        println("lazy init start")
        InputStreamReader(URL("https://www.naver.com").openConnection().getInputStream()).readText()
    }
}
```

'User' 클래스의 'httpText'는 네트워크에서 데이터를 읽어와 초기화합니다. 보통 네트워크에서 데이터를 읽어 오는 경우 속도가 매우 느립니다. 이런 경우 인스턴스 생성 시점에 httpText 의 초기화가 진행되면 실제로는 httpText 를 사용하지 않는다고 해도 초기화가 느려지게 되는 것이죠. 위의 예처럼 초기화가 오래 걸리는 프로퍼티는 게으른(lazy) 초기화 기법을 사용하는 것이 좋습니다.

또 초기화가 되는 시점에 'println()' 함수로 로그를 출력하는데요. println() 함수가 텍스트를 출력하는 시점이 인스턴스 생성 시점인지, 아니면 속성을 최초로 사용한 시점인지 알기 위한 용도로 추가된 코드입니다. 이 코드 역시 테스트를 해 봐야겠죠? KotlinTest.kt 파일에 다음 테스트 함수를 추가합니다.

```
@Test
fun testUserLazy(){
    val user = User()
    // 초기화 순서를 확인하기 위해 프린트를 추가
    println("not init")
    // 불리는 시점에는 초기화가 되어 NULL 이 아니게 된다.
    Assert.assertNotNull(user.httpText)
}
```

테스트 코드를 실행하고 결과를 확인해 주세요.

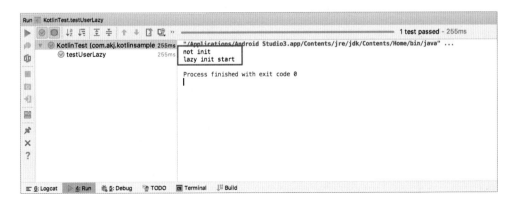

텍스트가 출력되는 순서를 잘 확인해 주세요. 만약 인스턴스 생성 시점에 초기화가 되었다면 순서가 거꾸로 출력되었을 것입니다.

---

> **NOTE**
>
> ### 게으른 초기화를 위한 lateinit
>
> 게으른 초기화를 지원하기 위한 방법으로 코틀린은 'lateinit'라는 키워드도 지원합니다. lateinit는 lazy와 어떻게 다를까요?
>
> 먼저 latelnit 키워드를 사용한 문법을 보겠습니다.
>
> ```
> lateinit var name:String
> ```
>
> lateinit는 게으른 초기화를 위해 사용한다는 측면에서 lazy와 동일하지만 그 외 특징은 꽤 다른데요.
>
> 먼저 lateinit는 lazy처럼 위임이 아닌 변수의 '변경자(modifier)'로 사용합니다. 변경자(modifier)란 변수의 성질을 변경하는 것인데 'private, public, static, final' 등도 모두 변경자입니다.
>
> lateinit는 변수가 나중에 초기화될 것임을 표시하는 것입니다. 코틀린은 변수가 'null'이 가능한지, 불가능한지에 따라 타입을 다르게 설정합니다. 만약 변수가 null이 가능하다면 이후 사용할 때마다 null일 가능성을 체크하도록 컴파일러에서 강제합니다.
>
> 하지만 이후 초기화되어 null이 아닐 것이 확실한 경우, 매번 null일 가능성을 체크하는 것은 꽤나 번거롭죠. 그 때문에 lateinit을 사용해 "이 프로퍼티는 이후 초기화되어 null이 아닐 것이 확실하니, 사용할 때 null을 신경쓰지 않고 사용하겠다"고 컴파일러에게 알려 주는 것입니다.
>
> 그렇기 때문에 lateinit를 사용하더라도 프로퍼티는 null일 가능성이 있죠. 이 경우 lateinit로 선언된 변수에서 'null 예외'가 발생하는 것은 개발자의 책임이 됩니다.

---

이제 'lazy 위임'에 대해 감이 오죠? 다음은 프로퍼티의 **observable 위임**을 알아보겠습니다. 'Observable'이란 '관측'이라는 의미로 이것 역시 프로그래밍에서 자주 사용하는 용어입니다.

'옵저버'를 사용하는 패턴은 주로 관찰하고자 하는 대상에 변경 사항이 생길 때, 변경된 사실을 관측자에게 알려 주는 것이죠. 여기서 관찰하고자 하는 대상은 당연히 프로퍼티인데요. 이 역시 코드로 알아보도록 하겠습니다. User.kt 파일을 다음과 같이 편집해 주세요.

```
package com.akj.kotlinsample

import java.io.InputStreamReader
import java.net.URL
```

```kotlin
import kotlin.properties.Delegates

class User {
    // 닉네임은 DelegateString 클래스에 위임0
    var nickname by DelegateString()

    // lazy 위임은 val 키워드로 선언되어야만 가능함.
    // 네트워크에서 받은 텍스트는 시간이 걸리므로 실제로 사용할때 초기화
    val httpText by lazy {
        println("lazy init start")
        InputStreamReader(URL("https://www.naver.com").openConnection().getInputStream()).readText()
    }

    // name 프로퍼티 값이 변경될때 마다 자동으로 observable 의 코드가 실행된다.
    var name:String by Delegates.observable(""){
        property, oldValue, newValue ->
        println("기존값: ${oldValue}, 새로적용될값: ${newValue}")
    }
}
```

name 속성은 'Delegates.observable'로 위임하고 있죠. 이렇게 하면 name 속성이 변경될 때 Delegates.observable 의 코드가 자동으로 실행됩니다. 테스트 코드로 확인해 보죠.

KotlinTest.kt 파일에 다음 테스트 함수를 추가해 주세요.

```kotlin
@Test
fun testUserNameObservable(){
    val user = User()
    user.name = "john"
    user.name = "james"
}
```

테스트 함수를 실행하여 값이 변경될 때마다 Delegates.observable( ) 코드가 실행되는지 확인해 보겠습니다. 값이 변경될 때마다 위임된 코드가 실행되는 것을 출력된 로그로 확인할 수 있습니다.

다음과 같은 결과 화면이 나타나는지 확인해 주세요.

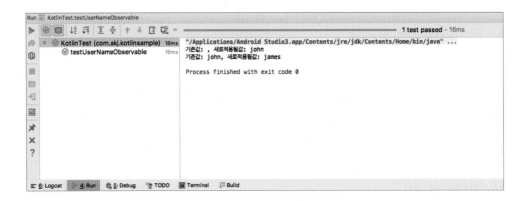

마지막으로 코틀린이 기본적으로 제공하는 프로퍼티 위임은 **프로퍼티를 Map 객체에 위임**하는 것입니다. Java 와 코틀린에서 'Map' 객체는 "Mapping 한다"는 의미로서 'Key, Value'로 이루어져 있습니다. 특정 Key 에 해당하는 Value 를 저장하는 자료 구조인 것이죠.

프로퍼티를 Map 객체에 위임하는 경우는 생각 외로 쓰임이 많습니다. 이를테면 최근 네트워크 통신은 대체적으로 'Json' 통신을 사용하는데, Json 의 경우 Map 객체와 완전히 호환되기 때문에 상당히 유용하다고 할 수 있습니다. 이것 역시 코드로 확인해 보겠습니다.

새 코틀린 파일인 'Animal.kt' 파일을 생성하고 다음과 같이 편집합니다.

```kotlin
package com.akj.kotlinsample

// Animal 클래스는 map 객체를 생성자에서 받는다.
class Animal(val map:MutableMap<String, Any?>) {
    // 프로퍼티를 map 객체로 위임한다. map 객체에서 값을 읽고,
    // 값을 변경하면 map 객체에서 값이 변경된다.
    var name:String by map
    var age:Int by map
}
```

이것 역시 테스트 코드를 작성하겠습니다. KotlinTest.kt 파일에 다음 테스트 함수를 추가합니다.

```kotlin
@Test
fun testAnimalByMap(){
    // Animal 객체를 생성할때 맵 객체를 넘긴다.
    val animal = Animal(mutableMapOf(
            "name" to "cat",
```

```
              "age" to 20)
    )

    // name 속성이 map 객체에 정상적으로 위임되었는지 확인
    Assert.assertEquals("cat", animal.name)
    // age 속성이 map 객체에 정상적으로 위임되었는지 확인
    Assert.assertEquals(20, animal.age)

    // 프로퍼티의 값을 변경한다.
    animal.age = 21
    animal.name = "dog"

    // map 의 값들이 바뀌었는지 확인
    Assert.assertEquals("dog", animal.map["name"])
    Assert.assertEquals(21, animal.map["age"])
}
```

테스트 코드의 주석을 잘 봐 주세요. 'Animal' 객체를 생성할 때 'MutableMap'을 생성자로 전달합니다. 단지 이 작업만으로도 Animal 클래스의 'name, age' 프로퍼티가 초기화됩니다. name, age 의 속성은 Getter, Setter 가 'Map'으로 위임되었기 때문입니다.

그렇기 때문에 이후 name, age 프로퍼티는 값을 읽을 때에도 전달받은 Map 객체의 값을 읽게 되고, 값을 변경하면 Map 객체의 Key 에 해당하는 Value 가 바뀌게 됩니다.

지금까지 코틀린에서 프로퍼티를 위임하는 방법들을 알아보았는데요. 앞에서 코틀린이 프로퍼티를 선언할 때 Field 를 사용하지 않는다던 이유가 조금 이해 되시나요? 코틀린은 Field 를 사용하지 않고 프로퍼티를 Getter, Setter 연산으로 취급하기 때문에 이렇게 유연한 위임이 가능합니다.

코틀린이 기본으로 제공하는 프로퍼티 위임 방법인 'lazy, observable, map' 등은 소프트웨어 개발에서 정말 자주 사용하게 되는 패턴들입니다. 코틀린은 이렇게 자주 사용되는 패턴들을 쉽게 사용할 수 있도록 언어 차원에서 지원을 많이 하고 있는데요. 다음에 배울 내용도 자주 사용하는 패턴을 쉽게 사용할 수 있도록 코틀린이 지원하는 기능들입니다. 다음은 'Singleton' 패턴의 의미와 코틀린이 지원하는 'Object' 클래스란 무엇인지 알아보도록 하겠습니다.

이번에는 코틀린에서 제공하는 'Object' 클래스를 알아볼 텐데요. Object 클래스를 이해하기 위해서는 먼저 'Singleton' 패턴에 대한 간단한 이해가 필요합니다. Singleton 패턴은 객체 지향에서 꽤 자주 사용하는 패턴으로, 간단하게 말하면 한 개의 인스턴스 생성을 보장하고 코드 어디에서나 접근 가능하게 하는 것이죠.

객체 지향 프로그래밍을 하다 보면, 프로젝트 전체에서 특정 함수들을 자주 접근해야 할 경우가 꽤 많습니다. 예를 들어 '로그를 출력하는 클래스'의 경우 대부분의 클래스들이 해당 클래스를 사용해야 합니다.

또 이런 클래스들은 굳이 여러 개의 인스턴스가 필요하지 않은 경우가 많습니다. 예를 들어 로그를 쌓는 클래스의 경우에도 굳이 인스턴스를 여러 개 생성해 메모리를 낭비할 필요가 없습니다. 상당히 많은 클래스가 로그 출력용 클래스를 사용할 것이므로 때마다 새로운 인스턴스를 생성하면 불필요한 오버헤드가 쌓이게 될 것입니다.

여기서 '싱글턴(Singleton)' 패턴이 등장합니다. 싱글턴 패턴은 객체의 생성을 제한하여 한 개의 인스턴스만 생성되도록 하는 것입니다. 또 생성된 객체에 접근할 수 있는 방법을 공개하여 누구나 객체를 사용할 수 있도록 하는 것이죠.

어떻게 이런 구현이 가능할까요? 코드로 확인해 보겠습니다. 먼저 자바에서 Singleton 패턴을 구현해 보죠. 'SingletonJava.java' 파일을 만들고 다음과 같이 편집합니다.

```java
package com.akj.kotlinsample;

public class SingletonJava {

    // 생성자를 private 로 감춘다
    private SingletonJava(){}

    // 생성된 객체를 private 로 감추고 프로그램  시작할 때 초기화 한다.
    // 인스턴스 생성방법은 처음 사용할때 초기화하는 방법, 쓰레드 동기화 방법등 다양한 방법이 있다.
    // 자세한 것은 디자인패턴 관련 서적 참고.
    private static SingletonJava instance = new SingletonJava();

    // 외부에서 생성된 instance 에서 접근 할수 있는 방법을 제공
    public static SingletonJava getInstance(){
        return instance;
    }
}
```

```
    public void log(String text){
        System.out.println(text);
    }
}
```

주석을 코드와 함께 읽어 주세요. 'SingletonJava' 클래스는 생성자가 'private'이기 때문에 외부에서는 객체를 생성할 방법이 없습니다. 대신 프로그램 시작 시 객체를 생성하여 'static'으로 선언된 클래스 변수에 할당했죠.

이후 외부 코드에서는 'getInstance()' 메소드로 객체에 접근이 가능하며, getInstance() 메소드는 이미 생성된 객체를 반환하는 것입니다.

테스트 코드를 작성해 한 번 확인해 보죠. JavaTest.java 파일에 다음 테스트 함수를 추가해 주세요.

```
@Test
public void testSingletonJava(){
    // 생성자를 private 로 감췄기 때문에 new 로 생성 불가 - 주석을 풀면 에러 발생
    // SingletonJava singletonJava = new SingletonJava();

    // 외부에 공개된 getInstance() 메소드로 객체에 접근
    SingletonJava singletonJava = SingletonJava.getInstance();

    // 객체의 메소드 사용가능
    singletonJava.log("hi, singleton");
}
```

테스트 코드에서 주석 부분을 봐 주세요. 생성자를 'private'으로 감췄기 때문에 'new'로 생성이 불가능합니다. 그리고 getInstance() 메소드는 'public'으로 공개되어 코드 어디에서나 접근이 가능하고 인스턴스가 하나인 것이 보장되죠.

이런 패턴을 '싱글턴'이라 부르는 것인데요. Java 역시 싱글턴 패턴의 구현 자체는 크게 어려운 것은 아니지만, 싱글턴 패턴은 자주 사용하는 패턴 중 하나로서 매번 비슷한 코드를 작성하는 것이 꽤 번거롭다는 단점이 있습니다.

사실 싱글턴 패턴은 거의 정해져 있는 패턴으로, 대부분의 코드는 뻔하게 됩니다. 코틀린은 이런 뻔한 코드들을 줄여 주기 위해 'object'라는 클래스 타입을 제공하는데요. 그럼 이제 코틀린에서 똑같이 싱글턴 패

턴을 구현해 보겠습니다. 'SingletonKotlin.kt' 파일을 만들고 다음과 같이 편집합니다.

```
package com.akj.kotlinsample

object SingletonKotlin {
    fun log(text:String){
        println(text)
    }
}
```

'object' 키워드는 "해당 클래스가 싱글턴임"을 알려 줍니다. 어차피 싱글턴 패턴은 거의 뻔한 코드를 사용하는 것이므로 그냥 키워드로 제공하는 것이죠. 단순히 object 키워드를 사용하는 것만으로 Java에서 꽤 복잡하게 작성한 코드들을 생략 가능하게 되는 것이죠.

다음으로 익혀 보게 될 'Data' 클래스 역시 이런 불필요한 코드들을 생략 가능하게 해 주는 기능으로서, 코드를 통해 살펴보도록 하겠습니다.

## 4.7·09 Data 클래스

Java에서 클래스는 모두 **Object 클래스**를 상속받습니다. 'Object 클래스'는 모든 클래스의 조상과 같은 존재로서, 'toString(), equals(), hashCode()' 메소드를 하위 클래스에서 오버라이드할 수 있도록 제공합니다.

사실 위에서 말한 3가지 메소드(toString(), equals(), hashCode())들은 가급적 모든 클래스가 오버라이드하는 것이 좋습니다. 먼저 각각의 메소드에 대해 살펴보고, 코틀린에서는 3가지 메소드를 어떻게 간편하게 재정의할 수 있는지 알아보겠습니다.

먼저 **toString() 메소드**는 객체를 문자열로 표현하는 메소드입니다. 예를 들어 System.out.println() 함수에 객체를 전달하면, println() 함수는 자동으로 객체의 'toString()' 메소드를 사용하여 문자열을 출력합니다. 보통 클래스(Class)를 정의하고 toString() 메소드를 재정의하지 않는 경우, 인스턴스의 클래스 이름과 해시 코드가 출력되는데요. 실제로 코드를 작성해 확인해 보겠습니다. 'FruitJava.java' 클래스 파일을 만들고 다음과 같이 편집해 주세요.

```
package com.akj.kotlinsample;

public class FruitJava {
```

```
    // 과일 이름
    String fruitName;
    // 과일 설명
    String description;
}
```

위 클래스를 그대로 System.out.println()으로 출력해 보겠습니다. JavaTest.java에 다음 테스트 함수를 추가해 주세요.

```
@Test
public void testFruit(){
    FruitJava fruitJava = new FruitJava();
    fruitJava.fruitName = "사과";
    fruitJava.description = "사과는 맛있다.";
    // 객체를 넘기면 자동으로 toString() 메소드 실행
    System.out.println(fruitJava);
}
```

테스트 코드를 실행하면 다음과 같은 결과가 나타나게 됩니다.

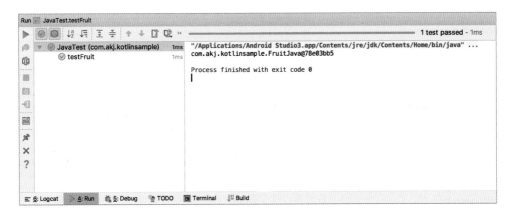

객체는 문자열이 아니기 때문에 toString() 메소드를 호출하면 저렇게 '클래스 이름'과, '해시코드'가 반환됩니다. 그런데 사실 이런 정보는 크게 의미가 없습니다. toString() 메소드로 FruitJava의 필드인 'fruitName, description' 정보가 나오면 좋겠죠.

toString()의 기본 구현을 바꾸기 위해 FruitJava.java 파일을 다음과 같이 변경해 주세요.

```
package com.akj.kotlinsample;

public class FruitJava {
    // 과일 이름
    String fruitName;
    // 과일 설명
    String description;

    @Override
    public String toString() {
        return "FruitJava(" + fruitName + ", " + description + ")";
    }
}
```

toString() 메소드를 오버라이드해서 클래스 이름 뒤에 'fruitName' 속성과 'description' 속성이 출력되게 바꿨습니다. 다시 한 번 같은 테스트 코드를 실행해 보세요.

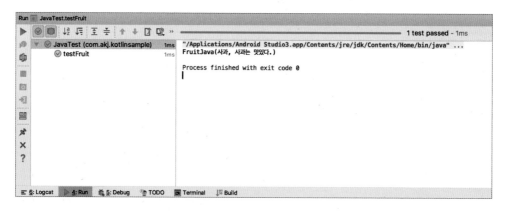

마침내 FruitJava가 의미 있는 정보로 출력되는 모습입니다.

다음으로 **equals() 메소드**에 대해 알아보겠습니다. 'equals() 함수'는 객체의 동등성을 비교하는데 사용합니다. '같음'과 '다름'이 명확한 정수와 달리, 객체는 같고 다름을 비교하는 데에 모호한 부분이 많죠. 조금 전 FruitJava의 경우를 예로 들면 과연 어떤 값이 같아야 "같다"라고 정의해야 할까요?

경우에 따라 fruitName 필드가 같은 경우 객체를 같다고 할 수도 있고, fruitName과 description 필드 모두 같아야 같다고 할 수도 있겠죠. 어떤 경우에는 '객체가 참조하고 있는 메모리 주소'가 같아야 비로소 "같다"고 해야 할 수도 있습니다.

참고로 Java에서 equals() 메소드의 기본 구현은 '객체의 메모리 주소가 같은 경우'에만 "두 객체가 같다"고 판단합니다. 하지만 객체의 특정 필드가 같은 경우에 같은 객체로 취급해야 하는 경우도 꽤 많습니다. 이런 경우에는 equals() 메소드를 오버라이드해야 합니다. 이 역시 직접 코드로 확인해 보죠. FruitJava.java 파일을 다음과 같이 다시 편집해 주세요.

```java
package com.akj.kotlinsample;

public class FruitJava {
    // 과일 이름
    String fruitName;
    // 과일 설명
    String description;

    @Override
    public String toString() {
        return "FruitJava(" + fruitName + ", " + description + ")";
    }

    @Override
    public boolean equals(Object obj) {
        // 먼저 같은 클래스인지 확인 한다.
        if(obj instanceof FruitJava){
            // FruitJava 클래스로 캐스팅한다.
            FruitJava another = (FruitJava) obj;

            // 모든 필드가 같다면 같은 객체로 취급한다.
            return fruitName.equals(another.fruitName) && description.equals(another.description);
        }

        // 클래스가 같지 않다면 서로 다른 객체
        return false;
    }
}
```

equals() 코드를 재정의하여, "과일의 fruitName과 description이 모두 같으면 같은 객체로 취급하도록" 하였습니다. equals() 코드가 예상대로 되는지 테스트 코드로 확인해 보겠습니다. JavaTest.java 파일에 다음 테스트 함수를 추가해 주세요.

```
@Test
public void testFruitEquals(){
    // FruitJava 객체 2개를 생성한다.
    FruitJava fruitJava1 = new FruitJava();
    FruitJava fruitJava2 = new FruitJava();

    // 모든 속성을 같게 한다.
    fruitJava1.fruitName = "바나나";
    fruitJava2.fruitName = "바나나";

    fruitJava1.description = "바나나는 길다";
    fruitJava2.description = "바나나는 길다";

    // 두 객체가 같은지 확인
    Assert.assertEquals(fruitJava1, fruitJava2);
}
```

테스트 코드를 실행해 확인해 보세요. 다음과 같은 결과가 나올 것입니다.

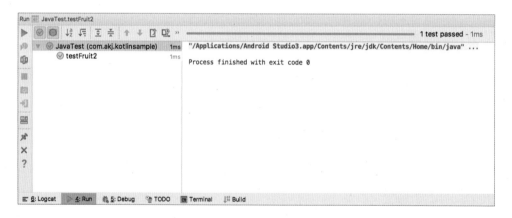

테스트가 통과되었다는 것은 "두 객체가 같다"고 평가된 것입니다. 'Assert.assertEquals()' 함수는 객체가 같지 않는 경우 테스트가 실패하기 때문이죠.

마지막으로 **hashCode() 메소드**에 대해 알아볼 텐데요. 사실 equals() 함수를 재정의한 경우 'hashcode()' 함수도 반드시 재정의해야 합니다. 그 이유는 hashCode() 함수의 의미가 "같은 객체인 경우에는 같은 해시코드가 반환되어야 한다"는 데에 있기 때문입니다.

그런데 갑자기 equals() 함수만 바꿔 버리면, 같은 객체여도 서로 다른 해시코드가 만들어지게 됩니다. 이렇게 되면 'HashMap, HashSet' 등의 자료 구조에서 에러가 발생하게 되죠. 그럼 hashCode( ) 함수도 재정의
해 보도록 하겠습니다. FruitJava.java 파일을 다음과 같이 편집해 주세요.

```java
package com.akj.kotlinsample;

import java.util.Objects;

public class FruitJava {
    // 과일 이름
    String fruitName;
    // 과일 설명
    String description;

    @Override
    public String toString() {
        return "FruitJava(" + fruitName + ", " + description + ")";
    }


    @Override
    public boolean equals(Object obj) {
        // 먼저 같은 클래스인지 확인 한다.
        if(obj instanceof FruitJava){
            // FruitJava 클래스로 캐스팅한다.
            FruitJava another = (FruitJava) obj;

            // 모든 속성이 같다면 같은 객체로 취급한다.
            return fruitName.equals(another.fruitName) && description.equals(another.description);
        }

        // 클래스가 같지 않다면 서로 다른 객체
        return false;
    }

    // equals() 가 오버라이드 된 경우 반드시 hashCode 도 오버라이드 해야한다.
    @Override
    public int hashCode() {
        // 객체가 같으면 해시코드도 같아야한다.
        // 즉 fruitName, description 이 같으면 같은 해시코드를 반환해야 한다.
        int hash = 7;
        hash = 31 * hash + (fruitName == null ? 0 : fruitName.hashCode());
```

```
        hash = 31 * hash + (description == null ? 0 : description.hashCode());

        return hash;
    }
}
```

"hashCode( )에서는 객체가 같으면 같은 해시코드가 반환되어야 한다"고 했습니다. 현재 FruitJava 객체가 같다는 것을 결정하는 것은 'fruitName' 문자열과 'description' 문자열이죠. 즉 hashCode( ) 함수에서도 fruitName 문자열과 description 문자열이 같을 때 같은 해시코드를 반환하면 되겠습니다.

코드에서는 해시코드를 '7'로 시작해서 각 필드의 해시코드를 추가할 때마다 '31'을 곱합니다. 이것은 '31'이라는 '소수(Prime Number)'를 곱하여, 서로 다른 문자열이 같은 해시코드를 반환하지 않도록 하기 위한 처리이죠. 서로 다른 문자열이더라도 두 해시코드를 합치면 같은 결과가 나올 수도 있으니까요.

> **NOTE**
>
> ### hashCode( ) 함수 구현이 너무 어려우신가요?
>
> Java에서 hashCode() 함수를 구현하면, 보통 소수를 각각의 필드에 곱하면서 구하기 때문에 꽤 복잡한 편입니다. 다행인 것은 이런 번거로운 작업을 대신해 주는 함수가 있다는 것인데, 'Objects.hash()' 함수가 그것이죠. 예를 들어 조금 전에 작업한 FruitJava 파일의 경우 다음과 같은 코드로 해시코드를 구할 수 있습니다.
>
> ```
> Objects.hash(fruitName, description);
> ```
>
> 그런데 이 함수는 비교적 최근 Java 버전인 JDK 8 버전에서 추가된 것으로, 안드로이드 기준 'API LEVEL 19' 이하에서는 실행이 안 됩니다. 대신 API 19 버전 미만에서는 구글 '구아바(Google GUABA)' 라이브러리를 사용하여 구현할 수 있죠.
>
> 구글의 구아바 라이브러리를 사용하는 경우, 'build.gradle'에 다음 행을 추가합니다.
>
> ```
> compile group: 'com.google.guava', name: 'guava', version: '11.0.2'
> ```
>
> 사용법은 자바8 에서의 API 와 똑같기 때문에 하위버전에서도 쉽게 hashCode 함수를 만들 수 있습니다.

hashCode( ) 함수도 테스트해 보겠습니다. JavaTest.java 파일에 다음 테스트 함수를 추가해 주세요.

```
@Test
public void testFruitHashCode(){
```

```
    // FruitJava 객체 2개를 생성한다.
    FruitJava fruitJava1 = new FruitJava();
    FruitJava fruitJava2 = new FruitJava();

    // 모든 속성을 같게 한다.
    fruitJava1.fruitName = "바나나";
    fruitJava2.fruitName = "바나나";

    fruitJava1.description = "바나나는 길다";
    fruitJava2.description = "바나나는 길다";

    Assert.assertEquals(fruitJava1.hashCode(), fruitJava2.hashCode());
}
```

지금까지 모든 클래스에서 재정의하는 것이 권장되는 3개의 함수를 알아봤습니다. 그런데 매번 이렇게 재정의를 한다고 하면 각 클래스를 생성할 때마다 너무 시간이 오래 걸릴 것입니다. 다행인 것은 코틀린은 'toString( ), eqauls( ), hashCode( )' 등의 함수를 자동으로 생성해 주는 'Data' 클래스를 지원한다는 것이죠.

코틀린에서 FruitJava 클래스와 같은 역할을 하는 클래스를 'Data' 클래스로 만들어 보겠습니다. Fruit.kt 파일을 만들고 다음과 같이 편집해 주세요.

```
data class Fruit(var fruitName:String, var description:String)
```

코틀린에서 'data class' 키워드는 앞서 작성한 'toString( )' 함수와 'equals( )' 함수 그리고 'hashCode( )' 함수까지 자동으로 만들어 주는데, data class 의 toString( ) 함수는 '클래스 이름'과 '괄호 안의 프로퍼티의 값'을 보여 주며 equals( ) 함수는 모든 프로퍼티의 값이 같으면 '같은 객체'로 취급합니다. 또 hashCode( ) 함수 역시 앞서 구현한 hashCode( ) 함수와 같이 모든 프로퍼티의 해시코드를 계산하여 반환하죠.

테스트 함수를 만들어 테스트해 보죠. KotlinTest.kt 파일에 다음 테스트 함수를 추가해 주세요.

```
@Test
fun testFruit(){
    // 객체의 속성 값을 같도록 Fruit 객체 2개 생성
    val fruit1 = Fruit("바나나", "바나나 길어")
    val fruit2 = Fruit("바나나", "바나나 길어")
```

```
    // 각각 프린트한다. toString() 메소드가 호출된다.
    println(fruit1)
    println(fruit2)

    // 두 객체가 같은지 비교한다. equals() 호출됨.
    Assert.assertEquals(fruit1, fruit2)

    // 두 객체의 해시코드가 같은지 비교한다.
    Assert.assertEquals(fruit1.hashCode(), fruit2.hashCode())
}
```

테스트를 실행하면 다음 결과가 나오게 됩니다.

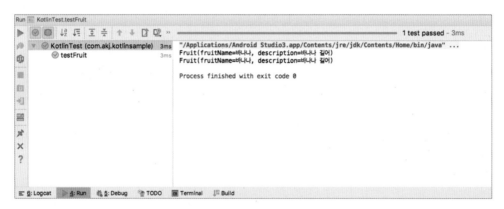

코드는 각 1줄에 불과하지만 'toString(), equals(), hashCode()' 함수들은 Java에서 작성한 FruitJava 클래스와 똑같이 작동합니다. 코틀린의 강력함을 다시 느낄 수 있죠.

다음은 코틀린 클래스 사용 시 Java와 비슷하지만 미묘하게 다른 부분들을 다뤄 보도록 하겠습니다.

## 4.7. 10 클래스의 가시성 변경자

클래스에서 '가시성 변경자'는 클래스의 메소드 혹은 필드에 대해 접근을 허용하는지 결정하는 역할을 합니다. 3장에서 'private, protected, default, public' 키워드로 사용했던 '접근 제어자'와 같은 의미이죠. 코틀린역시 가시성 변경자를 제공하지만, 기본 속성과 의미가 Java와는 조금 다릅니다. 먼저 Java의 가시성 변경자와 의미를 복습해 보겠습니다.

| 변경자 | 의미 |
|---|---|
| default(기본 가시성) | 같은 패키지에서 접근 가능 |
| private | 클래스 내부에서만 사용 가능하며 외부에 비공개 |
| protected | 클래스와 상속받은 하위 클래스에서만 사용 가능 |
| public | 외부에서 모두 접근 가능 |

코틀린은 가시성 변경자의 일부가 다른데다가 또 함수나 프로퍼티가 꼭 클래스 내부에만 존재하는 것이 아니기 때문에 의미가 추가됩니다. '클래스 멤버일 때'의 의미와 '최상위 선언인 경우' 그 의미가 조금 다른데요. 이것 역시 표로 알아보겠습니다.

| 변경자 | 클래스 멤버 | 최상위 선언 |
|---|---|---|
| internal | 같은 모듈에서 접근 가능 | 같은 모듈에서 접근 가능 |
| private | 클래스 내부에서만 사용 가능하며 외부에 비공개 | 같은 파일에서만 접근 가능 |
| protected | 클래스와 상속받은 하위 클래스에서 사용 가능 | 최상위 선언에서는 사용 불가 |
| public(기본 가시성) | 모든 곳에서 접근 가능 | 모든 곳에서 접근 가능 |

Java와 달리 코틀린은 같은 패키지에서 접근 가능한 'default' 속성이 따로 없습니다. 대신에 같은 모듈일 때 접근 가능한 변경자로서 'internal' 키워드가 존재합니다. 여기서 '모듈'이란 무엇일까요? 모듈은 한꺼번에 컴파일되어 묶이는 하나의 프로젝트 단위라고 볼 수 있습니다. 현재 안드로이드 프로젝트를 기준한다면 개별 'app'이 바로 '모듈 단위'라고 할 수 있겠죠.

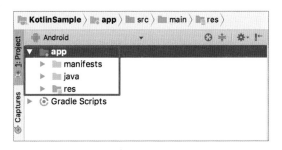

'모듈 가시성 변경자'는 오히려 진정한 캡슐화를 지원한다고 할 수 있습니다. 기존에 Java에서 제공한 '패키

지 전용 가시성 변경자'의 경우, 서로 모듈이 다르다고 하더라도 패키지 이름만 똑같이 지정하면 접근할 수 있기 때문에 캡슐화가 쉽게 깨지게 되죠. 코틀린의 경우 모듈 내부 가시성은 '같은 모듈에서만' 접근 가능하기 때문에 모듈을 분리해서 개발할 때 유용합니다.

그런데 Java와 코틀린은 서로 상호 호환된다고 했는데, 그렇다면 internal 가시성 변경자와 같은 경우 Java에서는 어떻게 처리되는 것일까요?

사실 Java에는 internal 키워드와 딱 맞는 가시성이 없는데요. 패키지 접근을 허용하는 default는 internal 변경자와 의미가 완전히 다릅니다. 모듈은 보통 여러 패키지로 이루어지고 서로 다른 모듈에 있어도 패키지 이름은 같을 수도 있기 때문이죠. 그 때문에 Java에서 코틀린의 internal 키워드는 'public'으로 취급됩니다.

Java와 코틀린의 가시성 변경자는 매우 닮아 있으면서도 조금씩 차이가 있는데, 코틀린에서 사용하는 '내부 클래스'와 '중첩 클래스' 역시 Java와는 조금씩 다릅니다. 다음에는 바로 그 차이점을 알아보겠습니다.

## 4.7. 11 내부 클래스와 중첩 클래스

Java처럼 코틀린 역시 클래스 안에 다른 클래스를 사용할 수 있습니다. "클래스 안에 다른 클래스"라니 조금 헷갈릴 수 있어 직접 코드로 살펴보겠습니다. 먼저 Java측 코드입니다. 'SampleClass.java' 클래스 파일을 생성하고 다음과 같이 편집해 주세요.

```java
package com.akj.kotlinsample;

public class SampleClass {
    int outerField1 = 0;

    // 클래스 내부에 선언된 클래스를 내부 클래스(Inner Class) 라고 한다.
    // 내부 클래스는 외부로 선언된 SampleClass 객체가 생성되어야 존재할 수 있다.
    class InnerClass {
        // 내부 클래스에서는 외부 클래스의 필드에 접근 가능하다.
        int myField = outerField1;
    }

    // 클래스 내부에 선언되어 있지만 static 이 붙으면 중첩 클래스가 된다.
    // 중첩 클래스는 외부에 있는 SampleClass 객체가 없어도 존재할 수 있다.
    public static class NestedClass {
        // 중첩 클래스는 외부 클래스 필드에 접근이 불가하다.
```

```
        // int myField = outerField1;
    }
}
```

코드의 주석을 잘 읽어 주세요. Java의 경우 클래스 내부에 그냥 'class'를 선언하는 경우 '내부 클래스'가 되고 'static'이 붙은 경우 '중첩 클래스'가 되죠. 그런데 '내부 클래스'와 '중첩 클래스'는 어떻게 다른 것일까요?

내부 클래스와 중첩 클래스의 차이는 사실 "외부에 있는 클래스와 생명 주기가 같은가 아닌가"로 구분할 수 있는데요. 예를 들어 '내부 클래스'인 'InnerClass'는 외부에 있는 'SampleClass' 객체가 생성되어 있어야만 존재할 수 있습니다. 또 SampleClass가 사라지면 내부 클래스도 같이 사라지죠. 내부 클래스가 존재한다는 것은 반드시 외부에 있는 SampleClass 객체도 존재한다는 의미입니다. 그렇기 때문에 외부에 있는 SampleClass의 필드에 접근할 수 있는 것이죠.

반면 '중첩 클래스'는 외부에 있는 SampleClass의 존재와 관계없이 독립적으로 존재할 수 있습니다. 그렇기 때문에 외부에 있는 SampleClass의 필드에 접근할 수 없죠. 중첩 클래스가 있다고 해서 SampleClass 객체가 반드시 존재하는 것은 아니기 때문입니다.

이제 내부 및 중첩 클래스의 차이점을 알게 되었습니다. 그런데 주의해야 할 부분은 Java와 코틀린에 있어 중첩 클래스와 내부 클래스의 기본 설정이 다르다는 것인데요. 이를 코드로 알아보죠. 'Sample.kt' 파일을 만들고 다음과 같이 편집해 주세요.

```
package com.akj.kotlinsample

class Sample {
    val field1 = 0

    // 코틀린은 내부에 클래스를 선언하면 중첩클래스가 됨
    class NestedClass {
        // 중첩 클래스에서는 외부 클래스 속성에 접근 불가
        // val myField = field1
    }

    // 코틀린에서 내부 클래스를 선언하려면 inner 키워드 사용
    inner class InnerClass {
        // 내부 클래스에서는 외부 클래스의 속성에 접근 가능
        val myField = field1
    }
```

```
        }
```

코틀린 코드 역시 주석을 잘 봐 주세요. 코틀린에서도 중첩 클래스와 내부 클래스의 차이점은 같습니다. 내부 클래스는 외부 클래스의 속성에 접근이 가능하며, 중첩 클래스는 접근할 수 없습니다.

그런데 한 가지 다른점은 코틀린은 "클래스 내부에 클래스를 선언하는 경우 중첩 클래스가 된다"는 것입니다. 이때 Java 의 경우라면 내부 클래스가 되므로 헷갈리기 쉬운 부분이죠. 코틀린에서 내부 클래스로 선언하기 위해서는 'inner class'로 선언해야 한다는 것을 잊지 말아 주세요.

이제 본 과에서 학습한 내용들을 정리하고, 다음 과에서는 '람다 표현식'에 대하여 알아보도록 하겠습니다.

◆ 코틀린에서 클래스의 프로퍼티는 val 의 경우 Getter 가, var 의 경우 Getter, Setter 가 자동 생성된다.

◆ 필드란 '인스턴스 변수'를 의미하고 프로퍼티란 '필드와 접근자(Getter, Setter)의 조합'을 의미한다.

◆ 코틀린의 프로퍼티는 접근자에 의해 결정되며, 필드를 사용하지 않는다.

◆ 코틀린은 클래스의 접근자에서 자신의 프로퍼티에 접근하기 위해 'field' 키워드를 사용하고, 이것을 'Backing Field' 라고 한다.

◆ 코틀린의 클래스는 기본적으로는 상속이 닫혀 있고, 상속을 허용하려면 'open' 키워드를 사용해야 한다.

◆ 코틀린은 클래스를 위임하기 위해 'by' 키워드를 사용할 수 있다.

◆ 코틀린은 프로퍼티도 위임이 가능하며, 위임을 하기 위해서는 역시 'by' 키워드를 사용한다.

◆ 코틀린의 프로퍼티 위임은 Getter, Setter 연산자를 구현한 클래스로 위임하거나, 표준 라이브러리에서 제공하는 'lazy, observable, map' 등으로 위임할 수 있다.

◆ 코틀린은 자주 사용되는 '싱글턴(Singleton)' 패턴을 대체하는 'object' 클래스를 사용할 수 있습니다.

◆ 코틀린의 'Data' 클래스에서는 'toString, equals, hashCode' 메소드가 자동으로 구현된다.

◆ 코틀린의 클래스는 Java 와 가시성이 일부 다르다. 특히 코틀린은 package 변경자가 없고, 모듈 가시성인 'internal' 을 지원한다.

◆ 코틀린은 클래스 내부에 클래스를 선언하는 경우 기본적으로 '중첩 클래스'가 된다. Java 와 같이 '내부 클래스'로 선언하려면 'inner' 키워드를 사용한다.

# 4.8 | 람다(Lambda)

## 4.8.01 | 람다란?

먼저 **람다**란 무엇일까요? '람다'를 정의를 간단하게 말한다면, '람다 표현식'을 줄인 것으로 '익명 함수'를 표현하는 방법이며, 이때 '익명 함수'란 실행 가능한 코드 블럭이라고 생각할 수 있습니다.

람다가 무엇인지 조금 더 자세히 알아보기 위해 기존에 람다를 사용한 예부터 살펴보도록 하겠습니다. 사실 이 책의 예제에서는 이미 람다를 사용하고 있었는데요. 버튼의 '클릭 이벤트 리스너'를 설정할 때 람다를 사용했었습니다. 그럼 기존에 어떻게 사용했었는지 다시 살펴보도록 하죠.

기존에 작성한 'BmiJavaActivity.java' 파일을 다시 보죠. BmiJavaActivity 의 'bmiButton.setOnclickLisetener' 부분을 봐 주세요.

```java
// bmiButton 이 클릭된 경우의 이벤트 리스너를 등록한다.
bmiButton.setOnClickListener(new View.OnClickListener() {
    @Override
    public void onClick(View view) {
        // tallField 의 값을 읽어온다.
        String tall = tallField.getText().toString();

        // weightField 의 값을 읽어온다.
        String weight = weightField.getText().toString();

        // BMI 를 계산한다. 체중(kg) / 키(m) * 키(m) >> 키를 cm 로 입력받았으므로 100 으로 나누어 제공한다.
        // Math.pow() 는 넘겨받은 파라미터 값을 제공해서 돌려준다.
        // 예를 들어 Math.pow(2, 3) 은 2의 3제곱 8을 돌려준다.
        double bmi = Double.parseDouble(weight) / Math.pow(Double.parseDouble(tall) / 100.0, 2);

        // 결과 bmi 를 resultLabel 에 보여준다.
        TextView resultLabel = findViewById(R.id.resultLabel);
        resultLabel.setText("키: " + tall + ", 체중: " + weight + ", BMI: " + bmi);
    }
});
```

bmiButton 에 '클릭 이벤트 리스너'를 설정하는 코드입니다. 클릭되었을 때 실행할 코드를 전달하기 위해 'View.OnClickListener'를 생성해 전달하고 있습니다. 그런데 사실 위와 같은 코드는 매우 번거롭다는 것을 알 수 있습니다. 사실 클릭되었을 때 실행되어야 할 코드의 핵심은 'onClick(View view)' 함수만 해당됩니다.

```java
// bmiButton 이 클릭된 경우의 이벤트 리스너를 등록한다.
bmiButton.setOnClickListener(new View.OnClickListener() {
    @Override
    public void onClick(View view) {
        // tallField 의 값을 읽어온다.
        String tall = tallField.getText().toString();

        // weightField 의 값을 읽어온다.
        String weight = weightField.getText().toString();

        // BMI 를 계산한다. 체중(kg) / 키(m) * 키(m) >> 키를 cm 로 입력받았으므로 100 으로 나누어 제곱한다.
        // Math.pow() 는 넘겨받은 파라미터 값을 제곱해서 돌려준다.
        // 예를 들어 Math.pow(2, 3) 은 2의 3제곱 8을 돌려준다.
        double bmi = Double.parseDouble(weight) / Math.pow(Double.parseDouble(tall) / 100.0, 2);

        // 결과 bmi 를 resultLabel 에 보여준다.
        TextView resultLabel = findViewById(R.id.resultLabel);
        resultLabel.setText("키: " + tall + ", 체중: " + weight + ", BMI: " + bmi);
    }
});
```

즉, 빨간 박스 부분의 코드 외에는 사실상 전부 불필요한 부분이라는 것입니다. 앞서 '람다는 익명 함수를 표현하는 방법'이라고 했죠. 위 코드가 코틀린에서 어떻게 표현되는지 보겠습니다. BmiKotlinActivity 파일의 clickListener 부분을 살펴보죠.

```kotlin
bmiButton.setOnClickListener {
    // tallField 의 값을 읽어온다.
    val tall = tallField.text.toString().toDouble()

    // weightField 의 값을 읽어온다.
    val weight = weightField.text.toString().toDouble()

    // BMI 를 계산한다. 체중(kg) / 키(m) * 키(m) >> 키를 cm 로 입력받았으므로 100 으로 나누어 제곱한다.
    // Math.pow() 는 넘겨받은 파라미터 값을 제곱해서 돌려준다.
    // 예를 들어 Math.pow(2, 3) 은 2의 3제곱 8을 돌려준다.
    val bmi = weight / Math.pow(tall / 100, 2.0)

    // 결과 BMI 를 resultLabel 에 보여준다.
    resultLabel.text = "키: ${tallField.text}, 체중: ${weightField.text}, BMI: $bmi"
}
```

코틀린은 중괄호 블럭({}) 내에 실행될 코드만 정의되어 있습니다. 위의 예제는 함수에 실행 가능한 코드 블럭을 전달하는 것으로, '람다 표현식'을 사용한 하나의 예입니다. 람다 표현식이란 위와 같이 코드를 훨씬 간결하고 읽기 쉽도록 도와줍니다.

앞서 "람다는 익명 함수를 표현하는 방법이며, 결국 실행 가능한 코드 블럭을 전달하는 것과 같다"고 했습니다. 위 예제도 동일한데요. 'bmiButton.setOnClickListener'에 전달되어야 하는 것은 버튼이 클릭되었을 때에 실행해야 할 '코드 블럭'이기 때문입니다. 코틀린은 람다 표현식을 사용해 실행해야 하는 코드 블럭을 간결하게 표시한 것이지요.

위의 예처럼 코틀린의 람다는 마치 값처럼 여기저기 전달할 수 있는 동작의 모음입니다. 이번 과에서는 코틀린에서 람다를 표현하는 방법과 함께 람다를 활용해 어떤 작업을 할 수 있는지 살펴보도록 하겠습니다.

## 4.8.02 람다 식의 문법

코틀린에서 람다 식의 문법을 익히기 위해, 우선 코드 파일을 만들도록 하겠습니다. 'LambdaEx.kt' 파일을 만들고 다음과 같이 편집해 주세요.

```
package com.akj.kotlinsample

val sum = {x:Int, y:Int -> x + y}
```

'sum'에는 람다 표현식을 사용하여 함수가 바인딩되었습니다. 위의 코드는 람다 표현식을 사용하는 문법을 보여 주는 좋은 예입니다.

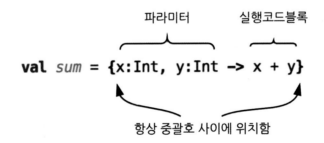

'코틀린에서 람다를 표현하는 방법'은 다음과 같습니다. 먼저 중괄호를 쓰고 함수의 파라미터를 쓴 뒤 '->' 기호로 실행되는 코드 블럭을 정의합니다. 위의 코드로 선언된 람다식은 변수에 할당도 가능하고 함수에 전달도 가능합니다. 테스트 코드에서 위의 람다식을 사용해 보겠습니다.

KotlinTest.kt 파일에 다음 테스트 코드를 추가해 주세요.

```
@Test
fun testLambda1() {
    // 함수의 파라미터로 람다식 전달
    println(sum(1, 2))
    // 람다식 반환 값으로 비교
    Assert.assertEquals(4, sum(1, 3))
}
```

LambdaEx.kt 파일에서 선언한 sum은 '최상위 프로퍼티'이기 때문에 바로 접근이 가능합니다. 테스트 코드를 보면 함수의 파라미터로 sum을 전달할 수도 있는 등 자유롭게 사용 가능하다는 것을 알 수 있습니다. 코틀린이 함수를 **일급 객체**로 취급하기 때문입니다.

'일급 객체(First Class Citizen)'이란 함수형 프로그래밍에서 주로 사용하는 용어로 다음 조건을 만족해야 합니다.

- 변수와 자료 구조에 할당 가능해야 합니다.

- 함수의 파라미터로 전달이 가능해야 합니다.

- 함수의 반환값으로 전달이 가능해야 합니다.

- 동등성 비교가 가능해야 합니다.

코틀린에서 '함수'와 '람다'는 일급 객체로 취급하기 때문에, 변수에 할당도 가능하고 함수의 파라미터 또는 반환값으로도 전달이 가능합니다. 'testLambda1()' 테스트 코드를 다음과 같이 바꿔 보겠습니다.

```
@Test
fun testLambda1() {
    // 함수의 파라미터로 람다식 전달
    println(sum(1, 2))
    // 람다식 반환 값으로 비교
    Assert.assertEquals(4, sum(1, 3))

    // 함수에 람다 표현식을 바로 전달
    Assert.assertEquals(4, { x: Int, y: Int -> x * y }(2, 2))

    // 람다표현식 내부에서 람나표현식을 반환
    val exp = { x: Int, y: Int ->
```

```
        { z: Int -> (x + y) * z }
    }
    // exp2 --> {z: Int -> {(3 +2) * z}}
    val exp2 = exp(3, 2)
    // result --> (3 + 2) * 4
    val result = exp2(4)
    // 결과 확인
    Assert.assertEquals(20, result)
}
```

다소 테스트가 복잡해 보이지만 코틀린이 함수와 람다를 일급 객체로 사용한다는 것을 보여 주는 예입니다. 'exp'는 'x, y'를 파라미터로 받는 람다 식입니다. 그리고 전달받은 x, y, 파라미터로 새로운 람다 식을 생성하여 반환하죠. exp2는 exp가 반환한 람다 식을 가지게 되며, 이후 exp2의 'z' 파라미터를 전달해 결과 값을 확인하고 있습니다.

위의 예와 같이 코틀린은 함수와 람다를 일급 객체로 사용하므로 요즘 유행 중인 '함수형 프로그래밍' 패러다임을 완벽하게 구현할 수 있습니다. 또 함수로 새로운 함수를 생성하고 람다로 표현하는 등 코드를 보다 간결하게 사용할 수도 있죠.

람다를 사용하여 프로그래밍을 간결하게 만드는 기법에는 여러 가지가 있지만, 여기서는 프로그래밍에서 매우 자주 사용하는 'Collection에서 함수형 API를 사용하는 방법'을 배우도록 하겠습니다.

## 4.8.03 Collection의 함수형 API

함수형 프로그래밍 스타일을 활용하면, 'Collection(컬렉션)'과 같은 데이터의 집합을 다루기 편리해집니다. 특히 코틀린은 컬렉션을 다룰 수 있는 여러 표준 라이브러리를 제공하는데요. 프로그래밍에서 컬렉션을 다루는 일은 매우 흔하므로 여기서 다루고 넘어가도록 하겠습니다. 이번에 배울 함수를 표로 간단하게 정리하면 다음과 같습니다.

| 컬렉션 API | 설명 |
| --- | --- |
| filter | 컬렉션에서 조건에 맞는 항목만 추출해 새로운 컬렉션을 반환한다. |
| map | 컬렉션에 항목을 변환하여 새로운 컬렉션을 만들고 반환한다. |
| flatmap | 컬렉션의 포함된 항목들을 평평하게 펼친 뒤 변환하여 새로운 컬렉션을 반환한다. |

| find | 함수의 조건을 만족하는 항목 한 개를 반환한다. |
|---|---|
| group by | 컬렉션을 여러 그룹으로 이뤄진 맵으로 변경한다. |

코드로 직접 테스트해 보도록 하겠습니다. 먼저 컬렉션 API를 테스트할 수 있도록 KotlinTest.kt 파일에 다음 테스트 함수를 추가해 주세요.

```kotlin
@Test
fun testCollectionApi() {
    // 컬렉션을 만든다
    val list = listOf(1, "2", 3, 4, 5.7, 1, 2)

    // filter: 컬렉션에서 특정 조건이 맞는 항목만 추출하여 새로운 컬렉션을 만든다 -> Int 타입만 추출한다.
    println(list.filter { item -> item is Int })

    // 람다 표현식에서 파라미터가 하나인 경우 생략이 가능하다.
    // 파라미터는 it 키워드로 접근 가능
    println(list.filter { it is Int })

    // map: 컬렉션에서 아이템을 변환하여 새로운 컬렉션을 만든다. 아래 코드는 String 의 컬렉션이 만들어진다.
    println(list.map { "value: ${it}" })

    // filter 에서 반환된 컬렉션을 map 으로 변환
    println(list.filter { it is Int }.map { "value: ${it}" })

    // 아이템을 찾는다.
    println(list.find { it is Double })

    // 컬렉션을 그룹화하여 Map<String, List<T>> 형태로 만든다. 아래코드는 각 아이템의 클래스 별로 그룹화 된다.
    val map = list.groupBy { it.javaClass }
    println(map)

    // 컬렉션 안에 컬렉션이 있는 새로운 리스트를 만든다.
    val list2 = listOf(listOf(1, 2), listOf(3, 4))
    println(list2)

    // map 으로 항목을 변환한다.
    println(list2.map { "value: ${it}" })

    // flatmap 으로 리스트를 평평하게 만들고 변환한다.
```

```
    println(list2.flatMap { it.toList() })
}
```

위의 테스트 코드는 컬렉션에서 활용 가능한 함수형 API를 전체적으로 실행하고 있는데요. 테스트 코드를 실행해서 결과를 확인해 주세요.

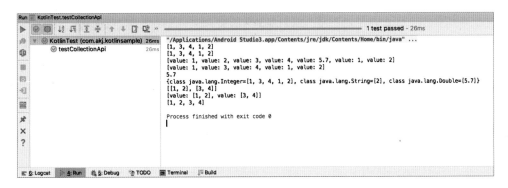

코드에 주석과 결과를 비교해 보면 컬렉션의 각 API가 어떤 결과로 변환되는지 확인될 것입니다. 코틀린에서 람다를 활용하는 방법은 여기서 다룬 내용 외에도 굉장히 많습니다. 이 책에서 모든 내용을 다룰 수는 없는 것이 아쉬울 따름입니다. 다음 과에서는 코틀린이 가진 또 하나의 강력한 기능인 '확장 함수'를 다뤄 보도록 하겠습니다.

◆ 람다는 람다 표현식을 줄인 것으로 익명 함수를 표현하는 방법을 의미합니다.

◆ 코틀린은 중괄호 안에 파라미터와 실행 코드 블록을 정의하여 람다식을 사용합니다.

◆ 코틀린의 컬렉션은 람다식을 활용하여, filter, map, flatmap, find, group by 등 유용한 함수를 제공합니다.

# 4.9 | 확장 함수

## 4.9.01 확장 함수란?

코틀린의 핵심 목표 중 하나는 Java로 이루어진 기존 코드와 코틀린 코드를 자연스럽게 통합하는 것입니다. 코틀린만으로 이루어진 프로젝트라 하더라도 기존의 여러 Java 라이브러리들을 사용할 수 있어야 합니다.

그런데 Java API와 라이브러리 코드를 변경하지 않고도, 코틀린으로 만든 새로운 메소드나 함수를 마치 기존 Java API에 원래 있었던 함수처럼 추가할 수 있다면 정말 좋은 일이 되겠죠. 바로 그런 역할을 **확장 함수**가 해결해 줄 수 있습니다.

'확장 함수'를 사용하면 이미 정의된 클래스를 전혀 수정하지 않고도 클래스에 포함된 함수처럼 사용할 수 있습니다. 우리는 이를 직접 코드로 작성하여 이해해 보도록 하겠습니다. 'StringExt.kt' 파일을 만들고 다음과 같이 편집해 주세요.

```kotlin
package com.akj.kotlinsample

// String 클래스에 lastString 확장함수를 추가로 정의한다.
fun String.lastString():String {
    return this.get(this.length - 1).toString()
}
```

코드를 보면 'String' 클래스는 전혀 수정하지 않았습니다. 하지만 이렇게 확장 함수로 정의하면 추가로 작성한 'lastString()' 함수를 원래 String 클래스에 있는 메소드처럼 사용할 수 있습니다. 정상 동작하는지 확인하기 위하여 KotlinTest.kt 파일에 다음 테스트 함수를 추가합니다.

```kotlin
@Test
fun testExtensions(){
    val str = "Hello, Extensions"
    // lastString() 함수를 원래 String 클래스의 메소드처럼 사용  가능
    Assert.assertEquals("s", str.lastString())
}
```

테스트 코드에서 lastString() 함수를 사용한 것에 주목해 주세요. 마치 원래 String 클래스 내부에 선언된 메소드처럼 사용하고 있습니다. 이렇게 실제로 클래스의 메소드는 아니지만, 클래스 외부에서 선언하고 마치 클래스의 메소드처럼 사용하는 것을 '확장 함수'라고 합니다.

이번 과에서는 코틀린의 확장 함수를 어떻게 사용하고, 실제로 확장 함수가 어떤 원리로 작동하는지 살펴보겠습니다.

코틀린에서 확장 함수를 사용하는 방법은 그리 어려운 일이 아닙니다. 확장 함수를 만들고 싶다면, 함수를 선언할 때 '확장할 클래스의 이름을 덧붙이기만' 하면 됩니다. 앞서 String 클래스를 확장한 lastString() 함수 선언부를 다시 살펴보겠습니다.

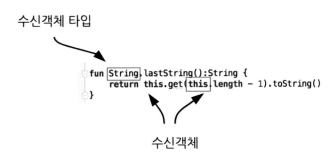

확장 함수를 선언하려면 함수 이름에 확장할 클래스의 이름을 '.' 기호로 덧붙여 선언하기만 하면 됩니다. 그렇게 하면 덧붙인 클래스가 수신 객체의 타입이 되고, 함수 내부에서 'this'로 사용할 수 있습니다.

이렇게 확장 함수를 사용해도 클래스의 캡슐화를 깨지는 않습니다. 확장 함수에서 this 로 수신 객체에 접근 가능하지만, 이는 어디까지나 'public'으로 공개된 메소드와 멤버에 한정됩니다. 클래스 내부에서만 사용하는 'private' 멤버나 'protected' 멤버에는 접근할 수 없죠.

코틀린에서 확장 함수를 선언할 때 주의할 점은 확장 함수 역시 다른 함수들과 같은 '가시성'을 가진다는 것입니다. 예를 들어 클래스 내부에서 확장 함수를 정의하면, 클래스 내부에서만 해당 확장 함수를 사용할 수 있죠.

StringExt.kt 파일을 다음과 같이 편집해 보겠습니다.

```kotlin
package com.akj.kotlinsample

// String 클래스에 lastString 확장함수를 추가로 정의한다.

fun String.lastString():String {
    return this.get(this.length - 1).toString()
}

class ExtTest {
```

```kotlin
    // String 클래스에 extFunc 라는 확장함수를 추가한다.
    fun String.extFunc(){
        // 확장함수 String.lastString() 에 접근 가능하다.
        println(this.lastString())
    }

    fun method1(){
        // 확장함수 String.extFunc() 에 접근 가능하다.
        "test".extFunc()
    }
}

fun test(){
    // 확장함수 String.lastString() 에 접근 가능
    "test".lastString()

    // 확장함수 String.extFunc() 에는 접근 불가
//    "test".extFunc()
}
```

'String.lastString()'은 최상위 함수로 기본 가시성이 'public'으로 선언되었습니다. 때문에 코드 어디에서나 사용 가능하죠. 반면 'String.extFunc()' 함수는 클래스 내부에서 선언되었기 때문에 클래스 외부에서는 사용이 불가능한 것입니다. "test".extFunc()의 주석을 풀게 되면 에러를 확인할 수 있습니다.

```kotlin
1    package com.akj.kotlinsample
2
3    // String 클래스에 lastString 확장함수를 추가로 정의한다.
4
5    fun String.lastString():String {
6        return this.get(this.length - 1).toString()
7    }
8
9    class ExtTest {
10       // String 클래스에 extFunc 라는 확장함수를 추가한다.
11       fun String.extFunc(){
12           // 확장함수 String.lastString() 에 접근 가능하다.
13           println(this.lastString())
14       }
15
16       fun method1(){
17           // 확장함수 String.extFunc() 에 접근 가능하다.
18           "test".extFunc()
19       }
20   }
21
22   fun test(){
23       // 확장함수 String.lastString() 에 접근 가능
24       "test".lastString()
25
26       // 확장함수 String.extFunc() 에는 접근 불가
27       "test".extFunc()
28   }
         Unresolved reference: extFunc
```

확장 함수는 보통 코드 전체에서 사용하는 경우가 대부분이므로 '최상위 선언'으로 사용하게 됩니다. 사용 방법 자체는 특별히 어려운 것이 없기 때문에 얼마든지 클래스의 새로운 메소드를 추가할 수 있습니다.

그런데 코틀린에서 정의된 확장 함수를 Java에서는 어떻게 사용할 수 있을까요? 다음은 코틀린의 확장 함수를 Java에서 어떻게 접근하는지 알아보겠습니다.

## 4.9.03 Java의 확장 함수 호출

코틀린에서 확장 함수를 사용해 이미 구현된 클래스를 전혀 수정하지 않고도 기능을 확장하는 방법에 대하여 살펴봤습니다. 그런데 이런 좋은 기능을 Java에서도 사용할 수 있을까요?

사실 Java에는 '확장 함수'라는 개념이 없기 때문에 Java 입장에서 보면 확장 함수란 단지 '정적(static) 함수' 일 뿐입니다. 앞서 우리는 Java에서 코틀린의 '최상위 함수'를 어떻게 호출하는지 살펴봤는데요. 최상위 함수 역시 Java에는 없는 개념이기 때문에, 코틀린 파일의 이름으로 클래스를 자동 생성하고 자동 생성된 클래스의 '정적 함수'로 호출했었죠.

예를 들어 방금 작성한 StringExt.kt 파일의 'lastString()' 함수는 Java에서 다음과 같이 호출할 수 있습니다. JavaTest.java 파일에 다음 테스트 코드를 추가해 주세요.

```java
@Test
public void testExtFunc(){
    // 자바에서 코틀린의 확장함수 호출 방법은 최상위 함수 호출 방법과 같음
    String lastString = StringExtKt.lastString("apple");
    Assert.assertEquals("e", lastString);
}
```

이제, 위 코드 중 Java에서 확장 함수를 사용한 코드를 살펴보겠습니다.

```java
StringExtKt.lastString("apple");
```

'Java에서의 확장 함수 호출'은 '최상위 함수 호출'과 비슷하지만 주의할 것이 있는데요. 최상위 함수와 달리 확장 함수는 함수의 호출 형태가 조금 다릅니다. 확장 함수는 수신 객체 타입을 제외한 '이름'으로 호출하며, 수신 객체 타입은 함수의 첫 번째 파라미터가 되죠. Java에서 확장 함수의 실체는 '정적 함수'이며, 클래스에 포함되는 것이 아니라는 것을 꼭 기억해 주세요.

또 확장 함수는 하위 클래스로 상속되지 않습니다. Java에서 확장 함수의 실체를 알게 되면 당연한 이야기입니다. 확장 함수는 실제로 클래스에 포함된 것이 아닌 정적 함수이며, 단지 코틀린에서 편하게 사용할 수 있도록 하는 '문법적 편의'이기 때문이죠.

그럼 본 과에서 익힌 내용을 정리하고, 다음 과에서는 '널(null)'이란 무엇이고 코틀린에서 널을 어떻게 처리하는지 익혀 보겠습니다.

- ◆ 확장 함수는 클래스 외부에서 정의하지만, 마치 클래스의 멤버 메소드처럼 사용할 수 있다.
- ◆ 확장 함수는 기존에 구현된 클래스를 전혀 건드리지 않고 기능을 확장할 수 있다.
- ◆ 확장 함수를 정의하기 위해서는 수신 객체의 타입을 함수 이름 앞에 적기만 하면 된다.
- ◆ 확장 함수를 Java에서 호출할 때에는 'static(정적) 메소드'를 호출하는 것과 같다.
- ◆ 확장 함수는 실제로는 static 함수이며, 코틀린에서 멤버 메소드처럼 사용할 수 있게 해 주는 문법적 편의이다.
- ◆ 확장 함수는 실제로는 외부에 선언된 static 함수이기 때문에, 상속되거나 오버라이드할 수 없다.

# 4.10 | 널 안전성(Null Safety)

## 4.10.01 Null, Null Pointer Exception(NPE)

그런데, 대체 널(Null)이란 무엇일까요? '널'은 프로그래밍 언어에서 꽤 자주 등장하는 단어로 '값이 없음', '참조하고 있는 객체가 없음' 등 "무엇인가 없다"는 의미로 사용됩니다. Java에서 Null은 '객체의 참조 변수에 아직 객체가 할당되지 않은 상태'를 말합니다.

Null이 프로그래밍에서 중요한 이유는, 객체를 참조하는 변수가 Null일 때에 발생하는 버그가 매우 많기 때문입니다. 객체의 참조가 널이어서 발생하는 예외를 Java에서는 'NullPointerException'이라고 하고, 이를 줄여서 'NPE 예외'라고 부릅니다. NPE 예외가 많은 것을 알면서도 계속 에러가 많은 이유는 모든 객체에 대해 널인 경우의 예외를 처리하려면 상당히 코드가 많아지게 되고, 생각보다 까다롭기 때문입니다.

코틀린은 'Null(널)'을 취급하는 방침이 Java와 상당히 다릅니다. 코틀린은 기본적으로 널을 허용하지 않기 때문이죠. 그렇기 때문에 Java 프로그래밍에서 높은 비율로 발생하는 NPE에 대하여 상대적으로 안전합니다.

Java를 사용할 때 주로 발생하는 NPE의 예를 보겠습니다. 'NPE.java' 파일을 만들고 다음과 같이 편집합니다.

```java
package com.akj.kotlinsample;


public class NPE {
    public int strLen(String text){
        return text.length();
    }
}
```

'NPE' 클래스의 'strLen()' 메소드는 겉보기에는 아무런 문제가 없습니다만 NPE에 안전하지 않죠. JavaTest.java 파일에 다음 테스트 코드를 추가해 주세요.

```java
@Test
public void testNPE1() {
    NPE npe = new NPE();
    // 3글자에 단어를 함수에 전달해 결과 테스트
    Assert.assertEquals(3, npe.strLen("abc"));

    // Null 을 전달할때 테스트
    Assert.assertEquals(0, npe.strLen(null));
}
```

테스트 코드를 실행하면 다음과 같이 나타납니다.

테스트가 실패하면서 'NullPointerException'이라는 메시지가 출력됩니다. strLen() 함수에 전달된 파라미터 'text'는 Null이기 때문에 'length()' 메소드를 호출하는 시점에 에러가 발생하게 됩니다.

여기서 한 가지 중요한 사실을 알 수가 있습니다. Null 은 String 타입 변수에 할당할 수는 있지만, String 타입은 아니라는 것입니다. Java 의 타입 비교를 위한 'instanceof' 연산자 역시 Null 이 String 타입이 아니라고 판단합니다. 다음 테스트 코드로 확인해 보세요.

```
@Test
public void testNullType() {
    Assert.assertEquals(true, null instanceof String);
}
```

Java 의 String 타입의 변수에는 'String 타입의 객체' 또는 'Null'이 올 수 있지만, 2가지의 타입은 완전히 다릅니다. Null 은 String 타입의 연산을 실행할 수 없기 때문이죠. Java 의 타입 시스템은 Null 을 제대로 다루지 못한다고 볼 수 있는 것입니다.

Java 는 컴파일 시점에 변수의 타입을 체크하지만, 'primitive 타입(int, double 등)'처럼 Null 을 할당할 수 없는 타입을 제외하면, 모든 타입이 Null 일 가능성이 있습니다. 그렇기 때문에 모든 타입이 Null 을 체크해야만 해당 타입의 메소드들을 안전하게 사용할 수 있습니다.

그렇다면 "무조건 Null 을 체크하면 되지 않을까?"라는 생각을 할 수 있습니다. 하지만 모든 타입의 널(Null) 체크를 하게 되면 코드가 상당히 복잡해집니다.

예를 들어 다음과 같이 'Movie'와 'Actor'라는 Java 클래스가 있다고 생각해 보겠습니다.

```
package com.akj.kotlinsample;

import java.util.ArrayList;
import java.util.List;

// 영화 클래스
public class Movie {
    // 주연
    public List<Actor> leadingActors;

    // 조연
    public List<Actor> supportingActors;
```

```java
    // 제목
    public String title;

    // 상영연도
    public int showingAge;

    // 장르 - "공포, 코미디, 멜로, 액션"
    public String genre;

    // 배우 클래스
    public static class Actor {
        // 본명
        public String realName;
        // 예명
        public String stageName;
        // 나이
        public int age;

        // 성별 - 남자 "M", 여자 "W"
        public String gender;

        // 출연작
        public List<Movie> actedMovies;
    }

    // 배우 캐스팅 후보를 반환하는 함수
    // 전달받은 영화 목록중 제목에 "도시" 문자열이 있는 영화만 조사
    // 주연배우 목록에서 여성 20대, 작품수 5개 이상이면 추천
    // 조연배우 목록에서 남자이고 30대, 출연작품중 공포 장르가 3개 이상인 경우 추천
    public static List<Actor> casting(List<Movie> movies) {
        List<Actor> recommemdActors = new ArrayList<>();

        // 전달 받은 Movie 목록을 순회
        for (Movie movie : movies) {
            if (movie.title.contains("도시")) {
                // 주연배우 목록에서 여성 20대, 작품수 5개 이상이면 추천
                for (Actor actor : movie.leadingActors) {
                    if (actor.gender.equals("W")
                            && actor.actedMovies.size() >= 5
                            && actor.age >= 20
```

```
                    && actor.age < 30) {
                recommemdActors.add(actor);
            }
        }


        // 조연배우 목록에서 남자이고 30대, 출연작품중 공포 장르가 3개 이상인 경우 추천
        for (Actor actor : movie.supportingActors) {
            if (actor.gender.equals("M")
                    && actor.age >= 30
                    && actor.age < 40
                    ) {
                // 배우의 출연작품을 순회
                for (Movie actedMovie : actor.actedMovies) {
                    if (actedMovie.genre.equals("공포")) {
                        recommemdActors.add(actor);
                    }
                }
            }
        }
    }


    return recommemdActors;
  }
}
```

코드에는 'Movie' 클래스와 'Actor' 클래스가 있습니다. Movie 클래스는 주연 배우 집합과, 조연 배우 집합을 멤버로 가지고, 배우는 출연작인 Movie 의 리스트를 갖고 있습니다. 여기서 casting() 함수에 주목해 주세요. casting() 함수는 배우를 추천하는 함수로서, 함수에 전달받은 Movie 리스트의 주연 배우 중에서 "20대 여성이고 출연작이 5개 이상인" 배우와, 조연 배우 중 "30대이고 출연작 중 공포 장르가 3개 이상인" 배우를 추천하고 있습니다.

그럼 이 casting() 함수는 널(Null)에 대해 안전할까요? 코드를 보면 알 수 있듯, 전혀 안전하지 않습니다. 그런데 Null 체크를 하려니 상당히 까다롭습니다. 위의 casting() 함수에서 체크해야 할 사항을 적어 보겠습니다.

1. 전달받은 함수의 파라미터인 movies 리스트 널 체크

2. Java 는 list 에 Null 항목을 추가 가능하므로 movies 의 각 원소 널 체크

3. 각 Movie 의 title 널 체크

4. 각 Movie 의 주연 배우 리스트 널 체크

5. 주연 배우 리스트의 각 원소 널 체크

6. 주연 배우의 성별 문자열 널 체크

7. 주연 배우의 출연작 리스트 널 체크

8. 각 Movie 의 조연 배우 리스트 널 체크

9. 조연 배우의 성별 문자열 널 체크

10. 조연 배우의 출연작 리스트 널 체크

11. 조연 배우의 출연작 리스트 각 원소 널 체크

12. 조연 배우의 출연작 장르 널 체크

체크할 것이 굉장히 많은데, 위에 나열된 체크 사항들을 모두 포함하여 다음과 같이 작성할 수 있습니다.

```java
// 배우 캐스팅 후보를 반환하는 함수
// 전달받은 영화 목록중 제목에 "도시" 문자열이 있는 영화만 조사
// 주연배우 목록에서 여성 20대, 작품수 5개 이상이면 추천
// 조연배우 목록에서 남자이고 30대, 출연작품중 공포 장르가 3개 이상인 경우 추천
public static List<Actor> casting(List<Movie> movies) {
    List<Actor> recommemdActors = new ArrayList<>();

    // 전달받은 movies 널체크
    if(movies != null){
        // 전달 받은 Movie 목록을 순회
        for (Movie movie : movies) {
            // 각 원소 널체크
            if(movie != null){
                // 영화의 제목이 널인지 체크
                if(movie.title != null){
                    if (movie.title.contains("도시")) {
                        // 주연배우 리스트가 널인지 체크
                        if(movie.leadingActors != null){
                            // 주연배우 목록에서 여성 20대, 작품수 5개 이상이면 추천
                            for (Actor actor : movie.leadingActors) {
```

```java
                    // 각 원소와 성별, 출연작 리스트 널체크
                if(actor != null
                        && actor.gender != null
                        && actor.actedMovies != null){
                    if (actor.gender.equals("W")
                            && actor.actedMovies.size() >= 5
                            && actor.age >= 20
                            && actor.age < 30) {
                        recommemdActors.add(actor);
                    }
                }
            }
        }
        // 조연배우 리스트가 널인지 체크
        if(movie.supportingActors != null){
            // 조연배우 목록에서 남자이고 30대, 출연작품중 공포 장르가 3개 이상인 경우 추천
            for (Actor actor : movie.supportingActors) {
                // 각 원소 널체크
                if(actor != null){
                    if (actor.gender.equals("M")
                            && actor.age >= 30
                            && actor.age < 40
                            ) {
                        // 배우의 출연작 리스트 널체크
                        if(actor.actedMovies != null){
                            // 배우의 출연작품을 순회
                            for (Movie actedMovie : actor.actedMovies) {
                                // 출연작의 장르 널체크
                                if(actedMovie.genre != null){
                                    if (actedMovie.genre.equals("공포")) {
                                        recommemdActors.add(actor);
                                    }
                                }

                            }
                        }

                    }
                }
            }
        }
```

```
                }
              }
            }
          }
        }
      }

    return recommemdActors;
  }
```

널 체크를 추가한 뒤 코드의 가독성이 확연히 떨어지게 되었습니다. 널 체크로 인한 코드가 너무 많아 함수에서 진짜로 해야 할 작업들은 알아보기가 어려워진 것인데, 프로그래밍을 하다 보면 이런 상황이 의외로 많이 발생합니다.

이 코드와 같이, Java에서는 모든 변수를 널 체크하는 것이 여간 까다롭지 않기 때문에 많은 프로그램에서 'Null Pointer Exception'이 발생하는 것입니다. 코틀린은 이런 문제점을 인식하고 이런 문제에 대해 종합적인 해법을 제공합니다. 다음은 코틀린이 어떻게 널(Null)을 다루는지 코틀린의 타입 시스템을 실습과 함께 익혀 보겠습니다.

## 4.10.02 Kotlin의 타입 시스템, 널(NULL) 가능성

코틀린의 타입 시스템은 Java와 비교해 코드의 가독성을 올리고 개발의 편의를 제공합니다. 코틀린의 타입 시스템이 갖는 장점은 여러 가지가 있지만, 그 중에서도 특히 유용하고 개발자들에게 환영받고 있는 널(Null) 처리에 대해 살펴보도록 하겠습니다.

먼저 코틀린의 타입 시스템은 타입을 정의할 때 '널 가능성'을 표기하도록 합니다. 코틀린을 비롯한 최신 언어에서 널에 대한 접근 방식은 "최대한 오류를 컴파일 시점에 알 수 있도록" 하는 것입니다.

코틀린은 만약 널이 될 수 있는 프로퍼티나 변수인 경우, 타입을 선언할 때 반드시 '널 가능성'을 명시해야 합니다. 코드로 확인하면 이해가 좀 더 빠르므로, 'NPEKotlin.kt' 파일을 만들고 다음과 같이 편집합니다.

```
package com.akj.kotlinsample

// 코틀린 타입은 기본적으로는 널(NULL) 을 허용하지 않는다.
```

```
fun strLenNonNull(str: String): Int {
    // 파라미터로 받은 str 은 널이 될수 없으므로 안전하다.
    return str.length
}


// 만일 널(NULL) 가능성이 있다면 타입에 ?를 붙여야 한다.
fun strLenNullable(str: String?): Int {
    // 널 가능성이 있는 str 메소드에 접근하면 에러가 발생한다.
    return str.length
}
```

코틀린은 위 코드처럼 '널 가능성(?)'을 타입으로 명시합니다. 타입 이름만 적는 경우에는 널이 허용되지 않으며, 타입 이름 뒤에 '물음표(?)'가 있다면 널을 허용하는 방식이죠. 어떤 타입이든 타입 이름 뒤에 물음표를 붙이면 "널이 허용된다"는 뜻입니다.

| 타입 | 설명 |
|---|---|
| Type | Type 과 같은 타입만 허용. NULL 은 허용되지 않는다. |
| Type? | Type 또는 NULL |

즉, 코틀린에서 'String 타입'이라면 정말로 "String 타입만 허용된다"는 것입니다. 널을 사용하려면 'String?' 타입을 사용해야 합니다. 'strLenNullable()' 함수는 전달받은 파라미터가 널 가능성이 있기 때문에 length 메소드에 접근할 수 없고 에러가 발생합니다.

그렇다면 String? 타입에서 String 타입의 메소드를 호출하려면 어떻게 해야 할까요? 코틀린은 이를 위한 여러 가지 방법을 제공합니다. 먼저 살펴볼 방법은 'if 문으로 널을 체크하는 것'입니다. 코드를 다음과 같이 수정해 주세요.

```
// 만일 널(NULL) 가능성이 있다면 타입에 ?를 붙여야 한다.
fun strLenNullable(str: String?): Int {
    // 널 가능성이 있는 str 메소드에 접근하면 에러가 발생한다.
    // return str.length

    // if 로 널체크를 한다.
    if (str != null) {
        // 널체크 이후 str 은 String? 타입에서 String 타입으로 스마트 캐스팅된다.
        return str.length
    } else {
        return 0
    }
}
```

코드에서 널 체크를 하면 코틀린은 알아서 'Type?'에서 'Type'으로 '스마트 캐스팅'합니다. strLenNullable( ) 함수도 if 문으로 널 체크를 하면, 블럭 내부에서는 String 타입으로 캐스팅되어 메소드를 호출할 수 있게 되는 것이죠. if 문 대신 when 문을 사용해도 마찬가지로 스마트 캐스팅이 구현됩니다.

여기까지 코틀린의 타입 시스템에서 널 가능성을 어떻게 표현하는지 알아보았습니다. 다음은 코틀린에서 널 가능성이 있는 타입을 사용할 때, 어떻게 간결하고 안전하게 사용할 수 있는지 알아보도록 하겠습니다.

## 4.10. 03 안전한 호출 연산자 ?. 엘비스 연산자 ?:

코틀린은 널(Null) 가능성이 있는 타입의 호출을 간결하게 할 수 있도록 '?.' 연산자를 제공합니다. '?.' 연 산자는 '널 검사'와 '메소드 호출'을 한 번에 실행하는데, 코드를 통해 알아보도록 하겠습니다. NPEKotlin. kt 파일에 다음 함수를 추가합니다.

```
// 문자열에 끝 Char 를 반환한다.
fun strLastCharNullable(str: String?): Char? {
    // ?. 연산자는 str 이 NULL 이면 null 이 반환된다.
    return str?.get(str.length - 1)
}
```

코드 중 '?.' 연산자를 사용한 것에 주목해 주세요. '?.' 연산자는 만약 호출하는 변수가 널이면 메소드가 실행되지 않고 널을 반환합니다. 이러한 '?.' 연산자의 동작은 위 코드에서 다음과 같습니다.

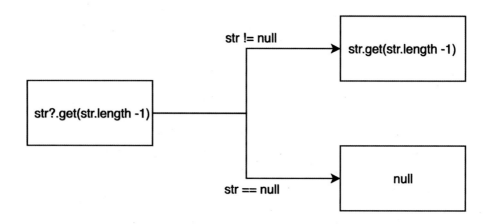

만일 'str'이 널이라면 실행 결과도 널이 된다는 점에 주의할 필요가 있습니다. 그렇기 때문에 함수의 반환값 역시 'Char?'와 같이 널 가능성을 갖게 됩니다.

코틀린은 널인 경우의 반환값을 대신 지정할 수 있는 '엘비스 연산자' 역시 제공합니다. 엘비스 연산자는 '?:'로 사용하는데, 역시 코드로 확인해 보도록 하겠습니다. strLastCharNullable() 함수를 다음과 같이 편집합니다.

```
// 문자열에 끝 Char 를 반환한다.
fun strLastCharNullable(str: String?): Char {
    // ?. 연산자를 사용하여 str 이 널이면 "".single() 이 반환 된다.
    return str?.get(str.length - 1) ?: "".single()
}
```

엘비스 연산자를 사용하는 것은 널인 경우를 대체할 수 있는 기본값을 반환시키므로 'NPE'를 회피할 수 있는 좋은 방법 중 하나입니다. 위 코드에서 엘비스 연산자는 다음과 같이 동작합니다.

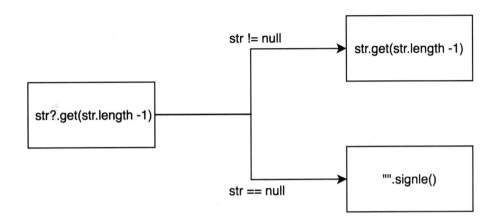

이러한 '?.' 연산자와 '?:' 연산자를 연계하면 널 체크를 매우 효율적으로 처리할 수 있습니다. 또 코틀린은 수신 객체가 널이 아닌 경우에만 실행되는 'let 함수'를 제공합니다. let 함수를 사용하면 널이 될 수 있는 식을 더 쉽게 다룰 수 있죠. NPEKotlin.kt 파일에 다음 함수를 추가해 주세요.

```
// let 함수를 이용한 예제
fun strPrintLen(str: String?) {
    // let 함수는 수신객체인 str 이 널이면 실행되지 않는다.
    str?.let { print(strLenNonNull(it)) }
}
```

let 함수는 '수신 객체가 널이 아닌 경우'에만 람다 함수가 실행됩니다. 이때 람다 함수 내부에서 수신 객체는 스마트 캐스팅되어 '널이 불가능한 타입'으로 변환됩니다.

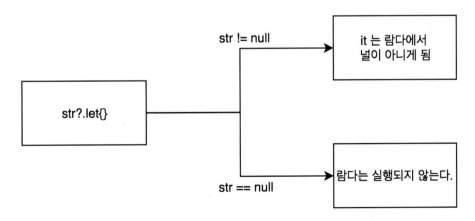

마지막으로, 널인 경우에도 안전하게 캐스팅이 가능한 'as?' 연산자를 익혀 보죠. 코틀린은 타입 캐스팅을

'as' 연산자로 사용합니다. as 연산자 역시 타입 캐스팅을 시도한 대상의 값을 지정한 타입으로 변환할 수 없는 경우, Java에서와 같이 'ClassCastException'이 발생합니다.

물론 클래스 캐스트를 할 때마다 'is' 연산자로 캐스팅이 가능한지 확인할 수도 있지만, 코틀린의 'as?' 연산자를 사용하면 조금 더 편리하고 안전하게 캐스팅을 할 수 있습니다. as? 연산자 사용법을 익히기 위해 코드를 작성해 보겠습니다. 이번에는 새로운 코틀린 파일인 'Truck.kt' 파일을 생성하고 다음과 같이 편집해 주세요.

```kotlin
package com.akj.kotlinsample

class Truck(val id: Int, val name: String) {

    // equals 를 오버라이드 함, id 가 같으면 같은 객체로 취급
    override fun equals(other: Any?): Boolean {
        // as? 연산자를 사용하면 타입이 같은경우 캐스팅이 정상적으로 되고
        // 캐스팅이 실패하면 null 이 반환된다.
        // null 이 반환된 경우 엘비스 연산자의 디펄트 식이 실행되어 false 가 리턴된다.
        val otherTruck = other as? Truck ?: return false

        // otherTruck 은 스마트캐스팅 되어 널 을 신경쓸 필요가 없다.
        return otherTruck.id == id
    }
}
```

타입 캐스팅을 시도할 때 타입이 맞는 경우엔 스마트 캐스팅이 되고, 만일 실패하면 널이 반환되므로 엘비스 연산자가 실행되어 함수에서 'false'를 반환합니다. 이 모든 동작이 한 줄의 코드로 작성될 수 있는 거죠.

지금까지 코틀린에서 널을 쉽게 다룰 수 있는 방법에 대해 알아보았습니다. 앞서 Java 코드로 구현하기 매우 까다로웠던 '배우를 캐스팅하기 위한 함수'를 기억하시죠? 지금까지 익힌 방법들을 사용하여 코틀린으로 같은 코드를 작성해 보겠습니다. 'MovieKotlin.kt' 파일을 만들고 다음과 같이 편집해 주세요.

```kotlin
package com.akj.kotlinsample

class MovieKotlin {
    // 주연
    var leadingActors: List<ActorKotlin?>? = null
    // 조연
    var supportingActors: List<ActorKotlin?>? = null
```

```
            }
        }

        return recommendActors
    }
}
```

코틀린은 널 체크를 매우 간결하게 할 수 있기 때문에, 이전의 복잡한 Java 코드도 매우 간결하게 표현할 수 있습니다. 코드 라인 수가 2배 이상 차이나는 것을 확인 가능합니다.

여기까지 코틀린의 장점 및 주요 개념들을 살펴보았습니다. 이번 장은 코틀린의 개념적인 부분이 많고, 그 일부는 기존 프로그래밍 개념들을 포함하고 있기 때문에 상당히 어려운 내용이었을 수도 있으므로 반복적으로 읽어 숙달시켜야 할 필요가 있긴 합니다. 하지만 너무 걱정할 필요는 없습니다. 모든 개념이 이해되지 않더라도, 다음 장을 읽는 데에 큰 문제는 없기 때문입니다. 설령 지금 이해가 완전하게 가지 않더라도, 프로그래밍 경험이 조금씩 쌓여 가게 되면 차츰 이해의 깊이 또한 더해 갈 것이 분명합니다.

이제 다음 장부터는, 코틀린을 사용하여 본격적으로 안드로이드 앱 개발을 시작할 것입니다. 본격적으로 안드로이드 프레임워크를 학습하면서, 책의 주제도 '개념'보다는 '실전 위주'로 달라지게 되죠. 그럼 먼저 본 장의 마지막 과에서 살펴본 널(Null) 관련 내용들을 요약해 보겠습니다.

◆ 널(Null)은 Java 에서 '객체가 할당되지 않은 상태'를 의미한다.

◆ NPE(Null Pointer Exception)는 Java 에서 객체가 널 상태여서 발생하는 예외를 의미한다.

◆ Java 의 레퍼런스 타입은 널을 할당할 수 있지만, 널은 해당 타입의 메소드를 실행할 수 없으며 완전히 다른 타입이다.

◆ Java 에서 NPE 가 자주 발생하는 이유는, Java 의 레퍼런스 타입은 모두 널일 수 있지만 전부 널 체크를 하기 위해서는 코드가 복잡해지기 때문이다.

◆ 코틀린은 타입 시스템 자체에서 널 가능성을 체크한다.

◆ 코틀린의 Type 은 기본적으로 널을 할당할 수 없으며, 널 가능성이 있다면 Type?로 선언해야 한다.

◆ 코틀린은 널을 처리하기 위하여 여러 편리한 연산자를 제공한다.

# 05 로또 번호 생성기

**들어가기**

본 챕터부터, 실제 앱을 만들어 가며 본격적인 안드로이드 개발을 시작합니다. 향후 앱 개발에 필요한 기본 개념들을 그때그때 직접 적용하면서 보다 명확하게 이해하고 숙달되도록 구성합니다. 특히 이번 장은 그 중에서도 가장 중요한 UI 레이아웃을 위한 XML 등 화면 구성의 요소들을 다루게 되므로 집중해서 잘 익혀두길 권합니다.

# 5.1 로또 번호 생성 앱이란?

첫 번째로 만들어 볼 안드로이드 실전 예제는 '로또 번호 생성 앱'입니다. 로또는 1 ~ 45까지의 숫자 중 6개를 맞추면 당첨금을 주는 복권이죠. 확률은 적지만 그만큼 당첨 금액이 크기 때문에 많은 사람들이 로또를 구매하여 당첨을 꿈꾸고 있습니다.

로또 번호를 예측한다는 것은 수학적으로는 의미가 없다고 볼 수 있습니다. 로또는 각각이 독립적인 사건이므로 과거의 당첨 결과가 현재의 당첨번호에 영향을 주지 않기 때문이죠. 하지만 현실은 외부 변수가 많기에, 완전히 독립적인 사건이 아닐 수도 있다는 기대 심리가 커서 번호 예측이나 번호 생성 서비스는 사람들의 많은 관심을 끌고 있습니다.

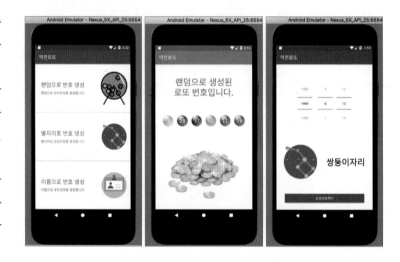

이제부터 만들게 될 로또 앱은 위와 같은 모양으로, 첫 화면에서 로또 번호를 생성할 방법을 고르고 그 결과를 보여주는 심플한 앱입니다. 로또 번호 생성 앱이 제공할 기능은 다음과 같습니다.

◆ 랜덤으로 로또 번호를 생성하여 사용자에게 보여준다.

◆ 사용자의 생년월일을 입력 받아 별자리에 맞는 로또 번호를 보여준다.

◆ 사용자의 이름을 입력 받아 이름에 맞는 로또 번호를 보여준다.

이런 앱을 만들기 위해서는 무엇을 공부해야 하는 것일까요?

처음으로 안드로이드 개발을 접하시는 분은 막막하게 느껴질 수 도 있습니다. 아직 안드로이드에 대해 제대로 공부한 적이 없으니 막막하게 느껴져도 괜찮습니다. 처음 새로운 공부를 시작할 때 무엇을 모르고 있는지부터 정리하는 것도 효과적인 방법 중 하나입니다. 실전 예제를 하기위해 어떤 것을 모르는지 또 그것을 해결하려면 어떤 공부를 해야하는지 표로 정리해 보겠습니다.

| 궁금증 | 학습 필요 사항 |
| --- | --- |
| 프로젝트를 생성하는 방법 | Android Studio |
| 화면에 UI 를 꾸미고 배치하는 방법 | Activity, View, ViewGroup, Layout, Theme |
| 화면을 전환하는 방법 | Activity, Intent-Filter |
| 랜덤한 값을 추출하는 방법 | Random, Shuffle |
| 이름 또는 별자리 같은 특수한 값으로부터 로또 번호를 추출하는 방법 | HashCode |
| 사용자의 입력을 받는 방법 | Listener |

이제 각각의 궁금증을 해결하기 위한 안드로이드 기술들을 하나씩 익혀 가도록 하겠습니다.


# 5.2 | 프로젝트 생성


### 5.2.01 프로젝트와 패키지 네임(Package Name)

로또 번호 애플리케이션을 만들기 위해서 프로젝트를 생성해 보겠습니다. 앞서 Hello 프로젝트와 코틀린 (Kotlin) 샘플을 통해 이미 프로젝트를 생성해 보았지만 복습하는 마음으로 다시 한 번 따라해 주세요.

안드로이드 스튜디오 상단 메뉴에서 [File 〉 New 〉 New Project]를 차례대로 선택합니다.

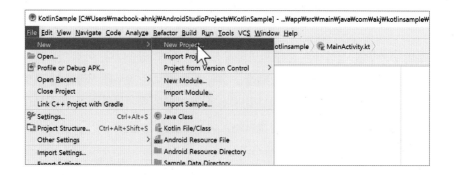

이제 Application name을 'lotto'라고 지정하고, Company Domain에는 유니크한 이름을 넣습니다.

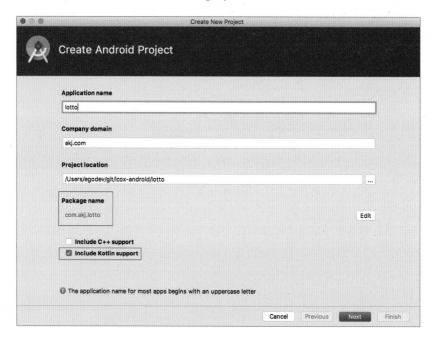

Application name과 Company Domain 이름을 입력하면 'Package name'이 자동으로 생성되죠. 안드로이드에서 Package Name이 어떤 의미인지 처음 Hello 예제에서 공부했던게 기억나시나요? Package Name은 안드로이드 앱의 기본 아이디가 되므로 반드시 유니크한 이름이 되어야 합니다. 구글 플레이스토어에 같은 아이디로는 등록이 되지 않기 때문이죠.

그럼 구글 플레이스토어에 같은 아이디가 없는지를 어떻게 확인할 수 있을까요? 여기서는 그 방법을 잠시 짚고 넘어가도록 하겠습니다. 구글 플레이스토어 애플리케이션을 소개하는 페이지는 웹에서도 접근이 가능합니다. 다음 링크를 살펴봐 주세요.

https://play.google.com/store/apps/details?id = [application id]

위 링크에서 application id 부분에 package name 을 넣으면 해당 앱의 페이지로 이동하게 됩니다. 예를 들어 유명 앱 중 하나인 카카오톡의 링크는 다음과 같습니다.

> https://play.google.com/store/apps/details?id=com.kakao.talk

한 가지 주의할 점은 해당 페이지가 나오지 않더라도 앱은 이미 등록되어 있을 수도 있다는 것입니다. 앱이 등록된 후 앱을 내리거나 공개를 중지하면 해당 페이지에서는 나오지 않지만 실제로 앱 아이디는 등록할 수 없다는 것이지요.

또한 '코틀린 언어'를 사용하기 위해 'include Kotlin support' 항목을 체크하는데, **4장**에서 설명한 대로 코틀린은 안드로이드 공식 언어가 되었죠. 이후 안드로이드 스튜디오에서는 체크 박스를 사용해 처음부터 코틀린 프로젝트를 만들 수 있는데요. 코틀린은 프로젝트 생성 후에도 적용이 가능하지만 생성 시에 체크를 해두면 자동으로 코틀린 관련 설정이 완료되기 때문에 더 편리합니다.

## 5.2.02 타겟 플랫폼 및 최소 지원(Minimum SDK) 버전

[Next] 버튼을 눌러 진행하면 앱의 '타겟 플랫폼'과 '최소 지원 버전'을 설정하는 화면이 나타납니다.

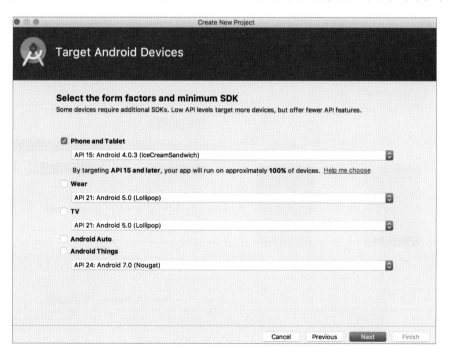

앞 장에서 프로젝트를 생성해 보면서 설정 화면이 어느 정도 익숙해졌을 거라고 생각합니다. Minimum SDK 와 앱의 타겟 플랫폼을 설정하는 본 화면에서 중요한 Minimum SDK 를 다시 한 번 복습하겠습니다.

앞서 설명한 바와 같이 Minimum SDK 는 앱이 지원하는 안드로이드 최하 버전을 의미하는데, 최하 버전 이하의 기기에서는 마켓 검색도 되지 않고 설치 또한 불가합니다. 최하 버전을 선택하면 현재 구글 통계 기준으로 몇 퍼센트의 기기를 지원할 수 있는지 SDK 선택지 하단에 나타나죠.

Minimum SDK 를 낮게 설정하면 하위 버전에 대한 고려가 필요해 개발이 좀 더 까다롭지만 더 많은 폰을 지원할 수 있는 반면, Minimum SDK 를 높게 잡을 경우 하위 버전을 고려하지 않아도 되므로 개발이 용이 해지지만 대신 지원할 수 있는 폰이 그만큼 줄어들겠죠.

이런 Minimum SDK 옵션의 경우는 보통 안드로이드 스튜디오가 자동으로 '가장 많은 디바이스를 지원하는 가장 높은' API 레벨을 자동으로 지정해 줍니다. 모두 확인했다면 이제 다음으로 넘어가겠습니다.

## 5.2.03 액티비티 템플릿 선택

Activity 의 템플릿을 고르는 화면입니다. Activity 템플릿은 앞서 설명한 것처럼 일반적으로 사용되는 UI 를 템플릿화해 둔 것으로, 각 템플릿에 대한 설명은 **3장**에서 이미 설명하였으니 여기서는 바로 템플릿을 선택

하도록 하겠습니다.

이번 실전 앱에서 만들 '로또 앱'은 별도의 템플릿이 필요하지 않습니다. 따라서 Empty Activity를 선택하고 [Next] 버튼을 눌러 진행합니다.

## 5.2.04 액티비티 생성 마무리

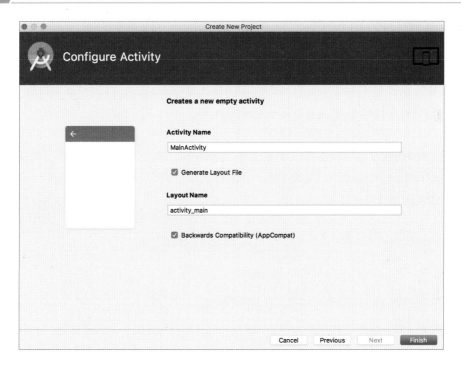

Activity의 설정 역시 기본으로 하고 완료하면 '로또 앱 프로젝트'가 생성되었습니다. 다음 과부터는 로또 앱의 UI를 만들기 위해 필요한 내용들을 익혀볼 텐데, 프로젝트 생성만큼은 꽤 여러 번 반복하여 이제 익숙해졌을 것이라 생각하므로 '프로젝트 생성 시의 주요 내용들'을 다시 한 번 요약하면 다음과 같습니다.

◆ 프로젝트 생성 시 Package Name은 기본 App ID가 되므로 자신만의 유일한 이름으로 지어야 한다.

◆ Minimum SDK는 앱이 지원하는 최하위 안드로이드 버전이며, 해당 버전 이하의 안드로이드에서는 설치되지 않는다.

◆ Minimum SDK를 선택할 때에는 앱의 핵심 기능과 지원할 디바이스의 범위를 함께 고려해야 한다.

◆ 프로젝트 생성 시 Include Kotlin Support를 체크하면 자동으로 코틀린 관련 설정을 추가해 준다.

# 5.3 | 화면 설계와 액티비티

## 5.3.01 액티비티의 개념

이제 본격적으로 안드로이드 UI 제작에 대하여 익혀 보겠습니다. UI를 공부하기 위해 가장 먼저 알아야할 개념이 바로 **액티비티(Activity)**입니다. 'Activity'는 안드로이드 애플리케이션을 구성하는 기본 단위이며, 사용자와 상호 작용하는 UI를 제공합니다.

Hello 예제에서 Activity를 사용했던 것을 기억하시나요? 그 때에도 Activity의 개념을 간략하게 소개한 적이 있습니다만, 여기서 다시 한 번 자세하게 알아보겠습니다.

각 Activity는 '사용자에게 보여지는 단일 화면'이며 '안드로이드 애플리케이션의 기본 구성 요소'인데요. 이는 "Activity가 시스템에 의해 애플리케이션이 실행될 수 있는 '진입점' 역할을 수행한다"는 의미입니다. 따라서 이를 정리해 보면 다음과 같습니다.

◆ Activity는 사용자에게 보여지는 단일 화면으로 사용자와 상호 작용한다.

◆ Activity는 안드로이드 Application의 기본 구성 요소이다.

◆ Activity는 시스템으로부터 애플리케이션이 시작되는 진입점이 될 수 있다.

이러한 Activity의 특성 중에서 특히 중요한 부분은 '진입점으로 사용되는 기본 구성 요소'라는 점입니다. 즉 사용자에게 UI를 보여 줘야 하는 애플리케이션이라면 반드시 Activity가 있어야 한다는 것이죠.

Hello 예제 당시 Activity를 추가하기 위해 AndroidManifest.xml 파일에 태그를 추가한 것을 기억하시나요?

Activity를 통해 안드로이드 시스템이 애플리케이션으로 제어권을 넘길 수 있어야 하므로 매니페스트 설정 파일(AndroidManifest.xml)에 태그를 추가해야 한다고 앞서 설명했었죠.

다시 로또 번호 생성 앱로 돌아와 보면, 로또 번호 생성 앱 역시 사용자와 상호 작용하는 UI가 필요하므로 Activity가 필요합니다. 그럼 이제 로또 번호 생성 애플리케이션에 어떤 화면이 필요한지 가늠하기 위해 화면 설계부터 들어가 보겠습니다.

그럼 이제 로또 앱에 대한 화면 설계를 시작해 보겠습니다. 다음 화면 설계를 봐 주세요.

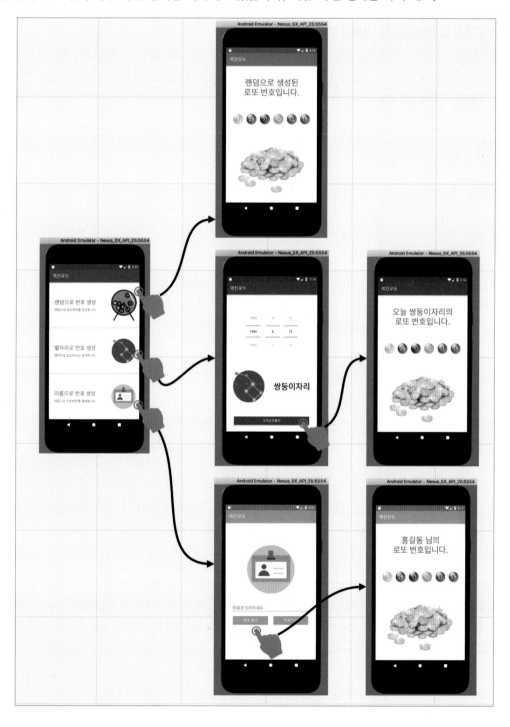

위 그림이 보이시나요? 각 화면이 어떤 순서로 나오게 되는지, 또 어떤 동작에 의해서 전환되는지 간략하게 보여 줍니다. 이러한 설계도를 흔히 '화면 설계도' 또는 '스토리 보드'라고 부릅니다.

 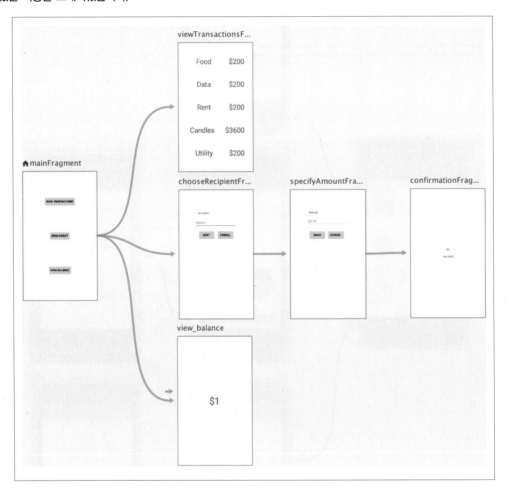

앞서 "Activity 는 사용자와 상호 작용이 가능한 단일 화면이다"라고 했는데, '단일 화면'이라는 의미는 대체 무엇일까요?

'단일 화면'이라는 것은 '사용자의 입력을 받을 수 있는 활성화된 유일한 화면'이라는 의미입니다. 하나의 Activity 안에서는 여러 개의 UI 요소들이 사용자 입력을 받을 수 있지만, 활성화되지 않은 UI 요소들은 그럴 수 없죠. 예컨데 2가지 Activity 'A1', 'A2'가 동시에 화면에 보여지고 있다고 하더라도 'A1 Activity'가 활성화 상태라면 'A2 Activity'의 UI 요소들은 사용자와 상호 작용할 수 없습니다.

이 부분을 말로만 들으면 헷갈릴수 있으니 잠시 그림으로 예를 들어보겠습니다.

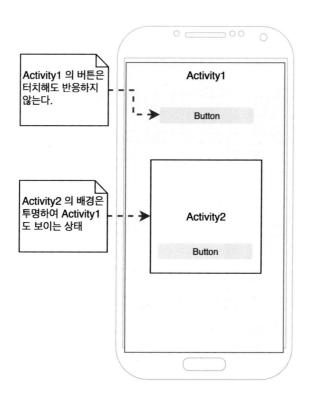

위 그림처럼 화면이 구성되었다고 해 보죠. 'Activity1'에서 'Activity2'가 실행되었지만 Activity2의 배경이 투명하여 Activity1과 Activity2가 동시에 보이는 상태입니다. 설령 이렇게 동시에 보인다 해도 Activity1의 버튼은 동작하지 않습니다. 앞서 언급한 '사용자와 상호 작용하는 단일 화면'이라는 의미가 바로 이것이죠. Activity 는 동시에 하나만 '활성화(Focus)'될 수 있고, 활성화된 Activity 만 사용자의 입력을 받을 수 있습니다.

Activity 란 사용자와 상호 작용이 가능한 UI, 즉 '활성화된 상태의 화면'이기 때문에 Screen, View 등의 단어가 아니라 한국어로 '동작/활동'이라는 의미인 Activity 를 사용하는 것입니다.

다시 스토리 보드로 돌아와 보겠습니다. 위 스토리 보드의 화면들 역시 각각 독립된 화면이므로 단일 화면들이죠. Activity는 단일 화면이므로 결국 스토리 보드의 화면은 각각의 Activity로 작성할 수 있습니다.

**Activity는 단일 화면이다 ▶ 스토리 보드도 각각 독립된 단일 화면의 진행을 나타낸다 ▶ 아하! 스토리 보드의 화면을 각 Activity로 구성하면 되겠구나!**

물론 화면을 구현하고 전환하는 방법이 Activity로만 가능한 것은 아닙니다. 뒤에서 배우게 될 'View, Fragment' 등으로도 구현할 수 있는데, 그럼에도 Activity가 안드로이드 앱의 가장 기본적인 요소이므로 이번 예제에서는 Activity로 각각의 단일 화면을 설계하도록 하겠습니다.

이제 코드로 직접 실습하기 전에 스토리 보드를 다시 한 번 살펴보겠습니다. 총 화면이 6개이니 6개의 Activity가 필요할까요? 자세히 보면 결과를 보여주는 화면은 대부분 비슷하다는 것을 알 수 있죠.

결과 화면은 서로 보여 주는 텍스트나 상단의 컬러값 정도를 제외하면 거의 비슷하다는 것을 알 수 있는데요. 즉 하나의 Activity로 통합하고 조건에 따라 내용을 담당하는 요소들만 바꾸면 될 것 같습니다. 스토리보드를 조금 수정해 보겠습니다.

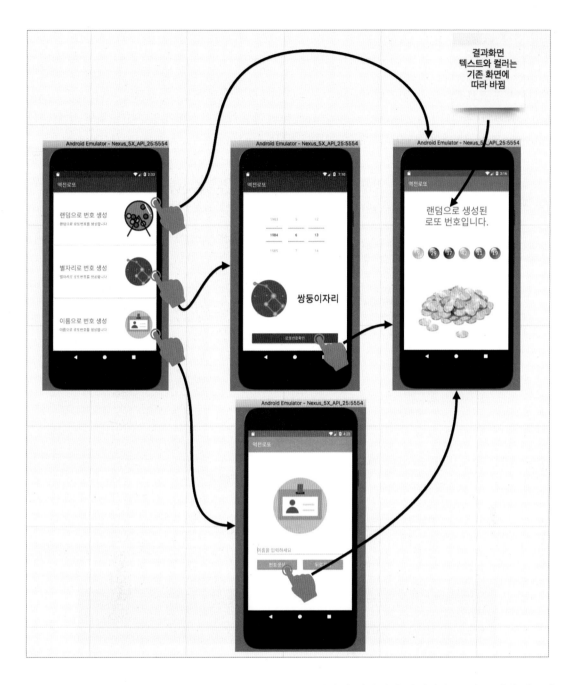

스토리 보드를 사용하면 위와 같이 서로 비슷한 작업들을 사전에 파악하여 작업량을 줄이는 것이 가능합니다. 이제 작성해야 할 Activity는 4개로 줄었죠.

그럼 이제 안드로이드 스튜디오로 돌아가서 Activity에 대해 좀 더 이해해 보도록 하겠습니다.

우리는 처음 프로젝트를 생성할 때 'Empty Activity' 템플릿을 선택했죠. 그 때문에 이미 [app 〉 java 〉 MainActivity.kt] 파일과 [res 〉 layout 〉 activity_main.java] 파일 등이 생성되어 있습니다. 화면 설계도에 맞게 Activity를 생성한다면 4개의 Activity가 필요할 것이므로 나머지 3개의 Activity를 생성하겠습니다.

역시 **3장**과 **4장**에서 Activity를 추가했을 때를 기억하며 복습해 보겠습니다. 'com.akj.lotto' 패키지를 우클릭한 후 팝업 메뉴에서 [New 〉 Activity 〉 Empty Activity] 항목을 선택합니다.

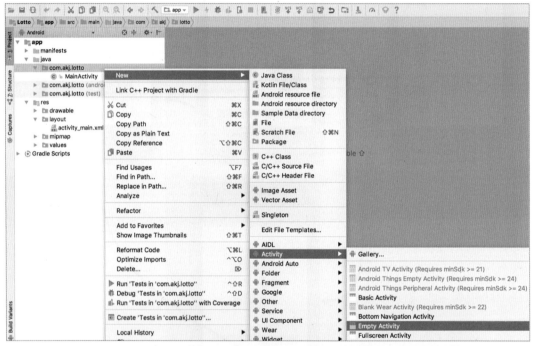

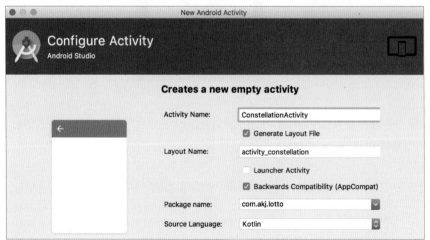

먼저 별자리를 알아보기 위해 사용자의 생일을 입력받는 Activity를 만들겠습니다. Activity의 이름은 별자리라는 이름의 'ConstellationActivity'로 지정합니다.

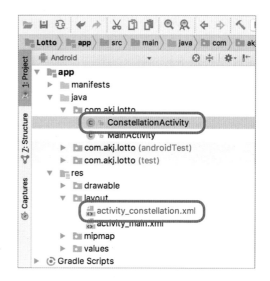

이제 레이아웃의 자동 생성을 위한 'Generate Layout File' 항목과 하위 호환을 위한 'Backwards Compability (AppCompat)' 항목을 각각 체크합니다. Source Language는 '코틀린(Kotlin)'으로 설정되어 있는지 확인해 주세요.

이제 [Finish] 버튼을 눌러 Activity를 생성하면 위 그림과 같이 새롭게 'ConstellationActivity' 및 'activity_constellation.xml' 파일이 생성된 것을 확인할 수 있습니다.

다음으로는 사용자의 이름을 입력 받는 화면에 해당하는 Activity를 만들어 보겠습니다. 같은 방법으로 com.akj.lotto 패키지를 우클릭하고 [New 〉 Activity 〉 Empty Activity]를 선택합니다.

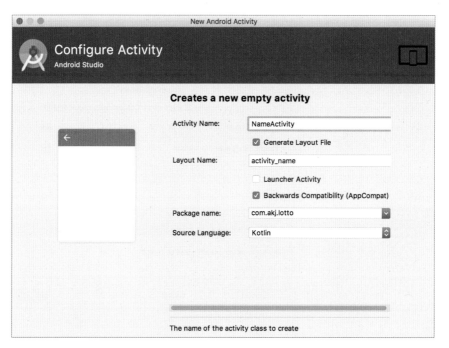

이번에는 이름을 입력 받는다는 의미로 'NameActivity'
로 지정하겠습니다. 마찬가지로 레이아웃 파일을 생성
하고 하위 호환을 위한 AppCompat 항목을 체크한 뒤
완료합니다. 물론 NameActivity 역시 Source Language
를 코틀린으로 설정해야겠죠. 이제 Activity 생성이 좀
익숙하지 않으신가요?

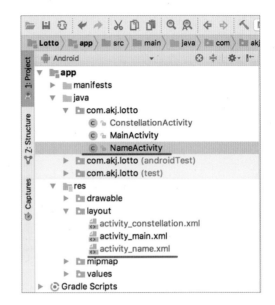

앞서와 같이, Activity의 소스 코드인 'NameActivity.
java' 파일과 레이아웃 파일인 'activity_name.xml' 파일
도 정상적으로 생성되었는지 확인해 주세요.

마지막으로 결과 화면 역할을 할 화면으로서 'ResultActivity'를 생성해 보겠습니다. 아까와 동일한 방식으
로 패키지에서 마우스 우클릭 후 [New 〉 Activity 〉 Empty Activity]를 선택해 주세요.

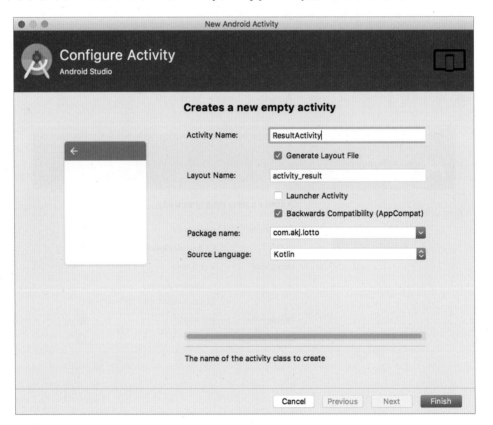

우선 결과 화면이라는 의미로 'ResultActivity'로 이름
짓겠습니다. 앞서와 마찬가지로 '레이아웃 자동 생성,
하위 호환 라이브러리 사용 체크, 소스 언어를 코틀린
으로' 등을 모두 설정했는지 확인한 후 문제가 없다면
[Finish] 버튼을 클릭해 완료합니다.

이로써 4가지 Activity의 소스(java) 및 레이아웃 파일
들(xml)이 문제 없이 생성되었는지 확인해 봅니다.

앞서 Activity는 진입점이며 안드로이드 System에 인
지되어야 할 기본 구성 요소라고도 했는데요. 이때
System이 알아야 할 정보들은 모두 매니페스트 파일
(AndroidManifest.xml)에 기술되어야 한다고 설명했습
니다.

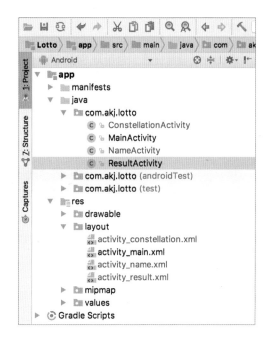

그럼 AndroidManifest.xml 파일을 열어 확인해 보겠습니다.

```
1    <?xml version="1.0" encoding="utf-8"?>
2    <manifest xmlns:android="http://schemas.android.com/apk/res/android"
3            package="com.akj.lotto">
4
5        <application
6            android:allowBackup="true"
7            android:icon="@mipmap/ic_launcher"
8            android:label="Lotto"
9            android:roundIcon="@mipmap/ic_launcher_round"
10           android:supportsRtl="true"
11           android:theme="@style/AppTheme">
12           <activity android:name=".MainActivity">
13               <intent-filter>
14                   <action android:name="android.intent.action.MAIN"/>
15
16                   <category android:name="android.intent.category.LAUNCHER"/>
17               </intent-filter>
18           </activity>
19           <activity android:name=".ConstellationActivity">
20           </activity>
21           <activity android:name=".NameActivity">
22           </activity>
23           <activity android:name=".ResultActivity">
24           </activity>
25       </application>
26
27   </manifest>
```

AndroidManifest.xml 파일에 새로 생성된 4개의 Activity에 대한 태그들이 자동으로 생성된 것을 볼 수 있
는데요. Activity를 생성할 때 자동으로 AndroidManifest.xml 파일에도 태그가 추가된 것입니다.

### Activity 템플릿을 사용하지 않고 Class 파일을 생성해 Activity를 만든다면?

안드로이드 스튜디오에서 Activity를 만들기 위한 가장 좋은 방법은 템플릿을 이용하는 것입니다. 하지만 종종 과거 코드와 거의 유사한 Activity를 만들기 위해 파일 카피(복사〉붙여넣기)를 이용하거나 클래스 파일을 만들고 Activity를 상속하게 만드는 경우도 있죠.

다만 이런 경우 주의해야 할 점이 있는데요. Activity 템플릿으로 생성하지 않은 경우, AndroidManifest.xml 파일에 activity 태그가 자동으로 추가되지 않는다는 점입니다. Activity가 AndroidManifest.xml 파일에 선언되어 있지 않으면, Activity를 호출할때 에러가 발생하게 되죠.

직접 클래스를 만들거나 파일 카피를 하는 경우에는 수동으로 AndroidManifest.xml 파일에 activity 태그를 추가해야 한다는 것! 꼭 잊지 말아 주세요!

필요한 Activity를 전부 생성했으니, 메뉴바의 [Run] 버튼을 눌러서 앱을 실행해 보겠습니다.

앱을 실행하면 MainActivity의 화면을 정의하는 activity_main.xml 파일의 UI가 화면에 그려지게 되는데, 여기서 2가지 궁금증을 가져볼 수 있습니다.

앞서 Activity는 모두 프로그램의 진입점이 될 수 있다고 하였는데 왜 MainActivity만 실행되는 것일까요? 다른 Activity를 실행하려면 어떻게 해야 하는 것일까요?

먼저 앱 실행시 MainActvitiy가 실행되는 이유는 3장 Hello 예제에서도 잠깐 언급했듯이 'Intent Filter' 때문입니다. 또 Activity 화면을 전환하는 것 역시 'Intent'를 활용해 할 수 있는데요. 우선 AndroidManifest.xml 파일에서 Intent Filter를 확인해 보겠습니다.

안드로이드는 앱 구성 요소 간의 통신을 위하여 'Intent'라는 메시지를 사용합니다.

'Intent-Filter'는 이름 그대로 Intent를 필터링하는 역할을 하죠. 이메일을 사용할 때 스팸 메일을 필터링해 본 적 있으시죠? 수없이 오는 메일 중에 광고성 메일 등 쓸모 없는 메일을 알아서 필터링해 주는 것이 바로 '스팸 필터'의 역할이죠.

안드로이드 역시 시스템 사이에서 수많은 Intent가 오가기 때문에 Filter를 사용하여 필요한 Intent만 받아들이게 됩니다. 때문에 Intent는 기본 구성 요소들을 전환하거나 메시지를 보낼 때 사용될 수 있죠.

다시 말하면 로또 번호 생성 앱에서 화면을 전환하는 방법, Activity를 전환하는 방법 등을 알기 위해서는 Intent에 대해 알아야 한다는 것이죠. 다음 과에서는 Intent와 화면 전환에 대해 실습해 보겠습니다.

# 5.4 │ 인텐트(Intent) 및 화면 전환

## 5.4.01 │ 인텐트의 개념

이번 과에서는 Activity 와 같은 '안드로이드 기본 구성 요소 간의 통신'을 위해 사용하는 Intent 에 대해 알아보겠습니다. 로또 번호 생성 앱과 같이 여러 개의 화면을 Activity 로 구성했을 때 화면 전환을 위해 사용하는 것이 바로 'Intent'이기 때문입니다.

먼저 Intent 란 무엇일까요? Intent 는 안드로이드에서 앱 구성 요소 간의 작업을 요청할 수 있는 메시지 객체입니다. Intent 의 기본적인 용례에는 다음과 같은 것들이 있습니다.

| 사례 | 설명 |
|---|---|
| 액티비티 시작 | Actvity는 사용자와 상호 작용이 가능한 단일 화면입니다. Activity의 새 인스턴스를 시작하기 위해 startActivity() 메소드를 사용하여 Intent를 전달할 수 있습니다. 호출한 Activity가 완료되었을 때 결과를 수신하기 위해서는 startActivityForResult 를 사용한다. |
| 서비스 시작 | Service는 UI 없이 백그라운드에서 작업을 수행하는 요소입니다. Service를 시작하기 위해 startService() 메소드를 사용하여 Intent를 전달합니다. |
| 브로드캐스트(BroadCast) 전달 | 브로드캐스트는 모든 앱이 수신할 수 있는 메세지로, sendBroadCast(), sendBroadCastOrderd(), sendStickyBroadCast 메소드에 Intent를 전달하여 BroadCast를 전달할 수 있습니다. |

우리가 로또 번호 생성 예제를 제대로 구현하기 위해서는 화면을 전환하는 방법을 알 필요가 있었습니다. 로또 번호 생성 예제는 여러 개의 Activity 로 화면을 설계하였으므로 'startActivty( )' 메소드를 활용하면 되겠습니다.

이제부터 실습 예제와 함께 본격적인 Intent 사용법을 알아보도록 하겠습니다. 사실 우리는 이미 **4장** 코틀린 샘플(KotlinSample) 예제에서 Intent 를 이용한 화면 전환 코드를 작성해 보았습니다. 이를 다시 복습하면서, Intent 의 개념과 활용 방법을 보다 확실하게 잡아 보도록 하겠습니다.

## 인텐트 실습용 TestActivity

'화면 전환 연습'을 위해서는 기존에 만들어 둔 Activity 외에 새로운 Activity를 추가하여 실습하는 것이 좋을 것 같은데요. 앞서 Activity를 추가했던 과정을 떠올리면서 'TestActivity'를 Empty Activity 템플릿으로 생성해 주세요.

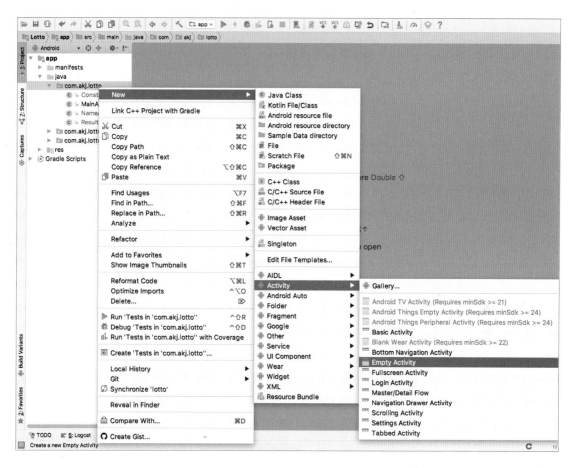

아울러 설정 화면에선 Activity Name을 'TestActivity'로 적고 'Generate Layout File' 항목을 체크한 후 테스트를 위한 것이므로 Layout Name에는 'activity_test'로 입력합니다. 또한 하위 호환을 위한 'AppCompat' 항목 체크 역시 잊지 마시고, 마지막 Source Language 란을 '코틀린(Kotlin)'으로 지정하는 것 이전과 동일하므로 어렵지 않을 것입니다.

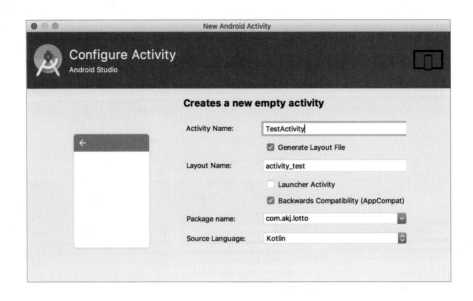

그럼 TestActivity에서 화면을 전환시킬 수 있는 버튼을 만들어 보겠습니다. Android Studio에서 activity_test.xml 파일을 더블 클릭하여 열어 주세요.

로또 번호 생성 앱은 총 4개의 Activity로 되어 있으니 버튼 4개를 추가해 보죠. [Palette] 창에서 버튼 4개를 일렬로 드래그 앤 드랍하여 배치해 주세요.

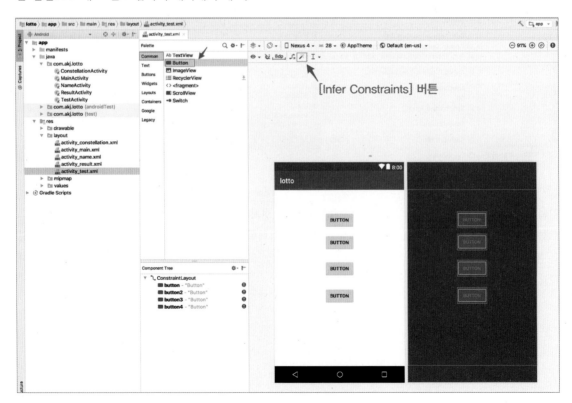

현재는 ConstraintLayout 이기 때문에 제약을 추가해야 하겠죠.

앞서 Hello 예제와 KotlinSample 예제에서 제약을 추가했던 걸 기억하실 텐데, 안드로이드 스튜디오에서 현재 배치 상황에 맞는 제약을 자동으로 추가하는 방법은 [Infer Constraints] 버튼을 사용하는 것입니다. 이제 [Infer Constraints] 버튼을 클릭하면 현재 배치에 맞게 제약이 자동으로 추가되며, 다음과 같은 형태로 나타납니다.

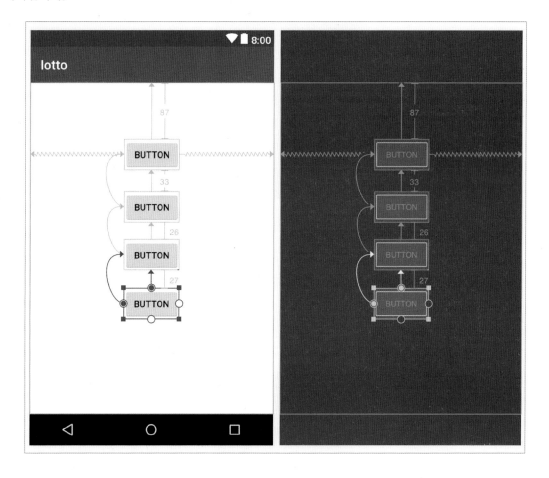

그림의 우측 부분인 Blue Print 화면에는 UI 요소와 제약들을 도식화하여 보여주고 있죠.

ConstraintLayout 은 이후 '레이아웃' 영역에서 보다 자세하게 다룰 예정이므로 여기서는 일단 버튼을 눌러 제약을 추가하는 것으로 처리하고 이제 각 버튼의 명칭을 나타내는 텍스트를 변경해 보겠습니다.

맨 위에 있는 버튼을 선택하고, [Attributes] 창의 TextView 설정을 'MAIN ACTIVITY'로 바꿔 줍니다.

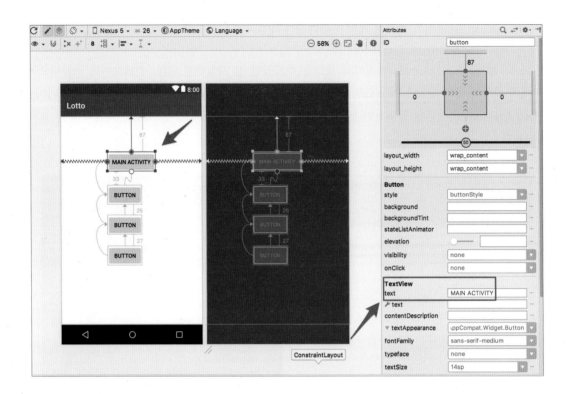

2번째 버튼은 [별자리] 화면으로 이동하는 버튼의 의미로 'CONSTELLATION ACTIVITY'라고 텍스트를 변경해 보겠습니다.

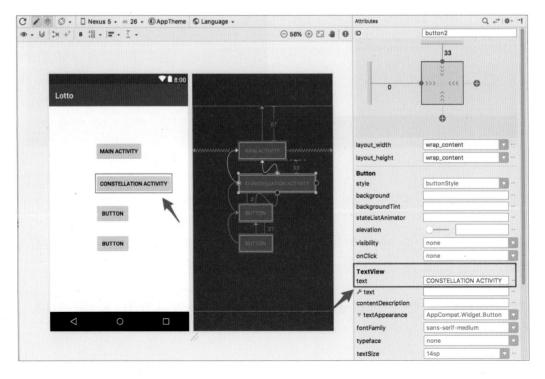

같은 방법으로 3번째 버튼은 'NAME ACTIVITY'로, 마지막 버튼은 'RESULT ACTIVITY'로 각각 텍스트를
변경해 줍니다.

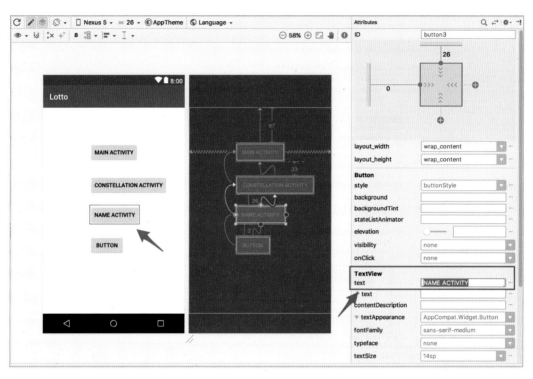

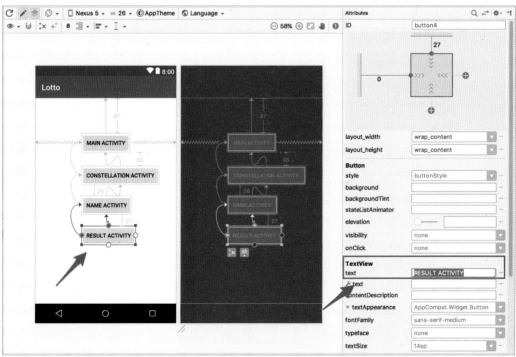

여기까지 진행되었다면 AndroidManifest.xml 파일에서 시작 Activity를 'Test Activity'로 바꿔 주세요. 앞서 Hello 예제에서 우리는 〈Intent Filter〉를 이용하여 시작 Activity를 바꿨었죠. AndroidManifest.xml 파일을 다음과 같이 편집합니다.

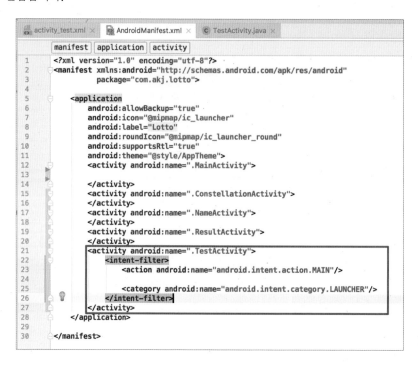

이제 상단의 [Run] 버튼을 눌러 실행을 확인해 보겠습니다.

버튼의 위치가 살짝 다르게 나와도 문제될 것은 없습니다. 이제 UI 가 정상 동작하는 것을 확인했으니 실제로 각 버튼을 누를 때의 코드를 작성해 보겠습니다.

## 5.4.03 다른 액티비티 간 화면 전환

이번 목표는 버튼을 누를 때 각 Activity 로 화면을 전환하는 것입니다.

Activity 코드에서 'findViewById()' 메소드를 사용하여 버튼에 '클릭 이벤트 리스너'를 설정했던 것을 기억하시나요? 코틀린의 안드로이드 확장 플러그인을 사용하면 findViewById() 메소드 없이도 같은 기능을 사용할 수 있지만, 우리가 구성해야 할 궁극적인 결과는 '코드에서 이벤트 리스너를 설정'하는 것입니다.

안드로이드에서 버튼과 같은 **View 객체에 이벤트 리스너를 설정하는 방법은 크게 2가지**가 있습니다. 기존처럼 코드에서 View 객체에 setOnClickListener() 메소드를 이용해 리스너를 설정하는 방법과 XML 에서 메소드를 등록하는 방법입니다. 우리는 이 두 가지 방법을 모두 실습해 보도록 하겠습니다.

먼저 TestActivity.kt 파일을 열고 다음과 같이 편집해 주세요.

```kotlin
package com.akj.lotto

import android.content.Intent
import android.os.Bundle
import android.view.View
import androidx.appcompat.app.AppCompatActivity

class TestActivity : AppCompatActivity() {
    override fun onCreate(savedInstanceState: Bundle?) {
        super.onCreate(savedInstanceState)
        setContentView(R.layout.activity_test)
        // 코드에서 View에 이벤트 리스너를 설정하는 방법
        // 버튼과 같은 View 가 클릭되었을때 실행될 listener 를 등록하는 메소드가 setOnClickListener 이다.
        findViewById<View>(R.id.button).setOnClickListener {
            // MainActivity 를 시작하는 Intent 를 생성한다
            val intent = Intent(this@TestActivity, MainActivity::class.java)
            // intent 를 사용하여 Activity 를 시작한다
            startActivity(intent)
```

```
                }
            }
        }
```

기존 Hello 예제와 같이 findViewById( ) 메소드를 이용하여 View 객체(View Instance)를 찾은 후 해당 객체에 setOnClickListener( ) 메소드를 사용해 이벤트 리스너를 설정하였죠. 이제 [Run] 버튼을 눌러 앱을 실행한 뒤 [MAIN ACTIVITY] 버튼을 눌러 보세요.

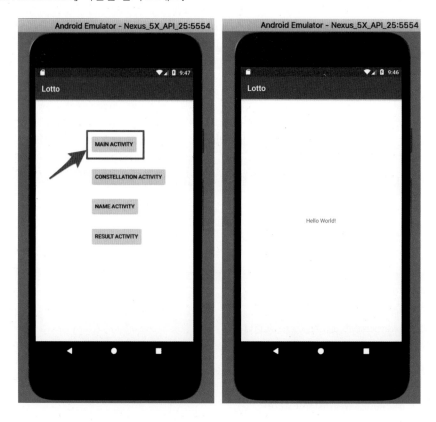

아시다시피 위의 방법은 앞선 예제에서 사용했던 방법입니다. 소스 코드에서 특정 View 객체에 클릭 이벤트 리스너를 설정하는 방법이죠. 다음으로는 XML 코드에서 클릭 이벤트 리스너를 설정하는 방법을 살펴보겠습니다.

먼저 TestActivity.kt 코드를 다음과 같이 변경해 주세요.

```
package com.akj.lotto

import android.content.Intent
import android.os.Bundle
import android.view.View
import androidx.appcompat.app.AppCompatActivity

class TestActivity : AppCompatActivity() {
    override fun onCreate(savedInstanceState: Bundle?) {
        super.onCreate(savedInstanceState)
        setContentView(R.layout.activity_test)
        // 코드에서 View에 이벤트 리스너를 설정하는 방법
        // 버튼과 같은 View 가 클릭되었을때 실행될 listener 를 등록하는 메소드가 setOnClickListener 이다.
        findViewById<View>(R.id.button).setOnClickListener {
            // MainActivity 를 시작하는 Intent 를 생성한다
            val intent = Intent(this@TestActivity, MainActivity::class.java)
            // intent 를 사용하여 Activity 를 시작한다
            startActivity(intent)
        }
    }

    /**
     * xml 에서 참조할수 있게 메소드를 정의한다.
     */
    fun goConstellation(view: View) {
        val intent = Intent(this@TestActivity, ConstellationActivity::class.java)
        startActivity(intent)
    }
}
```

표시된 부분과 같이, 앞의 코드에 'goConstellation()' 함수가 추가되었죠. 이제 이 함수를 XML 에서 연결해 보겠습니다. 우선 activity_test.xml 파일을 [Design] 탭에서 다시 엽니다.

이제 두 번째 [CONSTELLATION BUTTON] 버튼을 클릭하고, [Attributes] 창의 'onClick' 항목에 앞서 만든 메소드 이름인 'goConstellation'을 입력해 주세요.

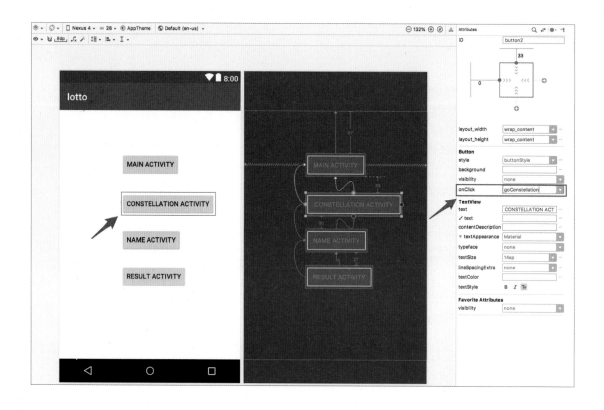

다시 [Run] 버튼을 눌러 실행한 후, [CONSTELLATION ACTIVITY] 버튼을 눌러 보겠습니다.

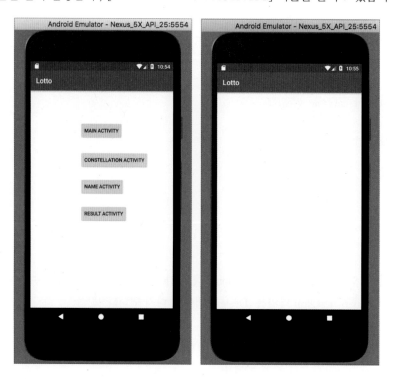

버튼을 누르면 Constellation Activity가 실행되며 빈 화면이 나타납니다. 빈 화면이 나오는 이유는 아직 ConstellationActivity의 레이아웃 파일인 'activity_constellation.xml'에 아무것도 작성하지 않았기 때문이죠.

지금까지 작성한 방법과는 다르게 코드에서는 2번째 버튼에 별도의 이벤트를 설정한 부분이 없습니다. 거꾸로 XML에서 이벤트 리스너가 될 수 있는 함수를 연결한 것이죠.

XML에서 이벤트 리스너를 연결하는 방법은 이제 충분히 연습되었겠죠? XML 상에서 이벤트 리스너를 코드와 연결하기 위해서는 연결된 Activity에서 해당하는 View 객체를 파라미터로 받는 메소드를 작성하고, onClick 속성에 설정해 주면 됩니다.

앞서 코드 영역의 goConstellation( ) 메소드 내용을 다시 살펴보면, Intent를 'ConstellationActivity' 타겟으로 하여 생성했죠. 그리고 마찬가지로 startActivity( ) 메소드를 통해 ConstellationActivity를 실행한 모습을 확인했습니다.

XML에서 onClick 속성을 사용하는 것과 코틀린 코드에서 이벤트 리스너를 등록하는 것 중 어느 것이 더 좋을까요? 이는 각각의 장단점이 있기 때문에 쉽게 대답하기 어려운 문제인데요. 그래서 이번에는 그 장단점들을 비교해 보겠습니다.

| Click 이벤트 리스너 등록방법 | 장점 | 단점 |
| --- | --- | --- |
| XML onClick | 레이아웃 XML 파일에서 View 객체들의 ID를 신경 쓰지 않아도 된다. 심지어 ID가 없어도 된다. | 연결된 코틀린, 또는 자바 코드의 메소드 형식에 민감하다. 메소드가 없거나, 이름이 틀리거나, 파라미터 형태가 다르다면 에러가 발생하고 앱이 종료된다. 이런 에러는 보통 Runtime(실행) 중에 발견된다. |
| View.setOnClickListener | 에러 발생을 컴파일 시에 미리 알 수 있다. Kotlin의 경우 Android Extension 기능으로 findViewById() 가 필요 없어 소스가 간결하다. | View 객체의 ID에 민감하다. 반드시 해당 View의 ID가 존재해야 하며, 레이아웃 구성이 복잡한 경우라면 View 객체들의 ID를 전부 이름 짓기 곤란한 경우가 있다. |

이 책에서는 두 가지 방법을 모두 사용하지만, 가급적 '코틀린 코드에서 setOnClickListener 를 사용하는' 방법을 활용할 예정입니다. 아무래도 실행 과정에서 에러를 발견하는 것보다는 사전에 에러를 발견하는 것이 메리트가 크다고 판단했기 때문입니다.

연습을 반복하면 더 익숙해지기 마련이죠. 나머지 버튼들의 클릭 이벤트 리스너를 설정하면서 반복하여 연습해 보도록 하겠습니다. 이번에는 TestActivity.kt 파일을 다음과 같이 편집해 주세요.

```
package com.akj.lotto

import android.content.Intent
import android.os.Bundle
import android.view.View
import androidx.appcompat.app.AppCompatActivity

class TestActivity : AppCompatActivity() {
    override fun onCreate(savedInstanceState: Bundle?) {
        super.onCreate(savedInstanceState)
        setContentView(R.layout.activity_test)
        // 코드에서 View에 이벤트 리스너를 설정하는 방법
        // Kotlin 에서는 Android Extension 덕분에 findViewById 없이 바로 접근 가능하다
        // 버튼과 같은 View 가 클릭되었을때 실행될 listener 를 등록하는 메소드가 setOnClickListener 이다.
        findViewById<View>(R.id.button).setOnClickListener {
            // MainActivity 를 시작하는 Intent 를 생성한다
```

```kotlin
        val intent = Intent(this@TestActivity, MainActivity::class.java)
        // intent 를 사용하여 Activity 를 시작한다
        startActivity(intent)
    }
    // CONSTELLATION ACTIVITY 버튼을 누른경우 동작하는 이벤트 리스너를 등록한다.
    findViewById<View>(R.id.button2).setOnClickListener {
        // ConstellationActivity 를 시작하는 Intent 를 생성한다.
        val intent = Intent(this@TestActivity, ConstellationActivity::class.java)
        // intent 를 사용하여 Activity 를 시작한다
        startActivity(intent)
    }


    // NAME ACTIVITY 버튼을 누른 경우 동작하는 이벤트 리스너를 등록한다.
    findViewById<View>(R.id.button3).setOnClickListener {
        // NameActivity 를 시작하는 Intent 를 생성한다
        val intent = Intent(this@TestActivity, NameActivity::class.java)
        // intent 를 사용하여 Activity 를 시작한다
        startActivity(intent)
    }
    // RESULT ACTIVITY 버튼을 누른 경우 동작하는 이벤트 리스너를 등록한다.
    findViewById<View>(R.id.button4).setOnClickListener {
        // RESULT ACTIVITY 를 시작하는 Intent 를 생성한다
        val intent = Intent(this@TestActivity, ResultActivity::class.java)
        // intent 를 사용하여 Activity 를 시작한다.
        startActivity(intent)
    }
}


/**
 * xml 에서 참조할수 있게 메소드를 정의한다.
 */
fun goConstellation(view: View) {
    val intent = Intent(this@TestActivity, ConstellationActivity::class.java)
    startActivity(intent)
}
}
```

이로써 각 버튼에 대한 클릭 이벤트 리스너가 모두 연결되었습니다. 이전과 같이 화면에 그저 아무것도 보이지 않는 것만으로는 각 Activity가 제대로 실행되었는지 확인하기 어려우므로, 각 Activity마다 실행 시나타나게 할 Toast 메세지들을 설정해 보겠습니다.

먼저 MainActivity.kt 파일을 열어 다음과 같이 편집합니다.

```kotlin
package com.akj.lotto

import android.os.Bundle
import androidx.appcompat.app.AppCompatActivity
import android.widget.Toast

class MainActivity : AppCompatActivity() {

    override fun onCreate(savedInstanceState: Bundle?) {
        super.onCreate(savedInstanceState)
        setContentView(R.layout.activity_main)
        Toast.makeText(applicationContext, "MainActivity 입니다.", Toast.LENGTH_LONG).show()
    }
}
```

Toast 메세지를 띄우는 코드가 추가되었습니다. 마찬가지로 ConstellationActivity, NameActivity, ResultActivity도 같은 방법으로 토스트 메세지를 띄워 주세요.

ConstellationActivity.kt

```kotlin
package com.akj.lotto

import android.os.Bundle
import androidx.appcompat.app.AppCompatActivity
import android.widget.Toast

class ConstellationActivity : AppCompatActivity() {

    override fun onCreate(savedInstanceState: Bundle?) {
        super.onCreate(savedInstanceState)
        setContentView(R.layout.activity_constellation)
```

```
        Toast.makeText(applicationContext, "ConstellationActivity 입니다.", Toast.LENGTH_LONG).show()
    }
}
```

NameActivity.kt

```
package com.akj.lotto

import android.os.Bundle
import androidx.appcompat.app.AppCompatActivity
import android.widget.Toast

class NameActivity : AppCompatActivity() {

    override fun onCreate(savedInstanceState: Bundle?) {
        super.onCreate(savedInstanceState)
        setContentView(R.layout.activity_name)
        Toast.makeText(applicationContext, "NameActivity 입니다.", Toast.LENGTH_LONG).show()
    }
}
```

ResultActivity.kt

```
package com.akj.lotto

import android.os.Bundle
import androidx.appcompat.app.AppCompatActivity
import android.widget.Toast
class ResultActivity : AppCompatActivity() {

    override fun onCreate(savedInstanceState: Bundle?) {
        super.onCreate(savedInstanceState)
        setContentView(R.layout.activity_result)
        Toast.makeText(applicationContext, "ResultActivity 입니다.", Toast.LENGTH_LONG).show()
    }
}
```

이제, 다시 [Run] 버튼을 눌러 실행하면 각 버튼에 따라 화면이 전환되는 것을 확인할 수 있습니다.

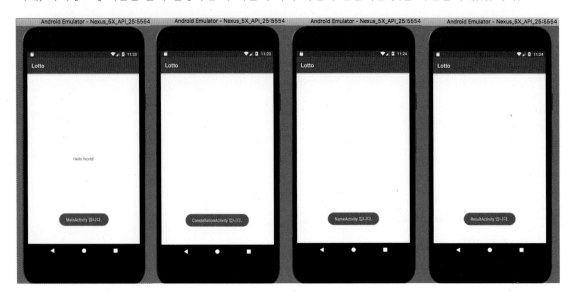

이렇게 화면 전환이 되는 이유는 Intent를 사용하여 startActivity() 함수를 호출하기 때문입니다. 코드 상에서 '버튼 클릭 이벤트 리스너' 부분을 다시 한 번 보시죠.

```kotlin
findViewById<View>(R.id.button).setOnClickListener {
    // MainActivity 를 시작하는 Intent 를 생성한다
    val intent = Intent(this@TestActivity, MainActivity::class.java)
    // intent 를 사용하여 Activity 를 시작한다
    startActivity(intent)
}
```

이벤트 리스너에서 startActivity() 함수를 호출하고, 그 파라미터(인자)로 'Intent'를 넘기고 있죠? 지금까지는 화면 전환을 위해 알게 모르게 위와 같은 코드를 사용해 왔는데요. 이번에는 Intent란 정확히 어떤 것이고, Activity를 실행하기 위한 방법은 어떤 것이 있는지 좀 더 자세히 들여다보겠습니다.

Intent 는 앞서 '기본 구성 요소 간의 통신을 위한 메세지 객체'라고 했었죠. Activity 역시 기본 구성 요소(화면)이기 때문에 Activity 를 전환하기 위해 Intent 를 사용했는데요. 사실 **Activity 를 시작하기 위해서 Intent 를 사용하는 방법은 크게 2가지** 유형이 있습니다. 그 2가지 유형을 '명시적 호출'과 '암시적 호출'이라고 부르기도 하는데요. 각각이 어떻게 다른지 살펴보도록 하겠습니다.

먼저 **명시적 호출(인텐트)**는 시작할 기본 구성 요소(Activity, Service) 등의 '이름'을 정확하게 알고 있을 때 사용합니다. 여기서 '이름'이란 패키지명까지 포함하는 완벽한 이름을 의미합니다. 명시적 인텐트는 보통 앱 자신의 구성 요소를 호출할 때 사용합니다. 반면 **암시적 호출**은 시작하는 구성 요소(Activity, Service)의 이름을 명확하게 적지는 않지만, 일반적인 작업 유형을 선언하여 그 작업을 수행할 수 있는 구성 요소를 호출합니다.

앞서 [MAIN ACTIVITY] 버튼을 눌렀을 때 MainActivity 를 시작하는 코드는 전자의 '명시적 인텐트'를 사용한 것입니다. 시작하는 Activity 의 이름을 명확하게 알기 때문에 '명시적'이라고 부르죠. 이렇게 명시적 인텐트를 사용하는 생성자를 보겠습니다.

> Intent(Pacakge Context, 타겟이 되는 구성요소의 Class)

'Context'는 애플리케이션이 가지고 있는 '환경 정보'에 대한 인터페이스로서, 이때의 '환경 정보'란 애플리케이션의 패키지 이름, 리소스 정보 등 애플리케이션이 실행되고 있는 환경의 요소들을 일컫습니다. 앞서 코드에서는 위 양식 중 'Package Context' 부분에 'TestActivity.this(This@TestActivity)'를 넣어 주었죠.

Activity 는 Context 를 상속받기 때문에 특정 Context 대신에 '자기 자신'을 전달한 것입니다. 이렇게 되면 현재 'TestActivity 가 실행되는 애플리이션 환경 정보'가 전달되겠죠.

다음 파라미터는 호출될 '타겟 구성 요소(Activity, Service 등)'의 클래스 이름입니다. 소스에서 해당 파라미터에 'MainActivity.class'를 넘긴 것이 보이시나요? 바로 '타겟'이 되는 클래스를 MainActivity 로 지정했다는 이야기입니다.

Intent의 구성 요소는 위에서 사용한 것 이외에도 여러 가지가 있는데, 이들을 표로 정리해 보면 다음과 같습니다.

| 구성 요소 | 설명 |
|---|---|
| Component Name | Component Name은 실행하고자 하는 기본 구성 요소의 명확한 이름이며 Intent가 명시적인지, 암시적인지 구분하는 요소가 됩니다. Component Name이 지정된 경우, Intent는 해당 Component에만 전달됩니다. 반면 Component Name이 지정되어 있지 않다면 암시적 Intent로 취급되어 작업 내용과 데이터를 기반으로 시스템이 실행할 구성 요소를 선택합니다. |
| Action | Action은 수행할 작업을 의미합니다. 예를 들어 'ACTION_VIEW'와 같은 작업은 Activity가 사용자에게 특정 화면을 보여주도록 요청하죠. 때문에 ACTION_VIEW 액션은 갤러리 앱의 특정 사진을 보여줄 경우 등에 사용됩니다. |
| Data | Data는 Action에 따라 필요한 Data를 함께 보낼 때 사용합니다. 예를 들어 갤러리에서 특정 사진을 편집해야 하는 경우 Data에 사진 정보에 대한 데이터를 같이 보낼 수 있습니다. |
| Category | Category는 인텐트를 처리하는 구성 요소에 대한 '분류'를 의미합니다. 예를 들어 'CATEGORY_LAUNCHER'는 이 Activity가 런처에서 보여지고 앱이 시작될 때 사용되는 화면임을 의미하는 정보입니다. 런처란 안드로이드에서 [홈]키를 눌렀을 때 실행되는 앱을 의미합니다. |
| Extras | 작업을 수행하기 위해 필요한 추가 정보입니다. 보통은 Key, Value 타입의 정보를 전달하며, Bundle 객체로 전달할 수도 있습니다. Bundle 객체는 뒤에서 다루도록 하겠습니다. |
| Flags | Intent에 대한 Meta 정보입니다. 특정 구성 요소를 실행할 때 추가 정보로 활용될 수 있습니다. 예를 들어 Activity를 실행할 때 현재까지 실행된 모든 Activity 스택을 초기화하고 실행하는 등의 작업을 할 수 있습니다. |

위의 표와 같이 Intent 생성 시 명확한 Component를 전달하는 경우 명시적 Intent가 되며, 이 방법은 주로 같은 애플리케이션에서의 Activity와 같은 구성 요소들을 실행할 때 사용합니다. 앞서 버튼이 클릭되었을 때 각 Activity로 화면 전환을 한 것이 명시적 Intent의 대표적인 예인 셈이죠.

이제 명시적으로 Intent를 생성하여 Activity의 화면 전환을 하는 방법은 이해되었을 텐데, 그렇다면 '암시적 Intent'란 정확히 어떤 개념일까요? 암시적 Intent란 앞서 간략히 설명한 것처럼 실행하고자 하는 구성 요소의 명확한 이름 대신 '작업 유형'을 전달하는 것입니다.

예를 들어 작성하고 있는 앱에서 위치를 지도에서 표시하고 싶은 경우가 있을 수 있습니다. 이 경우 직접 구현하는 것도 방법이지만, 이미 사용자의 핸드폰에 설치된 '지도 애플리케이션'을 사용할 수도 있죠. 사용자의 핸드폰에 이미 설치된 지도 애플리케이션은 '구글 지도'일 수도, '네이버 지도'일 수도 있으며 또는 그 구성 요소의 명확한 이름을 알 수 없을 경우도 있겠죠. 바로 이런 경우에 '암시적 인텐트'를 사용하는 것이죠.

사실 로또 번호 생성 앱에서는 암시적 인텐트를 사용할 이유는 없지만, 여기서는 Intent의 암시적 호출을 연습하기 위해 예제를 좀 변경해 보겠습니다. 암시적 Intent 호출을 위한 버튼을 새로 추가해 보죠.

activity_test.xml 파일을 [Design] 탭에서 열고 버튼을 다음과 같이 추가한 후 [Infer Constraints] 버튼을 사용하여 자동으로 제약을 추가해 줍니다.

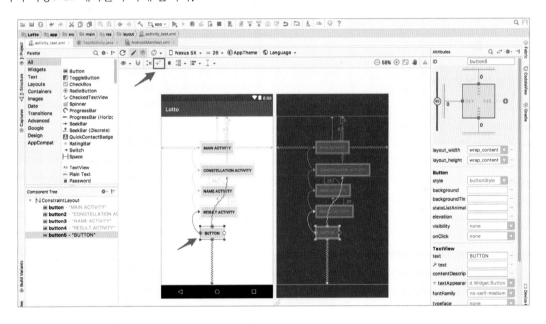

Button의 [Attributes] 창에서 새로 추가된 버튼의 텍스트를 'CALL WEB'으로 변경합니다.

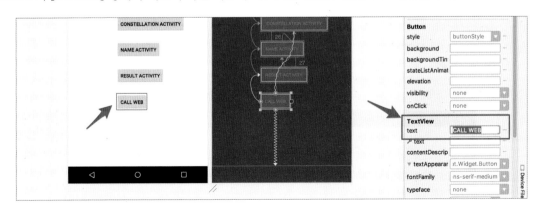

이제 [CALL WEB] 버튼을 누르면 암시적 Intent를 사용하여 웹 브라우저를 열어볼 예정입니다. TestActivity.
kt 파일에 다음 코드를 추가하세요.

```kotlin
package com.akj.lotto

import android.content.Intent
import android.net.Uri
import android.os.Bundle
import android.view.View
import androidx.appcompat.app.AppCompatActivity

class TestActivity : AppCompatActivity() {
    // ... 생략

    // 암시적 인텐트를 사용해 웹브라우저를 호출한다
    fun callWeb(view: View){
        val intent = Intent(Intent.ACTION_VIEW, Uri.parse("http://www.naver.com"))
        startActivity(intent)
    }
}
```

이번에는 연습 삼아 코틀린 코드에서 이벤트 리스너를 연결하지 않고, XML에서 연결해 보겠습니다. 레
이아웃 XML 파일을 열고 onClick 속성을 다음과 같이 입력하세요.

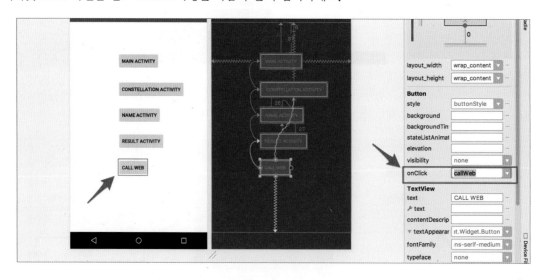

이제 [Run] 버튼을 눌러 실행한 뒤에 [CALL WEB] 버튼을 눌러 보세요.

[CALL WEB] 버튼을 누르면 '폰에 설치된 웹 브라우저 리스트'가 나오고, 웹 브라우저를 선택하면 코드에서 전달한 'http://www.naver.com' 주소가 출력되는 것을 확인할 수 있습니다.

암시적 Intent에 대한 감이 오시나요? 그 동작하는 방식을 그림과 함께 설명해 보겠습니다.

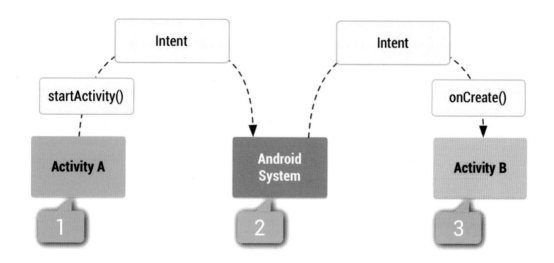

[1] 'Activity A'에서 Intent를 '작업 설명(Action)'과 함께 생성합니다. 앞서 코드에서는 Intent를 생성할 때 'ACTION_VIEW'를 Action으로 생성하고 있죠. 또 Data로서 '웹 주소(http://www.naver.com)'를 URI 형태로 전달했습니다.

[2] 안드로이드 시스템은 해당 Intent 의 'Action'과 'Data'를 분석하여, 핸드폰에 설치된 앱 중에서 이를 실행할 대상을 모두 검색합니다. 이때 만약 한 개의 앱만 존재할 경우라면 바로 실행되고, 여러 개라면 사용자가 선택하도록 화면을 띄우죠. 코드 상에서 Intent 의 데이터로 웹 주소를 넣고, 액션은 보여준다는 의미의 'ACTION_VIEW'를 전달했기 때문에 안드로이드 시스템은 해당 Intent 를 웹 브라우저에서 처리해야 된다는 것을 알게 됩니다. 따라서 폰에 설치되어 있는 웹 브라우저를 검색하게 되고, 해당 앱이 2개 이상이므로 선택 화면을 보이게 되는 것이죠.

[3] 해당 Intent 를 처리할 수 있는 애플리케이션이 시작되면 onCreate( ) 메소드가 호출되며, Activity B 는 자신이 받은 Intent 와 데이터를 확인할 수 있습니다. 때문에 웹 브라우저에서 전달 받은 웹 주소 'http://www.naver.com'을 출력하게 됩니다.

이제 Intent 의 두 가지 유형인 '명시적 Intent'와 '암시적 Intent' 모두를 살펴보았습니다. 로또 번호 생성 앱은 특별히 암시적 인텐트를 사용할 일은 없으며 화면 전환을 위한 명시적 Intent 만 사용할 예정입니다.

이번 과에서는 안드로이드의 구성 요소 간 통신을 위한 핵심 요소인 'Intent'를 설명하기 위해 상당히 많은 내용을 다루게 되었습니다. 그 내용을 다시 한 번 정리하면서, 다음 과에서는 안드로이드 UI 의 핵심 요소인 'View, ViewGroup, Layout' 등에 대해 알아보겠습니다.

◆ Intent 는 구성 요소 간의 작업을 요청할 수 있는 메시지 객체이다.

◆ Intent 의 유형에는 명시적, 암시적 유형이 있다.

◆ 같은 애플리케이션 내에서 화면 전환을 위해서는 명시적 Intent 를 생성하고 startActivity( ) 함수를 사용한다.

◆ 명시적 Intent 를 생성하는 방법은 실행될 Component Name 을 지정하는 것이다.

◆ 암시적 Intent 는 Component Name 은 없고, 대신 작업 유형을 나타내는 Action 을 지정한다.

◆ 암시적 Intent 호출 시의 Action 과 Data 정보를 기반으로, 안드로이드 시스템은 장치 내에 설치된 적합한 앱을 실행시킨다.

# 5.5 | 뷰(View), 뷰 그룹(ViewGroup), 레이아웃(Layout)

## 5.5.01 / 뷰의 속성

본격적으로 UI를 작성하기에 앞서 View와 ViewGroup, Layout의 개념을 정리해 보겠습니다. 먼저 View란 무엇일까요?

안드로이드에서 'View'는 UI의 구성 요소 중 가장 추상화된 개념으로서, 화면에 표시되는 가장 기본적인 요소를 말합니다. 예를 들어 완성될 로또 번호 생성 앱을 한 번 보죠.

위 그림 ①, ②, ③, ④ 등의 UI 요소들은 그 모습은 각기 다르지만 모두 'View'라는 공통점을 가지고 있습니다. 안드로이드에서 모든 UI 요소들은 View를 상속받은 View의 자손들입니다. View는 기본적으로 '직사각형의 영역'과 '자기 자신을 화면에 그리기 위한 정보'를 가지고 있으며, 다른 View와 구분하기 위한 자신만의 ID를 갖습니다.

'객체 지향'을 다루며 배웠던 '상속'의 개념을 기억하시죠? 객체 지향에서 상속이란 부모 클래스의 속성을 그대로 이어 받으면서 자신만의 기능 및 속성을 추가하는 것이었습니다. 마찬가지로 안드로이드의 모든 UI 요소들은 View를 상속받기 때문에 View의 속성을 그대로 가지고 있죠. 즉 모든 UI 요소들은 '직사각형의 영역'과 '화면에 어떻게 그릴지에 대한 메소드', 그리고 'ID 값'을 갖는다고 볼 수 있습니다.

## 5.5.02 뷰 그룹과 레이아웃

다음은 'ViewGroup'에 대해 알아보겠습니다. ViewGroup은 View를 상속받으면서 특별히 여러 개의 구성 요소들을 포함하는 View입니다. ViewGroup은 여러 개의 View들을 자식 뷰(Child View)로 가지면서 각 View의 위치를 조정하고 그룹화하여 관리할 수 있도록 도와줍니다.

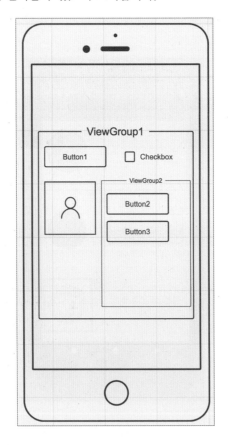

위 그림처럼 ViewGroup은 여러 개의 View를 포함할 수 있고, ViewGroup 역시 View를 상속받기 때문에 그 내부에 또 다시 ViewGroup을 포함할 수도 있습니다. 이렇게 'ViewGroup이 ViewGroup을 포함시킬 수 있는' 구성은 안드로이드 UI를 매우 유연하게 작성할 수 있도록 돕게 되죠.

다음 그림을 보면서 ViewGroup의 장점을 이해해 보겠습니다.

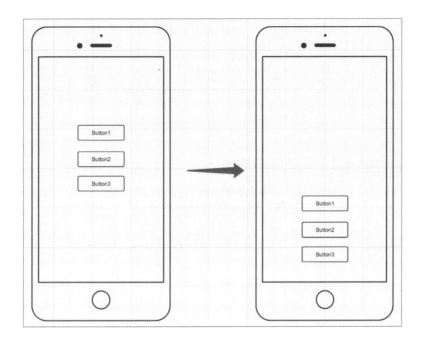

좌측 화면의 UI를 우측 화면의 UI와 같이 변경해야 할 경우가 발생했다면 어떻게 할까요?

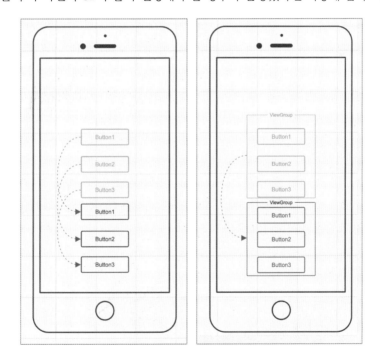

만약 'ViewGroup'이라는 개념이 없다면, [Button1], [Button2], [Button3] 등 개별 View들의 위치를 전부 다시 조정해야 합니다. 하지만 [Button1, Button2, Button3]들이 ViewGroup으로 묶여 있다면 ViewGroup의

위치만 조정하면 되겠죠. 즉 ViewGroup은 여러 개의 View를 묶어서 관리함으로써 UI를 손쉽게 작성하고 유지/보수를 편하게 해 준다고 볼 수 있습니다.

일반적으로 안드로이드에서는 이와 같이 ViewGroup에 View를 배치하면서 UI를 만들어 가게 됩니다.

> **⚞ NOTE**
>
> ### 부모 뷰(Parent View) 와 자식 뷰(Child View)
>
> 안드로이드에서 'ViewGroup에 포함되어 있는' View를 가리켜 '자식 뷰(Child View)'라고 하고, ViewGroup을 '부모 뷰(Parent View)'라고 합니다. 이 용어는 객체 지향에서 상속을 사용할 때 상위 클래스를 '부모(Parent)'라 표현하고 상속 받는 하위 클래스를 '자식(Child)'이라고 부르는 개념과 종종 혼선이 생길 수 있기 때문에 주의가 필요합니다. 이 책에서는 '상속'의 개념을 설명할 경우에는 상위 클래스를 'Super Class'로 표현하고 하위 클래스는 'Sub Class'로 표기하도록 하겠습니다.

하지만 안드로이드 UI는 ViewGroup과 View의 배치로 만든다고 해서 ViewGroup을 직접 사용하는 것은 아닙니다.

사실 ViewGroup은 View를 Group 형태로 포함시킬 수 있는 클래스의 추상화된 개념으로서, 실제로 사용되는 것은 ViewGroup를 상속받은 'Layout(레이아웃)'입니다. View 클래스 역시 그대로 직접 사용하는 것이 아닌, View를 상속받은 'TextView, Button, ImageView' 등의 위젯 클래스를 사용하게 되죠. 앞서 "Layout은 포함된 View를 배치할 수 있는 클래스"라고 한 내용을 기억나시나요? 또한 Activity는 setContentView() 메소드를 사용해 Layout 리소스 파일을 자신의 'Content View'로 지정하기도 했었죠.

그럼 본 과에서 학습한 View와 Viewgroup, 그리고 Layout에 대해 요약해 정리하고, 다음 과에서는 안드로이드에서 가장 일반적으로 자주 쓰이는 'LinearLayout, RelativeLayout'과 함께 최근 구글이 강력하게 추천하는 'ConstraintLayout'에 대해 자세히 알아보고 View를 상속받은 UI 요소인 'Button, TextView, EditText, ImageView' 등을 실제 코딩을 진행하며 학습해 보기로 하겠습니다.

- ◆ View는 안드로이드의 UI 요소 중 가장 기본이 되는 요소이다.

- ◆ ViewGroup은 다른 여러 View를 포함시킬 수 있는 특별한 View이다. ViewGroup을 사용하면 View를 그룹화하여 관리할 수 있다.

- ◆ 레이아웃은 ViewGroup의 실제 구현 클래스이며 자식 뷰를 어떻게 배치할지 결정한다. 자주 사용하는 레이아웃에는 LinearLayout, RelativeLayout, ConstraintLayout 등이 있다.

## 5.6 | Absolute 레이아웃과 멀티 해상도 지원

### 5.6.01 Absolute 레이아웃이란?

'AbsoluteLayout'은 안드로이드의 레이아웃 중 가장 단순한 레이아웃입니다. 레이아웃의 자식 뷰들은 자신의 위치를 margin 값을 통해 절대 좌표(x, y)로 배치되죠.

초창기에는 AbsoluteLayout이 종종 쓰이기도 했지만 이제는 Deprecate(사양/지양)되어 거의 사용하지 않습니다. AbsoluteLayout에 치명적인 단점이 있기 때문인데요. 이번 과에서는 AbsoluteLayout으로 어떻게 View를 배치하는지 살펴보고 과연 어떤 문제점들이 있는지 알아보겠습니다.

AbsoluteLayout을 실습해 보기 위해 새로운 'AbsoluteActivity'를 만들도록 하죠. 앞서 생성한 방법대로 [New 〉 Activity 〉 Empty Activity]를 선택하여 AbsoluteActivity를 생성합니다.

이제 [res 〉 layout 〉 activity_absolute.xml] 순으로 들어가 파일을 연 후 텍스트를 편집하여 열고 최상위 레이아웃을 새로 만든 'AbsoluteLayout'으로 변경합니다.

```
<?xml version="1.0" encoding="utf-8"?>
<AbsoluteLayout
    xmlns:android="http://schemas.android.com/apk/res/android"
    xmlns:app="http://schemas.android.com/apk/res-auto"
    xmlns:tools="http://schemas.android.com/tools"
    android:layout_width="match_parent"
    android:layout_height="match_parent"
    tools:context="com.akj.lotto.AbsoluteActivity">

</AbsoluteLayout>
```

XML 코드를 변경하면 AbsoluteLayout 태그에 취소선이 그려진 것을 확인 가능합니다.

```
<?xml version="1.0" encoding="utf-8"?>
<AbsoluteLayout
    xmlns:android="http://schemas.androi
    xmlns:app="http://schemas.android.co
    xmlns:tools="http://schemas.android.
    android:layout_width="match_parent"
    android:layout_height="match_parent"
    tools:context="com.akj.lotto.Absolut

</AbsoluteLayout>
```

태그에 취소선이 그려지는 이유는 AbsoluteLayout이 'Deprecated 되었기' 때문입니다. Deprecated 되었다는 것은, "기존 API에는 존재했으나 해당 코드가 결함이나 위험성을 갖고 있으므로 개발자들은 가급적 사용을 하지 말라"는 의미입니다. 언급했듯 AbsoluteLayout은 단점이 많기 때문이죠. 여기서는 그 단점을 눈으로 확인하기 위한 예제이므로 비록 Deprecated 되었지만 그냥 사용하도록 합니다.

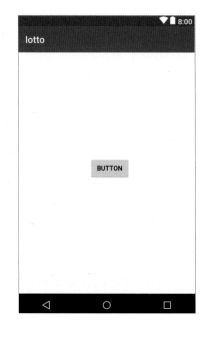

AbsoluteLayout은 포함된 모든 자식 뷰를 절대적인 좌표로 위치시킵니다. XML Design 편집 화면에서 버튼 요소를 화면 가운데에 드래그 앤 드랍해 보겠습니다.

드래그 앤 드랍한 버튼이 실제로 어떤 XML 코드를 가지게 되는지 보겠습니다. 레이아웃 XML 파일을 Text 편집 보기로 전환합니다.

```xml
<?xml version="1.0" encoding="utf-8"?>
<AbsoluteLayout
    xmlns:android="http://schemas.android.com/apk/res/android"
    xmlns:app="http://schemas.android.com/apk/res-auto"
    xmlns:tools="http://schemas.android.com/tools"
    android:layout_width="match_parent"
    android:layout_height="match_parent"
    tools:context="com.akj.lotto.AbsoluteActivity">

    <Button
        android:id="@+id/button7"
        android:layout_width="wrap_content"
        android:layout_height="wrap_content"
        android:layout_x="155dp"
        android:layout_y="221dp"
        android:text="Button"
        />
</AbsoluteLayout>
```

추가된 코드의 Button 속성 중 'layout_x, layout_y'에 주목해 주세요. 해당 속성들은 각각 x, y 좌표의 위치를 설정하는 것으로, 문제는 이렇게 절대 좌표로 View를 배치하는 경우 실제로 동작하는 폰의 해상도가 달라지면 View의 상대적 위치들이 달라져 의도대로 보이지 않게 된다는 것이죠.

현재는 앞서 생성한 버튼을 x 좌표와 y 좌표값에 맞춰 최대한 가운데로 설정한 상태인데요. 해상도가 다른 폰에서는 어떻게 보이는지 확인하기 위해 'Preview' 기능 중 'Device in editor' 기능을 사용할 수 있습니다.

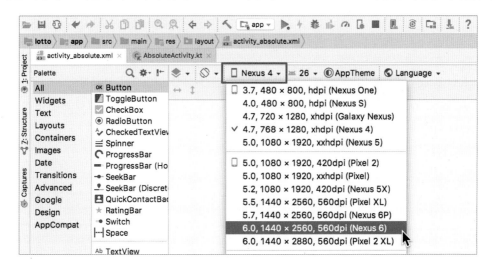

미리보기할 device 를 'nexus4'에서 'nexus6'과 같이 서로 다른 해상도를 지닌 디바이스로 변경합니다.

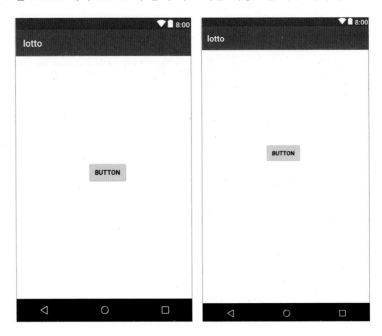

좌측은 최초 설정된 nexus4에서의 화면이고, 우측은 nexus6에서의 화면입니다. Button 을 화면 가운데에 위치시키려고 절대값을 지정한 것이지만 해상도가 바뀌자 가운데에서 벗어나게 된 것이죠.

Absolute 레이아웃은 이렇듯 모든 View 의 위치가 좌표로만 정해지기 때문에, 특정 버튼을 화면 가운데에 위치시키는 것조차 어렵습니다. 만일 다른 해상도에서도 버튼이 가운데에 있게 하려면 소스 상에서 현재 화면의 해상도를 구해 좌표를 다시 계산하고 버튼을 위치시켜야 하겠죠.

이런 이유로 AbsoluteLayout 은 '멀티해상도 지원에 부적합한' 레이아웃으로 판단되었고 결국 Deprecated 된 것입니다. 하드웨어 제조사가 무척이나 다양한 안드로이드에서 '멀티해상도 지원'은 매우 중요한 문제이기 때문이죠. 제조사마다 해상도를 다르게 만들 수 있기 때문에, 당연히 멀티해상도 지원은 매우 중요하죠.

이제 AbsoluteLayout 이 무엇이며 멀티해상도 지원이 어려운 이유를 알았으니 본격적으로 자주 사용되는 레이아웃인 LinearLayout, RelativeLayout, ConstraintLayout 등을 실습과 함께 익혀 보겠습니다. 본 과의 내용을 요약하면 다음과 같습니다.

◆ AbsoluteLayout 은 자식 뷰를 x, y 좌표로 배치시킨다.

◆ AbsoluteLayout 은 화면에 해상도가 바뀌면 View 의 상대적인 위치가 바뀌게 된다.

◆ AbsoluteLayout 은 멀티해상도 지원에 적합하지 못하다.

# 5.7 | Linear 레이아웃으로 첫 화면 구현

## 5.7.01 | Linear 레이아웃의 개념과 Orientation

이번 과에서는 먼저 LinearLayout의 개념을 익히고 본격적으로 로또 번호 생성 앱의 첫 화면을 만들어 보도록 하겠습니다. LinearLayout은 포함된 자식 뷰를 '선형'으로 배치시키는 레이아웃입니다. 선형으로 배치하기 때문에 '가로' 혹은 '세로 방향' 등 2가지 방법으로 View를 배치할 수 있죠.

우선 실습을 위해 새로운 레이아웃을 만들겠습니다. [app 〉 res 〉 Layout] 위치에 마우스 우클릭 후 [New 〉 Layout resource file] 메뉴를 선택해 주세요.

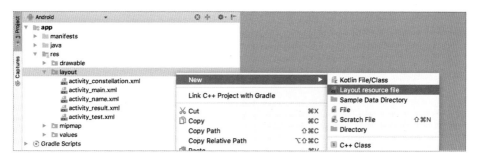

메뉴를 선택하면 [New Resource File] 팝업이 나타나는데, 파일 이름을 'linear_layout_vertical'로 지정하고 'Root element' 속성값을 'LinearLayout'으로 변경하여 생성해 주세요.

생성된 XML 파일을 Design 탭으로 열고 Palette 에서 버튼을 마우스로 끌어 배치해 보세요.

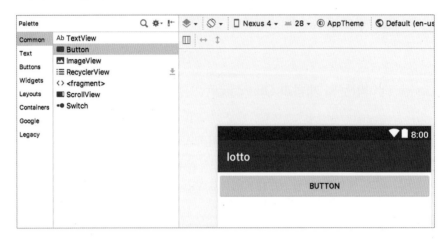

버튼을 화면 어디에 배치하더라도 상단에 배치됩니다. 이렇게 버튼이 상단에 배치되는 이유는 LinearLayout 이 선형으로 자식 뷰들을 배치하기 때문이죠. 그럼 버튼 하나를 추가로 배치해 보겠습니다.

다시 Palette 에서 버튼을 마우스로 끌어 화면 정가운데에 배치해 보세요.

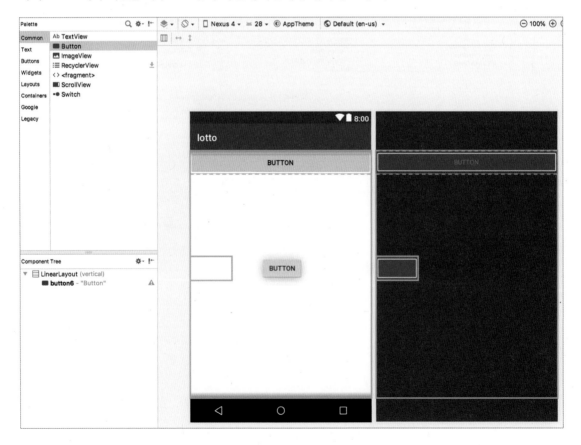

마우스로 화면 정가운데에 배치했지만, 자동으로 기존 버튼의 하단에 위치하는 것을 확인할 수 있습니다.

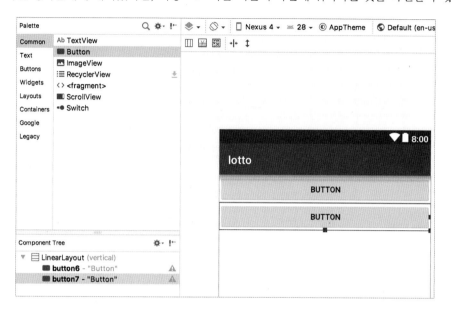

이것은 앞서 설명한 대로 LinearLayout이 그 자식 뷰(View)들을 선형으로 순차 배치하는 레이아웃이기 때문인데, 현재는 LinearLayout 정렬 방향의 기본값이 '세로'이기 때문에 하위 View들이 세로 방향으로 배치되죠. 반면 가로로 배치하고 싶다면 어떻게 해야 할까요? LinearLayout은 'orientation' 속성을 사용하여 관리하는 자식 뷰들의 배치 방법을 '가로, 세로'로 변경할 수 있으며 그 속성을 정리하면 다음과 같습니다.

| orientation 속성값 | 설명 |
| --- | --- |
| none | 속성값을 정의하지 않은 경우 horizontal이 기본값 |
| horizontal | 자식 뷰를 가로로 순차 정렬 |
| vertical | 자식 뷰를 세로로 순차 정렬 |

> **NOTE**
>
> ### LinearLayout의 orientation 기본값과 자동 생성 orietation
>
> LinearLayout의 orientation 기본값은 'horizontal'입니다. 반면 안드로이드 스튜디오에서 레이아웃 리소스 파일을 만들 때 'Root element' 속성을 'LinearLayout'으로 지정하는 경우 자동으로 orientation 속성이 'vertical'로 지정되죠.
>
> 안드로이드 스튜디오 버전마다 레이아웃 생성 시 자동으로 지정되는 orientation이 다를 수 있기 때문에 주의가 필요하죠. 만약 처음 생성된 LinearLayout의 orientation이 책과 다른 경우, 속성을 변경하여 실습해 주세요.

이제 orientation 속성을 가로로 변경하여 실습해 볼 차례입니다. 'linear_layout_horizontal.xml' 파일을 아까와 같은 방법으로 생성해 주세요.

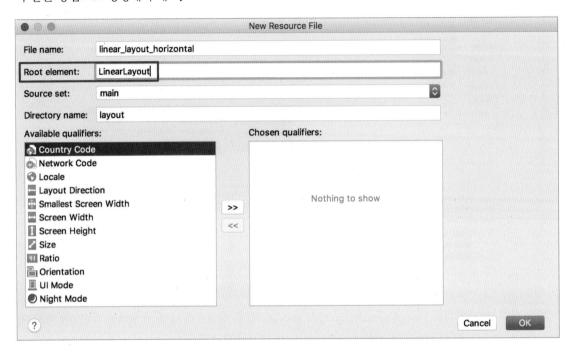

이제 LinearLayout 의 [Attributes] 창에서 orientation 속성값을 'horizontal'로 변경해 주세요.

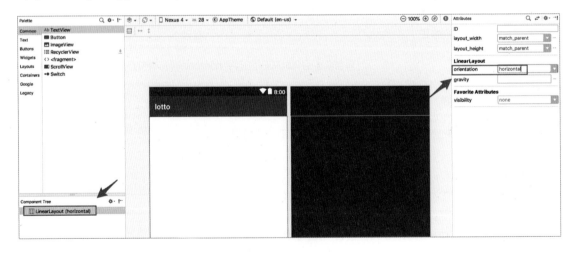

속성 변경이 완료되었다면 Palette 에서 버튼 2개를 배치해 보세요.

그럼 이번에는 차례대로 가로 배치되는 것을 확인할 수 있습니다. 이제 LinearLayout 에 대한 감이 조금 오시죠? LinearLayout 은 이처럼 세로 또는 가로 방향으로 순차적으로 View 들을 배치할 때 유용합니다.

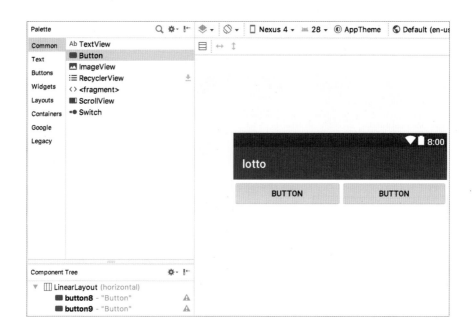

많은 안드로이드 책들은 LinearLayout을 거의 기본으로 다루고 있습니다. 그 이유는 LinearLayout이 안드로이드 초기부터 널리 쓰인 기본적인 레이아웃이며 또한 복잡한 레이아웃도 LinearLayout의 속성을 응용하면 충분히 구현은 가능하기 때문이죠. 그럼 LinearLayout의 다양한 속성들을 익혀 보겠습니다.

## 5.7.02 gravity, layout_gravity 속성

앞선 실습에서 궁금한 점이 생길 수 있죠. LinearLayout에서 화면 정가운데에 View를 배치하기 위해서는 어떻게 해야 할까요? 이렇게 LienarLayout에서 화면 가운데에 뷰를 배치하려면 'gravity, layout_gravity' 속성을 알아야 합니다.

그럼 이제 gravity, layout_gravity 속성을 직접 사용해 보죠. 실습을 위해 새로운 레이아웃 XML 파일을 만들겠습니다. [app 〉 res 〉 layout]에서 우클릭한 후 [New 〉 Layout resource file] 메뉴를 선택하세요.

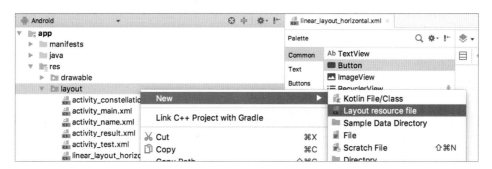

[New resource file] 팝업창에서 File name을 'linear_layout_gravity'로 하고 Root element 속성은 'LinearLayout' 으로 변경한 뒤 [OK] 버튼으로 레이아웃 파일을 생성합니다.

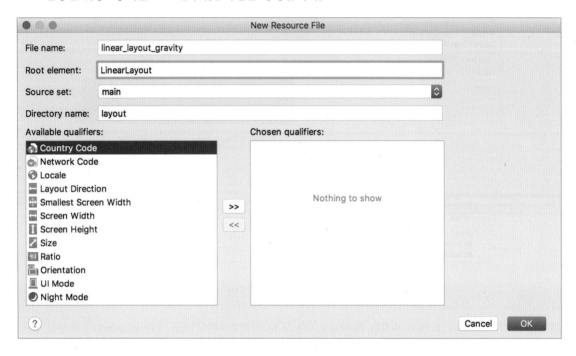

생성된 파일을 [Design] 탭으로 열고 Palette에서 버튼을 마우스로 끌어 배치해 주세요.

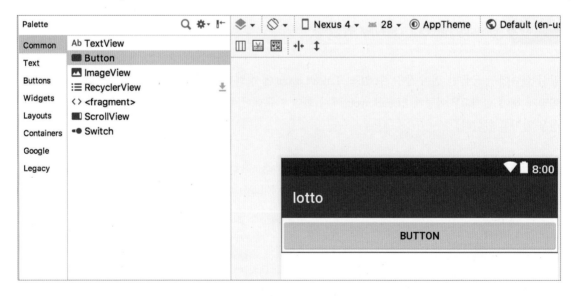

버튼의 가로 크기가 화면 전체를 차지하면, 화면 정가운데에 배치되었는지 확인하기 어렵겠죠. 버튼의 layout_ width 속성을 'wrap_content'로 변경합니다.

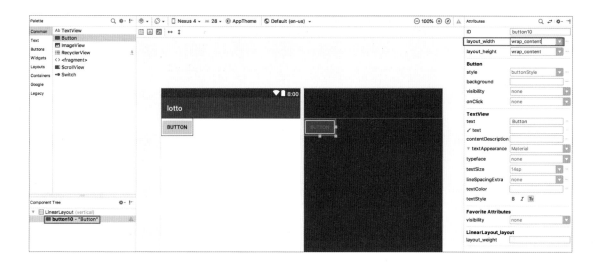

이제 버튼을 화면 정가운데에 배치시키기 위해 'gravity, layout_gravity' 속성들을 사용할 계획입니다. 각 속성을 사용해 보기 전에 각 속성의 의미를 표로 간략하게 정리하고 넘어가도록 하죠.

| 속성 | 설명 |
|:---:|:---|
| gravity | 객체가 자신의 경계 내에서 X축과 Y축의 내용을 배치하는 방법을 지정합니다. 설정한 값은 단일 행이나 열 내의 모든 자식 뷰의 가로 및 세로 정렬에 영향을 줍니다. |
| layout_gravity | 구성 요소를 셀 그룹에 배치하는 방법을 지정합니다. 기본값은 'LEFT | BASELINE'입니다. |

그럼 각 속성을 실습해 볼 시간입니다. 먼저 부모 뷰인 LinearLayout에서 관리하는 모든 View들을 가운데에 배치하도록 gravitiy 속성을 수정해 보겠습니다. [Attributes] 창에서 gravity 속성을 'center'로 체크합니다.

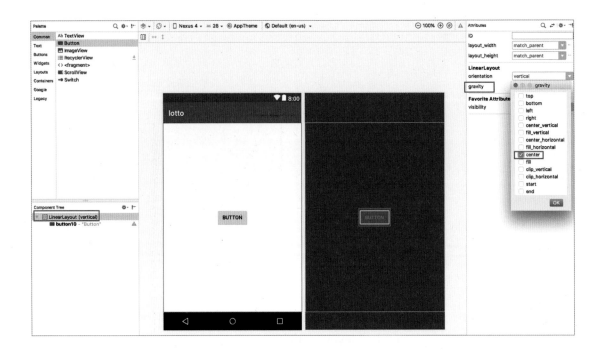

버튼이 화면 가운데로 배치되죠? 이제 Linearlayout은 여전히 관리하는 View들을 순차적으로 배치하되 화면 가운데를 우선하여 배치하게 될 것입니다.

Palette에서 버튼을 가운데에 추가로 배치해 보세요.

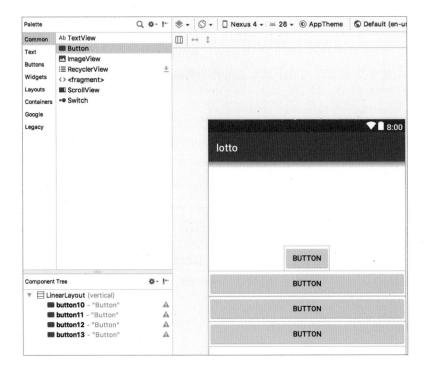

버튼을 추가해도 모든 자식 뷰들이 '가운데 정렬'로 배치되는 것을 볼 수 있습니다. **gravity 속성**은 이렇게 지정한 객체 입장에서 컨텐츠(Contents)의 정렬을 변경할 수 있도록 합니다. ViewGroup의 경우 Contents는 ChildView이기 때문에 'gravity' 속성을 적용하면 모든 자식 뷰가 가운데로 정렬되게 되는 것입니다.

그럼 gravity가 아닌 layout_gravity는 어떻게 다를까요? 'layout_gravity'는 gravity와 달리, View 자신의 위치를 부모 뷰를 기준으로 정렬하는 속성입니다. 역시 실제로 어떻게 동작되는지 바로 확인해 보겠습니다.

실습을 위해 새 레이아웃 파일을 만들어 주세요. 파일 이름은 'linear_layout_layout_gravity'로 하고 Root element 옵션은 'LinearLayout'으로 합니다.

생성된 파일을 다시 Design 모드로 연 후 버튼을 배치합니다. 이전과 마찬가지로 버튼의 layout_width 속성을 'wrap_content'로 변경합니다.

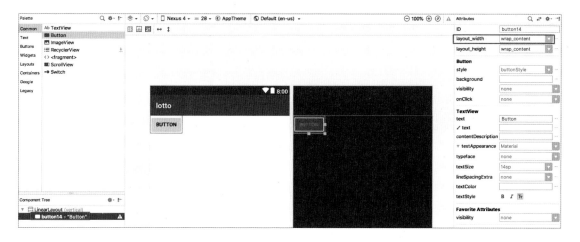

이제 Button 의 'layout_gravity' 속성을 변경하려 하는데, [Attributes] 창에 해당 속성이 보이지 않습니다.

어째서일까요? 안드로이드 스튜디오는 [Attributes] 창에 자주 사용되는 속성만 나타내어 사용자가 너무 복잡하지 않게 작업할 수 있도록 하고, 그 외에 속성은 [View all attributes] 창에서 보여 주기 때문입니다. [Attributes] 창 하단의 'View all attributes' 항목을 클릭해 보세요.

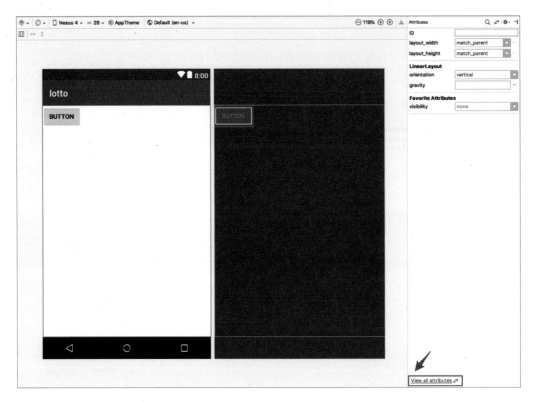

나타난 많은 속성들(Attributes) 중에서 'layout_gravity' 항목을 찾아 확장하고 'center'에 체크하세요.

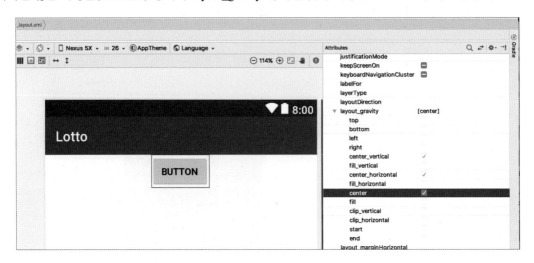

layout_gravity 속성의 center 옵션을 체크하면 '가로 기준'으로는 가운데 정렬이 되지만 이상하게도 '세로 기준'으로는 가운데로 가지 않습니다. 그 이유는 현재 LinearLayout이 View를 '세로 기준으로 순차적 배치' 중이기 때문이죠. 때문에 Button에게 준 세로 영역의 크기는 딱 'Button이 차지하는 크기'입니다. 그러므로 세로 방향으로 가운데 정렬을 하더라도 변화가 없는 것이죠.

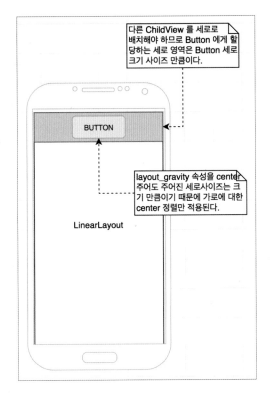

만약 부모 뷰인 LinearLayout의 orientation 속성이 '세로 정렬(vertical)'이 아닌 '가로 정렬(horizontal)'이라면 현재와는 반대로 가로에 대한 'center' 옵션이 동작하지 않게 될 것입니다. 한번 직접 테스트해 보도록 하죠.

Component Tree에서 LinearLayout을 클릭하고 [Attributes] 창을 '주요 Attributes 보기 화면'으로 전환한 후 orientation 속성을 'horizontal'로 바꿔 보겠습니다.

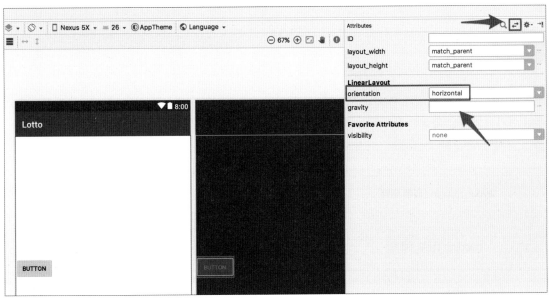

가로에 대한 center 는 이제 적용되지 않고 세로에 대한 center 만 적용되는 것이 보이시나요? 앞서 설명한 것처럼 LinearLayout 의 orientation 이 horizontal 즉 가로 기준이면, 자식 뷰의 가로 크기는 View 의 사이즈로 정해지므로 가로에 대한 center 는 적용되지 않게 됩니다.

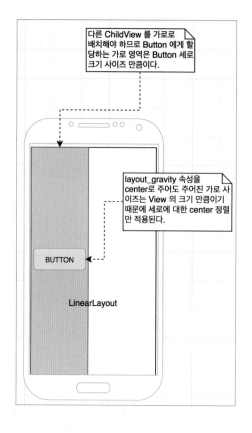

이제 LinearLayout 에서 'gravity, layout_gravity' 속성이 어떻게 동작하는지 감이 오셨을 것이라 생각합니다. 다음으로는 순차적으로 배치한 후 여백을 설정하는 'Margin, Padding' 속성을 익혀 보겠습니다.

## 5.7.03 / Margin

이제 알아볼 것은 'Margin'과 'Padding'입니다. 이 두가지 요소는 비슷하면서도 서로 달라 자칫 헷갈리기 쉬우니 여기서 개념을 확실히 잡아 두는 것이 중요합니다.

| 속성 | 설명 |
|---|---|
| layout_margin (외부 여백) | 뷰의 왼쪽, 위쪽, 오른쪽 및 아래쪽에 추가 공간을 지정합니다. |
| padding (내부 여백) | 왼쪽, 위쪽, 오른쪽 및 아래쪽 가장자리의 padding을 픽셀 단위로 설정합니다. padding은 view의 가장자리와 view의 내용 사이의 간격을 지정합니다. |

이것 역시 직접 실습을 하면서 익히도록 하죠. 마찬가지로 파일 이름은 'linear_layout_margin', Root element 속성은 'LinearLayout'으로 설정하여 생성해 주세요.

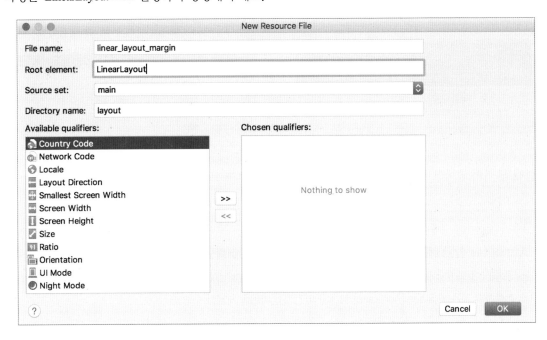

생성된 XML 파일을 Design 모드에서 열고 Palette에서 버튼을 마우스로 끌어 배치해 주세요. 버튼을 배치한 뒤 layout_width 속성을 'wrap_content'로 변경합니다.

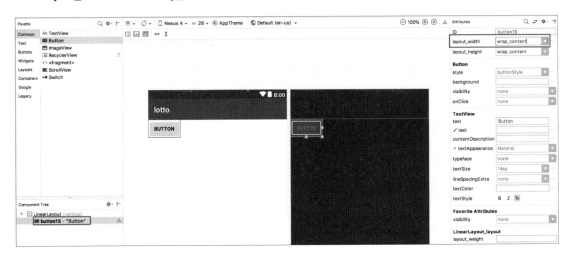

이제 'Margin'에 대해 알아보겠습니다. 해당 버튼을 선택하고 View all attributes 항목을 눌러 '속성 전체 보기'를 켜 주세요. 속성 중 'Layout_Margin 〉 left' 항목을 '100dp'로 변경합니다. 그럼 버튼이 좌측 측면으로부터 멀어지는 것을 확인할 수 있습니다.

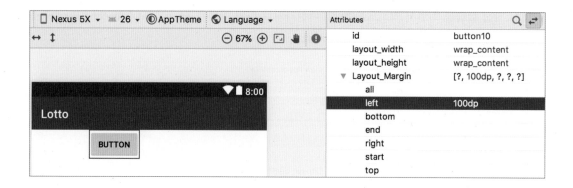

실습해 본 바와 같이 'Margin'은 View 자신의 위치를 부모 뷰(ParentView)로부터 떨어지도록 만듭니다.

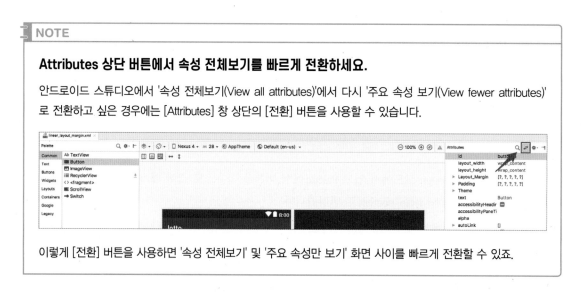
이번엔 부모 뷰로부터 상단 기준 80dp 떨어지게 해 보죠. 'Layout_Margin 〉 top' 항목의 값을 '80dp'으로 입
력합니다.

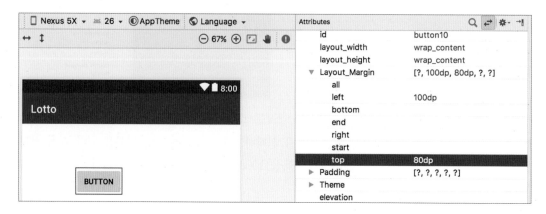

이제 상단에도 여백이 생겼군요. 그런데 만약 gravity 나 layout_gravity 로 가운데 배치(center)가 되어 있다면 어떻게 될까요?

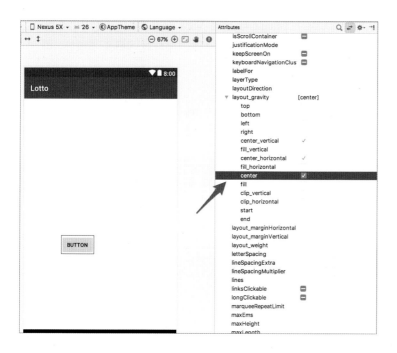

margin 이 우선적으로 적용되고 center 배치가 나중에 된다면 margin 은 무시되고 말겠죠.

반대로 center 배치 이후 margin 이 적용된다면 가운데에서 설정된 margin 만큼 떨어진 위치에 배치될 것입니다.

확인을 위해 먼저 layout_gravity 항목을 'center'로 바꿔 보겠습니다.

먼저 layout_gravity 로 가운데 배치가 되고 그 상태에서 Margin 값이 적용된 것을 확인할 수 있습니다. gravity 속성 역시 확인해 봐야겠죠? LinearLayout 에서 gravity 속성값을 'center'로 설정해 보겠습니다.

layout_gravity 와 마찬가지로 'center' 옵션에 의해 먼저 버튼이 가운데에 배치되고, 그 이후에 margin 이 적용되는 것을 확인할 수 있습니다.

즉 '배치 기준'이 먼저 적용되고, 그 적용된 기준선에 대해 'margin 값'이 적용된다는 것을 알 수 있습니다.

이제 margin 과 관련해 혼동되는 부분은 없겠죠?

다음엔 여백을 관리하는 또 다른 방법인 'padding'에 대해 알아보죠.

이번에 배울 속성은 'Padding' 속성입니다. Padding 은 Margin 과 달리 View 자기 자신의 영역이 움직이는 것은 아닙니다. 대신 View 가 Drawing 하는 내부 컨텐츠가 View 기준선으로부터의 여백을 결정합니다. 이해를 돕기 위해 실습을 해 보도록 하겠습니다.

실습을 위해 새로운 레이아웃 XML 파일을 만들겠습니다. [프로젝트 〉 res 〉 layout] 위치에 마우스로 우클릭한 후 [New 〉 Layout resource file]을 선택합니다.

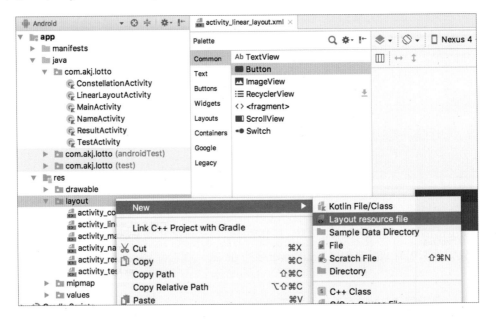

Padding 에 대해 알아볼 것이므로 파일 이름은 'lienar_layout_padding'으로 하겠습니다. 그리고 Root Element 속성은 LienarLayout 으로 지정해 주세요.

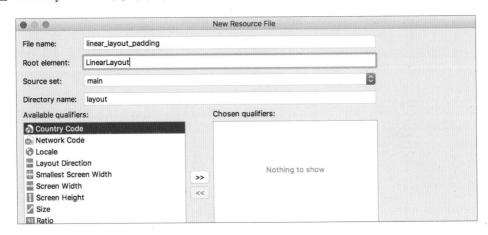

[OK] 버튼을 눌러 레이아웃 생성을 마치고, 생성된 lienar_layout_padding.xml 파일을 [Design] 탭으로 열어주세요. 'Padding' 속성을 테스트하기 위해 먼저 'TextView'를 마우스로 끌어 배치합니다.

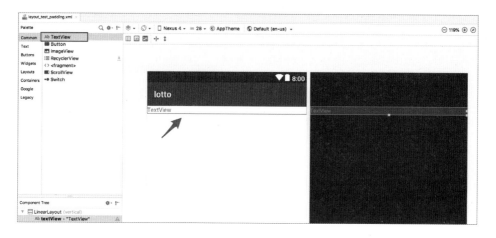

다음에는 배치된 TextView 의 [Attributes] 편집창에서 'Padding' 속성을 바꿔 보도록 하겠습니다. TextView 의 Padding 속성 중 'left' 항목의 값을 '60dp'로 변경해 주세요.

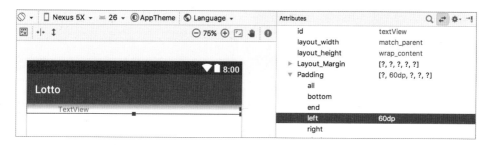

TextView 의 글씨 좌측으로 여백이 생긴 것이 보이죠? 또 View 의 위치는 여전하죠. Margin 과의 차이를 알기 위해 Padding 값을 지우고, Margin 값을 left 에 '60dp'로 넣어 보겠습니다.

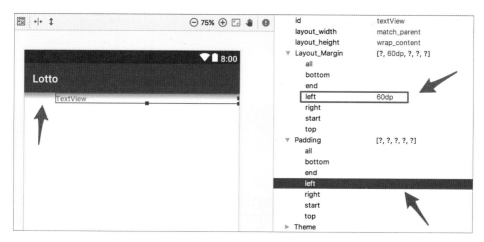

TextView를 선택했을 때 보이는 파란색 테두리를 봐 주세요. Margin 값을 좌측에 주게 되면 View 자체의 위치가 이동됩니다. 지금은 TextView의 배경이 투명하기 때문에 티가 잘 나지 않지만, 'Background' 속성에 컬러값을 주게 되면 좀 더 명확하게 보이죠. TextView에 배경색으로 '#44000000'을 입력해 보겠습니다.

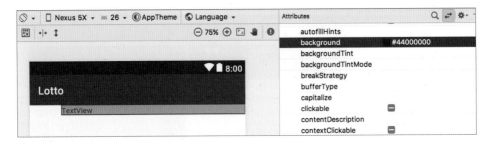

다시 Margin을 지우고 Padding으로 바꿔 주면 다음과 같이 나타나게 되죠.

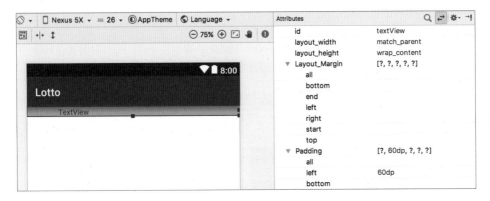

이제 Margin과 Padding의 차이가 이해 가시나요?

결국 Margin은 View의 기준선에 여백을 설정하여 View의 영역 자체를 옮기는 것이고, Padding은 View의 기준선은 그대로 있지만 그려야할 내부 컨텐츠의 영역에 여백을 주는 것이라고 할 수 있습니다.

다음 이미지는 Margin과 Padding의 관계를 도식화하여 보여 주죠.

이제 Margin과 Padding이 각각 어떤 것인지 명확하게 구분이 될 것이라 믿습니다.

LinearLayout에서 다음으로 살펴볼 내용은 View 크기를 비율로 지정할수 있는 'weight' 속성으로서 View 객체의 크기를 비율로 배치하기 때문에 다양한 해상도 지원을 위해 매우 유용합니다.

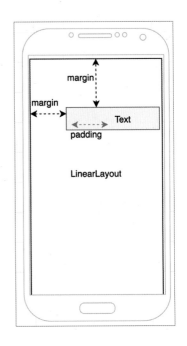

'weight' 속성은 ViewGroup 전체 크기에서 View가 갖는 크기의 비중을 설정하는 속성입니다.

마찬가지로 실습을 위해 'linear_layout_weight.xml' 파일을 생성해 보죠. 이전과 같이 [project 〉 res 〉 layout] 디렉토리에서 우클릭한 후 [New 〉 Layout resource file]을 선택합니다.

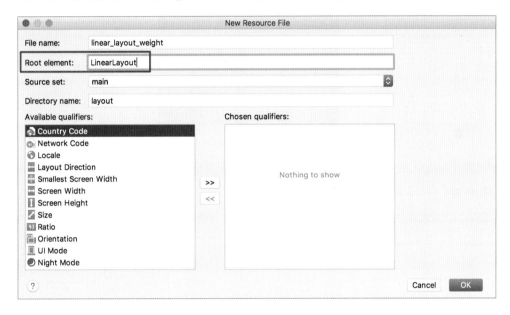

생성이 완료되면 버튼 2개를 마우스로 끌어 배치합니다.

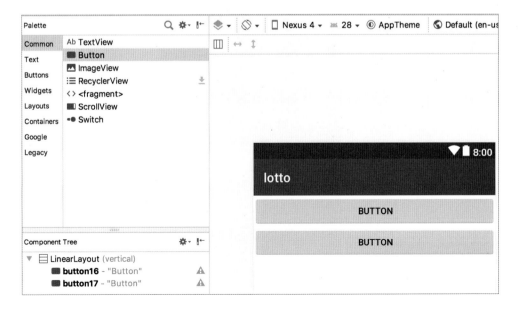

버튼을 구분짓기 위해 텍스트를 'BUTTON1, BUTTON2'로 각각 변경하겠습니다.

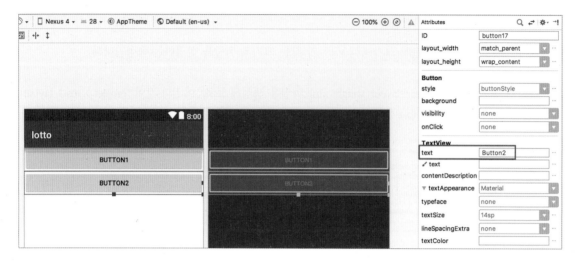

이제 각 버튼의 'weight' 속성을 변경해 보겠습니다. weight 를 지정하기 전까지 기본값은 '0'입니다. Button1
의 'layout_weight' 속성값을 '1'로 변경하세요.

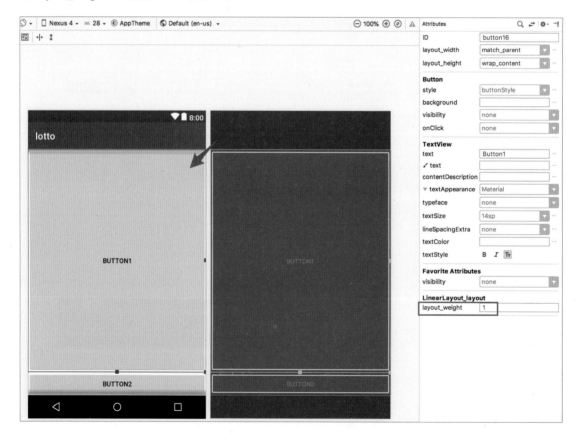

Button1의 크기가 화면의 남아있는 부분 전체를 차지하는 것을 볼 수 있습니다. 그럼 Button2에도 layout_weight 속성값 '1'을 적용해 보겠습니다.

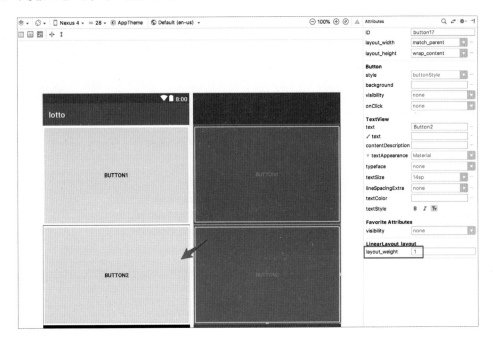

'버튼1'과 '버튼2'의 크기가 1:1의 비율로 배치된 것을 확인할 수 있죠. 그럼 weight 속성을 조금 더 알아보기 위해 버튼을 하나 더 마우스로 끌어 배치하세요. 배치된 버튼은 'Button3'으로 텍스트를 바꾸고 마찬가지로 layout_weight 속성을 '1'로 설정합니다.

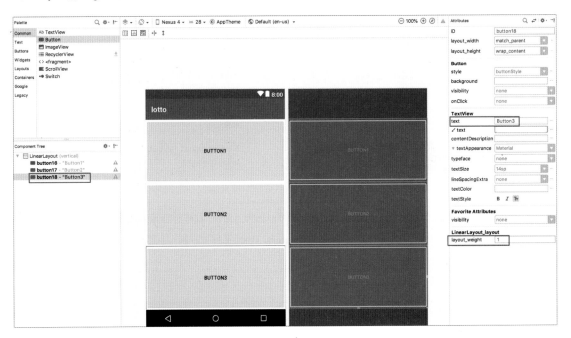

Button1, Button2, Button3 모두가 각각 1:1:1 비율로 배치된 모습입니다.

그렇다면 Button1의 크기를 부모 뷰의 60%를 차지하도록 하고 Button2의 크기는 10%, Button3의 크기를 30%로 하려면 어떻게 해야 할까요? Button1, Button2, Button3의 layout_weight 값을 각각 '60, 10, 30'으로 설정해 보세요.

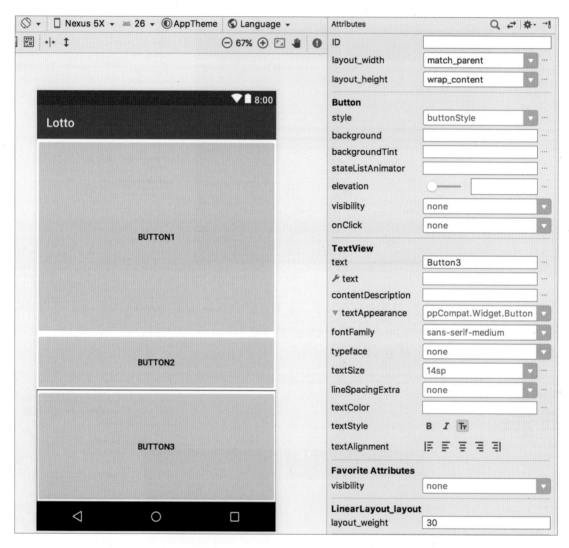

화면에 배치된 버튼들의 크기가 원하던 대로 각각 '60%, 10%, 30%'씩 차지하게 되었습니다. 이 상태에서, 만일 Button3이 사라진다면 어떻게 될까요? [Component Tree]에서 마지막에 추가한 버튼을 지워 보도록 하겠습니다.

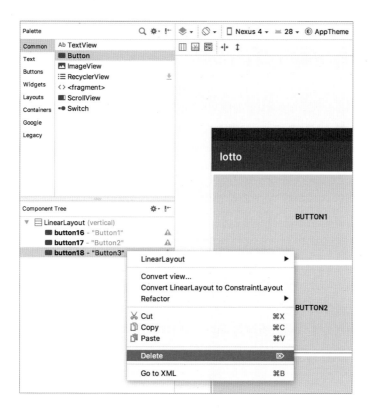

의도한 대로 Button3을 지우면 화면이 다음과 같이 변경되죠.

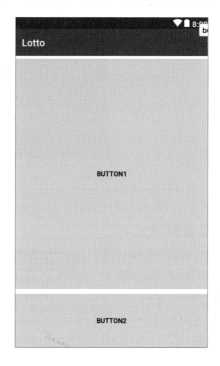

Button1은 60%의 영역만 차지하게 만들고 싶었지만, Button3이 사라지면서 다시 크기가 변경되었습니다. 또 Button2 역시 부모 뷰의 10%를 차지하고 있지 않죠. 이는 Button1과 Button2의 weight 값이 각각 60%, 10%이므로 Button1의 크기는 60/70 비율인 85% 정도, Button2는 10/70 비율인 14% 사이즈로 변경되었기 때문입니다. 이런 경우 어떻게 해야 할까요? 매번 다시 weight 값을 수정해야 하는 걸까요?

이러한 이유 때문에 LinearLayout은 자신의 비중 총합을 설정할 수 있는 **weightSum 속성**을 가지고 있습니다. LinearLayout을 선택하고, 'weightSum' 항목의 값을 '100'으로 수정합니다.

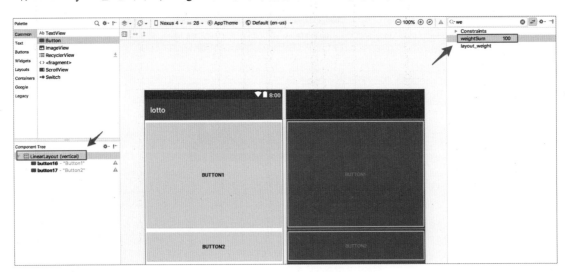

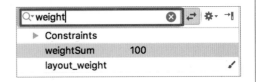

LinearLayout에 weightSum 속성을 적용하면 Button3이 없더라도 Button1과 Button2의 크기는 각각 60%, 10% 비율로 유지되고, 남은 공간은 여백으로 유지됩니다. 'weight, weightSum' 속성에 대해 이제 이해가 가시죠?

이때 한 가지 주의할 점은 View의 크기를 비율로 정할 때는 비율이 정해질 쪽의 사이즈가 'match_parent'여서는 안 된다는 점입니다. weight 속성을 줬을 때 match_parent 속성을 같이 쓰게 되면 어떻게 되는지 직접 실습해 보겠습니다. Button1의 layout_height 속성을 'match_parent'로 변경해 보세요.

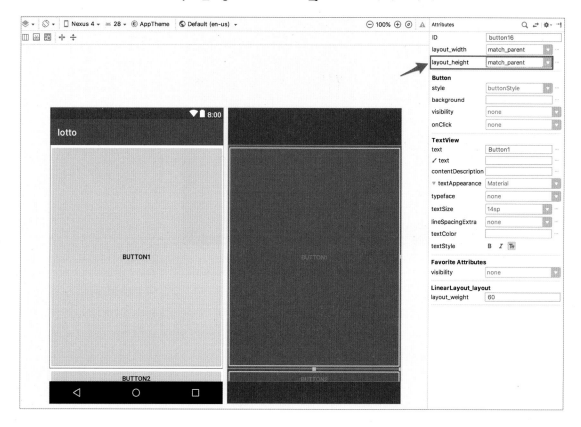

결과적으로 Button1의 크기가 60%가 아닌 알 수 없는 비율로 지정된 것을 볼 수 있습니다. '안드로이드 개발자 레퍼런스'에서는 아예 View가 비율로 지정될 쪽의 사이즈를 '0dp'로 지정하라고 가이드되어 있습니다. 즉 View가 속한 'ViewGroup(현재 LinearLayout)의 정렬 기준이 가로인 경우'에는 layout_width 속성을 '0dp'로 하고, '세로 정렬 기준'이라면 layout_height 속성을 '0dp'로 설정하라는 이야기입니다.

물론 꼭 '0dp'가 아니라 'wrap_content'라 하더라도 비율 적용이 되긴 하지만 추후 어떻게 변경될지 모르니 가급적 구글의 가이드를 따르는 것이 좋습니다. 여기서는 LinearLayout의 orientation이 'vertical'인 상태이므로, layout_height를 '0dp'로 설정해야겠네요.

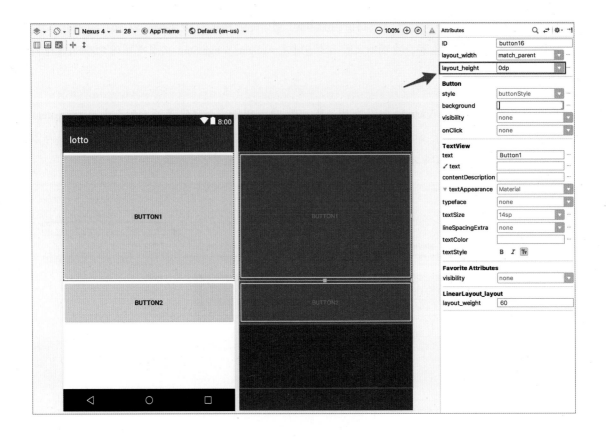

이제 LinearLayout에서 자주 쓰이는 속성들은 거의 알아보았는데요. 마지막으로 LinearLayout을 '중첩'해서 사용하는 경우를 연습해 보도록 하겠습니다.

'LinearLayout의 중첩'이란 LinearLayout 안에 또 LinearLayout 등을 넣는 것을 의미합니다. 이렇게 하는 이유는 LinearLayout은 '가로 또는 세로', 즉 어느 한 방향의 배치 기준만 가질 수 있기 때문입니다. 예를 들어 다음과 같은 배치는 어떻게 해야 할까요?

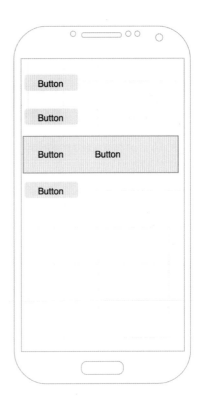

LinearLayout은 하나의 배치 기준만 가지므로 하나의 LinearLayout만으로는 그림처럼 배치하기가 곤란하죠. 이런 경우엔 LinearLayout 안에 또 다른 LinearLayout을 포함시켜야 합니다. 다행스러운 건 ViewGroup이 View를 상속받기 때문에 얼마든지 중첩하여 LinearLayout을 넣을 수 있다는 것입니다.

직접 실습해 보도록 하겠습니다. 이젠 레이아웃을 만드는 건 익숙해졌을 테니 새로운 레이아웃 XML 파일인 'linear_layout_nested.xml'을 만드세요. 물론 이때 Root Element 속성을 'LinearLayout'으로 하는 것을 잊지 말아 주세요.

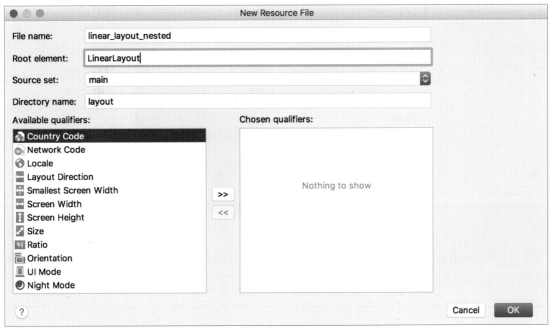

새로 생성된 레이아웃 파일을 [Design] 탭으로 열고 Palette에서 버튼 2개를 마우스로 끌어 배치합니다. 버튼을 배치한 후 layout_width 속성을 'wrap_content'로 바꿔 주세요.

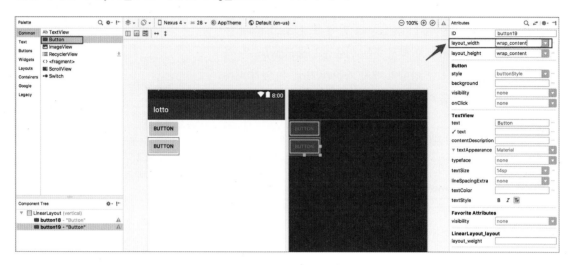

이 상태에서 버튼을 가로로 배치하기 위해서는 중첩된 레이아웃을 써야 합니다. 현재 LinearLayout은 세로로 순차 배치되므로 가로로 배치하기 불가능하기 때문입니다.

Palette에서 'Layouts 〉 LinearLayout(horizontal)'을 찾아 마우스로 끌어 배치합니다. 참고로 Palette에는 '가로 정렬 기준인 horizontal'과 '세로 정렬 기준인 vertical' 등 별도의 중첩형 LinearLayout이 각각 존재합니다.

이제 중첩된 LinearLayout에 버튼을 넣도록 하겠습니다. 버튼을 중첩된 LinearLayout 영역에 배치합니다. 이때 버튼의 'weight' 속성이 있는 경우 지워 주세요.

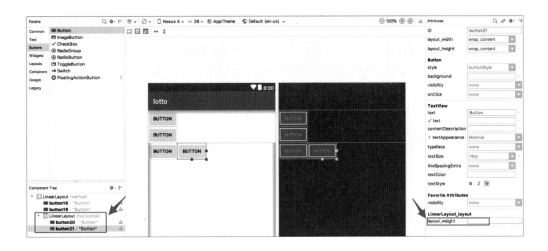

지금 중첩된 LinearLayout의 크기가 남은 전체 화면을 차지하는 'match_parent' 상태이므로 layout_height 속성을 'wrap_content'로 바꿔 주고, 영역을 표시하기 위해 배경색을 '#44FF0000'으로 설정하겠습니다.

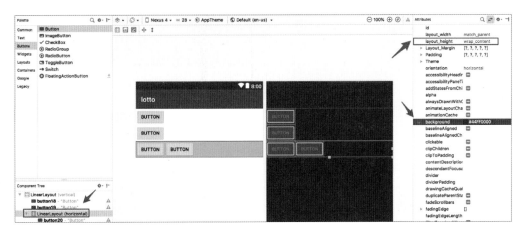

다시 세로로 버튼을 배치할 것이므로 중첩된 레이아웃이 아닌 외부 LinearLayout에 버튼을 추가합니다.

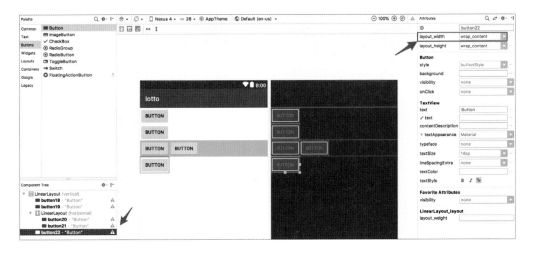

이렇게 '레이아웃의 중첩'을 이용한다면 LinearLayout 만 사용해도 왠만한 배치를 전부 구현할 수 있습니다.

---

NOTE

### View를 배치할 때 [Component Tree]에 배치할 수도 있어요

View를 마우스로 끌어 배치할 때, 꼭 Preview 화면뿐만이 아니라 [Component Tree]에도 마우스로 끌어 배치할 수 있습니다.

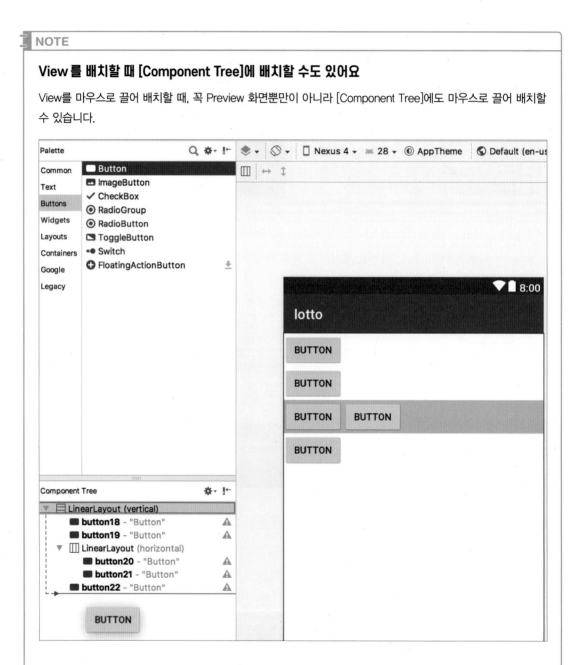

이렇게 [Component Tree]로 드랍하는 방법은 레이아웃이 2중, 3중으로 중첩되어 있는 경우 꽤 유용한데요. 레이아웃이 중첩되어 있으면 View가 어느 레이아웃의 자식 뷰인지 애매해 원하는 대로 배치가 되지 않을 수 있기 때문이죠.

이제 LinearLayout으로 View를 배치하는 방법에 대한 모든 방법을 익혔으니 실전 예제의 첫 화면을 만들 차례입니다. 실전 예제의 첫 화면 구성을 다시 한 번 확인해 보도록 하겠습니다.

화면을 어떻게 LinearLayout으로 만들지 분석해 보겠습니다.

먼저 각 메뉴를 선택하는 Card가 1:1:1 비율로 배치된 것을 볼 수 있습니다. 그리고 각 카드는 세로로 순차 배치되어 있죠. 앞서 실습했던 내용들이 기억나시죠?

그럼 우선 LinearLayout을 만들고 orientation 속성으로 'vertical'을 지정하면 되겠군요.

이제 'activity_main.xml' 파일을 열어 보겠습니다. activity_main.xml은 일단 자동적으로 'ConstraintLayout'으로 완성되어 있으므로 Text 편집툴로 연 후 'LinearLayout'으로 변경하고 orientation 속성을 'vertical'로 설정해 주세요.

```xml
activity_main.xml
LinearLayout
1  <?xml version="1.0" encoding="utf-8"?>
2  <LinearLayout
3      xmlns:android="http://schemas.android.com/apk/res/android"
4      xmlns:app="http://schemas.android.com/apk/res-auto"
5      xmlns:tools="http://schemas.android.com/tools"
6      android:layout_width="match_parent"
7      android:layout_height="match_parent"
8      android:orientation="vertical"
9      tools:context="com.akj.lotto.MainActivity">
10
11     <TextView
12         android:layout_width="wrap_content"
13         android:layout_height="wrap_content"
14         android:text="Hello World!"
15         app:layout_constraintBottom_toBottomOf="parent"
16         app:layout_constraintLeft_toLeftOf="parent"
17         app:layout_constraintRight_toRightOf="parent"
18         app:layout_constraintTop_toTopOf="parent"/>
19
20 </LinearLayout>
21
```

다시 [Design] 탭으로 돌아와 이미 작성되어 있는 'TextView'를 삭제해 줍니다.

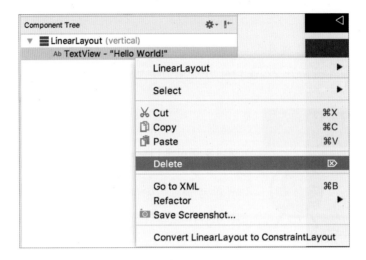

이제 [랜덤으로 번호 생성], [별자리로 번호 생성], [이름으로 번호 생성] 등의 버튼들을 책임질 카드를 만들 차례입니다. 안드로이드는 5.0 '머쉬멜로우' 버전부터 UI 테마가 'Material'로 변경되면서 'Card'라는 UI 형태를 선보였습니다. Card UI는 단순한 ViewGroup이 아니라 테두리의 라운드 처리가 가능하면서 테마에 맞게 '그림자'와 '터치 애니메이션' 등이 이미 적용되어 있어, 사용자에게 보다 반응성 있는 UI를 꾸밀 수 있도록 해 줍니다. 여기서도 CardView를 사용하도록 하겠습니다.

우선 각 카드가 1:1:1 비율로 배치될 것이므로, 먼저 LinearLayout에 대한 'weightSum' 속성을 지정해 줘야 하겠습니다.

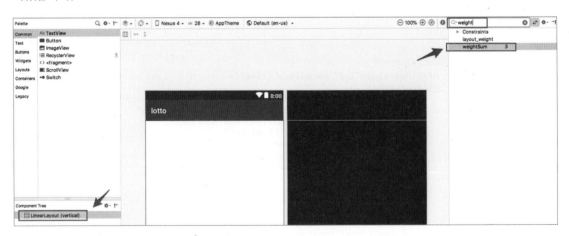

그 다음 Palette에서 'CardView'를 찾아서 마우스로 끌어 배치합니다.

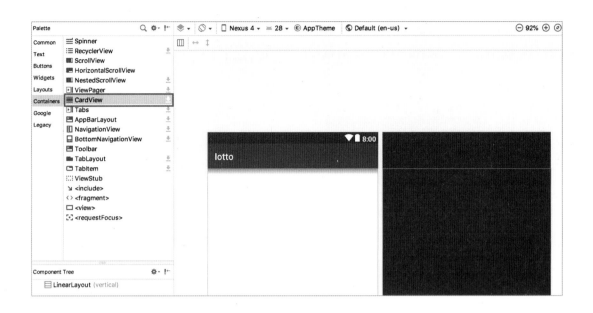

다시 activity_main.xml 파일로 이동하여 CardView 의 layout_height 속성값을 '0dp'로, layout_weight 속성값은 '1'로 각각 설정해 주세요.

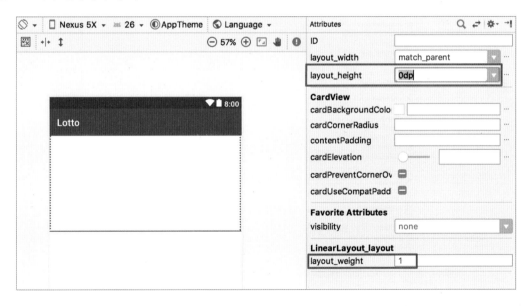

앞서 살핀 것과 같이 CardView 는 총 3개가 필요하므로, 지금 생성한 CardView 를 복사하여 사용하도록 하겠습니다. [Component Tree]에서 CardView 를 마우스로 우클릭하여 [Copy]를 선택합니다.

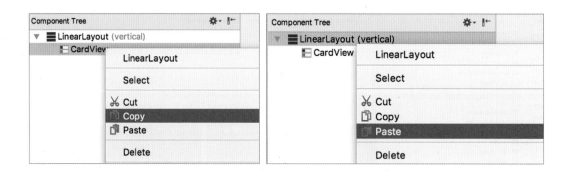

그리고 LinearLayout을 우클릭하여 [Paste]를 선택합니다. 물론 '복사, 붙여넣기'에 익숙하신 분들은 단축키로 [Ctrl]+[C], [Ctrl]+[V]를 사용해도 되죠. 같은 방법으로 CardView를 3개까지 복사합니다.

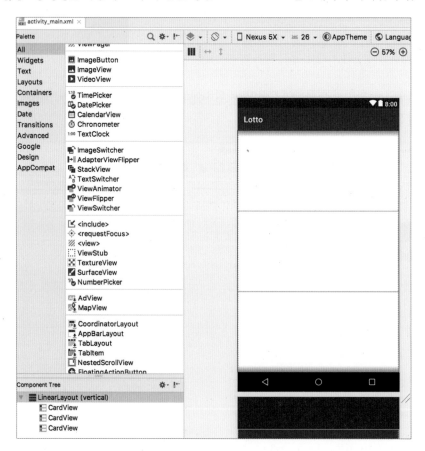

이제 CardView가 1:1:1 비율로 3개가 생성되었습니다. 하지만 아직 모든 CardView가 전부 여백 없이 붙어 있는 모습이죠. 최초 설계한 화면처럼 구성되려면 약간의 여백이 필요합니다.

우선 두 번째 CardView를 선택한 후 Layout_Margin 속성의 top 옵션값을 '2dp'로 설정합니다. 마찬가지로

세 번째 CardView 역시 'Layout_Margin 〉 top' 속성을 '2dp'로 설정합니다.

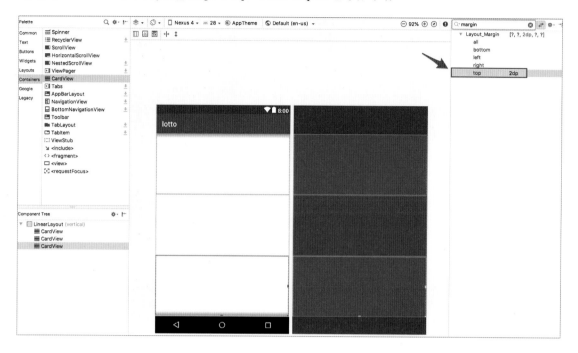

이제 앱을 실행한 후 [MainActivity] 버튼을 선택해 보세요.

카드가 적당한 여백으로 생긴 것을 확인할 수 있습니다. 그런데, 최초 설계 화면의 Card를 자세히 보면 테두리가 살짝 둥근 것을 확인할 수 있습니다.

이는 CardView에 'cardConerRadius' 속성을 적용했기 때문입니다. CardView를 선택하고 cardConerRadius 속성에 '8dp'를 입력합니다.

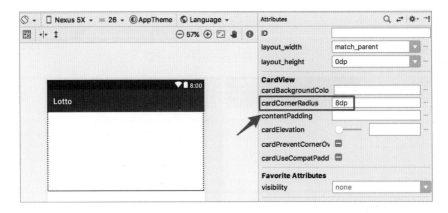

배치할 UI는 크게 2가지 요소로 나뉘는데, '좌측 설명 텍스트'와 '우측 아이콘 이미지'죠. 또 설명 텍스트는 서로 크기가 다른 2개의 TextView를 세로로 순차 배치해야 합니다. 그런데 우측 이미지는 고정 크기이고 좌측 텍스트는 텍스트 크기에 따라 가변적인 크기가 됩니다.

이 경우 '이미지의 크기'를 먼저 정하고 남은 영역을 '텍스트의 크기'로 지정하면 편하죠. 'ImageView'부터 LinearLayout에 등록하고 레이아웃의 gravity 속성을 'right'로 지정하는 거죠. CardView 안의 LinearLayout을 선택한 후 gravity 속성을 'right'와 'center_vertical'로 체크합니다.

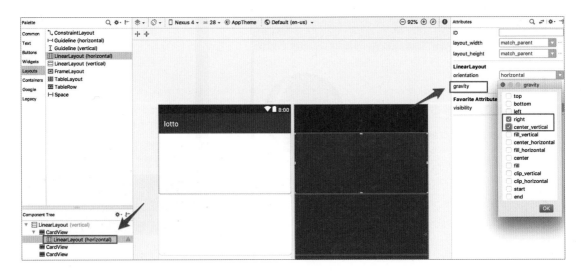

이제 Palette에서 LinearLayout(vertical)을 선택하여 배치하고, layout_width 속성을 'wrap_content'로 바꿔 줍니다.

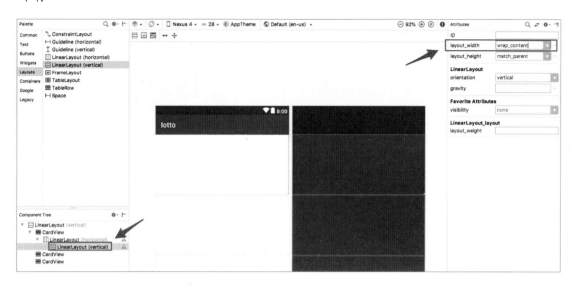

다음으로는 Palette에서 ImageView를 찾아 배치합니다. 이렇게 ImageView를 배치하게 되면 해당 ImageView에 이미지를 어떤 것으로 할지 선택하는 팝업창이 뜨게 됩니다. 사용할 이미지는 일단 'ic_launcher'로 지정합니다.

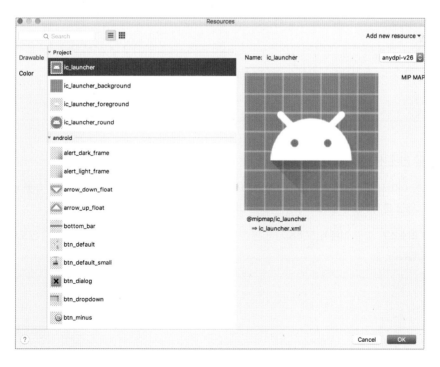

ImageView가 레이아웃에 추가되면, 'layout_weight' 속성을 삭제하고 'layout_width' 및 'layout_height' 속성을 모두 '140dp'로 변경합니다.

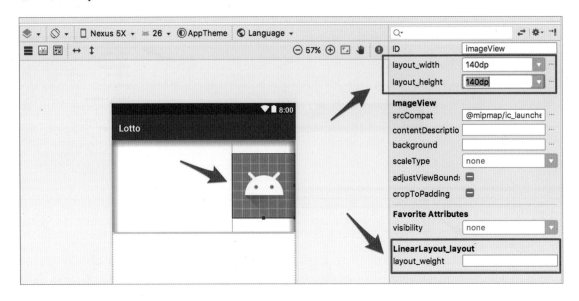

이제 ImageView의 이미지를 최초 설계한 이미지로 교체하겠습니다. 참고로, 이 책에서 사용하는 이미지는 모두 Google Drive(https://drive.google.com/drive/folders/0B0Hb6p6B_LC5c0hJbEcyY3NUUWs)에도 공유되어 있습니다.

링크의 [drawable] 디렉토리를 프로젝트의 [app 〉 res 〉 drawable] 위치로 카피합니다. 이때 디렉토리 이름을 다운로드한 상태의 [drawable-v24]가 아닌 [drawable]로 변경해 주세요.

> **NOTE**
>
> ### 안드로이드 리소스 파일 추가 시 주의 사항
>
> 안드로이드에 이미지를 비롯해 각종 리소스를 추가할 때 반드시 신경 써야 하는 부분은 '파일 이름'입니다. 파일 이름은 반드시 '소문자, 숫자, 언더스코어( _ )로만 이루어져 있어야 합니다.
>
> 안드로이드 리소스는 파일 이름에 허용하지 않는 문자열이 있는 경우 아예 컴파일 자체가 되지 않으므로 반드시 주의가 필요합니다.

이제 ImageView의 이미지를 바꿀 차례죠. ImageView를 선택하고 우측 [Attributes] 창의 [srcCompat] 버튼을 누르세요.

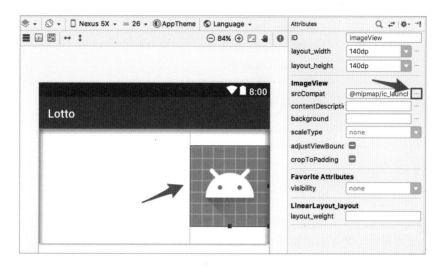

프로젝트에 추가된 이미지들이 보여지게 됩니다. 'lottery'를 선택하고 [OK] 버튼을 클릭하세요.

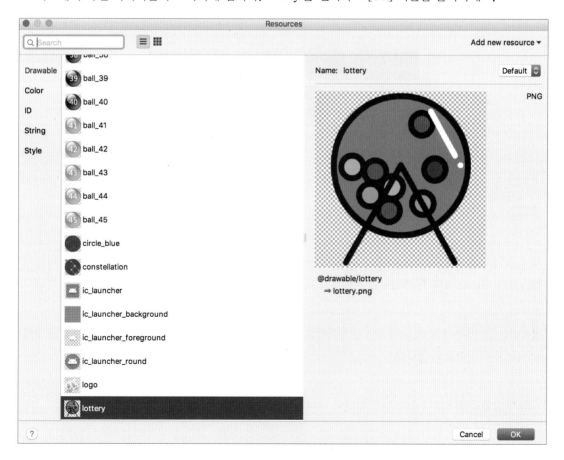

그 다음은 텍스트뷰를 배치해 보겠습니다. TextView를 배치할 레이아웃을 살펴보죠. [Component Tree]에서 레이아웃을 선택하세요.

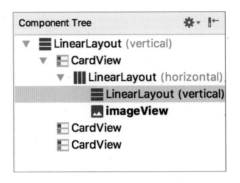

LinearLayout에서 중요한 부분은 layout_weight를 '1'로 설정하여 남은 공간을 모두 차지하게 하는 것입니다. layout_weight 속성의 값을 '1'로 바꿔 주세요.

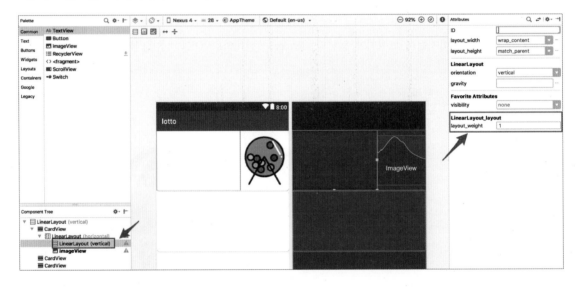

이제 TextView를 배치할 레이아웃의 넓이가 ImageView의 공간을 제외한 나머지 공간을 전부 차지하게 되었습니다. Palette에서 TextView를 선택하고 ImageView 좌측 공간에 배치합니다.

설계하려는 UI에는 TextView가 2개 존재하므로 추가적인 TextView를 하나 더 마우스로 끌어 총 2개의 TextView가 배치되도록 합니다.

여기까지 진행되었다면 다음과 같은 화면이 나타나게 될 것입니다.

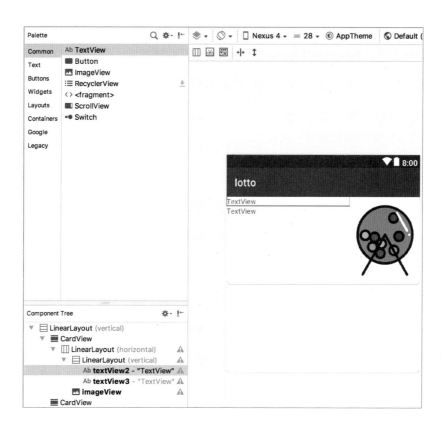

TextView가 배치되긴 했는데 너무 좌측으로 쏠려 있군요. 가운데로 모아야 할 것 같은데 어떻게 해야 할까요? 앞서 LinearLayout 예제에서 gravity 부분이 기억나시나요? gravity 속성은 Content 영역의 배치를 조정할 수 있습니다. LinearLayout의 Content는 자식 뷰이므로 결국 gravity를 조정하면 된다는 이야기입니다.

TextView를 관리하는 LinearLayout(부모 뷰)을 선택하고 gravity를 'center'로 지정합니다.

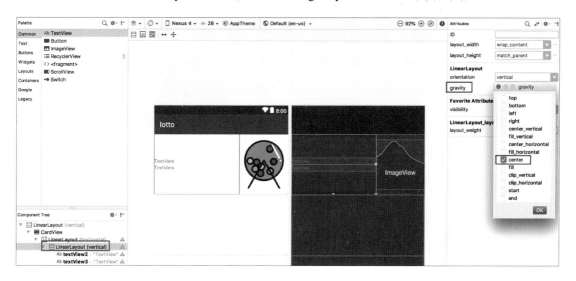

gravity 를 'center'로 지정하면 세로 방향은 가운데로 배치되었는데 가로 방향으로는 가운데로 배치되지 않는 걸 볼 수 있죠. 이것은 TextView 의 width 가 'match_parent'로 되어 있기 때문입니다. View 의 영역이 부모 뷰의 모든 영역을 차지하고 TextView 의 Content 인 텍스트는 좌측 정렬되어 있기 때문이죠. 가로 방향으로도 가운데 정렬을 시키기 위해 각 TextView 의 layout_width 속성을 'wrap_content'로 바꿔 줍니다.

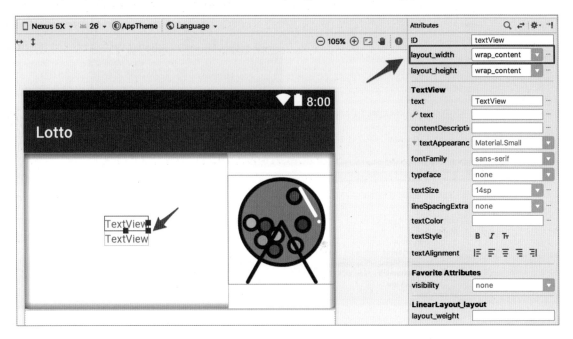

이제 거의 다 왔습니다. TextView 의 텍스트를 수정해 보죠. TextView 의 [Attribute] 창에서 'Text' 속성을 각각 다음과 같이 바꾸세요.

그럼 최초 계획했던 UI 처럼 만들기 위해, TextView 의 'TextSize'를 조정하겠습니다. 첫 번째 TextView 의 텍스트 사이즈는 '24sp'로 바꾸세요.

거의 다 되었지만 아직 아쉬운 부분이 있습니다. 2개의 TextView 사이에 너무 여백이 없다는 것이죠. 첫 번째와 두 번째 TextView 사이에 여백을 주기 위해 두 번째 TextView의 'margin' 속성을 적용해 보겠습니다. 두 번째 TextView를 선택하고 'margin_top' 속성값을 '8dp'로 설정하세요.

이제 첫 번째 카드 UI가 완성되었습니다. 여기까지 꽤 많은 지면을 할애해서 설명한 이유는 LinearLayout을 활용해 복잡한 레이아웃을 만들어 보는 것은 처음이기 때문입니다. 이제 나머지는 UI가 거의 비슷하므로, '복사 〉 붙여넣기'를 활용하여 속도를 내 보도록 하겠습니다.

CardView 하위의 LinearLayout을 마우스로 우클릭하여 'Copy'를 선택하고 다른 CardView에 마우스 우클릭을 한 후 'Paste'를 선택하면 레이아웃을 복사할 수 있습니다.

복사된 레이아웃을 다른 CardView에 전부 붙여넣기해 주세요.

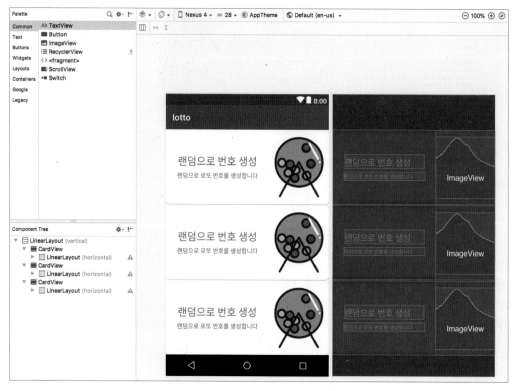

이렇게 하면 빠르게 나머지 UI를 완성할 수 있습니다. 먼저 Text를 각각 다음과 같이 변경해 주세요.

다음에는 두 번째 카드의 Image와 세 번째 카드의 이미지를 각각 '@drawable/constllation, @drawable/name'으로 srcCompat 속성값을 수정합니다.

이제 거의 완성되었군요. 그런데 첫 번째 카드에 비해 2, 3번째 카드는 이미지가 너무 크다는 느낌이 들죠. 이런 경우 ImageView의 'Padding' 속성값을 조정해 크기를 맞출 수 있습니다. 2번째와 3번째 카드의 ImageView에 Padding 값을 '16dp'씩 적용하도록 하겠습니다.

조금만 더 다듬으면 되겠네요. CardView를 선택하고 'cardUseCompatPadding' 항목에 체크하세요. 테두리가 좀 더 카드답게 만들어집니다.

카드 클릭 시의 '피드백' 효과를 위해 CardView 의 'foreground'와 'background' 속성에 'selectableItemBackground'를 추가합니다.

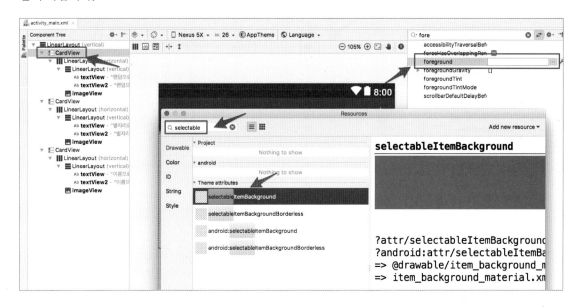

CardView 는 기본적으로 'Click 이벤트'가 비활성화되어 있습니다. Click 이벤트를 받기 위해서는 'clickable' 속성을 'true'로 변경해야 합니다.

마지막으로 '복사, 붙여넣기'로 인한 ID 중복을 제거해 보겠습니다. [Component Tree]를 보면 빨간색 느낌표가 있는 것을 알 수 있죠. 앞서 빠른 작업을 위해 복사/붙여넣기를 하면서 View 의 ID 가 중복되기 때문에 발생하는 에러죠.

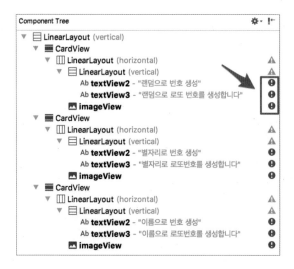

해당 View의 ID를 코드에서 사용하는 것은 아니기 때문에 에러를 무시한다고 해서 큰 문제가 발생하지는 않지만, 이후 에러가 발생할 가능성은 여전하므로 수정을 하는 것이 좋겠죠.

고정된 텍스트와 이미지는 굳이 ID가 필요 없기 때문에 에러가 발생하는 모든 View의 ID를 지워주세요.

드디어 UI가 완성되었습니다. LinearLayout을 이용하여 Card를 만들고, 또 여러 폰에서도 정상 동작하는 멋진 화면이 만들어졌죠. 더불어 LinearLayout으로 웬만한 UI는 모두 만들 수 있다는 자신감도 생길 것 같습니다. 에뮬레이터에서 동작시켜 완성된 본 화면을 직접 구동해 보세요.

여기까지 완성된 레이아웃의 XML 코드입니다. 아울러 본 과의 실습 내용을 요약해 보죠.

```xml
<?xml version="1.0" encoding="utf-8"?>
<LinearLayout xmlns:android="http://schemas.android.com/apk/res/android"
    xmlns:app="http://schemas.android.com/apk/res-auto"
    xmlns:tools="http://schemas.android.com/tools"
    android:layout_width="match_parent"
    android:layout_height="match_parent"
    android:orientation="vertical"
    android:weightSum="3"
    tools:context=".MainActivity">

    <androidx.cardview.widget.CardView
        android:id="@+id/randomCard"
        android:layout_width="match_parent"
        android:layout_height="0dp"
        android:layout_weight="1"
        app:cardCornerRadius="8dp">

        <LinearLayout
            android:layout_width="match_parent"
            android:layout_height="match_parent"
```

```
            android:gravity="right|center_vertical"
            android:orientation="horizontal">

            <LinearLayout
                android:layout_width="wrap_content"
                android:layout_height="match_parent"
                android:layout_weight="1"
                android:gravity="center"
                android:orientation="vertical">

                <TextView
                    android:layout_width="wrap_content"
                    android:layout_height="wrap_content"
                    android:text="랜덤으로 번호 생성"
                    android:textSize="24sp" />

                <TextView
                    android:layout_width="wrap_content"
                    android:layout_height="wrap_content"
                    android:layout_marginTop="8dp"
                    android:text="랜덤으로 로또 번호를 생성합니다" />
            </LinearLayout>

            <ImageView
                android:layout_width="140dp"
                android:layout_height="140dp"
                app:srcCompat="@drawable/lottery" />
        </LinearLayout>
</androidx.cardview.widget.CardView>

<androidx.cardview.widget.CardView
    android:id="@+id/constellationCard"
    android:layout_width="match_parent"
    android:layout_height="0dp"
    android:layout_marginTop="2dp"
    android:layout_weight="1"
    app:cardCornerRadius="8dp">

    <LinearLayout
        android:layout_width="match_parent"
```

```xml
            android:layout_height="match_parent"
            android:gravity="right|center_vertical"
            android:orientation="horizontal">

            <LinearLayout
                android:layout_width="wrap_content"
                android:layout_height="match_parent"
                android:layout_weight="1"
                android:gravity="center"
                android:orientation="vertical">

                <TextView
                    android:layout_width="wrap_content"
                    android:layout_height="wrap_content"
                    android:text="별자리로 번호 생성"
                    android:textSize="24sp" />

                <TextView
                    android:layout_width="wrap_content"
                    android:layout_height="wrap_content"
                    android:layout_marginTop="8dp"
                    android:text="별자리로 로또번호를 생성합니다" />
            </LinearLayout>

            <ImageView
                android:layout_width="140dp"
                android:layout_height="140dp"
                app:srcCompat="@drawable/lottery" />
        </LinearLayout>
</androidx.cardview.widget.CardView>

<androidx.cardview.widget.CardView
    android:id="@+id/nameCard"
    android:layout_width="match_parent"
    android:layout_height="0dp"
    android:layout_marginTop="2dp"
    android:layout_weight="1"
    app:cardCornerRadius="8dp">

    <LinearLayout
```

```
    android:layout_width="match_parent"
    android:layout_height="match_parent"
    android:gravity="right|center_vertical"
    android:orientation="horizontal">

    <LinearLayout
        android:layout_width="wrap_content"
        android:layout_height="match_parent"
        android:layout_weight="1"
        android:gravity="center"
        android:orientation="vertical">

        <TextView
            android:layout_width="wrap_content"
            android:layout_height="wrap_content"
            android:text="이름으로 번호 생성"
            android:textSize="24sp" />

        <TextView
            android:layout_width="wrap_content"
            android:layout_height="wrap_content"
            android:layout_marginTop="8dp"
            android:text="이름으로 로또번호를 생성합니다" />
    </LinearLayout>

    <ImageView
        android:layout_width="140dp"
        android:layout_height="140dp"
        app:srcCompat="@drawable/lottery" />
    </LinearLayout>
    </androidx.cardview.widget.CardView>
</LinearLayout>
```

◆ LinearLayout 은 가로 또는 세로로 뷰를 순차적으로 배치한다.

◆ LinearLayout 의 배치 기준은 gravity, layout_gravity 속성을 이용하여 변경 가능하다.

◆ gravity 속성은 뷰 자신의 컨텐츠 또는 자식 뷰들의 배치 기준을 변경한다.

◆ layout_gravity 속성은 부모 뷰 안에서 뷰 자신의 배치 기준을 변경한다.

◆ Margin 속성은 뷰가 부모 뷰로부터 떨어진 여백을 설정한다.

◆ Padding 속성은 자신의 컨텐츠 또는 자식 뷰들이 떨어지는 영역을 설정한다.

◆ LinearLayout 의 weight 속성을 사용하면 View 의 크기를 비율로 설정할 수 있다.

◆ LinearLayout 에서 여러 개의 뷰 중 한 개만 weight 속성을 설정하면, weight 를 설정하지 않은 다른 뷰가 그려지고 남은 영역의 전부를 차지하게 된다.

◆ LinearLayout 에서 정렬 기준(orientation)이 다양한 UI 를 만들려면 레이아웃을 중첩해서 사용해야 한다.

# 5.8 | Relative 레이아웃으로 별자리 입력화면 구현

## 5.8.01 / Relative 레이아웃의 개념

이번에는 안드로이드의 주요 레이아웃 중 하나인 RelativeLayout 을 사용하여 '사용자의 별자리를 입력받는' 화면을 만들어 보겠습니다. LinearLayout 이 가로 또는 세로 방향으로 뷰를 순차적으로 배치한다면 'RelativeLayout'은 View 를 '부모 뷰' 또는 '다른 View'와의 상대적인 위치 관계 기반으로 배치합니다.

RelativeLayout 의 속성을 크게 보면 2가지 정도로 생각할 수 있는데, **하나는 부모 뷰를 기준으로 배치를 하는 것이고, 다른 하나는 부모 뷰가 같은 형제 뷰를 기준으로 배치하는 것입니다.**

그 중 **부모 뷰를 기준으로 상대적 위치를 지정하는 속성**을 표로 간략하게 정리하면 다음과 같습니다.

| 속성 | 설명 |
|---|---|
| layout_alignParentTop | true일 경우, 뷰 자신의 상단을 부모 뷰의 상단에 맞춥니다. |
| layout_alignParentBottom | true일 경우, 뷰 자신의 하단을 부모 뷰의 하단에 맞춥니다. |
| layout_alignParentLeft | true일 경우, 뷰 자신의 좌측 끝을 부모 뷰의 좌측 단에 맞춥니다. |
| layout_alignParentRight | true일 경우, 뷰 자신의 우측 끝을 부모 뷰의 우측 단에 맞춥니다. |
| layout_centerInParent | true일 경우, 뷰 자신을 부모 뷰의 내부에 가로, 세로 정중앙으로 배치합니다. |
| layout_centerVertical | true일 경우, 뷰 자신을 부모 뷰의 내부에 세로 기준 중앙으로 배치합니다. |

| | |
|---|---|
| layout_centerHorizontal | true일 경우, 뷰 자신을 부모 뷰의 내부에 가로 기준 중앙으로 배치합니다. |
| layout_alignParentStart | true일 경우, 뷰 자신의 시작 위치를 부모 뷰의 시작 위치에 맞춥니다. |
| layout_alignParentEnd | true일 경우, 뷰 자신의 끝을 부모 뷰의 끝 위치에 맞춥니다. |

다음은 같은 부모 뷰를 지닌 **형제 뷰끼리 상대적인 위치를 지정할 때의 속성**을 표로 정리해 보겠습니다.

| 속성 | 설명 |
|---|---|
| layout_above | 지정된 뷰의 하단 기준선에 뷰 자신의 상단 기준선을 맞춰 배치합니다. |
| layout_alignBaseline | 지정된 뷰의 베이스라인에 뷰 자신의 베이스라인 기준선을 맞춥니다. |
| layout_alignBottom | 지정된 뷰의 하단 기준선에 뷰 자신의 하단 기준선을 맞춰 배치합니다. |
| layout_alignEnd | 지정된 뷰의 끝 기준선에 뷰 자신의 끝 기준선(RTL)을 맞춰 배치합니다. |
| layout_alignLeft | 지정된 뷰 좌측 기준선에 뷰 자신의 좌측 기준선을 맞춰 배치합니다. |
| layout_alignRight | 지정된 뷰 우측 기준선에 뷰 자신의 우측 기준선을 맞춰 배치합니다. |
| layout_alignStart | 지정된 뷰 시작 기준선에 뷰 자신의 시작 기준선(RTL)을 맞춰 배치합니다. |
| layout_alignTop | 지정된 뷰의 상단 기준선에 뷰 자신의 상단 기준선을 맞춰 배치합니다. |
| layout_below | 지정된 뷰의 하단 기준선에 뷰 자신의 상단 기준선을 맞춰 배치합니다. |
| layout_toEndOf | 지정된 뷰의 끝 기준선에 뷰 자신의 시작 기준선(RTL)을 맞춰 배치합니다. |
| layout_toLeftOf | 지정된 뷰의 좌측 기준선에 뷰 자신의 우측 기준선을 맞춰 배치합니다. |
| layout_toRightOf | 지정된 뷰의 우측에 뷰 자신의 좌측 기준선을 맞춰 배치합니다. |
| layout_toStartOf | 지정된 뷰 시작 기준선에 뷰 자신의 끝 기준선(RTL)을 맞춰 배치합니다. |

그럼 이제 본격적으로 표의 속성들을 직접 실습해 가면서 익혀 보도록 하겠습니다.

앞서 RelativeLayout은 '부모 뷰' 또는 '형제 뷰'를 기준으로 배치한다고 했는데요. 먼저 '부모 뷰를 기준으로 배치하는 방법'을 알아보겠습니다.

먼저 프로젝트 상의 [app 〉 res 〉 layout] 위치에서 우클릭한 후 [New 〉 Layout resource file]을 선택하여 레이아웃 파일을 생성합니다. 파일 이름은 'relative_layout_parent'로 하고 Root element를 'RelativeLayout' 으로 설정해 주세요.

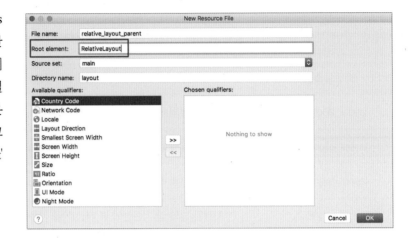

생성된 파일을 [Design] 탭에서 열고 Palette에서 버튼을 마우스로 끌어 [Component Tree]에 드랍합니다.

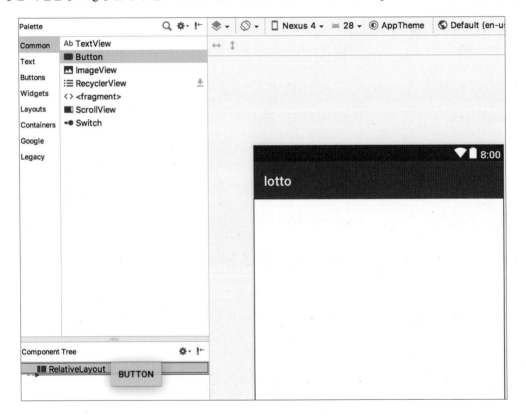

### 왜 기존처럼 Button을 화면에 배치하지 않고 [Component Tree]에 배치하나요?

객체를 화면이 아닌 [Component Tree]에 드래그 앤 드랍하는 이유는, '상대적인 배치' 기준인 RelativeLayout 상태에서 화면으로 직접 끌어 옮기면 다른 뷰와의 관계, margin 값이 자동으로 생성되어 버리기 때문입니다.

자동으로 되는 것이 개발자가 의도한 대로라면 좋겠지만 의도대로 되는 경우가 거의 없기 때문에 어떤 속성이 지정될지 예측하기 힘들죠. 그렇기 때문에 RelativeLayout 상태에선 XML에 코드로 직접 View의 속성을 정의하거나, [Design] 탭에서 [Component Tree]에 버튼을 추가한 후 속성을 변경하여 배치하는 것이 좋습니다.

Button을 [Component Tree]에 추가하면 최초 상태는 다음과 같이 보일 것입니다.

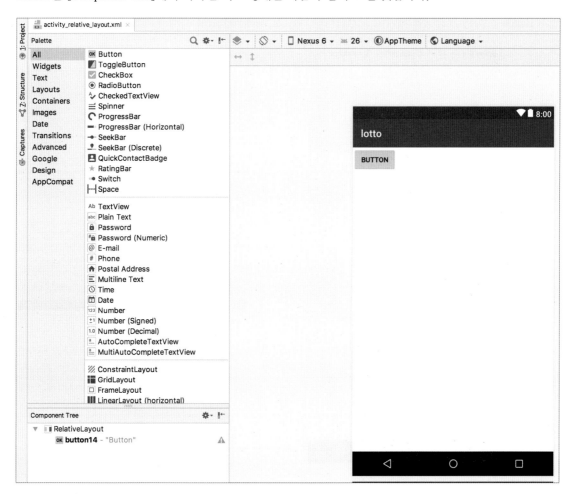

버튼을 선택한 뒤 'View all attributes' 옵션을 클릭하여 [속성 검색] 바에서 'layout'을 검색해 주세요.

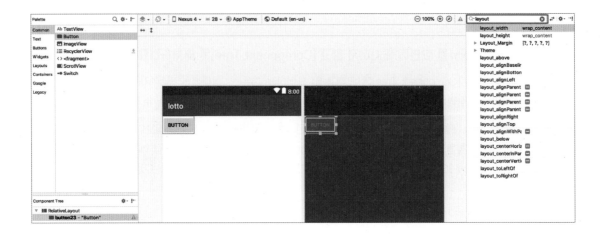

먼저 Button을 화면 정중앙에 배치해 보겠습니다. 'layout_centerInParent' 속성을 체크하세요.

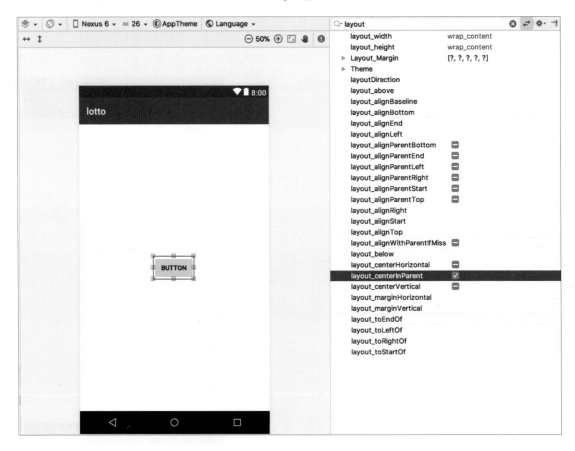

버튼의 layout_centerInParent 속성이 체크되면 '부모 뷰를 기준으로 정중앙'에 위치하게 됩니다. 게다가 RelativeLayout에서의 'layout_centerInParent'는 멀티해상도를 완벽하게 지원하죠. Device 종류를 다른 것으로 바꾸어 가면서 테스트해 보세요.

TV나 태블릿처럼 가로가 더 넓은 해상도라고 하더라도 버튼은 정확하게 중앙에 위치하게 됩니다.

이제 Button을 부모 뷰 기준으로 가로 '좌측', 세로 '정중앙'으로 옮겨 보죠. 기존 'layout_centerInParent' 속성의 체크를 해제하고 'layout_centerVertical' 속성을 체크합니다.

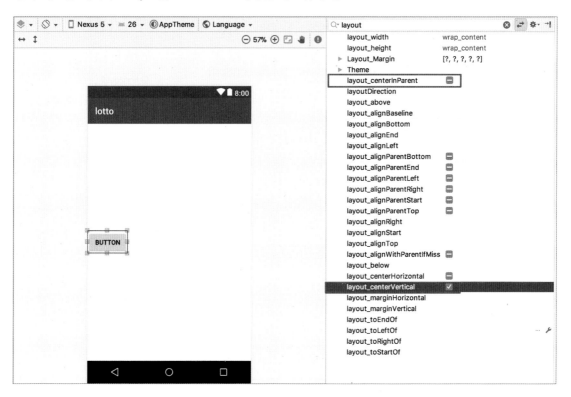

layout_centerVertical 속성은 '부모 뷰의 세로 방향 기준으로 정가운데'에 위치하게 합니다. 다음은 'layout_alignParentTop, layout_alignParentBottom' 속성을 각각 체크해 보세요.

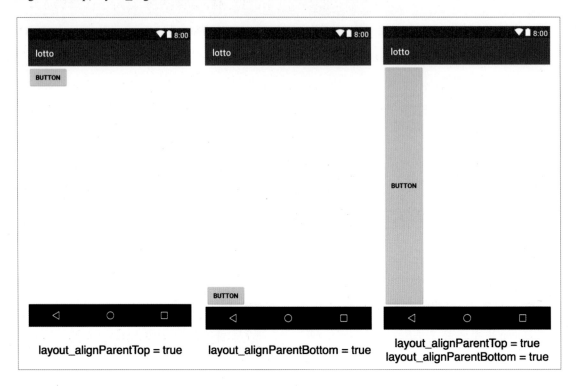

| layout_alignParentTop = true | layout_alignParentBottom = true | layout_alignParentTop = true<br>layout_alignParentBottom = true |

역시 'layout_alignParentTop'은 부모 뷰 상단, 'layout_alignParentBottom'은 부모 뷰의 하단에 배치되었습니다. 그런데 둘 다 체크하는 경우 신기하게도 Button의 크기 자체가 부모 뷰의 세로 크기만큼 커지게 됩니다. "View의 상단과 하단 edge를 모두 부모 뷰에게 맞춘다"는 것은 결국 버튼의 사이즈가 그만큼 커져야 함을 의미하기 때문이죠.

이때 위의 'edge'라는 용어의 개념은 무엇일까요? RelativeLayout에서 View의 배치는 이 'edge'를 기준으로 이루어지므로, 그에 대한 이해가 선행된다면 전체적인 이해 또한 보다 수월해집니다.

View에서의 'edge'는 일종의 '기준선'을 의미하는데, 보통 다음과 같은 기준선 구조를 갖습니다.

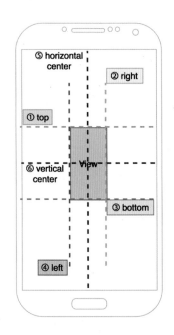

이렇게 'edge'는 화면에 보이지는 않지만 View를 배치하는 기준선이 됩니다. View의 top 기준선은 ①로

표시되어 있는 초록색 점선입니다. 또 오른쪽, 아래쪽, 왼쪽의 기준선은 각각 ②번, ③번, ④번 기준선이 되죠. 그리고 가로 기준 중앙을 나타내는 ⑤번 기준선과 세로 기준 중앙을 나타내는 ⑥번 기준선이 있으며 바로 이 ⑤번, ⑥번 기준선이 교차하는 지점이 View 의 정중앙인 'center'가 되겠죠.

앞서 설명했던 "부모 뷰를 기준으로 View 의 위치를 맞춘다"는 개념은 곧 "View 의 기준선이 되는 edge 를 부모 뷰의 edge 와 맞춘다"는 의미입니다. 예를 들어 layout_alignParentTop 속성을 한번 보죠.

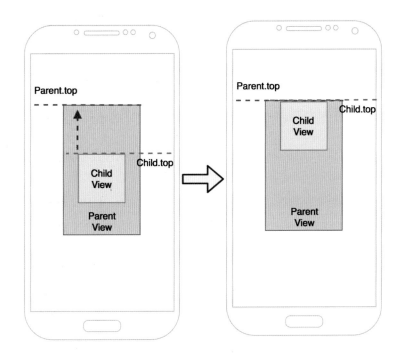

그림과 같이 Parent View 와 Child View 가 있는 경우 각각 top edge 를 갖게 되죠. layout_alignParentTop 는 Child View 의 top 기준선인 파란색 점선을 Parent View 의 top 기준선인 빨간색 점선의 위치로 맞춘다는 의미입니다.

이제 RelativeLayout 에서 어떤 식으로 View 가 배치되는지 감이 오시나요? layout_alignParentTop 과 layout_alignParentBottom 모두 'true'일 경우 Button 의 크기가 커지는 이유는 바로 이렇게 Parent View 의 크기만큼 커져야 비로소 'top 기준선과 bottom 기준선 모두를 Parent View 에' 맞출 수 있기 때문입니다.

우리는 부모 뷰를 기준으로 하여 상대적으로 뷰들을 배치하는 방법을 알아보았습니다. 그런데 [Attributes] 창에는 'alignParentStart'와 'alignParentEnd' 속성 역시 존재하죠. 이 속성들은 무엇일까요?

얼핏 보면 alignParentStart 와 alignParentLeft 는 똑같은 동작을 하는 것으로 보이는데, 사실 두 속성의 차이는 'RTL(Right To Left) 보기 지원'과 관련 있습니다.

먼저 'RTL'이란 무엇일까요? 이는 **화면을 보는 방식**을 의미하는데, 사실 국가마다 조금씩 차이가 있죠. 예를 들어 대한민국의 경우에는 일반적으로 **LTR(Left To Right) 방식**을 사용합니다. 즉 왼쪽에서 오른쪽으로 화면을 본다는 것입니다. **RTL(Right To Left)**은 거꾸로 오른쪽에서 왼쪽으로 보는 방식이죠.

대표적으로 일본의 만화책을 떠올려 보면 한국과 달리 오른쪽에서 왼쪽으로 읽어나간다는 것을 알 수 있습니다. 이를 확인하기 위해 레이아웃을 좀 바꿔서 테스트해 보죠. 앞서 생성한 버튼의 'alignParentBottom' 속성을 체크 해제하고 'alignParentStart' 속성에 체크합니다.

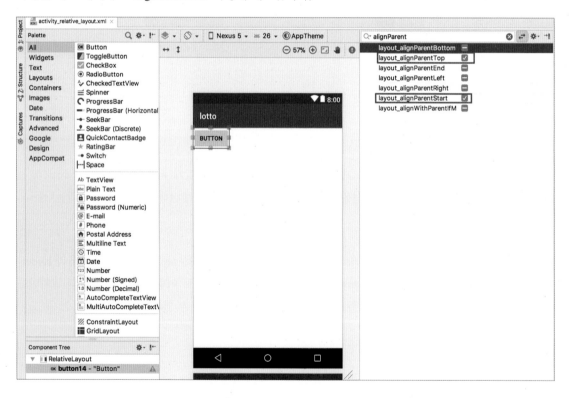

[Component Tree]에 버튼을 하나 더 추가하고, 'alignParentBottom' 및 'alignParentLeft' 속성에 체크합니다.

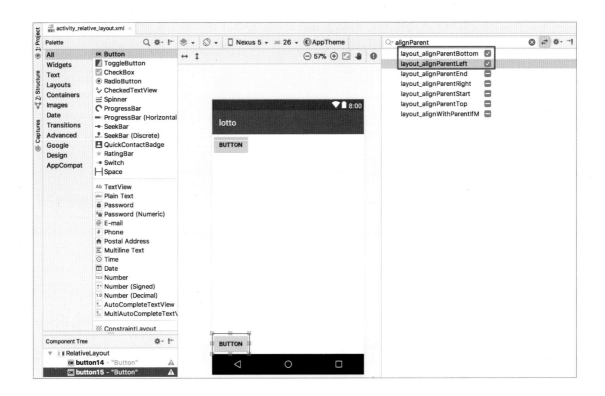

이제 [Run] 버튼을 눌러 실행해 보세요. 실행 후 [홈] 버튼을 눌러 설정에 들어가서 'RTL'을 사용하는 언어인 히브리어로 [언어 설정]을 바꿔 보세요. 다시 실행하면 이제 앱이 RTL 용으로 보여지게 됩니다.

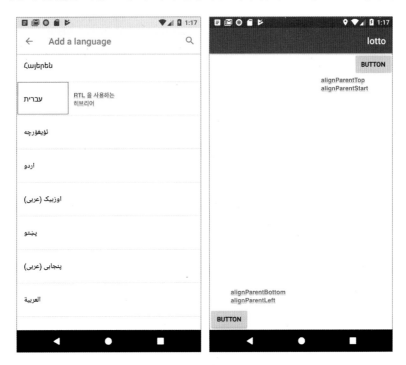

'alignParentStart' 속성의 버튼은 부모 뷰의 시작 지점과 라인을 맞추기 때문에 우측으로 이동한 것을 볼 수 있습니다. 'RTL 보기'에서는 오른쪽이 시작점이기 때문이죠. 하지만 'alignParentLeft' 적용 버튼은 RTL 보기와 관계없이 계속 부모 뷰의 왼쪽 라인과 동일하게 위치합니다.

이에 안드로이드는 'api level 17' 이후부터 가급적 'alignParentLeft'보다 'alignParentStart'를, 또 'alginParentRight'보다는 'alignParentEnd'를 사용할 것을 권장하고 있습니다. 그렇게 레이아웃을 작성해야 RTL 방식으로 보는 국가의 지원이 쉬워지기 때문이죠.

그럼 이제 RelativeLayout에서 뷰를 배치하는 또 다른 방법, '형제 뷰를 기준으로 배치하기'를 살펴볼까요?

## 5.8.04 형제 뷰 기준 배치

이번에 살펴볼 것은 부모 뷰가 아닌, '형제 뷰를 기준으로 배치하는 방법'입니다. 그런데 먼저 '형제 뷰'라는 것이 어떤 것인지 짚고 넘어가야 할 것 같군요. 형제 뷰란, 같은 부모 뷰를 공유하는 View들을 의미합니다.

우측과 같이 View들이 있을 때, 'button24'와 'button25'는 서로 같은 부모 뷰를 갖고 있죠. 그렇기 때문에 서로 관계를 맺고 상대적인 위치를 지정하는 것이 가능하죠.

반면 'button24'와 'button26'은 서로 다른 부모 뷰를 가지고 있습니다. 이 경우에는 서로 상대적인 위치를 지정할 수 없습니다.

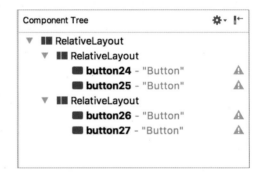

레이아웃이 복잡해지면 서로 부모 뷰가 다른 뷰끼리 상대적인 위치를 지정하게 될 수 있으므로 주의가 필요합니다. 이제 형제 뷰의 의미를 알아보았으니 본격적으로 형제 뷰를 기준으로 뷰를 배치해 보겠습니다. 앞서 부모 뷰와의 위치를 지정할 때는 자기 자신과 부모 뷰의 기준선을 일치시켰죠. 형제 뷰를 기준할 경우에도 역시 마찬가지입니다. 자신의 기준선과 형제 뷰의 기준선을 일치시키는 방법으로 지정하는 것이죠.

형제 뷰를 기준으로 배치할 때에도 'align(정렬)'이 들어가는 속성은 부모 뷰를 기준으로 할 때와 거의 유사하게 동작합니다. 예를 들어 layout_alignLeft = "@+id/button14"라는 명령은 "자기 자신의 왼쪽 기준선을 'button14'의 왼쪽 기준선과 일치시킨다"는 의미입니다.

추가적으로 봐야할 것은 새로 나온 'layout_above, layout_below, layout_toRightOf, layout_toLeftOf' 등인데, 이것을 확인하기 위해 잠깐 실습해 보겠습니다.

'relative_layout_other'라는 새로운 레이아웃 파일을 생성합니다. 이때 Root element 속성을 'RelatiiveLayout'
으로 하는 것을 잊지 말아 주세요.

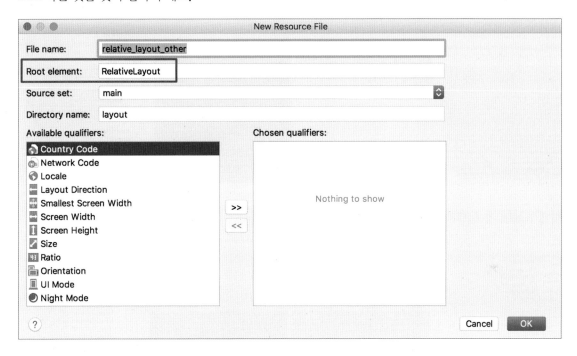

생성된 레이아웃 파일을 [Design] 탭에서 열고 버튼 2개를 [Component Tree]에 배치합니다.

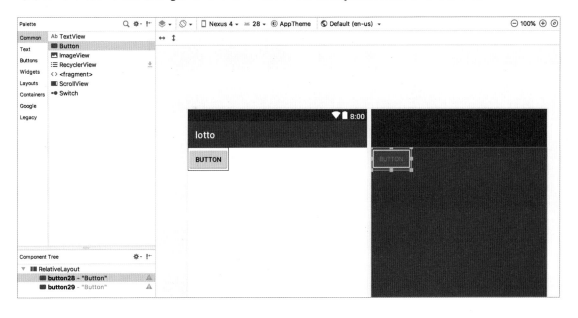

버튼이 배치되었다면 그 '아이디'를 바꾸도록 하겠습니다. 이는 형제 뷰끼리 배치할 경우 '각각의 아이디를
기준으로' 배치해야 하기 때문입니다. 각 버튼의 'ID'와 'text'를 'button1, button2'로 변경해 주세요.

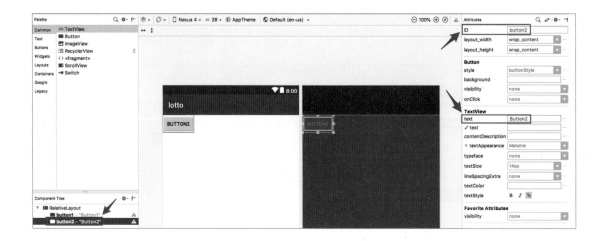

이제 'button2'를 선택하고 'layout_toRightOf' 속성에 '@+id/button1'을 선택해 주세요.

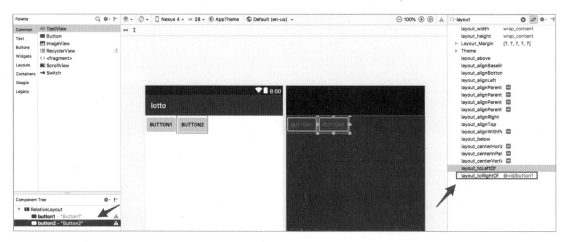

'button2'가 'button1' 우측에 배치되었네요. 여기서 주의할 점은 button2의 상하 위치는 관계없다는 점입니다. 이제 button1에 'layout_centerInParent' 속성을 추가해 보겠습니다.

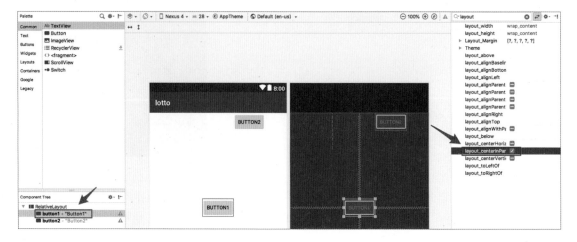

button2가 button1의 상/하단 기준선에는 영향을 받지 않은 것을 확인할 수 있습니다. 그리고 button1의 위치가 변경되면서 자동으로 button2 역시 위치가 변경되었죠. '상대적으로' 위치를 지정했기 때문입니다.

'layout_toRightOf' 속성은 다음 그림처럼 자신의 '좌측 기준선'을 지정한 뷰의 '우측 기준선'에 맞추며, 마찬가지로 'layout_toLeftOf' 속성은 타겟이 되는 뷰의 '좌측 기준선'과 자기 자신의 '우측 기준선'을 일치시키는 것을 의미합니다. 즉, 각각 타겟과 반대되는 기준선을 위치시키는 방식이죠.

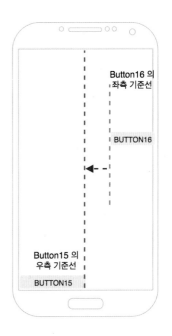

같은 맥락으로 'layout_above' 속성은 자기 자신의 '하단 기준선'을 타겟 뷰의 '상단 기준선'과, 'layout_below' 속성은 자기 자신의 '상단 기준선'을 타겟 뷰의 '하단 기준선'과 일치시키게 됩니다. 이처럼 기준선에 대한 이해가 있으면, 뷰의 배치를 이해하는 데에 큰 도움이 되죠.

다른 뷰와의 위치를 지정할 때에도 RTL 지원이 필요하므로, 'toStartOf'와 'toEndOf' 속성이 존재합니다. 앞서 RTL에 대해 설명한 것처럼 각 뷰끼리의 위치를 지정할 때에도 RTL 보기를 지원할 수 있는 것이죠.

마지막으로 layout_alignBaseLine 이라는 속성이 있습니다. 이것은 무엇일까요? layout_alignBaseLine 속성은 다른 속성들과는 다르게 View 의 테두리 기준선이 아닌 컨텐츠의 기준선을 맞춥니다.

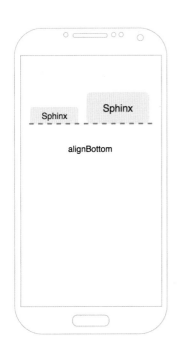

마지막으로 'layout_alignBaseLine' 속성이 있는데요. 이것은 무엇일까요?

layout_alignBaseLine 속성은 다른 속성들과는 달리, 'View 의 테두리'가 아닌 '컨텐츠의 기준선'을 맞춥니다.

그림처럼 'alignBottom'은 View 테두리 영역의 하단 기준선을 맞추지만 'alignBaseline'은 테두리 기준선이 아닌 안에 든 Text 의 기준선을 맞추는 것입니다.

이제 다른 View의 위치를 기준으로 배치하는 방법도 어느 정도 익힌 것 같군요. 형제 뷰와의 상대적인 위치를 지정할 때에는 '타겟 뷰의 아이디를 지정해 주는 것'이 핵심입니다. View를 부모 뷰 또는 형제 뷰 기준으로 배치하고, margin 값을 적절히 조절하는 것이 RelativeLayout의 View 배치 방법인 것입니다.

RelativeLayout은 LinearLayout에 비해 View의 중첩을 줄일 수 있는 장점이 있는데요. 앞서 LinearLayout을 익힐 때, View의 정렬 방향이 바뀌게 되면 LinearLayout 안에 또 LinearLayout을 넣어야 했던 것을 기억하시죠? '레이아웃의 중첩'은 UI 성능을 떨어뜨리는 주요 원인 중 하나이기 때문에, 그런 면에서 RelativeLayout의 장점이 발휘됩니다.

하지만 RelativeLayout은 LinearLayout 처럼 비율로 뷰를 배치하기 힘들고, 또 다른 뷰의 아이디를 참조하는 경우가 많기 때문에 View가 없어진다거나 하는 경우 수정 포인트가 많다는 단점도 있습니다.

## 5.8. 05 / Relative 레이아웃으로 화면 완성

RelativeLayout에 대해 알아보았으니 지금부터는 메인 실습 주제에서 사용할 별자리 입력 화면을 만들어 가면서 실습해 보도록 하겠습니다.

우측과 같은 화면을 만들기 위해서는 어떻게 해야 할지 고민해 봅시다. 먼저 '기준'으로 잡을 View를 찾는 것이 좋습니다. 그럼 화면 크기와 상관없이 특정 위치에 존재해야 할 View를 찾아 보죠.

하단의 [로또번호확인] 버튼이 눈에 띄는군요. 이 [로또번호확인] 버튼의 하단 기준선을 부모 뷰의 하단과 일치시키고, 그 위에 이미지와 텍스트를 배치한 후 그 위에 [날짜 입력] 위젯을 배치하면 될 것 같습니다.

이번에는 레이아웃 편집을 [Text] 탭에서 타이핑하여 바로 진행해 보도록 하겠습니다. RelativeLayout은 마우스로 끌어 View를 배치할 경우 자동으로 'margin 및 관계'가 생성되어 오히려 편집이 더 어렵기 때문입니다.

'activity.constellation.xml' 파일을 [Text] 탭으로 열고 다음과 같이 변경해 주세요.

```xml
<?xml version="1.0" encoding="utf-8"?>
<RelativeLayout xmlns:android="http://schemas.android.com/apk/res/android"
    xmlns:app="http://schemas.android.com/apk/res-auto"
    xmlns:tools="http://schemas.android.com/tools"
    android:layout_width="match_parent"
    android:layout_height="match_parent"
    tools:context="com.akj.lotto.ConstellationActivity">

    <Button
        android:id="@+id/goResultButton"
        android:layout_width="match_parent"
        android:layout_height="wrap_content"
        android:layout_alignParentBottom="true"
        android:layout_centerHorizontal="true"
        android:layout_margin="16dp"
        android:text="로또번호확인" />

    <DatePicker
        android:id="@+id/datePicker"
        android:layout_width="match_parent"
        android:layout_height="wrap_content"
        android:calendarViewShown="false"
        android:datePickerMode="spinner" />

    <ImageView
        android:id="@+id/imageView"
        android:layout_width="120dp"
        android:layout_height="match_parent"
        android:layout_above="@+id/goResultButton"
        android:layout_below="@+id/datePicker"
        android:layout_margin="16dp"
        android:src="@drawable/constellation" />

    <androidx.appcompat.widget.AppCompatTextView
        android:id="@+id/textView"
        android:layout_width="match_parent"
        android:layout_height="wrap_content"
        android:layout_alignTop="@+id/imageView"
```

```
                android:layout_alignBottom="@+id/imageView"
                android:layout_marginLeft="16dp"
                android:layout_marginRight="32dp"
                android:layout_toRightOf="@+id/imageView"
                android:gravity="center"
                android:maxLines="1"
                android:text="쌍둥이자리"
                android:textColor="@android:color/black"
                app:autoSizeMaxTextSize="48sp"
                app:autoSizeMinTextSize="24sp"
                app:autoSizeStepGranularity="1sp"
                app:autoSizeTextType="uniform" />
    </RelativeLayout>
```

안드로이드 스튜디오에서는 레이아웃을 Text로 타이핑할 때에도 각 뷰의 배치를 Preview 화면에서 확인할 수 있습니다. 프리뷰가 다음과 같이 나오는지 확인해 보세요.

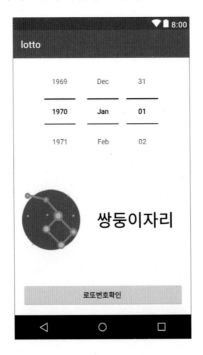

어떤 식으로 뷰가 배치되었는지 감이 오시나요? 처음 XML로 타이핑한 것이므로 이해를 돕기 위해 어떤 순서로 뷰가 배치된 것인지 살펴보겠습니다.

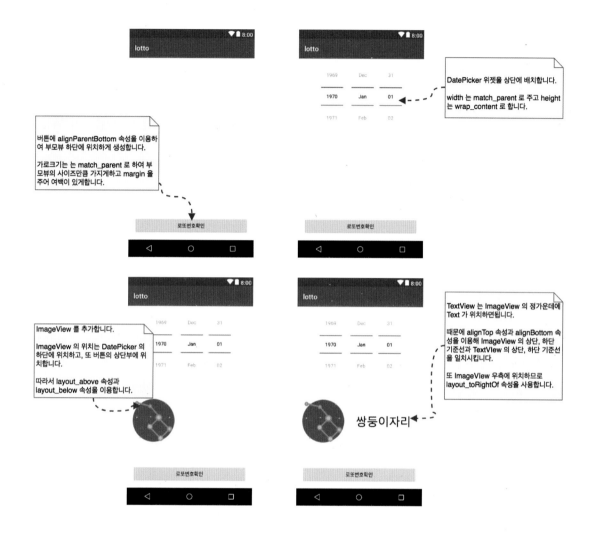

이제 RelativeLayout에서 어떤 식으로 View를 배치할지 감이 오시죠? 그런데 개발된 화면이 원래 작성하려던 것과 컬러가 다르다는 사실을 알 수 있죠. 이 부분은 이후 'UI, Theme' 영역에서 다룰 것입니다. 다음에는 RelativeLayout과 LinearLayout을 완전히 대체 가능한 'ConstraintLayout'에 대해서 학습한 후 [이름 입력] 화면을 만들어 볼 텐데요. 이번 과에서 익힌 내용들을 우선 정리해 보겠습니다.

◆ RelativeLayout은 '부모 뷰' 또는 '형제 뷰'와의 관계를 지정하여 View를 배치한다.

◆ RelativeLayout의 'align' 관련 속성은 자신의 기준선과 부모 뷰, 형제 뷰의 기준선을 맞추는 것이다.

◆ RTL(Right to Left) 지원이란 국가마다 다른 '보기 방식의 지원'을 의미한다.

◆ RTL 지원을 적용하려면 left 대신 start, right 대신 end를 사용하는 것이 좋다.

◆ RelativeLayout을 사용하면 상대적인 관계 지정이 되기 때문에 레이아웃 중첩을 줄일 수 있다.

# 5.9 | ConstraintLayout으로 이름 입력 화면 구현

## 5.9.01 | Constraint 레이아웃의 tools:layout_editor 속성

이번에 익힐 레이아웃은 **ConstraintLayout** 입니다. 'ConstraintLayout'은 '제약 조건'을 기반으로 View를 배치하는 레이아웃으로, Android SDK에 기본으로 포함된 것은 아니지만 Google에서 제공하는 'Support 라이브러리'로 제공되며 매우 강력합니다.

Google은 레이아웃을 작성할 때 ConstraintLayout을 사용할 것을 강력하게 권장하고 있습니다. 그 증거로 AndroidStudio에서 layout xml 파일을 만들면 기존에는 'RelativeLayout' 또는 'LinearLayout'이 기본값으로 자동 생성되었지만, 지금은 'ConstraintLayout'으로 자동 생성되죠.

ConstraintLayout을 사용하면 뷰의 중첩 없이 복잡한 레이아웃을 지정할 수 있습니다. 물론 RelativeLayout에서도 뷰의 중첩을 줄일 수는 있지만, RelativeLayout의 경우 '부모 뷰' 또는 '다른 View'들과의 상관관계로만 정의하기 때문에 LinearLayout처럼 비율로 배치하는 등의 작업은 어려울 수 있습니다.

또 ConstraintLayout은 안드로이드 스튜디오에 레이아웃을 드래그 앤 드랍하며 개발하기에 가장 좋은 레이아웃입니다. LinearLayout, RelativeLayout 등은 [Design] 탭에서 UI를 배치하기에는 어려움이 있었죠.

RelativeLayout에서 마우스로 View를 배치할 경우, 자동으로 'margin 값'과 '부모 뷰와의 관계' 또는 '형제 뷰와의 관계'가 지정되는데, 이는 미리 예측하기에 어려움이 있습니다. 예를 들어 RelativeLayout에서 Button을 적당히 가운데에 위치시키는 것은 layout_centerInParent로도 가능하지만 margin 값으로도 가운데에 위치시킬 수 있죠.

또 이미 다른 View들이 그려져 있을 경우 의도와는 달리 다른 View와의 관계가 맺어져 버린 후 margin 값이 들어갈 수도 있고, 그냥 부모 뷰와의 margin 값이 자동으로 생성될 수도 있습니다. 이렇게 예측이 어렵다는 점은 RelativeLayout에서 View들을 드래그 앤 드랍하며 자유롭게 배치하는 것을 어렵게 만듭니다.

그럼 LinearLayout은 어떨까요? LinearLayout은 자동으로 정해지는 View의 속성값 예측이 어렵진 않지만 조금만 레이아웃이 복잡해져도 반드시 레이아웃을 중첩해야 하는 문제가 있습니다. 레이아웃이 중첩되면 성능적인 문제도 있지만, 이것 역시 View를 드래그 앤 드랍하기엔 문제가 발생합니다. 중첩된 부분에 View를 마우스로 배치하기가 어렵기 때문이죠.

이번에는 우선 ConstraintLayout의 개념부터 이해한 다음, 이를 사용하여 [이름 입력] 화면을 제작할 것입니다. 그리고 다음부터 나오는 UI들은 모두 ConstraintLayout을 사용할 예정입니다. 먼저 ConstraintLayout을 실습할 새로운 Activity를 만들겠습니다.

먼저 [New 〉 Add 〉 Empty Activity] 메뉴를 통해 'ConstarintLayoutActivity'를 만듭니다. 그리고 역시 앞서 작업한 것처럼 AndroidManifest.xml 파일에서 'Main Intent-Filter'를 'CosntraintLayoutActivity'로 바꿔 줍니다.

그리고 'activity_constraint_layout.xml' 파일을 [Design] 탭으로 엽니다. Button 하나를 선택하여 화면에 드래그 앤 드롭으로 배치해 보세요. 그리고 [Run] 버튼을 눌러 프로그램을 실행해 봅니다.

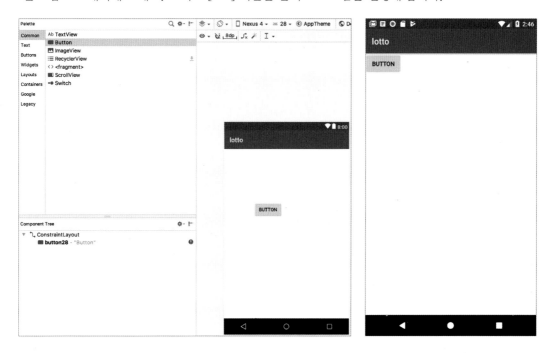

앱을 실행해 보면, 미리보기(Preview) 화면과는 다르게 Button이 좌측 상단에 위치하게 됩니다.

왜냐하면 아직 Button에 아무런 제약도 추가되지 않았기 때문인데요. 이렇게 ConstraintLayout은 제약을 추가하기 전엔 [미리보기(Preview)]와 [실행] 화면이 서로 다르게 나타납니다. 따라서 언뜻 "[미리보기] 화면과 [실행] 화면이 달라서 오히려 불편한 것은 아닌가?"라는 생각이 들 수도 있죠.

하지만 앞서 RelativeLayout에서 자동으로 다른 뷰와의 관계 및 margin 값이 지정되면서 발생한 문제를 생각해 보세요. 자동으로 모든 게 지정되면 모호한 부분이 있게 되고, 자동 생성되는 것들을 예측하기 어려워지는 문제들이 있습니다.

그렇기 때문에 ConstraintLayout은 Preview 화면에서의 위치와 실행했을 때의 위치를 분리합니다. 좌측의 [Component Tree]를 봐 주세요.

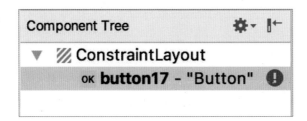

[Component Tree]에서 버튼 우측의 '빨간색 느낌표'가 보이죠? 저것은 Button에 제약이 모두 설정되지 않았다는 '경고' 표시입니다. 실제 화면과 다르게 나타나는 [Preview] 화면에서 버튼의 위치는 어떻게 저장되는 것일까요?

이를 확인하기 위해 activity_constraint_layout.xml 파일을 [Text] 탭으로 열어 보세요.

```
<Button
    android:id="@+id/button17"
    android:layout_width="wrap_content"
    android:layout_height="wrap_content"
    android:text="Button"
    tools:layout_editor_absoluteX="91dp"
    tools:layout_editor_absoluteY="159dp" />
```

하단의 'tools:layout_editor_absoluteX, tools:layout_editor_absoluteY' 구문이 보이나요? 이것은 실제 실행할 때에는 쓰이지 않지만 레이아웃 편집 화면에서의 위치를 절대 좌표로 나타내기 위해 존재합니다. 버튼을 마우스로 끌어 움직이면 해당 속성 또한 같이 변경되는 것을 알수 있습니다.

이렇게 [Preview] 화면을 위한 별도의 속성을 가지게 되면서 마우스로 UI를 편집하기 수월해진 것이죠. 실제로 ConstraintLayout을 사용하면 대부분의 경우 텍스트 편집창을 사용할 필요가 없습니다. 이제 ConstraintLayout을 본격적으로 실습하도록 하겠습니다.

## 5.9.02 Constraint 레이아웃과 제약

ConstraintLayout의 모든 View에는 적어도 하나씩의 '수평 제약'과 '수직 제약'이 있어야 하는데, 이들은 View의 '세로축'과 '가로축'의 위치를 각각 지정하게 되죠. 또한 이 제약 조건들은 부모 뷰나 다른 View를 기준으로 하게 됩니다.

그럼 방금 생성한 버튼에 제약 조건을 추가해 보겠습니다. 제약 조건을 추가할 때는 [Design] 탭의 블루프린트 화면을 이용하면 더 편하게 추가할 수 있습니다.

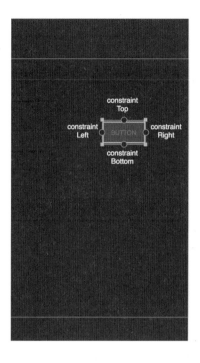

블루프린트 화면에서 버튼을 선택하면 '상단, 하단, 좌측, 우측' 4개의 원형 꼭지점을 볼 수 있으며 이들은 각각 'constraintTop, constraintBottom, constraintLeft, constrarintRight' 속성을 의미합니다. 4개의 원형 꼭지점을 마우스로 클릭하고, 다른 뷰 또는 부모 뷰로 드래그 앤 드랍하여 제약을 추가할 수 있죠.

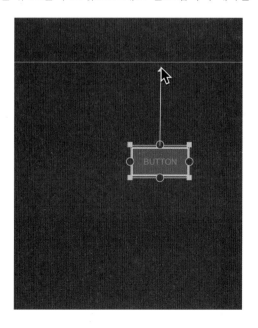

우선 상단의 원형 꼭지점을 부모 뷰의 상단으로 끌어 'constraintTop' 제약을 추가해 보세요. 제약을 추가하면 다음 화면처럼 나타나게 됩니다.

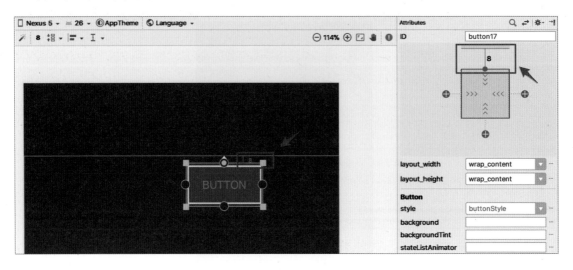

우측 상단의 [Constraint 보기] 화면에서 상단에 '8'이라고 적혀있는 것이 보이시나요? 이것은 버튼에 상단 제약이 추가되었고, 8dp 이상 떨어져 있어야 한다는 것입니다. 8dp 떨어지게 만드는 개념은 기존에 익혔던 margin과 동일하죠.

제약 조건을 지정하는 것 역시 앞서 살펴본 RelativeLayout의 '관계를 만드는 과정'과 비슷합니다. 위의 예는 마치 RelativeLayout에서 'alignParentTop'을 설정하고 'marginTop' 옵션에 '8dp'를 설정하는 것과 같죠.

하지만 완전히 RelativeLayout과 동일한 것은 아닙니다. RelativeLayout은 관계를 '수직' 또는 '수평' 방향 등 2가지로 만드는 경우, 기준선을 맞추기 위하여 View의 크기가 변경되어야 하죠. 하지만 ConstraintLayout은 제약을 지키는 범위 내에서 비율로 배치할 수 있습니다.

예를 들어 RelativeLayout에서 'layout_alignParentTop'과 'layout_alignParentBottom'을 동시에 'true'로 설정하게 되면 View의 높이가 화면 전체로 커졌던 반면, ConstraintLayout은 같은 상황에서 'Bias'라는 기능을 제공합니다. Bias는 이후 다시 좀 더 자세하게 다루도록 하겠습니다.

제약이 실제로 어떤 뷰와 연계되었는지는 보이지 않지만, 그렇게 문제될 것은 없습니다. 왜냐하면 레이아웃 편집 화면에서 직관적으로 확인이 가능하기 때문이죠. 만약 현재 'constraintTop' 제약이 어떤 View와 연계되었는지 확인하려면 [Text] 탭을 누르거나 [Attributes] 화면을 '속성 전체보기'로 바꾸면 됩니다.

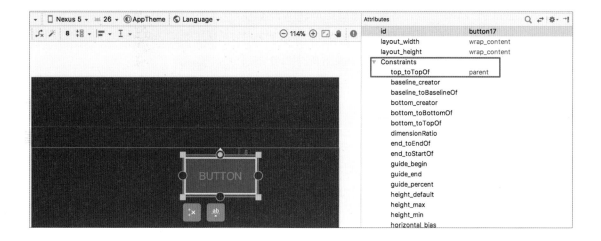

이번에는 좌측에 있는 원형 꼭지점을 마우스로 끌어 부모 뷰의 좌측으로 제약을 추가해 보세요.

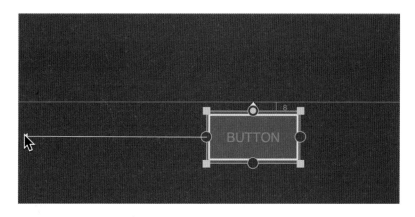

화면이 다음과 같이 바뀔 것입니다.

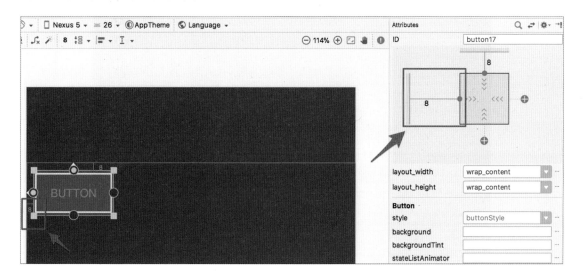

이제 'constraintLeft' 제약이 부모 뷰와 연결되고, 마진이 '8dp'로
설정되었습니다. 여기까지 진행되었다면 수평, 수직에 기준한
제약을 각각 하나씩은 등록되었기 때문에 Button의 위치를 결정
할 수 있게 되는 것이죠. 따라서 다시 [Component Tree]를 확인
하면 빨간색 느낌표가 사라진 것을 확인할 수 있습니다. [Run]
버튼을 눌러 프로그램을 실행해 보면 다음과 같이 출력됩니다.

ConstraintLayout은 이처럼 레이아웃 편집 화면에서 마우스로 제
약을 추가하면서 뷰를 배치합니다. 지금까지 부모 뷰와의 제약
관계만 지정했다면, 이제부터는 다른 뷰와의 제약을 맺는 방법에
대하여 살펴보겠습니다.

## 5.9.03 / 다른 뷰와의 제약 관계

Palette에서 버튼을 하나 더 드래그 앤 드랍하여 추가합니다. 그리고 추가한 버튼의 'constraintTop'을 기준
에 생성한 'constraintBottom'에 연결합니다.

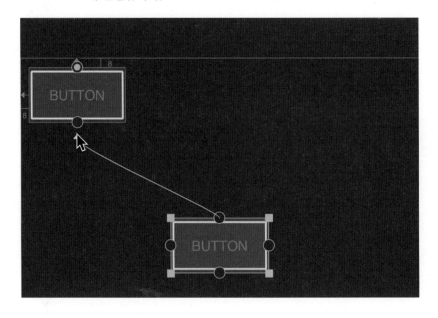

그럼 다음과 같이 화면에 나타납니다.

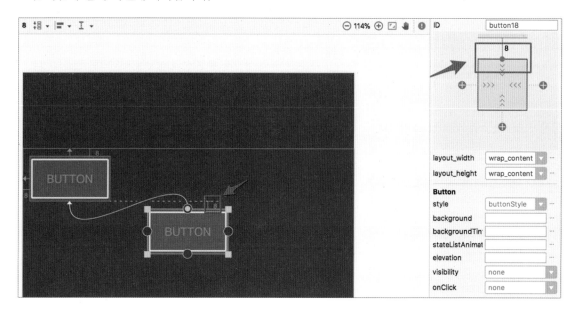

[button18]의 'constraintTop'은 [button17]의 'constraintBottom'과 연결되었죠. 이것은 'layout_constraintTop_toBottomOf ' 속성이며 제약이 어떤 뷰와 연계되었는지 레이아웃 편집 화면에서 한 눈에 확인 가능합니다.

추가로 [button18]의 좌측 제약을 [button17]의 우측 면에 연결해 보세요.

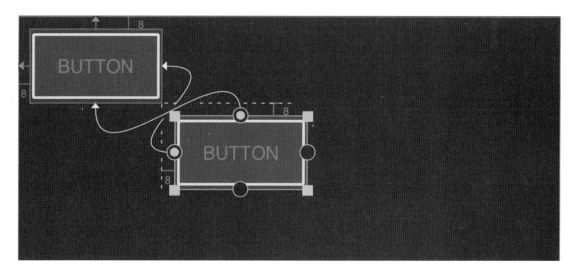

[button18]의 'constraintTop'이 [button17]의 'constraintBottom'과 연결되어 있고, 'constraintLeft'는 [button17]의 'constraintRight'와 연결되어 있습니다. 이것은 앞서 배운 RelativeLayout에서 'layout_below' 속성과 'layout_toRightOf' 속성과 유사합니다.

지금까지 익힌 Constraint 속성을 표로 정리해 보겠습니다.

| 속성 | 설명 |
|---|---|
| layout_constraintTop_toTopOf | 지정한 뷰의 상단과 뷰 자신의 상단을 제약으로 연결합니다. parent로 한 경우 부모와 연결됩니다. |
| layout_constraintTop_toBottomOf | 지정한 뷰의 하단과 뷰 자신의 상단을 제약으로 연결합니다. parent로 한 경우 부모와 연결됩니다. |
| layout_constraintBottom_toTopOf | 지정한 뷰의 상단과 뷰 자신의 하단을 제약으로 연결합니다. parent로 한 경우 부모와 연결됩니다. |
| layout_constraintBottom_toBottomOf | 지정한 뷰의 하단과 뷰 자신의 하단을 제약으로 연결합니다. parent로 한 경우 부모와 연결됩니다. |
| layout_constraintLeft_toLeftOf | 지정한 뷰의 좌측과 뷰 자신의 좌측을 제약으로 연결합니다. parent로 한 경우 부모와 연결됩니다. |
| layout_constraintLeft_toRightOf | 지정한 뷰의 우측과 뷰 자신의 우측을 제약으로 연결합니다. parent로 한 경우 부모와 연결됩니다. |
| layout_constraintRight_toLeftOf | 지정한 뷰의 좌측과 뷰 자신의 우측을 제약으로 연결합니다. parent로 한 경우 부모와 연결됩니다. |
| layout_constraintRight_toRightOf | 지정한 뷰의 우측과 뷰 자신의 우측을 제약으로 연결합니다. parent로 한 경우 부모와 연결됩니다. |
| layout_constraintStart_toStartOf | 지정한 뷰의 시작 지점과 뷰 자신의 시작 지점을 제약으로 연결합니다. parent로 한 경우 부모와 연결됩니다. RTL을 지원합니다. |
| layout_constraintStart_toEndOf | 지정한 뷰의 끝 지점과 뷰 자신의 시작 지점을 제약으로 연결합니다. parent로 한 경우 부모와 연결됩니다. RTL 을 지원합니다. |
| layout_constraintEnd_toStartOf | 지정한 뷰의 시작 지점과 뷰 자신의 끝 지점을 제약으로 연결합니다. parent로 한 경우 부모와 연결됩니다. RTL을 지원합니다. |
| layout_constraintEnd_toEndOf | 지정한 뷰의 끝 지점과 뷰 자신의 끝 지점을 제약으로 연결합니다. parent로 한 경우 부모와 연결됩니다. RTL을 지원합니다. |

그럼 이제, ConstraintLayout 의 강력한 기능인 'Bias'를 직접 실습해 보겠습니다.

앞서 우리는 View의 수평/수직 제약을 각각 한 개씩 지정하여 View의 위치를 지정했죠. ConstraintLayout 에서 수평 또는 수직 방향으로 제약을 2개 추가하게 되면 더는 제약을 지킬 수 없는 상태가 됩니다. 이 경 우 ConstraintLayout은 매우 유용한 기능인 'Bias'를 사용할 수 있습니다.

Bias는 제약 조건을 지키는 범위 내에서 View의 위치를 퍼센티지로 제어하는데, 직접 눈으로 확인하기 위해 [button18]의 constraintRight를 부모 뷰의 우측 면으로 끌어 보세요. 다음과 같은 화면이 나타납니다.

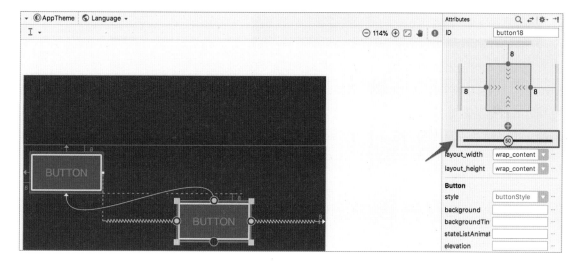

먼저 Button의 위치를 봐 주세요. 버튼의 위치가 두 개의 수평 제약 사이에서 정가운데에 위치했죠.

현재 새로 추가된 [button18]의 경우, 그 좌측 제약은 [button17]과 연결되어 있고 우측 제약은 부모 뷰와 연 결되어 있습니다. 이 경우 [button18]은 현재 크기로는 양쪽 제약을 모두 지킬 수 없겠죠.

이렇게 서로 동시에 성립할 수 없는 제약 상태가 되면, ConstraintLayout은 각 제약을 마치 '서로 당기는 힘 '처럼 사용합니다. [button18]의 좌측 제약과 우측 제약이 같은 힘으로 버튼을 당긴다고 생각해 주세요.

이때 'Bias(선호도)'는 '퍼센테이지'로 표현됩니다. 기본값은 '50'으로 양쪽 제약 가운데에 배치되지만, 그 값을 변경함으로써 뷰의 위치를 퍼센테이지로 결정하게 되는 거죠. 즉 제약의 margin을 지키는 범위 내에 서 자유롭게 배치할 수 있게 됩니다.

우측 상단에는 새롭게 하단 슬라이드 바가 생기면서 '50'이라고 나타납니다. 저 슬라이드로 설정하는 값이 바로 'Bias(선호도)'입니다. 좀 전에 새로 생겨난 Bias 슬라이드 바를 왼쪽으로 움직여 '20'으로 줄여 보세요.

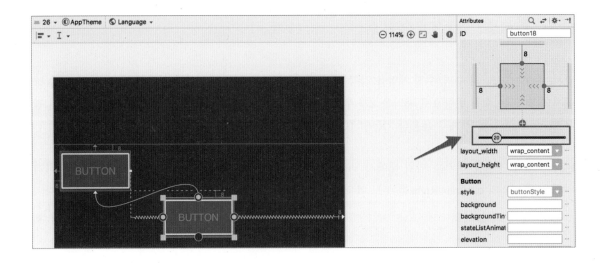

[button18]의 위치가 제약을 지키는 범위 내에서 20% 지점에 위치하는 것을 확인할 수 있습니다. 수평 제약에 대한 Bias 설정을 해 봤으니 수직 제약도 추가하여 그에 대한 Bias 역시 확인해 보겠습니다. [button18]의 constraintBottom을 부모 뷰의 하단과 연결하세요.

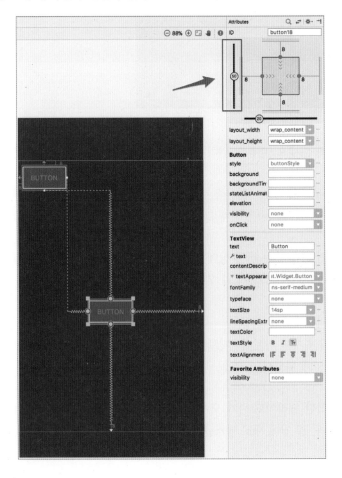

수직 제약 역시 'constraintTop, constraintBottom' 모두 연결되면 Bias 값을 설정할 수 있게 되며 수직 제약에 대한 Bias 슬라이드 바가 생성되죠. 마찬가지로 Bias 를 '10'으로 조정하여 [button18]의 위치를 조정해 보세요.

---

**NOTE**

**Bias 설정된 상태의 뷰를 마우스로 직접 위치를 바꿔보세요**

Bias 는 수직 또는 수평에 대한 2개의 제약이 모두 설정되었다면 레이아웃 편집화면에서 마우스로 직접 이동하여 조절도 가능합니다.

게다가 마우스로 위치를 지정해도 퍼센티지로 위치한 것이기 때문에 다양한 해상도를 지원할 수 있습니다.

---

이렇게 '선호도(Bias)' 기능이 View 를 비율로 배치하기 힘든 RelativeLayout 의 단점을 훌륭하게 개선하면서, ConstraintLayout 은 RelaitiveLayout 의 기능을 모두 포함하는 개선된 레이아웃으로서 RelativeLayout 을 완전히 대체할 수 있게 된 것이죠.

## 5.9.05 Aspect Ratio

지금까지는 사이즈 비율이 'wrap_content'로 정의된 View 만 살펴보았는데, ConstraintLayout View 의 크기 기준은 'wrap_content, match_contraint, fixed_size' 등의 3가지 경우가 있습니다.

그럼 먼저 그 각각의 의미를 간략히 정리하고 가겠습니다.

| 사이즈 속성 | 설명 |
|---|---|
| wrap_content | 컨텐츠의 크기만큼 View의 사이즈가 조정됩니다. |
| match_constraint | 제약 조건의 라인과 크기를 일치시킵니다. 제약 조건을 지키는 범위 내에서 최대 크기를 가지는 것과 같습니다. |
| fixed_size | 고정된 사이즈입니다. 80dp 등 고정된 사이즈를 가지게 합니다. |

View 의 'layout_width' 또는 'layout_height' 속성 중에서 하나 이상을 'match_constraint'로 지정하면, View 의 크기 비율을 지정할 수 있습니다. 'aspectRatio(종횡비, 가로와 세로의 비율)' 속성이 그것으로, [button18]의 width 를 'match_constraint'로 바꿔 보세요.

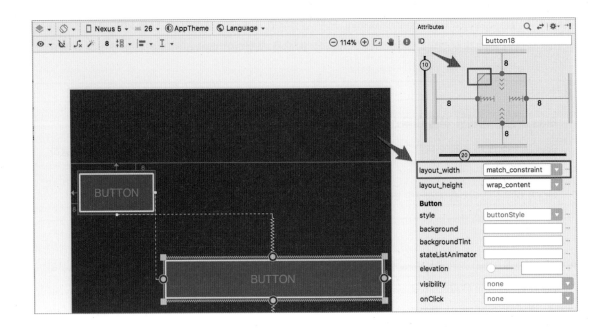

layout_width 속성을 match_constraint 로 바꾸면 제약 조건들을 보여 주는 우측 상단 창에 세모 모양의 영역이 생기는 것을 볼 수 있습니다. 이것이 View 의 aspectRatio 를 설정할 수 있는 컨트롤입니다.

세모 부분을 클릭해 보세요.

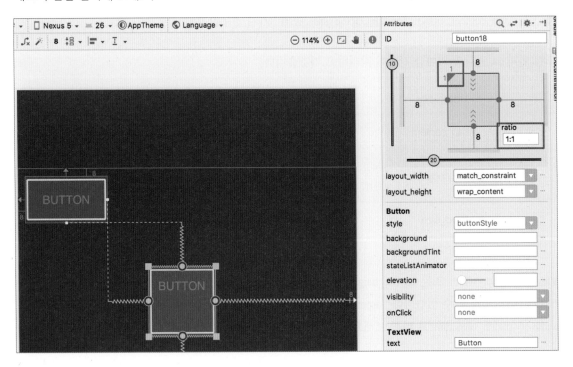

Button이 정사각형이 되면서 우측 상단의 'ratio(비율)'가 1:1이 되는 것을 볼 수 있습니다. 가로와 세로의 비율이 1:1이므로 '정사각형'이 된 것이죠. 시험 삼아 16:9로 설정해 보세요.

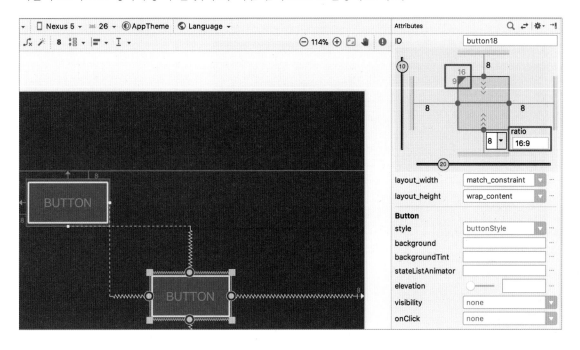

## 5.9.06 Circle 제약

다음으로 살펴볼 것은 특정 뷰를 기준으로 원형으로 View를 배치하는 것인데요. 이것 역시 다른 레이아 웃에서는 설정하기 힘든 작업이지만 ConstraintLayout은 간단하게 사용할 수 있죠.

layout_constraintCircle 속성은 특정 뷰를 기준으로 View를 원형으로 배치되도록 하는 기능입니다. 직접 실습을 진행해 보겠습니다.

먼저 기준이 될 버튼을 드래그 앤 드랍합니다.

이후 새로 생긴 버튼의 좌측을 [button18]의 좌측과 연결하고 우측을 [button18]의 우측과 연결하세요. 그 다음 새로운 버튼의 상단 제약은 [button18] 하단에, 하단 제약은 부모 뷰의 하단과 연결합니다. 그리고 수 직 제약의 Bias를 '30'으로 설정해 보세요.

다음과 같은 화면을 확인할 수 있습니다.

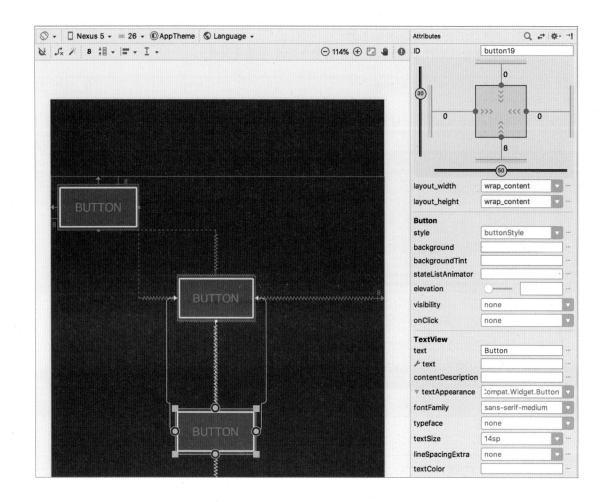

그럼 이제 새로 만든 [button19]를 기준으로 TextView와 원형으로 배치해 보겠습니다. layout_constraintCircle 속성의 아쉬운 점은 아직 마우스만으로 제약을 설정할 수는 없다는 것이죠. 다음 절차를 따라해 보세요.

① 먼저 TextView를 [button19] 상단 위치에 배치합니다.

② TextView의 Text를 '10'으로 바꿔 줍니다.

③ TextVIew에 대하여 '속성 전체보기'를 클릭하고 'circle'을 검색합니다

④ TextView에 대한 'Constraint > circle' 속성을 '@+id/button19'로 입력합니다.

⑤ 'circleAngle' 속성을 '30'으로 입력합니다.

⑥ 'circleRadius' 속성을 '50dp'로 입력합니다.

⑦ TextView의 좌측 수평 제약을 부모 뷰의 좌측과 연결하고 상단 수직 제약을 [button18]과 연결합니다. 물론 현재 기준은 어디까지나 [button19]이기에, 상단 수직에 대한 제약은 없어도 무방합니다.

이렇게 작업해 주면, 다음과 같은 화면이 나타나게 됩니다.

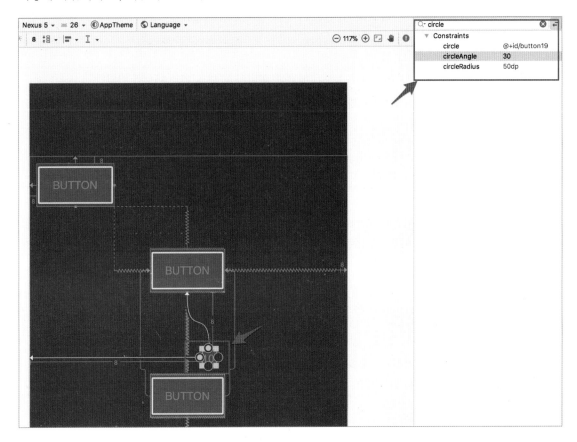

위 그림과 같이 TextView는 [button19]의 중점을 기준으로 '30도' 방향으로 '50dp' 떨어진 위치에 배치됩니다. 즉, View를 Circle 형태로 배치할 때에는 다음과 같이 배치되는 것이죠.

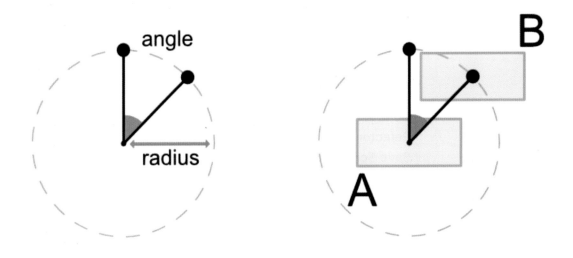

ConstraintLayout에서 layout_constraintCircle 속성은 타겟이 되는 View를 우선 지정합니다. 그렇게 되면 타겟이 되는 뷰의 중점을 기준으로 '각도'와 '떨어진 거리'를 각각 'circleAngle'과 'circleRadius'값들로 설정하는 것이죠.

이는 화면의 해상도가 바뀌어도 정확하게 '30도' 방향에 위치하게 되는 강력한 기능입니다. LinearLayout이나 RelativeLayout으로 구현하려면 꽤 까다로운 이런 배치가 ConstraintLayout에선 쉽게 가능해졌죠.

## 5.9.07 가이드라인(Guideline)

다음으로 살펴볼 것은 **가이드라인(Guidline)**입니다. 'Guideline'은 뷰를 더 쉽게 배치할 수 있도록 '기준선'을 추가하는 것인데요. Guideline 역시 '수직'과 '수평'의 두 가지 종류가 있는데, 먼저 'vertical guideline'을 추가해 보겠습니다.

[Component Tree]에서 ConstraintLayout을 우클릭하고 [Helpers 〉 Add Vertical Guideline]을 클릭합니다.

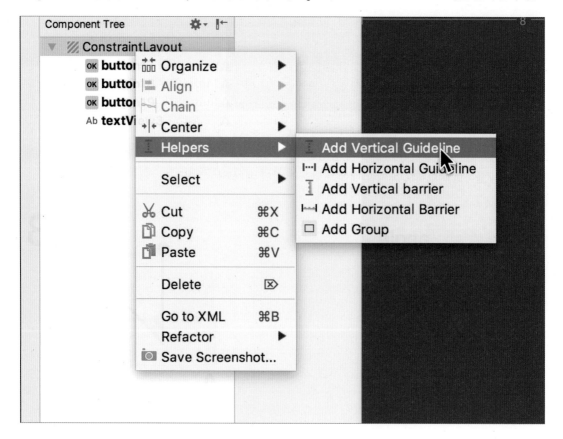

[Component Tree]에 '가이드라인(guideline)'이 추가되고 화면이 다음과 같이 보여지게 됩니다.

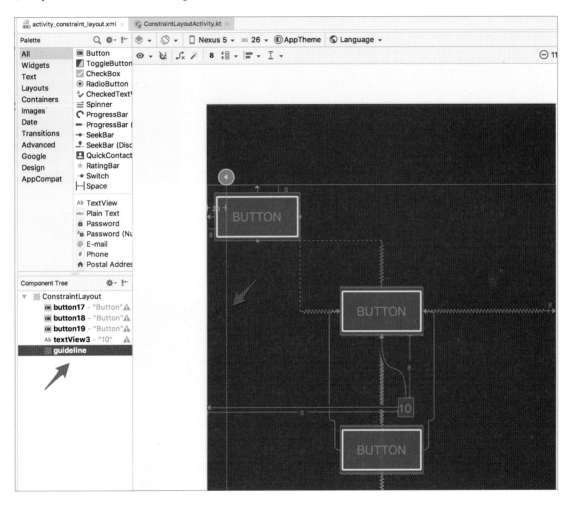

가이드라인(Guideline)은 위치를 세 가지 방법으로 지정할수 있으며. 'guide_begin, guide_end, guide_percent' 등으로 구분됩니다. 각 속성을 표로 정리하면 다음과 같습니다.

| 속성 | 설명 |
| --- | --- |
| layout_constraintGuide_begin | 부모 뷰의 시작 지점으로부터 떨어진 위치를 지정합니다. |
| layout_constraintGuide_end | 부모 뷰의 끝 지점으로부터 떨어진 위치를 지정합니다. |
| layout_constraintGuide_percent | 부모 뷰를 기준으로 떨어진 위치를 Percent로 지정합니다. |

이러한 가이드라인의 속성을 간편하게 바꾸는 방법은 레이아웃 편집 화면에서 '가이드라인 상단(horizontal guideline 인 경우 좌측)'에 있는 'Cycle Guideline'을 클릭하는 것입니다.

우측 그림과 같이 가이드라인 상단부에는 가이드라인의 타입을 바꿀 수 있는 버튼이 있는데, 이를 클릭하면 'begin, end, percent' 순으로 속성이 바뀌게 됩니다.

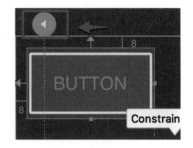

만약 XML 에서 직접 값을 수정하는 경우에는, 기존 속성값을 지우고 새로운 속성을 추가해야 합니다.

'layout_constraintGuide_begin' 속성과 'layout_constraintGuide_end' 속성이 모두 존재하는 경우, 두 개의 속성이 전부 적용되는 것은 아니기 때문이죠.

가이드라인은 특히 View 를 '퍼센트(비율)'로 배치할 때 매우 유용합니다. 예를 들어 특정 버튼이 상단으로부터 '80%', 크기는 '10%', 좌측에서 '30%' 떨어진 곳에 위치한다면, 화면의 사이즈가 바뀌어도 계속 비율상 같은 '크기'와 같은 '위치'에 존재하게 되는 것이죠.

---

### NOTE

## 가이드라인에서 퍼센트 지정이 잘 안 되는 경우

| Attributes | | |
| --- | --- | --- |
| ID | guideline1 | |
| layout_width | wrap_content | |
| layout_height | wrap_content | |
| **Guideline** | | |
| layout_constraintGuide_begin | | |
| layout_constraintGuide_end | | |
| layout_constraintGuide_percent | 0.2 | |
| **Favorite Attributes** | | |
| visibility | none | |

안드로이드 스튜디오는 꽤 무겁기 때문에, 간혹 책처럼 가이드라인을 변경하려 해도 잘 되지 않는 경우가 있습니다.

이런 경우라면 guideline의 'layout_constraintGuidePercent' 속성을 입력해 보세요.

20%인 경우 그림처럼 '0.2'를 입력하면 되는데, 단 'constraintGuideBegin, constraintGuideend' 등 다른 속성은 반드시 지워야 한다는 점을 잊지 말아주세요.

다음으로 알아볼 개념은 **체인(Chain)**입니다. ConstraintLayout에서 'Chain'은 가로축 또는 세로축을 기준으로 여러 개의 View를 '그룹'처럼 관리하게 해 주는데, 별도로 속성이 존재하는 것이 아니라 '2개의 뷰가 서로를 참조'하고 있으면 Chain으로 묶이는 것이죠.

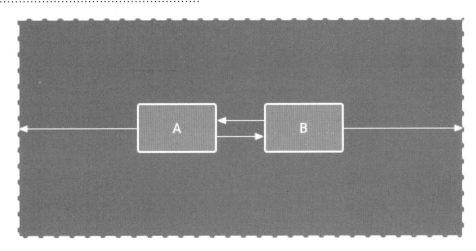

그림은 뷰A의 우측이 B의 좌측에 제약이 걸려 있고, B의 좌측은 A의 우측에 제약이 걸려 있음을 보여주는데, 이렇게 '상호 제약'이 걸린 상태가 바로 '체인(Chain)'이죠. 여러 개의 View가 체인으로 연결되어 있을 때 그 첫 번째 View를 가리켜 'Chain Head'라고 부릅니다.

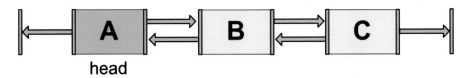

Chain Head를 담당하는 View에는 Chain의 스타일을 지정할 수 있는데, 이렇게 Chain Head를 담당하는 뷰에서 지정 가능한 스타일을 표로 정리해 보겠습니다.

| 스타일 | 설명 |
|---|---|
| CHAIN_SPREAD | 각 View들이 동일한 간격으로 펼쳐지게 합니다. |
| CHAIN_SPREAD_INSIDE | CHAIN_SPREAD처럼 펼쳐지지만 View의 양끝은 펼치지 않습니다. 즉 여백을 두지 않습니다. |
| CHAIN_PACKED | View 사이에 여백을 두어 펼치지 않고 딱 붙게 합니다. CHAIN_PACKED 상태에서는 Bias로 'PACKED'된 뷰의 위치를 조정할 수 있습니다. |

| WEIGHTED CHAIN | 체인으로 묶인 View의 일부가 'match_constraint'인 경우 '비율'로서 크기를 지정할 수 있습니다. |
|---|---|

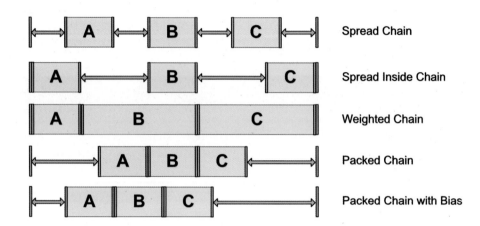

Spread Chain

Spread Inside Chain

Weighted Chain

Packed Chain

Packed Chain with Bias

앞서 ConstraintLayout 의 사용법을 자세하게 알아보았습니다. 이제 이름 입력화면을 만들면서 실전에 사용해보도록 하겠습니다. 처음 만드는 것이므로 스텝바이스텝으로 진행하니 차근차근 따라와 주세요.

### 1. 제약의 중심이 될 가이드라인을 생성

activity_name.xml 을 [Design] 탭으로 열고 ConstraintLayout 에 'Horizontal 가이드 라인'을 2개 추가합니다.

생성된 가이드라인을 퍼센트 기준으로 바꾸고 '20%, 60%' 위치에 각각 배치합니다.

각 가이드라인 id 를 'guideline1, guideline2'로 지정합니다.

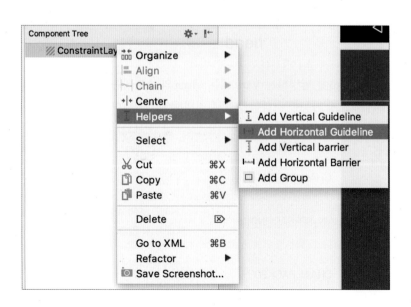

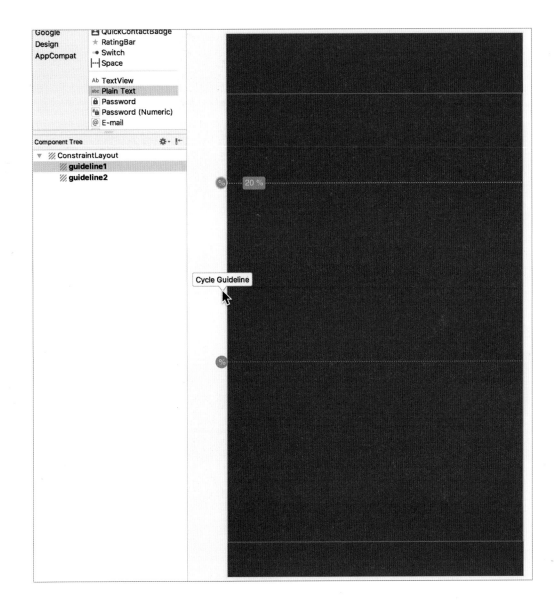

## 2. 가이드라인을 기준으로 ImageView와 이름 입력으로 사용할 EditText 배치

가이드라인이 생성되었으므로, 이를 기준으로 상/하단에 '이미지뷰(ImageView)'와 '에디트텍스트(EditText)'를 각각 배치하겠습니다. 다음 순서에 따라 배치해 보세요.

① ImageView를 guideline1 하단, guideline2 상단에 위치시키고, 이미지를 '@drawable/name'으로 지정합니다.

② ImageView의 상단 제약을 'guideline1'과, 하단 제약을 'guideline2'와 각각 연결합니다.

③ ImageView의 좌측 제약과 우측 제약은 '부모 뷰'와 연결합니다.

④ ImageView 의 width 와 height 를 'match_constraint'로 변경합니다.

⑤ Palette 에서 'Platin Text(EditText)'를 guideline2 하단에 배치하고 id 를 'editText'로 변경합니다.

⑥ EditText 의 상단 제약을 guideline2와 연결합니다.

⑦ EditText 의 좌측, 우측, 하단 제약을 부모 뷰와 연결합니다.

⑧ EditText 의 'Vertical Bias'를 '0'으로 변경합니다.

⑨ EditText 의 width 를 'match_constraint'로 변경합니다.

⑩ EditText 의 좌측 제약과 우측 제약을 '32dp'로 변경합니다.

⑪ EditText 의 'hint'를 "이름을 입력하세요"로 변경합니다.

⑫ EditText 의 'text'는 빈 문자열로 변경합니다.

**배치가 완료되면 다음과 같은 화면이 됩니다.**

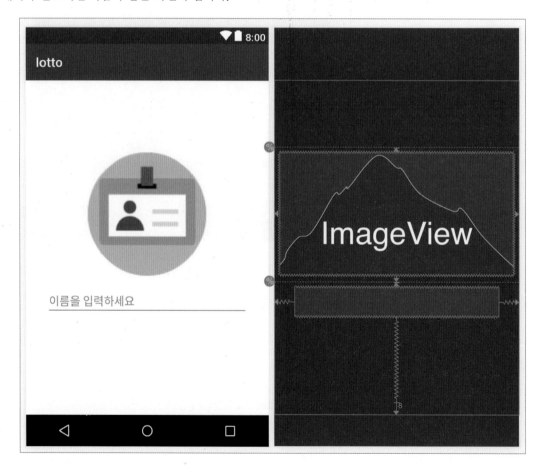

여기까지 완성된 XML 코드는 다음과 같습니다.

```xml
<?xml version="1.0" encoding="utf-8"?>
<androidx.constraintlayout.widget.ConstraintLayout xmlns:android="http://schemas.android.com/apk/
res/android"
    xmlns:app="http://schemas.android.com/apk/res-auto"
    xmlns:tools="http://schemas.android.com/tools"
    android:layout_width="match_parent"
    android:layout_height="match_parent"
    tools:context=".NameActivity">

    <androidx.constraintlayout.widget.Guideline
        android:id="@+id/guideline1"
        android:layout_width="wrap_content"
        android:layout_height="wrap_content"
        android:orientation="horizontal"
        app:layout_constraintGuide_percent="0.2" />

    <androidx.constraintlayout.widget.Guideline
        android:id="@+id/guideline2"
        android:layout_width="wrap_content"
        android:layout_height="wrap_content"
        android:orientation="horizontal"
        app:layout_constraintGuide_percent="0.6" />

    <ImageView
        android:id="@+id/imageView2"
        android:layout_width="0dp"
        android:layout_height="0dp"
        android:layout_marginStart="8dp"
        android:layout_marginLeft="8dp"
        android:layout_marginTop="8dp"
        android:layout_marginEnd="8dp"
        android:layout_marginRight="8dp"
        android:layout_marginBottom="8dp"
        app:layout_constraintBottom_toTopOf="@+id/guideline2"
        app:layout_constraintEnd_toEndOf="parent"
        app:layout_constraintStart_toStartOf="parent"
        app:layout_constraintTop_toTopOf="@+id/guideline1"
        app:layout_constraintVertical_bias="0.491"
        app:srcCompat="@drawable/name" />
```

```
<EditText
    android:id="@+id/editText"
    android:layout_width="0dp"
    android:layout_height="wrap_content"
    android:layout_marginStart="32dp"
    android:layout_marginLeft="32dp"
    android:layout_marginTop="8dp"
    android:layout_marginEnd="32dp"
    android:layout_marginRight="32dp"
    android:layout_marginBottom="8dp"
    android:ems="10"
    android:hint="이름을 입력하세요"
    android:inputType="textPersonName"
    app:layout_constraintBottom_toBottomOf="parent"
    app:layout_constraintEnd_toEndOf="parent"
    app:layout_constraintStart_toStartOf="parent"
    app:layout_constraintTop_toTopOf="@+id/guideline2"
    app:layout_constraintVertical_bias="0.0" />

</androidx.constraintlayout.widget.ConstraintLayout>
```

## 3. EditText 하단의 크기와 Vertical GuideLine에 맞추어 버튼 배치

이제 마지막으로 버튼만 배치하면 됩니다. 버튼은 이름을 입력받을 EditText와 제약을 연결합니다. 다음과 같은 순서로 배치해 보세요.

① 'vertical 가이드라인'을 추가하고 id를 'guideline3'으로 변경합니다.

② guideline3의 속성을 'percent'로 변경하고 '50%' 위치에 배치합니다.

③ Button 2개를 editText 하단에 배치하고 'goButton, backButton'으로 id 변경합니다.

④ goButton의 좌측 제약을 'editText의 좌측'과 연결하고 우측 제약은 'guideline3'과 연결합니다.

⑤ backButton의 좌측 제약을 'guideline3'과 연결하고 우측 제약을 'editText의 우측'과 연결합니다.

⑥ goButton, backButton의 상단 제약을 'editText'와 연결하고 하단 제약을 'parent'와 연결합니다.

⑦ goButton, backButton의 width를 'match_constraint'로 변경합니다.

⑧ goButton, backButton의 vertical bias를 '0'으로 변경합니다.

⑨ goButton의 좌측 제약을 '0dp'로 변경합니다.

⑩ backButton 의 우측 제약을 '0dp'로 변경합니다.

⑪ goButton 의 텍스트를 "번호생성"으로 변경합니다.

⑫ backButton 의 텍스트를 "뒤로가기"로 변경합니다.

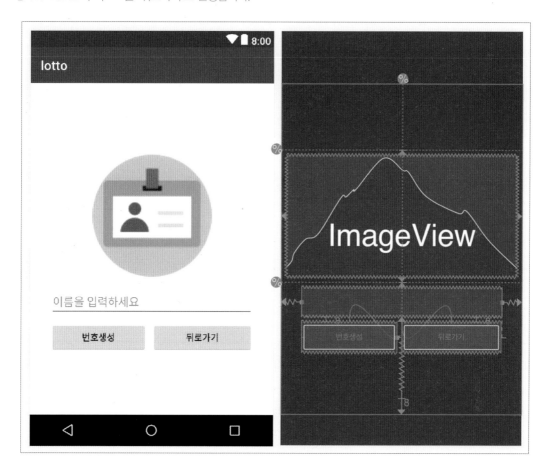

여기까지 완성된 XML 코드는 다음과 같습니다.

```xml
<?xml version="1.0" encoding="utf-8"?>
<androidx.constraintlayout.widget.ConstraintLayout xmlns:android="http://schemas.android.com/apk/
res/android"
    xmlns:app="http://schemas.android.com/apk/res-auto"
    xmlns:tools="http://schemas.android.com/tools"
    android:layout_width="match_parent"
    android:layout_height="match_parent"
    tools:context=".NameActivity">
```

```xml
<androidx.constraintlayout.widget.Guideline
    android:id="@+id/guideline1"
    android:layout_width="wrap_content"
    android:layout_height="wrap_content"
    android:orientation="horizontal"
    app:layout_constraintGuide_percent="0.2" />

<androidx.constraintlayout.widget.Guideline
    android:id="@+id/guideline2"
    android:layout_width="wrap_content"
    android:layout_height="wrap_content"
    android:orientation="horizontal"
    app:layout_constraintGuide_percent="0.6" />

<ImageView
    android:id="@+id/imageView2"
    android:layout_width="0dp"
    android:layout_height="0dp"
    android:layout_marginStart="8dp"
    android:layout_marginLeft="8dp"
    android:layout_marginTop="8dp"
    android:layout_marginEnd="8dp"
    android:layout_marginRight="8dp"
    android:layout_marginBottom="8dp"
    app:layout_constraintBottom_toTopOf="@+id/guideline2"
    app:layout_constraintEnd_toEndOf="parent"
    app:layout_constraintStart_toStartOf="parent"
    app:layout_constraintTop_toTopOf="@+id/guideline1"
    app:layout_constraintVertical_bias="0.491"
    app:srcCompat="@drawable/name" />

<EditText
    android:id="@+id/editText"
    android:layout_width="0dp"
    android:layout_height="wrap_content"
    android:layout_marginStart="32dp"
    android:layout_marginLeft="32dp"
    android:layout_marginTop="8dp"
    android:layout_marginEnd="32dp"
    android:layout_marginRight="32dp"
```

```
        android:layout_marginBottom="8dp"
        android:ems="10"
        android:hint="이름을 입력하세요"
        android:inputType="textPersonName"
        app:layout_constraintBottom_toBottomOf="parent"
        app:layout_constraintEnd_toEndOf="parent"
        app:layout_constraintStart_toStartOf="parent"
        app:layout_constraintTop_toTopOf="@+id/guideline2"
        app:layout_constraintVertical_bias="0.0" />

    <androidx.constraintlayout.widget.Guideline
        android:id="@+id/guideline3"
        android:layout_width="wrap_content"
        android:layout_height="wrap_content"
        android:orientation="vertical"
        app:layout_constraintGuide_percent="0.5" />

    <Button
        android:id="@+id/goButton"
        android:layout_width="0dp"
        android:layout_height="wrap_content"
        android:layout_marginTop="8dp"
        android:layout_marginEnd="8dp"
        android:layout_marginRight="8dp"
        android:text="번호생성"
        app:layout_constraintEnd_toStartOf="@+id/guideline3"
        app:layout_constraintStart_toStartOf="@+id/editText"
        app:layout_constraintTop_toBottomOf="@+id/editText" />

    <Button
        android:id="@+id/backButton"
        android:layout_width="0dp"
        android:layout_height="wrap_content"
        android:layout_marginStart="8dp"
        android:layout_marginLeft="8dp"
        android:layout_marginTop="8dp"
        android:text="뒤로가기"
        app:layout_constraintEnd_toEndOf="@+id/editText"
        app:layout_constraintStart_toEndOf="@+id/goButton"
        app:layout_constraintTop_toBottomOf="@+id/editText" />
```

```
</androidx.constraintlayout.widget.ConstraintLayout>
```

[별자리 입력] 화면과 마찬가지로 버튼의 컬러 등은 '테마(Theme)'로 관리할 예정입니다. 이번 과에서 학습한 내용을 정리하고, 다음 과에서는 화면에 컬러 및 스타일을 일괄적으로 관리할 수 있는 테마에 대해 실습해 보겠습니다.

◆ ConstraintLayout 은 레이아웃 편집창에서 사용하는 미리보기만을 위한 속성이 있다.

◆ ConstraintLayout 은 뷰의 위치를 결정하기 위해 제약 조건을 사용한다.

◆ 각 뷰는 상/하/좌/우 제약을 의미하는 'constraintTop, constraintBottom, constraintLeft, constraintRight' 속성이 있다.

◆ 수평 제약과 수직 제약 각각 1개 이상의 제약이 있어야 View 의 위치를 결정할 수 있다.

◆ 각 뷰의 상/하/좌/우 제약을 다른 뷰 또는 부모 뷰의 면과 연결하면 제약이 지정된다.

◆ 제약 조건은 마치 RelativeLayout 의 관계와 비슷하며 제약 조건 이후 여백(margin)을 설정할 수 있습니다.

◆ 제약 조건이 수평/수직에 대하여 양방향으로 설정된 경우, 두 제약을 동시에 지킬 수 없는 상태가 되는데, 이때 ConstraintLayout 은 선호도(Bias)값을 설정하여, 제약을 지키는 범위 내에서 뷰를 퍼센테이지로 배치할 수 있다.

◆ Circle 제약은 뷰를 원형으로 배치할수 있게 하는 강력한 기능이다.

◆ ConstraintLayout 은 뷰를 쉽게 배치할 수 있도록 돕는 가이드라인을 제공합니다. 가이드라인 역시 View 로 취급되며, 방향과 여백으로 위치를 지정하거나 퍼센트로 위치를 지정할 수 있다.

◆ 뷰의 제약이 서로를 참조하고 있는 형태를 Chain 이라고 합니다. Chain 을 활용하면 별도의 레이아웃 없이 View를 그룹화하여 관리할 수 있다.

◆ ConstraintLayout 은 뷰의 중첩을 줄일 수 있어 UI 성능 향상에 유리하다.

# 5.10 | 테마(Theme)와 UI

## 5.10.01 테마의 개념과 컬러 생성

안드로이드에서는 '스타일(style)'을 XML 리소스로 분리하여 관리 가능합니다. 마치 웹에서 CSS 파일을 분리하고 여러 html 파일에서 스타일을 불러 와 적용하는 것처럼 안드로이드도 여러 가지 스타일 요소를 미리 정의해 두고 여러 곳에서 재사용할 수 있는 것이죠.

이 중에서 특히 '테마(Theme)'는 '개별 보기'뿐만 아니라 '전체 앱, 또는 액티비티'에 적용 가능한 스타일입니다. 테마를 사용하면 앱 전체의 스타일을 관리하거나 특정 액티비티에서 사용할 스타일을 구분 짓고, 공통적으로 사용하는 등 유리한 점이 많습니다.

안드로이드에서 '테마'와 '스타일'은 모두 XML로 분리하여 저장이 가능합니다. 이번 과에서는 XML 파일에 테마를 정의하고, 정의한 테마를 각 액티비티별로 다르게 지정하여 화면마다 기본 컬러가 달라지게 해보겠습니다.

안드로이드는 보통 앱에서 사용할 기본 컬러들을 테마에서 지정합니다. 컬러 요소의 통일감은 디자인적으로 볼 때 매우 중요하죠. 너무 다양한 컬러를 사용할 경우 오히려 보기 힘들어지는 경우가 많습니다.

때문에 안드로이드는 'colorPrimary(주 컬러)', 'colorPrimaryDark(어두운 주요 컬러)', 'colorAccent(강조 컬러)' 등 세 가지 요소를 기반으로 UI를 구성하도록 플랫폼화되어 있습니다. 3가지 컬러를 지정하면 '버튼, 에디트 텍스트' 등 기본 컴포넌트의 전반적인 요소가 변경되는 것이죠. 또한 Google에서는 어떤 컬러를 조합해야 하는지 일반적인 가이드를 제공하는데요. 'Material Color'가 그것입니다. 다음 링크는 Google에서 제공하는 Material Color를 확인할 수 있는 웹 페이지입니다.

https://material.io/guidelines/style/color.html#color-color-palette

Google에서 제공하는 가이드대로 몇 가지 컬러 컨셉을 추가해 보겠습니다. [app 〉 res 〉 values 〉 colors. xml 파일]을 다음과 같이 편집해 주세요.

```xml
<?xml version="1.0" encoding="utf-8"?>
<resources>
```

```xml
<color name="colorPrimary">#3F51B5</color>
<color name="colorPrimaryDark">#303F9F</color>
<color name="colorAccent">#FF4081</color>

<!-- 결과화면에서 사용할 컬러 -->
<color name="colorPrimaryResult">#2196F3</color>
<color name="colorPrimaryDarkResult">#1976D2</color>
<color name="colorAccentResult">#FF4081</color>

<!-- 별자리 입력화면에서 사용할 컬러 -->
<color name="colorPrimaryConstellation">#673AB7</color>
<color name="colorPrimaryDarkConstellation">#512DA8</color>
<color name="colorAccentConstellation">#7E57C2</color>
<color name="colorContentConstellation">#556080</color>
<color name="colorButtonConstellation">#673AB7</color>

<!-- 이름 입력화면에서 사용할 컬러 -->
<color name="colorPrimaryName">#F9A11F</color>
<color name="colorPrimaryDarkName">#EF6C00</color>
<color name="colorAccentName">#FFC107</color>
<color name="colorContentName">#fcd837</color>
<color name="colorButtonName">#F9A11F</color>

</resources>
```

안드로이드에서 color 리소스를 생성하면 다른 리소스 또는 코드에서 해당 컬러를 사용할 수 있습니다. 'color'의 이름을 살펴보세요, 각각 뒤에 'Random, Constellation, Name' 등이 접미사처럼 붙어 있습니다. 바로 각 화면에서 사용할 이름을 지정한 것이죠. 이제 이 컬러 요소들을 테마와 연결해 사용해 보겠습니다.

## 5.10. 02 테마 생성 및 사용 색 지정

테마를 생성하는 일반적인 방법은 이미 기본적으로 생성되는 styles.xml 파일을 편집하는 것입니다. 다음과 같이 편집해 주세요.

```xml
<resources xmlns:tools="http://schemas.android.com/tools">
    <!-- Base application theme. -->
```

```xml
<style name="Theme.Lotto" parent="Theme.MaterialComponents.DayNight.DarkActionBar">
    <!-- Primary brand color. -->
    <item name="colorPrimary">@color/purple_500</item>
    <item name="colorPrimaryVariant">@color/purple_700</item>
    <item name="colorOnPrimary">@color/white</item>
    <!-- Secondary brand color. -->
    <item name="colorSecondary">@color/teal_200</item>
    <item name="colorSecondaryVariant">@color/teal_700</item>
    <item name="colorOnSecondary">@color/black</item>
    <!-- Status bar color. -->
    <item name="android:statusBarColor" tools:targetApi="l">?attr/colorPrimaryVariant</item>
    <!-- Customize your theme here. -->
</style>


<!-- 결과화면 테마 -->
<style name="AppTheme.Result" parent="Theme.Lotto">
    <!-- Customize your theme here. -->
    <item name="colorPrimary">@color/colorPrimaryResult</item>
    <item name="colorPrimaryDark">@color/colorPrimaryDarkResult</item>
    <item name="colorAccent">@color/colorAccentResult</item>
</style>


<!-- 별자리 입력화면 테마 -->
<style name="AppTheme.Constellation" parent="Theme.Lotto">
    <item name="colorPrimary">@color/colorPrimaryConstellation</item>
    <item name="colorPrimaryDark">@color/colorPrimaryDarkConstellation</item>
    <item name="colorAccent">@color/colorAccentConstellation</item>
    <!-- 버튼의 컬러 -->
    <item name="colorButtonNormal">@color/colorButtonConstellation</item>
    <!-- 버튼등 텍스트 컬러 -->
    <item name="android:textColor">@android:color/white</item>
</style>


<!-- 이름 입력화면 테마 -->
<style name="AppTheme.Name" parent="Theme.Lotto">
    <!-- Customize your theme here. -->
    <item name="colorPrimary">@color/colorPrimaryName</item>
    <item name="colorPrimaryDark">@color/colorPrimaryDarkName</item>
    <item name="colorAccent">@color/colorAccentName</item>
    <!-- 버튼의 컬러 -->
    <item name="colorButtonNormal">@color/colorButtonName</item>
    <!-- 버튼등 텍스트 컬러 -->
    <item name="android:textColor">@android:color/white</item>
</style>
</resources>
```

각 style 의 이름을 주의 깊게 봐 주세요. 최초의 스타일 이름은 AppTheme 이고, 이후에는 'AppTheme.[이름]' 형태로 지정했습니다. 이런 식으로 하면 AppTheme 의 기본적인 요소들은 상속받고 추가로 지정한 속성만 변경되죠. 지정하지 않은 속성들은 'AppTheme'과 동일하게 쓰겠다는 것입니다.

여기까지 진행하면 테마까지 생성한 것입니다. 이제 실제로 'Activity'와 'Theme'를 연결해 보겠습니다.

## 5.10.03 / 액티비티에 테마 지정

Activity 에 Theme 를 지정하는 방법 중 가장 간단한 방법은 AndroidManifest.xml 파일에서 Activity 의 속성으로 지정하는 것입니다. AndroidManifest.xml 파일을 다음과 같이 편집해 보세요.

```xml
<?xml version="1.0" encoding="utf-8"?>
<manifest xmlns:android="http://schemas.android.com/apk/res/android" package="com.akj.lotto">

    <application
        android:allowBackup="true"
        android:icon="@mipmap/ic_launcher"
        android:label="@string/app_name"
        android:roundIcon="@mipmap/ic_launcher_round"
        android:supportsRtl="true"
        android:theme="@style/Theme.Lotto">
        <activity android:name=".MainActivity">
            <intent-filter>
                <action android:name="android.intent.action.MAIN" />

                <category android:name="android.intent.category.LAUNCHER" />
            </intent-filter>
        </activity>
        <!-- AppTheme.Constellation 테마지정 -->
        <activity
            android:name=".ConstellationActivity"
            android:theme="@style/AppTheme.Constellation" />
        <!-- AppTheme.Name 테마지정 -->
        <activity
            android:name=".NameActivity"
            android:theme="@style/AppTheme.Name" />
        <!-- AppTheme.Result 테마지정 -->
```

```
        <activity
            android:name=".ResultActivity"
            android:theme="@style/AppTheme.Result" />
        <activity android:name=".TestActivity" />
        <activity android:name=".AbsoluteActivity" />
        <activity android:name=".ConstraintLayoutActivity" />
    </application>

</manifest>
```

이제 프로그램이 실제로 실행되면, 각각의 화면은 서로 다른 컬러의 UI로 배치됩니다. 화면을 실행 전에 미리 볼 수는 없을까요?

안드로이드 레이아웃 편집 화면은 '테마 미리보기'를 지원합니다. 'activity_name.xml' 파일을 [Design] 탭으로 열어 보세요. 상단에 테마를 변경할 수 있는 '툴 요소(AppThem)'가 있습니다.

해당 버튼을 누르고 'Manifest' 카테고리를 선택하세요.

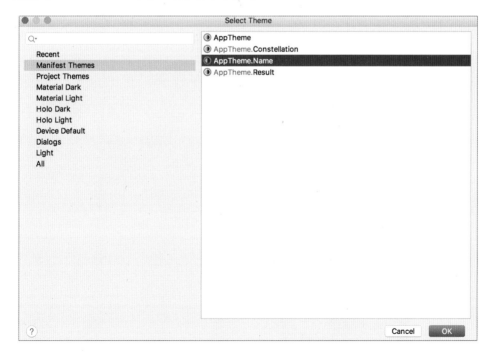

activity_name.xml 이므로 'AppTheme.Name'을 선택하면, 다음 그림과 같이 화면 컬러가 변경되어 나오는 것을 확인할 수 있습니다.

◆ 안드로이드는 여러 가지 스타일의 묶음을 테마로 관리할 수 있다.

◆ 테마를 정의하기 위해서는 [res 〉 values] 리소스로 style 을 정의한다.

◆ 테마는 [ . ] 연산자를 사용하여 상속이 가능하다.

◆ Activity 에 테마를 적용하려면 AndroidManifest.xml 파일에서 Activity 에 테마를 지정한다.

# 5.11 | Constraint 레이아웃과 인텐트 복습

## 5.11.01 가이드라인 배치

이번 과에서는 앞서 배운 CosntraintLayout을 사용해 결과 화면을 만들어 보겠습니다. 앞서 배운 내용을 최대한 기억하며 빠르게 결과 화면을 만들겠습니다. 목표는 CosntraintLayout의 속성을 최대한 활용하여 여러 종류의 화면 해상도에서 자연스러운 UI를 만드는 것입니다. 차근차근 절차에 따라 도전해 보세요.

여러 해상도에서 자연스러운 UI를 만들기 위해 가장 쉬운 방법은 가이드라인을 퍼센트로 설정하여 먼저 배치하는 방법입니다. activity_result.xml 파일을 열고 다음과 같이 사용할 가이드라인을 배치해 보세요.

① 'horizontal 가이드라인' 을 2개 추가하고 각각 'guideline1, guideline2' 로 id를 지정합니다.

② guideline1을 '퍼센트' 속 성으로 변경하고 '30%' 위치로 배치합니다.

③ guideline2를 '퍼센트' 속 성으로 변경하고 '50%' 위치로 배치합니다.

④ 'vertical 가이드라인'을 2 개 추가하고 'guideline3, guideline4'로 id를 지정 합니다.

⑤ guideline3를 '퍼센트' 속 성으로 변경하고 '8%' 위치에 배치합니다.

⑥ guideline4를 '퍼센트' 속 성으로 변경하고 '92%' 위치에 배치합니다.

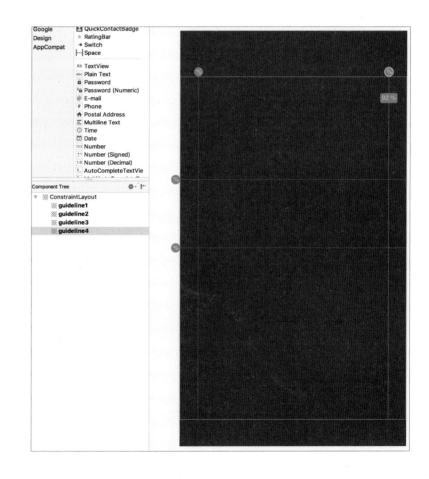

여기까지 완성된 XML 코드입니다.

```xml
<?xml version="1.0" encoding="utf-8"?>
<androidx.constraintlayout.widget.ConstraintLayout xmlns:android="http://schemas.android.com/apk/res/
android"
    xmlns:app="http://schemas.android.com/apk/res-auto"
    xmlns:tools="http://schemas.android.com/tools"
    android:layout_width="match_parent"
    android:layout_height="match_parent"
    tools:context=".ResultActivity">

    <androidx.constraintlayout.widget.Guideline
        android:id="@+id/guideline1"
        android:layout_width="wrap_content"
        android:layout_height="wrap_content"
        android:orientation="horizontal"
        app:layout_constraintGuide_percent="0.3" />

    <androidx.constraintlayout.widget.Guideline
        android:id="@+id/guideline2"
        android:layout_width="wrap_content"
        android:layout_height="wrap_content"
        android:orientation="horizontal"
        app:layout_constraintGuide_percent="0.5" />

    <androidx.constraintlayout.widget.Guideline
        android:id="@+id/guideline3"
        android:layout_width="wrap_content"
        android:layout_height="wrap_content"
        android:orientation="vertical"
        app:layout_constraintGuide_percent="0.08" />

    <androidx.constraintlayout.widget.Guideline
        android:id="@+id/guideline4"
        android:layout_width="wrap_content"
        android:layout_height="wrap_content"
        android:orientation="vertical"
        app:layout_constraintGuide_percent="0.92" />

</androidx.constraintlayout.widget.ConstraintLayout>
```

이제 결과 화면에서 사용할 TextView 를 배치하겠습니다. 여기서 신경 써야 할 부분은 'View 의 크기에 따라 변경되어야 할 Text 의 크기'입니다. View 의 크기가 변경되는데 Text 크기는 고정이라면, 글씨가 잘리거나 다음 줄로 넘어가게 되기 때문이죠. 다행스러운 건 안드로이드가 TextView 의 크기가 자동으로 조정되도록 지원한다는 것입니다.

그런데 비록 안드로이드에서 Text 크기가 자동으로 조정되도록 지원한다고 했지만, 그 기능은 최신 버전에서만 작동되므로 과거 버전의 핸드폰에서도 돌아가게 하려면 'AppCompatTextView'를 써야 합니다. 하지만 AppCompatTextView 는 [Palette(팔레트)] 창에서 검색이 되지 않죠. AppCompatTextView 는 SDK 에 포함된 라이브러리가 아니기 때문입니다.

Palette 에서 AppCompatTextView 와 같이 표준 SDK 에 포함되지 않은 View 를 사용하기 위해서는 〈view〉 항목을 사용합니다.

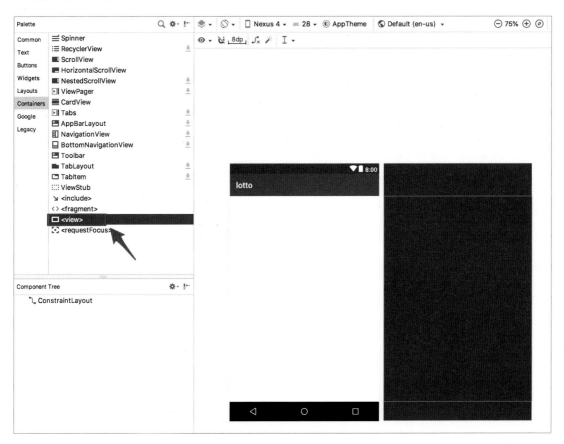

팔레트에서 〈view〉 를 마우스로 끌어 배치하면 실제로 구현된 클래스를 선택할 수 있습니다. 여기서

AppCompatTextView 를 선택하면 됩니다.

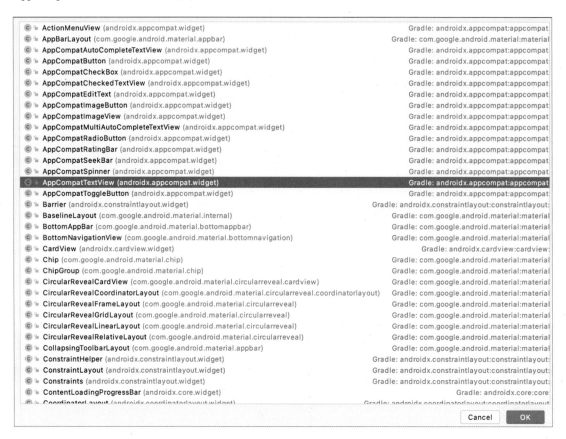

이제 SDK 에 포함되지 않은 View 를 Palette 에서 어떻게 사용하는지도 배웠으니 실제로 UI 를 만들어 보겠습니다. 다음 절차에 따라 텍스트뷰를 만들어 보세요.

① Palette 에서 〈view〉를 드래그 앤 드랍하고 'AppCompatTextView'를 선택합니다.

② 〈view〉의 id 를 'resultLabel'로 지정합니다.

③ 'resultLabel'의 좌측과 우측 제약을 각각 'guideline3, guideline4'와 연결합니다.

④ resultLabel 의 좌우 여백을 '16dp'로 변경합니다.

⑤ resultLabel 의 상단 제약을 'parent', 하단 제약을 'guideline1'과 연결합니다.

⑥ resultLabel 의 layout_width, layout_height를 'match_constraint'로 지정합니다.

⑦ resultLabel 의 textSize 를 '60sp'로 지정합니다.

⑧ resultLabel 의 text 속성을 "홍길동님의₩n 로또번호입니다"로 변경합니다.

⑨ resultLabel 의 gravity 속성을 'center'로 지정합니다.

⑩ resultLabel 의 maxLines 속성을 '3'으로 지정합니다.

⑪ resultLabel 의 autoSizeMaxTextSize 와 autoSizeMinTextSize 를 각각 '60sp, 16sp'로 지정합니다.

⑫ autoSizeStepGranularity 속성을 '1sp'로 지정합니다.

⑬ autoSizeTextType 속성을 'uniform'으로 지정합니다.

이제 TextView 사이즈에 따라 자동으로 Text 크기가 조정되는 TextView 가 완성되었습니다. 여러 가지 화면으로 바꿔 가면서 테스트해 보세요.

## 5.11. 03 로또 공 이미지 배치

이제 결과로 나오는 '로또 공' 이미지를 UI에 배치해야 합니다. 마찬가지로 여러 해상도에 어울리게 하기 위해서 '제약'과 '체인'을 이용할 예정입니다. 다음 절차에 따라 배치해 보세요.

① ImageView 6개를 guideline1과 guideline2 사이에 배치하고, 각각 'imageView01, imageView02, imageView03, imageView04, imageView05, imageView06' 등으로 id 를 변경합니다.

② [Component Tree]에서 'imageView01 ～ imageView06'까지 동시 선택하고 'horizontal chain'으로 연결합니다.

③ 체인 전체의 좌측과 우측 제약이 가이드라인이 아니라면, 좌측 제약을 guideline3, 우측 제약을 guidline4와 연결합니다.

④ imageView01 ～ imageView06의 상단 제약과 하단 제약을 각각 'guideline1, guideline2'에 연결합니다.

⑤ imageView01 ～ imageView06의 layout_width 와 layout_heigt 를 'match_constraint'로 변경합니다.

⑥ imageView01 ～ imageView06 좌우 여백을 '8dp'로 변경합니다.

이렇게 하면 그림과 같이 여러 해상도에서도 크기가 자동으로 조절되는 이미지뷰(ImageView)를 배치할 수 있습니다. 이미지뷰의 세로와 가로 크기가 모두 'match_constraint'로 지정되어 자동으로 커지게 되고, 각 이미지뷰끼리는 '8dp'의 여백이 제약으로 있어 너무 딱 붙지도 않게 되죠. 심지어 TV 해상도에서도 크게 이상하게 보이지 않습니다. 가로 사이즈에서도 대응하여 이미지뷰의 크기가 변경되기 때문입니다.

이처럼 가이드라인을 '퍼센트'로 지정하고 제약을 추가한 뒤 'match_constraint' 속성을 지정하면 멀티해상도 지원에 매우 유리합니다. 꼭 기억해 두었다가 자주 사용해 보세요. 이전과 마찬가지로 이번 화면 역시 여러 해상도를 변경하면서 테스트해 보세요. 로또 공의 크기가 자동으로 변하는 것을 확인할 수 있습니다.

## 5.11.**04** 하단 고정 이미지 추가

이제 처음 계획한 대로 하단에 고정될 '돈' 이미지를 추가합니다. 고정된 이미지이므로 역시 제약과 match_constraint 속성을 이용해 화면 해상도에 따라 자동으로 크기가 조정되도록 합니다.

① id 가 'imageView10'으로 지정된 ImageView 를 guideline2 하단에 추가하고 이미지를 '@drawable/money'로 지정합니다.

② ImageView 의 좌측과 우측 제약을 각각 'guideline3, guideline4'와 연결합니다.

③ ImageView 의 상단과 하단 제약을 각각 'guideline2, parent'와 연결합니다.

④ ImageView 의 layout_width 와 layout_height 를 'match_constraint'로 변경합니다.

여기까지 진행되면 다음과 같은 화면이 완성됩니다. 이제 결과 화면도 완성된 셈이죠.

여기까지 완성된 XML 코드입니다.

```xml
<?xml version="1.0" encoding="utf-8"?>
<androidx.constraintlayout.widget.ConstraintLayout xmlns:android="http://schemas.android.com/apk/
res/android"
    xmlns:app="http://schemas.android.com/apk/res-auto"
    xmlns:tools="http://schemas.android.com/tools"
    android:layout_width="match_parent"
    android:layout_height="match_parent"
    tools:context=".ResultActivity">

    <androidx.constraintlayout.widget.Guideline
        android:id="@+id/guideline1"
        android:layout_width="wrap_content"
        android:layout_height="wrap_content"
        android:orientation="horizontal"
        app:layout_constraintGuide_percent="0.3" />

    <androidx.constraintlayout.widget.Guideline
        android:id="@+id/guideline2"
        android:layout_width="wrap_content"
        android:layout_height="wrap_content"
        android:orientation="horizontal"
        app:layout_constraintGuide_percent="0.5" />

    <androidx.constraintlayout.widget.Guideline
        android:id="@+id/guideline3"
        android:layout_width="wrap_content"
        android:layout_height="wrap_content"
        android:orientation="vertical"
        app:layout_constraintGuide_percent="0.08" />

    <androidx.constraintlayout.widget.Guideline
        android:id="@+id/guideline4"
        android:layout_width="wrap_content"
        android:layout_height="wrap_content"
        android:orientation="vertical"
        app:layout_constraintGuide_percent="0.92" />

    <view
        class="androidx.appcompat.widget.AppCompatTextView"
        android:id="@+id/resultLabel"
```

```
    android:layout_width="0dp"
    android:layout_height="0dp"
    android:layout_marginStart="16dp"
    android:layout_marginLeft="16dp"
    android:layout_marginTop="8dp"
    android:layout_marginEnd="16dp"
    android:layout_marginRight="16dp"
    android:layout_marginBottom="8dp"
    android:gravity="center"
    android:maxLines="3"
    android:text="홍길동님의\n로또번호입니다."
    android:textSize="60sp"
    app:autoSizeMaxTextSize="60sp"
    app:autoSizeMinTextSize="16sp"
    app:autoSizeStepGranularity="1sp"
    app:autoSizeTextType="uniform"
    app:layout_constraintBottom_toTopOf="@+id/guideline1"
    app:layout_constraintEnd_toStartOf="@+id/guideline4"
    app:layout_constraintStart_toStartOf="@+id/guideline3"
    app:layout_constraintTop_toTopOf="parent" />


<ImageView
    android:id="@+id/imageView01"
    android:layout_width="0dp"
    android:layout_height="0dp"
    android:layout_marginStart="8dp"
    android:layout_marginLeft="8dp"
    android:layout_marginTop="8dp"
    android:layout_marginEnd="8dp"
    android:layout_marginRight="8dp"
    android:layout_marginBottom="8dp"
    app:layout_constraintBottom_toTopOf="@+id/guideline2"
    app:layout_constraintEnd_toStartOf="@+id/imageView02"
    app:layout_constraintHorizontal_bias="0.5"
    app:layout_constraintStart_toEndOf="@+id/guideline3"
    app:layout_constraintTop_toTopOf="@+id/guideline1"
    app:srcCompat="@drawable/ball_01" />


<ImageView
    android:id="@+id/imageView02"
    android:layout_width="0dp"
```

```xml
        android:layout_height="0dp"
        android:layout_marginStart="8dp"
        android:layout_marginLeft="8dp"
        android:layout_marginTop="8dp"
        android:layout_marginEnd="8dp"
        android:layout_marginRight="8dp"
        android:layout_marginBottom="8dp"
        app:layout_constraintBottom_toTopOf="@+id/guideline2"
        app:layout_constraintEnd_toStartOf="@+id/imageView03"
        app:layout_constraintHorizontal_bias="0.5"
        app:layout_constraintStart_toEndOf="@+id/imageView01"
        app:layout_constraintTop_toTopOf="@+id/guideline1"
        app:srcCompat="@drawable/ball_03" />

    <ImageView
        android:id="@+id/imageView03"
        android:layout_width="0dp"
        android:layout_height="0dp"
        android:layout_marginStart="8dp"
        android:layout_marginLeft="8dp"
        android:layout_marginTop="8dp"
        android:layout_marginEnd="8dp"
        android:layout_marginRight="8dp"
        android:layout_marginBottom="8dp"
        app:layout_constraintBottom_toTopOf="@+id/guideline2"
        app:layout_constraintEnd_toStartOf="@+id/imageView04"
        app:layout_constraintHorizontal_bias="0.5"
        app:layout_constraintStart_toEndOf="@+id/imageView02"
        app:layout_constraintTop_toTopOf="@+id/guideline1"
        app:srcCompat="@drawable/ball_10" />

    <ImageView
        android:id="@+id/imageView04"
        android:layout_width="0dp"
        android:layout_height="0dp"
        android:layout_marginStart="8dp"
        android:layout_marginLeft="8dp"
        android:layout_marginTop="8dp"
        android:layout_marginEnd="8dp"
        android:layout_marginRight="8dp"
        android:layout_marginBottom="8dp"
```

```
        app:layout_constraintBottom_toTopOf="@+id/guideline2"
        app:layout_constraintEnd_toStartOf="@+id/imageView05"
        app:layout_constraintHorizontal_bias="0.5"
        app:layout_constraintStart_toEndOf="@+id/imageView03"
        app:layout_constraintTop_toTopOf="@+id/guideline1"
        app:srcCompat="@drawable/ball_11" />


    <ImageView
        android:id="@+id/imageView05"
        android:layout_width="0dp"
        android:layout_height="0dp"
        android:layout_marginStart="8dp"
        android:layout_marginLeft="8dp"
        android:layout_marginTop="8dp"
        android:layout_marginEnd="8dp"
        android:layout_marginRight="8dp"
        android:layout_marginBottom="8dp"
        app:layout_constraintBottom_toTopOf="@+id/guideline2"
        app:layout_constraintEnd_toStartOf="@+id/imageView06"
        app:layout_constraintHorizontal_bias="0.5"
        app:layout_constraintStart_toEndOf="@+id/imageView04"
        app:layout_constraintTop_toTopOf="@+id/guideline1"
        app:srcCompat="@drawable/ball_21" />


    <ImageView
        android:id="@+id/imageView06"
        android:layout_width="0dp"
        android:layout_height="0dp"
        android:layout_marginStart="8dp"
        android:layout_marginLeft="8dp"
        android:layout_marginTop="8dp"
        android:layout_marginEnd="8dp"
        android:layout_marginRight="8dp"
        android:layout_marginBottom="8dp"
        app:layout_constraintBottom_toTopOf="@+id/guideline2"
        app:layout_constraintEnd_toStartOf="@+id/guideline4"
        app:layout_constraintHorizontal_bias="0.5"
        app:layout_constraintStart_toEndOf="@+id/imageView05"
        app:layout_constraintTop_toTopOf="@+id/guideline1"
        app:srcCompat="@drawable/ball_32" />
```

```
    <ImageView
        android:id="@+id/imageView10"
        android:layout_width="0dp"
        android:layout_height="0dp"
        android:layout_marginStart="8dp"
        android:layout_marginLeft="8dp"
        android:layout_marginTop="8dp"
        android:layout_marginEnd="8dp"
        android:layout_marginRight="8dp"
        android:layout_marginBottom="8dp"
        app:layout_constraintBottom_toBottomOf="parent"
        app:layout_constraintEnd_toStartOf="@+id/guideline4"
        app:layout_constraintStart_toStartOf="@+id/guideline3"
        app:layout_constraintTop_toTopOf="@+id/guideline2"
        app:srcCompat="@drawable/money" />
</androidx.constraintlayout.widget.ConstraintLayout>
```

마지막으로 화면끼리 연결만 하면 될 것 같습니다. 앞서 배운 'Intent'를 기억하시죠? 이제 Intent를 응용해 화면끼리 연결해 보겠습니다.

## 5.11. 05 인텐트 활용한 UI 연결

앞서 배운 Intent를 이용해 이제 UI를 연결해 보겠습니다. 먼저 AndroidManifest.xml에 MainActivity를 인텐트 필터로 지정했는지 확인해 주세요.

```
<activity android:name=".MainActivity">
    <intent-filter>
        <action android:name="android.intent.action.MAIN" />

        <category android:name="android.intent.category.LAUNCHER" />
    </intent-filter>
</activity>
```

앞서 만든 메인 화면에서, 각 카드에 '이벤트 리스너'를 달아야 하는데, 이를 위해서는 카드에 ID가 있어야겠죠. 'activity_main.xml' 파일을 디자인 탭으로 열고 각 카드의 ID를 'randomCard, constellationCard, nameCard'

로 변경해 주세요.

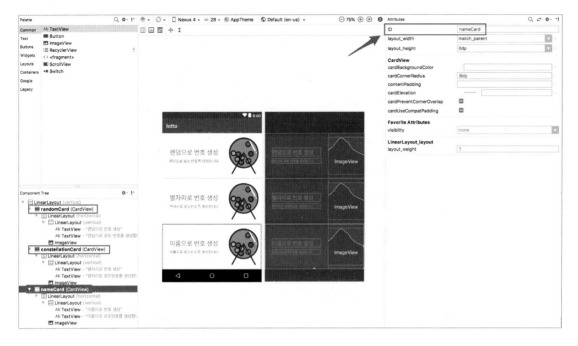

이제 MainActivity.kt 파일을 열어 각 버튼이 눌릴 때의 이벤트 리스너를 달고 화면을 넘기는 코드를 작성해 보겠습니다.

```kotlin
package com.akj.lotto

import android.content.Intent
import android.os.Bundle
import android.view.View
import androidx.appcompat.app.AppCompatActivity

class MainActivity : AppCompatActivity() {
    override fun onCreate(savedInstanceState: Bundle?) {
        super.onCreate(savedInstanceState)
        setContentView(R.layout.activity_main)
        // 랜덤으로 번호 생성 카드의 클릭 이벤트 리스너
        findViewById<View>(R.id.randomCard).setOnClickListener {
            // ResultActivity 를 시작하는 Intent 생성
            val intent = Intent(this, ResultActivity::class.java)
            startActivity(intent)
        }
```

```
        // 별자리로 번호 생성 카드의 클릭 이벤트 리스너
        findViewById<View>(R.id.constellationCard).setOnClickListener {
            // ConstellationActivity 를 시작하는 Intent 를 만들고 startActivity 로 실행
            startActivity(Intent(this, ConstellationActivity::class.java))
        }
        // 이름으로 번호 생성 카드의 클릭 이벤트 리스너
        findViewById<View>(R.id.nameCard).setOnClickListener {
            // NameActivity 를 시작하는 Intent 를 만들고 startActivity 로 실행
            startActivity(Intent(this, NameActivity::class.java))
        }
    }
}
```

코드에서 주석을 잘 살펴 주세요. Kotlin에서는 '안드로이드 확장 기능'을 통해 XML 파일에서 지정한 ID
로 'findViewById()' 없이 객체에 접근할 수 있습니다. 각각의 카드에 '클릭 이벤트 리스너'를 등록하고 각
각에 맞는 Intent를 생성하여 액티비티를 실행하고 있습니다.

이제 [별자리 입력] 화면과 [이름 입력] 화면에서도 결과 화면으로 변경해야 하므로 해당 코드 역시 작업
하겠습니다. 'ConstellationActivity'와 'NameActivity'의 코드를 다음과 같이 변경하세요.

ConstellationActivity.kt

```
package com.akj.lotto

import android.content.Intent
import android.os.Bundle
import android.view.View
import android.widget.CalendarView
import android.widget.DatePicker
import android.widget.TextView
import androidx.appcompat.app.AppCompatActivity
import java.util.*

class ConstellationActivity : AppCompatActivity() {
    override fun onCreate(savedInstanceState: Bundle?) {
        super.onCreate(savedInstanceState)
```

```
        setContentView(R.layout.activity_constellation)
            findViewById<View>(R.id.goResultButton).setOnClickListener {
            // ResultActivity 를 시작하는 Intent 생성
            val intent = Intent(this, ResultActivity::class.java)
            startActivity(intent)
        }
    }
}
```

NameActivity.kt

```
package com.akj.lotto

import android.content.Intent
import android.os.Bundle
import android.text.TextUtils
import android.widget.Button
import android.widget.EditText
import android.widget.Toast
import androidx.appcompat.app.AppCompatActivity
import java.util.*

class NameActivity : AppCompatActivity() {
    override fun onCreate(savedInstanceState: Bundle?) {
        super.onCreate(savedInstanceState)
        setContentView(R.layout.activity_name)

        findViewById<Button>(R.id.goButton).setOnClickListener {
            val intent = Intent(this, ResultActivity::class.java)
            // ResultActivity 를 시작하는 Intent 를 만들고 startActivity 로 실행
            startActivity(intent)
        }
        // 뒤로가기 버튼의 클릭이벤트 리스너 설정
        findViewById<Button>(R.id.backButton).setOnClickListener {
            // 액티비티 종료
            finish()
        }
    }
}
```

이제 프로그램을 [Run] 버튼으로 실행해 보세요. 각 버튼에 따라 화면이 전환되는 것을 확인할 수 있습니다. 이제 거의 완성된 느낌이군요. 조금 더 힘내서 프로그램을 완성해 봅시다.

◆ 결과 화면 UI 를 만들기 위해 ConstraintLayout 을 사용하였다.

◆ Guideline 을 이용해 뷰를 배치할 기준선을 만들었다.

◆ 안드로이드의 TextView 는 뷰의 영역이 변화하면 자동으로 Text 가 조정되는 기능이 포함되어 있지만 하위 버전에서는 지원되지 않는다.

◆ 하위 버전에서도 TextView 의 자동 크기 조정 기능을 사용하려면 AppCompatTextView 를 사용해야 한다.

◆ AppCompatTextView 처럼 표준 SDK 가 아니기 때문에 팔레트에서 UI 요소를 찾을 수 없다면 〈view〉 태그를 사용할 수 있다.

◆ 로또 번호를 보여주는 이미지 6개를 균일하게 배치하기 위해 ConstraintLayout 의 chain 을 사용했다.


# 5.12 | Random, Shuffle

## 5.12.01 난수란?

지금 만들고 있는 로또 번호 생성 앱의 주요 기능 중 하나는 랜덤하게 로또 번호를 추출하는 것입니다. 어떻게 이런 기능을 구현할 수 있을까요? 마치 현실 세상에서 로또 공을 무작위로 뽑기를 하는 것처럼 프로그래밍에서 정해진 범위 내에서 무작위로 추출된 수를 **난수**라고 부릅니다.

로또 번호는 '1~45'번까지의 정해진 범위 내에서 뽑는 것이니 '난수'를 사용하면 될 것 같습니다. 그러므로 난수란 어떤 것인지 좀 더 살펴보고 다음으로 진행해 보겠습니다.

엄밀히 말하면 프로그래밍 세상에서 '진정한 난수'는 존재하지 않습니다. 컴퓨터는 입력된 값에 대한 결과값이 항상 동일하기 때문이죠. 하지만 입력값에 대해 결과값을 예측할 수 없고 입력값을 항상 다르게 줄 수 있다면 난수로서 기능을 할 수 있습니다. 컴퓨터는 이러한 방법으로 난수를 생성하고, 이것을 '의사 난수(진정한 난수는 아니라는 의미)'라고 부릅니다. 컴퓨터에는 진정한 랜덤이 없기 때문에, 매번 다른 난수를 생성하기 위해서는 난수를 생성해 주는 알고리즘의 기준이 될 'SEED 값'을 바꿔 주어야 합니다.

현재의 고급 언어들은 대부분 난수 생성을 하는 API를 제공하지만, 결국 컴퓨터에서는 '결정론적 의사난수'밖에는 존재할 수 없다는 점을 꼭 명심해야 합니다. "입력이 같으면 결과도 같다"는 것을 기억해 두어야 다른 언어 또는 다른 문제에 부딪혔을 때 보다 유연하게 대처할 수 있죠. 만일 "SEED 값이 같다면 난수값 역시 같다"는 것을 꼭 기억해 주세요.

'진정한 난수, 의사난수'가 어떻든 간에, 우리는 프로그래밍에서 '랜덤한 값'을 얻어야 합니다. 다행스럽게도 Java, Kotlin 등에서는 난수를 생성하는 간단한 방법을 제공합니다.

'Random' 클래스가 바로 난수 생성을 위한 클래스인데요. 또 수학의 각종 함수를 제공하는 'Math' 클래스도 사용할 수 있습니다. 각각 어떻게 사용하는지 살펴보도록 하겠습니다.

## 5.12.02 Random

Random 클래스를 사용해 난수를 생성하는 법을 차근차근 Step by Step 으로 따라가 보겠습니다. 다음 순서대로 코드를 변경해 주세요.

### 1. 랜덤 클래스를 사용하는 함수(function)를 만들자

MainActivity.kt 파일을 열고 다음과 같이 함수를 추가합니다.

```
/**
 * 랜덤으로 1 ~ 45 번호중 하나의 번호를 생성하는 함수
 */
fun getRandomLottoNumber(): Int {
    // Random.nextInt 는 0 ~ 전달받은 파라미터 값 미만의 번호를 생성
    // ex) Random().nextInt(10) 은 0 ~ 9 까지의 무작위 수를 반환
    // 1 ~ 45 까지의 번호를 생성하려면 파라미터의 45 를 넣고 결과값의 1을 더한다.
    return Random().nextInt(45) + 1
}
```

### 2. 랜덤한 값을 6번 추출하여 로또 번호 집합을 만드는 함수 생성

이제 해당 함수를 6번 돌려 번호를 추출합니다. 랜덤으로 [번호 추출] 카드가 눌렸을 때 해당 작업을 해 보겠습니다. MainActivity.kt 파일을 다음과 같이 편집하세요.

```
/**
 * 랜덤으로 추출하여 6개의 로또 번호를 만드는 함수
 */
fun getRandomLottoNumbers(): MutableList<Int>{
    // 무작위로 생성된 로또 번호를 저장할 가변 리스트 생성
    val lottoNumbers = mutableListOf<Int>()

    // 6번 반복하는 for 문
    for(i in 1..6){
        // 리스트에 무작위로 생성된 번호를 추가한다.
        lottoNumbers.add(getRandomLottoNumber())
    }
    return lottoNumbers
}
```

## 3. 랜덤으로 [번호 생성] 버튼에서 번호 생성하고 결과 화면에 전송

이제 랜덤으로 [번호 생성] 카드가 클릭되면 로또 번호를 생성하여 결과 화면에 전달하겠습니다. Intent 에 데이터를 넣어 보낼 수 있었다는 것을 기억해 주세요. 랜덤으로 [번호 생성] 카드에 '클릭 리스너' 코드를 다음과 같이 추가하세요.

```
findViewById<View>(R.id.randomCard).setOnClickListener {
    // ResultActivity 를 시작하는 Intent 생성
    val intent = Intent(this, ResultActivity::class.java)
    // intent 의 결과 데이터를 전달한다.
    // int 의 리스트를 전달하므로 putIntegerArrayListExtra 를 사용한다.
    intent.putIntegerArrayListExtra("result", ArrayList(getRandomLottoNumbers()))
    // ResultActivity 를 시작하는 Intent 를 만들고 startActivity 로 실행
    startActivity(intent)
}
```

결과 화면에서는 이제 결과에 맞게 로또 공을 보여줘야 합니다. ResultActivity.kt 파일을 편집합니다.

```kotlin
package com.akj.lotto

import android.os.Bundle
import android.text.TextUtils
import android.widget.ImageView
import android.widget.TextView
import androidx.appcompat.app.AppCompatActivity
import java.text.SimpleDateFormat
import java.util.*

class ResultActivity : AppCompatActivity() {
    // 로또 1번 공 이미지의 아이디를 사용
    val lottoImageStartId = R.drawable.ball_01

    override fun onCreate(savedInstanceState: Bundle?) {
        super.onCreate(savedInstanceState)
        setContentView(R.layout.activity_result)
        val resultLabel = findViewById<TextView>(R.id.resultLabel)
        // 전달받은 결과 배열을 가져온다.
        val result = intent.getIntegerArrayListExtra("result")
        // 전달받은 결과가 있는 경우에만 실행
        result?.let {
            // 결과에 맞게 로또 공 이미지를 업데이트한다.
            // 전달받은 결과는 정렬되어 있지않으므로 정렬해서 전달한다.
            updateLottoBallImage(result.sortedBy { it })
        }
    }

    /**
     * 결과에 따라 로또 공 이미지를 업데이트한다.
     */
    fun updateLottoBallImage(result: List<Int>) {
        // 결과의 사이즈가 6개 미만인경우 에러가 발생할 수 있으므로 바로 리턴한다.
        if (result.size < 6) return

        val imageView01 = findViewById<ImageView>(R.id.imageView01)
        val imageView02 = findViewById<ImageView>(R.id.imageView02)
        val imageView03 = findViewById<ImageView>(R.id.imageView03)
        val imageView04 = findViewById<ImageView>(R.id.imageView04)
        val imageView05 = findViewById<ImageView>(R.id.imageView05)
        val imageView06 = findViewById<ImageView>(R.id.imageView06)
```

```
        // ball_01 이미지 부터 순서대로 이미지 아이디가 있기 때문에
        // ball_01 아이디에 결과값 -1 을 하면 목표하는 이미지가 된다
        // ex) result[0] 이 2번 공인 경우 ball_01 에서 하나뒤에 이미지가 된다.
        imageView01.setImageResource(lottoImageStartId + (result[0] - 1))
        imageView02.setImageResource(lottoImageStartId + (result[1] - 1))
        imageView03.setImageResource(lottoImageStartId + (result[2] - 1))
        imageView04.setImageResource(lottoImageStartId + (result[3] - 1))
        imageView05.setImageResource(lottoImageStartId + (result[4] - 1))
        imageView06.setImageResource(lottoImageStartId + (result[5] - 1))
    }
}
```

주석을 유의해서 봐야 합니다. 전달 받은 결과값으로 로또 공의 이미지를 바꾸는데, 1번 공의 이미지 아이디를 가지고 순서대로 계산하여 이미지를 지정합니다. 이것이 가능한 이유는 안드로이드는 이미지 리소스의 아이디를 지정할 때 리소스 이름이 '오름차순'으로 지정되기 때문입니다.

여기까지 코드를 작성한 뒤 [Run]으로 프로그램을 실행해 보세요. 랜덤으로 번호 생성을 할 때마다 다른 번호가 나오게 되는 것을 확인할 수 있습니다.

## 4. 랜덤으로 생성된 번호 중복 제거

앞서 작성한 코드는 실행할 때마다 랜덤하게 잘 동작하는 것처럼 보이지만, 여러 번 실행해 보면 문제가 있다는 것을 알 수 있습니다. 언제나 무작위로 번호를 추출하면 때때로 중복된 번호가 나오게 되죠.

이렇게 중복된 번호가 나오지 않게 하려면 어떻게 하면 될까요? 가장 쉽게 생각할 수 있는 방법은 '이미 뽑은 번호라면 뽑지 않은 번호가 나올 때까지 다시 랜덤으로 추출'하면 될 것 같네요. 다시 MainActivity.kt 소스로 돌아가서 중복 문제를 해결해 보겠습니다.

MainActivity.kt 파일의 'getRandomLottoNumbers()' 함수를 다음과 같이 변경하세요.

```
/**
 * 랜덤으로 추출하여 6개의 로또 번호를 만드는 함수
 */
fun getRandomLottoNumbers(): MutableList<Int> {
    // 무작위로 생성된 로또 번호를 저장할 가변 리스트 생성
    val lottoNumbers = mutableListOf<Int>()

    // 6번 반복하는 for 문
    for (i in 1..6) {
        // 랜덤한 번호를 임시로 저장할 변수를 생성
        var number = 0
```

```
        do {
            // 랜덤한 번호를 추출해 number 변수에 저장
            number = getRandomLottoNumber()

            // lottoNumbers 에 number 변수의 값이 없을때까지 반복
        } while (lottoNumbers.contains(number))

        // 이미 뽑은 리스트에 없는 번호가 나올때까지 반복했으므로 중복이 없는 상태
        // 추출된 번호를 뽑은 리스트에 추가
        lottoNumbers.add(number)
    }
    return lottoNumbers
}
```

이번 코드 역시 주석을 눈여겨봐 주세요. 앞서 언급한 것처럼 랜덤으로 추출된 숫자가 이미 뽑은 번호 리스트에 없는 경우에만 추가되도록 구현되어 있습니다.

이제 중복되는 문제가 해결되었습니다. 다시 [Run] 버튼을 눌러 실행하면 랜덤한 로또 번호를 여러 차례 생성해도 중복되게 나오지 않게 됩니다. 다음은 이렇게 중복 문제가 있는 경우 매우 쉽게 해결 가능한 'Shuffle'에 대해 알아보겠습니다.

## 5.12.03 / Shuffle

앞서 로또 번호를 생성하기 위해 무작위 수를 생성하는 랜덤 함수를 6번 실행했습니다. 그런데 이렇게 '랜덤한 집합'을 만들기 위해서는 **Shuffle** 을 쓰는 것이 더 간편할 때가 많습니다.

랜덤이 무작위로 수 하나를 추출하는 것이라면 'Shuffle'은 이미 존재하는 집합을 섞는 것과 비슷합니다. '1~45'까지의 번호를 갖는 집합에서 마구 섞은 후 앞에서 순서대로 6개의 번호를 자르는 식이죠.

그럼 MainActivity.kt 소스 코드에 shuffle 을 사용해 로또 번호를 추출하는 함수를 추가해 보겠습니다.

```
/**
 * Shuffle 을 사용해 로또 번호 생성
 */
fun getShuffleLottoNumbers(): MutableList<Int> {
    // 1 ~ 45 번에 로또 번호를 저장할 리스트 생성
    val list = mutableListOf<Int>()
```

```
        // 1~45 까지 for 문을 돌면서 리스트에 로또 번호 저장
        for(number in 1..45){
            list.add(number)
        }

        // 리스트를 무작위로 섞는다.
        list.shuffle()

        // 리스트를 앞에서부터 순서대로 6개를 잘라 결과 반환
        return list.subList(0, 6)
    }
```

앞서 intent 에 정보를 전달할 때 사용한 'getRandomLottoNumbers( )' 함수 대신에 'getShuffleLottoNumbers( )' 함수를 써보세요.

```
intent.putIntegerArrayListExtra("result", ArrayList(getShuffleLottoNumbers()))
```

마찬가지로 매번 실행할 때마다 무작위로 로또 번호가 생성되고 또 중복도 전혀 없는 것을 확인할 수 있습니다.

이처럼 여러 개의 무작위 수를 추출해야 하고 중복이 없어야 한다면 랜덤보다 Shuffle 을 쓰는 것이 유리합니다. 랜덤으로 추출하는 것은 추출되는 수가 많아질수록 중복될 확률도 높아지기 때문이죠. 여기까지 따라오셨다면 주요 기능 중 하나인 랜덤으로 번호 생성 기능까지 구현한 셈입니다.

다음 과에서는 어떻게 '별자리' 또는 '이름'에 따라 결과를 달라지게 할 수 있는지 살펴보겠습니다.

◆ 컴퓨터에는 진정한 난수가 존재할 수 없다. 입력된 값에 따라 결과 역시 일관되기 때문에 복잡한 계산을 통해 난수와 비슷한 계산이 필요하고 이것을 '의사난수'라고 부른다.

◆ 컴퓨터는 난수 계산을 위해 'SEED 값'이 필요하다.

◆ Random 클래스의 nextInt( ) 함수는 '0'부터 전달 받은 파라미터 미만의 값을 무작위로 반환한다.

◆ Shuffle 은 지정된 집합(Collection)을 섞는 것을 의미한다.

◆ 로또 당첨 번호처럼 중복이 허용되지 않는 경우, Shuffle 을 사용하면 편리하다.

# 5.13 | Hash Code

## 5.13.01 해시코드의 개념

앞서 랜덤으로 번호를 생성하는 방법을 알아보았습니다. 그런데 특정 이름에 따라 혹은 특정 별자리에 따라 서로 다른 결과를 보여 주려면 어떻게 해야 할까요? 이런 경우에는 '무조건 랜덤으로' 보여주는 게 아니라 '입력값이 같으면 결과값도 같은' 형태로 보여 줘야 합니다.

이때 사용 가능한 방법 중 하나가 Java 의 **HashCode** 를 이용하는 것입니다. 'HashCode'가 무엇인지 알기 위해 먼저 'Hash'가 무엇인지 먼저 살펴보겠습니다. 컴퓨터 과학에서 'Hash 함수'는 **크게 2가지 용도**로 사용합니다. **첫 번째**는 빠르게 검색이 가능하도록 돕는 데이터 자료 구조이고 **다른 하나**는 보안을 위한 용도로 사용합니다.

각각이 어떤 의미인지 살펴보도록 하겠습니다.

### 1. Hash 함수의 정의

'Hash 함수'는 임의 길이의 데이터를 고정된 길이의 데이터로 매핑하는 함수입니다. 어떤 함수가 있을 때 전달 받은 입력값이 무엇이든 결과값이 '1~100' 사이의 값으로 반환된다면 이것도 Hash 함수의 일종이라고 볼 수 있습니다. 이때 '임의 길이의 데이터'란 함수의 파라미터, 즉 '입력값'이며, '고정된 길이의 데이터'란 '함수가 반환하는 범위'인 것이죠. 이런 해시 함수를 컴퓨터 과학에서 주로 어떻게 사용하는지 하나씩 살펴보죠.

### 2. Hash 함수와 자료 구조

'자료 구조'란 컴퓨터에서 각종 데이터를 효율적으로 이용할 수 있도록 컴퓨터에 저장하는 방법입니다. 예를 들면 '연속된 데이터를 저장하기 위한 배열(Array)' 역시 자료 구조 중 하나죠. 연속적인 데이터를 저장할 때 각각의 변수를 생성하는 것보다, 배열을 사용하면 효율적인 저장이 가능하고 접근도 쉬워집니다.

예를 들어 초등학교의 학급의 학생 이름을 관리하는 프로그램이 있다고 하면, 각각 다른 데이터를 다음과 같이 선언 가능합니다.

```java
String name1 = "철수";
```

```
String name2 = "영희";
...
```

만약 100명의 학생이 있다고 하면 다음과 같겠죠.

```
String name1 = "철수";
String name2 = "영희";
String name3 = "민석";
String name4 = "승헌";
...
String name100 = "태희";
```

이런 경우 각각의 이름을 부여하는 것보다는 '학생이름[1], 학생이름[2]...'식으로 관리하는 것이 편할 것입니다. 이는 Java 언어에서 다음과 같이 표현할 수 있습니다.

```
String[] names = {"철수", "영희", "민석", "승헌", .... , "태희"}
// names[0] 은 철수 , names[1] 은 영희....
```

위와 같이, 같은 부류의 데이터를 묶어서 관리할 수 있고 index 를 이용해 데이터에 접근 가능한 자료 구조를 '배열'이라고 합니다.

## 3. 배열에서의 데이터를 검색한다면?

배열은 데이터의 위치를 가리키는 '인덱스(Index)'를 미리 알고 있다면 매우 빠른 방법으로 데이터를 가져올 수 있습니다. 하지만 인덱스를 모른다면 배열의 데이터를 순차적으로 비교하여야 합니다.

만일 배열이 1억 개의 데이터를 담고 있다면, 운이 나쁜 경우 1억 번 비교를 해야 하죠.

```
for(int i = 0; i < array.length; i++){
    if("내가 찾는 데이터".equals(array[i])){
        // 운이 나쁜 경우 배열의 크기만큼 반복 비교를 해야합니다.
        break;
    }
}
```

이런 문제점을 해결하기 위해 자료를 미리 정렬하는 등 여러 방법을 쓰고 있으며, 그 해결 방법 중 하나가 바로 '해시(Hash)'인 것이죠.

## 4. Hash 테이블

앞서 살펴본 배열의 느린 검색 성능을 먼저 생각해 보겠습니다. 배열의 검색이 느려지는 경우는, 인덱스를 모르는 경우뿐이죠. 그렇다면 만약에 검색하려고 하는 값의 인덱스를 알 수 있는 방법이 있다면 어떨까요? 그렇게 될 수 있다면 항상 빠르게 검색할 수 있을 것입니다.

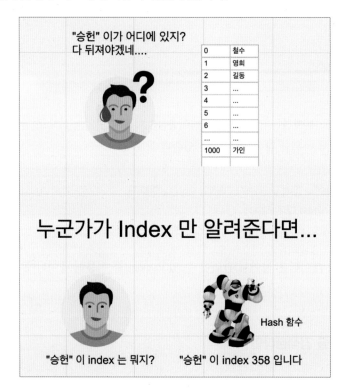

이렇게 입력값에 대한 인덱스를 알려 주는 역할을 하는 것이 '해시(Hash) 함수'입니다. 그리고 해시 함수로 얻어진 인덱스 결과값을 'Hash 값' 또는 'Hash Code'라고 부르는 것입니다.

해시가 배열과 다른 점은 배열은 데이터를 순서대로 저장하지만, 해시 자료 구조는 입력값의 해시코드를 인덱스로서 사용한다는 것이죠. 배열에 데이터를 저장할 때 순서대로 저장하는 것이 아니라, Hash 코드를 인덱스로 사용하여 저장하고, 가져올 때에도 Hash 함수로 인덱스를 구한 뒤 가져옵니다. 따라서 언제나 빠르게 검색할 수 있게 되는 것이죠. 이렇게 빠른 속도로 검색할 수 있는 자료 구조를 가리켜 'Hash 테이블'이라고 합니다.

앞서 "해시 함수는 임의의 길이를 가진 데이터를 고정된 길이의 데이터로 매핑한다"고 했죠. 여기서 '고정된 길이'가 곧 '배열의 사이즈'가 되는 것입니다. 따라서 이런 특징을 이용해 '배열의 인덱스'를 구하는 방법으로 '해시'를 사용한 것이 '해시 테이블'인 것이죠.

## 5. 해시 충돌

'데이터를 저장할 수 있는 공간'보다 '입력값의 종류'가 더 많다면 어떻게 될까요? 해시 함수는 배열(저장 공간)의 크기보다 더 큰 인덱스를 돌려줄 수는 없으므로 필연적으로 입력값은 다르지만 같은 해시코드를 가지는 입력이 존재합니다.

이렇게 '입력값은 다르지만, 해시코드가 같아지는' 경우, 이를 '해시 충돌'이라고 합니다. 해시 충돌이 나는 경우 같은 index 내부에서 입력값의 연결 리스트를 구성해 데이터를 검색하게 되죠. 따라서 해시 충돌이 있다고 해도 성능은 배열보다 나아지게 됩니다.

## 6. 해시 함수의 성능

해시 함수의 성능은 "임의의 입력값에 대해 얼마나 해시 충돌이 적을 수 있는가?"로 판단할 수 있습니다. 해시 충돌이 매우 잦다면, 예를 들어 1000개의 입력값에 대하여 모두 같은 해시코드가 반환되는 것과 같은 경우라면 결국 1000번을 반복해서 찾는 것만도 못한 결과를 초래하겠죠.

또 보안에서 사용할 경우에도 해시 충돌이 있다면 입력값에 대한 '무결성(예를 들면 서로 다른 비밀번호인데도 통과)'이 깨지게 됩니다. 따라서 '해시 함수의 성능' 기준은 '해시 충돌이 적은 것'이라고 볼 수도 있습니다.

## 7. 보안에서의 해시

해시코드는 보안에서도 유용하게 쓰입니다. 그 이유는 익히 알려진 '해시 함수'의 특성이 원래의 입력값을 되돌리기 힘들기 때문입니다.

즉 '철수'라는 입력의 해시 값이 '27bb8a4c0afadf8596a4c56913df095e'라고 한다면, 거꾸로 '27bb8a4c0afadf8596a4c56913df095e'라는 해시 값의 원래 입력값이 '철수'라는 것은 알기 힘들다는 의미입니다.

따라서 보안에서는 비밀번호 등 보안이 중요한 데이터를 해시로 저장할 것을 권장하고 있죠.

## 8. Java, Kotlin 에서의 Hash 코드

Java, Kotlin 에서는 모든 클래스에 'hashCode( )'라는 메소드가 있습니다. 모든 클래스에 hashCode( )가 존재하는 이유는 '데이터를 저장하는 다른 자료 구조' 등에서 사용하기 때문이죠. 예를 들면 Java, Kotlin 에서 자체적으로 제공하는 HashMap 등이 있습니다. 객체의 hashCode( ) 메소드를 사용하여 해당 자료 구조를 이용한다고 볼 수 있습니다. 만약 두 개의 객체가 동일한 객체라면 hashCode 역시 동일해야 합니다.

때문에 객체의 비교를 담당하는 'equals( )' 메소드를 재정의한다면 반드시 hashCode( ) 함수도 재정의할 필요가 있겠죠.

앞서 Random에 대해 설명할 때 "컴퓨터는 진정한 난수가 아니라 SEED값에 의해 난수가 생성되며, SEED값이 같다면 결과도 같다"고 한 언급을 먼저 떠올려 봅시다. 그리고 해시코드에서 "임의의 입력값에 대해 고정된 범위의 결과를 돌려준다"는 점 역시 다시 생각해 보겠습니다. 여기서 이미 감이 오는 분도 있을 것입니다.

'입력 받은 이름'의 Hash 코드를 구하고, 그걸 'Random 한 SEED 로' 사용한다면 어떻게 될까요? 주지했다시피 해시 함수는 같은 입력에 대해서는 같은 해시값을 내보내죠. 그리고 Random 역시 SEED가 같다면 같은 결과가 나오게 됩니다.

그렇다면 이름마다 서로 다른 랜덤한 로또 번호를 추출하는 게 가능할 것이라는 생각을 할 수 있습니다. 개념을 이해했으니 직접 코딩을 해 보겠습니다. NameActivity.kt 파일에 다음 코드를 추가하세요.

```
/**
 * 입력받은 이름에 대한 해시코드를 사용하여 로또 번호를 섞고 결과를 반환한다.
 */
fun getLottoNumbersFromHash(name: String): MutableList<Int> {
    // 1 ~ 45 번에 로또 번호를 저장할 리스트 생성
    val list = mutableListOf<Int>()

    // 1~45 까지 for 문을 돌면서 리스트에 로또 번호 저장
    for (number in 1..45) {
        list.add(number)
    }

    // 리스트를 무작위로 섞는다. 이때 섞는 기준으로 Random(SEED) 를 사용한다
    // SEED 값은 전달받은 이름의 해시코드를 사용한다.
    list.shuffle(Random(name.hashCode().toLong()))

    // 리스트를 앞에서부터 순서대로 6개를 짤라 결과 반환
    return list.subList(0, 6)
}
```

이제 랜덤으로 번호를 생성했을 때와 마찬가지로 결과값을 'ResultActivity'에 전달하는 코드를 추가하겠습

니다. 코드를 다음과 같이 변경하세요.

```kotlin
findViewById<View>(R.id.goButton).setOnClickListener {
    // ResultActivity 를 시작하는 Intent 생성
    val intent = Intent(this, ResultActivity::class.java)
    // intent 의 결과 데이터를 전달한다.
    // int 의 리스트를 전달하므로 putIntegerArrayListExtra 를 사용한다.
    // 전달하는 리스트는 이름의 해시코드로 생성한 로또 번호
    intent.putIntegerArrayListExtra("result", ArrayList(getLottoNumbersFromHash(editText.text.
toString())))
    // 입력받은 이름을 추가로 전달한다.
    intent.putExtra("name", editText.text.toString())
    // ResultActivity 를 시작하는 Intent 를 만들고 startActivity 로 실행
    startActivity(intent)
}
```

[Run] 버튼을 눌러 프로그램을 실행해 보세요. 입력된 이름에 따라 서로 다른 로또 번호가 생성되는 것을 확인할 수 있습니다.

## 5.13. 03 매일 다른 로또 번호 생성

로또 당첨 번호는 매주 바뀌죠. 그런데 '입력 받은 이름' 문자열의 해시코드로 Random 을 돌리면 '같은 이름의 사람'은 항상 '같은 로또 번호'만 받게 됩니다. 그렇다면 어플은 인생에 한 번만 사용하면 되는 셈입니다. 좀 더 사용자가 흥미있게 사용할 수 있도록 '매일 다른 번호를 추천'하는 기능을 추가하려면 어떻게 해야 할까요?

사실 여기까지 착실히 진행했다면 방법을 생각해 내는 게 그리 어렵진 않습니다. 앞서 '입력 받은 이름'에 대한 해시코드를 구했는데, '날짜'에 해당하는 문자열로 합치면 될 것입니다. 예를 들어 '2018년 1월 1일 홍길동'의 추천 로또 번호는 다음과 같은 코드로 작성하면 됩니다.

```
"2018-01-01-홍길동".hashCode()
```

이렇게 되면, 추가적으로 알아야 할 사항은 '안드로이드에서 현재 날짜의 문자열을 어떻게 구할 것인

지' 하는 것뿐이죠. 이제 코드를 조금 수정해서 매일매일 다른 로또 번호를 추천하도록 해 보겠습니다.
NameActivity.kt 파일을 다음과 같이 수정합니다.

```kotlin
/**
 * 입력받은 이름에 대한 해시코드를 사용하여 로또 번호를 섞고 결과를 반환한다.
 */
fun getLottoNumbersFromHash(name: String): MutableList<Int> {
    // 1 ~ 45 번에 로또 번호를 저장할 리스트 생성
    val list = mutableListOf<Int>()

    // 1~45 까지 for 문을 돌면서 리스트에 로또 번호 저장
    for (number in 1..45) {
        list.add(number)
    }

    // SimpleDateFormat 은 날짜의 시간값을 포맷화된 텍스트 형태로 바꿔주는 클래스
    // 현재 Date 의 "yyyy-MM-dd" 문자열과 이름 문자열을 합친다
    val targetString = SimpleDateFormat("yyyy-MM-dd", Locale.KOREA).format(Date()) + name

    // 리스트를 무작위로 섞는다. 이때 섞는 기준으로 Random(SEED) 를 사용한다
    // SEED 값은 전달받은 이름과 오늘의 해당하는 "yyyy-MM-dd" 를 합친 문자열의 해시코드를 사용한다.
    list.shuffle(Random(targetString.hashCode().toLong()))

    // 리스트를 앞에서부터 순서대로 6개를 짤라 결과 반환
    return list.subList(0, 6)
}
```

소스의 주석이 변화된 부분을 봐 주세요. 랜덤의 SEED 값으로 입력 받은 이름을 바로 사용하는 것이 아니라 현재에 해당하는 '날짜(yyyy-MM-dd)'를 합친 문자열로 해시코드를 구한 것이 핵심입니다.

그럼 만약 매 시간마다 다른 결과를 보여 줘야 한다면 어떻게 해야 할까요? '현재 시간'에 해당하는 '시간(yyyy-MM-dd-HH)' 포맷을 활용하면 될 것입니다.

여기서 현재 시간을 포맷팅하는 것은 'SimpleDateFormat' 클래스의 역할인데, 자주 쓰는 포맷의 사용법을 표로 정리해 보겠습니다.

| 문자열 | 시간요소 | 샘플 |
|---|---|---|
| G | BC, AD 등 시대 지정자 | BC, AD |
| y | 연도 | 1996; 96 |
| M | 월 | July;Jul;07 |
| w | 주 단위(연도 기준 주차) | 27 |
| d | 월에 해당하는 일 | 30 |
| D | 연에 해당하는 일 | 360 |
| E | 요일 | 화요일;수요일 |
| u | 요일 수(월요일:1, 일요일:7) | 1 |
| a | 오전, 오후 | PM |
| H | 24시 기준 시간 | 23 |
| h | 오전/오후 시간 | 11 |
| m | 시간당 분 | 30 |
| s | 분당 초 | 30 |
| S | 초당 밀리세컨드 | 999 |

SimpleDateFormat 클래스를 이용하면 현재 시간을 포맷화된 문자열로 만드는 것이 매우 쉽습니다. 자주 쓰이는 클래스 중 하나이므로 클래스의 이름을 꼭 기억해 주세요. 이제 이름마다 매일매일 다른 로또 번호를 추천하는 것까지 완성되었습니다. 그런데 결과 화면은 어떤 이름을 넣어도 여전히 '홍길동'이란 이름을 사용하죠. 결과 화면에서 '입력 받은 이름'을 사용할 수 있도록 코드를 조금 수정하겠습니다. 더불어 이름을 입력하지 않는 경우에는 결과 화면으로 넘어가지 않도록 하는 코드까지 추가해 보죠.

NameActivity.kt

```
findViewById<View>(R.id.goButton).setOnClickListener {
    // 입력된 이름이 없으면 토스트 메세지 출력후 리턴
    if (TextUtils.isEmpty(editText.text.toString())) {
```

```kotlin
            Toast.makeText(applicationContext, "이름을 입력하세요.", Toast.LENGTH_SHORT).show()
            return@setOnClickListener
        }
        // ResultActivity 를 시작하는 Intent 생성
        val intent = Intent(this, ResultActivity::class.java)
        // intent 의 결과 데이터를 전달한다.
        // int 의 리스트를 전달하므로 putIntegerArrayListExtra 를 사용한다.
        // 전달하는 리스트는 이름의 해시코드로 생성한 로또 번호
        intent.putIntegerArrayListExtra("result", ArrayList(getLottoNumbersFromHash(editText.text.
toString())))
        // 입력받은 이름을 추가로 전달한다.
        intent.putExtra("name", editText.text.toString())
        // ResultActivity 를 시작하는 Intent 를 만들고 startActivity 로 실행
        startActivity(intent)
    }
```

**ResultActivity.kt**

```kotlin
override fun onCreate(savedInstanceState: Bundle?) {
    super.onCreate(savedInstanceState)
    setContentView(R.layout.activity_result)
    val resultLabel = findViewById<TextView>(R.id.resultLabel)
    // 전달받은 결과 배열을 가져온다.
    val result = intent.getIntegerArrayListExtra("result")
    // 전달받은 이름을 가져온다.
    val name = intent.getStringExtra("name")
    // 전달받은 별자리를 가져온다
    val constellation = intent.getStringExtra("constellation")
    // 결과화면 기본 텍스트
    resultLabel.text = "랜덤으로 생성된\n로또번호입니다"
    // name 이 전달된 경우 결과화면의 텍스트를 변경
    if (!TextUtils.isEmpty(name)) {
        resultLabel.text = "${name} 님의\n${SimpleDateFormat("yyyy년 MM월 dd일").format(Date())}\n로또
번호입니다"
    }

    // 전달받은 결과가 있는 경우에만 실행
    result?.let {
```

```
            // 결과에 맞게 로또 공 이미지를 업데이트한다.
            // 전달받은 결과는 정렬되어 있지않으므로 정렬해서 전달한다.
            updateLottoBallImage(result.sortedBy { it })
    }
}
```

NameActivity에서는 Intent에 입력된 '이름' 문자열을 'putExtra()' 메소드로 추가합니다. 그리고 결과 화면에서는 해당 값이 있는 경우 텍스트를 '이름'과 '날짜'를 이용해 변경합니다. 결과 화면에서도 마찬가지로 SimpleDateFormat을 사용해 텍스트를 보여 주고 있습니다.

만약 이름이 전달되지 않은 경우, Random으로 번호를 생성한 경우에는 "랜덤으로 생성된 로또 번호입니다."라는 문자열을 기본으로 보이게 하고, 이름이 Intent로 전달된 경우에만 텍스트를 이름과 연관되도록 변경하고 있습니다.

여기까지 완료되었다면 이제 '랜덤으로 로또 번호를 생성하는' 기능과, '이름으로 로또 번호를 생성하는' 핵심 기능의 2가지가 완성되었죠. 그럼 이제 '별자리'로 로또 번호를 생성해 보겠습니다.

## 5.13.04 / 별자리별 로또 번호 생성

앞서 우리는 '이름'으로 입력 받은 문자열의 해시코드값을 랜덤한 시드(SEED)값으로 사용하고, 그 결과로 로또 번호를 생성해 보았습니다. '별자리' 역시 해시코드를 이용해 생성할 수 있는데요. 별자리는 총 12개가 있습니다. 이전과 마찬가지로 '현재 날짜'에 해당하는 'yyyy-MM-dd' 문자열과 '별자리'에 해당하는 문자열을 합친다면 별자리마다 서로 다른 로또 번호를 생성하게 되겠군요!

앞서 이론적인 부분을 살펴보았으니 바로 코딩을 해 보겠습니다. ConstellationActivity.kt 파일에 입력된 '월과 일'에 따라 별자리를 반환하는 함수를 만들겠습니다.

```
/**
 * 전달받은 월정보, 일정보 기준으로 별자리를 반환한다.
 */
fun makeConstellationString(month: Int, day: Int): String {
    // 전달받은 월 정보와 일 정보를 기반으로 정수형태의 값을 만든다.
    // ex) 1월 5일 --> 105, 11월 1일 --> 1101
    val target = "${month + 1}${String.format("%02d", day)}".toInt()
```

```
when(target){
    in 101..119 -> return "염소자리"
    in 120..218 -> return "물병자리"
    in 219..320 -> return "물고기자리"
    in 321..419 -> return "양자리"
    in 420..520 -> return "황소자리"
    in 521..621 -> return "쌍둥이자리"
    in 622..722 -> return "게자리"
    in 723..822 -> return "사자자리"
    in 823..923 -> return "처녀자리"
    in 924..1022 -> return "천칭자리"
    in 1023..1122 -> return "전갈자리"
    in 1123..1224 -> return "사수자리"
    in 1225..1231 -> return "염소자리"
    else -> return "기타별자리"
    }
}
```

아울러 'DatePicker'의 날짜가 변하면 별자리를 표시하는 텍스트도 같이 변해야 하는데, 그 부분의 코드는 다음과 같습니다.

```
override fun onCreate(savedInstanceState: Bundle?) {
    super.onCreate(savedInstanceState)
    setContentView(R.layout.activity_constellation)
    val datePicker = findViewById<DatePicker>(R.id.datePicker)
    val textView = findViewById<TextView>(R.id.textView)
    // 로또 번호 확인 버튼의 클릭이벤트 리스너 설정
    findViewById<View>(R.id.goResultButton).setOnClickListener {
        // ResultActivity 를 시작하는 Intent 생성
        val intent = Intent(this, ResultActivity::class.java)
        // ResultActivity 를 시작하는 Intent 를 만들고 startActivity 로 실행
        startActivity(intent)
    }
    // 현재 DatePicker 의 월, 일 정보로 별자리 텍스트 변경
    textView.text = makeConstellationString(datePicker.month, datePicker.dayOfMonth)
    // DatePicker 의 날짜가 변화하면 별자리를 보여주는 텍스트뷰도 변경
    val calendar = Calendar.getInstance()
    datePicker.init(calendar.get(Calendar.YEAR),
calendar.get(Calendar.MONTH), calendar.get(Calendar.DAY_OF_MONTH), object : CalendarView.
OnDateChangeListener, DatePicker.
```

```
    OnDateChangedListener {
        override fun onDateChanged(view: DatePicker?, year: Int, monthOfYear: Int, dayOfMonth: Int) {
            // 변경된 시점의 DatePicker 의 월, 일 정보로 별자리 텍스트 변경
            textView.text = makeConstellationString(datePicker.month, datePicker.dayOfMonth)
        }

        override fun onSelectedDayChange(view: CalendarView, year: Int, month: Int, dayOfMonth: Int) {
        }
    })
}
```

최초 시작할 때는 현재 날짜를 기준으로 별자리 텍스트뷰를 바꾸고, 또 DatePicker 에서 날짜를 변경할 때마다 불리는 'OnDateChangeListener'에서 바뀐 날짜의 별자리로 텍스트를 바꾸고 있습니다. 이후 로또 번호를 생성하는 방법은 비슷합니다. '이름' 대신 '별자리'를 넘기면 되죠. NameActivity 에 있던 함수를 그대로 써도 상관이 없을 것 같습니다.

이렇게 이미 있는 코드를 사용해도 되는 경우, 기존의 코드를 복사해도 되지만 더 좋은 방법은 공통으로 사용하는 함수를 별도로 분리하는 것입니다. 만약 그대로 복사해서 쓴다면 같은 코드가 2개의 클래스에 중복되어 존재하는 셈이죠. 또 해당 메소드에 문제가 있어 수정해야 한다면, 역시 2개 클래스의 메소드를 모두 수정해 주어야 하는 문제가 있습니다.

코드의 '재사용성'을 높이는 주요 방법 중 하나는 바로 '중복을 없애는' 것입니다. 때문에 문자열을 입력받고 로또 번호를 생성하는 함수를 별도로 분리하는 것이 좋을 것 같습니다. 또한 기왕 분리하는 김에 해당 클래스에서 랜덤, 해시코드 이용 등 로또 번호를 생성하는 모든 책임을 맡기는 게 좋을 것 같습니다.

새로운 클래스인 'LottoNumberMaker' 클래스를 만들고 다음과 같이 편집해 주세요.

```
package com.akj.lotto

import java.text.SimpleDateFormat
import java.util.*


object LottoNumberMaker {
    /**
     * 랜덤으로 추출하여 6개의 로또 번호를 만드는 함수
     */
    fun getRandomLottoNumbers(): MutableList<Int> {
```

```kotlin
    // 무작위로 생성된 로또 번호를 저장할 가변 리스트 생성
    val lottoNumbers = mutableListOf<Int>()

    // 6번 반복하는 for 문
    for (i in 1..6) {
        // 랜덤한 번호를 임시로 저장할 변수를 생성
        var number = 0
        do {
            // 랜덤한 번호를 추출해 number 변수에 저장
            number = getRandomLottoNumber()

            // lottoNumbers 에 number 변수의 값이 없을때까지 반복
        } while (lottoNumbers.contains(number))

        // 이미 뽑은 리스트에 없는 번호가 나올때까지 반복했으므로 중복이 없는 상태
        // 추출된 번호를 뽑은 리스트에 추가
        lottoNumbers.add(number)
    }
    return lottoNumbers
}

/**
 * 랜덤으로 1 ~ 45 번호중 하나의 번호를 생성하는 함수
 */
fun getRandomLottoNumber(): Int {
    // Random.nextInt 는 0 ~ 전달받은 파라미터 값 미만의 번호를 생성
    // ex) Random().nextInt(10) 은 0 ~ 9 까지의 무작위 수를 반환
    // 1 ~ 45 까지의 번호를 생성하려면 파라미터의 45 를 넣고 결과값의 1을 더한다.
    return Random().nextInt(45) + 1
}

/**
 * Shuffle 을 사용해 로또 번호 생성
 */
fun getShuffleLottoNumbers(): MutableList<Int> {
    // 1 ~ 45 번에 로또 번호를 저장할 리스트 생성
    val list = mutableListOf<Int>()
```

```kotlin
    // 1~45 까지 for 문을 돌면서 리스트에 로또 번호 저장
    for(number in 1..45){
        list.add(number)
    }


    // 리스트를 무작위로 섞는다.
    list.shuffle()


    // 리스트를 앞에서부터 순서대로 6개를 짤라 결과 반환
    return list.subList(0, 6)
}


/**
 * 입력받은 이름에 대한 해시코드를 사용하여 로또 번호를 섞고 결과를 반환한다.
 */
fun getLottoNumbersFromHash(str: String): MutableList<Int> {
    // 1 ~ 45 번에 로또 번호를 저장할 리스트 생성
    val list = mutableListOf<Int>()

    // 1~45 까지 for 문을 돌면서 리스트에 로또 번호 저장
    for (number in 1..45) {
        list.add(number)
    }


    // SimpleDateFormat 은 날짜의 시간값을 포맷화된 텍스트 형태로 바꿔주는 클래스
    // 현재 Date 의 "yyyy-MM-dd" 문자열과 이름 문자열을 합친다
    val targetString = SimpleDateFormat("yyyy-MM-dd", Locale.KOREA).format(Date()) + str


    // 리스트를 무작위로 섞는다. 이때 섞는 기준으로 Random(SEED) 를 사용한다
    // SEED 값은 전달받은 이름과 오늘의 해당하는 "yyyy-MM-dd" 를 합친 문자열의 해시코드를 사용한다.
    list.shuffle(Random(targetString.hashCode().toLong()))


    // 리스트를 앞에서부터 순서대로 6개를 짤라 결과 반환
    return list.subList(0, 6)
    }
}
```

MainActicity 와 NameActivity 에서 사용한 로또 생성 관련 메소드들을 모두 'LottoNumberMaker' 클래스에

추가하였습니다. 그렇다면 이제 MainActivity 와 NameActivity 에서는 로또 번호 생성 메소드가 필요 없어지게 되고 LottoNumberMaker 클래스를 이용하면 됩니다. MainActivity 와 NameActicity 의 코드를 다음과 같이 바꿔 주세요.

MainActivcity.kt

```kotlin
package com.akj.lotto

import android.content.Intent
import android.os.Bundle
import android.view.View
import androidx.appcompat.app.AppCompatActivity

class MainActivity : AppCompatActivity() {
    override fun onCreate(savedInstanceState: Bundle?) {
        super.onCreate(savedInstanceState)
        setContentView(R.layout.activity_main)
        // 랜덤으로 번호 생성 카드의 클릭 이벤트 리스너
        findViewById<View>(R.id.randomCard).setOnClickListener {
            // ResultActivity 를 시작하는 Intent 생성
            val intent = Intent(this, ResultActivity::class.java)
            // intent 의 결과 데이터를 전달한다.
            // int 의 리스트를 전달하므로 putIntegerArrayListExtra 를 사용한다.
            intent.putIntegerArrayListExtra("result", ArrayList(LottoNumberMaker.
getShuffleLottoNumbers()))
            // ResultActivity 를 시작하는 Intent 를 만들고 startActivity 로 실행
            startActivity(intent)
        }
        // 별자리로 번호 생성 카드의 클릭 이벤트 리스너
        findViewById<View>(R.id.constellationCard).setOnClickListener {
            // ConstellationActivity 를 시작하는 Intent 를 만들고 startActivity 로 실행
            startActivity(Intent(this, ConstellationActivity::class.java))
        }
        // 이름으로 번호 생성 카드의 클릭 이벤트 리스너
        findViewById<View>(R.id.nameCard).setOnClickListener {
            // NameActivity 를 시작하는 Intent 를 만들고 startActivity 로 실행
```

```kotlin
        startActivity(Intent(this, NameActivity::class.java))
    }
  }
}
```

```kotlin
package com.akj.lotto

import android.content.Intent
import android.os.Bundle
import android.text.TextUtils
import android.view.View
import android.widget.Button
import android.widget.EditText
import android.widget.Toast
import androidx.appcompat.app.AppCompatActivity
import java.util.*

class NameActivity : AppCompatActivity() {
    override fun onCreate(savedInstanceState: Bundle?) {
        super.onCreate(savedInstanceState)
        setContentView(R.layout.activity_name)
        val editText = findViewById<EditText>(R.id.editText)
        // 번호 생성 버튼의 클릭이벤트 리스너 설정
        findViewById<View>(R.id.goButton).setOnClickListener {
            // 입력된 이름이 없으면 토스트 메세지 출력후 리턴
            if (TextUtils.isEmpty(editText.text.toString())) {
                Toast.makeText(applicationContext, "이름을 입력하세요.", Toast.LENGTH_SHORT).show()
                return@setOnClickListener
            }
            // ResultActivity 를 시작하는 Intent 생성
            val intent = Intent(this, ResultActivity::class.java)
            // intent 의 결과 데이터를 전달한다.
            // int 의 리스트를 전달하므로 putIntegerArrayListExtra 를 사용한다.
            // 전달하는 리스트는 이름의 해시코드로 생성한 로또 번호
            intent.putIntegerArrayListExtra("result", ArrayList(LottoNumberMaker.getLottoNumbersFromH
ash(editText.text.toString())))
```

```
            // 입력받은 이름을 추가로 전달한다.
            intent.putExtra("name", editText.text.toString())
            // ResultActivity 를 시작하는 Intent 를 만들고 startActivity 로 실행
            startActivity(intent)
        }
        // 뒤로가기 버튼의 클릭이벤트 리스너 설정
        findViewById<Button>(R.id.backButton).setOnClickListener {
            // 액티비티 종료
            finish()
        }
    }
}
```

Kotlin 은 기본 접근 제어자가 패키지이기 때문에, 같은 패키지 레벨에서는 그대로 함수를 사용할 수 있습니다. 하지만 명시적으로 '클래스 이름'을 적어 주면 이름이 중복되는 다른 메소드와 구분하는 데에 도움이 됩니다. 때문에 기존의 로또 번호를 생성하는 부분이 LottoNumberMaker 클래스의 메소드를 실행하는 것으로 변경된 것을 확인할 수 있죠.

이제 ConstellatioonActivity 에서도 문자열로 해시코드를 만들어 사용하면 됩니다. ConstellationActivity.kt 파일을 다음과 같이 편집해 주세요.

```
package com.akj.lotto

import android.content.Intent
import android.os.Bundle
import android.view.View
import android.widget.CalendarView
import android.widget.DatePicker
import android.widget.TextView
import androidx.appcompat.app.AppCompatActivity
import java.util.*

class ConstellationActivity : AppCompatActivity() {
    override fun onCreate(savedInstanceState: Bundle?) {
        super.onCreate(savedInstanceState)
        setContentView(R.layout.activity_constellation)
        val datePicker = findViewById<DatePicker>(R.id.datePicker)
        val textView = findViewById<TextView>(R.id.textView)
```

```kotlin
        // 로또 번호 확인 버튼의 클릭이벤트 리스너 설정
        findViewById<View>(R.id.goResultButton).setOnClickListener {
            // ResultActivity 를 시작하는 Intent 생성
            val intent = Intent(this, ResultActivity::class.java)
            // intent 의 결과 데이터를 전달한다.
            // int 의 리스트를 전달하므로 putIntegerArrayListExtra 를 사용한다.
            // 전달하는 리스트는 별자리의 해시코드로 생성한 로또 번호
            intent.putIntegerArrayListExtra("result", ArrayList(LottoNumberMaker.getLottoNumbersFromH
ash(makeConstellationString(datePicker.month, datePicker.dayOfMonth))))
            // 별자리를 추가로 전달한다.
            intent.putExtra("constellation", makeConstellationString(datePicker.month, datePicker.
dayOfMonth))
            // ResultActivity 를 시작하는 Intent 를 만들고 startActivity 로 실행
            startActivity(intent)
        }
        // 현재 DatePicker 의 월, 일 정보로 별자리 텍스트 변경
        textView.text = makeConstellationString(datePicker.month, datePicker.dayOfMonth)
        // DatePicker 의 날짜가 변화하면 별자리를 보여주는 텍스트뷰도 변경
        val calendar = Calendar.getInstance()
        datePicker.init(calendar.get(Calendar.YEAR), calendar.get(Calendar.MONTH), calendar.
get(Calendar.DAY_OF_MONTH), object : CalendarView.OnDateChangeListener, DatePicker.
        OnDateChangedListener {
            override fun onDateChanged(view: DatePicker?, year: Int, monthOfYear: Int, dayOfMonth:
Int) {
                // 변경된 시점의 DatePicker 의 월, 일 정보로 별자리 텍스트 변경
                textView.text = makeConstellationString(datePicker.month, datePicker.dayOfMonth)
            }

            override fun onSelectedDayChange(view: CalendarView, year: Int, month: Int, dayOfMonth:
Int) {
            }
        })
    }

    /**
     * 전달받은 월정보, 일정보 기준으로 별자리를 반환한다.
     */
    fun makeConstellationString(month: Int, day: Int): String {
        // 전달받은 월 정보와 일 정보를 기반으로 정수형태의 값을 만든다.
        // ex) 1월 5일 --> 105, 11월 1일 --> 1101
        val target = "${month + 1}${String.format("%02d", day)}".toInt()
        when (target) {
```

```kotlin
            in 101..119 -> return "염소자리"
            in 120..218 -> return "물병자리"
            in 219..320 -> return "물고기자리"
            in 321..419 -> return "양자리"
            in 420..520 -> return "황소자리"
            in 521..621 -> return "쌍둥이자리"
            in 622..722 -> return "게자리"
            in 723..822 -> return "사자자리"
            in 823..923 -> return "처녀자리"
            in 924..1022 -> return "천칭자리"
            in 1023..1122 -> return "전갈자리"
            in 1123..1224 -> return "사수자리"
            in 1225..1231 -> return "염소자리"
            else -> return "기타별자리"
        }
    }
}
```

이름으로 로또 번호 생성과 거의 유사합니다. 다른점은 이름대신 별자리 문자열을 넘긴것 뿐이죠. 이제 결과 화면에서 별자리로 넘어온 경우 별자리를 화면에 표시해야하므로 다음과 같이 편집합니다.

ResultActivity.kt

```kotlin
package com.akj.lotto

import android.os.Bundle
import android.text.TextUtils
import android.widget.ImageView
import android.widget.TextView
import androidx.appcompat.app.AppCompatActivity
import java.text.SimpleDateFormat
import java.util.*

class ResultActivity : AppCompatActivity() {
    // 로또 1번 공 이미지의 아이디를 사용
    val lottoImageStartId = R.drawable.ball_01

    override fun onCreate(savedInstanceState: Bundle?) {
        super.onCreate(savedInstanceState)
```

```kotlin
        setContentView(R.layout.activity_result)
        val resultLabel = findViewById<TextView>(R.id.resultLabel)
        // 전달받은 결과 배열을 가져온다.
        val result = intent.getIntegerArrayListExtra("result")
        // 전달받은 이름을 가져온다.
        val name = intent.getStringExtra("name")
        // 전달받은 별자리를 가져온다
        val constellation = intent.getStringExtra("constellation")
        // 결과화면 기본 텍스트
        resultLabel.text = "랜덤으로 생성된\n로또번호입니다"
        // name 이 전달된 경우 결과화면의 텍스트를 변경
        if (!TextUtils.isEmpty(name)) {
            resultLabel.text = "${name} 님의\n${SimpleDateFormat("yyyy년 MM월 dd일").format(Date())}\n
로또 번호입니다"
        }
        // 별자리가 전달된 경우 텍스트 변경
        if (!TextUtils.isEmpty(constellation)) {
            resultLabel.text = "${constellation} 의\n${SimpleDateFormat("yyyy년 MM월 dd일").
format(Date())}\n로또 번호입니다"
        }
        // 전달받은 결과가 있는 경우에만 실행
        result?.let {
            // 결과에 맞게 로또 공 이미지를 업데이트한다.
            // 전달받은 결과는 정렬되어 있지않으므로 정렬해서 전달한다.
            updateLottoBallImage(result.sortedBy { it })
        }
    }

    /**
     * 결과에 따라 로또 공 이미지를 업데이트한다.
     */
    fun updateLottoBallImage(result: List<Int>) {
        // 결과의 사이즈가 6개 미만인경우 에러가 발생할 수 있으므로 바로 리턴한다.
        if (result.size < 6) return

        val imageView01 = findViewById<ImageView>(R.id.imageView01)
        val imageView02 = findViewById<ImageView>(R.id.imageView02)
        val imageView03 = findViewById<ImageView>(R.id.imageView03)
        val imageView04 = findViewById<ImageView>(R.id.imageView04)
        val imageView05 = findViewById<ImageView>(R.id.imageView05)
        val imageView06 = findViewById<ImageView>(R.id.imageView06)
```

```
// ball_01 이미지 부터 순서대로 이미지 아이디가 있기 때문에
// ball_01 아이디에 결과값 -1 을 하면 목표하는 이미지가 된다
// ex) result[0] 이 2번 공인 경우 ball_01 에서 하나뒤에 이미지가 된다.
imageView01.setImageResource(lottoImageStartId + (result[0] - 1))
imageView02.setImageResource(lottoImageStartId + (result[1] - 1))
imageView03.setImageResource(lottoImageStartId + (result[2] - 1))
imageView04.setImageResource(lottoImageStartId + (result[3] - 1))
imageView05.setImageResource(lottoImageStartId + (result[4] - 1))
imageView06.setImageResource(lottoImageStartId + (result[5] - 1))
    }
}
```

여기까지 코드를 완성하고 [Run] 버튼을 눌러 실행해 보세요. 이제 '랜덤 로또 번호 생성', '이름으로 로또 번호 생성', 그리고 '별자리로 로또 번호 생성' 등의 기능이 모두 완료되었습니다.

이제 어플의 이름과 타이틀 등 부가적인 부분을 추가하면 어플을 완성시킬 수 있을 것 같습니다. 그럼 본 과에서 익힌 내용들을 요약해 보고, 다음 과에서는 어플의 이름과 아이콘을 변경하는 방법, 코드에서 동적으로 테마를 지정하는 방법 등을 살펴보겠습니다.

◆ 해시코드는 자료 구조와 보안에서 주로 사용한다.

◆ 자료 구조에서 해시코드를 사용하면 빠른 검색이 가능하다.

◆ 보안에서 해시코드를 사용하는 경우 해시코드로 원본 데이터를 추측할 수 없게 하는 단방향 해시를 사용한다.

◆ 해시코드는 동일한 입력값에 대해 같은 값을 반환한다.

◆ 이름, 별자리 등으로 로또 번호를 생성할 때 해시코드를 이용하면 같은 값에 대해 같은 결과가 나오면서도 결과를 예측할 수 없게 만들 수 있다.

# 5.14 | 앱 아이콘, 이름, 동적 테마

## 5.14.01 앱의 이름 변경

마지막으로 앱의 아이콘과 이름을 지정하고, 테마를 코드에서 동적으로 변경하는 작업을 해 보겠습니다.
이제 마무리 단계이니 조금만 더 힘을 내면 됩니다.

안드로이드에서 '앱의 이름'은 매니페스트(AndroidManifest.xml) 파일에서 관리됩니다. AndroidManifest.xml
파일을 열고 'application' 태그를 봐 주세요.

```
<application
    ...
    android:label="@string/app_name"
    ...
>
```

'android:label' 부분이 보이죠? 이것이 바로 앱의 '이름'을 나타냅니다. 현재 앱의 이름은 string 리소스로서
XML에 있는 값을 참조하고 있으며, 'lotto'라는 문자열이 앱의 이름입니다.

안드로이드는 '문자열을 리소스로 관리하는 것'을 권장합니다. 왜 문자열조차 굳이 XML 파일로 분리해서
관리하는 것일까요?

정답은 문자열을 리소스로 관리하면 '다국어 지원'을 쉽게 할 수 있기 때문입니다. 다음은 안드로이드에서
문자열을 리소스화하여 어떻게 다국어 지원을 할 수 있는지 살펴보겠습니다.

## 5.14.02 문자열 리소스 및 다국어 지원

안드로이드는 문자열을 리소스로 관리하는데, 문자열조차 리소스로 관리하는 이유는 **다국어 지원**을 위해
서입니다. '다국어 지원'이란 앱은 하나이더라도, 국가별로 다른 언어가 나오도록 쉽게 세팅이 가능하다는
의미입니다. 다국어 지원 역시 안드로이드의 장점 중 하나이므로 간단한 실습을 해 보겠습니다.

[values] 디렉토리에서 마우스 우클릭을 하고 [New 〉 Values resource file]을 선택합니다.

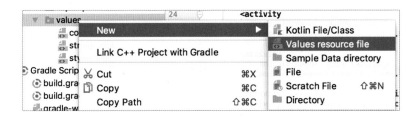

다음 팝업 화면 좌측에서 'Locale'을 선택하세요.

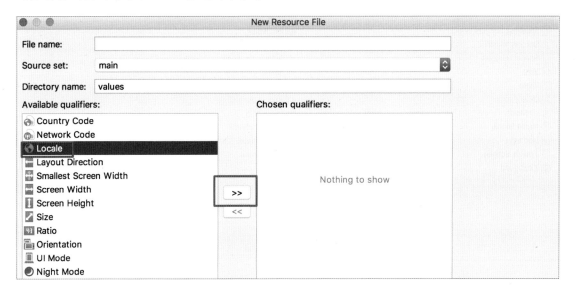

Locale 을 선택하고 [ ≫ ] 버튼을 누르면 다음과 같이 언어 선택 화면이 나타나게 됩니다.

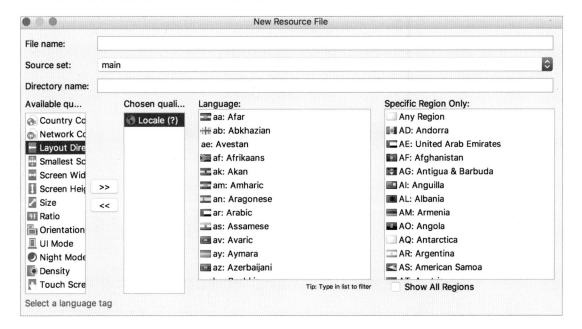

우리나라의 국가 코드인 'KO'를 입력하고 파일 이름은 'strings.xml'로 하겠습니다.

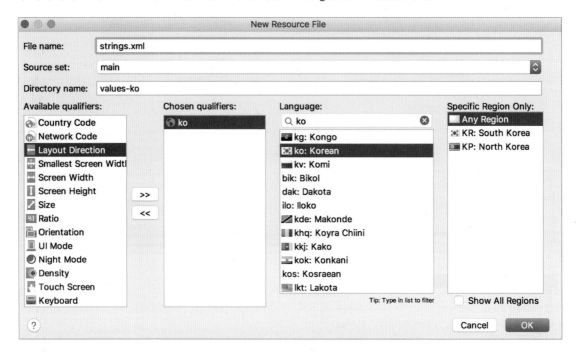

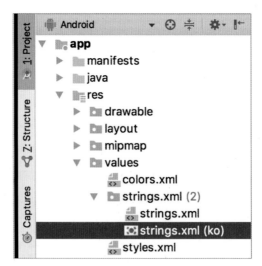

[OK] 버튼을 눌러 생성하면, 좌측 내비게이터에 다음과 같이 나타납니다. strings.xml 파일을 보면 파일이 하나가 아니라 2개 있죠. 그리고 하나는 'strings.xml(ko)'라고 표시되어 있군요. 이것은 '대한민국에서만 사용되는 문자열'이라는 의미입니다.

같은 리소스의 이름이더라도 대한민국에서는 'strings.xml(ko)' 파일의 값을 참조하고, 다른 나라는 'strings.xml' 파일을 참조하게 됩니다.

앱의 이름을 국가별로 다르게 만들어 보죠. 앱의 한국어 이름은 '역전로또', 영어 이름은 'Reversal Lotto'로 하겠습니다.

strings.xml 파일과 strings.xml(ko) 를 다음과 같이 바꿔 주세요.

values/strings.xml

```
<resources>
    <string name="app_name">ReversalLotto</string>
</resources>
```

values-ko/strings.xml

```
<?xml version="1.0" encoding="utf-8"?>
<resources>
    <string name="app_name">역전로또</string>
</resources>
```

이제 빌드 후 기기에 올려 보세요. 설정에서 'Language'를 어떤 것으로 선택했는지에 따라 앱 이름이 달라지게 됩니다.

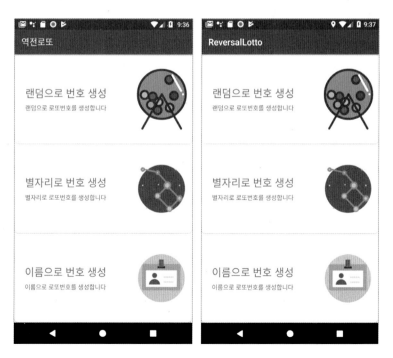

'앱의 아이콘' 역시 AndroidManifest.xml에서 관리되죠. 다시 AndroidManfiest.xml 파일을 열고 'application' 태그를 봐 주세요.

```
<application
    ...
    android:icon="@mipmap/ic_launcher"
    android:roundIcon="@mipmap/ic_launcher_round"
    android:theme="@style/AppTheme">
```

'android:icon' 속성은 말 그대로 앱의 '아이콘'입니다. 또 'roundIcon' 속성은 안드로이드 7.1 버전부터 추가로 생긴 '둥근 형태의 아이콘'을 의미합니다. 'icon, roundIcon' 속성들은 모두 '@drawable/money'로 지정하고 실행해 보세요. 아이콘이 변경되어 실행될 것입니다.

여기까지 안드로이드 실전 앱을 만들어 보면서 필요한 공부들을 진행했습니다. 첫 실전 예제이기 때문에 새로운 내용들이 많았을 거라 예상합니다. 그래도 천천히 따라 해 보면서 개념을 꼭 기억해 주세요. 이번 과에서 어떤 내용을 다뤘는지 정리해 보겠습니다.

◆ 앱의 이름을 변경하기 위해서는 AndroidManifest.xml 파일에서 'application' 태그에 'android:label' 속성을 변경하면 된다.

◆ 문자열을 리소스로 관리하는 주된 이유는 '다국어 지원'을 위해서이다.

◆ 안드로이드는 문자열 리소스에 국가 코드를 설정하여 다국어 지원을 할 수 있다.

◆ 앱의 아이콘을 변경하기 위해서는 AndroidManifest.xml 파일의 'application' 태그에서 'android:icon' 속성을 변경하면 된다.

# 5.15 | 정리

· 안드로이드 실전 예제인 'Lotto' 앱을 만들기 위해서 공부해야 할 내용을 먼저 파악했습니다.

· Activity 는 단일 화면을 나타내며, 사용자의 입력을 받는 주요 UI 요소입니다.

· Activity 는 기본 컴포넌트 구성 요소이기 때문에, AndroidManifest.xml 파일에 선언되어야 합니다.

· Activity 의 전환은 Intent 로 할 수 있습니다.

· Intent 는 안드로이드의 주요 컴포넌트(Acticity, Service, BroadcastReceiver)와 통신할 수 있는 메세지 객체입니다.

· Intent 에는 putExtra 메소드를 사용하여 데이터 전달이 가능합니다.

· Intent Filter 는 앱에서 어떤 Intent 가 처리 가능한지 필터링 역할을 해 줍니다.

· Intent 는 실행할 컴포넌트가 명확한 '명시적 인텐트'와 액션의 타입만 지정하는 '암시적 인텐트'가 있습니다.

· 안드로이드에서 View 는 UI 를 나타내는 가장 기본적인 요소입니다.

· ViewGroup 은 View 를 그룹 지어 관리하도록 해 주며 View 를 상속받습니다. ViewGroup 의 주요 서브 클래스는 각종 레이아웃이 있습니다.

· AbsoluteLayout 은 좌표로 View 를 배치합니다. 좌표로 View 를 배치하면 멀티해상도 지원을 하기 어렵습니다. AbsoluteLayout 은 이미 deprecated 된 것으로 가급적 사용을 피해야 합니다.

· LinearLayout 은 가로 혹은 세로로 View 를 순차적으로 배치합니다.

· RelativeLayout 은 View 를 부모 뷰와의 관계 혹은 다른 자식 뷰와의 관계로 배치합니다.

· ConstraintLayout 은 제약을 이용해 View 를 배치합니다. ConstraintLaytou 은 마우스로 UI 를 구현하기 쉽고 레이아웃의 계층 구조가 단순화되어 성능에 유리합니다.

· 컴퓨터 과학에서 완전한 무작위 난수는 없으며, 결정론적인 의사 난수만 존재합니다. 때문에 난수를 생성할 때마다 SEED 값을 바꿔 주어야 합니다.

· 무작위의 집합 데이터가 필요하고 중복이 없어야 하는 경우에는 'shuffle'을 사용하는 것이 편리합니다.

· 해시 함수는 임의의 길이를 가진 데이터를 정해진 범위의 데이터로 매핑합니다. 해시 함수의 주된 용도는 자료구조 해시 테이블과, 보안에서 민감한 데이터를 보호하기 위함 등입니다.

· SimpleDateFormat 은 현재의 시간값을 포맷화된 문자열로 변경해 주는 클래스입니다.

· 안드로이드에서는 [values] 디렉토리에 국가 코드(Locale)를 넣는 방법으로 다국어 지원이 가능합니다.

· 안드로이드 앱의 이름이나 아이콘을 변경하기 위해서는 AndroidManifest.xml 에서 수정하면 됩니다.

## 06 구글 플레이스토어 개발자 등록 및 배포

들어가기

안드로이드의 장점 중 하나는 개발된 앱을 마켓에 배포하기 쉽다는 것이죠. 이번 장에서는 업체가 아닌 개인 개발자도 자신이 개발한 앱을 통하여 광고, 인앱(In-App) 결제, 유료 배포 등의 방법으로 수익을 얻을 수 있도록 잘 구축되어 있는 구글 플레이스토어의 개발자 등록과 배포 서비스까지 살펴보겠습니다.

---

**≡  스토어 등록정보**  |  역전로또  임시보관  |  ▼ ⓘ  🔔 ❓ 🤖

**카테고리**

| 애플리케이션 유형 * | 애플리케이션 유형 선택 ▼ |
| --- | --- |
| 카테고리 * | 카테고리 선택 ▼ |
| 콘텐츠 등급 * | 등급 설문지를 작성하고 콘텐츠 등급을 적용해야 합니다. |

구글 계정 생성

구글 플레이스토어(Google Playstore)에 개발한 앱을 등록하기 위해서는 먼저 '개발자 등록'을 해야 합니다.

이를 위해 필요한 구글 계정을 생성하는 방법을 익히고, 개발자를 등록하는 방법까지 차례대로 살펴보겠습니다.

※ 만약 이미 구글 계정을 가지고 있다면 구글에 로그인 후 바로 다음 과로 진행하세요.

구글 계정이 없을 경우, 먼저 계정을 생성합니다. 위 구글 사이트(http://google.com)에 접속한 후 우측 상단의 [로그인] 버튼을 클릭합니다.

팝업된 [로그인] 창에서 좌측 하단의 [계정만들기] 버튼을 선택합니다.

다음 [Google 계정 만들기] 팝업에서는 '성, 이름'을 입력하고 '아이디'와 '비밀번호'를 입력합니다.

그 다음 화면에서는 '전화번호, 복구 이메일, 생년월일 및 성별' 등을 입력하는 화면이 나타납니다. 여기서 '생일'과 '성별'은 필수 입력 사항이며, 나머지는 작성하지 않아도 상관없습니다.

그 다음으로 [약관 동의] 팝업 창이 나타나게 되는데, 약관의 내용을 전부 스크롤하면 [동의] 버튼이 하단에 활성화됩니다. 약관에 동의하고 나면 계정이 새로 생성됩니다.

Google

## 개인정보 보호 및 약관

아래에서 '동의'를 선택하면 Google 서비스 약관에 동의하게 됩니다. 또한 다음 주요 사항을 포함해 개인정보수집항목·이용목적·보유기간을 설명한 Google 개인정보처리방침에도 동의하게 됩니다.

**사용자가 Google을 사용할 때 Google에서 수집 및 이용하는 데이터**

- Google 계정을 설정할 때 제공하신 이름, 이메일 주소, 전화번호와 같은 정보가 저장됩니다.
- 사용자가 Google 지도에서 식당을 검색하거나 YouTube에서 동영상을 시청할 때 Google에서는 사용자의 활동에 관한 정보(예: 시청한 동영상, 기기 ID, IP 주소, 쿠키 데이터, 위치)를 수집 및 이용할 수 있습니다.
- 또한 Google에서는 사용자가 Google 서비스(예: 광고, 애널리틱스, YouTube 동영상 플레이어)를 사용하는 앱 또는 사이트를 사용하는 경우에도 위에 설명한 종류의 데이터를 수집 및 이용합니다.

**Google이 정보를 처리하는 이유**
Google은 Google 정책에 설명된 다음과 같은 목적으로 이 데이터를 처리합니다.

취소            동의

Google에서 수집하는 데이터와 사용 방법을 관리할 수 있습니다.

한국어 ▾            도움말    개인정보 보호    약관 구글 개발자 페이지(https://play.google.com/apps/publish/signup)에 접속한 후 구글 계정을 사용하여 '개발자 계정'을 만듭니다. '개발자 계약 수락' 항목에 체크한 후 [결제 페이지로 이동] 버튼을 클릭합니다.

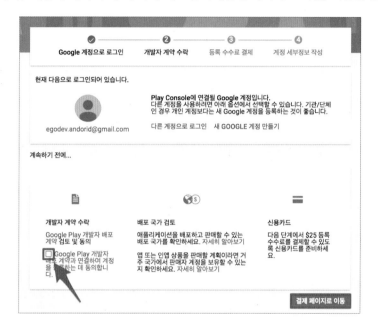

개발자 등록을 위한 결제용 카드 정보를 입력한 다음, [결제하기] 버튼을 클릭합니다. 구글에서는 최초 1회만 결제하면 추가 비용 없이 계속 사용할 수 있습니다.

계정 세부 정보를 입력하고 [등록 완료] 버튼을 클릭합니다.

여기까지 진행되면 구글 플레이스토어에 배포할 수 있는 '개발자'로서의 등록이 완료된 것입니다. 이제 개발한 앱을 플레이스토어에 배포하여 공유하고, 광고 수익 등도 얻을 수 있게 되었습니다.

그럼 이제 내가 개발한 앱을 플레이스토어에 배포하는 방법에 대하여 살펴보겠습니다.

# 6.2 | 플레이스토어 배포

구글 플레이스토어에 앱을 배포하기 위해서는, 만든 앱의 **APK 파일**에 서명(Sign)을 해야 합니다. 'APK 파일'이란 안드로이드 운영체제가 앱을 실행하기 위해 필요한 앱의 전반적인 구조가 모두 포함된 파일입니다.

즉, "스마트폰에 앱을 설치한다"는 것은 실제로는 'APK 가 설치되는 것'으로 간단하게 생각해도 되겠죠.

결국 플레이스토어에 앱을 등록하기 전에 'APK 파일에 서명을 하는 이유'는 개발자가 해당 APK 가 아무런 수정 없이 다른 사용자에게 배포된다는 것을 보장함과 동시에 개발자가 해당 앱을 책임지겠다는 의미입니다. 마치 실생활에서의 계약서 작성 시 서명을 하는 것과 비슷하죠.

앱의 서명은 실제 APK 파일의 해시값을 사용하며, 앱의 아주 작은 부분이 변경되더라도 해시값이 달라져 마켓에 배포되는 앱이 개발자가 서명한 앱임을 보장합니다. 누군가 앱의 일부를 변경해 재배포를 한다 해도, 원 개발자는 자신이 서명한 것과 다르다면 굳이 책임질 필요가 없죠.

그럼 이제 APK 파일에 서명하는 방법을 알아보겠습니다.

안드로이드 스튜디오에서는 서명된 APK 파일을 만드는 메뉴를 별도로 지원하죠. 메뉴 중 [Build 〉 Generate Signed APK]를 클릭합니다.

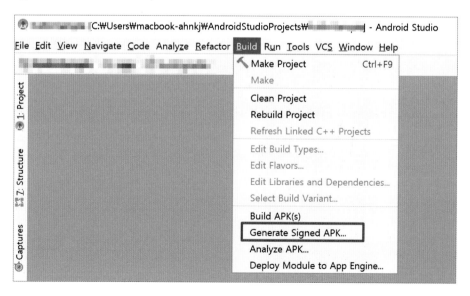

[Generate Signed APK] 메뉴를 선택하면 APK를 생성한 모듈을 선택하는 화면이 나타나는데, 이는 기존에 설명한 것처럼 안드로이드 스튜디오에서 모듈 관리가 가능하기 때문이죠. 이를테면 같은 서비스여도 안드로이드용 앱과 태블릿 모듈을 분리할 수 있습니다. 기존에 만든 샘플 앱은 app 모듈 하나만 있으므로, 'app' 항목을 선택합니다.

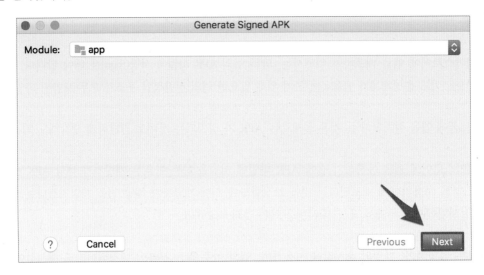

다음 화면은 'APK 서명을 위한 키스토어' 정보입니다. 아직 키스토어를 만든 적이 없기 때문에 [Create new...] 버튼으로 새로 생성해야 합니다.

'키스토어'와 '키 파일'은 앱을 배포할 때 매우 중요합니다. 그 이유는 한 번 키스토어에 키로 서명했다면, 이후에 앱을 업데이트할 경우에도 같은 '키스토어'와 '키'를 써야 하기 때문이죠. 따라서 만약 키 정보를 잃어버린다면 더 이상 업데이트를 할 수 없게 됩니다.

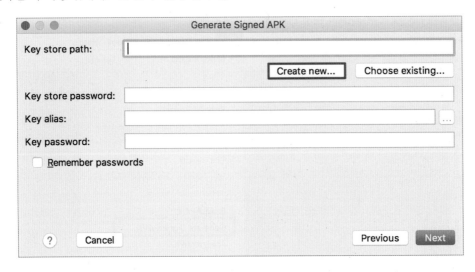

[키스토어 생성] 버튼을 누르면 '키스토어와 키의 비밀번호, 그리고 키의 유효 기간' 등을 지정하는 화면이 나타나는데, 각 항목을 표로 정리하면 다음과 같습니다.

| 입력항목 | 설명 |
|---|---|
| Key store path | 키스토어를 저장할 경로입니다. |
| Password | 키스토어에 사용할 비밀번호입니다. |
| Key – Alias | 키를 식별하기 위한 이름입니다. |
| Key – Password | 키에 사용할 비밀번호입니다. |
| Key – Validity (years) | 키의 유효기간(년)입니다. |
| Key – Certificate | 인증서에 사용할 정보입니다. 앱에 표시되지는 않지만 APK의 일부로 인증서에 포함됩니다. |

주어진 조건에 따라 입력한 후 [OK] 버튼을 클릭합니다.

입력 항목들을 모두 입력하고 나서 [Next] 버튼을 클릭해 다음 과정으로 진행합니다.

다음 화면에서는 '서명할 APK를 저장할 경로와 빌드 타입, 그리고 서명 버전' 등을 선택할 수 있습니다. 이때 서명 버전에는 'V1, V2'가 있는데, 각각에 대해 간략하게 표로 정리해 보겠습니다.

| Signature Versions | 설명 |
|---|---|
| V1 (JAR-signed APK) | V1은 압축되지 않은 파일 콘텐츠만 인증하며, 'ZIP 메타 데이터'와 같이 APK의 일부를 보호하지 않습니다. |
| V2 (APK Signature Scheme v2) | V2는 Android 7.0 너겟(Nougat)에서 추가된 것으로, 설치 시간을 더욱 단축시키고 APK 파일이 무단으로 변경되지 않게 보호합니다. 애플리케이션 패키지를 구성하는 파일 개별이 아니라 패키지 자체를 통째로 인증합니다. |

참고로 'APK Destination Folder'는 APK 파일이 저장되는 경로입니다. 서명 버전은 '안드로이드 7.0 누가' 버전부터는 'V2'만 사용하지만 아직 하위 API 레벨의 점유율이 높으므로 호환성을 위해 둘 다 체크합니다.

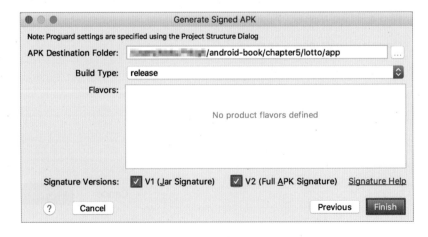

[Finish] 버튼을 누르면 APK 파일 생성이 완료됩니다. APK Destination Folder 경로에 APK 파일이 생성된 것을 확인해 보세요.

스토어 등록정보 설정

애플리케이션에 서명까지 마쳤다면 이제 비로소 플레이스토어에 배포할 수 있습니다. 배포를 위해서는 먼저 배포할 애플리케이션을 만들어야겠죠. 먼저 'Google Play Console'에 접속하고, 좌측에서 모든 애플리케이션을 선택합니다. 그리고 우측 상단의 [애플리케이션 만들기] 버튼을 클릭합니다.

앱에서 사용할 '기본 언어'를 선택하고 '앱 제목'을 입력한 후 [만들기] 버튼을 클릭합니다.

다음 화면에서는 상품의 세부 정보들을 입력하는데, 특히 별표(*) 항목들은 필수적으로 입력해야 합니다.

입력해야 하는 각 항목을 표로 정리하면 다음과 같습니다.

| 입력란 | 설명 |
|:---:|:---|
| 제목 | 구글 플레이에 표시되는 앱 이름입니다. |
| 간단한 설명 | 사용자가 플레이스토어 앱에서 세부 정보 페이지를 볼 때 처음으로 보게 되는 텍스트입니다. |
| 자세한 설명 | 구글 플레이에 표시되는 앱에 대한 설명입니다. |

그 다음으로는 앱의 스크린샷을 첨부해야 합니다.

스크린샷은 지원되는 기기(스마트폰, 7인치/10인치 태블릿, Android TV, Android Wear)별로 최대 8장을 추가할 수 있으며, 반드시 2개 이상의 스크린샷을 등록해야 합니다.

화면에서 안내된 대로 단계별 스크린샷을 등록합니다.

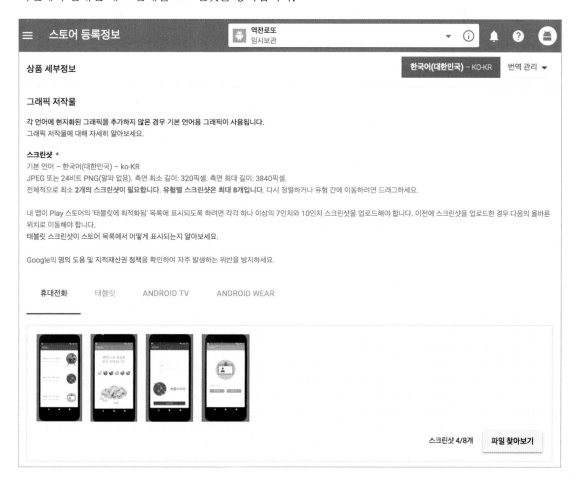

아울러 스토어 등록 정보를 정상적으로 게시하려면 '고해상도 아이콘'과 '그래픽 이미지'를 반드시 등록해
야 합니다. 또한 이에 더하여 담을 수 있는 아이콘과 이미지에는 다음과 같은 항목들이 있는데, 보다 나은
정보 제공 및 홍보를 위해 될수록 다양한 내용들을 채우는 편이 좋겠죠?

① 먼저 '프로모션 그래픽'이란 4.0 이전 버전의 Android OS 에서 앱을 홍보할 때 사용되는 이미지입니다.

② 'TV 배너'는 Android TV 용 앱 아이콘입니다.

③ 또한 'Daydream 360° 입체 영상 이미지'는 Daydream 기기에서 볼 수 있는 Play 스토어 내의 앱 배경 이미지를 말
합니다.

④ 끝으로 '프로모션 동영상'이란 앱을 홍보하기 위한 YouTube 동영상 URL 을 의미합니다.

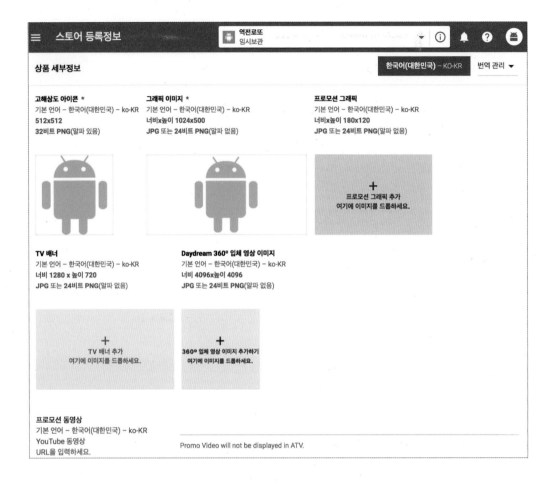

앱의 성격에 맞는 애플리케이션의 '유형'과 '카테고리'를 각각 선택합니다.

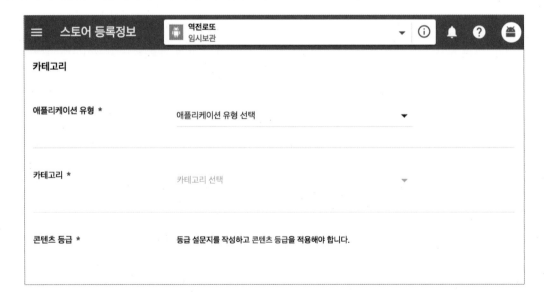

이제, 구글 플레이 사용자들을 지원하기 위한 연락처 세부 정보를 입력합니다.

특히 '개인정보처리방침'은 민감한 권한이나 데이터에 대한 액세스 권한을 요청하는 앱이라거나 어린이 또는 가족용 앱일 경우 반드시 입력해야 합니다. 물론 그 외의 앱일 경우라면 "개인정보처리방침 URL 을 제출하지 않는다"는 항목에 체크한 후 진행해도 되겠죠.

모두 완료되었다면 [임시저장] 버튼을 클릭합니다.

안드로이드 개발자는 앱의 버전을 통해 앱의 APK를 각 버전별로 관리하고 '알파, 베타 또는 프로덕션' 등의 3가지 타입으로 앱을 출시할 수 있습니다. 우선 알파 버전으로 앱을 출시해 보도록 하겠습니다. [알파 버전 관리] 버튼을 클릭해 주세요.

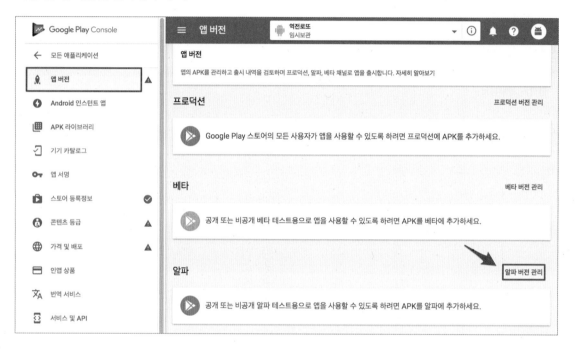

참고로 앱의 각 개발 단계를 의미하는 '버전 타입'은 다음과 같이 구분되며, 그 상세한 의미를 표로 정리하면 다음과 같습니다.

| 버전 타입 | 설명 |
|---|---|
| 알파 | 처음 앱을 테스트할 때 알파 버전을 만들어야 합니다. 소규모 그룹의 직원이나 신뢰할 수 있는 사용자를 대상으로 테스트한 후 베타 버전으로 테스트 규모를 확장할 수 있습니다. |
| 베타 | 알파 버전을 만든 후에 베타 버전을 만들어야 합니다. 앱을 프로덕션 버전으로 출시하기 전에 베타 버전으로 더욱 광범위한 사용자를 대상으로 테스트할 수 있습니다. |
| 프로덕션 | 프로덕션 버전을 만들 경우 이 버전의 앱은 타겟팅한 국가의 모든 사용자에게 제공됩니다. |

이제 [새 버전 출시하기] 버튼을 클릭하여 다음 화면으로 진행합니다.

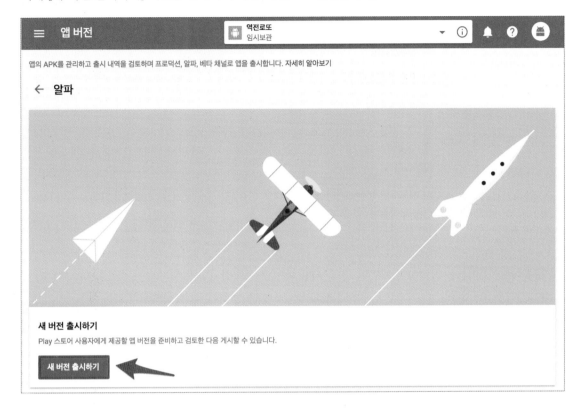

[계속] 버튼을 클릭하여 '앱 서명'을 사용합니다.

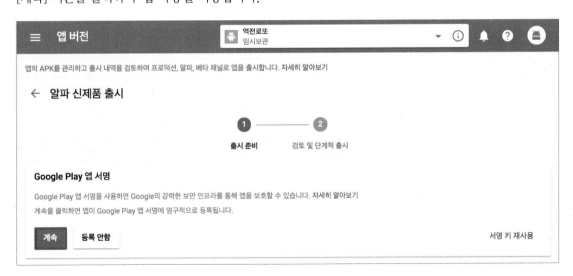

참고로 앱 서명의 사용 여부에 따른 결과는 다음과 같이 정리할 수 있습니다.

| 앱 서명 사용 여부 | 설명 |
|---|---|
| 미사용 | 앱 서명 키를 사용하여 앱에 서명한 다음 앱을 구글 플레이에 업로드하면 앱이 사용자에게 제공됩니다.<br><br>키 저장소를 분실한 경우에 기존 앱의 업데이트가 불가능하며, 새로운 패키지명으로 새 앱을 출시할 수 밖에 없습니다. |
| 사용 | 업로드 키를 사용하여 앱에 서명한 다음 구글에서 업로드 키 서명을 인증한 후 삭제합니다. 구글에서 내가 제공한 앱 서명 키를 사용하여 앱에 다시 서명하고 사용자에게 앱을 제공합니다.<br><br>키 저장소를 분실했거나 도용당했다고 생각되는 경우 구글 앱 서명에서 업로드 키의 재설정을 요청할 수 있습니다. |

[파일 찾아보기] 버튼을 클릭하여 개발된 앱의 'APK 파일'을 등록합니다.

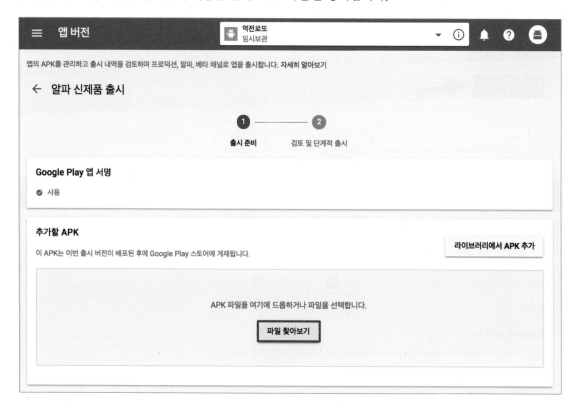

파일 업로드가 완료되면, 버전 코드가 '1'인 APK 파일이 등록된 것을 확인할 수 있습니다. 출시명은 'Play Console'에서만 사용되고 사용자에게는 표시되지 않으며, APK의 버전명이 기본값으로 입력되어 있습니다. '이번 버전의 새로운 기능'란에는 이번 버전에 업데이트 된 내용을 입력할 수 있습니다.

입력이 끝나면 [검토] 버튼을 클릭합니다.

이제 알파 버전의 APK 등록이 완료되었습니다. 다음으로는 '콘텐츠 등급'을 설정해 보겠습니다.

구글 플레이스토어에 배포되는 앱은 모두 콘텐츠 등급을 설정해야 합니다. 콘텐츠 등급은 설문지를 통해 제출합니다 좌측 메뉴 중 [콘텐츠 등급] 탭을 선택하세요.

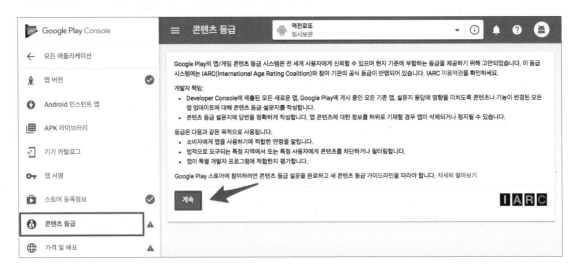

이제 등급 설문지 작성 후 알림을 수신할 '이메일 주소'를 입력하고, 이를 다시 한 번 '이메일 주소 확인'란에 입력하여 확인합니다.

이제 앱이 속한 '분야'를 구분해 줄 [카테고리 선택] 페이지가 나타납니다.

스토어 등록 정보 시 '카테고리'에서 선택했던 정보와 동일한 앱 카테고리를 선택하는데, 필자의 경우에는 현재 등록하고자 하는 '역전로또' 앱을 '엔터테인먼트'로 선택하겠습니다.

## 앱 카테고리 선택

**참고자료, 뉴스 또는 교육**
이 앱의 주된 목적은 사실적 정보를 중립적인 방식으로 제시하고 사용자에게 현재 일어나는 사건에 대해 알리거나 사용자를 교육하기 위한 것입니다. 예:
Wikipedia, BBC News, Dictionary.com, Medscape. 성적 조언 또는 지시에 주로 중점을 두는 앱(예: "iKamasutra - Sex Positions" 또는 "Best Sex Tips")
은 "엔터테인먼트" 앱으로 분류되어야 하며 여기에 표시되지 않습니다. 자세히 알아보기

**소셜 네트워킹, 포럼, 블로그 및 UGC 공유**
앱의 주요 목적은 사용자가 많은 사람과 콘텐츠를 공유하고 소통하도록 돕는 것입니다. 예로는 reddit, Facebook, Chat Roulette, 9Gag, Yelp, Google Plus,
YouTube, Twitter 등이 있습니다. 제한된 수의 사람들과의 소통만을 지원하는 앱(예: SMS, WhatsApp, Skype)은 "통신" 앱으로 분류되며 여기에 표시되지 않습니다. 자세히 알아보기

**콘텐츠 집계, 소비자 스토어 또는 상업적 스트리밍 서비스**
이 앱의 주요 목적이 실제 상품을 판매하거나 실제 상품, 서비스 또는 디지털 콘텐츠(예: 일반 사용자가 제작한 것이 아니라 전문적으로 제작한 영화나 음악)의 컬렉션을 구성하기 위한 것인가요? 이러한 앱의 예로는 Netflix, Pandora, iTunes, Amazon, Hulu+, eBay, Kindle이 있습니다. 자세히 알아보기

**게임**
이 앱은 게임입니다. 예: Candy Crush Saga, Temple Run, World of Warcraft, Grand Theft Auto, Mario Kart, The Sims, Angry Birds, 빙고, 포커, 일일 가상 스포츠 또는 내기 앱

**엔터테인먼트**
이 앱은 사용자에게 즐거움을 주기 위한 것이며 위의 범주 중 어느 것에도 해당되지 않습니다. 예로는 Talking Angela, Face Changer, People Magazine,
iKamasutra - Sex Positions, Best Sexual Tips 등이 포함됩니다. 이 범주에는 스트리밍 서비스가 포함되지 않습니다. 이러한 앱은 "소비자 스토어 또는 상업적
스트리밍 서비스"로 분류해야 합니다.

**유틸리티, 생산성, 통신 및 기타**
유틸리티, 도구, 통신 또는 생산성 앱이거나 어떤 범주의 기준에도 맞지 않는 기타 유형의 앱입니다. 예: Calculator Plus, Flashlight, Evernote, Gmail,
Outlook.com, Google 문서, Firefox, Bing, Chrome, MX Player, WhatsApp. 자세히 알아보기

설문 항목들은 모두 선택한 후 [설문지 저장] 버튼을 클릭하고, 활성화된 [등급 계산] 버튼을 클릭합니다.

Google에서 앱의 등급을 산출할 수 있도록 설문을 완료해 주세요.

엔터테인먼트
엔터테인먼트 앱임. 카테고리 수정

**폭력**

앱에 폭력을 암시, 언급 또는 묘사하는 내용이 포함되어 있나요? *
이 질문은 사용자 생성 콘텐츠에는 해당되지 않습니다.
⚪ 예      ⚪ 아니요

**공포감**

**선정성**

**도박 시뮬레이션, 실제 도박 또는 현금 지급**

**비속한 표현**

**규제 약물**

**거친 유머**

**기타**

등급 계산   [설문지 저장]                                    I A R C

등급 계산   저장됨                                              I A R C

산출된 등급에 별다른 문제가 없다면 [등급 적용] 버튼을 클릭합니다.

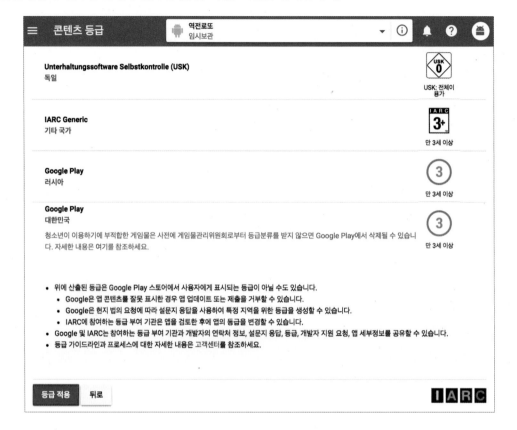

콘텐츠 등급 설문지 작성이 완료되었습니다. 이제 '가격' 및 '앱 배포'에 대하여 설정하겠습니다.

앱을 배포하기 전에, 우선 '앱의 가격'을 정해야 합니다. 앱에서 수익을 얻는 방법은 '앱 자체를 유료로' 배포하여 수익을 얻는 방법 외에도, '무료로 배포한 뒤 광고 수익'이나 '인앱(In App) 결제'를 통해 수익을 얻는 방법 등이 있습니다.

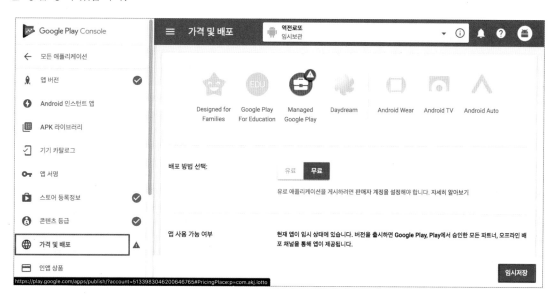

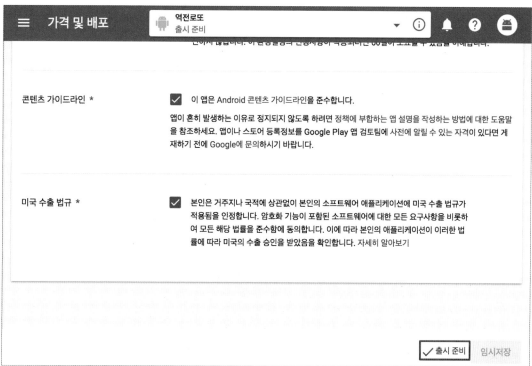

가격까지 모두 정하고 나면, 이제 배포를 위한 설정은 모두 마친 셈입니다. 이제 앱을 게시하고 배포할 수 있습니다.

---

**앱을 게시할 수 있음**

이제 버전 관리 페이지에서 버전 출시를 시작하여 앱을 게시할 수 있습니다.

닫기　　　[ 버전 관리 ]

---

## 6.3 | 정리

이번 장에서는 안드로이드 앱 마켓 중 가장 범용적인 구글 플레이스토어에 앱을 배포하는 방법에 대하여 살펴보았습니다. 우리가 실습하며 익힌 내용들을 정리하면 다음과 같습니다.

· 구글 플레이스토어에 배포하기 위해서는 구글 계정이 필요하다.

· 앱을 배포하기 위해서는 구글 개발자 계정 등록 절차가 필요하다.

· 앱을 배포하려면 앱에 서명해야 한다.

· 구글 플레이스토어는 앱을 배포하기 전 알파/베타 버전의 테스트를 지원한다.

· 마켓에 배포하기 위해서는 콘텐츠 등급 심사를 거쳐야 한다.

# 07 퀴즈 잠금화면 앱

들어가기

본 장에서는 퀴즈 잠금화면 앱을 만들면서, 안드로이드의 기본 4가지 구성 요소 중 'Activity, Service, BroadcastReceiver' 및 UI 애니메이션 효과 등 실전 애플리케이션 개발에 필요한 많은 지식들을 익히게 됩니다. 물론 UI 의 생성 등 앞서 충분히 살펴본 기본 개념들의 설명은 될수록 줄이고, 실제 개발 과정에서 주요 요소들이 필요한 이유와 구현 과정을 중심으로 살펴보겠습니다.

# 7.1 | 퀴즈 잠금화면 앱이란?

안드로이드는 스마트폰의 잠금화면도 직접 개발할 수 있도록 지원합니다. Apple 아이폰의 경우 키보드, 잠금화면, 런처 등은 시스템에서 제공하는 것만 사용해야 하는 반면, 안드로이드는 키보드, 잠금화면 런처 등도 모두 앱으로 제작이 가능하고 변경할 수 있습니다.

잠금화면을 이용하는 앱은 종류가 상당히 다양합니다. 잠금화면에서 특정 캐릭터나 아름다운 배경을 보여 주는 앱부터, 광고를 보고 일정 금액을 적립해 주는 앱까지 많은 종류의 앱이 존재하죠.

잠금화면 앱이 갖는 장점은 무엇보다 사용자가 스마트폰을 켜기 전에 한 번은 꼭 보게 되는 화면이라는 것입니다. 그렇기 때문에 잠금화면 앱은 한번 설치되면 다른 앱보다 자주 사용할 수밖에 없게 됩니다.

이번 장에서 다룰 실전 예제는 이렇게 잠금화면에서 퀴즈를 보여 주고 정답을 맞춰 잠금을 해제하는 앱입니다. 이미 플레이스토어에는 비슷한 앱들이 꽤 많이 등록되어 있는데요. 이번에 만들게 될 실전 예제의 화면은 다음과 같습니다.

퀴즈 잠금화면은 크게 2가지 UI로 구성됩니다. 좌측 이미지는 [잠금화면]을 대체하여 표시되는 화면이고, 우측 이미지는 잠금화면의 설정을 바꾸는 [설정 화면]입니다.

퀴즈 잠금화면 어플을 만들기 위해서는 우선 어떤 것을 알아야 할까요? 가장 중요한 부분은 스마트폰의 화면이 꺼졌을 때 우리가 제작한 화면이 나오게 하는 것입니다. 전에는 런처 앱에서 앱 아이콘을 터치하여 실행되었지만, 이제는 화면이 꺼질 때 자동으로 실행되어야 하죠. 이렇게 시스템의 특정 이벤트를 받아 처리하기 위해서는 'Broadcast Receiver(브로드캐스트 리시버)'에 대해 익혀야 합니다.

그리고 앱의 설정 정보를 저장하려면 앞서 배운 '변수'로는 가능하지 않습니다. 앱이 완전히 종료되어도 마지막에 저장한 값을 '유지'해야 되기 때문이죠. 따라서 데이터를 '영구적 레이어(Persistence Layer)'에 저장하는 방법 역시 알아야 합니다.

그리고 이번 장에서는 퀴즈 화면에서 사용할 다양한 효과들인 '애니메이션, 진동, 나인패치(9-patch)' 등을 새롭게 배우게 됩니다. 앞선 과정들에서 기본적인 UI를 배치하는 방법에 대하여 주로 배웠다면, 이번 장에서는 그것을 응용하는 것이죠. 이제 예제를 구현하기 위해 고민해야 할 부분과 새로 배워야 할 부분을 표로 정리해 보겠습니다.

| 고려 사항 | 학습 필요 사항 |
|---|---|
| 화면이 꺼졌을 때 코드를 실행하는 방법 | BroadcastReceiver, Service |
| 설정 창에서 변경된 값을 저장하는 방법 | file, shared preference, PreferenceFragment |
| 잠금 슬라이드 UI를 만드는 방법 | SeekBar |
| 글씨 크기에 맞게 이미지를 늘리는 방법 | 나인패치(9-patch) |
| 오답 시 진동 알림 방법 | Vibration |

표에 나열된 대로, 이번 실전 예제도 역시 새로운 것을 많이 익힐 수 있습니다. 각각의 궁금증을 해결하기 위해 차근차근 실습해 보도록 하겠습니다.

# 7.2 | 설정 화면과 앱 데이터 저장

## 7.2.01 | 프로젝트 생성 및 설정 화면 구현

앞서 프로젝트 생성은 꽤 자주 실습했기 때문에 프로젝트 생성 시 신경써야 할 부분만 간략하게 살펴보겠습니다

- 프로젝트 이름은 quizlocker 로 합니다.

- package name 이 유니크하게 만들어지도록 Company Domain 을 설정하세요.

- include kotlin support 체크박스를 체크합니다.

- 타겟을 phone and tablet 으로 하고 minimum sdk 를 API Level 17 로 설정합니다.

- Empty Activity 를 선택하고 프로젝트 생성을 완료합니다.

- build.gradle 파일에 kotlin-android-extensions 플러그인을 추가합니다. (4.3 장 코틀린 안드로이드 확장 플러그인 참조)

- 프로젝트 생성이 완료된 후 activity_main.xml 파일을 디자인 탭에서 열어주세요.

- ConstraintLayout 에 기본으로 생성된 TextView 를 삭제하고 UI 를 다음과 같이 만들어주세요.

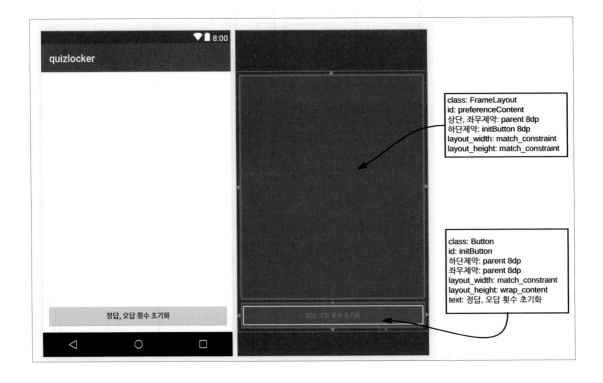

```
class: FrameLayout
id: preferenceContent
상단, 좌우제약: parent 8dp
하단제약: initButton 8dp
layout_width: match_constraint
layout_height: match_constraint
```

```
class: Button
id: initButton
하단제약: parent 8dp
좌우제약: parent 8dp
layout_width: match_constraint
layout_height: wrap_content
text: 정답, 오답 횟수 초기화
```

여기까지 완성된 XML 코드는 다음과 같습니다.

```xml
<?xml version="1.0" encoding="utf-8"?>
<androidx.constraintlayout.widget.ConstraintLayout xmlns:android="http://schemas.android.com/apk/
res/android"
    xmlns:app="http://schemas.android.com/apk/res-auto"
    xmlns:tools="http://schemas.android.com/tools"
    android:layout_width="match_parent"
    android:layout_height="match_parent"
    tools:context=".MainActivity">

    <Button
        android:id="@+id/initButton"
        android:layout_width="0dp"
        android:layout_height="wrap_content"
        android:layout_marginStart="8dp"
        android:layout_marginLeft="8dp"
        android:layout_marginEnd="8dp"
        android:layout_marginRight="8dp"
        android:layout_marginBottom="8dp"
        android:text="정답, 오답 횟수 초기화"
        app:layout_constraintBottom_toBottomOf="parent"
        app:layout_constraintEnd_toEndOf="parent"
        app:layout_constraintStart_toStartOf="parent" />

    <FrameLayout
        android:id="@+id/preferenceContent"
        android:layout_width="0dp"
        android:layout_height="0dp"
        android:layout_marginStart="8dp"
        android:layout_marginLeft="8dp"
        android:layout_marginTop="8dp"
        android:layout_marginEnd="8dp"
        android:layout_marginRight="8dp"
        android:layout_marginBottom="8dp"
        app:layout_constraintBottom_toTopOf="@+id/initButton"
        app:layout_constraintEnd_toEndOf="parent"
        app:layout_constraintStart_toStartOf="parent"
        app:layout_constraintTop_toTopOf="parent">
    </FrameLayout>

</androidx.constraintlayout.widget.ConstraintLayout>
```

UI에 'FrameLayout'과 '버튼'만 있고 설정을 저장하기 위한 요소가 안 보이죠. 이는 설정을 저장하기 위해 'PreferenceFragment'를 사용할 예정이기 때문입니다. 앞서 설정 데이터를 영구적으로 저장하기 위한 방법으로 'SharedPreference'를 언급했는데, PreferenceFragment란 Preference 데이터를 UI화하여 보여 주는 Fragment 입니다.

아직 우리는 'Preference'도, 'Fragment'도 배우지 않았기 때문에 낯선 용어처럼 들릴 수 있습니다. 이제 안드로이드에서 어떻게 영구적인 데이터를 저장하고 관리할 수 있는지 배우며 이해해 보도록 하겠습니다.

## 7.2. 02 안드로이드 앱 데이터 개요

안드로이드는 '앱 데이터(App Data)'를 저장할 수 있는 다양한 방법을 지원합니다. 어떤 방법들이 있는지 간략하게 표로 알아보도록 하죠.

| App Data 저장방법 | 설명 |
|---|---|
| File | File 시스템을 사용해 데이터를 저장합니다. 앱의 독립된 내·외부 저장소에 저장할 수 있습니다. |
| Shared Preference | 'Key - Value' 형태로 데이터를 저장합니다. 앱의 독립된 내부 저장소에 저장됩니다. |
| Sqlite | 데이터베이스를 사용해 구조화된 데이터를 저장합니다. |
| Network | 네트워크를 사용해 데이터를 백엔드 서버에 저장합니다. |

먼저 '파일(File)' 형태로 앱 데이터를 저장하는 방법은 전통적인 파일 시스템을 이용해 데이터를 저장하는 것이죠. 파일은 앱의 독립된 내/외부 저장소에 저장할 수 있습니다. 여기서 "앱의 독립된 내부 저장소에 저장한다"는 의미는, 앱마다 서로 접근이 불가능한 독립된 공간이 있다고 생각하면 됩니다.

'SharedPreference'는 데이터를 'Key - Value' 형태로 저장합니다. Key에 따른 값을 저장하기 때문에 파일 저장과 비교해 간편하게 사용 가능하죠.

'Sqlite'는 안드로이드에서 자체 제공하는 데이터베이스입니다. 데이터베이스를 사용하면 데이터를 구조화하여 저장할 수 있게 되고, 데이터를 검색할 때 'SQL'을 사용할 수 있습니다.

이번 실전 예제에서는 앱의 데이터를 영구적으로 저장하기 위한 방법으로 'File'과 'SharedPreference'를 배우게 될 것입니다. 먼저 파일로 저장하는 방법부터 실습해 익혀 보겠습니다.

# 7.3 | 파일로 앱 데이터 저장

## 7.3. 01 | 내부 저장소의 앱 전용 디렉토리에 파일 저장

'파일(File)'은 대부분의 운영체제에서 사용하고 있는 시스템이죠. Windows 운영체제에서 '파일'과 '폴더' 혹은 '디렉토리'라는 용어는 많이 들어 봤을 텐데요. 안드로이드 역시 파일로 데이터를 저장할 수 있습니다.

안드로이드에서 파일로 데이터를 저장할 때에는 주로 **앱 전용 디렉토리**를 사용합니다. 여기서 '전용 디렉토리'란 앱마다 생성되는 별도의 디렉토리로, 다른 앱 간에는 서로 접근이 불가능하며 내 앱만이 접근 가능한 디렉토리를 말합니다. 간단한 실습과 함께 어떻게 파일로 데이터를 저장하는지 알아보겠습니다.

[New 〉 Activity 〉 Empty Activity]로 새로운 Activity를 생성합니다. Activity의 이름은 'FileExActivity'로 하죠.

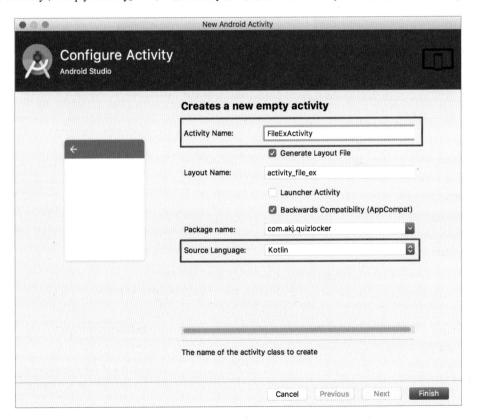

Activity 생성이 완료되면 'activity_file_ex.xml' 파일을 디자인 탭에서 다음과 같이 편집해 주세요.

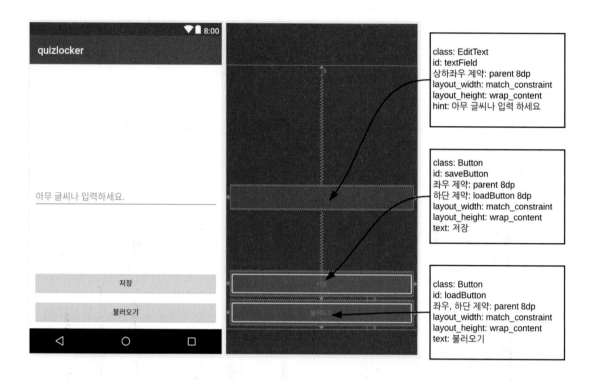

화면 가운데에 텍스트를 입력할 'EditText'와 [저장] 및 [불러오기] 버튼만 있는 간단한 UI 입니다. XML 코드도 확인해 주세요.

```xml
<?xml version="1.0" encoding="utf-8"?>
<androidx.constraintlayout.widget.ConstraintLayout xmlns:android="http://schemas.android.com/apk/res/
android"
    xmlns:app="http://schemas.android.com/apk/res-auto"
    xmlns:tools="http://schemas.android.com/tools"
    android:layout_width="match_parent"
    android:layout_height="match_parent"
    tools:context=".FileExActivity">

    <EditText
        android:id="@+id/textField"
        android:layout_width="0dp"
        android:layout_height="wrap_content"
        android:layout_marginStart="8dp"
        android:layout_marginLeft="8dp"
        android:layout_marginTop="8dp"
```

```xml
        android:layout_marginEnd="8dp"
        android:layout_marginRight="8dp"
        android:layout_marginBottom="8dp"
        android:ems="10"
        android:hint="아무 글씨나 입력하세요."
        android:inputType="text"
        app:layout_constraintBottom_toBottomOf="parent"
        app:layout_constraintEnd_toEndOf="parent"
        app:layout_constraintStart_toStartOf="parent"
        app:layout_constraintTop_toTopOf="parent" />


    <Button
        android:id="@+id/loadButton"
        android:layout_width="0dp"
        android:layout_height="wrap_content"
        android:layout_marginStart="8dp"
        android:layout_marginLeft="8dp"
        android:layout_marginEnd="8dp"
        android:layout_marginRight="8dp"
        android:layout_marginBottom="8dp"
        android:text="불러오기"
        app:layout_constraintBottom_toBottomOf="parent"
        app:layout_constraintEnd_toEndOf="parent"
        app:layout_constraintStart_toStartOf="parent" />


    <Button
        android:id="@+id/saveButton"
        android:layout_width="0dp"
        android:layout_height="wrap_content"
        android:layout_marginStart="8dp"
        android:layout_marginLeft="8dp"
        android:layout_marginEnd="8dp"
        android:layout_marginRight="8dp"
        android:layout_marginBottom="8dp"
        android:text="저장"
        app:layout_constraintBottom_toTopOf="@+id/loadButton"
        app:layout_constraintEnd_toEndOf="parent"
        app:layout_constraintStart_toStartOf="parent" />
</androidx.constraintlayout.widget.ConstraintLayout>
```

본 예제로 실습할 기능은 다음과 같습니다.

 – [저장] 버튼을 클릭하면 현재 'EditText'의 텍스트를 '파일'로 저장
 – [불러오기] 버튼을 클릭하면 기존의 파일에서 텍스트를 읽어 'EditText'에 보여 줌

파일을 사용하는 간단한 예제죠. 그럼 코드로 직접 실습하며 구현해 보겠습니다. 'FileExActivity.kt' 파일을
다음과 같이 편집해 주세요.

```kotlin
package com.akj.quizlocker

import android.Manifest
import android.content.Context
import android.content.pm.PackageManager
import android.os.Build
import android.os.Bundle
import android.os.Environment
import android.text.TextUtils
import android.widget.Toast
import androidx.appcompat.app.AppCompatActivity
import androidx.core.app.ActivityCompat
import androidx.core.content.ContextCompat
import kotlinx.android.synthetic.main.activity_file_ex.*
import java.io.File
import java.io.FileInputStream
import java.io.FileNotFoundException
import java.io.FileOutputStream

class FileExActivity : AppCompatActivity() {
    // 데이터 저장에 사용할 파일이름
    val filename = "data.txt"
    // 권한이 있는지 저장하는 변수
    var granted = false
    override fun onCreate(savedInstanceState: Bundle?) {
        super.onCreate(savedInstanceState)
        setContentView(R.layout.activity_file_ex)
        // 외부저장소의 권한을 동적으로 체크하는 함수를 호출
        checkPermission()
        // 저장 버튼이 클릭된 경우
        saveButton.setOnClickListener {
            // textField 의 현재 텍스트를 가져온다.
            val text = textField.text.toString()
            when {
                // 텍스트가 비어있는 경우 오류 메세지를 보여준다.
                TextUtils.isEmpty(text) -> {
                    Toast.makeText(applicationContext, "텍스트가 비어있습니다.", Toast.LENGTH_LONG).show()
                }
```

```kotlin
                    !isExternalStorageWritable() -> {
                        Toast.makeText(applicationContext, "외부 저장장치가 없습니다.", Toast.LENGTH_LONG).show()
                    }
                    else -> {
                        // 내부 저장소 파일에 저장하는 함수 호출
                        saveToInnerStorage(text, filename)
                    }
                }
            }
            // 불러오기 버튼이 클릭된 경우
            loadButton.setOnClickListener {
                try {
                    // textField 의 텍스트를 불러온 텍스트로 설정한다.
                    // textField.setText(loadFromInnerStorage(filename))
                    // 외부저장소 앱전용 디렉토리의 파일에서 읽어온 데이터로 textField 의 텍스트를 설정
                    // textField.setText(loadFromExternalStorage(filename))

                    // 외부저장소 "/sdcard/data.txt" 에서 데이터를 불러온다
                    textField.setText(loadFromExternalCustomDirectory())
                } catch (e: FileNotFoundException) {
                    // 파일이 없는 경우 에러메세지 보여줌
                    Toast.makeText(applicationContext, "저장된 텍스트가 없습니다.", Toast.LENGTH_LONG).show()
                }
            }
        }
    }


    // 내부저장소 파일의 텍스트를 저장한다.
    fun saveToInnerStorage(text: String, filename: String) {
        // 내부 저장소의 전달된 파일이름의 파일 출력 스트림을 가져온다.
        val fileOutputStream = openFileOutput(filename, Context.MODE_PRIVATE)
        // 파일 출력 스트림에 text 를 바이트로 변환하여 write 한다
        fileOutputStream.write(text.toByteArray())
        // 파일 출력 스트림을 닫는다
        fileOutputStream.close()
    }


    // 내부저장소 파일의 텍스트를 불러온다
    fun loadFromInnerStorage(filename: String): String {
        // 내부저장소의 전달된 파일이름의 파일 입력 스트림을 가져온다
        val fileInputStream = openFileInput(filename)
        // 파일의 저장된 내용을 읽어 String 형태로 불러온다.
        return fileInputStream.reader().readText()
    }
}
```

이제 테스트를 위해 'AndroidManifest.xml' 파일의 'intent-filter' 부분을 변경합니다.

```xml
<?xml version="1.0" encoding="utf-8"?>
<manifest xmlns:android="http://schemas.android.com/apk/res/android" package="com.akj.quizlocker">

    <application
        android:allowBackup="true"
        android:icon="@mipmap/ic_launcher"
        android:label="@string/app_name"
        android:roundIcon="@mipmap/ic_launcher_round"
        android:supportsRtl="true"
        android:theme="@style/AppTheme">
        <activity android:name=".MainActivity">
        </activity>
        <activity android:name=".FileExActivity">
            <intent-filter>
                <action android:name="android.intent.action.MAIN" />

                <category android:name="android.intent.category.LAUNCHER" />
            </intent-filter>
        </activity>
    </application>

</manifest>
```

앞선 장에서 실습한 것처럼, Launcher Activity 를 '테스트용 Activity'로 변경한 것입니다. 이후 [Run] 버튼을 눌러 직접 테스트해 보세요.

새로 등장한 핵심 코드는 내부 저장소의 '파일 입출력 스트림'을 가져오는 부분입니다. 먼저 파일에 저장하는 코드부터 살펴보겠습니다.

```kotlin
// 내부저장소 파일의 텍스트를 저장한다.
fun saveToInnerStorage(text: String, filename: String) {
    // 내부 저장소의 전달된 파일이름의 파일 출력 스트림을 가져온다.
    val fileOutputStream = openFileOutput(filename, Context.MODE_PRIVATE)

    // 파일 출력 스트림에 text 를 바이트로 변환하여 write 한다
    fileOutputStream.write(text.toByteArray())

    // 파일 출력 스트림을 닫는다
```

```
    fileOutputStream.close()
  }
```

'openFileOutput( )' 메소드는 앱 전용 내부 저장소 경로에 파일명(filename)으로 생성된 '파일 출력 스트림 (FileOutputStream)' 객체를 반환합니다. '스트림(Stream)'이란 단어는 소프트웨어에서 일반적으로 사용하는 용어로서, 시간 경과에 따른 연속적인 데이터의 흐름으로 이해하면 됩니다.

스트림을 사용하면 데이터를 '연속적으로', 즉 '여러 번에 걸쳐서' 저장하는 것이 가능합니다. 파일에 데이 터를 쓸 때에는 한 번에 10줄을 저장할 수도 있지만, 1줄씩 10번에 걸쳐서 나누어 저장하는 것도 가능하 죠. 이런 방법은 큰 데이터를 저장해야 할 때 보다 유용합니다.

openFileOutput( )은 앱의 전용 디렉토리에서 파일 출력 스트림을 가져오는 함수입니다. 앱 전용 디렉토리 는 다른 앱들은 접근할 수 없는 저장소입니다. 그런데 실제로 어떻게 다른 앱이 접근할 수 없도록 관리하 는 것일까요? 이 부분을 이해하기 위해서 먼저 안드로이드의 파일 시스템을 간략하게 살펴보겠습니다.

안드로이드 디버깅 시스템인 'adb'를 사용하면 '에뮬레이터 Shell'에 접속할 수 있는데요. 'Shell'이란 운영체 제에서 제공하는 서비스를 명령어로 실행할 수 있는 대화창을 의미합니다.

adb shell 에서 'su' 명령어로 관리자 권한을 가지고 [/data/data] 디렉토리로 이동하면, 설치된 앱의 전용 디 렉토리 목록을 확인할 수 있습니다.

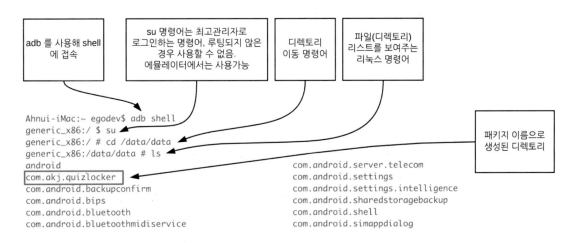

위 그림과 같이 안드로이드는 설치된 앱의 패키지 네임으로 디렉토리를 생성하고, 해당 앱에서만 접근 가 능하도록 권한을 설정합니다. 앱 내부 데이터는 모두 앞서 말한 '앱의 패키지 네임으로 생성된 디렉토리' 의 하위에 생성되는 파일이기 때문에, 다른 앱에서는 접근이 불가능한 것입니다.

앱의 전용 디렉토리는 앱이 설치될 때 생성되고, 앱을 삭제하게 되는 경우 앱의 패키지 디렉토리 역시 같이 지워지기 때문에 파일도 같이 삭제됩니다.

> **NOTE**
>
> ## 안드로이드 앱 데이터 파일 시스템의 권한
>
> 안드로이드는 기본적으로 '리눅스 커널 기반 운영체제'이기 때문에, 파일 시스템이 리눅스와 동일합니다. 리눅스는 파일 권한을 '소유자', '그룹', '모든 사용자'로 나누어 각각에 대하여 읽기, 쓰기, 실행 권한을 관리합니다.
>
>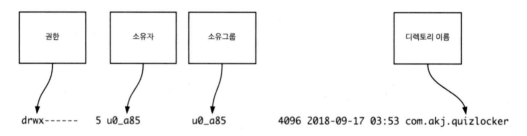
>
> 소프트웨어 개발 분야에서는 리눅스 관련 파일 시스템을 사용하는 일이 자주 있기 때문에 권한에 대해 조금 더 알아보도록 하겠습니다.
>
> 위의 'com.akj.quizlocker'의 경우 권한이 'drwx------' 형태로 설정되어 있죠. 여기서 [r]은 읽기, [w]는 쓰기, [x]는 실행 권한을 각각 의미합니다.
>
>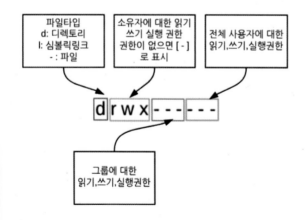
>
> 예컨대 만약 소유자에게는 모든 권한을, 그룹 사용자는 '읽기'와 '실행' 권한, 전체 사용자에게는 '읽기' 권한만 줘야 한다면 권한이 다음과 같이 표시됩니다.
>
> d r w x r - x r - -
>
> 그리고 '소유자'와 '소유 그룹'을 보면 [u0_a85]로 되어 있는데, 안드로이드는 앱이 설치될 때 앱의 새로운 사용자를 만들고 앱의 디렉토리를 사용자의 소유로 설정합니다.
>
> 앱마다 각각의 사용자가 있고, 각 생성된 사용자로 디렉토리의 권한을 설정하기 때문에 서로의 데이터에 접근하지 못하게 되는 것이죠.

다시 openFileOutput() 함수로 돌아와서 두 번째 파라미터는 파일을 '어떤 모드로 열 것인지' 결정하는 파라미터입니다. 대표적으로 어떤 모드들이 있는지 표로 살펴보겠습니다.

| MODE | 설명 |
|------|------|
| MODE_PRIVATE | 앱 전용으로 만들어 다른 앱에서는 접근 불가. 이미 파일이 있는 경우 기존 파일에 덮어씁니다. |
| MODE_APPEND | 파일에 기존 내용 이후에 덧붙이는 모드입니다. |
| MODE_WORLD_READABLE | 다른 앱들도 읽을 수 있도록 하는 모드입니다. 현재에는 지원이 중단된 모드로 안드로이드 N 이상 버전에서는 SecurityException 발생합니다. |
| MODE_WORLD_WRITEABLE | 다른 앱들도 파일에 쓰기 권한을 주는 모드입니다. 현재에는 지원이 중단된 모드로 안드로이드 N 이상 버전에서는 SecurityException 발생합니다. |

그 다음으로 살펴봐야 할 부분은, 파일에서 데이터를 읽어 오는 코드입니다.

```kotlin
// 내부저장소 파일의 텍스트를 불러온다
fun loadFromInnerStorage(): String {
    // 내부저장소의 전달된 파일이름의 파일 입력 스트림을 가져온다
    val fileInputStream = openFileInput(filename)

    // 파일의 저장된 내용을 읽어 String 형태로 불러온다.
    return fileInputStream.reader().readText()
}
```

내부 저장소에서 파일을 읽기 위해 openFileInput() 함수를 사용할 때 파일이 없으면 'FileNotFoundException' 예외 오류가 발생하기 때문에 함수를 호출하는 쪽에서 'try - catch'로 예외 처리하는 것에 주목해 주세요.

안드로이드는 이 밖에도 앱 데이터 관리를 위해 몇 가지 유용한 함수를 제공하는데, 표를 통하여 간략하게 알아보겠습니다.

| 함수 | 설명 |
|------|------|
| getFilesDir() | 내부 파일이 저장된 파일 시스템 디렉토리의 절대 경로를 가져옵니다. |
| getDir(String name, int mode) | 내부 저장소 공간 내부에 name 디렉토리가 있으면 해당 File 객체를 반환하고, 없으면 File 객체를 만든 후에 반환합니다. mode는 위의 표에서 설명한 파일 모드입니다. |
| deleteFile(String name) | 내부 저장소에 name으로 저장된 파일을 삭제합니다. |
| fileList() | 앱이 현재 저장한 파일명의 문자열 배열을 반환합니다. |

여기까지 파일을 사용하여 앱의 내부 저장소에 데이터를 저장하는 방법을 알아보았습니다. 다음은 앱의 내부 저장소가 아닌 외부 저장소에 저장하는 방법을 실습해 보겠습니다.

## 7.3.02 외부 저장소 사용 및 권한 요청

앱의 외부 저장소는 탈착이 가능한 SD 카드 저장소일 수도 있고, 탈착이 불가능한 메모리일 수도 있습니다. 보통 내부 저장소의 경우 용량이 부족한 경우가 많기 때문에 대부분의 안드로이드 기기는 외부 저장 장치(SD 카드 등)를 추가로 사용할 수 있도록 지원합니다.

하지만 최근에는 SD 카드의 추가가 불가능한 스마트폰도 많이 출시되는데, 그렇다 하더라도 외부 저장소가 없는 것은 아닙니다. 물리적으로 SD 카드를 부착할 수 없다고 하더라도 안드로이드는 논리적으로 외부 저장소를 분리하여 제공합니다. 마치 윈도우에서 파티션을 나눠 'C, D' 드라이브를 나누는 것과 비슷하다고 생각하면 됩니다.

외부 저장소에 파일을 저장하기 위해 신경 써야 할 부분은 다음과 같습니다.

- 외부저장소 사용 권한 요청

- 외부저장소가 없을 때의 예외 처리

각각을 어떻게 처리하는지 코드로 실습하면서 배워 보겠습니다. 안드로이드에서 외부 저장소의 파일을 읽거나 쓰려면 먼저 권한을 요청해야 합니다. 권한을 요청하는 전통적인 방법은 AndroidManifest.xml 파일에서 〈uses-permission〉 태그를 사용하는 것이죠. AndroidManifest.xml 파일을 다음과 같이 변경해 주세요.

```xml
<?xml version="1.0" encoding="utf-8"?>
<manifest xmlns:android="http://schemas.android.com/apk/res/android" package="com.akj.quizlocker">

    <!-- 외부저장소에 읽기 쓰기 권한 요청, 앱 전용 데이터로 저장하는 경우 SDK 18 이후부터는 권한 요청이 필요 없음.  -->
    <uses-permission android:name="android.permission.WRITE_EXTERNAL_STORAGE" android:maxSdkVersion="18"/>

    <application
        android:allowBackup="true"
        android:icon="@mipmap/ic_launcher"
        // … 생략
    </application>

</manifest>
```

안드로이드에서 〈uses-permission〉 태그는 장치의 기능을 사용하기 위해 특정 권한을 요청하는 태그입니다. 이렇게 권한 요청을 명시하는 이유는 사용자에게 앱이 사용하는 기능을 알리는 데에 목적이 있습니다. AndroidManifest.xml 파일에 〈uses-permission〉 태그를 사용하면 마켓이나 앱 정보에서 앱이 어떤 권한을 요청하는지 보이게 되죠.

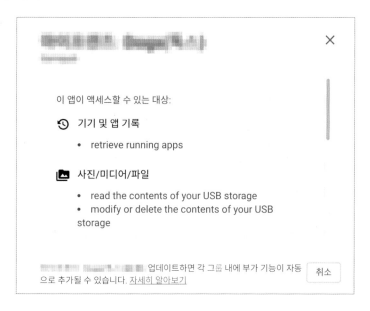

위 이미지는 플레이스토어에서 앱이 사용하는 권한을 '세부 보기'로 본 것입니다. 앱이 요청하는 권한을 보여 주기 때문에 사용자는 앱이 꼭 필요한 권한만 요청하는지 확인할 수 있습니다.

예를 들어 개발자가 악의적인 마음을 먹고 앱이 실행되자마자 사용자의 전화번호부 내용을 전부 자신의 서버로 보내는 것도 가능합니다. 이럴 때 앱은 사용자의 전화번호부를 볼 수 있는 권한을 요청하게 되겠죠. 이런 경우, 앱에 전화번호부 관련 기능이 전혀 없는데 전화번호부 관련 권한을 요청하면 의심해 볼 필요가 있는 것입니다.

안드로이드 6.0(API Level 23)부터는 플레이스토어에서 권한 정보를 보여 주는 것만으로는 보안 상 부족하다고 판단하여, 민감한 권한들은 앱이 실행되는 중에 [권한 동의] 팝업을 띄우게 하는 것으로 변경되었습니다. 권한을 앱 실행 중에 요청하는 방법은 뒤에서 다시 살펴보도록 하겠습니다.

외부 저장소의 '앱 전용 디렉토리'에 파일을 쓰는 경우, API LEVEL(18)부터는 특별한 권한을 요청할 필요가 없습니다. 하지만 하위 버전에서는 외부 저장소에 앱 전용 디렉토리가 지원되지 않기 때문에 하위 버전까지 지원하려면 AndroidManifest.xml 상에 〈권한 요청〉 태그를 적어야 합니다. 이런 경우 상위 버전에서는 권한을 요청할 필요가 없으므로 'maxSdkVersion' 속성을 부여함으로써 '특정 버전 이후'로는 권한을 요청하지 않도록 설정할 수 있습니다.

```
<uses-permission android:name="android.permission.WRITE_EXTERNAL_STORAGE"
    android:maxSdkVersion="18"
    />
```

그럼 '권한 요청'을 사용하는 방법을 살펴보았으니, 이제 실제로 파일을 저장하는 방법에 대하여 익혀 보겠습니다.

## 7.3·03 외부 저장소 앱 전용 디렉토리에 파일 저장

외부 저장소에 파일을 저장하는 방법을 배우기 위하여 바로 코드부터 작성해 보겠습니다. 'FileExActivity.kt' 파일에 다음 함수를 추가해 주세요.

```
// 외부 저장장치를 사용할 수 있고 쓸수 있는지 체크하는 함수
fun isExternalStorageWritable(): Boolean {
    when {
        // 외부저장장치 상태가 MEDIA_MONTED 면 사용 가능
        Environment.getExternalStorageState() == Environment.MEDIA_MOUNTED -> return true
        else -> return false
    }
}


// 외부저장장치에서 앱 전용데이터로 사용할 파일 객체를 반환하는 함수
fun getAppDataFileFromExternalStorage(filename: String): File {
    // KITKAT 버전 부터는 앱전용 디렉토리의 디렉토리 타입 상수인 Environment.DIRECTORY_DOCUMENTS 를 지원
    val dir = if (Build.VERSION.SDK_INT >= Build.VERSION_CODES.KITKAT) {
        getExternalFilesDir(Environment.DIRECTORY_DOCUMENTS)
    } else {
        // 하위 버전에서는 직접 디렉토리 이름 입력
        File(Environment.getExternalStorageDirectory().absolutePath + "/Documents")
    }
    // 디렉토리의 경로중 없는 디렉토리가 있다면 생성한다.
    dir?.mkdirs()
    return File("${dir.absolutePath}${File.separator}${filename}")
}
```

```
// 외부저장소 앱 전용 디렉토리에 파일로 저장하는 함수
fun saveToExternalStorage(text: String, filename: String) {
    val fileOutputStream = FileOutputStream(getAppDataFileFromExternalStorage(filename))
    fileOutputStream.write(text.toByteArray())
    fileOutputStream.close()
}


// 외부저장소 앱 전용 디렉토리에서 파일 데이터를 불러오는 함수
fun loadFromExternalStorage(filename: String): String {
    return FileInputStream(getAppDataFileFromExternalStorage(filename)).reader().readText()
}
```

새롭게 추가된 함수를 사용하려면, 버튼이 클릭된 이벤트 리스너에서 사용하는 코드를 다음과 같이 변경합니다.

```
saveButton.setOnClickListener {
    // textField 의 현재 텍스트를 가져온다.
    val text = textField.text.toString()
    when {
    // 텍스트가 비어있는 경우 오류 메세지를 보여준다.
        TextUtils.isEmpty(text) -> {
            Toast.makeText(applicationContext, "텍스트가 비어있습니다.", Toast.LENGTH_LONG).show()
        }
        !isExternalStorageWritable() -> {
            Toast.makeText(applicationContext, "외부 저장장치가 없습니다.", Toast.LENGTH_LONG).show()
        }
        else -> {
            // 내부 저장소 파일에 저장하는 함수 호출
            //saveToInnerStorage(text, filename)

            // 외부 저장소 파일에 저장하는 함수 호출
            saveToExternalStorage(text, filename)
        }
    }
}

// 불러오기 버튼이 클릭된 경우
loadButton.setOnClickListener {
    try {
```

```
                // textField 의 텍스트를 불러온 텍스트로 설정한다.
                //  textField.setText(loadFromInnerStorage(filename))

                // 외부저장소 앱전용 디렉토리의 파일에서 읽어온 데이터로 textField 의 텍스트를 설정
                textField.setText(loadFromExternalStorage(filename))
        } catch (e: FileNotFoundException) {
                // 파일이 없는 경우 에러메세지 보여줌
                Toast.makeText(applicationContext, "저장된 텍스트가 없습니다.", Toast.LENGTH_LONG).show()
        }
    }
```

'isExternalStorageWritable()' 함수는 외부 저장 장치가 현재 사용 가능한지 확인하는 함수입니다. 이런 절차가 필요한 까닭은 외부 저장 장치는 탈착이 가능한 경우가 있기 때문입니다. 스마트폰에서 SD 카드를 추가로 장착하여 저장 공간을 늘리는 것은 꽤 흔한 일이죠. 그렇기 때문에 외부 저장 장치는 언제든 사용 불가능한 상태가 될 수 있는 것이죠.

또한 'getAppDataFileFromExternalStorage()' 함수는 외부 저장 장치에 위치한 앱 전용 디렉토리로부터 파라미터로 전달 받은 이름(filename)의 파일 객체를 반환하는 함수입니다.

```
    // KITKAT 버전 부터는 앱전용 디렉토리의 디렉토리 타입 상수인 Environment.DIRECTORY_DOCUMENTS 를 지원
    val dir = if (Build.VERSION.SDK_INT >= Build.VERSION_CODES.KITKAT) {
        getExternalFilesDir(Environment.DIRECTORY_DOCUMENTS)
    } else {
        // 하위 버전에서는 직접 디렉토리 이름 입력
        File(Environment.getExternalStorageDirectory().absolutePath + "/Documents")
    }
```

코드를 보면 버전에 따라 다른 코드를 사용한 것을 알 수 있는데 그 이유는 'Environments.DIRECTORY_DOCUMENTS' 상수가 KITKAT 버전 이후에만 지원되기 때문입니다. 그리고 디렉토리 이름을 직접 문자열로 입력하지 않고 Environments.DIRECTORY_DOCUMENTS 상수를 사용하는 이유는 디바이스 제조사별로 디렉토리 이름이 다를 수 있기 때문이죠. 대부분의 경우, 외부 저장 장치의 앱 전용 디렉토리 경로는 [/sdcard/Android/data/앱 패키지명]이 됩니다. 하지만 제조사별로 조금씩 다를 수 있기 때문에 API를 사용하여 디렉토리 경로를 불러오는 것이죠.

여기까지 외부 저장소에서 앱 전용 디렉토리에 데이터를 저장하는 방법을 살펴봤습니다. 그런데 왜 아무 디렉토리가 아닌 '앱 전용 디렉토리'에 파일을 저장하는 것일까요? 그 이유는, 단순히 앱의 데이터를 저장

하는 것이 목적일 경우에는 '외부 저장소 전체 접근 권한'을 요청할 필요가 없기 때문입니다.

과거 KITKAT 버전 이하에서 외부 저장소를 사용하려면 반드시 AndroidManifest.xml 파일에 〈uses-permission〉 태그를 추가해야만 했습니다. 외부 저장 장치 접근 권한을 얻게 되면 다른 앱들이 저장한 파일까지 읽거나 쓸 수 있게 되기 때문에 앱 사용자에게 알리기 위해서 반드시 권한 요청을 하도록 한 거죠.

그런데 문제는, 대부분의 스마트폰에서 내부 저장소 공간이 충분치 않았기에 거의 모든 앱들이 외부 저장소를 사용해야 했습니다. 그래서 단순히 '외부 저장소에 데이터를 저장만 하는 앱'과 '외부 저장소의 전체 파일에 접근해야 하는 앱'의 구분이 불가능해지는 문제가 생긴 것이죠. 이런 문제점을 안드로이드 KITKAT 버전부터는 외부 저장소에서도 '앱 전용 디렉토리'를 제공하여 해결하였습니다. 굳이 외부 저장 장치 전체에 대한 접근 권한을 요청하지 않아도 되도록 변경된 것입니다.

이 부분을 확인하기 위해 외부 저장소에서 실제로 파일이 어떻게 저장되는지 확인해 보겠습니다.

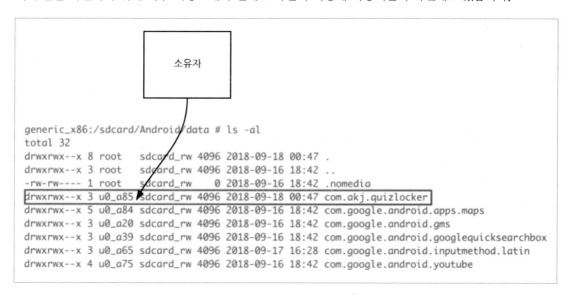

위 이미지는 외부 저장 장치에서 앱 전용 데이터의 정보를 출력한 것입니다. [/sdcard/Android/data] 디렉토리에 각 패키지 이름으로 하위 디렉토리가 생성되고, 내부 저장소와 마찬가지로 각 앱의 사용자 소유인 디렉토리가 위치하는 것을 확인할 수 있습니다.

외부 저장소에 저장했지만 '앱 전용 디렉토리'를 사용하면 다른 앱에서는 접근할 수 없는 전용 공간을 제공하는 것이죠. 물론 외부 저장소이기 때문에 저장 장치를 분리하여 다른 기기로 파일을 수정할 수는 있겠지만, 안드로이드 시스템 내에서는 접근이 불가능하도록 제어해 주는 것입니다.

다음은 외부 저장소에서 앱 전용 디렉토리가 아닌 경로에 파일을 저장하는 방법을 익혀 보겠습니다.

지금까지 내·외부 저장소의 '앱 전용 디렉토리'와 함께, 해당 위치에 파일을 저장하고 읽어 오는 방법을 익혔습니다. 대부분의 앱은 여기까지 배운 내용만 사용해도 충분히 모든 기능을 구현할 수 있습니다. 하지만 특별한 앱의 경우, 외부 저장소 전체 파일을 자유롭게 다뤄야 하는 경우도 있겠죠. 예를 들면 '파일 브라우저'와 같은 앱은 외부 저장소 전체의 파일을 보여 주고, 생성하거나 지울 수도 있어야 합니다.

앱이 외부 저장소의 모든 파일에 대한 권한을 얻으려면 해당하는 권한을 요청해야 합니다. 과거에는 AndroidManifest.xml 파일에 〈uses-permission〉 태그를 사용하기만 하면 권한을 얻을 수 있었지만, 안드로이드 6.0 머시멜로우 버전부터는 추가적으로 런타임(실행) 중에 [권한 설정] 팝업을 띄워 사용자의 동의를 구해야 하죠.

그럼 직접 코드를 통하여 동적으로 권한을 요청하는 방법을 익혀 보겠습니다. 먼저 AndroidManifest.xml 파일에서 외부 저장소 권한을 SDK 버전에 상관없이 요청하도록 변경합니다.

```
<uses-permission android:name="android.permission.WRITE_EXTERNAL_STORAGE" />
```

FileExActivity.kt 파일에 다음 코드를 추가합니다.

```kotlin
// 권한요청시 사용할 요청 코드
val MY_PERMISSION_REQUEST = 999

// 권한 체크및 요청 함수
fun checkPermission() {
    val permissionCheck = ContextCompat.checkSelfPermission(this@FileExActivity,
            Manifest.permission.WRITE_EXTERNAL_STORAGE)
    when {
        permissionCheck != PackageManager.PERMISSION_GRANTED -> {
            // 권한을 요청
            ActivityCompat.requestPermissions(
                    this@FileExActivity,
                    arrayOf(Manifest.permission.WRITE_EXTERNAL_STORAGE),
                    MY_PERMISSION_REQUEST
            )
        }
    }
}
```

```kotlin
// 권한요청 결과 컬백 함수
override fun onRequestPermissionsResult(requestCode: Int, permissions: Array<out String>, grantResults:
IntArray) {
    when (requestCode) {
        MY_PERMISSION_REQUEST -> {
            when {
                grantResults.size > 0 && grantResults[0] == PackageManager.PERMISSION_GRANTED -> {
                    // 권한 요청 성공
                    granted = true
                }
                else -> {
                    // 사용자가 권한을 허용하지 않음
                    granted = false
                }
            }
        }
    }
}


// 임의의 경로의 파일에 데이터를 저장하는 함수
fun saveToExternalCustomDirectory(text: String, filepath: String = "/sdcard/data.txt") {
    when {
        // 권한이 있는 경우
        granted -> {
            // 파라미터로 전달받은 경로의 파일의 출력 스트림 객체를 생성
            val fileOutputStream = FileOutputStream(File(filepath))
            fileOutputStream.write(text.toByteArray())
            fileOutputStream.close()
        }
        // 권한이 없는 경우
        else -> {
            Toast.makeText(applicationContext, "권한이 없습니다.", Toast.LENGTH_SHORT).show()
        }
    }
}


// 임의의 경로에 파일에서 데이터를 읽는 함수
fun loadFromExternalCustomDirectory(filepath: String = "/sdcard/data.txt"): String {
```

```
    when {
        // 권한이 있는 경우
        granted -> {
            return FileInputStream(File(filepath)).reader().readText()
        }
        // 권한이 없는 경우
        else -> {
            Toast.makeText(applicationContext, "권한이 없습니다.", Toast.LENGTH_SHORT).show()
            return ""
        }
    }
}
```

이 함수를 사용하기 위해서 기존 코드를 다음과 같이 수정합니다.

```
class FileExActivity : AppCompatActivity() {

    // 데이터 저장에 사용할 파일이름
    val filename = "data.txt"

    // 권한이 있는지 저장하는 변수
    var granted = false

    override fun onCreate(savedInstanceState: Bundle?) {
        super.onCreate(savedInstanceState)
        setContentView(R.layout.activity_file_ex)
        // 외부저장소의 권한을 동적으로 체크하는 함수를 호출
        checkPermission()

        // 저장 버튼이 클릭된 경우
        saveButton.setOnClickListener {
            // textField 의 현재 텍스트를 가져온다.
            val text = textField.text.toString()
            when {
            // 텍스트가 비어있는 경우 오류 메세지를 보여준다.
                TextUtils.isEmpty(text) -> {
                    Toast.makeText(applicationContext, "텍스트가 비어있습니다.", Toast.LENGTH_LONG).show()
                }
```

```
                    !isExternalStorageWritable() -> {
                        Toast.makeText(applicationContext, "외부 저장장치가 없습니다.", Toast.LENGTH_LONG).show()
                    }
                    else -> {
                        // 내부 저장소 파일에 저장하는 함수 호출
                        //saveToInnerStorage(text, filename)

                        // 외부 저장소 파일에 저장하는 함수 호출
                        // saveToExternalStorage(text, filename)

                        // 외부저장소"/sdcard/data.txt" 에 데이터를 저장
                        saveToExternalCustomDirectory(text)
                    }
                }
            }
        }


        // 불러오기 버튼이 클릭된 경우
        loadButton.setOnClickListener {
            try {
                // textField 의 텍스트를 불러온 텍스트로 설정한다.
                //  textField.setText(loadFromInnerStorage(filename))

                // 외부저장소 앱전용 디렉토리의 파일에서 읽어온 데이터로 textField 의 텍스트를 설정
                // textField.setText(loadFromExternalStorage(filename))

                // 외부저장소 "/sdcard/data.txt" 에서 데이터를 불러온다
                textField.setText(loadFromExternalCustomDirectory())
            } catch (e: FileNotFoundException) {
                // 파일이 없는 경우 에러메세지 보여줌
                Toast.makeText(applicationContext, "저장된 텍스트가 없습니다.", Toast.LENGTH_LONG).show()
            }
        }
    }
}

... 생략
```

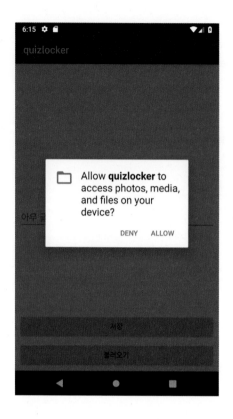

액티비티가 시작될 때 호출되는 onCreate( ) 함수에서 권한을 체크하고, 사용자가 권한을 허용하지 않으면 토스트 메세지로 "권한이 없다"고 보여 주는 코드입니다.

외부 저장소 상에 있는 임의의 경로로 자유롭게 파일을 사용하려면, 위의 코드처럼 사용자로부터 접근 권한을 얻어야 하죠. 이제 앱을 실행하면 '권한 허용'을 요청하는 화면이 나오게 될 것입니다.

여기까지 내부 저장소, 외부 저장소에 파일을 저장하는 방법에 대해 알아보았습니다. 다음은 'Key - Value' 타입으로 간편하게 데이터를 저장할 수 있는 'SharedPreference'에 대해 알아보겠습니다.

# 7.4 | SharedPreference

SharedPreference를 사용하면 앱 데이터를 'Key – Value' 형태로 저장할 수 있습니다. 간단한 예제를 만들어 빠르게 학습해 보도록 하겠습니다.

'PrefExActivity'라는 이름으로 Empty Activity를 새로 생성합니다.

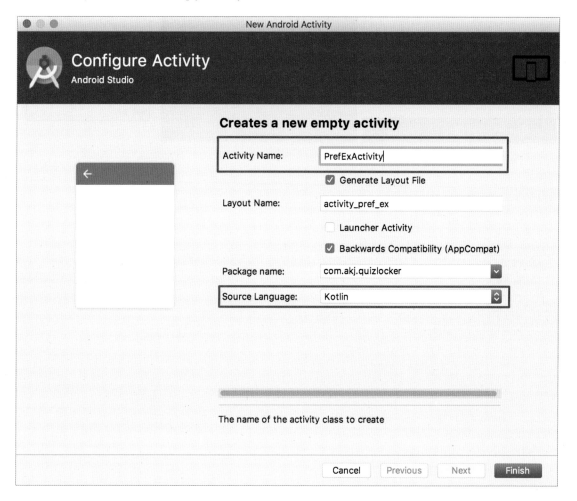

'activity_pref_ex.xml' 파일을 디자인 탭에서 열고, 다음과 같이 편집해 주세요.

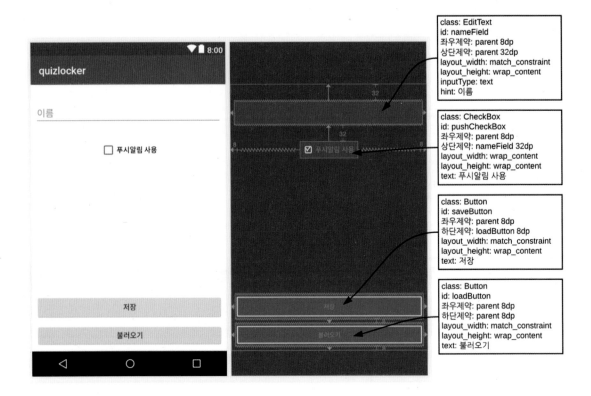

여기까지 완성된 XML 코드입니다.

```xml
<?xml version="1.0" encoding="utf-8"?>
<androidx.constraintlayout.widget.ConstraintLayout xmlns:android="http://schemas.android.com/apk/
res/android"
    xmlns:app="http://schemas.android.com/apk/res-auto"
    xmlns:tools="http://schemas.android.com/tools"
    android:layout_width="match_parent"
    android:layout_height="match_parent"
    tools:context=".PrefExActivity">

    <CheckBox
        android:id="@+id/pushCheckBox"
        android:layout_width="wrap_content"
        android:layout_height="wrap_content"
        android:layout_marginStart="8dp"
        android:layout_marginLeft="8dp"
        android:layout_marginTop="32dp"
        android:layout_marginEnd="8dp"
        android:layout_marginRight="8dp"
```

```
        android:text="푸시알림 사용"
        app:layout_constraintEnd_toEndOf="parent"
        app:layout_constraintStart_toStartOf="parent"
        app:layout_constraintTop_toBottomOf="@+id/nameField" />


    <EditText
        android:id="@+id/nameField"
        android:layout_width="0dp"
        android:layout_height="wrap_content"
        android:layout_marginStart="8dp"
        android:layout_marginLeft="8dp"
        android:layout_marginTop="32dp"
        android:layout_marginEnd="8dp"
        android:layout_marginRight="8dp"
        android:ems="10"
        android:hint="이름"
        android:inputType="text"
        app:layout_constraintEnd_toEndOf="parent"
        app:layout_constraintStart_toStartOf="parent"
        app:layout_constraintTop_toTopOf="parent" />


    <Button
        android:id="@+id/loadButton"
        android:layout_width="0dp"
        android:layout_height="wrap_content"
        android:layout_marginStart="8dp"
        android:layout_marginLeft="8dp"
        android:layout_marginEnd="8dp"
        android:layout_marginRight="8dp"
        android:layout_marginBottom="8dp"
        android:text="불러오기"
        app:layout_constraintBottom_toBottomOf="parent"
        app:layout_constraintEnd_toEndOf="parent"
        app:layout_constraintStart_toStartOf="parent" />


    <Button
        android:id="@+id/saveButton"
        android:layout_width="0dp"
        android:layout_height="wrap_content"
        android:layout_marginStart="8dp"
```

```
        android:layout_marginLeft="8dp"
        android:layout_marginEnd="8dp"
        android:layout_marginRight="8dp"
        android:layout_marginBottom="8dp"
        android:text="저장"
        app:layout_constraintBottom_toTopOf="@+id/loadButton"
        app:layout_constraintEnd_toEndOf="parent"
        app:layout_constraintStart_toStartOf="parent" />
</androidx.constraintlayout.widget.ConstraintLayout>
```

저장해야 할 앱 데이터는 2가지로서, 'nameField'에 입력된 텍스트와 'pushCheckBox'의 체크 여부를 저장해야 합니다. 이제 SharedPreference로 어떻게 데이터를 저장하는지 개념과 코드를 같이 살펴보겠습니다.

## 7.4 **02** SharedPreference로 앱 데이터 저장

SharedPreference 역시 예제 코드와 함께 익혀 보죠. 'PrefExActivity.kt' 파일을 다음과 같이 편집해 주세요.

```kotlin
package com.akj.quizlocker

import android.content.Context
import android.os.Bundle
import androidx.appcompat.app.AppCompatActivity
import kotlinx.android.synthetic.main.activity_pref_ex.*

class PrefExActivity : AppCompatActivity() {
    // nameField 의 데이터를 저장할 Key
    val nameFieldKey = "nameField"
    // pushCheckBox 의 데이터를 저장할 Key
    val pushCheckBoxKey = "pushCheckBox"
    // shared preference 객체, Activity 초기화 이후에 사용해야 하기 때문에 lazy 위임을 사용
    val preference by lazy { getSharedPreferences("PrefExActivity", Context.MODE_PRIVATE) }

    override fun onCreate(savedInstanceState: Bundle?) {
        super.onCreate(savedInstanceState)
```

```
        setContentView(R.layout.activity_pref_ex)
        // 저장 버튼이 클릭된 경우
        saveButton.setOnClickListener {
            // SharedPreference 에서 nameFieldKey 키값으로 nameField 의 현재 텍스트를 저장한다.
            preference.edit().putString(nameFieldKey, nameField.text.toString()).apply()
            // SharedPreference 에서 pushCheckBoxKey 키값으로 체크 박스의 현재 체크 상태를 저장한다.
            preference.edit().putBoolean(pushCheckBoxKey, pushCheckBox.isChecked).apply()
        }
        // 불러오기 버튼이 클릭된 경우
        loadButton.setOnClickListener {
            // SharedPreference 에서 nameFieldKey 로 저장된 문자열을 불러와 nameField 의 텍스트로 설정
            nameField.setText(preference.getString(nameFieldKey, ""))
            // SharedPreference 에서 pushCheckBoxKey 키값으로 불린값을 불러와 pushCheckBox 의 체크상태를 설정
            pushCheckBox.isChecked = preference.getBoolean(pushCheckBoxKey, false)
        }
    }
}
```

테스트를 하기 위해서는 AndroidManifest.xml 파일에서 다음과 같이 런처 액티비티를 변경합니다.

```
<?xml version="1.0" encoding="utf-8"?>
<manifest xmlns:android="http://schemas.android.com/apk/res/android" package="com.akj.quizlocker">

    <!-- 외부저장소에 읽기 쓰기 권한 요청, 앱 전용 데이터로 저장하는 경우 SDK 18 이후부터는 권한 요청이 필요 없음 -->
    <uses-permission android:name="android.permission.WRITE_EXTERNAL_STORAGE" />

    <application
        android:allowBackup="true"
        android:icon="@mipmap/ic_launcher"
        android:label="@string/app_name"
        android:roundIcon="@mipmap/ic_launcher_round"
        android:supportsRtl="true"
        android:theme="@style/AppTheme">
        <activity android:name=".MainActivity"></activity>
        <activity android:name=".FileExActivity"></activity>
        <activity android:name=".PrefExActivity">
```

```
        <intent-filter>
            <action android:name="android.intent.action.MAIN" />

            <category android:name="android.intent.category.LAUNCHER" />
        </intent-filter>
    </activity>
  </application>

</manifest>
```

앱을 실행하여 테스트하면, nameField 와 pushCheckBox 의 상태가 잘 저장되고 불려 오는 것을 확인할 수 있습니다. 그럼 이제 SharedPreference 로 저장 및 불러오기를 하는 핵심 코드를 살펴보겠습니다.

먼저 SharedPreference 객체를 가져오려면 Activity 의 'getSharedPreference()' 함수를 사용합니다.

```
val preference by lazy { getSharedPreferences("PrefExActivity", Context.MODE_PRIVATE) }
```

사실 SharedPreference 객체를 가져오는 방법은 3가지가 있는데, 간략하게 표로 정리하겠습니다.

| 함수 | 설명 |
|---|---|
| Activity.getPreference() | Activity 별 Preference 객체를 반환 |
| Context.getSharedPrefrence() | 파라미터로 전달받은 이름의 Preference 객체를 반환함 앱의 모든 컨텍스트에서 호출 가능 |
| PreferenceManager.getDefaultSharedPreference() | 앱 기본 환경 설정 객체를 반환 |

'getPrefrence()' 함수는 자동으로 Activity 마다 다른 Preference 객체를 반환하고, 'getSharedPreference()' 함수는 전달받은 '이름'으로 Preference 객체를 반환한다는 것이 차이점이죠. 대부분 이런 환경 설정값은 보통 여러 Activity 에서 참조하는 경우가 많으므로, getPreference() 함수보다는 이름으로 서로 공유할 수 있는 getSharedPreference() 함수가 더 많이 쓰이게 됩니다.

또한 'getDefaultSharedPreference()' 함수는 앱의 기본 Preference 객체를 반환하죠. 참고로 'PreferenceFragment' 등을 사용하면 기본 Preference 에 저장됩니다.

다음은 SharedPreference 객체를 사용하여 'Key - Value' 형태로 데이터를 저장하는 코드입니다.

```
// SharedPreference 에서 nameFieldKey 키값으로 nameField 의 현재 텍스트를 저장한다.
preference.edit().putString(nameFieldKey, nameField.text.toString()).apply()
```

SharedPreference 로 데이터를 저장하기 위해서는 'SharedPreference.Editor' 객체를 사용합니다. 이 Editor 객체는 'SharedPreference.edit()' 함수를 사용해 가져올 수 있는데요. Editor 객체로 저장할 수 있는 데이터 타입은 위 코드와 같이 'putString()' 함수 외에도 몇 가지가 더 있는데요. 표를 통해 알아보겠습니다.

| 함수 | 설명 |
|---|---|
| putBoolean(key : String, value : Boolean) | 전달받은 key값으로 Boolean 형 데이터 저장 |
| putFloat(key : String, value : Float) | 전달받은 key값으로 Float 형 데이터 저장 |
| putInt(key : String, value : Int) | 전달받은 key값으로 Int 형 데이터 저장 |
| putLong(key : String, value : Long) | 전달받은 key값으로 Long 형 데이터 저장 |
| putString(key : String, value : String) | 전달받은 key값으로 String 형 데이터 저장 |
| putStringSet(key : String, value : Set〈String〉) | 전달받은 key값으로 String의 Set 저장 |

또한 SharedPreference 객체로 데이터를 다시 불러올 때에는 다음과 같은 형태의 코드로 사용합니다.

```
preference.getString(nameFieldKey, "")
```

이때 getString() 함수의 첫 번째 파라미터는 '키 값'을 의미하고 두 번째 파라미터는 '만일 저장된 데이터가 없는 경우의 기본 값'입니다. 아직 저장된 값이 없으면 '빈 문자열'을 반환하게 되는것이죠.

SharedPreference 를 사용하면 파일에 비해 구조화된 데이터를 다루기 쉬워집니다. 예를 들어 방금 화면의 데이터를 파일로 저장한다고 생각해 보겠습니다. 파일로 저장한다면 어떻게 저장하는 것이 좋을까요?

간단하게 생각해서 다음 그림과 같이 첫 번째 라인에는 'nameField 의 데이터'를 저장하고, 두 번째 라인에는 'pushCheckBox 의 상태를 true, false'로 저장한다고 가정해 보죠.

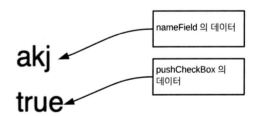

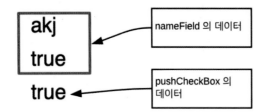

얼핏 보면 문제가 없을 것 같지만 중요한 문제가 있습니다. 만약 nameField의 데이터가 한 줄이 아니라 두 줄이 되면 어떻게 될까요?

이렇게 저장된다면 어디서부터 'pushCheckBox'의 데이터인지 알기 어렵게 됩니다. nameField의 데이터는 2줄이 아니라 3줄일 수도 있기 때문이죠.

그렇기 때문에, 파일로 저장할 때에는 데이터를 구조화할 수 있는 방법이 필요합니다. 대표적인 방법으로는 Json, XML을 사용하는 방법이 있습니다. 위의 경우를 Json으로 표현한다면 다음과 같이 표현할 수 있습니다.

```
{
    "nameField" : "akj₩₩ntrue",
    "pushCheckBox": true
}
```

파일로 저장하는 경우 데이터를 구조화하는 것은 선택 사항이기 때문에, 어떻게 구조화할 것인지는 스스로 결정해야 합니다. 고민할 것이 많아지는 셈이죠.

사실 SharedPreference는 'Key - Value' 형태로 데이터를 저장하기 위해 'XML 구조'를 사용합니다. 앱에서 SharedPreference를 저장하면 실제로 XML 파일이 생성되는데요. 앱 전용 디렉토리 하위의 [shared_prefs] 디렉토리에 XML 파일로 저장됩니다. 다음 이미지는 실제로 저장된 파일 내용을 출력한 것입니다.

```
generic_x86:/data/data/com.akj.quizlocker/shared_prefs # ls
PrefExActivity.xml
generic_x86:/data/data/com.akj.quizlocker/shared_prefs # cat PrefExActivity.xml
<?xml version='1.0' encoding='utf-8' standalone='yes' ?>
<map>
    <boolean name="pushCheckBox" value="false" />
    <string name="nameField">aaa</string>
</map>
generic_x86:/data/data/com.akj.quizlocker/shared_prefs #
```

빨간 박스에는 코드에서 저장한 데이터가 어떻게 구조화되어 있는지 보여 줍니다.

SharedPreference를 사용해 'Key - Value' 형태로 저장하게 되면, 데이터의 구조화를 신경 쓸 필요 없이 간편하게 대부분의 설정값을 저장할 수 있습니다. 게다가 SharedPreference는 UI에서 변경된 사항을 바로 저장할 수 있는 방법인 'PreferenceFragment'도 지원합니다.

안드로이드에서 흔히 사용하는 설정 화면은 대부분 PreferenceFragment를 활용하게 됩니다. 그럼 우리는 이제 PreferenceFragment에 대해 공부해 보겠습니다.

## 7.4.03 PreferenceFragment

앞서 SharedPreference를 사용하여 코드에서 데이터를 저장하는 방법을 익혔습니다. 이번에는 UI의 변경 사항을 바로 저장하는 'PreferenceFragment'에 대해 알아보겠습니다. 예제를 위해 'PrefFragmentActivity'라는 이름의 Empty Activity를 하나 생성합니다.

PrefrenceFragment는 레이아웃 XML을 사용하지 않고 Preference 형태의 리소스를 사용합니다.

프로젝트 내비게이터에서 [app 〉 res]에 마우스를 우클릭하여 [New 〉 Android resource file] 메뉴를 선택합니다. 'Resource type'란에서 'XML'을 선택하고 이름은 'ex_pref'로 지정하여 생성합니다.

Preference는 XML 타입의 리소스를 사용하는데, XML 타입 리소스는 디자인 탭에서 마우스로 작업할 수도 있고, XML 탭에서 직접 코드를 수정하는 방식으로 작업할 수도 있죠. 디자인 탭에서 좌측 팔레트를 확인해 주세요.

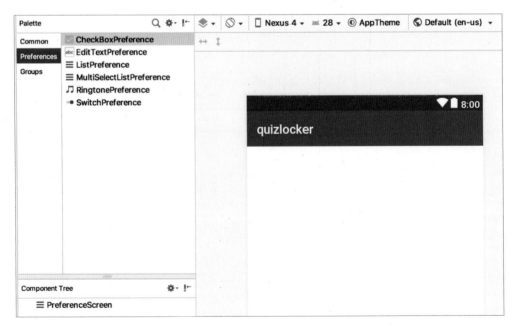

팔레트에는 UI로 사용할 수 있는 [Preference] 속성들이 있습니다. 팔레트에서 각 요소들을 마우스로 끌어 다음과 같이 배치해 주세요.

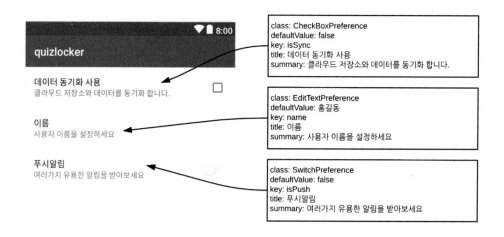

```xml
<?xml version="1.0" encoding="utf-8"?>
<PreferenceScreen xmlns:android="http://schemas.android.com/apk/res/android">

    <CheckBoxPreference
        android:defaultValue="false"
        android:key="isSync"
        android:summary="클라우드 저장소와 데이터를 동기화 합니다."
        android:title="데이터 동기화 사용" />
    <EditTextPreference
        android:defaultValue="홍길동"
        android:key="name"
        android:selectAllOnFocus="true"
        android:singleLine="true"
        android:summary="사용자 이름을 설정하세요"
        android:title="이름" />
```

```xml
    <SwitchPreference
        android:defaultValue="false"
        android:key="isPush"
        android:summary="여러가지 유용한 알림을 받아보세요"
        android:title="푸시알림" />
</PreferenceScreen>
```

XML 리소스에서 Preference 를 배치할 때에는 레이아웃을 신경 쓸 필요가 없습니다. 자동으로 배치되기 때문이죠. 이제 코드에서 방금 전에 만든 설정 UI 를 사용하도록 해보겠습니다. PrefExActivity.kt 파일을 다음과 같이 편집해 주세요.

```kotlin
package com.akj.quizlocker

import android.os.Bundle
import android.preference.PreferenceFragment
import androidx.appcompat.app.AppCompatActivity

class PrefFragmentActivity : AppCompatActivity() {
    override fun onCreate(savedInstanceState: Bundle?) {
        super.onCreate(savedInstanceState)
        setContentView(R.layout.activity_pref_fragment)
        // 액티비티의 컨텐트 뷰를 MyPrefFragment 로 교체한다
        fragmentManager.beginTransaction().replace(android.R.id.content, MyPrefFragment()).commit()
    }

    // PreferenceFragment: XML 로 작성한 Preference 를 UI 로 보여주는 클래스
    class MyPrefFragment : PreferenceFragment() {
        override fun onCreate(savedInstanceState: Bundle?) {
            super.onCreate(savedInstanceState)
            // Preference 정보가 있는 XML 파일 지정
            addPreferencesFromResource(R.xml.ex_pref)
        }
    }
}
```

앱을 실행해서 확인하려면 매니페스트 파일(AndroidManifest.xml)에서 런처 액티비티를 바꿔야겠죠? AndroidManifest.xml 파일을 다음과 같이 편집해 주세요.

```xml
<?xml version="1.0" encoding="utf-8"?>
<manifest xmlns:android="http://schemas.android.com/apk/res/android" package="com.akj.quizlocker">

    <!-- 외부저장소에 읽기 쓰기 권한 요청, 앱 전용 데이터로 저장하는 경우 SDK 18 이후부터는 권한 요청이 필요 없음 -->
    <uses-permission android:name="android.permission.WRITE_EXTERNAL_STORAGE" />

    <application
        android:allowBackup="true"
        android:icon="@mipmap/ic_launcher"
        android:label="@string/app_name"
        android:roundIcon="@mipmap/ic_launcher_round"
        android:supportsRtl="true"
        android:theme="@style/AppTheme">
        <activity android:name=".MainActivity" />
        <activity android:name=".FileExActivity"></activity>
        <activity android:name=".PrefExActivity"></activity>
        <activity android:name=".PrefFragmentActivity">
            <intent-filter>
                <action android:name="android.intent.action.MAIN" />

                <category android:name="android.intent.category.LAUNCHER" />
            </intent-filter>
        </activity>
    </application>

</manifest>
```

앱을 실행해서 확인해 보세요. 체크 박스와 스위치, 그리고 이름 등 입력한 내용이 바로 Preference에 저장됩니다. 특별히 코드를 작성하지 않아도 자동으로 저장되는 것이죠.

게다가 UI 역시 안드로이드 설정 화면과 유사하게 나오므로 UX 측면에서도 유리합니다. 앱의 환경 설정 정보를 저장할 필요가 있는 경우, XML 리소스와 PreferenceFragment를 적극 활용하세요. XML 리소스로 공유 환경 설정 UI를 만들 때에는 위 예제에서 사용한 것 외에도 ListPreference, RingtonePreference 등을 활용할 수 있는데요.

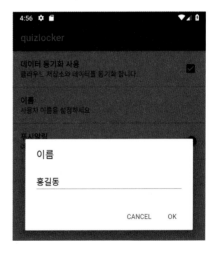

표를 통해 어떤 요소들을 활용할 수 있는지 살펴보겠습니다.

| 클래스 | 설명 |
| --- | --- |
| PreferenceScreen | Preference 기본 설정 계층 구조의 최상위 루트를 나타냅니다. 설정 그룹 여러 개를 보조 화면에 배치하고자 하는 경우 PreferenceScreen를 중첩하여 사용합니다. |
| PreferenceCategory | 여러 개의 설정 그룹 사이에 구분선과 제목을 제공하고자 하는 경우, 각 Preference 객체 그룹을 PreferenceCategory 내부에 배치합니다. |
| CheckBoxPreference | 활성화되었거나 비활성화된 설정에 대한 체크 박스가 있는 항목을 표시합니다. 이 Preference는 SharedPreferences에 Boolean을 저장합니다. |
| EditTextPreference | EditText 위젯이 있는 대화 상자를 엽니다. 이 Preference는 SharedPreferences에 String을 저장합니다. |
| ListPreference | 라디오 버튼 목록이 있는 대화 상자를 엽니다. SharedPreferences에 저장되는 값은 Boolean, Float, Int, Long, String, String Set 중 어느 것이라도 될 수 있습니다. |
| MultiSelectListPreference | 여러 개의 값이 선택 가능한 체크 박스 목록이 있는 대화 상자를 엽니다. 이 Preference는 SharedPreferences에 String Set을 저장합니다. |
| RingtonePreference | 사용자가 기기의 벨소리를 선택할 수 있는 Preference입니다. 선택한 벨소리의 URI는 String으로 유지됩니다. |
| SwitchPreference | 2가지 상태를 전환하는 옵션을 제공하는 Preference입니다. 이 Preference는 SharedPreferences에 Boolean을 저장합니다. |

여기까지 우리는 파일을 이용하여 앱 데이터를 저장하는 방법과 함께, 공유 환경 설정(Shared Preference) 을 사용하여 데이터를 저장하는 방법, 그리고 PreferenceFragment 를 사용해 UI 의 변경된 사항을 Preference 에 바로 적용하는 방법까지 공부하였습니다. 여기까지 배운 것들을 정리해 보고, 다음으로 BroadcastReceiver 에 대해 공부하도록 하겠습니다.

◆ 안드로이드에서 앱 데이터를 저장하는 방법은 내부 저장소와 외부 저장소에 파일로 저장하거나, 공유 환경 설정 (Shared Preference)을 사용해 'Key − Value' 형태로 저장하는 방법, Sqlie 를 사용하는 방법, 백엔드 서버에 저장하는 방법들이 있다.

◆ 내부 저장소에 파일을 저장하면, 다른 앱이 접근 할 수 없는 앱 전용 디렉토리에 파일을 저장하게 된다.

◆ 외부 저장소에 저장할 때, 앱 전용 공간을 사용하는 경우 SDK 18 이후로는 AndroidManifest.xml 파일에서 '외부

저장소 쓰기 권한'을 요청할 필요가 없다. 하지만 하위 버전 호환을 위하여 〈uses-permission〉 태그를 작성해야 하며, 'maxSdkVersion' 속성으로 특정 버전 이상에서는 권한을 요청하지 않게 할 수 있다.

◆ 외부 저장소의 '모든 파일'에 대해 권한을 얻기 위해서는 앱 실행(Runtime) 중에 '외부 장치 사용 권한 요청'을 해야 한다. 사용자가 권한을 수락하면 모든 외부 저장 장치 파일에 대해 접근이 가능해진다.

◆ 'SharedPreference'는 'Key - Value' 형태로 데이터를 저장할 수 있고, 저장 가능한 타입으로는 'Boolean, Int, Long, String, Set〈String〉, Float' 등이 있다.

◆ SharedPreference 는 XML 리소스를 사용하여 UI 와 같이 사용할 수 있다. 'PreferenceFragment'와 같이 리소스를 사용하면 UI 의 변경 사항을 바로 Preference 에 적용할 수 있다.

# 7.5 | 브로드캐스트(Broadcast)

## 7.5.01 | 브로드캐스트와 브로드캐스트 리시버(Receiver)

이번 장에서 만드는 실전 예제는 [잠금화면]처럼 동작해야 하기 때문에, 기본적으로 '화면이 꺼졌을 때의 이벤트'로 동작해야 합니다. 이런 기능을 개발하려면 **BroadcastReceiver(브로드캐스트 리시버)**를 알아야 하는데, 'BroadcastReceiver' 클래스는 이름 그대로 방송(Broadcast) 메세지 수신자(Receiver)입니다. '방송 (Broadcast) 메세지'는 소프트웨어 개발 분야에서 꽤 자주 쓰이는 용어로서, 먼저 방송 메세지의 특징부터 알아보겠습니다.

방송(Broadcast) 메세지의 특징은 메세지를 전달할 때 송신자는 '수신자를 지정'해서 보내지 않는다는 것입니다. 일단 메세지가 모든 컴포넌트에게 전달되고, 수신하는 컴포넌트 측에서 필요한 메세지를 골라 처리합니다. 이런 패턴을 '발행 – 구독(Publish – Subscribe)' 패턴이라고 합니다.

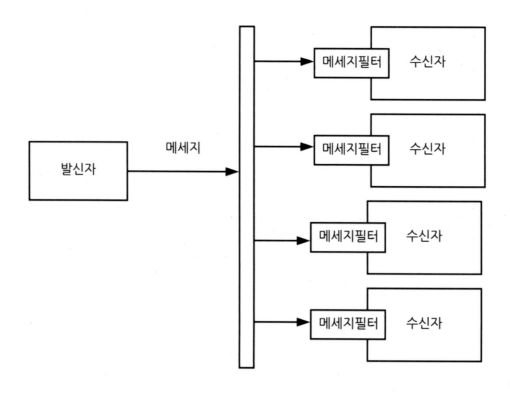

위 그림과 같이, 발신자가 메세지를 보내면 각 수신자가 메세지 필터를 통해 자신이 처리해야 할 메세지만

고르는 방법을 사용하는 것이죠. 앞서 익혔던 'Intent'와 'Intent-Filter'를 기억해 주세요. 안드로이드는 컴포넌트 간의 '메세지' 객체로서 'Intent'를 사용하고, 메세지 필터로는 'Intent-Filter'를 사용한다고 했죠.

BroadcastReceiver는 안드로이드의 기본 컴포넌트 중 이런 '방송(Broadcast) 메세지'를 수신하는데, 특히 시스템의 브로드캐스트(Broadcast) 메세지를 처리하기 위해 많이 사용합니다. 이번 실전 예제 역시 기기의 화면이 꺼질 때 동작해야 하는데, 그렇게 하기 위해서는 화면이 꺼졌을 때의 '시스템 방송 메세지'를 수신해야 하는 것이죠.

BroadcastReceiver는 안드로이드 'Oreo' 버전부터 제한 사항들이 추가되었는데요. 본격적으로 코드를 작성하기 전에 어떤 제한 사항이 있는지부터 살펴보겠습니다.

## 7.5.02 브로드캐스트 수신 제한

브로드캐스트(방송 메세지) 수신은 안드로이드 Oreo(API Level 26) 버전부터 제한이 생겼습니다. 과거에는 AndroidManifest.xml 파일에 리시버를 등록하고 인텐트 필터를 등록하면 되었지만, 이제 암시적 인텐트에 대해서는 AndroidManifest.xml에 등록해도 동작하지 않게 됩니다. 대신 앱 또는 서비스 실행(Runtime) 중에 브로드캐스트 리시버를 등록해야 하죠.

이렇게 제한 사항이 생긴 이유는 '성능'과 '배터리 절약' 이슈 때문인데요. 많은 앱들이 모두 브로드캐스트 메세지를 수신하게 되면, 그만큼 배터리 소모가 많아지고 느려지기 때문입니다. Oreo 버전 이후에도 몇 가지 브로드캐스트 메세지는 여전히 암시적으로 사용할 수 있습니다. Oreo 버전 이후에도 매니페스트 파일(AndroidManifest.xml)에 리시버를 등록하여 메세지를 수신할 수 있는 브로드캐스트 메세지들을 표로 알아보겠습니다.

| 브로드캐스트 메세지 | 설명 |
| --- | --- |
| ACTION_LOCKED_BOOT_COMPLETED | 기기가 부팅된 후 잠금 상태일 때 다이렉트 부트로 동작하는 경우 수신합니다. 다이렉트 부트는 Android N 이후 지원되는 기능으로, 사용자가 잠금을 해제하기 전에 메세지가 수신됩니다. |
| ACTION_BOOT_COMPLETED | 기기가 부팅될 때 수신합니다. Android N 이후에는 사용자가 잠금을 해제해야 메세지가 수신됩니다. |
| ACTION_TIMEZONE_CHANGED | 시간대를 변경하는 일은 자주 발생하지 않으며 알람을 업데이트해야 할 수 있기 때문에 예외적으로 사용이 가능합니다. |
| ACTION_LOCALE_CHANGED | 언어가 변경되는 경우 수신되며 자주 발생하는 메세지가 아닙니다. |

| | |
|---|---|
| ACTION_USB_ACCESSORY_ATTACHED, ACTION_USB_ACCESSORY_DETACHED, ACTION_USB_DEVICE_ATTACHED, ACTION_USB_DEVICE_DETACHED | USB 장치 관련 브로드캐스트는 여전히 암시적으로 사용이 가능합니다. |
| ACTION_HEADSET_PLUG | 이 브로드캐스트는 사용자가 플러그를 물리적으로 연결하거나 연결 해제할 때에만 전송되므로, 앱이 이 브로드캐스트에 응답하는 경우 성능 및 배터리에 거의 영향이 없습니다. |
| ACTION_CONNECTION_STATE_ CHANGED, ACTION_CONNECTION_ STATE_CHANGED | ACTION_HEADSET_PLUG와 마찬가지로, 앱이 이러한 Bluetooth 이벤트용 브로드캐스트를 수신하는 경우 성능 및 배터리에 큰 영향을 주지 않습니다. |
| LOGIN_ACCOUNTS_CHANGED_ACTION | 일부 앱은 새로운 계정과 변경된 계정에 대해 작업을 예약하기 위해 로그인 계정의 변경 사항을 알아야 합니다. |
| ACTION_PACKAGE_DATA_CLEARED | 사용자가 설정 앱에서 해당 앱의 데이터를 지울 때 명시적으로 호출되므로 성능 및 배터리에 거의 영향이 없습니다. |
| ACTION_PACKAGE_FULLY_REMOVED | 또 다른 패키지가 제거될 때 일부 앱은 저장된 데이터를 업데이트할 수도 있습니다. 이러한 앱의 경우 이 브로드캐스트에 등록하는 것이 좋은 대안입니다. |
| ACTION_NEW_OUTGOING_CALL | 사용자가 전화를 걸 때 이에 응답하여 동작하는 앱은 이 브로드캐스트를 수신해야 합니다. |
| ACTION_DEVICE_OWNER_CHANGED | 디바이스의 소유자가 바뀌는 경우로 거의 수신되지 않는 브로드캐스트 메세지입니다. |
| ACTION_EVENT_REMINDER | 이벤트 알림을 캘린더 앱에 게시하기 위해 캘린더 제공자에 의해 전송됩니다. 캘린더 제공자는 캘린더 앱이 어떤 것인지 모르기 때문에 이 브로드캐스트는 암시적이어야 합니다. |
| ACTION_MEDIA_MOUNTED, ACTION_ MEDIA_CHECKING, ACTION_MEDIA_ UNMOUNTED, ACTION_MEDIA_EJECT, ACTION_MEDIA_UNMOUNTABLE, ACTION_MEDIA_REMOVED, ACTION_ MEDIA_BAD_REMOVAL | 이들 브로드캐스트는 사용자와 기기 간의 물리적 상호 작용의 결과로 전송되거나(저장소 볼륨을 설치하거나 제거하는 경우), 부트 초기화의 일환으로 전송되므로(사용 가능한 볼륨이 마운트되는 경우), 흔히 발생하는 것이 아니며 일반적으로 사용자의 통제 하에 있습니다. |
| SMS_RECEIVED_ACTION, WAP_PUSH_ RECEIVED_ACTION | 이들 브로드캐스트는 SMS 수신자 앱에 의해 사용됩니다. |

표를 보면 알수 있듯이 이제 암시적 인텐트로 등록할 수 있는 브로드캐스트 리시버는 자주 발생하지 않는 브로드캐스트 메세지이거나 배터리 및 성능에 거의 영향이 없는 메세지만 허용됩니다.

간단한 예제와 함께 실제 구현 코드를 익혀 보겠습니다. 먼저 BroadcastReceiver를 상속받은 클래스를 생성해야 합니다. [New 〉 Kotlin File / Class] 메뉴를 선택하여 'BootCompleteReceiver.kt' 파일을 생성합니다.

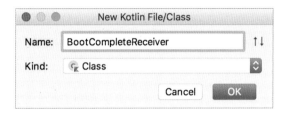

생성된 BootCompleteReceiver.kt 파일을 다음과 같이 편집해 주세요.

```kotlin
package com.akj.quizlocker

import android.content.BroadcastReceiver
import android.content.Context
import android.content.Intent
import android.util.Log
import android.widget.Toast

// BroadcastReceiver 를 상속받는다
class BootCompleteReceiver : BroadcastReceiver() {
    // 브로드캐스트 메세지 수신시 불리는 콜백 함수
    override fun onReceive(context: Context?, intent: Intent?) {
        // 부팅이 완료될 때의 메세지인지 확인
        when {
            intent?.action == Intent.ACTION_BOOT_COMPLETED -> {
                Log.d("quizlocker", "부팅이 완료됨")
                Toast.makeText(context, "퀴즈 잠금화면: 부팅이 완료됨", Toast.LENGTH_LONG).show()
            }
        }
    }
}
```

부팅이 완료되면 '로그'와 '토스트 메세지'를 띄우는 코드입니다. 'ACTION_BOOT_COMPLETED' 메세지는 Oreo 버전 이후에도 암시적 인텐트로 사용할 수 있는 메세지입니다. 재부팅되어도 자동으로 실행되어야 하는 서비스의 경우 런타임에서 실행하게 하면 서비스가 정상적으로 이루어질 수 없기 때문입니다.

암시적 인텐트가 허용되는 메세지이기 때문에 AndroidManifest.xml 파일에 리시버를 등록하기만 하면 브로드캐스트 메세지를 수신할 수 있습니다. AndroidManifest.xml 을 다음과 같이 수정해 주세요.

```xml
<?xml version="1.0" encoding="utf-8"?>
<manifest xmlns:android="http://schemas.android.com/apk/res/android" package="com.akj.quizlocker">

    <!-- 외부저장소에 읽기 쓰기 권한 요청, 앱 전용 데이터로 저장하는 경우 SDK 18 이후부터는 권한 요청이 필요 없음 -->
    <uses-permission android:name="android.permission.WRITE_EXTERNAL_STORAGE" />

    <!-- 부팅이 완료될 때 브로드캐스크 수신을 위한 권한 요청   -->
    <uses-permission android:name="android.permission.RECEIVE_BOOT_COMPLETED" />

    <application
        android:allowBackup="true"
        android:icon="@mipmap/ic_launcher"
        android:label="@string/app_name"
        android:roundIcon="@mipmap/ic_launcher_round"
        android:supportsRtl="true"
        android:theme="@style/AppTheme">
        <activity android:name=".MainActivity" />
        <activity android:name=".FileExActivity"></activity>
        <activity android:name=".PrefExActivity"></activity>
        <activity android:name=".PrefFragmentActivity">
            <intent-filter>
                <action android:name="android.intent.action.MAIN" />

                <category android:name="android.intent.category.LAUNCHER" />
            </intent-filter>
        </activity>
        <!-- 암시적 인텐트로 실행되는 브로드캐스트 리시버 등록 -->
        <receiver android:name=".BootCompleteReceiver" android:exported="true">
            <intent-filter>
                <action android:name="android.intent.action.BOOT_COMPLETED" />
            </intent-filter>
        </receiver>
    </application>

</manifest>
```

AndroidManifest.xml 파일에 추가된 부분은 '권한 추가'와 〈receiver〉 태그입니다.

```
<!-- 부팅이 완료될때 브로드캐스크 수신을 위한 권한 요청  -->
<uses-permission android:name="android.permission.RECEIVE_BOOT_COMPLETED" />
```

부팅이 완료되었을 때 브로드캐스트 메세지를 수신하려면 AndroidManifest.xml 파일에 위 코드처럼 권한을 요청해야 합니다.

```
<!-- 암시적 인텐트로 실행되는 브로드캐스트 리시버 등록 -->
<receiver android:name=".BootCompleteReceiver" android:exported="true">
    <intent-filter>
        <action android:name="android.intent.action.BOOT_COMPLETED" />
    </intent-filter>
</receiver>
```

테스트를 위해서는 에뮬레이터를 재시작하는 방법을 알아야 하는데요. 실제로 폰에 설치하고 재부팅을 하거나 'adb' 명령어로 에뮬레이터를 재부팅할 수 있습니다. adb 를 사용 시 다음 명령어를 입력하세요.

```
adb reboot
```

앱을 새로 빌드하여 실행한 후 재부팅을 하게 되면 토스트 메세지가 나오는 것을 확인할 수 있습니다.

ACTION_BOOT_COMPLETE 메세지의 경우 암시적 인텐트의 매니페스트 등록을 허용하기 때문에 AndroidManifest.xml 에서 등록을 하였는데요. 이번 실전 예제에서 사용하는 화면이 꺼졌을 때 전달되는 브로드캐스트 메세지는 암시적 허용이 되지 않습니다.

이런 경우 매니페스트가 아니라 런타임에 브로드캐스트 리시버를 등록해야 합니다. 다음은 런타임에 브로드캐스트 리시버를 등록하는 방법을 알아보겠습니다.

안드로이드 Oreo 버전부터 대부분의 브로드캐스트 메세지는 이제 AndroidManifest.xml에 리시버를 등록해도 동작하지 않게 되었습니다. 대신 실행(Runtime) 중에 리시버를 등록해야 하죠. 화면이 꺼지는 경우의 브로드캐스트 메세지를 수신하는 리시버를 간단하게 구현해 보도록 하겠습니다.

먼저 브로드캐스트리시버를 상속받는 클래스를 생성하겠습니다. [New 〉 Kotlin File/Class] 메뉴를 선택하여 'ScreenOffReceiver.kt'를 생성하고 다음과 같이 편집해 주세요.

```kotlin
package com.akj.quizlocker

import android.content.BroadcastReceiver
import android.content.Context
import android.content.Intent
import android.util.Log
import android.widget.Toast

class ScreenOffReceiver : BroadcastReceiver() {
    override fun onReceive(context: Context?, intent: Intent?) {
        when {
        // 화면이 꺼질 때 오는 브로드캐스트 메세지인 경우 토스트 출력
            intent?.action == Intent.ACTION_SCREEN_OFF -> {
                Log.d("ScreenOffReceiver", "퀴즈잠금: 화면이 꺼졌습니다.")
                Toast.makeText(context, "퀴즈잠금: 화면이 꺼졌습니다.", Toast.LENGTH_LONG).show()
            }
        }
    }
}
```

이제 실행 중에 'ScreenOffReceiver'를 등록해야 하므로 새로운 액티비티를 만들어서 리시버를 등록해 보도록 하겠습니다.

내비게이터에서 [New 〉 Activity 〉 Empty Activity] 메뉴를 선택하여 'ScreenOffExActivity'라는 이름의 새로운 액티비티를 다음 그림과 같이 생성하겠습니다.

ScreenOffExActivity.kt 파일을 다음과 같이 편집해 주세요.

```kotlin
package com.akj.quizlocker

import android.content.Intent
import android.content.IntentFilter
import android.os.Bundle
import androidx.appcompat.app.AppCompatActivity

class ScreenOffExActivity : AppCompatActivity() {
    // ScreenOffReceiver 객체
    var screenOffReceiver: ScreenOffReceiver? = null

    override fun onCreate(savedInstanceState: Bundle?) {
        super.onCreate(savedInstanceState)
        setContentView(R.layout.activity_screen_off_ex)
        // screenOffReceiver 가 널인 경우에만 screenOffReceiver 를 생성하고 등록한다.
        if (screenOffReceiver == null) {
            screenOffReceiver = ScreenOffReceiver()
```

```
            val intentFilter = IntentFilter(Intent.ACTION_SCREEN_OFF)
            registerReceiver(screenOffReceiver, intentFilter)
        }
    }
}
```

코드에서 브로드캐스트 리시버를 등록하는 코드를 자세히 살펴보겠습니다.

```
screenOffReceiver = ScreenOffReceiver()
val intentFilter = IntentFilter(Intent.ACTION_SCREEN_OFF)
registerReceiver(screenOffReceiver, intentFilter)
```

'registerReceiver()' 함수는 브로드캐스트 리시버를 런타임에 등록하는 역할을 하는 함수입니다. 파라미터는 2개가 필요한데, 첫 번째 파라미터는 '브로드캐스트 리시버를 상속받은 객체'이고 두 번째 파라미터는 '메세지를 필터링할 IntentFilter 객체'입니다.

코드를 테스트하기 위해 AndroidManifest.xml 파일에서 런처 액티비티를 변경하고 실행해 보세요.

```xml
<?xml version="1.0" encoding="utf-8"?>
<manifest xmlns:android="http://schemas.android.com/apk/res/android" package="com.akj.quizlocker">

    <!-- 외부저장소에 읽기 쓰기 권한 요청, 앱 전용 데이터로 저장하는 경우 SDK 18 이후부터는 권한 요청이 필요 없음 -->
    <uses-permission android:name="android.permission.WRITE_EXTERNAL_STORAGE" />

    <!-- 부팅이 완료될때 브로드캐스크 수신을 위한 권한 요청 -->
    <uses-permission android:name="android.permission.RECEIVE_BOOT_COMPLETED" />

    <application
        android:allowBackup="true"
        ... 생략
        <activity android:name=".ScreenOffExActivity">
            <intent-filter>
                <action android:name="android.intent.action.MAIN" />

                <category android:name="android.intent.category.LAUNCHER" />
            </intent-filter>
```

```
        </activity>
    </application>

</manifest>
```

에뮬레이터에서 화면을 끄려면 우측 [전원] 버튼을 사용합니다.

에뮬레이터의 전원을 끄면 로그가 출력되는 것을 확인할 수 있습니다.

이제 브로드캐스트 메세지를 배웠으니, 실전 예제에서 필요한 핵심 기능 중 '화면이 꺼졌을 때 동작하는 기능'을 구현할 수 있게 되었습니다. 그런데 한 가지 문제가 있습니다.

지금 코드는 액티비티에서 브로드캐스트 리시버를 등록했기 때문에, 액티비티가 종료되면 기능이 동작하지 않게 됩니다. UI의 종료와 상관없이 백엔드에서 계속 실행되게 하려면 안드로이드의 기본 컴포넌트 중 '서비스'를 사용해야 합니다.

그럼 이번 과에서 배운 내용들을 정리하고, 다음 과에서는 서비스에 대해 실습해 보도록 하겠습니다.

- 브로드캐스트 메세지는 발신자가 특별한 수신자를 지정하지 않은 채 수신자가 필요한 메세지를 필터링하는 형태로 동작한다.

- 안드로이드에서 브로드캐스트 메세지는 'Intent'와 'Intent-Filter'로 메세지와 메세지 필터를 사용한다.

- 브로드캐스트 리시버를 구현하려면, 브로드캐스트 리시버를 상속받은 클래스를 구현한다.

- 과거 버전에서는 브로드캐스트 리시버를 AndroidManifest.xml 파일에 등록할 수 있었지만, 안드로이드 Oreo 버전부터는 제한 사항이 생겨 일부 메세지를 제외하면 실행(Runtime) 중에 브로드캐스트 리시버를 등록해야 한다.

# 7.6 | 서비스(Service)

## 7.6.01 서비스의 특징

앞서 **5장**에서도 살펴본 것처럼, **Service**는 안드로이드의 기본 구성 요소 중의 하나로서 UI 없이 백그라운드에서 실행되는 컴포넌트입니다. 이번 실전 예제에서는 '잠금화면 브로드캐스트 리시버'를 등록하기 위해 '서비스'를 사용해야 합니다.

퀴즈 잠금화면에서 서비스를 사용해야 하는 이유는 앱이 종료되어도 화면이 꺼질 때의 브로드캐스트 메세지를 수신하기 위해서죠. 본격적으로 서비스를 활용한 개발을 시작하기 전에, 서비스의 '몇 가지 특징'을 살펴보겠습니다.

서비스는 **크게 두 가지 기능**을 제공합니다. **첫 번째 기능**은 백그라운드에서 수행할 작업을 시스템에 알리는 것입니다. 'Context.startService()' 함수로 서비스를 시작하면 시스템에 서비스 작업을 예약하게 됩니다. 이렇게 실행된 서비스는 명시적으로 서비스를 중지할 때까지 계속 실행됩니다.

그리고 서비스의 **또 다른 기능**은 서비스 기능의 일부를 다른 앱에게 제공하는 것입니다. 'bindService()' 함수를 사용해 서비스가 제공하는 함수를 다른 앱들도 사용할 수 있게 하는 것이죠.

퀴즈 잠금화면의 경우엔 '첫 번째 기능'인 '백그라운드에서 계속 작업'을 실행하기 위해 서비스를 사용하는 셈입니다.

그리고 서비스에는 자칫 헷갈리기 쉬운 개념들이 있는데, 여기서 헷갈리기 쉬운 개념을 한번 정리해 보겠습니다.

**첫째**로는 서비스는 별도의 프로세스가 아니라는 것입니다. 다른 프로세스로 지정할 수도 있지만 특별히 다른 프로세스로 지정하지 않은 경우 Service 객체는 앱과 동일한 프로세스에서 실행됩니다.

**또** 서비스는 쓰레드와는 다릅니다. 서비스 역시 백그라운드에서 실행되기 때문에 자칫 쓰레드와 헷갈리기 쉬운데요. 서비스에서 별도로 쓰레드를 생성하여 작업을 하지 않으면, 앱의 메인 쓰레드에서 작업이 수행됩니다. 서비스는 단지 '백그라운드에서도 실행할 수 있음'을 의미하며, 별도의 쓰레드를 생성하는 것은 아닙니다.

**마지막으로** 서비스 사용시 주의할 점은 최근에 배포되는 안드로이드 Oreo 버전부터 백그라운드 서비스에 제한이 생겼다는 점입니다.

과거 안드로이드는 어느 앱에서도 자유롭게 서비스를 실행하여 백그라운드에서 모든 작업을 할 수 있었습니다. 하지만 많은 앱들이 불필요하게 '서비스'와 '브로드캐스트 리시버'를 사용하면서 앱이 설치될수록 배터리가 너무 빨리 소모되는 등의 문제가 생기게 되었죠.

더욱이 서비스는 UI가 없기 때문에 사용자는 어떤 앱이 백그라운드에서 계속 실행되고 배터리 소모를 일으키는지 쉽게 알 수가 없었습니다.

구글은 이에 대한 해결책으로 안드로이드 Oreo 버전부터는 '백그라운드(Background) 서비스'가 계속 실행되지 않도록 제한을 추가하고, 만약 계속 실행되어야 하는 서비스는 '포어그라운드(Foreground) 서비스'를 사용하도록 방침을 변경하였습니다.

이번 과에서는 백그라운드 서비스와 Oreo 버전 이후에 사용하는 포어그라운드 서비스를 실행하는 방법을 모두 익힐 예정입니다.

아직은 서비스를 실제로 사용해 본 적이 없기 때문에 서비스의 개념이 잘 이해되지 않을 수 있겠지만, 이제 서비스를 직접 구현해 보면서 익혀 보겠습니다.

## 7.6.02 LockScreenService 구현

본격적으로 서비스를 생성해 보도록 하겠습니다. [New 〉 Service]를 선택하고 이름을 'LockScreenService'로 변경합니다.

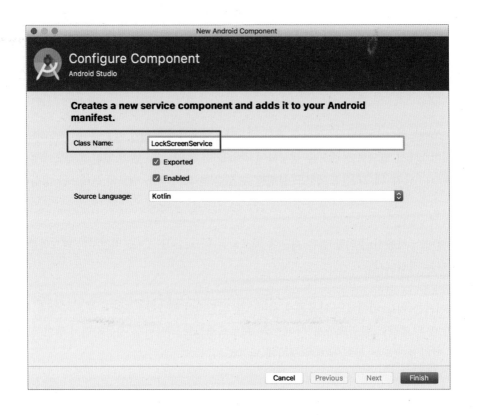

서비스 역시 액티비티와 마찬가지로 AndroidManifest.xml 파일에 등록해야 합니다. 안드로이드 스튜디오에서 [New 〉 Service] 메뉴로 서비스를 생성하면, AndroidManifest.xml에도 자동으로 등록되기 때문에 편리하죠. AndroidManifest.xml 파일에 다음과 같이 〈service〉 태그가 추가된 것을 확인해 보세요.

```
    <service
        android:name=".LockScreenService"
        android:enabled="true"
        android:exported="true"></service>
</application>
```

AndroidManifest.xml 파일을 확인한 후 'LockScreenService.kt' 파일을 다음과 같이 편집합니다.

```
package com.akj.quizlocker

import android.app.Notification
import android.app.NotificationChannel
import android.app.NotificationManager
import android.app.Service
import android.content.Context
```

```kotlin
import android.content.Intent
import android.content.IntentFilter
import android.graphics.Color
import android.os.Build
import android.os.IBinder

class LockScreenService : Service() {
    // 화면이 꺼질때 브로드캐스트 메세지를 수신하는 리시버
    var receiver: ScreenOffReceiver? = null

    private val ANDROID_CHANNEL_ID = "com.akj.quizlocker"
    private val NOTIFICATION_ID = 9999

    // 서비스가 최초 생성될때 콜백 함수
    override fun onCreate() {
        super.onCreate()

        // 브로드캐스트 리시버가 null 인 경우에만 실행
        if(receiver == null) {
            receiver = ScreenOffReceiver()
            val filter = IntentFilter(Intent.ACTION_SCREEN_OFF)
            registerReceiver(receiver, filter)
        }
    }
    // 서비스를 호출하는 클라이언트가 startService() 함수를 호출할때마다 불리는 콜백함수
    override fun onStartCommand(intent: Intent?, flags: Int, startId: Int): Int {
        super.onStartCommand(intent, flags, startId)
        if (intent != null) {
            if (intent.action == null) {
                // 서비스가 최초 실행이 아닌 경우 onCreate 가 불리지 않을 수 있음.
                // 이 경우 receiver 가 널이면 새로 생성하고 등록한다.
                if (receiver == null) {
                    receiver = ScreenOffReceiver()
                    val filter = IntentFilter(
                            Intent.ACTION_SCREEN_OFF)
                    registerReceiver(receiver, filter)
                }
            }
        }
```

```kotlin
            // 안드로이드 오레오 버전부터 백그라운드 제약이 있기 때문에 포그라운드 서비스를 실행해야함.
            if (Build.VERSION.SDK_INT >= Build.VERSION_CODES.O) {
                // Notification(상단 알림) 채널 생성
                val chan = NotificationChannel(ANDROID_CHANNEL_ID, "MyService", NotificationManager.
                IMPORTANCE_NONE)
                chan.lightColor = Color.BLUE
                chan.lockscreenVisibility = Notification.VISIBILITY_PRIVATE

                // Notification 서비스 객체를 가져옴
                val manager = getSystemService(Context.NOTIFICATION_SERVICE) as NotificationManager
                manager.createNotificationChannel(chan)

                // Notification 알림 객체 생성
                val builder = Notification.Builder(this, ANDROID_CHANNEL_ID)
                        .setContentTitle(getString(R.string.app_name))
                        .setContentText("SmartTracker Running")
                val notification = builder.build()

                // Notification 알림과 함께 포그라운드 서비스 시작
                startForeground(NOTIFICATION_ID, notification)
            }

            return Service.START_REDELIVER_INTENT
    }

    override fun onDestroy() {
        super.onDestroy()

        // 서비스가 종료될때 브로드캐스트 리시버 등록도 해제
        if (receiver != null) {
            unregisterReceiver(receiver)
        }
    }

    override fun onBind(intent: Intent): IBinder? {
        return null
    }
}
```

이 코드에서 핵심적인 함수는 'onCreate( ), onStartCommand( ), onDestory( )'입니다. 먼저 onCreate( )를 보겠습니다.

```kotlin
// 서비스가 최초 생성될때 컬백 함수
override fun onCreate() {
    super.onCreate()

    // 브로드캐스트 리시버가 null 인 경우에만 실행
    if(receiver == null) {
        receiver = ScreenOffReceiver()
        val filter = IntentFilter(Intent.ACTION_SCREEN_OFF)
        registerReceiver(receiver, filter)
    }
}
```

onCreate( ) 함수는 서비스가 최초 생성될 때 실행됩니다. 서비스는 Activity 같은 UI 에서 실행할 수도 있지만, 시스템의 부팅 이벤트와 같은 '브로드캐스트 리시버'에서 실행될 수도 있습니다. 앞서 브로드캐스트 리시버를 런타임에 등록했던 코드를 서비스에서 사용하고 있습니다.

다음으로는 'onStartCommand( )' 함수의 코드를 살펴보겠습니다.

```kotlin
// 서비스를 호출하는 클라이언트가 startService() 함수를 호출할때마다 불리는 콜백함수
override fun onStartCommand(intent: Intent?, flags: Int, startId: Int): Int {
    super.onStartCommand(intent, flags, startId)
    if (intent != null) {
        if (intent.action == null) {
            // 서비스가 최초 실행이 아닌 경우 onCreate 가 불리지 않을 수 있음.
            // 이 경우 receiver 가 널이면 새로 생성하고 등록한다.
            if (receiver == null) {
                receiver = ScreenOffReceiver()
                val filter = IntentFilter(
                        Intent.ACTION_SCREEN_OFF)
                registerReceiver(receiver, filter)
            }
        }
    }

    // 안드로이드 오레오 버전부터 백그라운드 제약이 있기 때문에 포그라운드 서비스를 실행해야함.
```

```kotlin
    if (Build.VERSION.SDK_INT >= Build.VERSION_CODES.O) {
        // Notification(상단 알림) 채널 생성
        val chan = NotificationChannel(ANDROID_CHANNEL_ID, "MyService", NotificationManager.IMPORTANCE_
        NONE)
        chan.lightColor = Color.BLUE
        chan.lockscreenVisibility = Notification.VISIBILITY_PRIVATE

        // Notification 서비스 객체를 가져옴
        val manager = getSystemService(Context.NOTIFICATION_SERVICE) as NotificationManager
        manager.createNotificationChannel(chan)

        // Notification 알림 객체 생성
        val builder = Notification.Builder(this, ANDROID_CHANNEL_ID)
                .setContentTitle(getString(R.string.app_name))
                .setContentText("SmartTracker Running")
        val notification = builder.build()

        // Notification 알림과 함께 포그라운드 서비스 시작
        startForeground(NOTIFICATION_ID, notification)
    }

    return Service.START_REDELIVER_INTENT
}
```

'onStartCommand()' 함수는 'startService()'가 호출될 때마다 호출됩니다. onStartCommand() 함수에서는 '브로드캐스트 리시버를 등록'하는 작업과 Oreo 버전 이상에서 '포그라운드 서비스를 실행하는 작업'을 수행합니다.

주목해야 할 코드는, 안드로이드 Oreo 버전부터 적용된 '백그라운드 제한'을 회피하기 위한 코드입니다. 해당 코드를 따로 살펴보도록 하겠습니다.

```kotlin
// 안드로이드 오레오 버전부터 백그라운드 제약이 있기 때문에 포그라운드 서비스를 실행해야함.
if (Build.VERSION.SDK_INT >= Build.VERSION_CODES.O) {
    // Notification(상단 알림) 채널 생성
    val chan = NotificationChannel(ANDROID_CHANNEL_ID, "MyService", NotificationManager.IMPORTANCE_NONE)
    chan.lightColor = Color.BLUE
    chan.lockscreenVisibility = Notification.VISIBILITY_PRIVATE
```

```kotlin
    // Notification 서비스 객체를 가져옴
    val manager = getSystemService(Context.NOTIFICATION_SERVICE) as NotificationManager
    manager.createNotificationChannel(chan)

    // Notification 알림 객체 생성
    val builder = Notification.Builder(this, ANDROID_CHANNEL_ID)
            .setContentTitle(getString(R.string.app_name))
            .setContentText("SmartTracker Running")
    val notification = builder.build()

    // Notification 알림과 함께 포그라운드 서비스 시작
    startForeground(NOTIFICATION_ID, notification)
}
```

앞서 안드로이드 Oreo 버전부터 백그라운드 제한이 생긴 이유는 '사용자가 쉽게 알 수 없는 형태로 백그라운드 서비스가 가능했기 때문이었습니다.

그래서 새로운 해결 방법으로서 '포어그라운드(Foreground)' 서비스를 사용하는 방법을 제공하게 된 것인데, 포어그라운드 서비스는 반드시 '알림'을 사용자에게 띄워야 합니다. 코드에서 'Notification' 알림을 사용하는데 이것은 화면 상단에 있는 [알림표시줄]에 표시되는 알림을 의미합니다. 다음 그림을 봐 주세요.

서비스가 실행되는 것을 상단 알림표시줄에 보여 주고 있는데, 포어그라운드 서비스는 반드시 이러한 사용자 알림을 보여 줘야 합니다. 그렇기 때문에 사용자는 어떤 앱이 백그라운드에서 계속 작업을 진행 중인지 알 수 있고, 불필요한 서비스라고 생각하는 경우 서비스를 중지할 수 있게 됩니다.

다음으로는 'onDestroy( )' 함수를 보겠습니다.

```kotlin
override fun onDestroy() {
    super.onDestroy()

    // 서비스가 종료될 때 브로드캐스트 리시버 등록도 해제
    if (receiver != null) {
        unregisterReceiver(receiver)
    }
}
```

onDestroy( ) 함수는 서비스가 종료될 때 호출됩니다. 서비스가 종료되는 경우, 서비스가 등록했던 브로드캐스트 리시버 역시 등록을 해제해야 합니다.

여기까지 서비스의 개념을 알아보고 실제 구현까지 실습해 보았습니다. 이제 퀴즈 잠금화면을 위한 기초들을 익혔으니 실전 예제를 만들어 보겠습니다. 실전 예제를 만들면서 추가로 'UI 요소' 및 '애니메이션'에 대하여 다루게 될 것입니다.

- ◆ 서비스는 백그라운드에서 작업을 실행하거나 기능의 일부를 다른 앱과 공유하기 위해 사용한다.

- ◆ 서비스는 특별하게 지정하지 않는 이상 앱과 같은 프로세스에서 실행된다.

- ◆ 서비스는 별도의 쓰레드를 생성하지는 않으며, 별도로 쓰레드를 사용하지 않으면 메인 쓰레드에서 실행된다.

- ◆ 'Context.startService( )' 함수로 서비스를 실행하면 명시적으로 서비스를 중지할 때까지 계속 실행된다.

# 7.7 | 퀴즈 잠금 설정화면

## 7.7-01 Preference XML 리소스 제작

'퀴즈 잠금화면'의 설정 화면은 잠금화면 사용의 '스위치'와 '퀴즈 종류'를 선택하는 'MultipleSelectList'가 필요합니다. 먼저 MultipleSelectList에서 사용할 문자열 배열을 리소스로 만들겠습니다.

[res 〉 values 〉 strings.xml] 파일을 다음과 같이 편집해 주세요.

```xml
<resources>
    <string name="app_name">quizlocker</string>
    <!-- 환경설정 창에서 퀴즈 종류로 사용할 문자열 배열  -->
    <string-array name="category">
        <item>일반상식</item>
        <item>역사</item>
        <item>수도</item>
    </string-array>
</resources>
```

문자열 배열을 추가했다면 [New 〉 Android Resource file]을 선택하고 Resource Type을 'XML', 파일 이름을 'pref'로 하여 새 XML 파일을 생성합니다.

이제 pref.xml 파일을 디자인 탭으로 열고 다음과 같이 환경 설정값을 배치해 주세요.

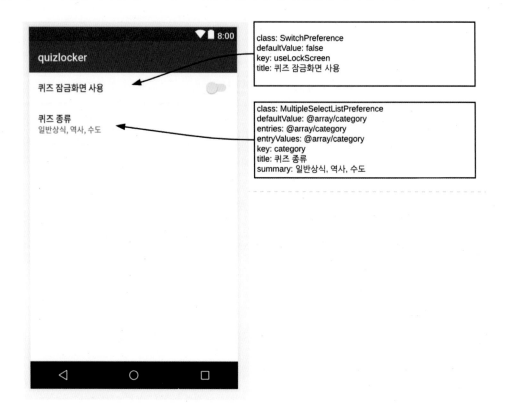

pref.xml 의 XML 코드는 다음과 같습니다.

```xml
<?xml version="1.0" encoding="utf-8"?>
<PreferenceScreen xmlns:android="http://schemas.android.com/apk/res/android">

    <SwitchPreference
        android:defaultValue="false"
        android:key="useLockScreen"
        android:title="퀴즈 잠금화면 사용" />
    <MultiSelectListPreference
        android:defaultValue="@array/category"
        android:entries="@array/category"
        android:entryValues="@array/category"
        android:key="category"
        android:summary="일반상식, 역사, 수도"
        android:title="퀴즈 종류" />
</PreferenceScreen>
```

다음은 pref.xml 파일을 PreferenceFragment 로서 화면에 보여 주고 스위치를 'On'하는 경우 잠금화면을 서비스로 시작하는 코드를 추가해 보겠습니다.

## 7.7.02 PreferenceFragment로 환경 설정 UI 구현

앞서 만든 pref.xml 파일을 화면에 보여주기 위해 우리는 'PreferenceFragment'를 사용합니다. 'MainActivity.kt' 파일을 다음과 같이 편집해 주세요.

```kotlin
package com.akj.quizlocker

import android.content.Intent
import android.os.Build
import android.os.Bundle
import android.preference.MultiSelectListPreference
import android.preference.PreferenceFragment
import android.preference.SwitchPreference
import androidx.appcompat.app.AppCompatActivity

class MainActivity : AppCompatActivity() {
    val fragment = MyPreferenceFragment()
    override fun onCreate(savedInstanceState: Bundle?) {
        super.onCreate(savedInstanceState)
        setContentView(R.layout.activity_main)
        // preferenceContent FrameLayout 영역을 PreferenceFragment 로 교체
        fragmentManager.beginTransaction().replace(R.id.preferenceContent, fragment).commit()
    }

    class MyPreferenceFragment : PreferenceFragment() {
        override fun onCreate(savedInstanceState: Bundle?) {
            super.onCreate(savedInstanceState)
            // 환경설정 리소스 파일 적용
            addPreferencesFromResource(R.xml.pref)
            // 퀴즈 종류 요약정보에, 현재 선택된 항목을 보여주는 코드
            val categoryPref = findPreference("category") as MultiSelectListPreference
            categoryPref.summary = categoryPref.values.joinToString(", ")
            // 환경설정 정보값이 변경될때에도 요약정보를 변경하도록 리스너 등록
            categoryPref.setOnPreferenceChangeListener { preference, newValue ->
                // newValue 파라미터가 HashSet 으로 캐스팅이 실패하면 리턴
```

```
            val newValueSet = newValue as? HashSet<*>
                    ?: return@setOnPreferenceChangeListener true
            // 선택된 퀴즈종류로 요약정보 보여줌
            categoryPref.summary = newValue.joinToString(", ")
            true
        }


    }
  }
}
```

코드는 앞서 연습한 코드와 거의 유사하지만, 추가로 요약 정보를 런타임에서 변경하는 코드가 있습니다.

```
// 퀴즈 종류 요약정보에, 현재 선택된 항목을 보여주는 코드
val categoryPref = findPreference("category") as MultiSelectListPreference
categoryPref.summary = categoryPref.values.joinToString(", ")
```

'MultiSelectListPreference'의 경우 클릭을 하기 전까지는 현재 선택된 항목이 어떤 것인지 알기 힘들기 때문에 [요약 정보(summary)]에 보여 주도록 하는 코드가 추가된 것이죠.

그리고 MultipleSelectListPreference의 설정값이 변경될 때마다 요약 정보를 변경해 주기 위해 코드가 추가되어 있습니다.

```
// 환경설정 정보값이 변경될때에도 요약정보를 변경하도록 리스너 등록
categoryPref.setOnPreferenceChangeListener { preference, newValue ->
    // newValue 파라미터가 HashSet 으로 캐스팅이 실패하면 리턴
    val newValueSet = newValue as? HashSet<*>
            ?: return@setOnPreferenceChangeListener true

    // 선택된 퀴즈종류로 요약정보 보여줌
    categoryPref.summary = newValue.joinToString(", ")

    true
}
```

AndroidMainfest.xml 파일에서 런처 액티비티를 'MainActivity'로 바꾸고 실행해 보세요.

```xml
<?xml version="1.0" encoding="utf-8"?>
<manifest xmlns:android="http://schemas.android.com/apk/res/android" package="com.akj.quizlocker">

    <!-- 외부저장소에 읽기 쓰기 권한 요청, 앱 전용 데이터로 저장하는 경우 SDK 18 이후부터는 권한 요청이 필요 없음 -->
    <uses-permission android:name="android.permission.WRITE_EXTERNAL_STORAGE" />

    <!-- 부팅이 완료될때 브로드캐스크 수신을 위한 권한 요청 -->
    <uses-permission android:name="android.permission.RECEIVE_BOOT_COMPLETED" />

    <application
        android:allowBackup="true"
        android:icon="@mipmap/ic_launcher"
        android:label="@string/app_name"
        android:roundIcon="@mipmap/ic_launcher_round"
        android:supportsRtl="true"
        android:theme="@style/AppTheme">
        <activity android:name=".MainActivity">
            <intent-filter>
                <action android:name="android.intent.action.MAIN" />

                <category android:name="android.intent.category.LAUNCHER" />
            </intent-filter>
        </activity>
        ... 생략
```

이제 스위치를 On 시키면 잠금화면이 시작되어야 하는데, 아직 잠금화면 UI 가 없죠. 그럼 잠금화면 UI 를 만들도록 하겠습니다.

# 7.8 | 퀴즈 잠금화면 UI

## 7.8.01 잠금화면용 액티비티 UI 구현

이제 [잠금화면]으로 사용할 Activity를 만들고 관련 UI를 만들겠습니다. [New > Activity > Empty Activity]
로 'QuizLockerActivity'라는 이름의 새 액티비티를 만들어 주세요.

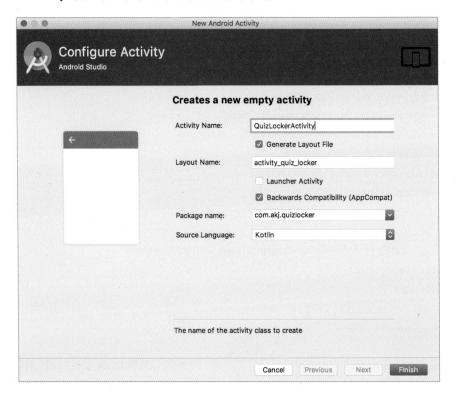

이번 예제를 위해서는, 이후 Seekbar에서 사용할 몇 가지 이미지와 'progress.xml' 등의 자료들이 필요한데,
[https://goo.gl/7cAikM]에 올려 두었으므로 다운로드하면 됩니다.

참고로 progress.xml 파일의 경우는 잠금화면을 풀게 되는 Seekbar의 구성을 표현하는 파일이므로 뒤에서
보다 자세하게 살펴보게 될 것입니다.

다운로드한 자료들을 모두 [res > drawable] 디렉토리에 복사하세요.

이제 'activity_quiz_locker.xml' 파일을 다음과 같이 편집합니다.

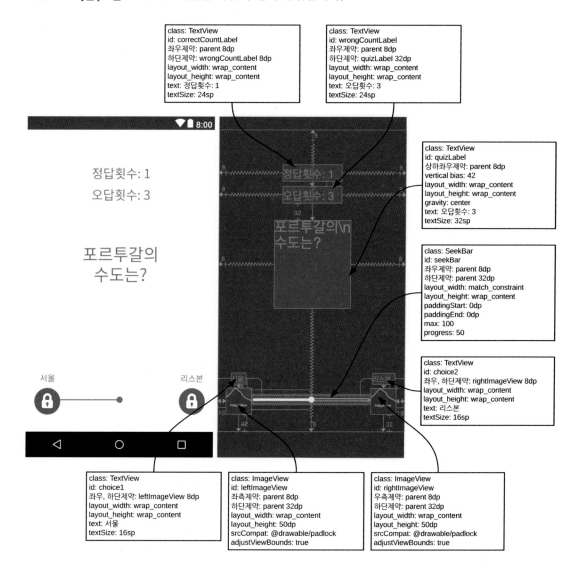

XML 코드는 다음과 같습니다.

```xml
<?xml version="1.0" encoding="utf-8"?>
<androidx.constraintlayout.widget.ConstraintLayout xmlns:android="http://schemas.android.com/apk/
res/android"
    xmlns:app="http://schemas.android.com/apk/res-auto"
    xmlns:tools="http://schemas.android.com/tools"
    android:layout_width="match_parent"
    android:layout_height="match_parent"
```

```xml
    tools:context=".QuizLockerActivity">

    <TextView
        android:id="@+id/quizLabel"
        android:layout_width="wrap_content"
        android:layout_height="165dp"
        android:layout_marginStart="8dp"
        android:layout_marginTop="8dp"
        android:layout_marginEnd="8dp"
        android:layout_marginBottom="8dp"
        android:gravity="center"
        android:text="포르투갈의\n수도는?"
        android:textSize="32sp"
        app:layout_constraintBottom_toBottomOf="parent"
        app:layout_constraintEnd_toEndOf="parent"
        app:layout_constraintStart_toStartOf="parent"
        app:layout_constraintTop_toTopOf="parent"
        app:layout_constraintVertical_bias="0.42000002" />

    <TextView
        android:id="@+id/wrongCountLabel"
        android:layout_width="wrap_content"
        android:layout_height="wrap_content"
        android:layout_marginStart="8dp"
        android:layout_marginLeft="8dp"
        android:layout_marginEnd="8dp"
        android:layout_marginRight="8dp"
        android:layout_marginBottom="32dp"
        android:text="오답횟수: 3"
        android:textSize="24sp"
        app:layout_constraintBottom_toTopOf="@+id/quizLabel"
        app:layout_constraintEnd_toEndOf="parent"
        app:layout_constraintStart_toStartOf="parent" />

    <TextView
        android:id="@+id/correctCountLabel"
        android:layout_width="wrap_content"
        android:layout_height="wrap_content"
        android:layout_marginStart="8dp"
        android:layout_marginLeft="8dp"
```

```
        android:layout_marginEnd="8dp"
        android:layout_marginRight="8dp"
        android:layout_marginBottom="8dp"
        android:text="정답횟수: 1"
        android:textSize="24sp"
        app:layout_constraintBottom_toTopOf="@+id/wrongCountLabel"
        app:layout_constraintEnd_toEndOf="parent"
        app:layout_constraintStart_toStartOf="parent" />


<SeekBar
        android:id="@+id/seekBar"
        style="@style/Widget.AppCompat.SeekBar"
        android:layout_width="0dp"
        android:layout_height="wrap_content"
        android:layout_marginTop="8dp"
        android:layout_marginBottom="8dp"
        android:maxHeight="4dp"
        android:paddingStart="0dp"
        android:paddingEnd="0dp"
        android:progress="50"
        app:layout_constraintBottom_toBottomOf="@+id/leftImageView"
        app:layout_constraintEnd_toStartOf="@+id/rightImageView"
        app:layout_constraintStart_toEndOf="@+id/leftImageView"
        app:layout_constraintTop_toTopOf="@+id/leftImageView"
        app:layout_constraintVertical_bias="0.312" />


<ImageView
        android:id="@+id/leftImageView"
        android:layout_width="wrap_content"
        android:layout_height="50dp"
        android:layout_marginStart="16dp"
        android:layout_marginLeft="16dp"
        android:layout_marginBottom="32dp"
        android:adjustViewBounds="true"
        app:layout_constraintBottom_toBottomOf="parent"
        app:layout_constraintStart_toStartOf="parent"
        app:srcCompat="@drawable/padlock" />


<ImageView
        android:id="@+id/rightImageView"
        android:layout_width="wrap_content"
```

```
        android:layout_height="50dp"
        android:layout_marginEnd="16dp"
        android:layout_marginRight="16dp"
        android:layout_marginBottom="32dp"
        android:adjustViewBounds="true"
        app:layout_constraintBottom_toBottomOf="parent"
        app:layout_constraintEnd_toEndOf="parent"
        app:srcCompat="@drawable/padlock" />

    <TextView
        android:id="@+id/choice1"
        android:layout_width="wrap_content"
        android:layout_height="wrap_content"
        android:layout_marginStart="8dp"
        android:layout_marginEnd="8dp"
        android:layout_marginBottom="8dp"
        android:text="서울"
        android:textSize="16sp"
        app:layout_constraintBottom_toTopOf="@+id/leftImageView"
        app:layout_constraintEnd_toEndOf="@+id/leftImageView"
        app:layout_constraintStart_toStartOf="@+id/leftImageView" />

    <TextView
        android:id="@+id/choice2"
        android:layout_width="wrap_content"
        android:layout_height="wrap_content"
        android:layout_marginStart="8dp"
        android:layout_marginEnd="8dp"
        android:layout_marginBottom="8dp"
        android:text="리스본"
        android:textSize="16sp"
        app:layout_constraintBottom_toTopOf="@+id/rightImageView"
        app:layout_constraintEnd_toEndOf="@+id/rightImageView"
        app:layout_constraintStart_toStartOf="@+id/rightImageView" />
</androidx.constraintlayout.widget.ConstraintLayout>
```

아직 퀴즈를 보여 주는 UI가 완벽하게 똑같지는 않지만, 잠금화면을 위한 대략적인 UI는 전부 배치하였습니다. 최초 계획했던 UI처럼 만들기 위해서는 'SeekBar'를 커스터마이징하는 방법과 '나인패치(9-patch)' 이미지를 배워야 합니다. 하나씩 차근차근 익혀 보도록 하겠습니다.

퀴즈 잠금화면에서 잠금을 해제하기 위한 슬라이더로는 SeekBar를 이용하고 있습니다. 그런데 안드로이드에서 제공하는 SeekBar는 잠금 해제로 쓰기에는 UI가 적합하지 않습니다. SeekBar의 주요 속성은 다음과 같습니다.

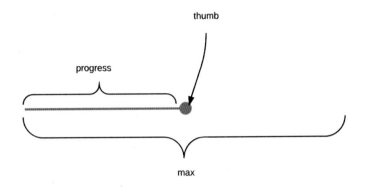

그림과 같이 SeekBar에 전체 크기를 나타내는 'max' 속성이 있고, 현재 위치를 나타내는 'progress' 속성이 있죠. 또한 '터치' 동작을 통해 progress를 변경하고 조작하는 이미지인 'thumb' 이미지가 있습니다. 먼저 thumb의 속성부터 바꿔 보죠. SeekBar를 선택하고, 'thumb' 속성을 '@drawable/slide'로 변경해 주세요.

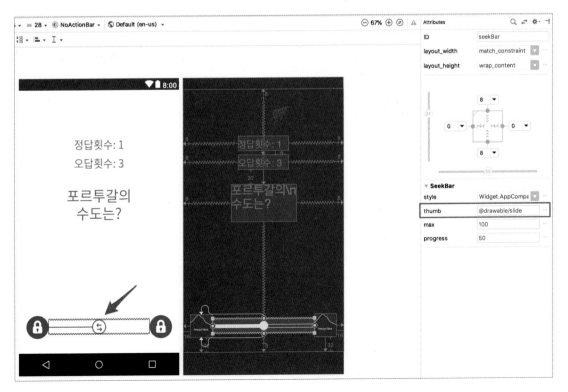

thumb 이미지를 바꾸게 되면, 그림과 같이 SeekBar를 터치로 조작하는 이미지가 바뀌게 되죠.

참고로 안드로이드 기본 SeekBar는 progress 부분의 컬러를 서로 다르게 하여 구분하고 있으므로 변경할 필요가 있는데, 우리가 사용할 잠금화면에서는 SeekBar의 'max'와 'progress'값에 따라 컬러를 변경할 필요가 없습니다. 여기서 max와 progress에 따라 SeekBar가 어떻게 그려질지 정하는 속성은 'progressDrawable' 속성입니다.

앞서 다운로드하여 [res 〉 drawable] 디렉토리에 넣은 자료 중 'progress.xml' 파일을 열어 주세요.

```xml
<?xml version="1.0" encoding="utf-8"?>
<layer-list xmlns:android="http://schemas.android.com/apk/res/android">

    <item android:id="@android:id/background">
        <shape android:shape="rectangle">
            <corners android:radius="20dp"/>
            <solid android:color="#aaaaaa" />
        </shape>
    </item>

    <item android:id="@android:id/progress">

        <clip>
            <shape android:shape="rectangle">
                <corners android:radius="20dp"/>
                <solid android:color="#aaaaaa" />
                <stroke android:width="1px" android:color="#aaaaaa" />
            </shape>
        </clip>
    </item>

</layer-list>
```

XML 코드는 〈layer-list〉 태그로 2개의 〈item〉 태그를 선언하고 있습니다. 하나는 '@android:id/background' 아이디로 되어 있고 다른 하나는 '@android:id/progress' 아이디로 되어 있는데요.

각각의 id는 SeekBar에서 배경과 progress가 각각 어떻게 그려질지 정하게 됩니다. 퀴즈 잠금화면 앱의 경우 배경과 progress 컬러를 변경할 필요가 전혀 없으므로, 모두 회색을 나타내는 '#aaaaaa' 컬러로 지정하였습니다.

이제 SeekBar 에 본 progress.xml 파일을 적용하려면 'progressDrawable' 속성을 변경하면 됩니다. SeekBar 를
선택하고 progressDrawable 속성을 '@drawble/progress'로 변경합니다.

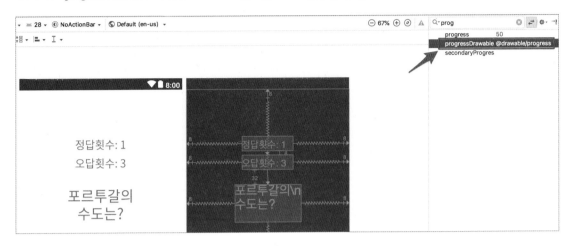

progressDrawable 속성을 변경하면, 그림과 같이 '배경' 컬러와 'progress' 컬러가 모두 '회색'으로 동일하게
적용됩니다. 그런데 세로 굵기가 너무 굵어져 어색한 느낌이 드는데요. 이것은 'maxHeight' 속성으로 조절
할 수 있습니다.

SeekBar 의 maxHeight 속성을 '4dp'로 변경해 주세요.

SeekBar의 maxHeight 속성을 변경하면 비로소 원래 의도했던 모양이 됩니다. 다음은 퀴즈 문제의 배경을 나타내는 '9-patch(나인패치)'를 적용해 보겠습니다.

## 7.8.**03** 9-Patch 이미지

**나인패치(9-Patch) 이미지**는 '뷰의 배경이미지'로 사용하기 위한 '늘릴 수 있는 비트맵 이미지'입니다. '나인패치' 이미지가 필요한 이유는 TextView와 같이 컨텐츠의 크기가 동적인 경우, 일반 비트맵 이미지를 배경으로 사용하면 이미지가 일그러지는 경우가 많기 때문이죠.

직접 예제에 적용하며 살펴보죠. 'quizLabel'의 backgorund 속성을 '@drawable/sbubble2'로 변경해 보세요.

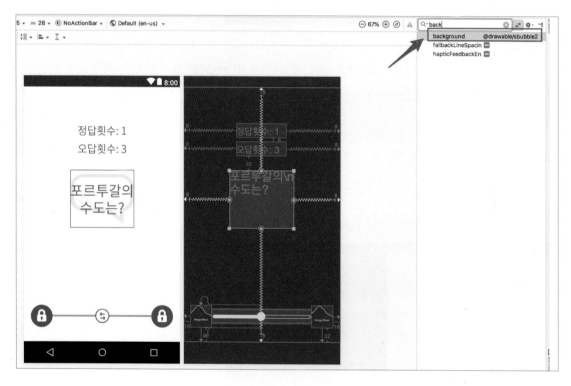

TextView의 배경으로 말풍선 모양의 이미지를 적용했지만 텍스트가 이미지와 겹치게 됩니다. 텍스트의 내용을 "대한민국의 수도는?"으로 변경해 보세요. 이미지의 좌우가 원본과 달리 굵게 나타납니다.

일반 비트맵 이미지는 위 그림과 같이 TextView 의 배경으로 사용하기에는 여러 불편한 점이 있는데요. 이 것을 개선하기 위한 이미지가 바로 '나인패치' 이미지입니다.

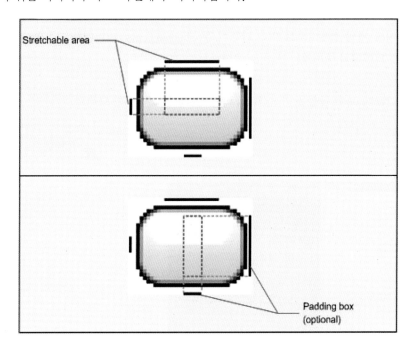

위 그림과 같이 나인패치 이미지는, 늘어나게 될 영역과 컨텐츠의 영역 등을 지정해 놓은 것이죠.

참고로 나인패치 이미지를 만들기 위해서는 웹에서 제공하는 '안드로이드 애셋 스튜디오(http://romannurik. github.io/AndroidAssetStudio/nine-patches.html)'를 이용하면 편리합니다.

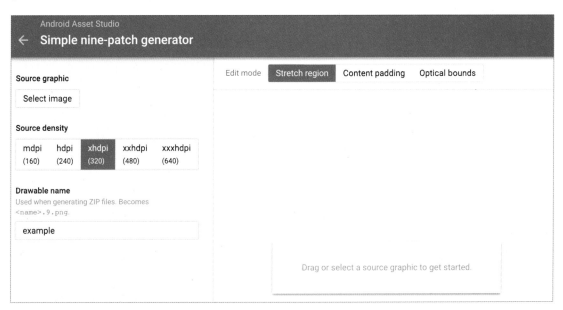

안드로이드 '애셋 스튜디오'는 비트맵 이미지를 등록 후, 이미지가 늘어날 영역과 컨텐츠가 들어갈 영역 등을 직관적으로 편집할 수 있습니다.

여기서는 안드로이드 애셋 스튜디오로 미리 만들어 둔 'sbubble.9.png' 이미지를 사용할 것입니다. 확장자에 주의해 주세요. 나인패치 이미지는 [*.9.png] 확장자를 갖게 됩니다.

이제 quizLabel 의 background 속성을 다시 '@drawable/sbubble'로 변경해 주세요.

@drawable/sbubble 이미지는 나인패치 이미지이므로, 텍스트의 영역 크기에 따라 자동으로 확장됩니다. 퀴즈에 해당하는 글자는 계속 바뀌게 되므로 나인패치 이미지로 설정해 줘야 하는 거죠.

여기까지 SeekBar를 이용해 퀴즈 화면 UI를 만들고, 나인패치 이미지를 사용하여 퀴즈에 말풍선을 만드는 등 UI 관련 작업을 완성했습니다. 이제 잠금화면에서 퀴즈를 보여주는 등 마무리 작업을 하면 예제가 완성됩니다. 지금까지 공부해 온 것들을 응용하여 예제를 완성해 보겠습니다.

# 7.9 | 퀴즈 잠금화면 앱 마무리

## 7.9 01 화면이 꺼짐 후 퀴즈 화면 구현

지금 만들려는 퀴즈 잠금화면 앱에서는, 스마트폰의 [잠금] 버튼을 눌러 화면이 꺼졌을 때 [퀴즈 화면]이 나타나야 합니다. 이러한 구현을 위해 우리는 앞서 '브로드캐스트 리시버'와 '서비스'에 대해 공부했죠. 이 제 본격적으로 기능을 구현해 보겠습니다.

먼저 환경 설정 화면에서 [퀴즈 잠금화면 사용] 스위치를 'ON'할 때 서비스를 실행해야 합니다. 그리고 앱이 실행되었을 때에도 만약 기존 설정값이 '퀴즈 잠금화면 사용 중'이라면 서비스를 실행해야 하죠.

MainActivity.kt 파일을 다음과 같이 변경해 주세요.

```kotlin
package com.akj.quizlocker

import android.content.Intent
import android.os.Build
import android.os.Bundle
import android.preference.MultiSelectListPreference
import android.preference.PreferenceFragment
import android.preference.SwitchPreference
import androidx.appcompat.app.AppCompatActivity

class MainActivity : AppCompatActivity() {
    val fragment = MyPreferenceFragment()
    override fun onCreate(savedInstanceState: Bundle?) {
        super.onCreate(savedInstanceState)
        setContentView(R.layout.activity_main)
        // preferenceContent FrameLayout 영역을 PreferenceFragment 로 교체
        fragmentManager.beginTransaction().replace(R.id.preferenceContent, fragment).commit()
    }

    class MyPreferenceFragment : PreferenceFragment() {
```

```kotlin
override fun onCreate(savedInstanceState: Bundle?) {
    super.onCreate(savedInstanceState)
    // 환경설정 리소스 파일 적용
    addPreferencesFromResource(R.xml.pref)
    // 퀴즈 종류 요약정보에, 현재 선택된 항목을 보여주는 코드
    val categoryPref = findPreference("category") as MultiSelectListPreference
    categoryPref.summary = categoryPref.values.joinToString(", ")
    // 환경설정 정보값이 변경될때에도 요약정보를 변경하도록 리스너 등록
    categoryPref.setOnPreferenceChangeListener { preference, newValue ->
        // newValue 파라미터가 HashSet 으로 캐스팅이 실패하면 리턴
        val newValueSet = newValue as? HashSet<*>
                ?: return@setOnPreferenceChangeListener true
        // 선택된 퀴즈종류로 요약정보 보여줌
        categoryPref.summary = newValue.joinToString(", ")
        true
    }
    // 퀴즈 잠금화면 사용 스위치 객체 가져옴
    val useLockScreenPref = findPreference("useLockScreen") as SwitchPreference
    // 클릭되었을때의 이벤트 리스너 코드 작성
    useLockScreenPref.setOnPreferenceClickListener {
        when {
            // 퀴즈 잠금화면 사용이 체크된 경우 LockScreenService 실행
            useLockScreenPref.isChecked -> {
                if (Build.VERSION.SDK_INT >= Build.VERSION_CODES.O) {
                    activity.startForegroundService(Intent(activity, LockScreenService::class.java))
                } else {
                    activity.startService(Intent(activity, LockScreenService::class.java))
                }
            }
            // 퀴즈 잠금화면 사용이 체크 해제된 경우 LockScreenService 중단
            else -> activity.stopService(Intent(activity, LockScreenService::class.java))
        }
        true
    }
    // 앱이 시작 되었을때 이미 퀴즈잠금화면 사용이 체크되어있으면 서비스 실행
```

```
            if (useLockScreenPref.isChecked) {
                if (Build.VERSION.SDK_INT >= Build.VERSION_CODES.O) {
                    activity.startForegroundService(Intent(activity, LockScreenService::class.java))
                } else {
                    activity.startService(Intent(activity, LockScreenService::class.java))
                }
            }
        }
    }
}
```

[퀴즈 잠금화면 사용] 스위치에 따라 'LockScreenService'를 실행 및 중지하는 코드가 추가되었습니다.

```
// 퀴즈 잠금화면 사용 스위치 객체 가져옴
val useLockScreenPref = findPreference("useLockScreen") as SwitchPreference
// 클릭되었을때의 이벤트 리스너 코드 작성
useLockScreenPref.setOnPreferenceClickListener {
    when {
        // 퀴즈 잠금화면 사용이 체크된 경우 LockScreenService  실행
        useLockScreenPref.isChecked -> activity.startService(Intent(activity, LockScreenService::class.
        java))
        // 퀴즈 잠금화면 사용이 체크 해제된 경우 LockScreenService 중단
        else -> activity.stopService(Intent(activity, LockScreenService::class.java))
    }
    true
}
```

이제 LockScreenService 는 환경 설정에서의 [사용 여부] 스위치에 따라 실행, 중지됩니다. LockScreenService 는 'ScreenOffReceiver'를 등록하는 역할을 하는데, ScreenOffReceiver 가 바로 화면이 꺼질 때 실행되는 '브로드캐스트 리시버'입니다. 그럼 'ScreenOffReceiver.kt' 파일을 다음과 같이 편집해 주세요.

```
package com.akj.quizlocker

import android.content.BroadcastReceiver
import android.content.Context
import android.content.Intent
```

```kotlin
import android.preference.PreferenceManager
import android.util.Log
import android.widget.Toast

class ScreenOffReceiver : BroadcastReceiver() {
    override fun onReceive(context: Context?, intent: Intent?) {
        when {
            intent?.action == Intent.ACTION_SCREEN_OFF -> {
                // 화면이 꺼지면 QuizLockerActivity 를 실행한다.
                val intent = Intent(context, QuizLockerActivity::class.java)
                // 새로운 Activity 로 실행
                intent.addFlags(Intent.FLAG_ACTIVITY_NEW_TASK)
                // 기존의 Activity 스택을 제거
                intent.addFlags(Intent.FLAG_ACTIVITY_CLEAR_TOP)
                context?.startActivity(intent)
            }
        }
    }
}
```

ScreenOffReceiver 는 화면이 꺼지는 브로드캐스트 메세지를 받고 'QuizLockerActivity'를 실행시키는 역할을 합니다. 여기서 이미 QuizLockerActivity 가 실행 중인 경우라면 퀴즈의 문제 내용을 바꾸기 위해 'FLAG_ACTIVITY_NEW_TASK'와 'FLAG_ACTIVITY_CLEAR_TOP'을 FLAG 값으로 Intent 에 추가합니다.

여기까지 완성되었다면, 화면이 꺼진 후에 QuizLockerActivity 가 자동으로 실행됩니다. 하지만 아직은 잠금화면에 QuizLockerActivity 가 보이는 것이 아니라, 안드로이드 기본 잠금화면이 먼저 실행되고 잠금이 해제되어야 QuizLockerActivity 가 나타나게 되죠.

이를 해결하기 위해 QuizLockerActivity.kt 파일을 다음과 같이 편집해 주세요.

```kotlin
package com.akj.quizlocker

import android.app.KeyguardManager
import android.content.Context
import android.os.Build
import androidx.appcompat.app.AppCompatActivity
import android.os.Bundle
```

```kotlin
import android.view.WindowManager

class QuizLockerActivity : AppCompatActivity() {

    override fun onCreate(savedInstanceState: Bundle?) {
        super.onCreate(savedInstanceState)

        // 잠금화면보다 상단에 위치하기 위한 설정 조정. 버전별로 사용법이 다르기 때문에 버전에 따라 적용
        if (Build.VERSION.SDK_INT >= Build.VERSION_CODES.O_MR1) {
            // 잠금화면에서 보여지도록 설정
            setShowWhenLocked(true)
            // 잠금 해제
            val keyguardManager = getSystemService(Context.KEYGUARD_SERVICE) as KeyguardManager
            keyguardManager.requestDismissKeyguard(this, null)
        } else {
            // 잠금화면에서 보여지도록 설정
            window.addFlags(WindowManager.LayoutParams.FLAG_SHOW_WHEN_LOCKED);
            // 기본 잠금화면을 해제
            window.addFlags(WindowManager.LayoutParams.FLAG_DISMISS_KEYGUARD);
        }
        // 화면을 켜진 상태로 유지
        window.addFlags(WindowManager.LayoutParams.FLAG_KEEP_SCREEN_ON);
        setContentView(R.layout.activity_quiz_locker)
    }
}
```

잠금화면 관련 기능들은 최근 안드로이드 버전이 업데이트되면서 수정 사항이 있기 때문에 버전별로 코드를 달리 적용해야 합니다.

이제 다시 앱을 실행해 보면 잠금화면보다 먼저 앱 화면이 나오게 되고, 잠금화면이 해제되는 것을 확인할 수 있습니다. 퀴즈 잠금화면을 띄우는 것까지는 이제 전부 완성한 셈이죠. 그런데 퀴즈 화면에서 정작 중요한 퀴즈 정보가 없군요. 다음으로는 퀴즈를 만들고 화면에 적용해 보겠습니다.

## 7.9.02 퀴즈 데이터 생성 및 적용

잠금화면에서 퀴즈 화면까지는 보이도록 만들었지만, 정작 퀴즈 데이터가 없어 [홈(Home)] 또는 [백(Back)]

키로 화면을 빠져나가야 합니다. 이제 퀴즈 데이터를 만들어 퀴즈를 푸는 경우에 화면을 빠져나가도록 구현해 보겠습니다.

퀴즈 데이터를 관리하는 방법은 여러 가지가 있지만, 여기서는 '애셋(asset) 저장소'를 사용합니다. 안드로이드의 애셋 저장소는 '리소스'처럼 정적인 데이터를 관리하기 위해 사용하는데, '애셋'이 '리소스'와 다른 점은 정적 데이터를 '변환하지 않고 그대로' 가지고 있다는 것이죠. 반면 다른 리소스들은 성능을 위해 안드로이드가 자체적으로 '바이너리' 형태로 변환합니다.

프로젝트 내비게이터에서 '보기' 방법을 '프로젝트'로 변경하고 [app 〉 src 〉 main] 디렉토리 하위에 [assets] 디렉토리를 만듭니다.

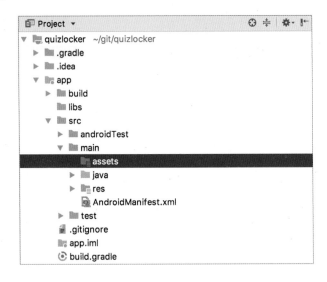

위 그림과 같이 [assets] 디렉토리가 생성되었다면 다시 프로젝트 보기 형태를 'android'로 바꿔도 [assets] 디렉토리가 보이게 됩니다.

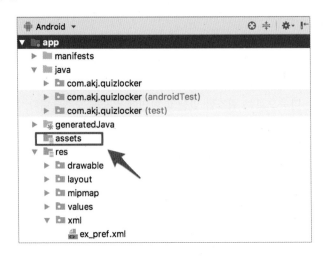

[assets] 디렉토리에 'capital.json' 파일을 생성하고 다음과 같이 편집해 주세요.

```json
[
    {
        "id": 1,
        "question": "대한민국의\n수도는?",
        "choice1": "서울",
        "choice2": "뉴욕",
        "answer": "서울"
    },
    {
        "id": 2,
        "question": "네팔의\n수도는?",
        "choice1": "딜리",
        "choice2": "카트만두",
        "answer": "카트만두"
    },
    {
        "id": 3,
        "question": "라오스의\n수도는?",
        "choice1": "베이루트",
        "choice2": "비엔티안",
        "answer": "베이루트"
    }
]
```

'capital.json'은 국가의 수도 관련 문제를 저장한 데이터 파일입니다. 'JSON'은 데이터를 구조화된 텍스트로 표현하기 위해 널리 사용되는 방법으로, 장점이라면 '구조화된 텍스트'를 '객체'로 변환하기 쉽다는 것이죠. JSON에서 [대괄호]는 [배열]을 나타내고, {중괄호}는 {객체}를 나타냅니다. 중괄호 내부에서는 'Key – Value' 형태로 속성을 정의하는데, 이 속성에 따라 객체를 생성하는 것이죠.

capital.json 파일에는 수도 관련 퀴즈가 3가지 있습니다. 이제 위 문제들을 이용하여 퀴즈 화면에 적용해 보겠습니다. QuizLockerActivity.kt 파일을 다음과 같이 편집해 주세요.

```kotlin
package com.akj.quizlocker

import android.app.KeyguardManager
import android.content.Context
```

```kotlin
import android.os.Build
import android.os.Bundle
import android.os.VibrationEffect
import android.os.Vibrator
import android.view.WindowManager
import android.widget.SeekBar
import androidx.appcompat.app.AppCompatActivity
import kotlinx.android.synthetic.main.activity_quiz_locker.*
import org.json.JSONArray
import org.json.JSONObject
import java.util.*

class QuizLockerActivity : AppCompatActivity() {

    var quiz:JSONObject? = null

    override fun onCreate(savedInstanceState: Bundle?) {
        super.onCreate(savedInstanceState)

        // 잠금화면보다 상단에 위치하기 위한 설정 조정. 버전별로 사용법이 다르기 때문에 버전에 따라 적용
        if (Build.VERSION.SDK_INT >= Build.VERSION_CODES.O_MR1) {
            // 잠금화면에서 보여지도록 설정
            setShowWhenLocked(true)
            // 잠금 해제
            val keyguardManager = getSystemService(Context.KEYGUARD_SERVICE) as KeyguardManager
            keyguardManager.requestDismissKeyguard(this, null)
        } else {
            // 잠금화면에서 보여지도록 설정
            window.addFlags(WindowManager.LayoutParams.FLAG_SHOW_WHEN_LOCKED);
            // 기본 잠금화면을 해제
            window.addFlags(WindowManager.LayoutParams.FLAG_DISMISS_KEYGUARD);
        }
        // 화면을 켜진 상태로 유지
        window.addFlags(WindowManager.LayoutParams.FLAG_KEEP_SCREEN_ON);
        setContentView(R.layout.activity_quiz_locker)

        // 퀴즈 데이터를 가져온다.
        val json = assets.open("capital.json").reader().readText()
        val quizArray = JSONArray(json)

        // 퀴즈를 선택한다.
        quiz = quizArray.getJSONObject(Random().nextInt(quizArray.length()))
```

```
        // 퀴즈를 보여준다.
        quizLabel.text = quiz?.getString("question")
        choice1.text = quiz?.getString("choice1")
        choice2.text = quiz?.getString("choice2")


    }
}
```

여기까지 작성하고 앱을 실행해 보세요. 화면이 꺼질 때마다 '새로운 문제와 보기'가 나오는 것을 확인할 수 있습니다.

## 7.9. 03  SeekBar로 정/오답 체크

현재의 앱은 정답, 오답을 맞춰도 아무런 반응이 없습니다. SeekBar의 값을 변경할 때 양 끝자리에 가면 선택한 답이 정답이 맞는지 체크해야 합니다. QuizLockerActivity.kt를 다음과 같이 편집해 주세요.

```
package com.akj.quizlocker

import android.app.KeyguardManager
import android.content.Context
import android.os.Build
import android.os.Bundle
import android.os.VibrationEffect
import android.os.Vibrator
import android.view.WindowManager
import android.widget.SeekBar
import androidx.appcompat.app.AppCompatActivity
import kotlinx.android.synthetic.main.activity_quiz_locker.*
import org.json.JSONArray
import org.json.JSONObject
import java.util.*

class QuizLockerActivity : AppCompatActivity() {

    var quiz:JSONObject? = null

    override fun onCreate(savedInstanceState: Bundle?) {
        super.onCreate(savedInstanceState)
```

```kotlin
        ... 생략

        // SeekBar 의 값이 변경될때 불리는 리스너
        seekBar.setOnSeekBarChangeListener(object: SeekBar.OnSeekBarChangeListener {
            // progress 값이 변경될때 불리는 함수
            override fun onProgressChanged(seekBar: SeekBar, progress: Int, fromUser: Boolean) {
                when {
                    // SeekBar 의 우측 끝으로 가면 choice2 를 선택한 것으로 간주한다
                    progress > 95 -> {
                        leftImageView.setImageResource(R.drawable.padlock)
                        // 우측 이미지뷰의 자물쇠 아이콘을 열림 아이콘으로 변경
                        rightImageView.setImageResource(R.drawable.unlock)
                    }
                    // SeekBar 의 좌측 끝으로 가면 choice1 을 선택한 것으로 간주한다
                    progress < 5 -> {
                        // 좌측 이미지뷰의 자물쇠 아이콘을 열림 아이콘으로 변경
                        leftImageView.setImageResource(R.drawable.unlock)
                        rightImageView.setImageResource(R.drawable.padlock)
                    }
                    // 양쪽 끝이 아닌 경우
                    else -> {
                        // 양쪽 이미지를 모두 잠금 아이콘으로 변경
                        leftImageView.setImageResource(R.drawable.padlock)
                        rightImageView.setImageResource(R.drawable.padlock)
                    }
                }
            }

            override fun onStartTrackingTouch(seekBar: SeekBar?) {
            }

            // 터치 조작을 끝낸 경우 불리는 함수
            override fun onStopTrackingTouch(seekBar: SeekBar?) {
                val progress = seekBar?.progress ?: 50
                when {
                    // 우측 끝의 답을 선택한 경우
                    progress > 95 -> checkChoice(quiz?.getString("choice2") ?: "")
                    // 좌측 끝의 답을 선택한 경우
                    progress < 5 ->  checkChoice(quiz?.getString("choice1") ?: "")
                    // 양끝이 아닌 경우 seekBar 의 progress 를 중앙값으로 초기화
```

```
                else -> seekBar?.progress = 50
            }
        }

    })

}

// 정답 체크 함수
fun checkChoice(choice: String){
    quiz?.let {
        when {
            // choice 의 텍스트가 정답 텍스트와 같으면 Activity 종료
            choice == it.getString("answer") -> finish()
            else -> {
                // 정답이 아닌경우 UI 초기화
                leftImageView.setImageResource(R.drawable.padlock)
                rightImageView.setImageResource(R.drawable.padlock)
                seekBar?.progress = 50
            }
        }
    }
}
```

'OnSeekBarChangeListener'는 SeekBar 의 터치 조작이 시작되었을 때, progress 값이 변경될 때, 그리고 터치 조작이 끝났을 때 함수의 코드를 작성해야 합니다. progress 값이 변경될 때 좌우 끝 부분으로 터치를 하게 되면 '잠금 아이콘' 이미지를 '잠금 해제' 아이콘으로 변경합니다. 그리고 터치를 끝냈을 때, progress 값을 기준으로 어떤 답을 골랐고, 정답이 맞는지 체크하는 것이죠.

지금까지 구현한 코드로는, 정답이 맞는 경우에는 화면이 종료되지만 오답인 경우라면 아무런 반응이 없기 때문에 오답인지 알기 어렵습니다. 퀴즈 잠금과 같은 서비스는 보통 오답인 경우 핸드폰에 '진동'을 주는 식으로 오답임을 알려 주죠. 다음은 오답인 경우 진동을 울리는 방법을 익혀 보겠습니다.

안드로이드에서 폰에 진동을 울리기 위해서는 시스템 서비스 중 'VIBRATE_SERVICE'를 사용합니다. 진동 서비스를 사용하기 위해서는 '진동 권한'을 요청해야 하므로 AndroidManifest.xml 파일에 다음 퍼미션을 추가해 주세요.

```xml
<?xml version="1.0" encoding="utf-8"?>
<manifest xmlns:android="http://schemas.android.com/apk/res/android" package="com.akj.quizlocker">

    <!-- 외부저장소에 읽기 쓰기 권한 요청, 앱 전용 데이터로 저장하는 경우 SDK 18 이후부터는 권한 요청이 필요 없음 -->
    <uses-permission android:name="android.permission.WRITE_EXTERNAL_STORAGE" />

    <!-- 부팅이 완료될때 브로드캐스크 수신을 위한 권한 요청 -->
    <uses-permission android:name="android.permission.RECEIVE_BOOT_COMPLETED" />

    <!-- Foreground 서비스 실행 권한 -->
    <uses-permission android:name="android.permission.FOREGROUND_SERVICE" />

    <!-- 진동 서비스 사용 권한 요청-->
    <uses-permission android:name="android.permission.VIBRATE" />

    <application
        android:allowBackup="true"
        ... 생략

</manifest>
```

진동을 실제로 발생시키는 코드는 매우 간단합니다. 직접 예제에 적용해서 익혀 보죠. QuizLockerActivity.kt 파일의 'checkChoice()' 함수를 다음과 같이 변경해 주세요.

```kotlin
// 정답 체크 함수
fun checkChoice(choice: String){
    quiz?.let {
        when {
            // choice 의 텍스트가 정답 텍스트와 같으면 Activity 종료
            choice == it.getString("answer") -> finish()
            else -> {
```

```
            // 정답이 아닌경우 UI 초기화
            leftImageView.setImageResource(R.drawable.padlock)
            rightImageView.setImageResource(R.drawable.padlock)
            seekBar?.progress = 50


            // 정답이 아닌 경우 진동알림 추가
            val vibrator = getSystemService(Context.VIBRATOR_SERVICE) as Vibrator
            // SDK 버전에 따라 호출
            if (Build.VERSION.SDK_INT >= 26) {
                // 1초동안 100의 세기(최고 255) 로 1회 진동
                vibrator.vibrate(VibrationEffect.createOneShot(1000, 100))
            } else {
                // 1초동안 진동
                vibrator.vibrate(1000)
            }
        }
    }
}
```

추가된 코드만 살펴보도록 하겠습니다.

```
// 정답이 아닌 경우 진동알림 추가
val vibrator = getSystemService(Context.VIBRATOR_SERVICE) as Vibrator
// SDK 버전에 따라 호출
if (Build.VERSION.SDK_INT >= 26) {
    // 1초동안 100의 세기(최고 255) 로 1회 진동
    vibrator.vibrate(VibrationEffect.createOneShot(1000, 100))
} else {
    // 1초동안 진동
    vibrator.vibrate(1000)
}
```

'진동 요청용' API 는 안드로이드 API LEVEL 26부터 바뀌게 되었습니다. 기존에는 '진동 시간'을 함수로 설정 가능했지만 최신 버전에서는 '몇 회 울릴 것인지, 강도는 어떻게 할 것인지'를 함수에 전달해야 하죠.

다시 앱을 실행하면 이제 오답을 선택할 때마다 진동이 울리는 것을 확인할 수 있습니다. 다음은 퀴즈마다 '정답'과 '오답 횟수'를 저장하는 코드를 구현해 보겠습니다.

퀴즈 잠금화면 앱은 퀴즈 화면에서 출제된 퀴즈의 정답 횟수와 오답 횟수를 보여 줍니다. 정답 횟수와 오답 횟수 또한 'SharedPreference'를 사용해 간단하게 저장할 수 있죠. 코드로 바로 구현해 볼까요?

```kotlin
package com.akj.quizlocker

import android.app.KeyguardManager
import android.content.Context
import android.os.Build
import android.os.Bundle
import android.os.VibrationEffect
import android.os.Vibrator
import android.view.WindowManager
import android.widget.SeekBar
import androidx.appcompat.app.AppCompatActivity
import kotlinx.android.synthetic.main.activity_quiz_locker.*
import org.json.JSONArray
import org.json.JSONObject
import java.util.*

class QuizLockerActivity : AppCompatActivity() {

    var quiz: JSONObject? = null

    // 정답횟수 저장 SharedPreference
    val wrongAnswerPref by lazy { getSharedPreferences("wrongAnswer", Context.MODE_PRIVATE) }
    // 오답횟수 저장 SharedPreference
    val correctAnswerPref by lazy { getSharedPreferences("correctAnswer", Context.MODE_PRIVATE) }

    override fun onCreate(savedInstanceState: Bundle?) {
        super.onCreate(savedInstanceState)

        // 잠금화면보다 상단에 위치하기 위한 설정 조정. 버전별로 사용법이 다르기 때문에 버전에 따라 적용
        if (Build.VERSION.SDK_INT >= Build.VERSION_CODES.O_MR1) {
            // 잠금화면에서 보여지도록 설정
            setShowWhenLocked(true)
            // 잠금 해제
            val keyguardManager = getSystemService(Context.KEYGUARD_SERVICE) as KeyguardManager
```

```kotlin
        keyguardManager.requestDismissKeyguard(this, null)
    } else {
        // 잠금화면에서 보여지도록 설정
        window.addFlags(WindowManager.LayoutParams.FLAG_SHOW_WHEN_LOCKED);
        // 기본 잠금화면을 해제
        window.addFlags(WindowManager.LayoutParams.FLAG_DISMISS_KEYGUARD);
    }
    // 화면을 켜진 상태로 유지
    window.addFlags(WindowManager.LayoutParams.FLAG_KEEP_SCREEN_ON);
    setContentView(R.layout.activity_quiz_locker)


    // 퀴즈 데이터를 가져온다.
    val json = assets.open("capital.json").reader().readText()
    val quizArray = JSONArray(json)


    // 퀴즈를 선택한다.
    quiz = quizArray.getJSONObject(Random().nextInt(quizArray.length()))


    // 퀴즈를 보여준다.
    quizLabel.text = quiz?.getString("question")
    choice1.text = quiz?.getString("choice1")
    choice2.text = quiz?.getString("choice2")


    // 정답횟수 오답횟수를 보여준다.
    val id = quiz?.getInt("id").toString() ?: ""
    correctCountLabel.text = "정답횟수:${correctAnswerPref.getInt(id, 0)}"
    wrongCountLabel.text = "오답횟수: ${wrongAnswerPref.getInt(id, 0)}"


    // SeekBar 의 값이 변경될때 불리는 리스너
    seekBar.setOnSeekBarChangeListener(object : SeekBar.OnSeekBarChangeListener {
        // progress 값이 변경될때 불리는 함수
        override fun onProgressChanged(seekBar: SeekBar, progress: Int, fromUser: Boolean) {
            when {
                // SeekBar 의 우측 끝으로 가면 choice2 를 선택한 것으로 간주한다
                progress > 95 -> {
                    leftImageView.setImageResource(R.drawable.padlock)
                    // 우측 이미지뷰의 자물쇠 아이콘을 열림 아이콘으로 변경
                    rightImageView.setImageResource(R.drawable.unlock)
                }
```

```kotlin
                        // SeekBar 의 좌측 끝으로 가면 choice1 을 선택한 것으로 간주한다
                        progress < 5 -> {
                            // 좌측 이미지뷰의 자물쇠 아이콘을 열림 아이콘으로 변경
                            leftImageView.setImageResource(R.drawable.unlock)
                            rightImageView.setImageResource(R.drawable.padlock)
                        }
                        // 양쪽 끝이 아닌 경우
                        else -> {
                            // 양쪽 이미지를 모두 잠금 아이콘으로 변경
                            leftImageView.setImageResource(R.drawable.padlock)
                            rightImageView.setImageResource(R.drawable.padlock)
                        }
                    }
                }

                override fun onStartTrackingTouch(seekBar: SeekBar?) {
                }

                // 터치 조작을 끝낸 경우 불리는 함수
                override fun onStopTrackingTouch(seekBar: SeekBar?) {
                    val progress = seekBar?.progress ?: 50
                    when {
                        // 우측 끝의 답을 선택한 경우
                        progress > 95 -> checkChoice(quiz?.getString("choice2") ?: "")
                        // 좌측 끝의 답을 선택한 경우
                        progress < 5 -> checkChoice(quiz?.getString("choice1") ?: "")
                        // 양끝이 아닌 경우 seekBar 의 progress 를 중앙값으로 초기화
                        else -> seekBar?.progress = 50
                    }
                }

            })

    }

    // 정답 체크 함수
    fun checkChoice(choice: String) {
        quiz?.let {
            when {
                // choice 의 텍스트가 정답 텍스트와 같으면 Activity 종료
```

```kotlin
            choice == it.getString("answer") -> {
                // 정답인 경우 정답횟수 증가
                val id = it.getInt("id").toString()
                var count = correctAnswerPref.getInt(id, 0)
                count++
                correctAnswerPref.edit().putInt(id, count).apply()
                correctCountLabel.text = "정답횟수: ${count}"


                // Activity 종료
                finish()
            }
            else -> {
                // 오답 횟수 증가
                val id = it.getInt("id").toString()
                var count = wrongAnswerPref.getInt(id, 0)
                count++
                wrongAnswerPref.edit().putInt(id, count).apply()
                wrongCountLabel.text = "오답횟수: ${count}"


                // 정답이 아닌경우 UI 초기화
                leftImageView.setImageResource(R.drawable.padlock)
                rightImageView.setImageResource(R.drawable.padlock)
                seekBar?.progress = 50


                // 정답이 아닌 경우 진동알림 추가
                val vibrator = getSystemService(Context.VIBRATOR_SERVICE) as Vibrator
                // SDK 버전에 따라 호출
                if (Build.VERSION.SDK_INT >= 26) {
                    // 1초동안 100의 세기(최고 255) 로 1회 진동
                    vibrator.vibrate(VibrationEffect.createOneShot(1000, 100))
                } else {
                    // 1초동안 진동
                    vibrator.vibrate(1000)
                }
            }
        }
    }
  }
}
```

먼저 클래스의 프로퍼티 선언을 보겠습니다.

```kotlin
// 정답횟수 저장 SharedPreference
val wrongAnswerPref by lazy { getSharedPreferences("wrongAnswer", Context.MODE_PRIVATE) }
// 오답횟수 저장 SharedPreference
val correctAnswerPref by lazy { getSharedPreferences("correctAnswer", Context.MODE_PRIVATE) }
```

SharedPreference 는 'Key – Value' 형태로 데이터를 저장하기 때문에 정답 횟수와 오답 횟수를 따로 저장합니다. 정답 및 오답의 횟수는 퀴즈의 ID 를 'Key'로 하고, 각 횟수를 'Value'로서 저장합니다. 그래서 정답의 횟수를 저장하는 SharedPreference 와 오답 횟수를 저장하는 SharedPreference 가 별도로 있는 것이죠.

그 다음은 onCreate( ) 함수 내에서 정답 횟수, 오답 횟수의 텍스트 뷰를 초기화하는 부분을 보겠습니다.

```kotlin
val id = quiz?.getInt("id").toString() ?: ""
correctCountLabel.text = "정답횟수:${correctAnswerPref.getInt(id, 0)}"
wrongCountLabel.text = "오답횟수: ${wrongAnswerPref.getInt(id, 0)}"
```

퀴즈의 ID값으로 정답 횟수와, 오답 횟수를 가져와 텍스트뷰를 바꿔 주는 코드입니다. 다음은 정답 또는 오답 시 정답 횟수, 오답 횟수의 카운트를 증가시켜 저장하는 코드를 살펴보겠습니다.

```kotlin
// 정답 체크 함수
fun checkChoice(choice: String) {
    quiz?.let {
        when {
            // choice 의 텍스트가 정답 텍스트와 같으면 Activity 종료
            choice == it.getString("answer") -> {
                // 정답인 경우 정답횟수 증가
                val id = it.getInt("id").toString()
                var count = correctAnswerPref.getInt(id, 0)
                count++
                correctAnswerPref.edit().putInt(id, count).apply()
                correctCountLabel.text = "정답횟수: ${count}"

                // Activity 종료
                finish()
            }
            else -> {
```

```
        // 오답 횟수 증가
        val id = it.getInt("id").toString()
        var count = wrongAnswerPref.getInt(id, 0)
        count++
        wrongAnswerPref.edit().putInt(id, count).apply()
        wrongCountLabel.text = "오답횟수: ${count}"

        // 정답이 아닌경우 UI 초기화
        leftImageView.setImageResource(R.drawable.padlock)
        rightImageView.setImageResource(R.drawable.padlock)
        seekBar?.progress = 50

        // 정답이 아닌 경우 진동알림 추가
        val vibrator = getSystemService(Context.VIBRATOR_SERVICE) as Vibrator
        // SDK 버전에 따라 호출
        if (Build.VERSION.SDK_INT >= 26) {
            // 1초동안 100의 세기(최고 255) 로 1회 진동
            vibrator.vibrate(VibrationEffect.createOneShot(1000, 100))
        } else {
            // 1초동안 진동
            vibrator.vibrate(1000)
        }
    }
  }
 }
}
```

정답 체크 함수에서 정답 횟수, 오답 횟수를 증가시키는 코드입니다. 앞서 배웠던 SharedPreference 에 데이터를 저장하는 방법대로 'Editor' 객체를 가져와 값을 변경하고 있습니다. 여기까지 완성하면 이제 퀴즈별 정답 횟수와 오답 횟수도 보여 줄 수 있게 됩니다.

그런데 앱 설정 화면에서 정답, 오답 횟수 초기화 버튼이 있었던 것을 기억하시나요? 정답 횟수, 오답 횟수를 초기화하는 부분도 완성해 보겠습니다. MainActivity.kt 파일에 다음 함수를 추가합니다.

```
class MainActivity : AppCompatActivity() {
    val fragment = MyPreferenceFragment()
    override fun onCreate(savedInstanceState: Bundle?) {
        super.onCreate(savedInstanceState)
```

```
            setContentView(R.layout.activity_main)
            // preferenceContent FrameLayout 영역을 PreferenceFragment 로 교체
            fragmentManager.beginTransaction().replace(R.id.preferenceContent, fragment).commit()


            // 버튼이 클릭되면 initAnswerCount() 함수 실행
            initButton.setOnClickListener { initAnswerCount() }
        }

    fun initAnswerCount() {
            // 정답횟수, 오답횟수 설정정보를 가져온다.
            val correctAnswerPref = getSharedPreferences("correctAnswer", Context.MODE_PRIVATE)
            val wrongAnswerPref = getSharedPreferences("wrongAnswer", Context.MODE_PRIVATE)

            // 초기화
            correctAnswerPref.edit().clear().apply()
            wrongAnswerPref.edit().clear().apply()
        }
    ... 생략
```

'initAnswerCount()' 함수는 QuizLockerActivity 에서 사용하는 정답, 오답 횟수 저장용 SharedPreference 와 같은 이름으로 SharedPreference 객체를 가져옵니다. 그리고 'Editor.clear()' 함수로 초기화를 하는 것이죠.

이제 앱이 거의 완성되었습니다. 마지막으로 재부팅 처리가 남았는데요. 현재 코드에서 'LockScreenService' 는 앱을 실행하거나, [잠금화면 사용] 스위치를 켜야만 동작합니다. 재부팅이 되고 나면 자동으로 실행되지 않는 거죠. 다음으로는 재부팅 처리 방법을 익혀 보겠습니다.


## 7.9. 06 재부팅 후 자동 실행 설정

퀴즈 잠금화면 같은 류의 서비스 앱은 폰이 재부팅되어도 자동으로 실행되어야 합니다. 이런 경우 부팅이 완료될 때의 브로드캐스트 메시지인 'ACTION_BOOT_COMPLETE'를 활용할 수 있죠.

앞서 브로드캐스트 리시버를 활용할 때에도 우리는 ACTION_BOOT_COMPLETE 메시지를 다뤄 보았는데요. 이제 부팅 완료 브로드캐스트 메세지를 받았을 때 서비스를 실행하는 코드를 완성해 보겠습니다.

BootCompleteReceiver.kt 파일을 다음과 같이 편집해주세요.

```kotlin
package com.akj.quizlocker

import android.content.BroadcastReceiver
import android.content.Context
import android.content.Intent
import android.os.Build
import android.preference.PreferenceManager
import android.util.Log

// BroadcastReceiver 를 상속받는다
class BootCompleteReceiver : BroadcastReceiver() {
    // 브로드캐스트 메세지 수신시 불리는 컬백 함수
    override fun onReceive(context: Context?, intent: Intent?) {
        when {
            // 부팅이 완료될때의 메세지인지 확인
            intent?.action == Intent.ACTION_BOOT_COMPLETED -> {
                Log.d("quizlocker", "부팅이 완료됨")

                context?.let {
                    // 퀴즈잠금화면 설정값이 ON 인지 확인
                    val pref = PreferenceManager.getDefaultSharedPreferences(context)
                    val useLockScreen = pref.getBoolean("useLockScreen", false)
                    if(useLockScreen) {
                        // LockScreenService 시작
                        if (Build.VERSION.SDK_INT >= Build.VERSION_CODES.O) {
                            it.startForegroundService(Intent(context, LockScreenService::class.java))
                        } else {
                            it.startService(Intent(context, LockScreenService::class.java))
                        }
                    }
                }

            }
        }
    }
}
```

코드는 간단합니다. 먼저 살펴봐야 할 코드는 MainActivity 에서 PreferenceFragment 로 보여 줬던 설정 정보
를 가져오는 부분입니다.

```
val pref = PreferenceManager.getDefaultSharedPreferences(context)
val useLockScreen = pref.getBoolean("useLockScreen", false)
```

PreferenceFragment 처럼 UI 와 연동하여 Preference 를 저장하면 애플리케이션의 기본 SharedPreference 에 저장됩니다. 그래서 'Preference.getDefaultSaharedPreference'를 사용하여 환경 설정 정보를 가져올 수 있게 됩니다.

나머지 부분은 MainActivity 에서 LockScreenService 를 실행하는 코드와 동일합니다.

```
// LockScreenService 시작
if (Build.VERSION.SDK_INT >= Build.VERSION_CODES.O) {
    it.startForegroundService(Intent(context, LockScreenService::class.java))
} else {
    it.startService(Intent(context, LockScreenService::class.java))
}
```

안드로이드 Oreo 버전부터는 백그라운드 서비스 제한이 걸려있기 때문에 포어그라운드 서비스로 실행하는 것이죠. 여기까지 완성하면 이제 드디어 '퀴즈 잠금화면' 예제가 완성되었습니다. 이번 장을 정리하고 실습을 직접 바꾸면서 공부할 수 있는 도전 과제를 풀어 보세요.

# 7.10 | 정리 및 도전 과제

## 7.10. 01 / 정리

· 앱의 데이터를 저장하는 방법은 'File, SharedPreference, Sqlite, 백엔드 서버 사용' 등의 방법이 있습니다.

· File 저장은 내부 앱 전용 저장소 또는 외부 저장소에 저장할 수 있습니다. 앱 전용 저장소에 저장하면 다른 앱은 파일에 접근할 수 없게 됩니다.

· SharedPreference 는 'Key - Value' 형태로 데이터를 저장할 수 있으며, 앱 설정 정보를 편리하게 저장할 수 있습니다.

- PreferenceFragment를 사용하면, 설정 정보를 UI에 보여 주고, 변화되는 즉시 데이터를 저장할 수 있습니다.

- 브로드캐스트 메세지는 수신 대상의 지정 없이 메시지를 전체적으로 보내고, 수신자가 자신이 처리 가능한 메시지인지 확인합니다.

- 안드로이드 오레오(O) 버전부터 AndroidManifest.xml 파일에 선언한 암시적 브로드캐스트 메세지 리시버는 더 이상 지원하지 않습니다. 암시적으로 사용하기 위해서는 앱이 실행되는(Runtime) 중에 브로드캐스트 리시버를 등록해야 합니다.

- 서비스는 UI 없이 백그라운드에서 실행되는 컴포넌트입니다.

- 안드로이드 오레오 버전부터 백그라운드 서비스에는 제한이 생겼습니다. 서비스를 계속 유지하기 위해서는 ForgroundService를 실행해야 하며, 사용자 알림창에 서비스 실행 중인 상태를 보여 줘야 합니다.

- SeekBar는 thumb 이미지로 progress를 조정할 수 있는 UI 요소입니다. 퀴즈 잠금화면에서는 SeekBar를 이용해 잠금 해제 UI를 구현합니다.

- 나인패치( 9-patch) 이미지는 View의 배경으로 사용하는 이미지로, 컨텐츠의 영역에 따라 자동으로 크기를 확장시킬 수 있는 이미지입니다.

## 7.10. 02 / 도전 과제

지금 완성된 퀴즈 잠금화면은 각 나라의 수도를 맞추는 퀴즈만 제공합니다. 퀴즈 잠금화면에 퀴즈 분류를 '일반 상식, 역사 퀴즈'도 추가하고, 앱 설정 화면에서 '퀴즈 종류' 선택에 따라 퀴즈가 나오도록 변경해 보세요.

# 08 펀치력 측정 앱

들어가기

본 장에서 구현하게 될 펀치력 측정 앱은 스마트폰에 포함된 다양한 센서 중 가속도 센서를 활용합니다. 폰이 순간적으로 얼마나 강하게 움직였는지 측정하는 이 앱을 구현하면서, 우리는 구글 게임 서비스에서 지원하는 리더보드는 물론 보다 재미있고 다이내믹한 UI 구성을 위한 애니메이션 효과들을 함께 실습하게 될 것입니다.

## 8.1 | 펀치력 측정 앱이란?

펀치력 측정 어플은 스마트폰에 장착된 가속도 센서를 이용하여 '스마트폰이 얼마나 빠르게 움직였는지'를 측정합니다. 펀치력 테스트 어플은 간단히 2가지 화면만 가지게 되는데, 다음은 이번 앱에서 완성하게 될 UI의 모습입니다.

그림에서 보듯 매우 심플한 UI로 구성되어 있으며, 추가적으로 '구글 게임 서비스'를 이용하여 '랭킹'을 제공할 것이기 때문에 직접 UI를 만들지는 않지만 우측과 같은 UI 또한 보여지게 됩니다.

보통 게임에서 랭킹 서버를 구현하려면 신경써야 할 부분이 상당히 많습니다. 처음 도전하게 된다면 많은 시행착오가 있을 수 있습니다.

하지만 구글 게임 서비스를 사용하면 놀랍도록 간편하게 랭킹 서비스 및 게임을 위한 다양한 기능을 제공할 수 있는데요.

이번 프로젝트에서 구글 게임 서비스 중 리더보드를 사용해 보도록 하겠습니다.

# 8.2 | 프로젝트 생성 및 첫 화면 제작

## 8.2.01 프로젝트 생성과 첫 화면 UI 구현

프로젝트 생성은 다음과 같이 진행해 주세요.

① 프로젝트 이름은 'punchpower'로 합니다.

② package name 이 유니크하게 만들어지도록 Company Domain 을 설정하세요.

③ 'include kotlin support' 항목의 체크 박스를 체크합니다.

④ 타겟을 'phone and tablet'으로 하고 minimum sdk 버전을 'API Level 17'로 설정합니다.

⑤ 'Empty Activity'를 선택하고 프로젝트 생성을 완료합니다.

⑥ build.gradle 파일에 kotlin-android-extensions 플러그인을 추가합니다. (4.3 장 코틀린 안드로이드 확장 플러그인 참조)

프로젝트를 생성하고 나면, 앱을 개발하면서 사용할 이미지들을 다음 주소에서 다운로드하여 프로젝트 하위의 [drawable] 디렉토리에 복사합니다.

- 이미지 주소  https://goo.gl/9EfiET

이제 [app 〉 res 〉 values 〉 strings.xml] 파일을 열어, 'app_name'을 다음과 같이 편집해 주세요.

```
<resources>
    <string name="app_name">펀치력테스트</string>
</resources>
```

코드에서 보이듯 '앱의 이름'을 수정하는 것이죠.

여기까지 완료되었다면 activity_main.xml 파일을 다음과 같이 편집합니다.

- 이미지뷰를 하나 배치하여 '펀치력 테스트 앱'이라는 성격에 맞는 초기 이미지를 표현하고 가로와 세로 크기는 모두 'wrap_content'로 설정하여 화면 정중앙에 배치합니다.

- 이미지와 더불어 초기 화면에 맞는 지시 사항을 텍스트뷰를 넣어 설명하고, 바로 위에 삽입된 이미지뷰를 기준으로 배치를 완료합니다.

- 텍스트 설명의 크기는 '18sp' 정도로 정해 주면 보기에 적당할 듯합니다.

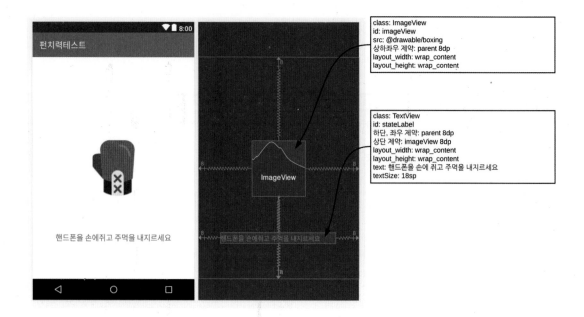

class: ImageView
id: imageView
src: @drawable/boxing
상하좌우 제약: parent 8dp
layout_width: wrap_content
layout_height: wrap_content

class: TextView
id: stateLabel
하단, 좌우 제약: parent 8dp
상단 제약: imageView 8dp
layout_width: wrap_content
layout_height: wrap_content
text: 핸드폰을 손에 쥐고 주먹을 내지르세요
textSize: 18sp

다음은 위 UI에 해당하는 XML 코드입니다.

```xml
<?xml version="1.0" encoding="utf-8"?>
<androidx.constraintlayout.widget.ConstraintLayout
        xmlns:android="http://schemas.android.com/apk/res/android"
        xmlns:tools="http://schemas.android.com/tools"
        xmlns:app="http://schemas.android.com/apk/res-auto"
        android:layout_width="match_parent"
        android:layout_height="match_parent"
        tools:context=".MainActivity">
    <ImageView
        android:layout_width="wrap_content"
        android:layout_height="wrap_content"
        app:srcCompat="@drawable/boxing"
        android:id="@+id/imageView"
        android:layout_marginStart="8dp"
        android:layout_marginEnd="8dp"
        android:layout_marginTop="8dp"
        android:layout_marginBottom="8dp"
        app:layout_constraintTop_toTopOf="parent"
        app:layout_constraintEnd_toEndOf="parent"
        app:layout_constraintStart_toStartOf="parent"
```

```xml
                app:layout_constraintBottom_toBottomOf="parent"/>
    <TextView
                android:text="핸드폰을 손에쥐고 주먹을 내지르세요"
                android:layout_width="wrap_content"
                android:layout_height="wrap_content"
                android:id="@+id/stateLabel"
                app:layout_constraintStart_toStartOf="parent"
                app:layout_constraintEnd_toEndOf="parent"
                app:layout_constraintTop_toBottomOf="@+id/imageView"
                app:layout_constraintBottom_toBottomOf="parent"
                android:layout_marginStart="8dp"
                android:layout_marginEnd="8dp"
                android:layout_marginTop="8dp"
                android:layout_marginBottom="8dp"
                android:textSize="18sp"/>
</androidx.constraintlayout.widget.ConstraintLayout>
```

## 8.2.02 결과 화면 UI 작성

결과 화면도 매우 간단하기 때문에 UI에 해당하는 XML 레이아웃부터 만들고 진행하겠습니다.

[app 〉 패키지 소스] 디렉토리에 마우스를 우클릭한 후 [New 〉 Activity 〉 Empty Activity]로 'ResultActivity'
를 만듭니다.

그럼 이 Activity가 사용할 테마를 먼저 만들도록 하겠습니다. [app 〉 res 〉 values 〉 styles.xml] 파일을 열어
다음 코드를 추가합니다.

```xml
<resources>

    <!-- Base application theme. -->
    ... 생략

    <style name="AppTheme.Result">
        <item name="android:textColor">@android:color/black</item>
        <item name="android:buttonStyle">@style/ButtonColor</item>
```

```
        <item name="colorButtonNormal">@color/colorPrimary</item>
    </style>

    <style name="ButtonColor" parent="@style/Widget.AppCompat.Button">
        <item name="android:textColor">@android:color/white</item>
    </style>

</resources>
```

'AppTheme.Result'라는 새로운 테마가 생겼고, 버튼의 배경 및 텍스트의 색을 변경한 코드죠. 이제 이 테마를 액티비티가 사용하면 됩니다. 가장 간단한 방법은 앞서 로또 앱에서 했듯 AndroidManifest.xml 파일에서 액티비티의 속성으로 테마를 지정하는 것인데요. AndroidManifest.xml 파일의 내용 중 ResultActivity에 해당하는 태그를 다음과 같이 변경해 주세요.

```
<activity android:name=".ResultActivity" android:theme="@style/AppTheme.Result"/>
```

앞서 여러 번 반복한 바와 같이 이렇게 설정하면, ResultActivity의 테마는 'AppTheme.Result'가 됩니다. 이제 레이아웃에 해당하는 XML을 만들어 보죠. activity_result.xml을 다음과 같이 편집해 주세요.

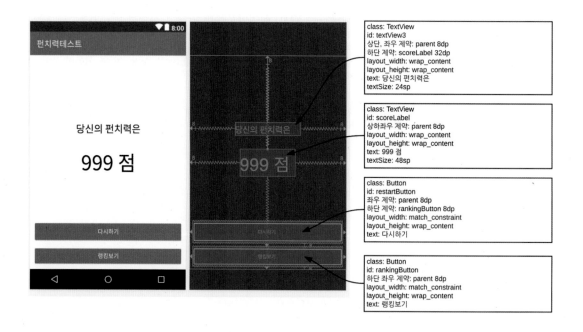

위 UI에 해당하는 XML 코드는 다음과 같습니다.

```xml
<?xml version="1.0" encoding="utf-8"?>
<androidx.constraintlayout.widget.ConstraintLayout
        xmlns:android="http://schemas.android.com/apk/res/android"
        xmlns:tools="http://schemas.android.com/tools"
        xmlns:app="http://schemas.android.com/apk/res-auto"
        android:layout_width="match_parent"
        android:layout_height="match_parent"
        tools:context=".ResultActivity">
    <TextView
            android:text="999 점"
            android:layout_width="wrap_content"
            android:layout_height="wrap_content"
            android:id="@+id/scoreLabel"
            app:layout_constraintEnd_toEndOf="parent"
            android:layout_marginEnd="8dp"
            app:layout_constraintStart_toStartOf="parent"
            android:layout_marginStart="8dp"
            android:layout_marginTop="8dp"
            app:layout_constraintTop_toTopOf="parent"
            android:layout_marginBottom="8dp"
            app:layout_constraintBottom_toBottomOf="parent"
            android:textSize="48sp"
    />
    <TextView
            android:text="당신의 펀치력은"
            android:layout_width="wrap_content"
            android:layout_height="wrap_content"
            android:id="@+id/textView3"
            android:layout_marginBottom="32dp"
            app:layout_constraintBottom_toTopOf="@+id/scoreLabel"
            android:layout_marginTop="8dp"
            app:layout_constraintTop_toTopOf="parent"
            app:layout_constraintEnd_toEndOf="parent"
            android:layout_marginEnd="8dp"
            app:layout_constraintStart_toStartOf="parent"
            android:layout_marginStart="8dp"
            app:layout_constraintVertical_bias="1.0" android:textSize="24sp"/>
    <Button
            android:text="랭킹보기"
            android:layout_width="0dp"
```

```
            android:layout_height="wrap_content"
            android:id="@+id/rankingButton"
            app:layout_constraintEnd_toEndOf="parent"
            android:layout_marginEnd="8dp"
            app:layout_constraintStart_toStartOf="parent"
            android:layout_marginStart="8dp"
            android:layout_marginBottom="8dp"
            app:layout_constraintBottom_toBottomOf="parent"/>
    <Button
            android:text="다시하기"
            android:layout_width="0dp"
            android:layout_height="wrap_content"
            android:id="@+id/restartButton"
            android:layout_marginBottom="8dp"
            app:layout_constraintBottom_toTopOf="@+id/rankingButton"
            app:layout_constraintEnd_toEndOf="parent"
            android:layout_marginEnd="8dp"
            app:layout_constraintStart_toStartOf="parent"
            android:layout_marginStart="8dp"/>
</androidx.constraintlayout.widget.ConstraintLayout>
```

이제 기본적인 UI 작업이 완료되었습니다. 다음은 이번 앱의 핵심인 가속도 센서에 대해 알아보겠습니다.

# 8.3 | 가속도 센서

## 8.3.01 3방향 가속도 센서

**3방향 가속도 센서**는 이름 그대로 '세 방향의 가속도를 측정하는 센서'입니다. 자연계에서 우리가 느낄 수 있는 공간을 '3차원'이라고 이야기하는데요. 이 3차원에는 '가로, 세로, 높이'에 해당하는 각 축이 존재하는데, 보통은 이 축을 각각 'X, Y, Z' 축으로 부릅니다.

스마트폰에도 역시 X, Y, Z축이 존재합니다. 그리고 각 축에 대하여 가속도를 측정해 주는 것이 바로 '가속도 센서'의 역할이죠.

우측 그림은 스마트폰에서 X, Y, Z축이 각각 어떻게 이루어져 있는지 나타낸 그림으로서, 스마트폰을 눕혔을 때의 가로 방향이 X축, 세로가 Y축, 높이가 Z축인 셈이죠.

참고로 대부분의 가속도 센서는 '중력 측정'이 가능하다는 이점이 있는데요. 그래서 가속도 센서를 '중력 센서'로도 많이 사용하죠. 중력을 측정할 수 있으므로 가속도 센서의 측정값과 삼각 함수를 이용하면 현재 스마트폰의 기울기도 구할 수 있게 됩니다.

가속도 센서가 익숙하지 않은 독자분들을 위해 가속도 센서가 어떻게 동작하는지 간략하게 살펴보겠습니다.

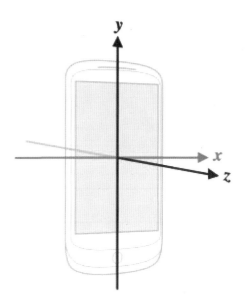

그럼 먼저 다음과 같이 스마트폰이 위치한 경우를 생각해 보겠습니다.

| 지표면 |
| --- |

위와 같이 스마트폰이 지표면과 정확하게 직각으로 위치해 있고 정지한 상태라면 X, Y, Z축의 가속도가 어떻게 측정이 될지 감이 오시나요?

정답은 'X : 0, Y : −1G, Z : 0' 형태로 나오게 되며 X, Y, Z축은 서로 완벽하게 직각입니다. 때문에 정확하게 직각으로 되어 있다면 중력이 전혀 전달이 안 되겠죠. 반면 Y축은 반대 방향으로 중력이 작용하기 때문에 '-1G'의 가속도가 측정되게 됩니다. 물론 센서는 무척 민감하기 때문에 조금씩 오차가 있고 정확하게 '0'과 '-1G'로 측정되는 것은 아니더라도, 거의 비슷한 값으로 측정될 것입니다.

반면 스마트폰이 누워 있는 상태로 정지해 있다면 가속도가 다음과 같이 측정되겠죠.

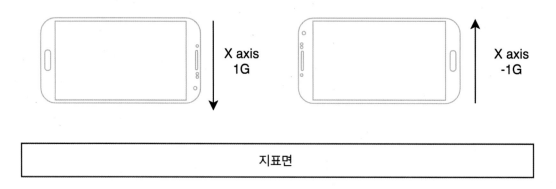

위의 그림처럼 스마트폰이 누워 있다고 하더라도 어느 방향으로 누워 있느냐에 따라 X축에 가해지는 힘은 1G가 되기도, -1G가 되기도 합니다.

이 부분이 중요한 이유는 센서의 측정 결과값에 대해 오해를 하는 경우가 많기 때문입니다. 바로 센서의 방향을 잘못 생각하여, 정확하게 측정되었음에도 불구하고 잘못되었다고 판단하는 경우인데요.

예를 들어 스마트폰을 손에 쥐고 지표면과 반대 방향으로 정확하게 주먹을 지른다면 가속도가 어떻게 측정될까요? 이 경우 센서를 많이 경험하지 않은 사람들은 종종 Z축의 힘이 측정되어야 하지 않을까 생각하게 됩니다.

그렇지만 사실은 스마트폰을 어떤 방향으로 쥐었는지가 더 중요합니다. 내 손이 지표면에 대해 어떤 방향으로 힘을 작용했는가는 사실상 스마트폰의 가속도 센서와 아무런 관련이 없죠. 스마트폰의 X, Y, Z축에 대한 힘을 측정하는 것이니까요.

지표면과 반대 방향으로 손을 내질렀더라도, 스마트폰을 처음의 예와 같이 똑바로 세워서 잡았다면 Y축의 가속도가 측정될 것이고, 두 번째 예와 같이 손에 쥔 상태였다면 X축에 가속도가 측정되는 것이죠. 이 부분을 꼭 염두에 두고 다음 개발을 진행해 주세요.

### 8.3.02 가속도 센서의 사용법

이제 가속도 센서가 어떻게 작동하는지 알았으니, 안드로이드 코드로 가속도 센서를 사용해 보도록 하겠습니다. 가속도 센서를 사용하는 것은 사실 그렇게 어려운 점은 없으므로 코드를 잘 보고 따라해 주세요.

MainActivity.kt 파일을 다음과 같이 변경합니다.

```kotlin
package com.akj.punchpower

import android.animation.AnimatorInflater
import android.animation.ArgbEvaluator
import android.animation.ObjectAnimator
import android.content.Context
import android.content.Intent
import android.hardware.Sensor
import android.hardware.SensorEvent
import android.hardware.SensorEventListener
import android.hardware.SensorManager
import android.os.Bundle
import android.util.Log
import androidx.appcompat.app.AppCompatActivity
import kotlinx.android.synthetic.main.activity_main.*

class MainActivity : AppCompatActivity() {
    // 측정된 최대 펀치력
    var maxPower = 0.0
    // 펀치력 측정이 시작되었는지 나타내는 변수
    var isStart = false
    // 펀치력 측정이 시작된 시간
    var startTime = 0L
    // Sensor 관리자 객체. lazy 로 실제 사용될때 초기화 한다.
    val sensorManager: SensorManager by lazy {
        getSystemService(Context.SENSOR_SERVICE) as SensorManager
    }
    // 센서 이벤트를 처리하는 리스너
    val eventListener: SensorEventListener = object : SensorEventListener {
        override fun onAccuracyChanged(sensor: Sensor?, accuracy: Int) {
        }

        override fun onSensorChanged(event: SensorEvent?) {
            event?.let {
                // 측정된 센서 값이 선형 가속도 타입이 아니면 바로 리턴
                if (event.sensor.type != Sensor.TYPE_LINEAR_ACCELERATION) return@let
```

```kotlin
            // 각 좌표값을 제곱하여 음수값을 없애고, 값의 차이를 극대화
            val power =
                Math.pow(event.values[0].toDouble(), 2.0) + Math.pow(
                    event.values[1].toDouble(),
                    2.0) + Math.pow(event.values[2].toDouble(), 2.0)
            // 측정된 펀치력이 20 을 넘고 아직 측정이 시작되지 않은 경우
            if (power > 20 && !isStart) {
                // 측정시작
                startTime = System.currentTimeMillis()
                isStart = true
            }
            // 측정이 시작된 경우
            if (isStart) {
                // 최초 측정후 3초가 지났으면 측정을 끝낸다.
                if (System.currentTimeMillis() - startTime > 3000) {
                    isStart = false
                    punchPowerTestComplete(maxPower)
                }
            }
        }
    }
}


// 화면이 최초 생성될때 호출되는 함수
override fun onCreate(savedInstanceState: Bundle?) {
    super.onCreate(savedInstanceState)
    setContentView(R.layout.activity_main)
}


// Activity 사라졌다 다시 보일때마다 호출되는 함수
override fun onStart() {
    super.onStart()
    initGame()
}


// 게임을 초기화 한다. =
fun initGame() {
    maxPower = 0.0
    isStart = false
```

```kotlin
        startTime = 0L
        stateLabel.text = "핸드폰을 손에쥐고 주먹을 내지르세요"
        // 센서의 변화 값을 처리할 리스너를 등록한다.
        // TYPE_LINEAR_ACCELERATION 은 중력값을 제외하고 x, y, z 축에 측정된 가속도만 계산되어 나온다.
        sensorManager.registerListener(
            eventListener,
            sensorManager.getDefaultSensor(Sensor.TYPE_LINEAR_ACCELERATION),
            SensorManager.SENSOR_DELAY_NORMAL
        )
    }


    // 펀치력 측정이 완료된 경우 처리 함수
    fun punchPowerTestComplete(power: Double) {
        Log.d("MainActivity", "측정완료: power: ${String.format("%.5f", power)}")
        sensorManager.unregisterListener(eventListener)
        val intent = Intent(this@MainActivity, ResultActivity::class.java)
        intent.putExtra("power", power)
        startActivity(intent)
    }


    // Activity 가 화면에서 사라지면 호출되는 함수
    override fun onStop() {
        super.onStop()
        try {
            sensorManager.unregisterListener(eventListener)
        } catch (e: Exception) {
        }
    }
}
```

지금까지의 예제로 단련되어, 이제 여러분은 주석과 함께 코드를 읽으면 충분히 이해를 할 수 있을 것이라 생각됩니다. 코드가 살짝 길기 때문에, 그 흐름을 간단히 도식화하여 살펴보겠습니다.

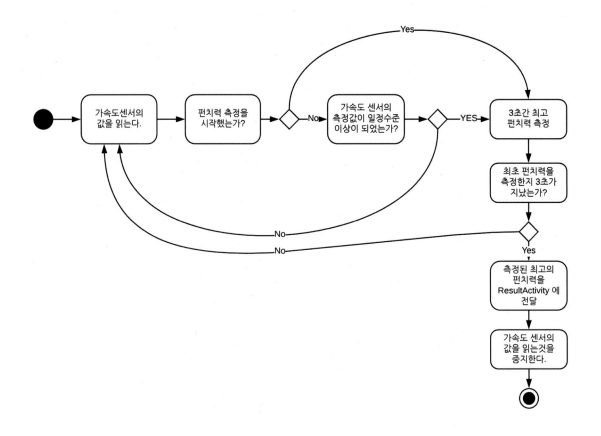

위 순서도와 주석을 참고하여 코드를 본다면 충분히 이해가 갈 것이라고 생각합니다.

코드 중 펀치력은 각 축인 X, Y, Z축에 전달된 값을 각각 제곱하여 더한 것입니다. 제곱을 하게 되면 축과 반대 방향으로 힘이 가해져도 양수의 결과가 나오게 되고, 따라서 결과값을 보다 극대화할 수 있습니다. 또한 코드 중 'SensorManager'에 리스너를 등록할 때의 '센서 타입'을 주목해 주세요.

```
// 센서의 변화 값을 처리할 리스너를 등록한다.
// TYPE_LINEAR_ACCELERATION 은 중력값을 제외하고 x, y, z 축에 측정된 가속도만 계산되어 나온다.
sensorManager.registerListener(
    eventListener,
    sensorManager.getDefaultSensor(Sensor.TYPE_LINEAR_ACCELERATION),
    SensorManager.SENSOR_DELAY_NORMAL
)
```

'Sensor.TYPE_LINEAR_ACCELERATION'은 가속도 센서지만 중력 가속도는 자체적으로 제거되어 값이 측정됩니다. 중력 가속도를 같이 측정하면 스마트폰의 기울기도 구할 수 있기 때문에 유용하긴 하지만, 펀치력 측정과 같이 축에 가하는 힘을 측정할 때에는 오히려 번거롭습니다. 중력을 제거하고 생각해야 하기 때문이죠. 중력을 제거하지 않는다면 중력 방향으로 힘을 주었을 때 항상 유리하게 작동할 것입니다.

'TYPE_LINEAR_ACCELERATION'은 자체적으로 중력을 제거해 주기 때문에 편하게 작업이 가능합니다. 반면 중력이 포함된 가속도를 측정하고 싶다면 'TYPE_ACCELERATION'을 사용하면 됩니다. 안드로이드는 매우 다양한 센서를 지원하므로 어떤 센서들이 있는지 표로 간략하게 정리해 보겠습니다.

| 센서 타입 | 설명 |
|---|---|
| TYPE_ACCELEROMETER | 중력을 포함해 3개의 모든 물리적 축(X, Y 및 Z)에서 장치에 적용되는 가속도(m/s2)를 측정합니다. |
| TYPE_AMBIENT_TEMPERATURE | 실내 온도를 섭씨 (℃)로 측정합니다. |
| TYPE_GRAVITY | 세 개의 모든 물리적 축 (X, Y, Z)에서 장치에 적용되는 가속도(m/s2)의 중력을 측정합니다. |
| TYPE_GYROSCOPE | 3개의 물리적 축 (X, Y 및 Z) 각각을 중심으로 한 'rad/s' 단위의 회전 속도를 측정합니다. |
| TYPE_LIGHT | 주변 광 레벨(조명)을 측정합니다. |
| TYPE_LINEAR_ACCELERATION | 중력을 제외한 3개의 모든 물리적 축 (X, Y 및 Z)에서 장치에 적용되는 가속도(m/s2)를 측정합니다. |
| TYPE_MAGNETIC_FIELD | 세 개의 모든 물리적 축 (X, Y, Z)에 대한 주변 지자기장을 측정합니다. |
| TYPE_ORIENTATION | 장치가 3개의 모든 물리적 축(X, Y, Z)을 중심으로 회전하는 정도를 측정합니다. 'API 레벨 3'에서 중력 센서와 지자기 센서를 사용하여 getRotationMatrix() 메소드와 함께 장치의 기울기 행렬 및 회전 행렬을 얻을 수 있습니다. |
| TYPE_PRESSURE | 주변 공기 압력을 hPa 또는 mbar 단위로 측정합니다. |
| TYPE_PROXIMITY | 장치의 화면을 기준으로 한 cm 단위로 물체의 근접 거리를 측정합니다. 이 센서는 일반적으로 핸드셋을 사람의 귀에 대고 있는지 여부를 확인하는 데 사용됩니다. |
| TYPE_RELATIVE_HUMIDITY | 상대 습도(%)를 측정합니다. |
| TYPE_ROTATION_VECTOR | 장치의 회전 벡터의 세 요소를 제공하여 장치의 방향을 측정합니다. |
| TYPE_TEMPERATURE | 장치의 온도를 섭씨(℃)로 측정합니다. 이 센서 구현은 기기마다 다르기 때문에 API 레벨 14의 'TYPE_AMBIENT_TEMPERATURE' 센서로 대체되었습니다. |

위와 같이 안드로이드는 지원하는 센서가 매우 많습니다. 그 중에서도 '가속도, 지자기, 자이로, GPS' 센서는 사용하는 분야가 매우 광범위하죠. 이 중 '가속도 센서'는 이번 장에서 다루고, 'GPS 센서'는 다음 장에서 '구글 맵'과 함께 같이 다룰 것이니 이번 장에서 다루지 않는다고 염려하지 마세요. 그럼 이제, 결과 화면의 코드를 만들어 보겠습니다.

# 8.4 구글 게임 서비스 리더보드 연동

## 8.4.01 결과 화면 구현

결과 화면에서 주요 기능은 '점수'와 '랭킹'을 보여주는 기능입니다. 이 중 랭킹 기능을 제외하고 결과 화면을 구현해 보도록 하겠습니다.

ResultActivity.kt 파일을 다음과 같이 편집해 주세요.

```kotlin
package com.akj.punchpower

import android.os.Bundle
import androidx.appcompat.app.AppCompatActivity
import kotlinx.android.synthetic.main.activity_result.*

class ResultActivity : AppCompatActivity() {

    // 펀치력을 저장하는 변수. 사용하는 시점에 초기화되도록 lazy 위임 사용
    // 전달받은 값에 100 을 곱하는 이유는 가속도 측정값이 소숫점 단위의 차이므로 눈에 띄지 않기 때문
    val power by lazy {
        intent.getDoubleExtra("power", 0.0) * 100
    }

    override fun onCreate(savedInstanceState: Bundle?) {
        super.onCreate(savedInstanceState)
        setContentView(R.layout.activity_result)
        // 앱 상단 제목 변경
        title = "펀치력결과"

        // 점수를 표시하는 TextView 에 점수를 표시
        scoreLabel.text = "${String.format("%.0f", power)} 점"

        // 다시하기 버튼을 클릭하면 현재 액티비티 종료
        restartButton.setOnClickListener {
            finish()
        }
```

```
    }
}
```

코드는 매우 간단합니다. Intent로 전달받은 값에 '100'을 곱하여 '펀치력'으로 사용합니다. 센서의 값은 소수점이 많아 눈에 띄는 차이가 잘 나지 않기 때문입니다.

[다시 하기] 버튼은 그냥 ResultActivity를 종료시키면 되겠죠. 기존 액티비티는 화면이 돌아오면 다시 게임을 초기화하기 때문입니다.

이를 보다 정확히 말하면 MainActivity에서 게임을 초기화하는 것이 'onCreate( )' 함수가 아니라 'onStart( )' 함수이기 때문입니다. 이 부분을 이해하기 위해서는 **액티비티의 생명 주기**(Activity Life Cycle)를 이해할 필요가 있습니다. 그림과 함께 알아보죠.

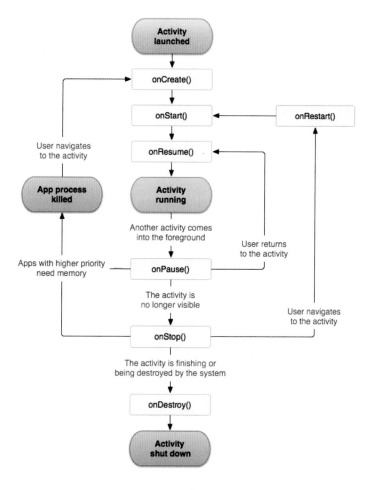

△ Activity의 생명 주기

그림과 같이 액티비티의 onCreate() 함수는 최초 생성될 때만 호출됩니다. 그렇기 때문에 ResultActivity에서 그냥 종료만 해 버리면, 이미 생성된 MainActivity의 onCreate() 함수는 호출되지 않는 것이죠.

반면 onStart() 함수는 화면이 사라졌다 다시 보이게 될 때 호출되는 함수로서, 이 함수에서 게임을 초기화하는 함수를 호출하게 되므로 곧 화면이 보일 때마다 게임을 초기화하게 되는 것이죠.

그렇다고 해서 무조건 onCreate() 함수보다 onStart() 함수에서 초기화하는 것이 좋다는 의미는 아닙니다. 다른 화면에서 돌아왔을 때 기존 UI 정보가 그대로 남아 있어야 하는 경우에는 onCreate()에서 한 번 초기화시키면 됩니다. 그러므로 경우에 따라서 'onCreate(), onStart(), onResume()' 함수를 구분하여 초기화해야 합니다.

## 8.4.02 구글 게임 서비스 활성화

**랭킹 공유** 기능의 경우, 예전에는 별도의 백엔드 서버가 없다면 불가능한 기능이었습니다. 내 폰에만 데이터를 저장하는 것이 아니라 서로 공유할 수 있게 만들어야 하므로 반드시 서버가 필요했던 것이죠.

하지만 갈수록 플랫폼이 진화하면서 이제 '랭킹' 기능은 **구글 게임 서비스**만 사용하더라도 충분히 구현할 수 있습니다. 또 구글 게임 서비스는 많은 게임들이 연동되어 사용하는 서비스이므로 이번 기회에 사용해 보면 나중에 분명 도움이 될 것입니다.

'구글 게임 서비스'를 사용하기 위해서는 먼저 개발자 센터에 등록이 되어 있어야 합니다. **6장**에서 실습한 대로 '구글 플레이 콘솔(https://play.google.com/apps/publish)'에 접속하면 좌측에 [게임 서비스]가 보이는데 해당 메뉴를 클릭해 주세요.

이 [게임 서비스]에는 [샘플 게임] 버튼과 [새 게임 추가] 버튼이 있는데, [새 게임 추가] 버튼을 클릭해 주
세요.

이어 나타난 [새 게임 추가] 팝업에서는 게임의 '이름'과 해당 '카테고리'를 선택해야 합니다. 앞서 정했던
대로 본 게임의 이름은 '펀치력테스트', 그 종류는 '스포츠'로 설정해 보겠습니다.

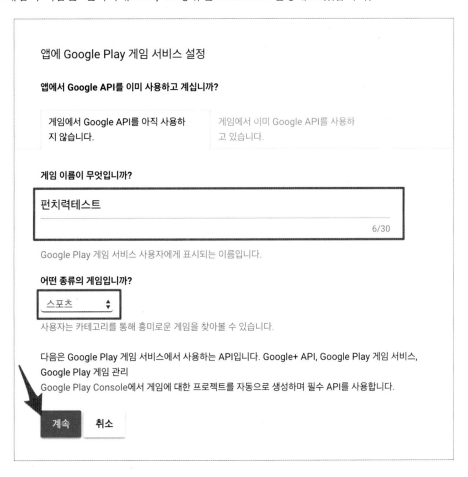

[계속] 버튼을 누르게 되면 앱 출시를 위한 [게임 세부 정보]를 입력할 수 있는 창으로 화면이 전환됩니다.
하지만 이번 장에서 당장 앱의 배포와 관련된 내용을 실습할 것은 아니기 때문에, 좌측에 보이는 [연결된
앱] 탭을 클릭합니다.

이 [연결된 앱] 탭에서는 본 게임이 Android용 게임인지, 웹용 게임인지를 선택하게 되므로 우리는 당연하게 [ANDROID]를 선택합니다.

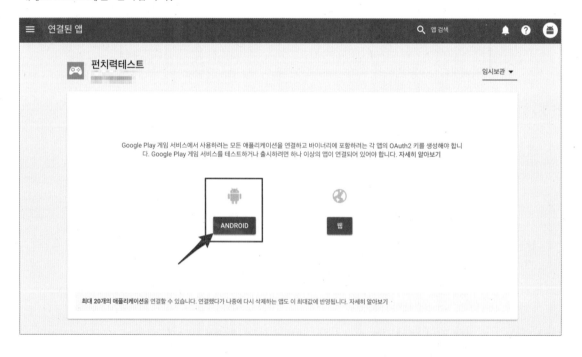

[연결된 앱] 화면에서는 앱의 '이름'과 고유한 아이디 값이 되는 '패키지 이름'을 적어야 합니다. 또 선택란 중에 '턴 방식 멀티플레이어, 실시간 멀티플레이어' 구분이 보이는데 본 게임의 경우는 어느 쪽에도 해당하지 않으므로 활성화할 필요가 없습니다.

단지 '불법 복제 방지' 옵션의 경우는 [사용]에 체크합니다. 불법 복제 방지 기능은 앱을 플레이스토어가 아닌 다른 경로에서 설치한 경우 구글 게임 서비스에 접근할 수 없게 하는 기능이죠. 안드로이드 앱의 최종 파일인 'APK' 파일은 변조가 가능하므로, 가급적 불법 복제 방지 기능을 사용하는 편이 좋습니다.

필수 사항인 '패키지 이름, 앱 이름'을 입력했다면 상단에 위치한 [저장하고 계속] 버튼을 클릭합니다.

그 다음엔 '앱 승인'을 해야 하는데, 이를 위해서는 현재 사용하는 개발용 '디버그 키의 SHA1 해시값'을 알아야 합니다. '디버그 키'란 개발 용도로 서명할 때 사용하는 키를 말하는데, 앞서 우리는 안드로이드 APK 파일을 플레이스토어에 배포하기 위해 '키'를 만들고 '서명'을 해야만 등록이 가능했죠.

사실은 꼭 플레이스토어에 등록할 때만이 아니라 개발할 때에도 '서명'이 필요합니다. 다만 이 경우엔 번거로움을 줄이기 위해 안드로이드 플랫폼이 자동으로 '개발자용 디버그 키'를 생성하고 서명을 하기 때문에 그동안 신경 쓰지 않았던 것이죠.

하지만 구글 게임 서비스처럼 개발 자체에서도 특정 개발자가 개발한 APK 가 맞는지 알기 위해서는 '디버그 키'가 필요해지는 것입니다.

그럼 디버그 키가 무엇인지는 알겠는데, 어떻게 디버그 키의 'SHA1 해시값'을 알 수 있을까요?

먼저 간단하게 디버그 키의 SHA1 해시를 알 수 있는 방법은 안드로이드 스튜디오의 'Gradle Task'를 이용하는 방법이 있습니다. 안드로이드 스튜디오 화면의 우측에는 [Gradle]이라는 탭이 있죠.

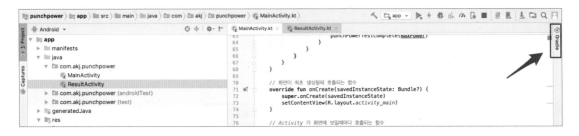

[Gradle] 탭을 클릭한 후 [app 〉 Tasks 〉 android 〉 signingReport]를 더블 클릭합니다.

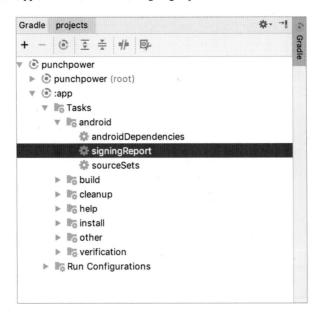

'signingReport' 태스크를 실행하면 다음 그림과 같이 안드로이드 스튜디오 하단에 출력될 것입니다. 여기서 'SHA1'이라고 나오는 값이 바로 '디버그 키의 SHA1 해시값'인 것이죠.

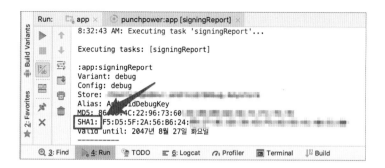

안드로이드 스튜디오를 사용하는 방법은 매우 편하지만 소위 '구글의 공식 가이드'는 아니므로, 나중에 없어질 수도 있습니다. 좀 더 사용법이 불편하지만 구글에서 공식적으로 가이드하는 방법은 바로 '터미널 명령어'를 이용하는 것입니다. Windows(윈도우)와 Linux/Mac OS 모두 간결한 명령어로 처리되죠.

## Windows

```
keytool -list -v -keystore "%USERPROFILE%\.android\debug.keystore" -alias androiddebugkey -storepass
android -keypass android
```

## Linux / Mac OS

```
keytool -list -v -keystore ~/.android/debug.keystore -alias androiddebugkey -storepass android -keypass
android
```

Windows의 경우 터미널에 접속하려면 다음과 같이 [검색]에서 'cmd'를 검색하면 됩니다.

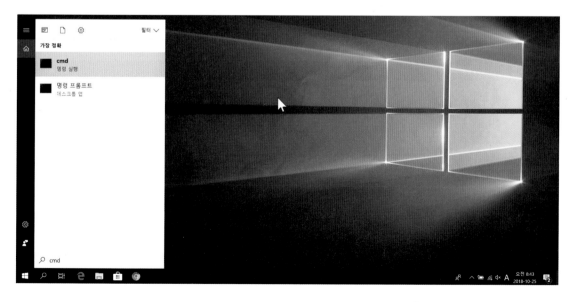

참고로, Windows에서 PATH(경로)가 잘 잡혀 있지 않으면 명령어가 실행되지 않을 수도 있습니다. 그런 경우에는 환경 변수를 설정한 후 다시 실행해 주세요.

이제 '디버그 키의 SHA1 해시'를 출력했다면 해당 해시값을 그대로 입력합니다.

여기까지 진행하고 [확인] 버튼을 누르면 다음 화면과 함께 테스트를 할 수 있게 됩니다.

이제 거의 대부분의 준비를 마친 셈입니다. 이제 본격적으로 리더보드를 추가해야 합니다. 좌측에서 [리더보드] 탭을 선택해 주세요.

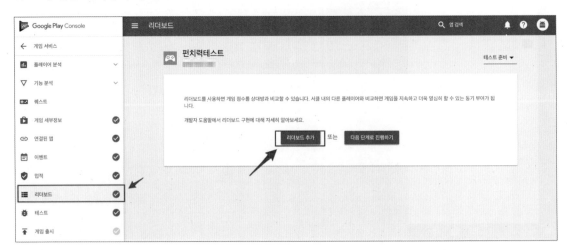

리더보드를 추가하는 화면에서는 '리더보드의 이름'과 '점수 표시 방식', '아이콘' 등을 선택할 수 있습니다. 다음과 같이 설정해 주세요.

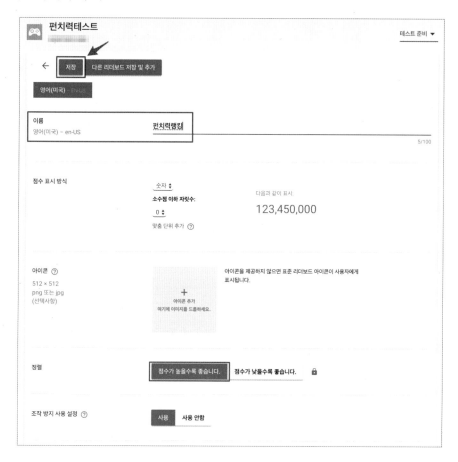

'이름'과 '정렬'은 필수 항목이므로 반드시 설정해야 합니다. 이제 [저장] 버튼을 누르면 '리더보드의 아이디'를 확인할 수 있게 됩니다. 리더보드 아이디는 중요하므로 어디서 확인하는지 꼭 기억해 주세요.

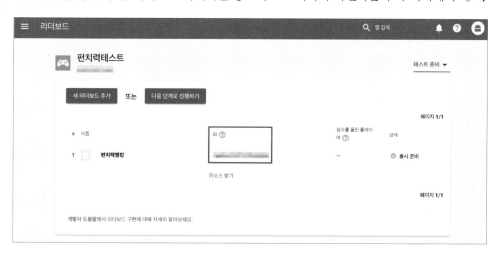

다음은 '테스터'를 결정할 시간입니다. 좌측 메뉴에서 [테스트] 메뉴를 선택해 주세요.

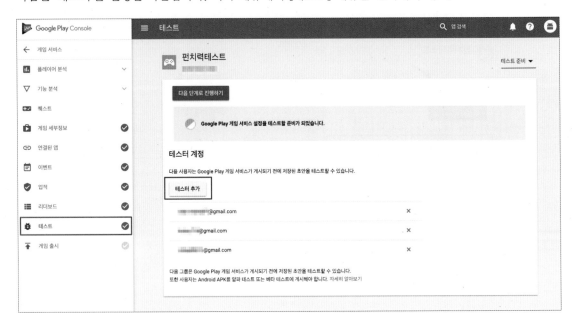

이제 이 화면에서 '테스터'를 추가합니다. 앱을 출시하기 전에는 등록된 테스터만 테스트가 가능한데요. 테스터는 유효한 Gmail 사용자만 가능합니다. 이제 웹에서 설정해야 할 작업들이 끝났습니다. 다음으로는 코드에서 '구글 리더보드'를 사용해 보도록 하겠습니다.

## 8.4.03 구글 게임 서비스 리더보드 연동 설정

그럼 프로젝트에 '구글 게임 서비스'를 연동해 보겠습니다. 먼저 필요한 것은 '구글 게임 서비스 아이디'와 '리더보드 아이디'입니다. 먼저 [app > res > values] 디렉토리에 'ids.xml' 파일을 만들어 주세요. 'ids.xml' 파일을 다음과 같이 편집합니다.

```xml
<?xml version="1.0" encoding="utf-8"?>
<resources>
    <!-- 구글 게임 서비스 앱 아이디 -->
    <string name="app_id" translatable="false">구글 게임 서비스 앱 아이디</string>
    <!-- leaderboard 아이디 -->
    <string name="leaderboard_id" translatable="false">리더보드 아이디</string>
</resources>
```

여기서 한글로 된 구글 게임 서비스 앱 아이디와 리더보드 아이디를 실제 값으로 바꿔야 합니다. [구글 플레이 콘솔 > 게임 서비스]에서 연결된 앱 항목 하단에는 '애플리케이션 ID'란이 있습니다. 여기에 나타난 해당 아이디를 코드의 'app_id' 항목의 한글 부분에 복사해 넣습니다.

또한 '리더보드의 아이디(leaderboard_id)'는 다음 그림과 같이 좌측 [리더보드] 메뉴에서 확인하여 ids.xml 파일의 'leaderboard_id' 항목의 한글 부분에 복사하여 넣으면 되겠죠.

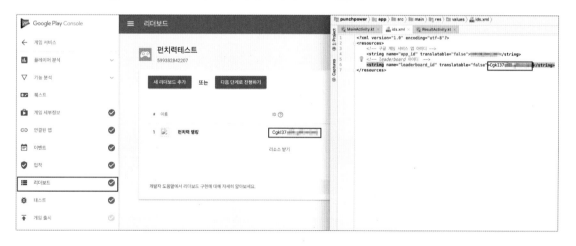

여기까지 완료했다면, '구글 게임 서비스 라이브러리 의존성'을 추가할 차례입니다. 'build.gradle(module: app)' 파일에 다음 코드를 추가한 후 [Sync Now] 버튼을 클릭해 주세요.

```
build.gradle (:app) ×

Gradle files have changed since last project sync. A project sync may be necessary for t..   Sync Now   Ignore these changes

23
24  ▶   ⊟dependencies {
25          implementation "org.jetbrains.kotlin:kotlin-stdlib:$kotlin_version"
26          implementation 'androidx.core:core-ktx:1.3.2'
27          implementation 'androidx.appcompat:appcompat:1.2.0'
28          implementation 'com.google.android.material:material:1.2.1'
29          implementation 'androidx.constraintlayout:constraintlayout:2.0.4'
30          testImplementation 'junit:junit:4.+'
31          androidTestImplementation 'androidx.test.ext:junit:1.1.2'
32          androidTestImplementation 'androidx.test.espresso:espresso-core:3.3.0'
33
34          // 구글 플레이 게임 서비스 관련 라이브러리
35          implementation 'com.google.android.gms:play-services-auth:19.0.0'
36          implementation 'com.google.android.gms:play-services-games:21.0.0'
37      }
```

이제 AndroidManifest.xml 파일에 구글 게임 서비스 사용 여부를 알릴 차례입니다. AndroidManifest.xml 코드 중 〈Application〉 태그에 다음 메타 데이터 태그를 추가해 주세요.

```
<?xml version="1.0" encoding="utf-8"?>
<manifest xmlns:android="http://schemas.android.com/apk/res/android" package="com.akj.punchpower">

    <application
        android:allowBackup="true"
        android:icon="@mipmap/ic_launcher"
        android:label="@string/app_name"
        android:roundIcon="@mipmap/ic_launcher_round"
        android:supportsRtl="true"
        android:theme="@style/AppTheme">

        <!-- 구글 게임 서비스 관련 메타데이터 추가 -->
        <meta-data android:name="com.google.android.gms.games.APP_ID"
                android:value="@string/app_id"/>
        <meta-data android:name="com.google.android.gms.version"
                android:value="@integer/google_play_services_version"/>
        ... 생략
    </application>

</manifest>
```

이제 안드로이드 프로젝트에서도 구글 플레이 게임 서비스를 사용할 준비가 되었습니다. 다음은 실제 코드에서 리더보드에 점수를 등록해 보겠습니다.

이제 설정이 끝났으니 실제로 구현하는 일만 남았군요. ResultActivity.kt 파일을 수정해서 '랭킹' 시스템을 구글 리더보드로 구현해 보겠습니다.

```kotlin
package com.akj.punchpower

import android.content.Intent
import android.os.Bundle
import android.widget.Toast
import androidx.appcompat.app.AppCompatActivity
import com.google.android.gms.auth.api.Auth
import com.google.android.gms.auth.api.signin.GoogleSignIn
import com.google.android.gms.auth.api.signin.GoogleSignInClient
import com.google.android.gms.auth.api.signin.GoogleSignInOptions
import com.google.android.gms.games.Games
import kotlinx.android.synthetic.main.activity_result.*

class ResultActivity : AppCompatActivity() {
    val RC_SIGN_IN = 9001
    val RC_LEADERBOARD_UI = 9004
    val signInClient: GoogleSignInClient by lazy {
        GoogleSignIn.getClient(this@ResultActivity, GoogleSignInOptions.DEFAULT_GAMES_SIGN_IN)
    }

    // 펀치력을 저장하는 변수. 사용하는 시점에 초기화되도록 lazy 위임 사용
    // 전달받은 값에 100 을 곱하는 이유는 가속도 측정값이 소숫점 단위의 차이므로 눈에 띄지 않기 때문
    val power by lazy {
        intent.getDoubleExtra("power", 0.0) * 100
    }

    override fun onCreate(savedInstanceState: Bundle?) {
        super.onCreate(savedInstanceState)
        setContentView(R.layout.activity_result)
        // 앱 상단 제목 변경
        title = "펀치력결과"
        // 점수를 표시하는 TextView 에 점수를 표시
        scoreLabel.text = "${String.format("%.0f", power)} 점"
```

```kotlin
        // 다시하기 버튼을 클릭하면 현재 액티비티 종료
        restartButton.setOnClickListener {
            finish()
        }
        rankingButton.setOnClickListener {
            // 이전에 구글 인증을 받은적이 있는지 체크. 널이면 아직 인증받은적 없음
            if (GoogleSignIn.getLastSignedInAccount(this) == null) {
                // sign in 필요
                startActivityForResult(signInClient.signInIntent, RC_SIGN_IN)
            } else {
                // 점수 업로드
                uploadScore()
            }
        }
    }

    fun uploadScore() {
        // 인증된 유저 객체 가져옴
        var user = GoogleSignIn.getLastSignedInAccount(this)
        user?.let {
            val leaderboard = Games.getLeaderboardsClient(this@ResultActivity, user)
            // 리더보드 객체에 점수를 즉시 올림. 성공시 콜백에서 리더보드 화면으로 이동
            leaderboard.submitScoreImmediate(getString(R.string.leaderboard_id), power.toLong())
                .addOnSuccessListener {
                    leaderboard.getLeaderboardIntent(getString(R.string.leaderboard_id))
                        .addOnSuccessListener { intent ->
                            startActivityForResult(
                                intent,
                                RC_LEADERBOARD_UI
                            )
                        }
                }
        }
    }

    // 구글 로그인 액티비티에서 결과가 돌아온 경우 호출됨
    override fun onActivityResult(requestCode: Int, resultCode: Int, data: Intent?) {
        super.onActivityResult(requestCode, resultCode, data)
        if (requestCode == RC_SIGN_IN) {
            val result = Auth.GoogleSignInApi.getSignInResultFromIntent(data)
```

```
result?.let { result ->
    // 인증 성공인 경우
    if (result.isSuccess) {
        // 점수 업로드
        uploadScore()
    } else {
        // 로그인 실패 알림
        var message = result.status.statusMessage
        if (message == null || message.isEmpty()) {
            message = "로그인 오류!!"
        }
        Toast.makeText(applicationContext, message, Toast.LENGTH_LONG).show()
    }
}


}
    }
}
```

코드가 좀 길어 헷갈릴 수 있으므로 이전과 같이 프로그램을 간단히 도식화하면 다음과 같습니다.

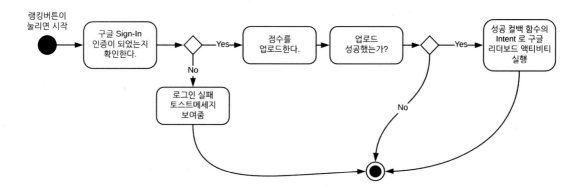

이제 구글 리더보드를 활용한, 랭킹까지 연동된 앱이 완성되었습니다. 그런데 한 가지 문제가 있습니다. 만약 에뮬레이터에서 실행한다면, 센서값을 어떻게 변경해 주어야 하는 것일까요?

다행인 것은 안드로이드 에뮬레이터는 '가상 센서'를 제공한다는 것인데요. 실제 폰은 아니지만 가상으로 센서의 값을 전달하는 방법을 알아보겠습니다.

안드로이드 에뮬레이터에서 '가상 센서'를 활용하려면 다음과 같이 [더 보기] 버튼을 누르면 됩니다.

[더 보기] 화면에서는 새로운 창이 생기는데, 여기서 [Virtual Sensor]를 선택합니다.

이번 예제는 '가속도 센서'를 사용하므로 'Move'를 선택합니다. 이제 각 X, Y, Z 축을 마우스로 옮겨 움직이거나, 폰을 마우스로 드래그하여 직접 움직일 수 있으며 그 움직이는 속도에 따라 '가속도'도 달라지게 되죠. 직접 실행하여 테스트해 보세요.

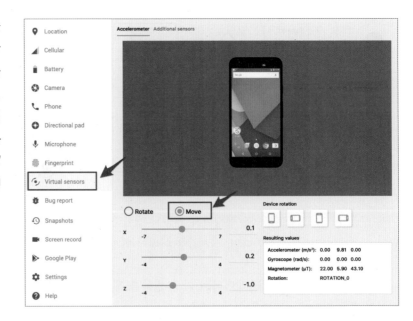

# 8.5 | 애니메이션 효과

## 8.5.01 뷰 애니메이션 translate

지금까지 '가속도 센서'를 이용해 펀치력을 측정하고, 또 '구글 게임 서비스'를 이용해 랭킹까지 구현해 보았습니다. 하지만 UI가 너무 간단해 허전한 감이 있죠. 따라서 적당한 **애니메이션 효과**를 주게 되면 좀 더 동적인 구현이 가능해 허전한 느낌을 지울 수 있을 것입니다.

안드로이드에서 '애니메이션'을 활용하는 가장 간단한 방법은 'XML 파일'을 이용하는 것입니다. XML 파일을 사용하면, '애니메이션을 리소스로' 관리할 수 있게 되기 때문에 재사용성이 높아지게 되겠죠. 물론 코드에서도 같은 일을 할 수 있지만, 관리의 측면에서 XML이 보다 편한 것이 사실입니다. 이러한 '애니메이션 리소스'를 만들기 위해서는 [app > res > anim] 디렉토리를 사용하면 됩니다.

먼저 알아볼 애니메이션 방법은 **View(뷰) 애니메이션**입니다. 'View 애니메이션'은 안드로이드 초창기부터 지원한 기능으로서, 간단한 방법으로도 꽤 다양한 연출을 할 수 있습니다.

그럼 간단한 이동을 표현할 'translate' 애니메이션을 만들어 보죠. [app > res]에서 마우스를 우클릭하여 [New > Android Resource File]을 선택하고 리소스 타입을 'Animation(또는 anim)'으로, 파일 이름을 'tran'으로 설정합니다.

이제 'tran.xml' 파일을 다음과 같이 편집합니다.

```xml
<?xml version="1.0" encoding="utf-8"?>
<set xmlns:android="http://schemas.android.com/apk/res/android">
    <translate
        android:duration="300"
        android:repeatMode="reverse"
        android:repeatCount="infinite"
        android:fromYDelta="50%"
        android:toYDelta="-100%"
    />
</set>
```

이 애니메이션을 '복싱 글로브'에 적용시켜 보겠습니다. MainActivity.kt 파일의 'initGame()' 함수를 다음과 같이 변경합니다.

```kotlin
fun initGame(){
    ... 생략
    imageView.startAnimation(AnimationUtils.loadAnimation(this@MainActivity, R.anim.tran))
}
```

최하단 이미지뷰의 'startAnimation()' 함수를 보면, 'AnimatioUtil'이라는 클래스로 'R.anim.tran XML' 파일을 애니메이션 객체로 바꾸어 사용하고 있죠. 실제로 실행해서 화면이 어떻게 나오는지 확인해 보세요.

글로브가 위, 아래로 움직이게 되죠. 'translate' 애니메이션은 이처럼 X, Y 축으로 이동하게 하는 효과를 줍니다. 주요 속성은 표로 보겠습니다.

| 속성 | 설명 |
|---|---|
| fromXDelta | X축 시작 지점. % 단위로 설정한다. |
| toXDelta | X축 도착 지점. % 단위로 설정한다. |
| fromYDelta | Y축 시작 지점. % 단위로 설정한다. |
| toYDelta | Y축 도착 지점. % 단위로 설정한다. |
| duration | 애니메이션 시간. 단위는 밀리초 |
| repeatMode | 반복할 경우 반복 모드. restart, reverse 모드가 있다. |
| startOffset | 애니메이션 시작까지 대기 시간 |

이제 다음은 회전 애니메이션인 'rotate'에 대해 알아보겠습니다.

## 8.5.02 뷰 애니메이션 Rotate

우선 회전 애니메이션을 위해 'rotate.xml' 파일을 [res 〉 anim] 폴더에 만들죠. [New 〉 Android Resource]에서 타입을 'Animation'으로, 파일 이름을 'rotate'로 해서 생성해 주세요.

rotate.xml 파일을 다음과 같이 편집합니다.

```xml
<?xml version="1.0" encoding="utf-8"?>
<set xmlns:android="http://schemas.android.com/apk/res/android">
 <rotate
     android:duration="300"
     android:repeatMode="restart"
     android:repeatCount="infinite"
     android:fromDegrees="0"
     android:toDegrees="360"
     android:pivotX="50%"
     android:pivotY="50%" />
</set>
```

역시 복싱 글로브에 적용하기 위해서는 MainActivity.kt 파일의 'initGame()' 함수에 마지막 줄을 다음과 같이 수정하면 됩니다.

```
fun initGame(){
    ... 생략
    imageView.startAnimation(AnimationUtils.loadAnimation(this@MainActivity, R.anim.rotate))
}
```

앱을 실행하면 다음과 같이 애니메이션이 작동합니다.

'rotate' 애니메이션의 주요 속성은 다음과 같은데, translate 애니메이션과 겹치는 'repeatMode, repeatCount' 는 rotate 애니메이션 역시 갖고 있죠.

| 속성 | 설명 |
|---|---|
| fromDegrees | 회전 시작 각도 |
| toDegrees | 회전 끝 각도 |
| pivotX | 회전할 때 중점의 X 좌표. % 로 적은 경우에는 비율로 작동하고 숫자로 적으면 pixel 로 취급한다. |
| pivotY | 회전할 때 중점의 Y 좌표. % 로 적은 경우에는 비율로 작동하고 숫자로 적으면 pixel 로 취급한다. |

다음으로는 'scale' 및 'alpha' 애니메이션을 한꺼번에 다뤄 보도록 하겠습니다.

이제 'scale' 및 'alpha' 애니메이션을 살펴보겠습니다. scale 애니메이션은 뷰를 '축소/확대'하는 기능을, alpha 애니메이션은 '투명도를 변경'하는 기능을 하죠. 다른 뷰 애니메이션처럼 XML 코드로 작성해 보겠습니다.

[New 〉Android Resource]를 선택한 후 Resource Type을 'Animation'으로, 파일 이름을 'alpha_scale'로 하여 생성합니다. 이후 생성된 'alpha_scale.xml'을 다음과 같이 편집해 주세요.

```xml
<?xml version="1.0" encoding="utf-8"?>
<set xmlns:android="http://schemas.android.com/apk/res/android">
 <alpha
      android:duration="300"
      android:fromAlpha="1.0"
      android:toAlpha="0.5"
      android:repeatCount="infinite"
      android:repeatMode="reverse"
 />
 <scale
      android:duration="300"
      android:repeatMode="reverse"
      android:repeatCount="infinite"
      android:fromXScale="1.0"
      android:toXScale="1.5"
      android:fromYScale="1.0"
      android:toYScale="1.5"
      android:pivotX="50%"
      android:pivotY="50%"
 />
</set>
```

애니메이션 리소스에서 〈set〉 태그는 이름 그대로 여러 애니메이션을 묶을 수 있습니다. 그래서 위와 같이 XML 파일이 작성되면 'alpha, scale' 두 가지 애니메이션이 동시에 작동하죠. 위 애니메이션도 복싱 글로브 이미지에 적용하기 위해 MainActivity.kt 파일의 initGame() 함수 마지막 줄을 다음과 같이 변경합니다.

```kotlin
fun initGame(){
   ... 생략
   imageView.startAnimation(AnimationUtils.loadAnimation(this@MainActivity, R.anim.alpha_scale))
}
```

앱을 실행하면 다음과 같은 화면으로 작동하게 됩니다. alpha 와 scale 애니메이션이 동시에 적용되어 글로브 이미지가 점차 확대되며 투명해지죠.

이렇게 여기까지 가장 기본적인 View(뷰) 애니메이션들에 대해 알아보았는데요. 다음은 애니메이션이 '시작, 반복, 종료'될 때의 처리를 위한 'AnimationListener'에 대해 살펴보도록 하겠습니다.

8.5. **04** 뷰 애니메이션 CallBack, Stop

애니메이션이 시작하거나 완료될 때 '특정 작업'을 해야 하는 경우도 있습니다. 이런 경우엔 '애니메이션 리스너'를 등록하여, '콜백 함수'에서 필요한 작업을 할 수 있죠. 또 경우에 따라서는 애니메이션을 중지해야 하기도 하죠. 이번에는 애니메이션의 리스너를 등록해 보고, 중지하는 방법을 알아보겠습니다.

먼저 MainActivity.kt 파일에서 initGame( ) 함수를 다음과 같이 변경해 주세요.

```kotlin
fun initGame() {
    ... 생략

    // 애니메이션 시작
    val animation = AnimationUtils.loadAnimation(this@MainActivity, R.anim.alpha_scale)
    imageView.startAnimation(animation)
```

```
        // 애니메이션의 리스너 설정
    animation.setAnimationListener(object : Animation.AnimationListener {
        override fun onAnimationRepeat(animation: Animation?) {
            // 애니메이션이 반복될때의 처리 코드를 작성
        }

        override fun onAnimationEnd(animation: Animation?) {
            // 애니메이션이 종료될때의 코드를 작성
        }

        override fun onAnimationStart(animation: Animation?) {
            // 애니메이션이 시작될때의 코드를 작성
        }
    })
}
```

애니메이션에 '리스너'를 등록하려면 애니메이션 객체에 'setAnimation( )' 함수를 쓰며, 'AnimationListener' 클래스는 애니메이션이 '시작, 종료, 반복'될 때의 콜백 함수를 제공합니다.

그럼 펀치력이 측정되면 애니메이션을 '중지'하도록 코드를 작성해 보겠습니다. MainActivity.kt 파일의 센서 이벤트 리스너 코드를 다음과 같이 변경합니다.

```
val eventListener: SensorEventListener = object : SensorEventListener {
    ... 생략

    override fun onSensorChanged(event: SensorEvent?) {
        event?.let {
            ... 생략

            // 측정이 시작된 경우
            if (isStart) {
                // 애니메이션 제거
                imageView.clearAnimation()
                // 5초간 최대값을 측정. 현재측정된 값이 지금까지 측정된 최대 값보다 크면 최대값을 현재 값으로 변경.
                if (maxPower < power) maxPower = power
                ... 생략

            }
        }
    }
```

```
        }
    }
```

뷰 애니메이션을 종료하기 위해서는 애니메이션이 동작하고 있는 뷰 객체에서 'clearAnimation()' 함수를 사용합니다. 앱을 실행하여 확인해 보세요. 펀치력 측정이 시작되면 애니메이션이 종료될 것입니다.

여기까지 뷰 애니메이션에 대해 알아보았는데요. 다음은 보다 다양하게 응용이 가능한 방법인 '속성 애니메이션(Property Animation)'에 대해 알아보겠습니다.

## 8.5. 05 속성 애니메이션 Translate, Rotate, Scale, Alpha

'속성(Property) 애니메이션'은 'API Level 11'부터 지원하는 기능으로, '객체의 속성'에 대한 거의 모든 것을 애니메이션으로 만들 수 있는 확장성이 매우 높은 애니메이션 방법입니다.

속성 애니메이션은 앞서 배운 뷰 애니메이션들을 모두 구현할 수 있는데, 가령 '뷰의 위치' 좌표를 변화시키면 translate 애니메이션처럼 뷰가 이동하는 애니메이션이 되고, rotation 속성을 변경하면 rotate 애니메이션이, alpha 값을 변경하면 alpha 애니메이션이 되는 것이죠.

게다가 속성에 해당하는 값을 전부 사용 가능하므로 백그라운드 컬러를 변경하는 '컬러 애니메이션' 등 뷰 애니메이션으로는 할 수 없는 작업들까지 구현할 수 있죠. 여기서는 앞서 배운 'translate, rotate, scale, alpha' 애니메이션을 속성 애니메이션으로는 어떻게 구현하는지 먼저 살펴보겠습니다.

[New 〉 Android Resource]를 선택한 후 Resource Type으로 'Animator'를, 파일 이름은 'property_animation'으로 합니다. 이때 'Animation'이 아니라 'Animator'인 것에 주의해 주세요.

[OK] 버튼을 눌러 생성을 완료하면, [app 〉 res 〉 animator] 디렉토리가 생기게 됩니다. 앞서 뷰 애니메이션은 [anim] 디렉토리에 있고, 속성 애니메이션은 [animator] 디렉토리를 사용하니 혼동하지 않도록 주의해 주세요. 이제 생성된 'property_animation.xml'을 다음과 같이 편집합니다.

```xml
<?xml version="1.0" encoding="utf-8"?>
<!-- 애니메이션을 순차적으로 진행 -->
<set xmlns:android="http://schemas.android.com/apk/res/android" android:ordering="sequentially">
    <!-- y 축 이동 애니메이션 -->
    <objectAnimator
        android:duration="300"
        android:propertyName="y"
        android:repeatCount="1"
        android:repeatMode="reverse"
        android:valueFrom="700"
        android:valueTo="400"
        android:valueType="floatType" />

    <!-- x 축 애니메이션 -->
    <objectAnimator
        android:duration="300"
        android:propertyName="x"
        android:repeatCount="1"
        android:repeatMode="reverse"
        android:valueFrom="400"
        android:valueTo="800"
        android:valueType="floatType" />

    <!-- 알파 애니메이션  -->
    <objectAnimator
        android:duration="300"
        android:propertyName="alpha"
        android:repeatCount="1"
        android:repeatMode="reverse"
        android:valueTo="0.2"
        android:valueType="floatType" />

    <!-- rotate 애니메이션  -->
    <objectAnimator
        android:duration="300"
        android:propertyName="rotation"
```

```xml
                android:repeatCount="1"

                android:repeatMode="reverse"

                android:valueTo="360"

                android:valueType="floatType" />


        <!-- 애니메이션 set 내부에 중첩해서 set 사용 가능 -->
        <!-- set 으로 묶인 애니메이션을 한꺼번에 실행  -->
        <set android:ordering="together">
            <!-- X 축 scale 애니메이션 -->
            <objectAnimator
                android:duration="300"

                android:propertyName="scaleY"

                android:repeatCount="1"

                android:repeatMode="reverse"

                android:valueTo="2.0"

                android:valueType="floatType" />
            <!-- Y 축 scale 애니메이션 -->
            <objectAnimator
                android:duration="300"

                android:propertyName="scaleX"

                android:repeatCount="1"

                android:repeatMode="reverse"

                android:valueTo="2.0"

                android:valueType="floatType" />
        </set>

    </set>
```

위의 애니메이션 XML 코드는 앞서 뷰 애니메이션으로 해 본 동작들이 모두 포함되어 있습니다. 〈set〉 태그를 자세히 봐 주세요. 〈set〉 태그의 'ordering' 속성은 〈set〉 내부의 애니메이션들이 순차적으로 진행해야하는지, 혹은 동시에 진행될지 설정합니다.

그리고 〈objectAnimator〉 태그의 'propertyName' 속성이 중요합니다. 'propertyName'이란 '속성의 이름'을 말하는 것이죠. 객체에 같은 이름의 속성이 있다면 모두 애니메이션이 적용됩니다. 또한 'valueFrom' 속성은 '애니메이션이 시작될 때'의 값이고 'valueTo' 속성은 '애니메이션이 끝날 때'의 값이죠. 즉 'valueFrom'부터 'valueTo'의 값까지 속성값이 변화하게 되는 것입니다. 만약 valueFrom 속성이 없다면 현재의 속성값이 valueFrom 으로 결정됩니다.

이제 이렇게 XML로 작성된 속성 애니메이션을 복싱 글로브 이미지에 적용하는 코드를 작성해 보겠습니다. MainActivity.kt 파일의 initGame() 함수의 마지막 부분을 다음과 같이 수정해 주세요.

```kotlin
// 게임을 초기화 한다.
fun initGame(){
    ... 생략

    // 속성 애니메이션을 불러옴 apply 함수를 사용하면 로딩된 Animator 가 this 로 지정됨
    AnimatorInflater.loadAnimator(this@MainActivity, R.animator.property_animation).apply {
        // 애니메이션 종료 리스너를 추가
        addListener(object : AnimatorListenerAdapter(){
            // 애니메이션이 종료될때 애니메이션을 다시 시작
            override fun onAnimationEnd(animation: Animator?) { start() }
        })
        // 속성 애니메이션의 타겟을 글로브 이미지뷰로 지정
        setTarget(imageView)
        // 애니메이션 시작
        start()
    }
}
```

속성 애니메이션을 XML에서 로드할 때는 'AnimatorInflator' 클래스를 사용합니다. 그리고 뷰 애니메이션의 경우 'View.startAnimation()' 함수에 파라미터로 '애니메이션 객체'를 넘겼지만, 속성 애니메이션은 애니메이션 객체에서 타겟을 '이미지뷰'로 지정하는 점이 다릅니다.

속성 애니메이션은 타겟이 꼭 '뷰'일 필요는 없기 때문입니다. 속성 애니메이션은 '뷰'가 아니더라도 애니메이션을 진행하며, 객체의 속성 이름이 같기만 하다면 속성값이 애니메이션되는 것이죠. 이것은 보다 유연하게 애니메이션을 사용할 수 있도록 도와줍니다.

다음으로 확인할 부분은 애니메이션의 '리스너'를 등록하는 부분입니다. 애니메이션의 집합과 같은 경우에는 XML에서 반복을 무한으로 지정하기 어렵습니다. 때문에 '애니메이션이 완료되는 시점에 다시 애니메이션을 실행하는 설정'으로 반복을 구현하고 있죠.

앱을 실행하면 순차적으로 Y축, X축으로의 이동, Alpha값 애니메이션, rotate 애니메이션이 실행됩니다. 다음은 속성 애니메이션으로 자주 작업하게 되는 애니메이션인 '컬러 애니메이션'을 실습해 보겠습니다.

이번에는 속성 애니메이션을 활용하여 배경색을 애니메이션시켜 보도록 하겠습니다. 사실 앞서 이야기한 속성 애니메이션의 특징을 잘 이해했다면 특별히 어려운 점은 없습니다. 뷰의 배경에 해당하는 속성의 이름은 'background'이고, 이 속성의 값을 변화시키면 되는 것이기 때문입니다.

앞서 속성 애니메이션 XML 파일을 만든 것과 같은 방법으로 'color_anim.xml' 파일을 만들어 주세요. [New 〉 Android Resource]를 선택하여 Type 을 'Animator'로 지정하면 됩니다. 생성이 완료되면 'color_anim.xml' 파일을 다음과 같이 편집합니다.

```xml
<?xml version="1.0" encoding="utf-8"?>
<objectAnimator xmlns:android="http://schemas.android.com/apk/res/android"
    android:duration="3000"
    android:propertyName="backgroundColor"
    android:valueFrom="@color/colorPrimary"
    android:valueTo="@color/colorAccent"
    android:repeatCount="infinite"
    android:repeatMode="reverse"
    android:valueType="intType" />
```

XML 코드에서 주목할 부분은 첫 태그가 〈set〉이 아닌 〈objectAnimator〉라는 것입니다. 이는 '컬러 애니메이션'의 경우에는 애니메이션 집합을 사용할 필요가 없기 때문이기도 하고, 이후 컬러 애니메이션을 위해 'Evaluator'를 지정해야 하기 때문입니다. Evaluator는 코드와 함께 설명하겠습니다.

다음으로 'valueType' 속성이 이전과는 달리 'intType'인 것을 확인해 주세요. 배경색은 프로그램 상에서 int 형으로 설정되기 때문입니다.

그럼 애니메이션을 적용하기 위해 MainActivity.kt 파일의 initGame() 함수를 다음과 같이 변경해 주세요.

```kotlin
fun initGame() {
    ... 생략
    AnimatorInflater.loadAnimator(this@MainActivity, R.animator.color_anim).apply {
        // 컬러 애니메이션을 불러오고 ObjectAnimator 클래스로 캐스팅
        val colorAnimator = this@apply as? ObjectAnimator
        // colorAnimator 가 ObjectAnimator 인 경우에만 실행
        colorAnimator?.apply {
```

```kotlin
            // Evaluator 를 ArgbEvaluator() 로 설정
            setEvaluator(ArgbEvaluator())
            // 타겟을 액티비티의 컨텐트 뷰로 지정
            target = window.decorView.findViewById(android.R.id.content)
            // 애니메이션 시작
            start()
        }
    }
}
```

애니메이션 객체를 불러오고, 'ObjectAnimator' 클래스로 캐스팅하는 이유는 'Evaluator'를 지정하기 위해서 죠. Evaluator 는 속성값이 어떤 식으로 변화해야 하는지 결정하는 클래스인데요. 컬러 애니메이션의 경우 'ArgbEvaluator' 클래스를 사용하게 됩니다.

컬러 애니메이션에서 ArgbEvaluator 클래스를 지정해 주는 이유는 컬러값의 특징 때문인데요. 컬러값은 정수형이긴 하지만 수직선 상의 값처럼 동작하지는 않습니다. 컬러값을 표시할 때 보통 RGB 로 표시를 하는데 우리 예제에서 사용하는 'Primary Color'를 예로 들면 다음과 같습니다.

```
                                    RED      BLUE
<color name="colorPrimary">#008577</color>
                                    GREEN
```

위와 같이 각 자리마다 'RED, GREEN, BLUE'의 값을 가지고 있으며 그 최대값은 '255'인 'FF'입니다. 그렇기 때문에 '#008577'과 '#018577'은 매우 비슷한 컬러인 거죠. 'RED 값'에 해당하는 값이 '1/255' 정도 변경된 것이죠. 하지만 단순 수치로만 본다면 매우 다른 숫자입니다. '#008577'은 십진수 정수값으로 '34167'이 되지만, '#018577'은 십진수로 '99703'이죠. 매우 비슷한 컬러이지만 정수값으로는 너무 다른 값이 되어 버리는 것입니다.

컬러값의 경우에는 단순히 수치상으로 애니메이션을 진행하면 전혀 이상한 색으로 애니메이션 될 수도 있습니다. 여기서 등장하는 것이 'ArgbEvaluator' 클래스인데요. ArgbEvaluator 는 애니메이션되는 속성값을 컬러값으로 취급하여 자동 계산해 주기 때문에, 자연스러운 애니메이션이 가능해지는 것입니다. 이제 앱을 실행해 보면 배경색이 자동으로 변화하는 것을 확인할 수 있습니다.

여기까지 '뷰 애니메이션'과 '속성 애니메이션'을 XML 을 사용하여 실습해 보았습니다. 안드로이드는 이외에도 전통적인 애니메이션 방법인 '스플래시 애니메이션(이미지를 빠르게 교체하는 방법)' 그리고 '벡터

애니메이션' 등 다양한 애니메이션 방법을 제공하죠. 하지만 이번 장에서 모두 다루기에는 양이 방대하므로 다른 애니메이션 방법은 생략하도록 하겠습니다.

이제 애니메이션을 구현하기 위한 기초적인 사항들을 익혔습니다. 위의 방법들을 활용하여 앱에 독자 여러분만의 애니메이션 효과를 적용해 보세요. 분명 즐거운 작업이 될 것입니다.

## 8.6 | 정리 및 도전 과제

### 8.6.01 정리

· 가속도 센서는 X, Y, Z 축 방향에 전해지는 힘(가속도)을 측정합니다.

· 안드로이드에서 센서를 사용하기 위해서는 SensorManager 클래스를 사용합니다.

· 센서 타입 중 TYPE_LINEAR_ACCELERATION 은 중력을 제거한 가속도를 측정합니다. 반면 중력이 포함된 가속도를 측정하기 위해서는 TYPE_ACCELERATION 을 사용합니다.

· 펀치 등의 동작으로 스마트폰에 힘이 가해지면 가속도 센서의 값이 갑자기 커지기 때문에 가속도 센서로 동작을 인식하는 데에 활용할 수 있습니다.

· 에뮬레이터에서도 센서를 테스트할 수 있습니다. 에뮬레이터에서 센서를 사용하기 위해서는 [More 〉 Virtual Sensors] 메뉴를 사용합니다.

· 구글 게임 서비스를 사용하면 백엔드 서버를 별도로 구축하지 않아도 랭킹에 해당하는 리더보드를 사용할 수 있습니다.

· 구글 게임 서비스를 활성화하려면 구글 플레이 개발자 콘솔에서 구글 게임 서비스 프로젝트를 별도로 생성해야 합니다.

· 앱을 테스트하기 위해서는 앱 서명 키의 SHA1 해시를 등록해야 합니다.

· 앱 배포를 하기 전까지는 등록된 테스트 유저만 구글 게임 서비스를 테스트할 수 있습니다.

· 안드로이드는 애니메이션 효과를 위해 뷰 애니메이션, 속성 애니메이션 등 다양한 방법을 제공합니다.

· 뷰 애니메이션은 애니메이션 효과를 해당 뷰 객체에 startAnimation( ), setAnimation( ) 함수로 지정합니다. 반면 속성 애니메이션은 애니메이션 객체의 타겟으로 View 또는 다른 객체를 지정할 수 있습니다.

- 속성 애니메이션(Property Animation)은 객체의 속성값을 변화시키는 것으로, 뷰 애니메이션보다 더 다양하고 유연하게 활용 가능합니다.

## 8.6.02 / 도전 과제

펀치력 측정이 시작되면 복싱 글로브 이미지가 회전하고 "펀치력을 측정하고 있습니다"라는 텍스트 뷰가 깜박거리도록 애니메이션을 만들어 보세요.

[결과 보기] 화면이 시작될 때 구글 리더보드에서 지금까지의 '최고 점수'와 '현재 사용자의 순위'를 읽어와서 화면에 보여 주도록 구현해 보세요.

# 09 서울시 화장실 찾기 앱

들어가기
본 장에서는 '서울 열린 데이터 광장'의 Open API를 활용하여 서울시에 위치한 공중 화장실의 위치를 지도상에 보여 주는 앱을 개발합니다. 본 과정을 통해 우리는 '오픈 API 활용'은 물론 '서버 데이터의 호출 방법' 및 '네트워크 작업 시 쓰레드의 활용', 그리고 '구글 맵과 GPS 센서의 사용법' 등을 익힐 수 있으므로 특히 환경 설정과 관련된 부분에 주의하여 진행해 주시길 당부 드립니다.

## 9.1 | 서울시 화장실 찾기 앱이란?

우리가 만들게 될 '서울시 화장실 찾기 앱'의 화면 구성은 단순합니다. 우선 화면 전체를 차지하는 '맵'이 필요하고, 텍스트 검색을 할 수 있는 '서치 바(Search Bar)'가 있죠.

이미지에서와 같이 지도 상에 화장실의 위치를 나타내는 아이콘 요소들을 보통 '맵 마커(Map Marker)'라고 부릅니다. 좌측 화면과 같이 맵에 마커들을 표시하여 화장실의 위치를 보여주게 됩니다. 그런데 지도는 터치를 사용하여 확대할 수도, 축소를 할 수도 있겠죠.

지도에서의 '확대/축소'를 가리켜 '줌 레벨(Zoom Level)'이라고 부르는데, 줌 레벨값을 낮춰 지도를 멀리 보게 되면 마커의 이미지들이 겹쳐 보기 안 좋게 됩니다. 그렇기 때문에 마커가 특정 영역에 몰려 있다면 우측 그림과 같이 '해당 지역에서의 숫자'로 표시하는 것이 좋겠네요.

그리고 우측 하단의 보라색 버튼은 '사용자의 현재 위치'로 지도를 이동하기 위한 버튼인데요. 대부분의 경우 사용자의 위치를 중심으로 화면을 보여 주는 것이 편할 것이므로 버튼을 사용해 언제든 사용자의 위치로 지도를 포커싱하기 위한 버튼인 것입니다.

본 어플의 경우, 비록 화면 개수는 적지만 'Open API' 및 '구글 맵' 모두 '외부 데이터와의 연동'을 이용해야 하므로 처음 개발할 때에는 잘 되지 않는 경우도 많으니 그만큼 주의해서 따라와 주세요.

# 9.2 | 프로젝트 생성

이번 장의 '서울시 화장실 찾기 앱' 역시 프로젝트 생성 부분은 지금까지 익혀온 것과 다르지 않습니다. 다음 사항들에 주의하여 프로젝트를 생성해 주세요.

① 프로젝트 이름은 'seoultoilet'으로 합니다.

② package name 이 유니크하게 만들어지도록 Company Domain 을 설정하세요.

③ 'include kotlin support' 항목의 체크 박스를 체크합니다.

④ 타겟을 'phone and tablet'으로 하고 minimum sdk 를 'API Level 17'로 설정합니다.

⑤ build.gradle 파일에 kotlin-android-extensions 플러그인을 추가합니다. (4.3 장 코틀린 안드로이드 확장 플러그인 참조

⑥ 'Empty Activity'를 선택하고 프로젝트 생성을 완료합니다.

---

> **NOTE**
>
> ### 액티비티 템플릿에서도 구글맵 액티비티를 지정할수 있어요.
>
> 구글 맵(Google Map)을 사용하는 액티비티라면, 아예 '액티비티 생성 시점'에 템플릿으로 지정할 수도 있습니다.
>
>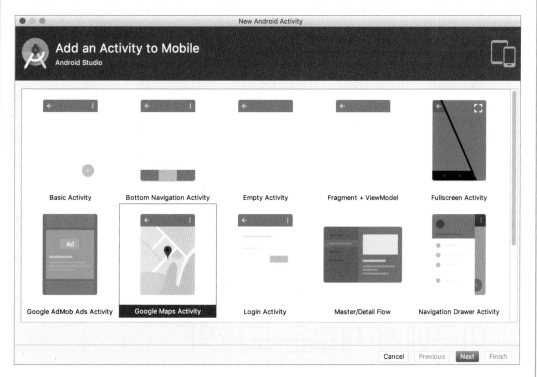
>
> 템플릿을 사용하면 Google Map 이 포함된 액티비티가 자동 생성되기 때문에 이미 맵을 사용한 개발이 익숙하다면 템플릿을 사용하는것이 더 유리합니다.

하지만 템플릿을 사용하면, 잘 모르는 코드들 또한 잔뜩 생성되기 때문에 처음 시도하는 사람들은 오히려 더 어려울 수 있습니다. 책에서 Empty Activity 템플릿을 사용하여 생성하는 이유도 처음부터 차근차근 익히기 위해서죠. 책의 실습을 마치고 템플릿 역시 사용해 보세요.

프로젝트가 생성되면 이제 '구글 맵'을 불러와야 합니다. 설정이 중요하니 놓치지 말고 따라와 주세요.

# 9.3 | 구글 맵 연동

## 9.3.01 Google Map 사용 등록

구글 맵을 사용하기 위해 필요한 작업은 **크게 두 가지로** 나눌 수 있습니다. **첫 번째는** 구글 클라우드 플랫폼에서 구글 맵을 사용하기 위한 작업이고 **두 번째로는** 프로젝트에 발급받은 **API KEY**를 등록하고 코드를 작성하는 것이죠. 먼저 구글 클라우드 플랫폼에 맵 API 사용 등록을 하겠습니다.

일단 다음 주소를 이용하여 구글 클라우드 플랫폼 주소로 접속해 주세요.

- 구글 클라우드 플랫폼 https://cloud.google.com

접속 후에 우측 상단의 [로그인] 버튼을 눌러 구글 계정으로 로그인하고, 로그인이 완료되면 마찬가지로 우측 상단에 위치한 [콘솔] 버튼을 눌러 주세요.

이제 [서비스 이용 약관에 대한 동의] 팝업이 나오는데, '서비스 약관' 항목에 체크한 후 [동의 및 계속하기] 버튼을 선택합니다. 만일 이전에 서비스 약관에 동의했다면 팝업이 나오지 않으니 당황하지 마세요.

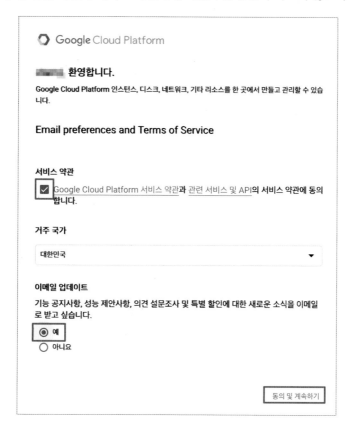

[동의 후 계속하기] 버튼을 클릭하면 콘솔 화면이 나타납니다. 화면 좌측에서 [API 및 서비스] 탭을 선택하세요.

대시보드에 아직은 프로젝트가 없으므로 API를 사용할 수 없습니다. 그럼 [프로젝트 만들기] 버튼을 클릭해 주세요.

이어 나타나는 프로젝트 생성 화면에서는 '프로젝트 이름'을 구분하기 쉽게 수정한 후 [만들기] 버튼을 눌러 프로젝트를 생성해 주세요.

다시 대시보드 화면으로 돌아가면, 현재 사용 중인 API 및 그 사용 트래픽 정보 등이 나타나게 되죠. 상단의 [API 및 서비스 사용 설정] 버튼을 클릭해 주세요.

구글에서 지원하는 API들이 카드 형태로 나타납니다. 보통 Map API는 자주 사용되기 때문에 금방 찾을 수 있지만 순서는 언제든지 바뀔 수 있으므로 [검색] 기능을 사용하는 것이 편리합니다. 검색 바에 'Maps Android'를 입력하고 [Maps SDK for Android] 카드를 선택합니다.

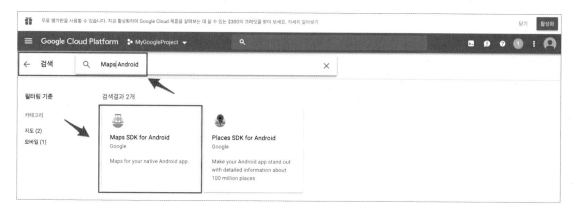

Maps SDK for Android 화면에서 할 일은 간단합니다. [사용 설정] 버튼을 클릭해 설정을 시작합니다.

Maps SDK for Android 사용 설정을 완료하면 자동으로 해당 API의 설정 화면으로 넘어가게 됩니다. 여기서 해야할 일은 '사용자 인증 정보'를 만드는 것입니다. [사용자 인증 정보]를 클릭해 주세요.

사용자 인증 정보가 아직 없기 때문에, [사용자 인증 정보 만들기] 버튼을 클릭하여 API 키를 선택합니다.

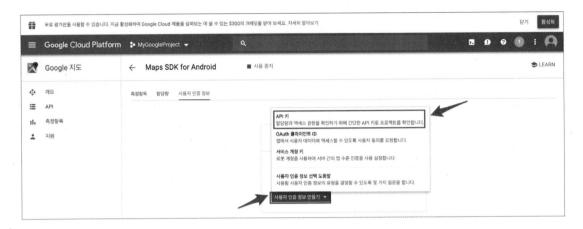

이제 API 키가 자동으로 생성되고, [키 제한]을 선택할 수 있습니다. '키 제한'이란 해당 API 키를 아무나 사용할 수 없도록 제한하는 것으로, 설령 API 키가 유출되어도 키 제한이 걸려 있으면 다른 사람은 사용할 수 없게 하는 기능입니다.

안드로이드의 경우 반드시 키 제한이 '앱의 아이디(패키지 네임)'로 설정되어야 동작하도록 되어 있습니다. 또 APK를 서명할 때 사용한 키의 SHA-1 해시를 사용하기 때문에, 다른 키로 서명하면 동작하지 않죠. 즉, API 키가 유출되어도 다른 앱은 사용할 수 없는 것입니다.

키 제한 설정을 위해 [키 제한] 버튼을 클릭합니다.

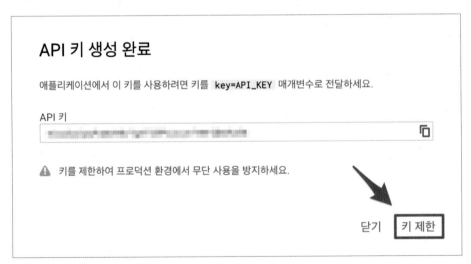

'API 키 제한' 설정에서는 '애플리케이션 제한사항'으로 'Android 앱'을 선택합니다. Android 앱을 선택하면 하단에 [패키지 이름 및 지문 추가] 버튼이 나타납니다.

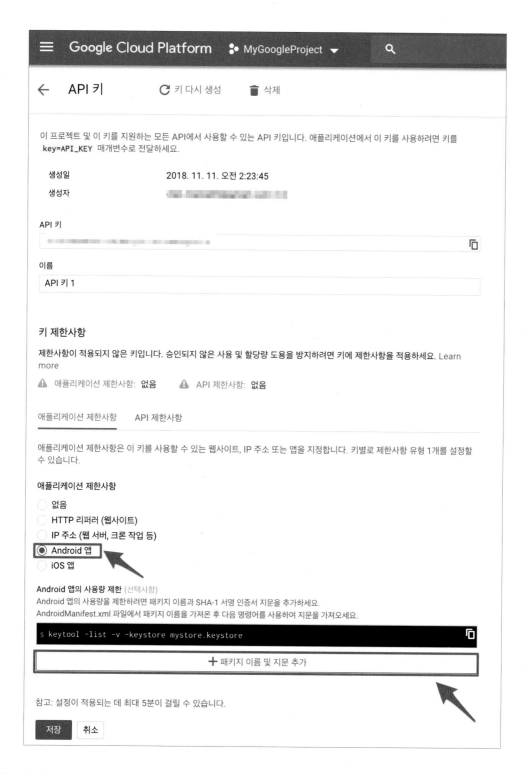

[패키지 이름 및 지문 추가] 버튼을 클릭하면 다음 이미지와 같은 화면이 나타나는데, 여기에 앱의 패키지 이름과 디버그 키의 SHA-1 해시값을 입력하면 됩니다. SHA-1 해시값은 **8장 펀치력 측정 앱**에서 구글 리

더보드를 사용할 때 익힌 것과 같습니다. SHA-1 해시값을 어떻게 구하는지 잊으셨다면 **8.4.2. 파트**를 확인해 주세요.

'패키지 이름'을 지정한 후 '인증서 지문'을 넣고 [저장] 버튼을 누르면 이제 '구글 맵 API'의 사용을 위한 설정 준비가 완료된 것입니다. 생성이 완료되면 'API KEY'가 보여지는데 이것을 안드로이드 프로젝트에 설정해야 합니다.

그럼 이제 프로젝트에 구글 맵을 연동하는 코드를 실습해 보도록 하겠습니다.

프로젝트에 구글 맵 적용

구글 맵을 사용하려면 먼저 '라이브러리 의존성'을 추가해야 합니다. 'build.gradle(Module: app)' 파일을 열어 주세요.

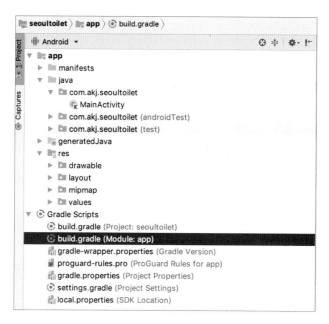

build.gradle 파일의 'dependencies' 블록 안에 다음과 같이 '구글 맵 라이브러리'와 프로젝트에서 사용할 'UI 라이브러리'를 추가합니다.

```
plugins {
    id 'com.android.application'
    id 'kotlin-android'
    id 'kotlin-android-extensions'
}
… 생략

dependencies {
    … 생략

    // 구글 맵 관련 라이브러리
    implementation 'com.google.android.gms:play-services-maps:17.0.0'
    // 구글 맵 클러스터 사용을 위한 라이브러리
    implementation 'com.google.maps.android:android-maps-utils:0.5'

}
```

라이브러리를 추가했다면, 우측 상단의 [Sync Now] 버튼을 클릭해 주세요.

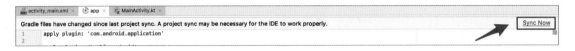

다음으로 할 일은 API 키를 매니페스트(AndroidManifest.xml) 파일에 등록하는 것입니다. AndroidManifest.xml 파일을 다음과 같이 편집합니다.

```xml
<?xml version="1.0" encoding="utf-8"?>
<manifest xmlns:android="http://schemas.android.com/apk/res/android" package="com.akj.seoultoilet">

    <!-- 현재 위치를 위한 권한 요청 -->
    <uses-permission android:name="android.permission.ACCESS_COARSE_LOCATION" />
    <uses-permission android:name="android.permission.ACCESS_FINE_LOCATION" />

    <application
            android:allowBackup="true"
            android:icon="@mipmap/ic_launcher"
            android:label="@string/app_name"
            android:roundIcon="@mipmap/ic_launcher_round"
            android:supportsRtl="true"
            android:theme="@style/AppTheme">

        <!-- 구글 클라우드 플랫폼에서 발급받은 API 키를 여기에 -->
        <meta-data android:name="com.google.android.geo.API_KEY"
                android:value="발급받은 API 키" />
        <!-- 구글 플레이 서비스 버전을 적는 곳으로 그대로 타이핑 -->
        <meta-data android:name="com.google.android.gms.version"
                android:value="@integer/google_play_services_version" />
        <!-- 안드로이드 파이 버전부터 필요 -->
        <uses-library
                android:name="org.apache.http.legacy"
                android:required="false" />

        <activity android:name=".MainActivity">
            <intent-filter>
                <action android:name="android.intent.action.MAIN"/>

                <category android:name="android.intent.category.LAUNCHER"/>
```

```
            </intent-filter>
        </activity>
    </application>

</manifest>
```

지도에서 현재 위치를 표시하려면 먼저 사용자로부터 '위치 정보'를 가져와야 하기 때문에 권한 요청이 필요하므로 〈uses-permission〉 태그에서 'ACCESS_COARSE_LOCATION'과 'ACCESS_FINE_LOCATION'을 요청합니다. 둘의 차이는 '위치의 정확도'와 관련이 있습니다.

안드로이드는 **사용자의 위치를 2가지 측면에서 측정합니다. 하나는** 네트워크 위치이고 **다른 하나는** GPS 센서를 사용하는 것이죠. '네트워크'로 위치를 계산하는 경우, 오차는 크지만 배터리가 적게 사용되고 실내에서도 측정이 가능하다는 장점이 있습니다. 반대로 'GPS'의 경우에는 오차가 적은 대신 배터리 사용이 크고 실내에서는 측정이 불가능하죠. 따라서 정확한 위치를 측정하기 위해서는 '네트워크 측정값'과 'GPS 센서'를 서로 보완하여 사용해야 합니다.

여기서 'ACCESS_COARSE_LOCATION' 권한은 '네트워크로만' 위치를 측정하는 것입니다. 그 때문에 배터리 친화적이긴 하지만 정확한 위치 측정이 되지 않죠. 반면 'ACCESS_FINE_LOCATION'의 경우 정확한 위치 측정을 위해 'GPS 센서'까지 사용하는 것입니다.

그리고 〈uses-library〉 태그에는 '안드로이드 파이' 버전부터 새롭게 필요한 태그가 있는데요. 구글 맵의 경우 이제 'API 키 설정'과 '권한 설정'이 되었으므로 다음으로는 구글 맵이 포함된 화면 레이아웃을 만들어 보겠습니다.

## 9.3. 03 구글 맵 포함된 레이아웃 생성

이번에는 구글 맵이 포함된 레이아웃을 만들어 볼 차례입니다. 'activity_main.xml' 파일을 디자인 탭에서 열어 주세요. 우선 자동으로 생성된 'Hello World' 텍스트뷰를 삭제합니다.

안드로이드 스튜디오에는 이미 구글 맵과 관련된 UI 컴포넌트가 팔레트에 존재합니다. 팔레트에서 'Map'을 검색하면 다음과 같이 나타나게 됩니다.

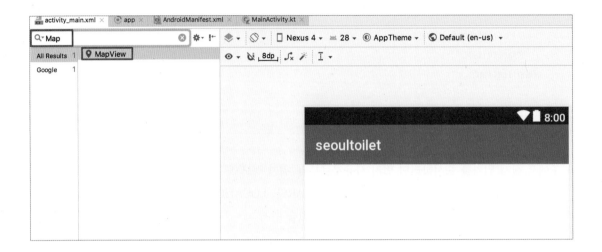

사실 '맵뷰(MapView)'가 화면 전체를 차지하도록 배치하면 되기 때문에 특별히 어려운 것은 없습니다. 다음 이미지와 같이 배치해 주세요.

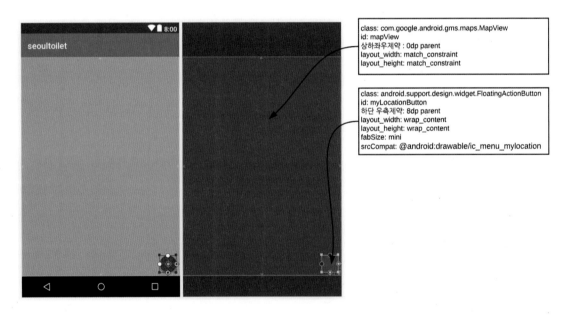

class: com.google.android.gms.maps.MapView
id: mapView
상하좌우제약 : 0dp parent
layout_width: match_constraint
layout_height: match_constraint

class: android.support.design.widget.FloatingActionButton
id: myLocationButton
하단 우측제약: 8dp parent
layout_width: wrap_content
layout_height: wrap_content
fabSize: mini
srcCompat: @android:drawable/ic_menu_mylocation

여기까지 완성한 XML 코드는 다음과 같습니다.

```xml
<?xml version="1.0" encoding="utf-8"?>
<androidx.constraintlayout.widget.ConstraintLayout
        xmlns:android="http://schemas.android.com/apk/res/android"
        xmlns:tools="http://schemas.android.com/tools"
        xmlns:app="http://schemas.android.com/apk/res-auto"
```

```xml
        android:layout_width="match_parent"
        android:layout_height="match_parent"
        tools:context=".MainActivity">


    <com.google.android.gms.maps.MapView
            android:layout_width="0dp"
            android:layout_height="0dp"
            android:id="@+id/mapView"
            app:layout_constraintTop_toTopOf="parent"
            app:layout_constraintBottom_toBottomOf="parent"
            app:layout_constraintStart_toStartOf="parent"
            app:layout_constraintEnd_toEndOf="parent"/>


    <com.google.android.material.floatingactionbutton.FloatingActionButton
            android:layout_width="wrap_content"
            android:layout_height="wrap_content"
            android:clickable="true"
            app:srcCompat="@android:drawable/ic_menu_mylocation"
            android:id="@+id/myLocationButton"
            app:layout_constraintEnd_toEndOf="parent"
            android:layout_marginEnd="8dp"
            android:layout_marginBottom="8dp"
            app:layout_constraintBottom_toBottomOf="parent"
            app:fabSize="mini"/>


    <include
            android:layout_width="0dp"
            android:layout_height="wrap_content"
            layout="@layout/search_bar"
            android:id="@+id/searchBar"
            android:layout_marginTop="8dp"
            app:layout_constraintTop_toTopOf="parent"
            app:layout_constraintStart_toStartOf="parent"
            android:layout_marginStart="8dp"
            app:layout_constraintEnd_toEndOf="parent"
            android:layout_marginEnd="8dp"/>
</androidx.constraintlayout.widget.ConstraintLayout>
```

다음으로는, 구글 맵을 화면에 보여주기 위한 코드를 작성해 보겠습니다.

## 9.3.04 / 구글 맵 연동 코드 작성

구글 맵을 연동하기 위해서는 각각 '맵뷰(MapView)'를 이용하는 방법과 'MapFragment'를 이용하는 방법이 있습니다. 여기서는 맵뷰(MapView)를 사용하는데, 핵심 코드는 맵의 메모리 제어를 위해 액티비티의 라이프 사이클 영역에 MapView 의 라이프 사이클 코드를 호출해 주는 것입니다. MainActivity.kt 파일을 다음과 같이 변경해 주세요.

```kotlin
package com.akj.seoultoilet

import android.Manifest
import android.annotation.SuppressLint
import android.content.Context
import android.content.pm.PackageManager
import android.graphics.Bitmap
import android.graphics.drawable.BitmapDrawable
import android.location.Location
import android.location.LocationManager
import android.os.AsyncTask
import android.os.Bundle
import android.text.TextUtils
import android.widget.ArrayAdapter
import android.widget.Toast
import androidx.appcompat.app.AppCompatActivity
import androidx.core.app.ActivityCompat
import com.google.android.gms.maps.CameraUpdateFactory
import com.google.android.gms.maps.GoogleMap
import com.google.android.gms.maps.model.BitmapDescriptorFactory
import com.google.android.gms.maps.model.LatLng
import com.google.maps.android.clustering.ClusterManager
import kotlinx.android.synthetic.main.activity_main.*
import kotlinx.android.synthetic.main.search_bar.view.*
import org.json.JSONArray
import org.json.JSONObject
import java.net.URL
```

```kotlin
class MainActivity : AppCompatActivity() {
    // 런타임에서 권한이 필요한 퍼미션 목록
    val PERMISSIONS = arrayOf(
        Manifest.permission.ACCESS_COARSE_LOCATION,
        Manifest.permission.ACCESS_FINE_LOCATION)

    // 퍼미션 승인 요청시 사용하는 요청 코드
    val REQUEST_PERMISSION_CODE = 1

    // 기본 맵 줌 레벨
    val DEFAULT_ZOOM_LEVEL = 17f

    // 현재위치를 가져올수 없는 경우 서울 시청의 위치로 지도를 보여주기 위해 서울시청의 위치를 변수로 선언
    // LatLng 클래스는 위도와 경도를 가지는 클래스
    val CITY_HALL = LatLng(37.5662952, 126.97794509999994)

    // 구글 맵 객체를 참조할 멤버 변수
    var googleMap: GoogleMap? = null

    override fun onCreate(savedInstanceState: Bundle?) {
        super.onCreate(savedInstanceState)
        setContentView(R.layout.activity_main)
        // 맵뷰에 onCreate 함수 호출
        mapView.onCreate(savedInstanceState)

        // 앱이 실행될때 런타임에서 위치 서비스 관련 권한체크
        if(hasPermissions()){
            // 권한이 있는 경우 맵 초기화
            initMap()
        }else{
            // 권한 요청
            ActivityCompat.requestPermissions(this, PERMISSIONS, REQUEST_PERMISSION_CODE)
        }

        // 현재 위치 버튼 클릭 이벤트 리스너 설정
        myLocationButton.setOnClickListener { onMyLocationButtonClick() }
    }
```

```kotlin
override fun onRequestPermissionsResult(requestCode: Int, permissions: Array<out String>,
grantResults: IntArray) {
    super.onRequestPermissionsResult(requestCode, permissions, grantResults)
    // 맵 초기화
    initMap()
}


// 앱에서 사용하는 권한이 있는지 체크하는 함수
fun hasPermissions(): Boolean {

    // 퍼미션목록중 하나라도 권한이 없으면 false 반환
    for(permission in PERMISSIONS){
        if(ActivityCompat.checkSelfPermission(this, permission) != PackageManager.PERMISSION_GRANTED){
            return false
        }
    }
    return true
}



// 맵 초기화하는 함수
@SuppressLint("MissingPermission")
fun initMap(){
    // 맵뷰에서 구글 맵을 불러오는 함수. 콜백함수에서 구글 맵 객체가 전달됨
    mapView.getMapAsync {
        // 구글맵 멤버 변수에 구글맵 객체 저장
        googleMap = it
        // 현재위치로 이동 버튼 비활성화
        it.uiSettings.isMyLocationButtonEnabled = false
        // 위치 사용 권한이 있는 경우
        when {
            hasPermissions() -> {
                // 현재위치 표시 활성화
                it.isMyLocationEnabled = true
                // 현재위치로 카메라 이동
                it.moveCamera(CameraUpdateFactory.newLatLngZoom(getMyLocation(), DEFAULT_ZOOM_LEVEL))
            }
            else -> {
                // 권한이 없으면 서울시청의 위치로 이동
```

```kotlin
                    it.moveCamera(CameraUpdateFactory.newLatLngZoom(CITY_HALL, DEFAULT_ZOOM_LEVEL))
            }
        }
    }
}


@SuppressLint("MissingPermission")
fun getMyLocation(): LatLng{
    // 위치를 측정하는 프로바이더를 GPS 센서로 지정
    val locationProvider: String = LocationManager.GPS_PROVIDER
    // 위치 서비스 객체를 불러옴
    val locationManager = getSystemService(Context.LOCATION_SERVICE) as LocationManager
    // 마지막으로 업데이트된 위치를 가져옴
    val lastKnownLocation: Location? = locationManager.getLastKnownLocation(locationProvider)
    if(lastKnownLocation != null) {
        // 위도 경도 객체로 반환
        return LatLng(lastKnownLocation.latitude, lastKnownLocation.longitude)
    }else{
        // 위치를 구하지 못한경우 기본값 반환
        return CITY_HALL
    }
}


// 현재 위치 버튼 클릭한 경우
fun onMyLocationButtonClick(){
    when {
        hasPermissions() -> googleMap?.moveCamera(CameraUpdateFactory.
        newLatLngZoom(getMyLocation(), DEFAULT_ZOOM_LEVEL))
        else -> Toast.makeText(applicationContext, "위치사용권한 설정에 동의해주세요", Toast.LENGTH_
        LONG).show()
    }
}


// 하단부터 맵뷰의 라이프사이클 함수 호출을 위한 코드들
override fun onResume() {
    super.onResume()
    mapView.onResume()
}
```

```
override fun onPause() {
    super.onPause()
    mapView.onPause()
}

override fun onDestroy() {v
    super.onDestroy()
    mapView.onDestroy()
}

override fun onLowMemory() {
    super.onLowMemory()
    mapView.onLowMemory()
}
```

코드의 흐름을 다이어그램으로 보면 다음과 같습니다.

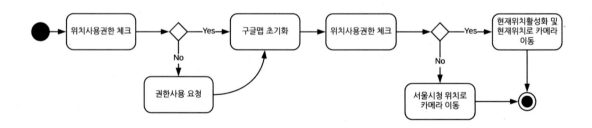

여기까지 진행한 후에 실행하면, 에뮬레이터에서 구글 맵이 나타나게 됩니다.

이제 서울 열린 데이터 광장에서 화장실 위치 데이터를 가져와 맵에 마커로 표시하는 일이 남았습니다. 그럼 우선 서울 열린 데이터 광장에 접속하여 데이터를 가져오는 방법에 대해 실습해 보겠습니다.

## 9.4 | 서울 열린 데이터 광장 API 연동

### 9.4.01 회원 가입

서울 열린 데이터 광장의 API 역시 API KEY를 필요로 합니다. API KEY를 발급받기 위해서는 '회원 가입'과 'API 사용 신청'이 필요하죠.

먼저 다음의 사이트 주소로 접속해 주세요.

• 서울 열린 데이터 광장  https://data.seoul.go.kr/

사이트에 접속 후 우측 상단의 [회원가입] 버튼을 클릭합니다.

회원 가입 화면에서 [일반회원(14세 이상 내국인)]을 클릭해 주세요.

회원 가입을 위해서는 '본인 인증'을 해야 하는데요. 평상시에 사용하던 본인 인증 방법을 활용하여 본인 인증을 진행해 주세요.

사람마다 차이는 있겠지만, 가장 일반적으로는 '휴대폰 본인 인증' 방법이 편리하여 많이 이용되죠.

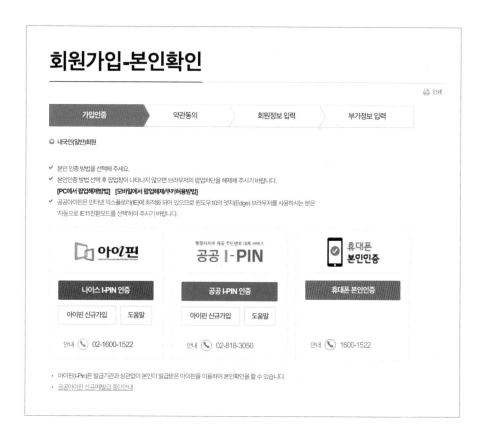

일단 본인 인증이 완료되면 [약관 동의] 화면이 나오게 됩니다. 약관에 모두 동의하고 다음 단계 버튼을 클릭해 주세요.

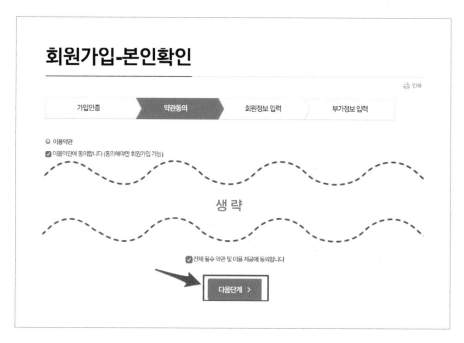

다음은 [회원 정보 입력] 화면입니다. 모두 입력한 후 [회원가입] 버튼을 클릭합니다.

# 회원가입-회원정보 입력

🖨 인쇄

| 가입인증 | 약관동의 | 회원정보 입력 | 부가정보 입력 |

- 서울시 홈페이지는 회원의 개인정보보호문제를 신중하게 취급합니다.
- 가입하신 정보는 회원님의 동의없이 공개되지 않으며, 개인정보보호정책에 의해 보호를 받습니다.

◉ 아이디정보      ✔ 표시 필수적으로 입력

| ✔ 아이디(ID) | [         ]  중복확인 <br> 영문, 숫자만 가능합니다.(5~15자) |
| ✔ 비밀번호 | [ ● ● ● ● ● ● ● ● ● ● ] <br> 특수문자는 ~!@#$^*()=_.|만 사용가능합니다. |
| ✔ 비밀번호 확인 | [ ● ● ● ● ● ● ● ● ● ● ] |
| ✔ 비밀번호 변경열쇠 질문 | 인상 깊게 읽은 책 이름은? ▲▼ |
| ✔ 변경열쇠 답 입력 | [         ] |

◉ 개인정보

| ✔ 이름 | [      ] |
| ✔ 생년월일 | [      ] 년 [   ] 월 [   ] 일 ◉양력 ○음력 <br> 아이디/비밀번호 분실 등 본인 여부 확인이 필요할 경우를 위해 가급적 신분증에 <br> 기재된 이름, 생년월일을 입력해 주세요. <br> 허위 정보를 입력하면 본인 확인할 수 없어 도움을 드릴 수가 없습니다. |
| ✔ 연락처 | [      ] - [     ] - [      ] ○집 ○직장 ◉휴대폰 |
| ✔ 거주지 시/도 | 서울특별시 ▲▼ |
| ✔ 이메일 | 이메일은 서울시정 소식 및 뉴스레터등 유익한 정보를 수신하기 위해 필요하므로 <br> 주로 사용하시는 이메일을 입력해 주시기 바랍니다. <br> [      ] @ [ naver.com ▲▼ ] <br> ☐ 서울시 전자우편 계정을 기본 이메일로 사용 |

회원가입 >     취소

다음은 [부가정보 입력] 화면입니다. '부가 정보'란 필수 항목은 아니기 때문에 바로 [입력완료] 버튼을 눌러 진행해 주세요.

# 회원가입-부가정보입력

🖨 인쇄

| 가입인증 | 약관동의 | 회원정보 입력 | **부가정보 입력** |

- 서울시 홈페이지 가입을 감사드립니다.
- 아이디를 다시 확인하시기 바라며, 아이디나 비밀번호를 타인에게 알려주거나 공유하는 컴퓨터에서 개인정보유출이 되지 않도록 유의하시기 바랍니다.
- 확인을 클릭하시면 입력하신 이메일로 확인 메일이 발송됩니다.

◎ 가입자 정보

아이디 : ▓▓▓▓▓     성명 : ▓▓▓▓▓

◎ 부가서비스

- 서울시의 소식지 및 유용한 정보를 메일로 받아볼 수 있습니다.
- 수신을 원하시는 항목에 체크하여 주십시오.
- 원치 않은 항목은 선택하지 않으셔도 되며, 언제든지 '회원정보변경'에서수정이 가능합니다.

**소식지**

☐ **내손안에 서울**
☐ 서울시립미술관　☐ 서울역사박물관　☐ 서울의공원
☐ 서울식품안전뉴스　☐ 여성행복객석　☐ 도시계획열람공고
☐ 서울시보　☐ 서울사랑　☐ 내친구서울
☐ 디자인서울　☐ 서울일자리　☐ 민주주의서울

-메일링 서비스는 2가지 이상 중복 선택이 가능합니다.

**행사강좌등 정보**

☐ 시정정보안내　☐ 교육강좌안내　☐ 문화행사안내
☐ 경제정보　☐ 환경정보　☐ 교통정보
☐ 복지정보　☐ 여성정보　☐ 도시안전·재난
☐ 기타안내　☐ 이벤트안내　☐ 청소년정보
☐ 건강·식품위생

**설문조사**　☐ 온라인 여론조사

**서울시립미술관 멤버십**　☐ 서울시립미술관 멤버십 가입　[ 서울시립미술관 패밀리 내용 보기 ]

[ 입력완료 > ]　취소

회원 가입이 완료되면 다음과 같은 화면이 나타나며 회원 가입이 완료됩니다. 참고로, 현재 '서울 열린 데이터 광장'은 2년 주기로 재동의를 하지 않으면 사용 중지와 함께 자동 탈퇴되므로 주의해 주세요.

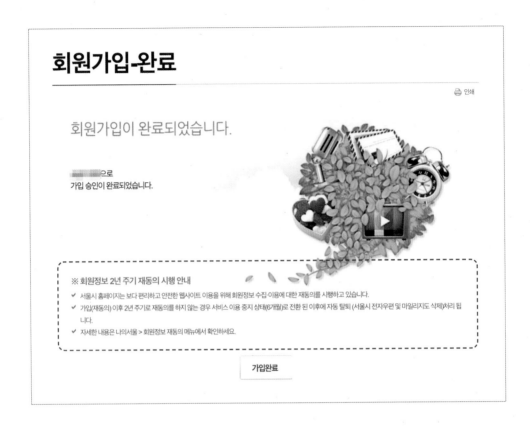

다음으로는 'API 키의 발급 방법'을 익혀 보겠습니다.

공공 화장실 위치 API 신청

회원 가입이 완료되면 다시 이동(https://data.seoul.go.kr)하여 로그인해 주세요. '서울 열린 데이터 광장' 회원 정보는 '서울특별시 회원'과 공통으로 사용되기 때문에 별도로 로그인을 해 줘야 합니다. 로그인 완료후 검색 바에 '화장실'을 입력합니다.

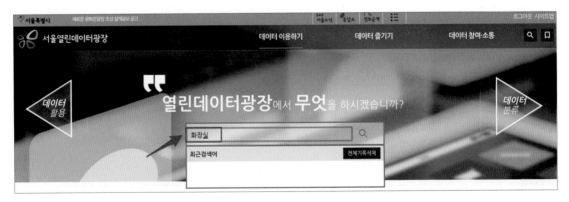

검색된 정보 중에서 [서울시 공중화장실 위치 정보]를 클릭하세요.

클릭 후 나타난 결과 화면에서 [Open API] 탭을 선택하고 [인증키 신청] 버튼을 클릭합니다.

인증키 신청 항목에서는 '약관 동의' 항목에 체크한 후 사용 목적 등을 작성하고 [인증키 신청] 버튼을 클릭합니다.

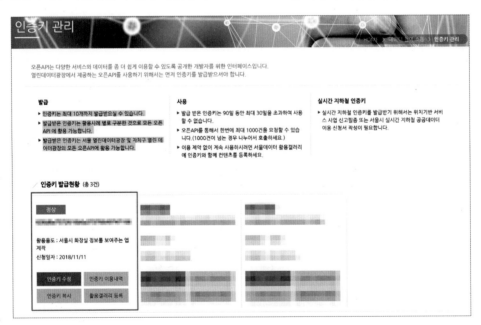

인증키 신청이 완료되면 인증키 관리 화면이 나오고 **API KEY** 를 확인이 가능합니다.

다음에는 발급받은 **API** 키를 이용해 공공 화장실 데이터를 안드로이드 폰에서 불러와 보도록 하겠습니다.

공공 API는 인터넷을 통해 HTTP 통신을 하게 됩니다. 그 때문에 AndroidManifest.xml 파일에서 '인터넷 사용 권한'을 요청해야 하죠. 인터넷 사용 권한 요청은 대부분의 앱이 일반적으로 사용하므로 런타임에 권한을 체크할 필요는 없습니다. AndroidManifest.xml 파일을 다음과 같이 수정해 주세요.

```xml
<?xml version="1.0" encoding="utf-8"?>
<manifest xmlns:android="http://schemas.android.com/apk/res/android" package="com.akj.seoultoilet">

    <!-- 현재 위치를 위한 권한 요청 -->
    <uses-permission android:name="android.permission.ACCESS_COARSE_LOCATION" />
    <uses-permission android:name="android.permission.ACCESS_FINE_LOCATION" />
    <!-- 인터넷 사용 권한 요청. 최신 버전에서도 런타임에 체크할 필요 없음 -->
    <uses-permission android:name="android.permission.INTERNET" />

    <!-- 안드로이드 9.0(파이) 버전부터는 usesCleartextTraffic 속성 기본 값이 변해 true 로 설정해야함  -->
    <application
            android:usesCleartextTraffic="true"
            android:allowBackup="true"
            android:icon="@mipmap/ic_launcher"
            android:label="@string/app_name"
            android:roundIcon="@mipmap/ic_launcher_round"
            android:supportsRtl="true"
            android:theme="@style/AppTheme">

        ... 생략

</manifest>
```

〈uses-permistion〉 태그가 추가되고, 'android.permission.INTERNET' 권한을 요청하고 있습니다. 꼭 Open API를 사용하지 않더라도 일반적으로 서버와 통신을 하려면 반드시 필요한 권한이죠.

그리고 〈application〉 태그에 'android:usesCleartextTraffic' 속성을 확인해 주세요. 해당 속성은 "암호화되지 않은 일반 HTTP 텍스트 통신을 허용할지" 여부를 결정하는 속성입니다. 참고로 '안드로이드 파이' 이전 버전까지는 기본값이 'true'였기 때문에 별도로 설정하지 않아도 HTTP 통신이 되었지만 파이 이후부터는 기본 설정이 'false'로 바뀌었기 때문에 'HTTPS' 통신만 가능합니다. 서울시 열린 데이터 광장은 HTTP 통신을 사용하므로, 해당 속성을 'true'로 바꿔야만 안드로이드 파이 버전에서도 동작하게 되는 것이죠.

이제 권한 설정까지는 완료가 되었는데 네트워크 통신을 하려면 한 가지 더 알아야 할 것이 있습니다. 바로 'UI 쓰레드'와 '네트워크 작업'의 관계입니다. 안드로이드는 기본적인 정책으로 UI 쓰레드에서 네트워크 작업을 할 수 없기 때문인데요. 이 부분에 대해 먼저 배워 보도록 하겠습니다.

## 9.4.04 UI 쓰레드와 네트워크 작업

앞서 여러 번 설명한 것처럼 안드로이드에서의 네트워크 작업은 'UI 쓰레드'를 사용하지 못합니다. 'UI 쓰레드'란 안드로이드 앱이 실행될 때 가장 기본적으로 실행되는 쓰레드(Main Thread)로서, 'UI 업데이트'를 책임지는 쓰레드죠. 그래서 반대로 UI 업데이트는 반드시 UI 쓰레드를 사용해야 합니다.

안드로이드가 UI 쓰레드에서 네트워크 작업을 할 수 없도록 한 데에는 나름 이유가 있는데, 네트워크 작업의 경우 보통 긴 시간이 필요하기 때문이죠. 만약 UI 쓰레드에서 네트워크 작업을 진행한다면 네트워크 작업이 완료될 때까지 UI가 아예 멈추게 될 것입니다.

그렇다면 네트워크 작업이 필요한 경우에는 어떻게 해야 할까요? 답은 사실 간단합니다. UI 쓰레드는 UI 업데이트를 하는 데에 사용되므로, 다른 쓰레드를 사용하면 되죠.

쓰레드를 생성하고 사용하는 방법은 사실 굉장히 간단합니다. 다음 코드는 코틀린으로 쓰레드를 생성하고 실행하는 코드입니다.

```kotlin
// 쓰레드를 사용해 www.google.com 의 데이터를 읽어온다
fun readDataByThread() {
    // 쓰레드 객체를 생성하고 실행
    Thread {
        // 새로운 쓰레드에서 실행될 코드를 run 메소드에 작성
        run {
            // URL 객체를 https://www.google.com 으로 생성
            val url = URL("https://www.google.com")
            // url 의  커넥션을 얻음
            val httpConnection = url.openConnection()
            // 커넥션에서 데이터를 읽어온다.
            val data = httpConnection.inputStream.readBytes().toString(charset("UTF-8"))

        }
    }.start()
}
```

실행 자체는 간단한데 몇 가지 문제가 있습니다. '새로 생성된 쓰레드는 UI가 종료되어도 계속 동작하게 된다는 것'인데, 사용자는 'UI 쓰레드' 이외의 쓰레드가 완료되지 않더라도 다른 앱으로 전환하거나, 앱을 종료할 수도 있는 것이죠.

즉 UI가 종료되어도 별도로 생성된 쓰레드는 종료되지 않는 것입니다. 이 문제는 메모리 누수를 일으키는 등 여러 가지 예상치 못한 에러를 발생시키게 되므로 앱이 종료될때 반드시 쓰레드 역시 종료해야 합니다.

또 다른 문제는 읽어 온 데이터로 UI를 업데이트할 때 다시 UI 쓰레드로 돌아가야 한다는 것입니다. UI 쓰레드가 아닌 곳에서 다시 UI 쓰레드로 돌아가 작업하기 위해서는 별도로 신경을 써야 합니다. 이때 사용할 수 있는 방법은 다음과 같습니다.

| 메소드 | 설명 |
|---|---|
| Activity.runOnUiThread() | Activity에서 제공하는 함수로 runOnUiThread() 함수로 전달된 Runnable 객체를 UI 쓰레드에서 실행합니다. |
| View.post() | View에서 제공하는 함수. 파라미터로 전달된 Runnable 객체를 UI 쓰레드에서 실행합니다. |
| Handler(Looper.getMainLooper()).post() | 핸들러를 생성하고 파라미터로 Looper.getMainLooper() 함수를 전달하면 post() 함수에 파라미터로 전달되는 Runnable 객체를 UI 쓰레드에서 실행합니다. |

예를 들어 'Activity.runOnUiThread()' 함수를 사용하면 다음과 같은 코드가 됩니다.

```kotlin
fun readDataByThread() {
    // 쓰레드 객체를 생성하고 실행
    Thread {
        // 새로운 쓰레드에서 실행될 코드를 run 메소드에 작성
        run {
            ... 생략

            // UI 업데이트는 반드시 UI 쓰레드에서 해야함.
            // runOnUiThread 는 Activity 에서 제공하는 함수로 UI 쓰레드에서 코드 블록이 실행됨
            runOnUiThread({Toast.makeText(applicationContext, data, Toast.LENGTH_LONG).show()})
        }
    }.start()
}
```

쓰레드를 사용하면 이와 같이 UI 작업을 할 때 반드시 'UI 쓰레드로 전환하는 작업'이 필요한데, 여기서 실수가 많이 발생하게 됩니다. 그래서 안드로이드는 이런 일련의 작업을 위해 'AyncTask'라는 클래스를 제공합니다.

AsyncTask는 '백그라운드' 작업과 'UI'에서 동작하는 함수가 구분되어 있는 클래스로 다음과 같은 메소드를 오버라이드하여 구현합니다.

| AsyncTask의 메소드 | 설명 |
|---|---|
| onPreExecute() | 백그라운드 작업 실행 전에 실행되는 함수. UI 쓰레드에서 실행됨 |
| doInBackground() | 백그라운드에서 실행되는 함수. 백그라운드 쓰레드에서 실행됨 |
| onProgressUpdate() | 백그라운드 작업 진행도를 나타내는 함수. UI 쓰레드에서 실행됨. |
| onPostExecute() | 백그라운드 작업 완료 후 실행되는 함수. UI 쓰레드에서 실행됨. |

예를 들어 같은 코드를 AsyncTask로 작업하면 다음과 같은 코드가 됩니다.

```kotlin
inner class ReadTask : AsyncTask<Void, Void, String>() {
    // 백그라운드 작업을 실행하는 함수
    override fun doInBackground(vararg params: Void?): String {
        val url = URL("https://www.google.com")
        val httpConnection = url.openConnection()
        val data = httpConnection.inputStream.readBytes().toString(charset("UTF-8"))
        return data
    }

    // 백그라운드 작업 완료후 실행되는 함수
    override fun onPostExecute(result: String) {
        Toast.makeText(applicationContext, result, Toast.LENGTH_LONG).show()
    }
}

// 앱이 화면에서 사라지는 경우 실행을 중단하기 위한 변수
var readTask: MainActivity.ReadTask? = null
```

```
override fun onStart() {
    super.onStart()
    if(readTask != null) {
        // ReadTask 를 생성
        readTask = ReadTask()
        // ReadTask 실행
        readTask?.execute()
    }
}

override fun onStop() {
    super.onStop()
    // 실행중인 ReadTask
    readTask?.cancel(true)
    readTask = null
}
```

코드가 더 길어 보이는 이유는 앱이 종료될 때 백그라운드 작업이 종료되는 코드까지 포함되어 있기 때문입니다. 쓰레드의 경우 같은 작업을 하려면 조금 더 복잡하죠.

이제 백그라운드에서 어떻게 네트워크 통신을 하는지 대략적인 방법을 익혔으므로, 프로젝트에 공공 화장실 데이터를 읽어 와 UI로 보여 주는 작업을 진행해 보도록 하겠습니다.

## 9.4.05 공공 화장실 API 연동 코드 작성

이제 본격적으로 '구글 맵'과 '공공 화장실 데이터'를 연동하겠습니다. 연동하기 전에 프로젝트에서 사용할 이미지가 필요합니다. 다음 주소에서 이미지 파일(png, xml)을 다운로드하여 [app 〉 res 〉 drawable]에 복사합니다.

- 프로젝트용 이미지 파일  https://goo.gl/ViRR17

공공 화장실 API를 연동하기 위해 'MainActivity.kt' 소스에서 'onLowMemory()' 함수 하단에 다음 코드를 추가해 주세요.

```
package com.akj.seoultoilet
```

```kotlin
import android.Manifest
import android.annotation.SuppressLint
import android.content.Context
import android.content.pm.PackageManager
import android.graphics.Bitmap
import android.graphics.drawable.BitmapDrawable
import android.location.Location
import android.location.LocationManager
import android.os.AsyncTask
import android.os.Bundle
import android.text.TextUtils
import android.widget.ArrayAdapter
import android.widget.Toast
import androidx.appcompat.app.AppCompatActivity
import androidx.core.app.ActivityCompat
import com.google.android.gms.maps.CameraUpdateFactory
import com.google.android.gms.maps.GoogleMap
import com.google.android.gms.maps.model.BitmapDescriptorFactory
import com.google.android.gms.maps.model.LatLng
import com.google.maps.android.clustering.ClusterManager
import kotlinx.android.synthetic.main.activity_main.*
import kotlinx.android.synthetic.main.search_bar.view.*
import org.json.JSONArray
import org.json.JSONObject
import java.net.URL


class MainActivity : AppCompatActivity() {
    // 런타임에서 권한이 필요한 퍼미션 목록
    ... 생략

    override fun onLowMemory() {
        super.onLowMemory()
        mapView.onLowMemory()
    }

    // 서울 열린 데이터 광장에서 발급받은 API 키를 입력
    val API_KEY = "발급받은 키"

    // 앱이 비활성화될때 백그라운드 작업도 취소하기 위한 변수 선언
    var task: ToiletReadTask? = null

    // 서울시 화장실 정보 집합을 저장할 Array 변수. 검색을 위해 저장
    var toilets = JSONArray()
```

```kotlin
// 화장실 이미지로 사용할 Bitmap
val bitmap by lazy {
    val drawable = resources.getDrawable(R.drawable.restroom_sign) as BitmapDrawable
    Bitmap.createScaledBitmap(drawable.bitmap, 64, 64, false)
}


// JSONArray 를 병합하기 위해 확장함수 사용
fun JSONArray.merge(anotherArray: JSONArray) {
    for (i in 0 until anotherArray.length()) {
        this.put(anotherArray.get(i))
    }
}


// 화장실 정보를 읽어와 JSONObject 로 반환하는 함수
fun readData(startIndex: Int, lastIndex: Int): JSONObject {
    val url =
        URL("http://openAPI.seoul.go.kr:8088" + "/${API_KEY}/json/SearchPublicToiletPOIService/${
        startIndex}/${lastIndex}")
    val connection = url.openConnection()

    val data = connection.getInputStream().readBytes().toString(charset("UTF-8"))
    return JSONObject(data)
}


// 화장실 데이터를 읽어오는 AsyncTask
inner class ToiletReadTask : AsyncTask<Void, JSONArray, String>() {

    // 데이터를 읽기 전에 기존 데이터 초기화
    override fun onPreExecute() {
        // 구글맵 마커 초기화
        googleMap?.clear()
        // 화장실 정보 초기화
        toilets = JSONArray()
    }

    override fun doInBackground(vararg params: Void?): String {
        // 서울시 데이터는 최대 1000 개씩 가져올수 있기 때문에
        // step 만큼 startIndex 와 lastIndex 값을 변경하며 여러번 호출해야 함.
        val step = 1000
        var startIndex = 1
```

```kotlin
    var lastIndex = step
    var totalCount = 0

    do {
        // 백그라운드 작업이 취소된 경우 루프를 빠져나간다.
        if (isCancelled) break

        // totalCount 가 0 이 아닌 경우 최초 실행이 아니므로 step 만큼 startIndex 와 lastIndex 를 증가
        if (totalCount != 0) {
            startIndex += step
            lastIndex += step
        }

        // startIndex, lastIndex 로 데이터 조회
        val jsonObject = readData(startIndex, lastIndex)

        // totalCount 를 가져온다.
        totalCount = jsonObject.getJSONObject("SearchPublicToiletPOIService").getInt("list_
                total_count")

        // 화장실 정보 데이터 집합을 가져온다.
        val rows = jsonObject.getJSONObject("SearchPublicToiletPOIService").getJSONArray("row")

        // 기존에 읽은 데이터와 병합
        toilets.merge(rows)

        // UI 업데이트를 위해 progress 발행
        publishProgress(rows)
    } while (lastIndex < totalCount) // lastIndex 가 총 개수보다 적으면 반복한다

    return "complete"
}


// 데이터를 읽어올때마다 중간중간 실행
override fun onProgressUpdate(vararg values: JSONArray?) {
    // vararg 는 JSONArray 파라미터를 가변적으로 전달하도록 하는 키워드
    // 인덱스 0의 데이터를 사용
    val array = values[0]
    array?.let {
        for (i in 0 until array.length()) {
```

```kotlin
                    // 마커 추가
                    addMarkers(array.getJSONObject(i))
                }
            }
        }
    }

    // 앱이 활성화될때 서울시 데이터를 읽어옴
    override fun onStart() {
        super.onStart()
        task?.cancel(true)
        task = ToiletReadTask()
        task?.execute()
    }

    // 앱이 비활성화 될때 백그라운드 작업 취소
    override fun onStop() {
        super.onStop()
        task?.cancel(true)
        task = null
    }

    // 마커를 추가하는 함수
    fun addMarkers(toilet: JSONObject){
        googleMap?.addMarker(
            MarkerOptions()
                .position(LatLng(toilet.getDouble("Y_WGS84"), toilet.getDouble("X_WGS84")))
                .title(toilet.getString("FNAME"))
                .snippet(toilet.getString("ANAME"))
                .icon(BitmapDescriptorFactory.fromBitmap(bitmap))
        )
    }
}
```

코드가 조금 길기 때문에 중요 부분을 하나씩 살펴보겠습니다. 먼저 API 키를 'val 변수'로 저장합니다. 'API_KEY'가 정상적으로 선언되어야만 앱이 정상 동작하게 되니 잊지 말고 꼭 확인해 주세요.

```kotlin
// 서울 열린 데이터 광장에서 발급받은 API 키를 입력
val API_KEY = "발급받은 키"
```

그 다음 살펴볼 코드는 'AsyncTask 객체'를 변수에 저장하는 부분입니다. AsyncTask 객체를 변수에 저장하는 이유는 "UI가 종료되었을 때 백그라운드 작업 역시 종료하기 위해서"입니다.

```
// 앱이 비활성화될때 백그라운드 작업도 취소하기 위한 변수 선언
var task: ToiletReadTask? = null
```

그리고 '서울시 화장실 데이터를 전부 저장할' 변수를 선언합니다. 이는 이후 구현할 '검색' 기능을 위해 필요합니다.

```
// 서울시 화장실 정보 집합을 저장할 Array 변수. 검색을 위해 저장
var toilets = JSONArray()
```

다음은 '비트맵' 변수입니다. 비트맵을 초기화하는 코드에는 비트맵을 리사이징하는 코드가 포함되어 있습니다. 비트맵을 리사이징하는 이유는 "구글 맵에 이미지 사이즈를 맞추기 위해서"입니다.

```
// 화장실 이미지로 사용할 Bitmap
val bitmap by lazy {
    val drawable = resources.getDrawable(R.drawable.restroom_sign) as BitmapDrawable
    Bitmap.createScaledBitmap(drawable.bitmap, 64, 64, false)
}
```

그 다음은 'JSONArray 객체의 병합을 쉽게 할 수 있도록 하는 확장 함수'입니다. JSONArray는 json 데이터의 집합을 구조화하여 접근할 수 있는 클래스죠. JSONObject와 JSONArray는 안드로이드 SDK에 포함되어 있기 때문에 다른 써드파티 라이브러리의 도움 없이 사용할 수 있는 클래스지만 편리한 함수가 부족하다는 단점도 있습니다. 코틀린의 확장 함수는 기능을 쉽게 확장할 수 있는 유용한 방법입니다.

```
// JSONArray를 병합하기 위해 확장함수 사용
fun JSONArray.merge(anotherArray: JSONArray) {
    for (i in 0 until anotherArray.length()) {
        this.put(anotherArray.get(i))
    }
}
```

다음 코드는 'startIndex'와 'lastIndex'를 파라미터로 받고 서울 열린 데이터 광장 Open API에서 데이터를 읽어 오는 역할을 하는 함수입니다. 화장실 개수는 4000개가 넘지만 한 번에 읽어 올 수 있는 개수는 1000

개가 최대입니다. 재사용을 위해 함수로 분리한 것이죠. URL 생성하는 부분을 신경 써서 확인해 주세요.

```kotlin
// 화장실 정보를 읽어와 JSONObject 로 반환하는 함수
fun readData(startIndex: Int, lastIndex: Int): JSONObject {
    val url =
        URL("http://openAPI.seoul.go.kr:8088" + "/${API_KEY}/json/SearchPublicToiletPOIService/${startI
        ndex}/${lastIndex}")
    val connection = url.openConnection()

    val data = connection.getInputStream().readBytes().toString(charset("UTF-8"))
    return JSONObject(data)
}
```

다음 코드는 네트워크 작업을 백그라운드에서 수행하고 작업이 진행될 때마다 UI 업데이트를 편리하게 사용하기 위한 'AsyncTask 클래스 선언 부분'입니다.

```kotlin
// 화장실 데이터를 읽어오는 AsyncTask
inner class ToiletReadTask : AsyncTask<Void, JSONArray, String>() {

    // 데이터를 읽기 전에 기존 데이터 초기화
    override fun onPreExecute() {
        // 구글맵 마커 초기화
        googleMap?.clear()
        // 화장실 정보 초기화
        toilets = JSONArray()
    }

    override fun doInBackground(vararg params: Void?): String {
        // 서울시 데이터는 최대 1000 개씩 가져올수 있기 때문에
        // step 만큼 startIndex 와 lastIndex 값을 변경하며 여러번 호출해야 함.
        val step = 1000
        var startIndex = 1
        var lastIndex = step
        var totalCount = 0

        do {
            // 백그라운드 작업이 취소된 경우 루프를 빠져나간다.
            if (isCancelled) break
```

```kotlin
            // totalCount 가 0 이 아닌 경우 최초 실행이 아니므로 step 만큼 startIndex 와 lastIndex 를 증가
            if (totalCount != 0) {
                startIndex += step
                lastIndex += step
            }

            // startIndex, lastIndex 로 데이터 조회
            val jsonObject = readData(startIndex, lastIndex)

            // totalCount 를 가져온다.
            totalCount = jsonObject.getJSONObject("SearchPublicToiletPOIService").getInt("list_total_
                    count")

            // 화장실 정보 데이터 집합을 가져온다.
            val rows = jsonObject.getJSONObject("SearchPublicToiletPOIService").getJSONArray("row")

            // 기존에 읽은 데이터와 병합
            toilets.merge(rows)

            // UI 업데이트를 위해 progress 발행
            publishProgress(rows)
        } while (lastIndex < totalCount) // lastIndex 가 총 개수보다 적으면 반복한다


        return "complete"
    }


    // 데이터를 읽어올때마다 중간중간 실행
    override fun onProgressUpdate(vararg values: JSONArray?) {
        // vararg 는 JSONArray 파라미터를 가변적으로 전달하도록 하는 키워드
        // 인덱스 0의 데이터를 사용
        val array = values[0]
        array?.let {
            for (i in 0 until array.length()) {
                // 마커 추가
                addMarkers(array.getJSONObject(i))
            }
        }
    }
}
```

위 코드에서는 'onPostExecute()' 함수 대신 'onProgressUpdate()' 함수에서 UI를 업데이트합니다. 화장실 데이터가 4000개 이상으로 매우 많기 때문에 1000개씩 끊어서 읽어 오고 중간중간 UI를 업데이트해야 하기 때문입니다. 'publishProgress()' 함수로 데이터를 전달하면 onProgressUpdate() 함수에서 전달받은 데이터로 UI 쓰레드 작업을 진행합니다.

또 한 가지 주의할 부분은 onProgressUpdate() 함수의 파라미터는 'vararg'이라는 키워드입니다. vararg 파라미터는 '가변 파라미터'를 의미하는데, 가변 파라미터는 파라미터의 개수를 늘릴 수 있는 파라미터입니다. 가변 파라미터를 사용하면 호출하는 쪽에서 파라미터의 개수를 가변적으로 늘릴 수 있습니다.

예를 들어 다음 코드는 모두 정상 동작합니다.

```
// vararg 로 가변 파라미터 선언
fun exFunc(vararg param:Int){


}


// 모두 정상 코드
fun testExFunc(){
    exFunc(1)
    exFunc(1, 2)
    exFunc(1, 2, 3)
}
```

파라미터의 개수가 고정이 아닌 경우 가변 파라미터를 사용하면 편리하게 사용할 수 있습니다. Java 코드로 보면 다음 코드에 해당합니다.

```
public void exFunc(int... param){


}
```

그 다음은 액티비티의 라이프 사이클에서 '백그라운드 태스크를 실행하고 취소'하는 코드입니다. 'onStart()' 함수는 앱이 활성화될 때마다 실행되고 'onStop()' 함수는 앱이 비활성화될 때마다 실행됩니다.

```
// 앱이 활성화 될때 서울시 데이터를 읽어옴
override fun onStart() {
```

```
    super.onStart()

    task?.cancel(true)

    task = ToiletReadTask()

    task?.execute()

}


// 앱이 비활성화 될때 백그라운드 작업 취소
override fun onStop() {

    super.onStop()

    task?.cancel(true)

    task = null

}
```

다음은 '마커'를 추가하는 함수입니다. JSON 데이터의 위도와 경도 항목을 읽어 와 마커 객체를 만들고 구글 맵 객체에 'addMarker()' 함수를 사용해 추가합니다. 구글 맵에서 마커를 추가하는 부분을 봐 주세요. MarkerOptions 객체의 '위치, 제목, 설명, 아이콘 이미지'를 'position(), title(), snippet(), icon()' 함수로 각각 설정합니다.

```
// 마커를 추가하는 함수
fun addMarkers(toilet: JSONObject){
    googleMap?.addMarker(
        MarkerOptions()
            .position(LatLng(toilet.getDouble("Y_WGS84"), toilet.getDouble("X_WGS84")))
            .title(toilet.getString("FNAME"))
            .snippet(toilet.getString("ANAME"))
            .icon(BitmapDescriptorFactory.fromBitmap(bitmap))
    )
}
```

이제 코드를 실행하면 다음 이미지와 같이 화장실 위치가 맵에 표시됩니다.

이제 거의 완성되었지만 아직 몇 가지 작업을 추가로 해야 합니다. 마커가 너무 많은 경우 겹쳐서 보기 힘든 문제가 있고, 아직 구현되지 않은 '검색' 기능 때문이죠. 하나씩 차례대로 해결해 보겠습니다.

# 9.5 | 구글 맵 클러스터링

## 9.5.01 | 구글 맵 클러스터링이란?

지금까지 작성된 앱으로도 서울시 화장실을 찾을 수는 있지만 몇가지 불편한점이 있습니다. 앱을 실행후 멀티 터치로 맵을 축소시켜 보세요.

> **NOTE**
>
> **에뮬레이터에서 멀티터치를 하려면?**
>
> 안드로이드 에뮬레이터에서 멀티터치를 하려면 윈도우의 경우 [Ctrl] 키를 누르고 마우스로 클릭해 보세요.

좌측 이미지와 같이 마커가 겹쳐 알아보기 힘들게 될 것입니다. 구글 맵은 'util' 라이브러리를 제공해 자동으로 마커가 여러 개 겹친 경우 원의 숫자를 보여 줍니다. 우측 그림은 구글 맵 클러스터링이 적용된 화면입니다. 마커가 겹치는 경우 마커의 개수를 숫자로 보여 주기 때문에 훨씬 더 직관적이죠.

이번에는 구글 맵 클러스터링을 구현해 보도록 하겠습니다.

## 9.5.02 ClusterItem 구현

구글 맵 클러스터링을 구현하기 위해서는 크게 두 가지 클래스, 'ClusterItem 인터페이스'와 'ClusterManager 클래스'가 필요합니다.

'ClusterManager'는 '구글 맵'과 전달받은 'ClusterItem'의 집합으로 맵에 '마커'로 표시할지 '숫자로 된 원'으로 표시할지를 관리하는 클래스입니다. ClusterItem 인터페이스는 ClusterManager 가 화면에 표시할 정보인 '제목, 설명, 위치' 등을 제공하는 인터페이스입니다.

추가로 마커를 기본 마커 이미지 외에 다른 이미지로 변경하고 싶다면, 'ClusterRenderer' 클래스도 사용해야 합니다.

먼저 ClusterItem 인터페이스를 구현하는 클래스를 만들겠습니다. 'MyItem.kt' 클래스 파일을 만들고 다음과 같이 편집해 주세요.

```kotlin
package com.akj.seoultoilet

import com.google.android.gms.maps.model.BitmapDescriptor
import com.google.android.gms.maps.model.LatLng
import com.google.maps.android.clustering.ClusterItem

// ClusterItem 을 구현하는 클래스.
// getSnippet(), getTitle(),  getPosition() 함수를 구현해야함.
// 생성자에서 전달받은 데이터를 반환할수 있게 구현
// 멤버 프로퍼티는 인터페이스 Getter 와 이름이 다르게 지정
// 마커의 아이콘을 변경하기 위해 icon 파라미터를 추가로 받음
class MyItem(val _position: LatLng, val _title: String, val _snippet: String, val _icon: BitmapDescriptor)
: ClusterItem {

    override fun getSnippet(): String {
        return _snippet
    }

    override fun getTitle(): String {
        return _title
    }

    override fun getPosition(): LatLng {
        return _position
    }

    fun getIcon(): BitmapDescriptor {
        return _icon
    }

    // 검색에서 아이템을 찾기위해 동등성 함수 오버라이드
    // GPS 상 위도,경도, 제목, 설명 항목이 모두 같으면 같은 객체로 취급한다
    override fun equals(other: Any?): Boolean {
        if(other is MyItem){
            return (other.position.latitude == position.latitude
                    && other.position.longitude == position.longitude
                    && other.title == _title
```

```
                    && other.snippet == _snippet
                )
        }
        return false
    }

    // equals() 를 오버라이드 한경우 반드시 오버라이드 필요
    // 같은 객체는 같은 해시코드를 반환해야 함.
    override fun hashCode(): Int {
        var hash = _position.latitude.hashCode() * 31
        hash = hash * 31 + _position.longitude.hashCode()
        hash = hash * 31 + title.hashCode()
        hash = hash * 31 + snippet.hashCode()
        return hash
    }
}
```

ClusterItem 인터페이스 구현은 단순합니다. 생성자로부터 전달받은 값을 반환하도록 각각 'getPosition(), getTitle(), getSnippet()' 함수들이 구현되어 있습니다. getIcon() 메소드는 ClusterItem 인터페이스는 아니지만 마커의 '아이콘'을 변경하기 위해 구현하였습니다.

그리고 이후 '검색'에서 사용하기 위해 'equals()' 함수와 'hashCode()' 함수가 오버라이드되어 있습니다. 설령 객체가 두 번 생성되어 서로 다른 메모리를 참조하더라도 '위도, 경도, 제목, 설명' 데이터가 같으면 같은 객체로 취급합니다. 다음에는 'ClusterRenderer' 클래스를 구현하도록 하겠습니다.

## 9.5. 03 ClusterRenderer 구현

기본 마커를 사용한다면 ClusterRenderer 클래스를 별도로 구현할 필요는 없습니다. 하지만 본 장의 '서울시 화장실 찾기' 앱은 마커의 아이콘을 변경하므로 ClusterRenderer 클래스를 구현해야 하죠. ClusterRenderer.kt 파일을 만들고 다음과 같이 편집해 주세요.

```
package com.akj.seoultoilet

import android.content.Context
```

```kotlin
import com.google.android.gms.maps.GoogleMap
import com.google.android.gms.maps.model.MarkerOptions
import com.google.maps.android.clustering.ClusterManager
import com.google.maps.android.clustering.view.DefaultClusterRenderer

// ClusterRenderer 클래스는 마커를 렌더링하는 작업을 담당하는 클래스
class ClusterRenderer(context: Context?, map: GoogleMap?, clusterManager: ClusterManager<MyItem>?) :
DefaultClusterRenderer<MyItem>(context, map, clusterManager) {

    init {
        // 전달받은 clusterManager 객체에 renderer 를 자신으로 지정
        clusterManager?.renderer = this
    }

    // 클러스터 아이템이 렌더링 되기전 호출되는 함수
    override fun onBeforeClusterItemRendered(item: MyItem?, markerOptions: MarkerOptions?) {
        // 마커의 아이콘 지정
        markerOptions?.icon(item?.getIcon())
        markerOptions?.visible(true)
    }
}
```

ClusterRenderer 클래스는 'DefaultClusterRenderer' 클래스를 확장합니다. 핵심 코드는 초기화 부분에 있는 코드와 'onBeforeClusterItemRendered()' 함수로서, 초기화 부분에서 ClusterManager 클래스의 렌더러(Renderer)를 자신(this)으로 지정합니다. 그리고 onBeforeClusterItemRendered() 함수에서는 마커의 아이콘을 지정합니다.

> **NOTE**
>
> **모델링, 렌더링, 렌더러**
>
> 소프트웨어 개발을 하다 보면 '모델링'과 '렌더링'이라는 단어를 자주 접하는데요. 두 가지 개념은 비슷한 것 같지만 전혀 다른 의미를 갖고 있습니다.
>
> 간단하게 비교하면 '모델링'은 객체의 실제 속성을 표현하는 것이고, '렌더링'은 객체가 어떻게 보여질지를 결정하는 것입니다. 예를 들어 자동차를 볼 때 앞에서 볼 때와 뒤에서 볼 때는 각각 다른 모습으로 보여집니다. 하지만 다르게 보여진다고 해서 서로 다른 자동차는 아니죠. 자동차를 보는 시점과 환경에 따라 다르게 보이게 됩니다. 변하지 않는 자동차라는 물체의 본질을 모델링으로 본다면 실제 보여지는 모습은 렌더링으로 생각할 수 있습니다.

이번 장에서 개발 중인 예제의 경우도 마찬가지입니다. '마커의 위치 정보', '화장실 이름' 등 Open API로 전달받은 데이터 객체는 모델이라고 볼 수 있습니다. 하지만 데이터를 화면에 보여 주기 위해서는 맵의 확대/축소에 따라 보여 주는 모습이 달라져야 합니다. 이 부분이 바로 '렌더링'인 것이죠.

그리고 렌더링을 전담하는 클래스를 보통 '렌더러'라고 부릅니다. 위의 렌더러도 마찬가지라고 생각할 수 있죠.

## 9.5.04 구글 맵에 ClusterManager 연동

이제 마지막으로 구글 맵에 ClusterManager를 연동할 차례입니다. MainActivity.kt 파일의 'init()' 메소드 부분을 다음과 같이 바꿔 주세요.

```
... 생략
class MainActivity : AppCompatActivity() {
    ... 생략
    // 앱에서 사용하는 권한이 있는지 체크하는 함수
    fun hasPermissions(): Boolean {
    ... 생략
    }


    // ClusterManager 변수 선언
    var clusterManager:ClusterManager<MyItem>? = null


    // ClusterRenderer 변수 선언
    var clusterRenderer: ClusterRenderer? = null


    // 맵 초기화하는 함수
    @SuppressLint("MissingPermission")
    fun initMap() {
        // 맵뷰에서 구글 맵을 불러오는 함수. 콜백함수에서 구글 맵 객체가 전달됨
        mapView.getMapAsync {
            // ClusterManager 객체 초기화
            clusterManager = ClusterManager(this, it)
            clusterRenderer = ClusterRenderer(this, it, clusterManager)

            // OnCameraIdleListener 와 OnMarkerClickListener 를 clusterManager 로 지정
            it.setOnCameraIdleListener(clusterManager)
```

```
            it.setOnMarkerClickListener(clusterManager)


            ... 생략
        }
    }
}
```

이제 마커를 추가하는 부분을 변경해야 합니다. 'addMarkers()' 함수를 다음과 같이 변경합니다.

```
// 마커를 추가하는 함수
fun addMarkers(toilet: JSONObject){
    // clusterManager 를 이용해 마커 추가
    clusterManager?.addItem(
        MyItem(
            LatLng(toilet.getDouble("Y_WGS84"), toilet.getDouble("X_WGS84")),
            toilet.getString("FNAME"),
            toilet.getString("ANAME"),
            BitmapDescriptorFactory.fromBitmap(bitmap)
        )
    )
}
```

마지막으로 'ToiletReadTask' 클래스의 'onProgressUpdate()' 함수를 수정합니다. 데이터를 읽어 오는 지점마다 맵에 클러스터를 업데이트하기 위해서입니다.

```
// 화장실 데이터를 읽어오는 AsyncTask
inner class ToiletReadTask : AsyncTask<Void, JSONArray, String>() {
    ... 생략

    // 데이터를 읽어올때마다 중간중간 실행
    override fun onProgressUpdate(vararg values: JSONArray?) {
        ... 생략
        // clusterManager 의 클러스터링 실행
        clusterManager?.cluster()
    }
}
```

여기까지 코드를 작성한 뒤 앱을 실행하면 구글 맵 클러스터링이 적용된 화면이 나오게 됩니다.

# 9.6 | 검색 기능 사용

## 9.6.01 Search Bar UI 제작

먼저 Search Bar의 UI부터 만들죠. 맵이 포함된 레이아웃 파일에서 편리하게 사용하도록 레이아웃을 분리합니다.

'search_bar.xml' 레이아웃의 Root Element를 'CardView'로 설정해 생성합니다.

레이아웃 파일이 생성되면 다음과 같이 레이아웃을 작성합니다.

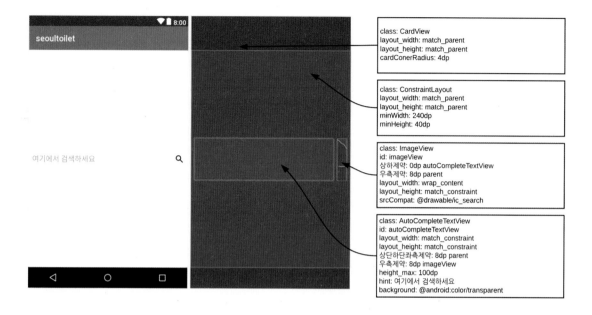

class: CardView
layout_width: match_parent
layout_height: match_parent
cardConerRadius: 4dp

class: ConstraintLayout
layout_width: match_parent
layout_height: match_parent
minWidth: 240dp
minHeight: 40dp

class: ImageView
id: imageView
상하제약: 0dp autoCompleteTextView
우측제약: 8dp parent
layout_width: wrap_content
layout_height: match_constraint
srcCompat: @drawable/ic_search

class: AutoCompleteTextView
id: autoCompleteTextView
layout_width: match_constraint
layout_height: match_constraint
상단하단좌측제약: 8dp parent
우측제약: 8dp imageView
height_max: 100dp
hint: 여기에서 검색하세요
background: @android:color/transparent

'search_bar.xml' 파일의 코드는 다음과 같습니다.

```xml
<?xml version="1.0" encoding="utf-8"?>
<androidx.cardview.widget.CardView
        xmlns:android="http://schemas.android.com/apk/res/android"
        xmlns:app="http://schemas.android.com/apk/res-auto"
        xmlns:tools="http://schemas.android.com/tools"
        android:layout_width="match_parent"
        android:layout_height="match_parent"
        app:cardCornerRadius="4dp">

    <androidx.constraintlayout.widget.ConstraintLayout
            android:layout_width="match_parent"
            android:layout_height="match_parent"
            android:minWidth="240dp"
            android:minHeight="40dp">

        <ImageView
                android:layout_width="wrap_content"
                android:layout_height="0dp"
```

```xml
        app:srcCompat="@drawable/ic_search"

        android:id="@+id/imageView"

        app:layout_constraintEnd_toEndOf="parent"

        android:layout_marginEnd="8dp"

        app:layout_constraintTop_toTopOf="@+id/autoCompleteTextView"

        app:layout_constraintBottom_toBottomOf="@+id/autoCompleteTextView"/>


    <AutoCompleteTextView

        android:layout_width="0dp"

        android:layout_height="0dp"

        android:id="@+id/autoCompleteTextView"

        app:layout_constraintEnd_toStartOf="@+id/imageView"

        android:layout_marginEnd="8dp"

        app:layout_constraintStart_toStartOf="parent"

        android:layout_marginStart="8dp"

        android:layout_marginTop="8dp"

        app:layout_constraintTop_toTopOf="parent"

        android:layout_marginBottom="8dp"

        app:layout_constraintBottom_toBottomOf="parent"

        app:layout_constraintHeight_max="100dp"

        android:hint="여기에서 검색하세요"

        android:background="@android:color/transparent"/>


</androidx.constraintlayout.widget.ConstraintLayout>
</androidx.cardview.widget.CardView>
```

다음으로는 'activity_main.xml' 파일에 지금 만든 레이아웃을 추가하겠습니다. activity_main.xml 파일을 디자인 탭에서 열고 팔레트에서 〈include〉를 사용합니다.

〈include〉 태그를 마우스로 끌어 배치하면 어떤 레이아웃을 선택할지 나오는데 여기서 방금 만든 '@layout/search_bar'를 선택합니다.

그럼 디자인 탭 화면에서 〈include〉 태그를 사용하여 다음 이미지와 같이 화면을 만들어 주세요.

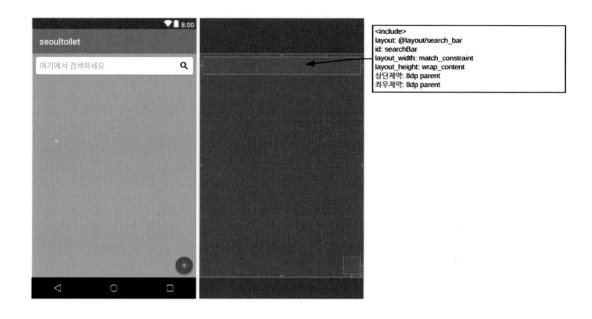

```
<include>
layout: @layout/search_bar
id: searchBar
layout_width: match_constraint
layout_height: wrap_content
상단제약: 8dp parent
좌우제약: 8dp parent
```

이제 화면 구성은 끝난 셈입니다. 다음은 코드 상에서 '검색' 기능을 구현해 보겠습니다.

## 9.6.02 Search Bar 기능 구현

검색 기능을 구현하기 위해 MainActivity.kt 파일에 코드를 추가하겠습니다. 먼저 서버에서 읽어 온 JSON 데이터와 ClusterManager 클래스에 추가한 MyItem 클래스를 연결하는 변수가 필요합니다. MainActivity.kt 파일의 onLowMemory() 함수 코드 하단에 코드를 추가합니다.

```kotlin
package com.akj.seoultoilet

... 생략

class MainActivity : AppCompatActivity() {

    ... 생략

    override fun onLowMemory() {
        super.onLowMemory()
        mapView.onLowMemory()
    }
```

```
    // 서울 열린 데이터 광장에서 발급받은 API 키를 입력
    val API_KEY = "발급받은 키"

    // 앱이 비활성화될때 백그라운드 작업도 취소하기 위한 변수 선언
    var task: ToiletReadTask? = null

    // 서울시 화장실 정보 집합을 저장할 Array 변수. 검색을 위해 저장
    var toilets = JSONArray()

    // JsonObject 를 키로 MyItem 객체를 저장할 맵
    val itemMap = mutableMapOf<JSONObject, MyItem>()

    ... 생략
}
```

위 코드는 'itemMap'이라는 변수를 'mutableMap〈JSONObject, MyItem〉' 타입으로 선언한 코드가 추가되었습니다.

다음은 데이터를 읽기 전에 itemMap 변수를 초기화하는 코드를 추가합니다. 또 데이터를 전부 읽은 후에는 검색창에서 자동 완성이 가능하도록 하는 코드를 추가합니다. 'AutoCompleteTextView(자동완성)'의 기능은 주어진 데이터와 같은 입력이 되면 자동으로 관련 텍스트를 보여 주는 클래스입니다.

MainActivit.kt 파일의 'ToiletReaderTask' 클래스를 다음과 같이 변경해 주세요.

```
// 화장실 데이터를 읽어오는 AsyncTask
inner class ToiletReadTask : AsyncTask<Void, JSONArray, String>() {

    // 데이터를 읽기 전에 기존 데이터 초기화
    override fun onPreExecute() {
        // 구글맵 마커 초기화
        googleMap?.clear()
        // 화장실 정보 초기화
        toilets = JSONArray()
        // itemMap 변수 초기화
        itemMap.clear()
    }
```

```kotlin
    override fun doInBackground(vararg params: Void?): String {
        ... 생략


        return "complete"
    }


    // 데이터를 읽어올때마다 중간중간 실행
    override fun onProgressUpdate(vararg values: JSONArray?) {
        ... 생략
    }


    // 백그라운드 작업이 완료된 후 실행
    override fun onPostExecute(result: String?) {
        // 자동완성 텍스트뷰(AutoCompleteTextView) 에서 사용할 텍스트 리스트
        val textList = mutableListOf<String>()

        // 모든 화장실의 이름을 텍스트 리스트에 추가
        for(i in 0 until toilets.length()){
            val toilet = toilets.getJSONObject(i)
            textList.add(toilet.getString("FNAME"))
        }

        // 자동완성 텍스트뷰에서 사용하는 어댑터 추가
        val adapter = ArrayAdapter<String>(
            this@MainActivity,
            android.R.layout.simple_dropdown_item_1line, textList
        )

        // 자동완성이 시작되는 글자수 지정
        searchBar.autoCompleteTextView.threshold = 1
        // autoCompleteTextView 의 어댑터를 상단에서 만든 어댑터로 지정
        searchBar.autoCompleteTextView.setAdapter(adapter)
    }
}
```

코드 중 주의하여 볼 부분은 'onPreExecute( )' 함수와 'onPostExecute( )' 함수입니다. onPreExecute( ) 함수에서는 'itemMap.clear( )' 함수가 추가되었고, onPostExecute( ) 함수는 새로 생성되었습니다.

onPostExecute( ) 함수에서는 서울 열린 데이터 광장에서 읽어 온 모든 화장실 정보 데이터를 기반으로, '화

장실 이름'만 추려서 리스트로 만들고 있습니다. 그리고 AutoCompleteTextView 의 자동 완성 기능에 해당 리스트를 사용하는 것이죠.

다음 수정 부분은 ClusterManager 에 MyItem 객체를 추가할 때 itemMap 변수에 JSONObject 와 MyItem 객체를 연결하는 코드입니다. 여기서 itemMap 에 저장하는 이유는 이후 검색에서 사용하기 위해서입니다. 'addMarkers()' 함수를 다음과 같이 변경해 주세요.

```kotlin
// 마커를 추가하는 함수
fun addMarkers(toilet: JSONObject){
    val item = MyItem(
        LatLng(toilet.getDouble("Y_WGS84"), toilet.getDouble("X_WGS84")),
        toilet.getString("FNAME"),
        toilet.getString("ANAME"),
        BitmapDescriptorFactory.fromBitmap(bitmap)
    )

    // clusterManager 를 이용해 마커 추가
    clusterManager?.addItem(
        MyItem(
            LatLng(toilet.getDouble("Y_WGS84"), toilet.getDouble("X_WGS84")),
            toilet.getString("FNAME"),
            toilet.getString("ANAME"),
            BitmapDescriptorFactory.fromBitmap(bitmap)
        )
    )

    // 아이템맵에 toilet 객체를 키로 MyItem 객체 저장
    itemMap.put(toilet, item)
}
```

다음은 JSONArray 에서 각 항목의 속성으로 데이터를 검색하는 확장 함수를 추가합니다. onStart() 함수 상단에 다음 코드를 추가해 주세요.

```kotlin
// JSONArray 에서 원소의 속성으로 원소를 검색.
// propertyName: 속성이름
// value: 값
fun JSONArray.findByChildProperty(propertyName: String, value:String): JSONObject?{
```

```kotlin
    // JSONArray 를 순회하면서 각 JSONObject 의 프로퍼티의 값이 같은지 확인
    for(i in 0 until length()){
        val obj = getJSONObject(i)
        if(value == obj.getString(propertyName)) return obj
    }
    return null
}


// 앱이 실행될때 서울시 데이터를 읽어옴
override fun onStart() {
... 생략
```

마지막으로 onStart( ) 함수에서 SearchBar 의 [검색] 버튼을 클릭했을 때의 '이벤트 리스너 코드'를 추가하면
됩니다.

```kotlin
// 앱이 실행될때 서울시 데이터를 읽어옴
override fun onStart() {
    super.onStart()
    task?.cancel(true)
    task = ToiletReadTask()
    task?.execute()


    // searchBar 의 검색 아이콘의 이벤트 리스너 설정
    searchBar.imageView.setOnClickListener {
        // autoCompleteTextView 의 텍스트를 읽어 키워드로 가져옴
        val keyword = searchBar.autoCompleteTextView.text.toString()
        // 키워드 값이 없으면 그대로 리턴
        if(TextUtils.isEmpty(keyword)) return@setOnClickListener

        // 검색 키워드에 해당하는 JSONObject 를 찾는다.
        toilets.findByChildProperty("FNAME", keyword)?.let {
            // itemMap 에서 JSONObject 를 키로 가진 MyItem 객체를 가져온다.
            val myItem = itemMap[it]

            // ClusterRenderer 에서 myItem 을 기반으로 마커를 검색한다.
            // myItem 은 위도,경도,제목,설명 속성이 같으면 같은 객체로 취급됨
            val marker = clusterRenderer?.getMarker(myItem)
```

```
        // 마커에 인포 윈도우를 보여준다
        marker?.showInfoWindow()

        // 마커의 위치로 맵의 카메라를 이동한다.
        googleMap?.moveCamera(
            CameraUpdateFactory.newLatLngZoom(
                LatLng(it.getDouble("Y_WGS84"), it.getDouble("X_WGS84")), DEFAULT_ZOOM_LEVEL))
                clusterManager?.cluster()
        }

        // 검색 텍스트뷰의 텍스트를 지운다.
        searchBar.autoCompleteTextView.setText("")
    }
}
```

onStart( ) 함수에서는 [검색] 버튼에 'setOnClickListener( )' 구현이 추가되었습니다. 리스너 내부 코드에서는 입력된 키워드를 기반으로 JSONObject를 찾고, 해당 JSONObject로 MyItem을 찾은 후 다시 MyItem을 기반으로 Marker를 찾습니다.

그리고 찾은 마커의 위치로 맵을 이동하고 마커의 '인포 윈도우(InfoWindow)'를 보여 줍니다. 여기까지 완성하면 이제 검색 기능의 구현도 완료되었군요. 앱을 실행하면 해당 기능을 확인할 수 있습니다.

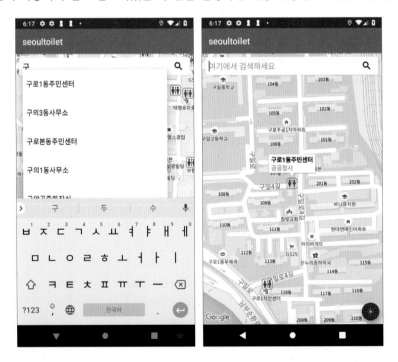

# 9.7 | 정리 및 연습 문제

## 9.7.01 정리

· 구글 맵을 사용하기 위해서는 구글 클라우드 플랫폼 콘솔에서 프로젝트를 등록하고 API 신청을 해야 합니다.

· 구글 맵 API 의 키 제한은 API 키가 유출되어도 다른 사용자가 사용할 수 없도록 제한하는 기능입니다. 안드로이드의 경우 패키지 네임과 APP 서명에 사용하는 키의 해시값으로 키 제한을 해야 합니다.

· 구글 맵의 MapView 는 Activity 의 라이프 사이클에 따라 MapView 의 라이프 사이클 메소드를 호출해야 합니다. 호출해야 하는 MapView 의 라이프 사이클 메소드는 'onCreate( ), onResume( ), onPause( ), onDestory( ), onLowMemeory( )' 메소드 등입니다.

· 구글 맵에서 'isMyLocationEnabled' 속성은 지도에 사용자의 현재 위치를 표시할지를 결정합니다.

· 구글 맵에서 특정 위도, 경도로 이동하려면 'moveCamera( )' 메소드를 사용합니다.

· 구글 맵에 특정 위치를 표시하기 위해 마커를 사용할 수 있습니다. 마커는 'addMarker( )' 메소드로 추가합니다.

· 안드로이드 파이 버전 이후로 구글 맵을 사용하려면 기존에 사용된 'org.http' 라이브러리를 AndroidManifest.xml 파일에 〈uses–library〉 태그로 추가해야 합니다.

· 사용자의 위치를 가져오려면 AndroidManifest.xml 파일에서 〈uses–permission〉 태그로 'ACCESS_COARSE_LOCATION, ACCESS_FINE_LOCATION' 등을 명시해야 합니다.

· LocationManager 클래스는 위치 측정을 위해 네트워크와 GPS 센서를 사용할 수 있습니다.

· 서울 열린 데이터 광장은 서울시에서 조사한 공공 데이터를 Open API 로 제공합니다.

· 서버와 네트워크 통신을 위해서는 AndroidManifest.xml 파일에 〈uses–permission〉 태그로 '인터넷 사용 권한'을 명시해야 합니다.

· 안드로이드 파이 버전 이후부터는 일반 'HTTP 통신' 사용은 기본적으로 금지되어 있으며 'HTTPS 통신'을 사용해야 합니다. HTTP 통신을 하려면 AndroidManifest.xml 파일의 〈applcation〉 태그에서 'android:usesCleartextTraffic' 속성을 'true'로 지정해야 합니다.

· 안드로이드는 네트워크 통신을 UI 쓰레드 상에서 할 수 없습니다. 반대로 UI 작업은 반드시 UI 쓰레드로 해야 합니다.

· 백그라운드 쓰레드에서 코드를 실행하기 위한 기본적인 방법으로는 'Thread, AsyncTask' 클래스가 있습니다.

· HTTP 통신을 위한 기본적인 방법은 'HttpUrlConnection' 클래스를 사용하는 것입니다.

- 구글 맵에서 마커가 너무 많이 표시되는 경우 마커가 겹쳐서 보기 안 좋게 됩니다. 이럴 때에는 '구글 맵 클러스터링'을 사용하는 것이 좋습니다.

- 구글 맵 클러스터링을 위한 핵심 클래스는 'ClusterManager' 클래스와 'ClusterItem' 인터페이스입니다.

- 안드로이드의 'AutoCompleteTextView'는 주어진 '텍스트 집합 데이터'와 '사용자의 입력'을 기반으로 하여 자동 완성 힌트를 보여 줍니다.

## 9.7.02 연습 문제

현재까지 완성된 앱은 최초 소개했던 것과 디자인이 조금 다르죠. 앱의 테마와 컬러값들을 이용해 디자인을 최초 소개했던 것처럼 만들어 보세요.

AutoCompleteTextView에서 자동 완성되는 항목을 선택하면 [검색] 버튼을 누르지 않아도 바로 마커로 이동할 수 있도록 코드를 작성해 보세요. (힌트: OnItemClickListener 사용-)

# Firebase 연동 익명 SNS

들어가기

본 장에서는 구글의 주도 하에 개발되고 있는 모바일 통합 플랫폼 'Firebase(파이어베이스)'를 백엔드 서버로 활용하여 익명 SNS를 개발하게 됩니다. 기존에 알려진 백엔드 연동에 비하여 훨씬 간편하게 데이터를 공유할 수 있는 파이어베이스 활용과 더불어 우리는 RecyclerView 및 CardView 등을 활용하여 보다 효율적인 UI 개발에 대한 방법 또한 익힐 수 있을 것입니다.

# 10.1 | 익명 소셜 서비스 앱이란?

익명 소셜 서비스란 사용자들이 익명으로 자신의 이야기를 공유하고, 댓글을 달 수 있는 서비스입니다. 이때 쓰인 글을 마치 '카드'나 '엽서'처럼 깔끔한 이미지를 배경으로 하여 감성을 공유할 수 있도록 합니다.

이번 장에서 만들게 될 앱의 화면들은 다음과 같습니다.

서비스의 성격 상 화면의 종류가 다양하게 필요하므로 간단히 설명을 추가해 보겠습니다.

1. 메인 화면 : 사용자들이 등록한 글 리스트를 보여 줍니다.

2. 글쓰기 화면 : 글 또는 댓글을 작성하는 화면입니다.

3. 상세 보기 화면 : 글의 전체 내용과 댓글 리스트를 보여 줍니다.

4. 상세 보기 화면에서 버튼을 누르면 댓글을 작성할 수 있습니다.

어떻게 화면이 구성될지 어느 정도 감이 오시죠? 모든 화면에서 카드 UI가 반복되는 형태인데요. 이런 경우에는 'RecyclerView'를 이용하면 효율적으로 UI를 표현할 수 있습니다. 첫 화면에서 각 게시글의 카드 UI는 '세로로' RecyclerView를 사용한 모습이고, 글쓰기 화면에서는 '가로로' RecyclerView를 사용했습니다. 그럼 이제 프로젝트 생성과 화면 설계를 진행하겠습니다.

# 10.2 | 프로젝트 생성 및 화면 설계

이번 실전 예제 역시 앞선 예제들과 마찬가지로 프로젝트부터 생성하겠습니다. 다음 사항들에 주의하여 프로젝트를 생성해 주세요.

1. 프로젝트 이름은 'AnonymousSNS'으로 합니다.

2. package name 이 유니크하게 만들어지도록 Company Domain 을 설정하세요.

3. 'include kotlin support' 항목의 체크 박스에 체크합니다.

4. 타겟을 'phone and tablet'으로 하고 minimum sdk 버전을 'API Level 17로 설정합니다.

5. Empty Activity 를 선택하고 프로젝트 생성을 완료합니다.

6. build.gradle 파일에 kotlin−android−extensions 플러그인을 추가합니다. (4.3 장 코틀린 안드로이드 확장 플러그인 참조)

그럼 프로젝트에 필요한 화면들의 종류가 꽤 되므로 먼저 설계부터 진행해 보겠습니다. 화면 설계를 그림으로 나타내면 다음과 같습니다.

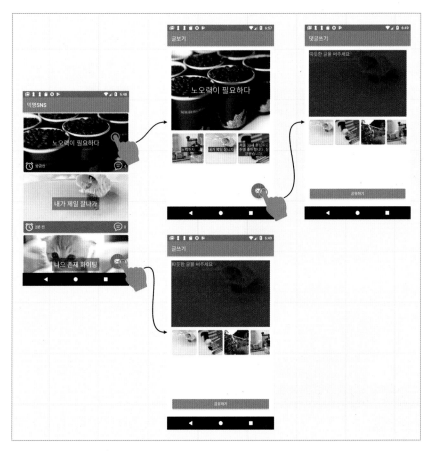

각각이 별도로 전체 화면을 차지하고 있으므로 Activity를 사용하면 편할 것 같습니다. 또 [댓글 쓰기]와 [글쓰기] 화면은 거의 유사하니 같은 Activity에서 '조건'에 따라 타이틀만 변경해 주면 될 것 같군요.

즉 [카드 목록 보기] 화면과 [카드 상세 보기] 화면, [카드 작성] 화면 등의 3가지 화면이 필요합니다. 이제 이 세 가지 화면들을 하나씩 구현해 보겠습니다.

## 10.3 | 목록 화면 UI 작성

### 10.3.01 | 메인 화면 구현

사용자가 앱을 시작하면 먼저 다른 사람이 작성한 카드들의 목록을 보게 됩니다. 카드 목록을 보여 주기 위해 일반적으로 사용되는 UI 요소는 'RecyclerView'인데요. 앞서 만들려고 했던 화면의 구성도를 간략하게 그려 보면 다음과 같이 매칭시킬 수 있습니다.

[카드 목록] 화면의 우측 하단에는 [카드 작성] 화면으로 넘어갈 수 있는 버튼이 위치합니다.

그런데 안드로이드 기본 버튼과는 다르게 버튼이 원형이죠. 이 버튼은 Android Support 라이브러리 중 'Design' 라이브러리에 있는 'FloatingActionButton'입니다. FloatingActionButton 은 'Material 디자인'에서 자주 사용되는 버튼 중 하나입니다.

[ActionBar]의 경우 테마로 지정할 수 있으므로 사실 목록 화면은 RecyclerView 와 FloatingActionButton 만 배치하면 구성할 수 있습니다.

또한 앞서 언급한 것처럼 RecylerView, FloatingActionButton 모두 안드로이드 SDK 가 아닌, Android Support 라이브러리에서 지원합니다.

먼저 build.gradle(Module: app) 파일에 다음과 같이 의존성을 추가해 주세요.

```
… 생략

dependencies {
    … 생략
    // 이미지 로딩 라이브러리
    api 'com.squareup.picasso:picasso:2.71828'
    // 시간 관련 라이브러리
    implementation 'net.danlew:android.joda:2.10.2'
    // 파이어베이스
    implementation 'com.google.firebase:firebase-core:15.0.0'
    implementation 'com.google.firebase:firebase-database:15.0.0'

}
```

다음 할 일은 앱에서 사용하는 이미지들을 다운로드 받는 것입니다. 다음 URL 에서 이미지를 다운로드하여 [app > res > drawable] 디렉토리에 복사해 주세요.

- 프로젝트용 이미지 파일 https://goo.gl/XAV537

이제 사전 준비가 되었으니 ConstraintLayout 을 이용해 다음과 같이 배치해 주세요.

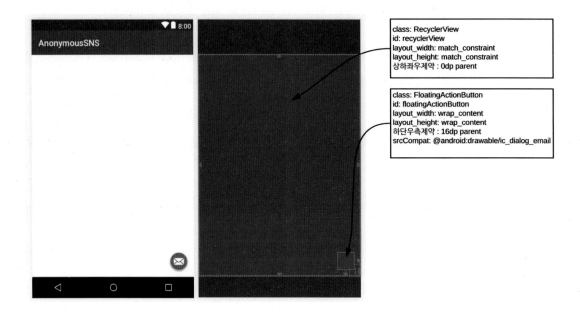

```
class: RecyclerView
id: recyclerView
layout_width: match_constraint
layout_height: match_constraint
상하좌우제약 : 0dp parent
```

```
class: FloatingActionButton
id: floatingActionButton
layout_width: wrap_content
layout_height: wrap_content
하단우측제약 : 16dp parent
srcCompat: @android:drawable/ic_dialog_email
```

이렇게 구성된 activity_main.xml 파일의 코드는 다음과 같습니다.

```xml
<?xml version="1.0" encoding="utf-8"?>
<androidx.constraintlayout.widget.ConstraintLayout
    xmlns:android="http://schemas.android.com/apk/res/android"
    xmlns:app="http://schemas.android.com/apk/res-auto"
    xmlns:tools="http://schemas.android.com/tools"
    android:layout_width="match_parent"
    android:layout_height="match_parent"
    tools:context=".MainActivity">

    <androidx.recyclerview.widget.RecyclerView
        android:id="@+id/recyclerView"
        android:layout_width="0dp"
        android:layout_height="0dp"
        app:layout_constraintBottom_toBottomOf="parent"
        app:layout_constraintEnd_toEndOf="parent"
        app:layout_constraintStart_toStartOf="parent"
        app:layout_constraintTop_toTopOf="parent" />


    <com.google.android.material.floatingactionbutton.FloatingActionButton
```

```
        android:id="@+id/floatingActionButton"
        android:layout_width="wrap_content"
        android:layout_height="wrap_content"
        android:layout_marginEnd="16dp"
        android:layout_marginRight="16dp"
        android:layout_marginBottom="16dp"
        android:clickable="true"
        app:layout_constraintBottom_toBottomOf="parent"
        app:layout_constraintEnd_toEndOf="parent"
        app:srcCompat="@android:drawable/ic_dialog_email" />
</androidx.constraintlayout.widget.ConstraintLayout>
```

메인 화면에서 보여줄 카드를 구조화해 보면 다음과 같습니다.

우선 카드의 전체 영역을 차지하는 ImageView 가 있고, 배경이 투명하게 처리된 TextView 가 가운데에 위치합니다.

투명도가 들어간 배경을 사용한 이유는, 배경 이미지의 컬러와 상관없이 텍스트가 잘 보이도록 하기 위해서인데요. 하단에는 '글이 작성된 시간'을 보여 주기 위한 이미지와 텍스트뷰, 그리고 '댓글의 개수'를 보여 주는 이미지와 텍스트뷰가 각각 위치합니다.

먼저 'card_post.xml' 파일을 [app 〉 res 〉 layout]에 생성해 주세요. UI 를 만들 때 주의할 점은 CardView 가 최상단 UI 가 되고, 그 안에 ConstraintLayout 이 들어간다는 것입니다.

그럼 다음 그림과 같이 UI 를 작성해 주세요.

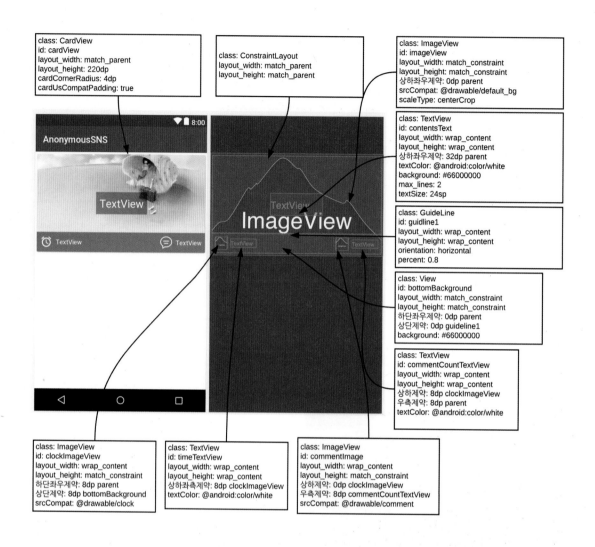

class: CardView
id: cardView
layout_width: match_parent
layout_height: 220dp
cardCornerRadius: 4dp
cardUsCompatPadding: true

class: ConstraintLayout
layout_width: match_parent
layout_height: match_parent

class: ImageView
id: imageView
layout_width: match_constraint
layout_height: match_constraint
상하좌우제약: 0dp parent
srcCompat: @drawable/default_bg
scaleType: centerCrop

class: TextView
id: contentsText
layout_width: wrap_content
layout_height: wrap_content
상하좌우제약: 32dp parent
textColor: @android:color/white
background: #66000000
max_lines: 2
textSize: 24sp

class: GuideLine
id: guidline1
layout_width: wrap_content
layout_height: wrap_content
orientation: horizontal
percent: 0.8

class: View
id: bottomBackground
layout_width: match_constraint
layout_height: match_constraint
하단좌우제약: 0dp parent
상단제약: 0dp guideline1
background: #66000000

class: TextView
id: commentCountTextView
layout_width: wrap_content
layout_height: wrap_content
상하제약: 8dp clockImageView
우측제약: 8dp parent
textColor: @android:color/white

class: ImageView
id: clockImageView
layout_width: wrap_content
layout_height: match_constraint
하단좌우제약: 8dp parent
상단제약: 8dp bottomBackground
srcCompat: @drawable/clock

class: TextView
id: timeTextView
layout_width: wrap_content
layout_height: wrap_content
상하좌측제약: 8dp clockImageView
textColor: @android:color/white

class: ImageView
id: commentImage
layout_width: wrap_content
layout_height: match_constraint
상하제약: 0dp clockImageView
우측제약: 8dp commentCountTextView
srcCompat: @drawable/comment

완성된 card_post.xml 의 코드는 다음과 같습니다.

```xml
<?xml version="1.0" encoding="utf-8"?>
<androidx.cardview.widget.CardView xmlns:android="http://schemas.android.com/apk/res/android"
    xmlns:app="http://schemas.android.com/apk/res-auto"
    xmlns:tools="http://schemas.android.com/tools"
    android:id="@+id/cardView"
    android:layout_width="match_parent"
    android:layout_height="220dp"
    app:cardCornerRadius="4dp"
    app:cardUseCompatPadding="true">

    <androidx.constraintlayout.widget.ConstraintLayout
```

```xml
        android:layout_width="match_parent"
        android:layout_height="match_parent">

    <ImageView
        android:id="@+id/imageView"
        android:layout_width="0dp"
        android:layout_height="0dp"
        android:scaleType="centerCrop"
        app:layout_constraintBottom_toBottomOf="parent"
        app:layout_constraintEnd_toEndOf="parent"
        app:layout_constraintStart_toStartOf="parent"
        app:layout_constraintTop_toTopOf="parent"
        app:srcCompat="@drawable/default_bg" />

    <TextView
        android:id="@+id/contentsText"
        android:layout_width="wrap_content"
        android:layout_height="wrap_content"
        android:layout_marginStart="32dp"
        android:layout_marginLeft="32dp"
        android:layout_marginTop="32dp"
        android:layout_marginEnd="32dp"
        android:layout_marginRight="32dp"
        android:layout_marginBottom="32dp"
        android:background="#66000000"
        android:ellipsize="end"
        android:maxLines="2"
        android:padding="8dp"
        android:text="TextView"
        android:textColor="@android:color/white"
        android:textSize="24sp"
        app:layout_constrainedHeight="true"
        app:layout_constrainedWidth="true"
        app:layout_constraintBottom_toBottomOf="parent"
        app:layout_constraintEnd_toEndOf="parent"
        app:layout_constraintStart_toStartOf="parent"
        app:layout_constraintTop_toTopOf="parent" />

    <androidx.constraintlayout.widget.Guideline
        android:id="@+id/guideline1"
```

```xml
    android:layout_width="wrap_content"
    android:layout_height="wrap_content"
    android:orientation="horizontal"
    app:layout_constraintGuide_percent="0.8" />


<View
    android:id="@+id/bottomBackground"
    android:layout_width="0dp"
    android:layout_height="0dp"
    android:background="#77000000"
    app:layout_constraintBottom_toBottomOf="@+id/imageView"
    app:layout_constraintEnd_toEndOf="parent"
    app:layout_constraintStart_toStartOf="parent"
    app:layout_constraintTop_toTopOf="@+id/guideline1" />


<ImageView
    android:id="@+id/clockImage"
    android:layout_width="wrap_content"
    android:layout_height="0dp"
    android:layout_marginStart="8dp"
    android:layout_marginLeft="8dp"
    android:layout_marginTop="8dp"
    android:layout_marginBottom="8dp"
    android:adjustViewBounds="true"
    app:layout_constraintBottom_toBottomOf="parent"
    app:layout_constraintStart_toStartOf="parent"
    app:layout_constraintTop_toTopOf="@+id/guideline1"
    app:layout_constraintVertical_bias="0.0"
    app:srcCompat="@drawable/clock" />


<TextView
    android:id="@+id/timeTextView"
    android:layout_width="wrap_content"
    android:layout_height="wrap_content"
    android:layout_marginStart="8dp"
    android:layout_marginLeft="8dp"
    android:layout_marginTop="8dp"
    android:layout_marginBottom="8dp"
```

```
            android:text="TextView"
            android:textColor="@android:color/white"
            app:layout_constraintBottom_toBottomOf="@+id/clockImage"
            app:layout_constraintStart_toEndOf="@+id/clockImage"
            app:layout_constraintTop_toTopOf="@+id/clockImage" />

        <TextView
            android:id="@+id/commentCountText"
            android:layout_width="wrap_content"
            android:layout_height="wrap_content"
            android:layout_marginTop="8dp"
            android:layout_marginEnd="8dp"
            android:layout_marginRight="8dp"
            android:layout_marginBottom="8dp"
            android:text="TextView"
            android:textColor="@android:color/white"
            app:layout_constraintBottom_toBottomOf="@+id/clockImage"
            app:layout_constraintEnd_toEndOf="@+id/bottomBackground"
            app:layout_constraintTop_toTopOf="@+id/clockImage" />

        <ImageView
            android:id="@+id/commentImage"
            android:layout_width="wrap_content"
            android:layout_height="0dp"
            android:layout_marginEnd="8dp"
            android:layout_marginRight="8dp"
            android:adjustViewBounds="true"
            app:layout_constraintBottom_toBottomOf="@+id/clockImage"
            app:layout_constraintEnd_toStartOf="@+id/commentCountText"
            app:layout_constraintTop_toTopOf="@+id/clockImage"
            app:srcCompat="@drawable/comment" />
    </androidx.constraintlayout.widget.ConstraintLayout>
</androidx.cardview.widget.CardView>
```

메인 화면과 메인 화면에서 목록으로 나타낼 카드 UI를 만들었으나, 앞서 만들려고 했던 것과는 Color 차이가 있습니다. 전체적으로 적용되는 Color는 앞서 살펴보았듯이 '테마(Theme) 스타일'로 지정하는 것이 편리합니다. 이제 Color를 추가하고, 그렇게 추가된 Color를 테마에 적용해 보겠습니다.

'colors.xml' 파일을 다음과 같이 편집하세요.

```xml
<?xml version="1.0" encoding="utf-8"?>
<resources>
    <!-- 앱의 주요 색상 -->
    <color name="colorPrimary">#2196F3</color>
    <!-- 앱의 어두운 부분 주요 색상 -->
    <color name="colorPrimaryDark">#1976D2</color>
    <!-- 포인트 컬러 -->
    <color name="colorAccent">#FF5722</color>
    <!-- 버튼에서 사용할 컬러 -->
    <color name="colorButton">#2196F3</color>
    <!-- 버튼 텍스트에서 사용할 컬러 -->
    <color name="colorButtonText">#FFFFFF</color>
</resources>
```

이제 변경한 컬러를 적용하기 위해 'styles.xml' 파일을 다음과 같이 편집합니다.

```xml
<resources>

    <!-- Base application theme. -->
    <style name="AppTheme" parent="Theme.AppCompat.Light.DarkActionBar">
        <!-- 테마의 주요 컬러 -->
        <item name="colorPrimary">@color/colorPrimary</item>
        <!-- 테마의 어두운 주요 컬러 -->
        <item name="colorPrimaryDark">@color/colorPrimaryDark</item>
        <!-- 테마의 포인트 컬러 -->
        <item name="colorAccent">@color/colorAccent</item>
        <!-- 버튼의 컬러 -->
        <item name="colorButtonNormal">@color/colorButton</item>
        <!-- 버튼등 텍스트 컬러 -->
        <item name="android:textColor">@android:color/white</item>
    </style>

</resources>
```

이제 XML에서 다시 프리뷰를 확인하면 변경된 컬러가 적용된 것을 확인할 수 있습니다.

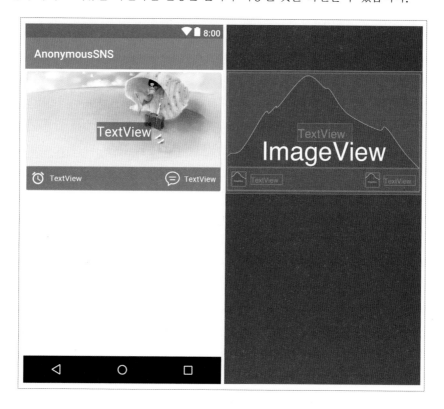

# 10.4 | Firebase 연동

## 10.4.01 Firebase 데이터베이스 소개

이제 [카드 목록] 화면에 사용할 카드 UI까지 모두 만들었지만, 실제로 보여 줄 수는 없습니다. 아직 아무런 데이터도 없기 때문이죠. 또 앱에서 보여 줘야 할 데이터는 다른 사람들이 작성한 카드의 데이터이므로 'Backend Server(백엔드 서버, 데이터베이스 등 주요 서비스를 제공하는 백그라운드 서버)'가 필요합니다. 여기서는 'Firebase(파이어베이스)'를 백엔드 서버로 활용하는 방법에 대하여 살펴보겠습니다.

Firebase의 연동 전에 먼저 "Firebase란 무엇인지, 특히 이번 앱에서 사용할 '실시간 데이터베이스(Realtime Database)'란 어떤 것인지"에 대해 알아볼 필요가 있습니다. 먼저 Firebase를 간단하게 정의하자면 다음과 같습니다.

Firebase는 모바일, 웹 환경에서 고품질 서비스를 빠르게 개발할 수 있도록 돕는 구글의 플랫폼 서비스입니다. "고품질 서비스를 빠르게 개발할 수 있다"는 의미는 여러 다양한 서비스들이 공통적으로 사용하지만 직접 구현하기에는 복잡한 기능들을 굳이 직접 개발하지 않더라도 쓸 수 있는 인프라를 제공한다는 의미입니다.

Firebase에서 제공하는 서비스는 이번 앱에서 사용할 '실시간 데이터베이스'뿐만 아니라 매우 다양한 서비스를 제공하고 있습니다. 또 새로운 기능이 개발되는 속도도 빠른 편이라, 갈수록 많은 기능을 제공하고 있죠. Firebase에서 제공하는 기능들을 간략하게 표로 정리하면 다음과 같습니다.

| 서비스 | 설명 |
| --- | --- |
| 실시간 데이터베이스 | 클라우드에 호스팅되는 NoSQL 데이터베이스로 데이터를 저장하고, 사용자와 기기 간에 실시간으로 동기화합니다. 업데이트된 데이터가 연결된 기기 사이에서 순식간에 동기화되며, 앱이 오프라인일 때에도 계속 데이터를 사용할 수 있으므로 네트워크 연결 여부와 무관하게 쾌적한 사용자 경험이 제공됩니다. |
| Crashlytics | 앱에서 개발자가 예상치 못한 곳에서 'Crash'라는 에러가 발생하여 앱이 아예 종료되어버리는 현상을 일컫습니다. Crashlytics는 앱이 Crash될 때 그 정보를 자동으로 개발자에게 알려줍니다. |
| Cloud Firestore | 클라우드 호스트 방식의 NoSQL 데이터베이스를 사용하여 사용자와 장치 간 데이터를 전세계 규모로 저장하고 동기화합니다. Cloud Firestore는 효율적인 데이터 쿼리와 함께 실시간 동기화 및 오프라인 지원을 제공합니다. 다른 Firebase 제품과의 통합으로 진정한 서버리스(Serverless, 무서버) 앱을 구축할 수 있습니다. |
| 인증 | 간편하고 안전한 방법으로 사용자를 관리합니다. Firebase 인증은 이메일/비밀번호, 타사 제공 업체(예: Google 또는 Facebook), 기존 계정 시스템 직접 사용 등 다양한 인증 방법을 제공합니다. 인터페이스를 직접 만들 수도 있고, 완벽하게 맞춤 설정 가능한 오픈 소스 UI를 활용할 수도 있습니다. |
| Cloud 함수 | 서버를 직접 관리하거나 확장할 필요 없이 맞춤 백엔드 코드로 앱을 확장합니다. Firebase 제품, Google Cloud 서비스 또는 타사 서비스에서 webhook을 통해 이벤트를 발생시켜 함수를 호출/실행할 수 있습니다. |
| Cloud 스토리지 | Google의 규모를 활용한 '강력하고 단순하며 경제적인' 개체 저장소에 이미지, 오디오, 동영상 등의 사용자 제작 콘텐츠를 저장하고 공유합니다. Cloud Storage용 Firebase SDK는 네트워크 품질과 관계없이 Firebase 앱의 파일 업로드 및 다운로드에 Google 보안을 적용합니다. |

| | |
|---|---|
| 호스팅 | 최신형 웹앱을 위해 맞춤 제작된 도구로 정적 웹 호스팅을 단순화합니다. 웹 애셋을 업로드하면 Google의 글로벌 CDN으로 애셋이 자동으로 푸시되고, 무료 SSL 인증서가 제공되므로 사용자가 어디에 있든지 안전하고 빠르며 안정적으로 콘텐츠를 받아볼 수 있습니다. |
| Android 용 Test Lab | Google이 호스팅하는 가상 및 실제 기기에서 앱에 대한 자동 테스트 및 맞춤 테스트를 실행합니다. 개발 주기 전체에서 Firebase Test Lab으로 버그와 모순점을 발견하여, 폭넓은 기기에서 탁월한 경험을 제공할 수 있습니다. |
| 성능 모니터링 | 사용자 기기에서 발생하는 앱 성능 문제를 진단합니다. 추적을 사용해 앱의 특정 부분 성능을 모니터링하고 Firebase 콘솔에서 요약 보기를 보십시오. 앱의 시작 시간을 유지하고, 코드 작성 없이 HTTP 요청을 모니터링합니다. |
| Google Analytics | 단일 대시보드에서 사용자 기여도와 행동을 분석, 제품 로드맵에 대한 의사 결정의 근거로 활용합니다. 보고서에서 실시간 통계를 확인하거나 맞춤 분석을 위해 원시 이벤트 데이터를 Google BigQuery로 내보낼 수 있습니다. |
| 클라우드 메세징 | Android, iOS, 웹 등의 플랫폼을 넘나들며 사용자에게 메시지와 알림을 무료로 보냅니다. 단일 기기, 기기 그룹 또는 특정 주제나 사용자층을 대상으로 메시지를 보낼 수 있습니다. FCM은 거대한 규모의 앱에도 대응하여 하루에 수천억 개의 메시지를 전송할 수 있습니다. |
| Predictions | Firebase Predictions는 기계 학습을 분석 데이터에 적용하여 예측된 동작을 기반으로 동적 사용자 그룹을 생성합니다. 이 사용자 그룹은 알림, 원격 구성 등의 다른 제품에서 타겟팅하는 데에 사용할 수 있습니다. |
| 동적 링크 | 딥 링크를 사용하여 iOS, Android, 웹에서 맞춤 사용자 경험을 제공합니다. 모바일 웹에서 기본 앱 전환 실적, 사용자 간 공유, 소셜 및 마케팅 캠페인 등을 강화할 수 있습니다. 동적 링크는 모바일 성장을 보다 정확히 이해하는 데 필요한 기여도 추적 기능을 제공합니다. |
| 원격 구성 | 각 사용자에게 앱이 표시되는 방식을 맞춤 설정합니다. 새 버전을 배포하지 않고도 Firebase 콘솔에서 모양과 느낌에 변화를 주거나, 기능을 단계적으로 출시하거나, A/B 테스트를 실행하거나, 특정 사용자에게 맞춤 콘텐츠를 제공하거나, 혹은 기타 업데이트를 적용할 수 있습니다. 변경의 영향을 모니터링하고 몇 분만에 설정을 조정할 수 있습니다. |
| 초대 | 추천 코드에서 즐겨찾는 콘텐츠까지, 앱의 모든 측면을 이메일이나 SMS를 통해 공유할 수 있게 지원합니다. Firebase Analytics와 연동하는 완성품 솔루션으로서, 사용자가 초대를 통해 앱을 열거나 설치하는 시점을 알려줍니다. |

| | |
|---|---|
| 앱 색인 생성 | Google 검색 통합으로 앱을 이미 설치한 사용자의 재참여를 유도합니다. 앱을 보유한 사용자가 관련 콘텐츠를 검색할 때 결과에서 앱을 바로 실행할 수 있습니다. 앱이 아직 설치되지 않았다면 사용자가 비슷한 앱을 검색할 때 설치 카드가 표시됩니다. |
| Admob | 전 세계의 잠재 고객들에게 흥미로운 광고를 게재하여 수익을 창출합니다. AdMob는 탁월한 수익 창출 전략을 실천하고 각 사용자로 창출되는 수익을 극대화하는 데 필요한 모든 기능을 갖추고 있습니다. 앱에 따라 맞춤 광고를 게재하고 API를 통해 풍부한 광고 형식을 손쉽게 통합할 수 있습니다. |
| 애드워즈 | Google의 폭넓은 도달 범위에 힘입어 사용자를 획득하고 유지합니다. 검색, 디스플레이, 동영상 광고를 게재하고 Firebase Analytics에서 정의한 특정 사용자층을 타겟팅할 수 있습니다. 광고 타겟팅을 개선하고 캠페인 실적을 최적화하세요. |

여기서 주의깊게 봐야할 것은 '실시간 데이터베이스' 부분입니다. 이번 예제에서는 'Backend'로서 Firebase의 '실시간 데이터베이스' 기능을 사용할 것이기 때문이죠. 그저 '실시간 데이터베이스'라는 용어만으로는 어떤 서비스인지 얼른 와닿지 않을 수 있는데요. 다음에는 과연 실시간 데이터베이스란 어떤 것인지, 또한 기존에 사용되었던 서비스와 어떻게 다른지에 대하여 살펴보겠습니다.

## 10.4. 02 데이터베이스와 실시간 데이터베이스

'Firebase 실시간 데이터베이스'가 어떤 것인지 이해하려면 먼저 데이터베이스란 무엇인지 간단하게나마 알아 둘 필요가 있습니다. 물론 '데이터베이스'는 컴퓨터 과학에서 큰 비중을 차지하고 있는 분야이며, 데이터베이스에 관련된 이야기만 하더라도 책 한 권을 넘어서는 분량이 될 수도 있으므로 여기서는 정말 간단하게만 짚고 넘어가도록 하겠습니다.

데이터베이스를 간략하게 설명한다면 데이터를 체계화한 '자료들의 집합체'입니다. 여기서 '데이터'는 우리가 일반적으로 사용하는 모든 자료를 이야기하죠. 예를 든다면 '가족의 수, 나이, 이름' 등과 같은 자료들부터 '국가의 각종 통계 자료들, 지구의 기후 자료'나 보다 거시적으로 나간다면 '별자리들의 위치' 등등 우리가 말하는 모든 '자료'들을 의미합니다.

그럼 데이터베이스는 왜 데이터를 체계화하는 것일까요? 가장 먼저 생각할 수 있는 이유는 '데이터가 너무 많기 때문'입니다. 데이터가 너무 많기 때문에, 데이터를 아무렇게나 저장하면 나중에 다시 그 데이터를 찾을 때 너무 힘들기 때문이죠.

일상적인 예로는 '노트에 필기하는' 행위를 들 수 있는데요. 노트에 정리를 한다고 했을 때 모든 과목을 하나의 노트에 정리하고 특별한 구분마저 짓지 않았다고 가정해 본다면, 나중에 원하는 과목의 자료를 찾으려면 매우 힘들 것입니다. 하지만 노트에 포스트잇으로 각 과목을 구분하여 필기했다면 이후 원하는 과목에 대한 자료를 찾을 때 훨씬 쉽게 찾을 수 있겠죠.

데이터베이스도 위의 노트와 비슷한 역할을 합니다. 컴퓨터에서 사용하는 데이터의 양은 너무 많기 때문에, 데이터를 그냥 저장하는 것이 아니라 어떤 체계를 세워 둘 필요가 있는 것이죠.

데이터베이스는 데이터를 그냥 저장하는 것이 아니라 데이터를 체계화하여 저장해야 하므로, 각 데이터베이스에 맞게 저장해 주고 그 저장 방식에 맞게 데이터를 조회해 줄 프로그램이 필요합니다. 그래서 데이터베이스는 보통 'DBMS(Database Management System)'라 불리는 데이터베이스 관리 프로그램으로 관리하죠.

데이터를 가져오기 위해서는 직접 찾는 것이 아닌, 이 'DBMS'라는 프로그램에게 부탁해서 데이터를 가져오게 됩니다. 이렇게 'DBMS'를 통해 데이터를 조회하는 행위'를 '질의한다'는 뜻의 '쿼리(Query)'라고 하죠.

우리가 흔히 사용하는 '페이스북'이나 '트위터' 등의 SNS에서 '내 상태를 저장하는 행위' 역시 마찬가지인데요. 이런 SNS의 경우라면 사용자가 엄청나게 많은 만큼 데이터를 아무렇게나 저장하면 나중에 데이터를 찾아올 때 시간이 너무도 오래 걸리겠죠.

가령 '사용자가 폰에서 본인의 상태를 저장하는' 경우의 데이터 흐름을 간략하게 도식화하면 다음과 같을 것입니다.

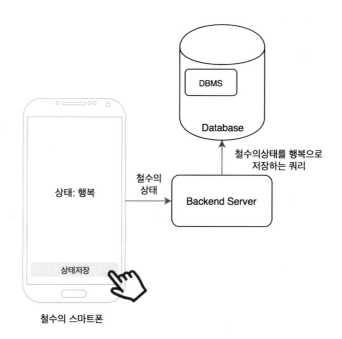

철수의 스마트폰

위 그림과 같이 철수가 상태를 저장하면 일반적인 경우 스마트폰은 백엔드 서버에 '철수의 상태 정보'를 보냅니다. 그리고 백엔드 서버는 철수의 상태 정보를 사용하는 Database 에 맞게 쿼리를 만들어 데이터를 저장하게 되죠.

만약 다른 사람이 철수의 정보를 보게 되는 경우엔 어떨까요? 그런 경우 다음과 같이 데이터가 흐릅니다.

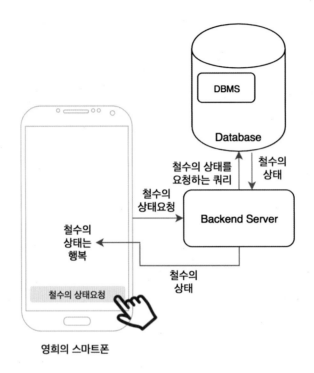

영희의 스마트폰

영희의 스마트폰에서 철수의 상태를 요청하면, 상태를 저장할 때와 마찬가지로 스마트폰은 백엔드 서버에 "상태를 요청한다"는 메세지를 보내게 됩니다. 그리고 백엔드 서버에서는 각 데이터베이스에 맞게 철수의 상태를 요청하는 쿼리를 만들어 데이터베이스에 질의를 할 것입니다. 그리고 그 결과를 다시 스마트폰으로 돌려주는 것이죠. 데이터를 저장할 때나 읽어올 때 모두, 스마트폰과 같은 클라이언트가 요청한 시점에 데이터베이스로 질의하는 이러한 방식이 일반적으로 데이터베이스를 사용하는 방법인 것입니다.

여기서 데이터를 저장하거나 읽어올 때에는 하나의 공통점이 있는데요. 그것은 데이터를 저장하는 작업이든 혹은 데이터를 읽는 작업이든, 모두 '클라이언트의 요청이 있을 때에' 처리한다는 것입니다. 보통 '서버 측에서 클라이언트로 요청하는' 것을 'Push 서비스'라고 하며, 이 기능 역시 별도로 구현을 해야 동작합니다.

반면 '실시간 데이터베이스'는 이와 조금 다르게 동작합니다. 실시간 데이터베이스는 클라이언트 측에서 요청을 할 때 결과를 알려주는 것이 아니라, 데이터베이스 상에서 '데이터의 변화가 감지되면 즉시' 클라이언트 측으로 알려줍니다.

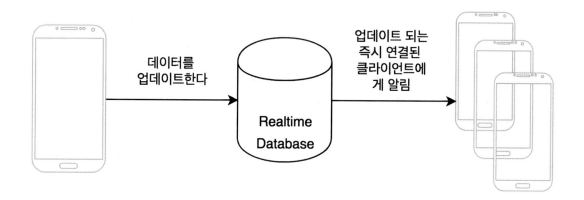

**실시간 데이터베이스의 가장 큰 특징**은 데이터베이스 내에 데이터가 업데이트되는 즉시 연결된 모든 클라이언트에게 변경된 데이터를 알려주는 것입니다. 이렇게 데이터의 변화를 그 즉시 알려주기 때문에 '실시간(Realtime) 데이터베이스'라고 부르는 것이죠.

Firebase의 실시간 데이터베이스를 사용하면, 백엔드 서버의 주요 기능 중 하나인 '여러 기기에서의 데이터 저장과 공유' 기능을 매우 쉽게 구현할 수 있습니다. 이번 실습 예제 역시 익명 SNS로서 여러 기기가 데이터를 저장하고 공유하는 것이 그 기능의 핵심이기 때문에, Firebase를 이용한다면 손쉽게 서비스를 구현할 수 있습니다. 그럼 다음으로는 Firebase 서비스를 사용하기 위한 작업을 실제로 진행해 보겠습니다.

## 10.4 **03** Firebase 가입

앞서 설명한 바와 같이 이번 예제는 Firebase를 백엔드 서버로 활용합니다. 기존에는 Firebase에 별도의 가입이 필요했지만, 지금은 구글 계정만 가지고 있으면 사용할 수 있습니다. 로그인 역시 구글 계정으로 로그인하면 되죠.

구글 계정에 로그인한 후, Firebase 사이트(https://firebase.google.com/)에 접속하세요.

Firebase 앱을 생성하기 위해서는 콘솔에 먼저 접속해야 하는데요. 웹 페이지 상단에 위치한 메뉴 중 [콘솔로 이동] 메뉴를 선택하거나, 다음 URL 링크로 이동하세요.

- 웹 페이지 주소  https://console.firebase.google.com/

콘솔로 이동하면 [프로젝트 목록] 화면이 나타나게 됩니다.

프로젝트를 추가하려면 [프로젝트 추가] 버튼을 누르면 됩니다. 그럼 프로젝트를 추가해 볼까요?

'프로젝트의 이름'과 '국가/지역'을 선택할 수 있습니다. 다만 '대한민국'을 선택한다고 해서 "해당 데이터베

이스 서버가 대한민국에 위치한다"는 의미는 아닙니다. 국가/지역을 선택하면 '수익 보고서' 등의 통화 기준이 '대한민국 통화(원)'에 맞게 설정되는 것입니다.

'프로젝트 이름'으로 Android Studio에서 프로젝트를 추가할 때 사용한 이름을 그대로 적어 주면 프로젝트 이름 입력란 하단의 '프로젝트 ID'는 자동으로 생성됩니다. 이후 [프로젝트 만들기] 버튼을 클릭합니다.

프로젝트 생성이 완료되면 자동으로 [프로젝트 개요] 페이지로 이동합니다. 이동하지 않는 경우에는 다음 주소로 이동하면 됩니다.

- 웹 페이지 주소 https://console.firebase.google.com/project/[project-id]/overview

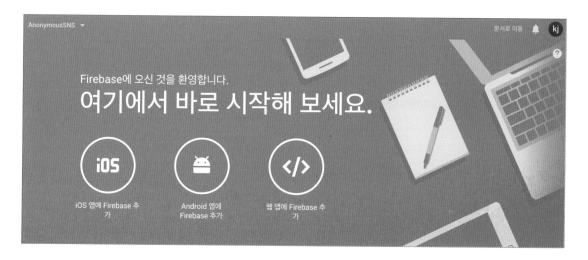

여기까지 진행된 경우 Firebase 프로젝트 생성이 완료된 것입니다. 그럼 이제 Android 프로젝트와의 연결을 진행해 보겠습니다.

## 10.4. 04 Firebase 연동

Android 프로젝트와 Firebase 프로젝트를 연동하는 방법은 크게 3가지로 나눌 수 있습니다.

1. Firebase에 Android 프로젝트 패키지 이름 등록

2. 구성 파일인 'google-services.json' 파일을 안드로이드 프로젝트에 복사

3. Android 프로젝트에 Firebase 라이브러리에 대한 dependency 추가

최근에는 Firebase 웹 페이지에서 설정하는 방법을 스텝별로 가이드해 주기 때문에 가이드대로 진행하면 됩

니다. 또 설정하는 방법은 버전이 업데이트됨에 따라 변경될 수 있으므로 공식 가이드 문서 역시 참조해 주세요.

Firebase 프로젝트의 [Overview] 화면에서 [Android 앱에 Firebase 추가] 버튼을 클릭하면 다음과 같은 가이드 화면이 나타나게 됩니다.

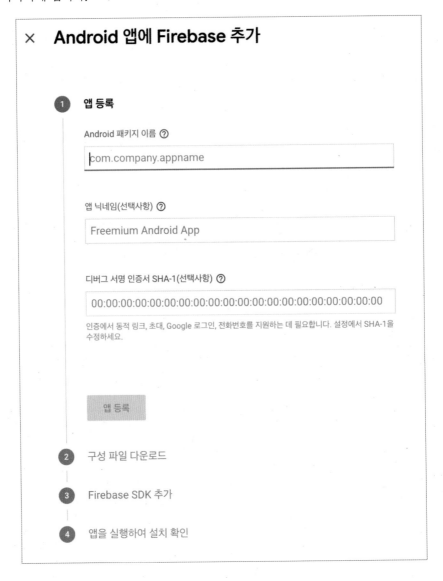

'앱 등록' 부분에 Android Studio 프로젝트의 '앱 아이디'를 입력합니다. 보통 '패키지 네임'이 앱의 ID 이지만, 빌드 구성에 따라 앱 아이디를 바꾸는 경우도 있기 때문에 build.gradle 파일에서 앱 아이디를 확인하는 편이 보다 확실합니다. Android 프로젝트에서 app 모듈의 build.gradle 파일을 열고 'applicationId' 항목을 확인합니다.

```
android {
    ...
    defaultConfig {
        applicationId "com.akj.anonymoussns"
        ...
    }
    ...
}
```

build.gradle 파일에서 확인한 applicationId를 Firebase 프로젝트의 'Android 패키지 이름'으로 넣고 [앱 등록]
버튼을 클릭합니다.

[앱 등록] 버튼을 클릭하면 프로젝트 구성 파일인 'google-services.json' 파일을 다운로드하는 화면이 나타납니다. google-services.json 파일을 다운로드하고 프로젝트의 app 모듈 디렉토리에 복사합니다.

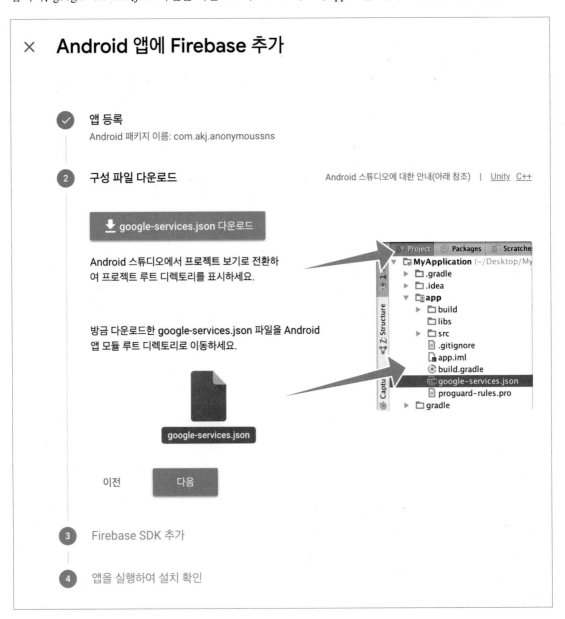

화면에 가이드된 것처럼 [프로젝트 네비게이터]에서 보기 형식을 '프로젝트'로 바꾸고, 다운로드한 google-services.json 파일을 복사하면 됩니다. 파일을 복사한 뒤 [다음] 버튼을 클릭하세요.

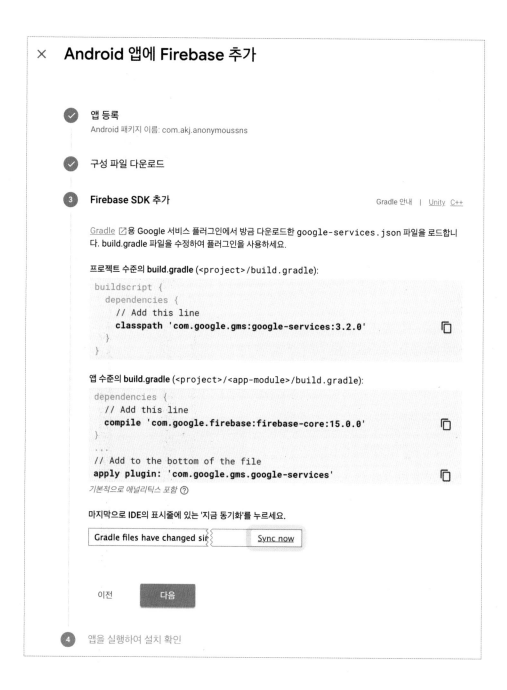

다음은 Android 프로젝트에 'Firebase 관련 라이브러리 의존성'을 추가하는 것입니다. 역시 가이드대로 진행하면 되는데, 먼저 프로젝트의 build.gradle 파일에 'classpath' 의존성을 '추가'합니다. 기존 내용을 변경하는 것이 아니라 추가하는 것이라는 점을 잊지 마세요.

```
buildscript {
    ...
```

```
    dependencies {
        ...
        classpath 'com.google.gms:google-services:3.2.0'
        ...
    }
}
```

다음으로는 app 모듈의 build.gradle 파일에 다음을 추가합니다.

```
...

dependencies {
    ...
    implementation 'com.google.firebase:firebase-core:15.0.0'
    implementation 'com.google.firebase:firebase-database:15.0.0'
    ...
}

apply plugin: 'com.google.gms.google-services'
```

google-services 플러그인 적용 코드를 파일 최하단에 적어야 합니다. 또 가이드와 달리 'firebase-database 라이브러리 의존성'을 추가했는데, 이것은 이번 예제가 firebase 의 데이터베이스를 사용하기 때문입니다. 여기까지 진행했다면 [Run] 버튼을 눌러 앱을 실행해 보세요.

앱을 실행하게 되면 Firebase 콘솔에서 접속을 확인하고 다음과 같은 화면이 나타납니다. 이제 안드로이드
와 연동까지 되었으므로 다음 과정에서는 연동 테스트를 하도록 하겠습니다.

## 10.4. 05 Firebase 연동 테스트

Firebase와 안드로이드가 정상적으로 연결되어 있는지 확인해 보기 위한 간단한 테스트 예제를 구현해 보
겠습니다. [Firebase 프로젝트] 페이지에서 좌측의 [Database]를 선택합니다.

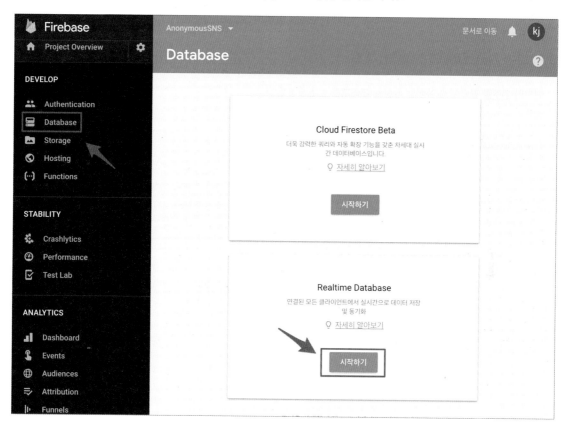

Firebase의 데이터베이스에는 'Realtime Database'와 'Cloud Firestore Beta' 등의 2가지 유형의 서비스가 있습
니다. 각각을 간단하게 요약하면 다음과 같습니다.

| 서비스 | 설명 |
| --- | --- |
| Realtime Database | 실시간 데이터베이스는 Firebase의 고유한 데이터베이스로서, 여러 클라이언트에서 실시간으로 상태를 동기화해야 하는 모바일 앱을 위한 '효율적이고 지연 시간이 짧은' 솔루션입니다. |

| Cloud Firestore | Cloud Firestore는 모바일 앱 개발을 위한 Firebase의 새로운 주력 데이터베이스로서, 실시간 데이터베이스의 성공을 바탕으로 더욱 직관적인 새로운 데이터 모델을 선보입니다. 또한 실시간 데이터베이스보다 풍부하고 빠른 쿼리와 원활한 확장성을 제공합니다. |
| --- | --- |

Cloud Firestore는 기존에 제공하던 Realtime Database(실시간 데이터베이스)에 더하여 추가적인 쿼리 방법을 제공하고 보다 직관적인 구현 방법을 제공하죠. 하지만 아직 '베타' 단계이고 정식 버전이 아니므로, 이번 예제에서는 앞서 예고한 바와 같이 'Realtime Database'를 사용하겠습니다. 화면에서 [Realtime Database 시작하기] 버튼을 클릭합니다.

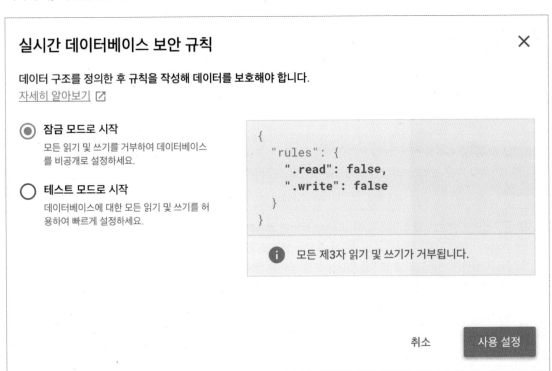

Firebase는 쓰기 쉬우면서도 보안 또한 강력합니다.

[시작하기] 버튼을 누르면 보안 규칙을 설정하는 화면이 나타나는데, Firebase에서 룰을 설정하는 방법은 이후 부록에서 자세히 설명하기로 하고 여기서는 일단 '테스트 모드'로 시작하여 바로 데이터에 접근 가능하도록 설정하겠습니다.

그럼 '테스트 모드'로 설정하고 [사용 설정] 버튼을 클릭하면 다음과 같은 [데이터베이스 관리] 화면이 나타납니다.

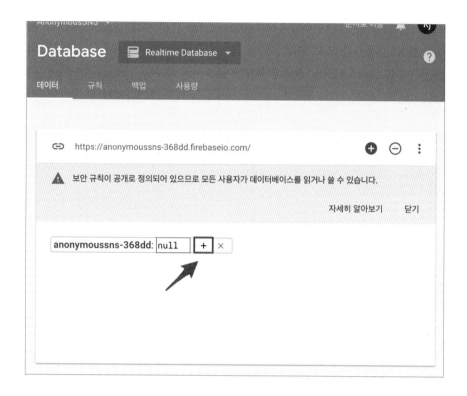

여기서 데이터를 추가하기 위해서는 [+] 버튼을 누릅니다.

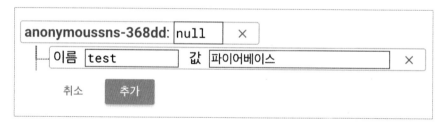

데이터는 기본적으로 '키의 이름'과 '값'으로 구성됩니다. 데이터의 이름을 'test'로 하고 값을 '파이어베이스'로 지정한 후 [추가] 버튼을 누릅니다. 다음은 데이터가 추가된 스크린샷입니다.

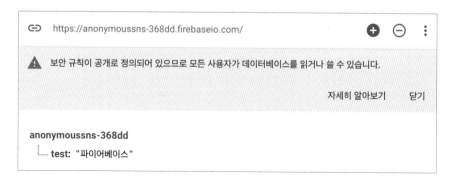

이제 데이터가 'test'라는 이름으로 저장되었습니다. 다음은 이 데이터를 Android 프로젝트에서 읽어 오도록 하겠습니다. 'MainActivity.kt' 파일을 다음과 같이 편집합니다.

MainActivity.kt

```kotlin
... 패키지 생략

import androidx.appcompat.app.AppCompatActivity
import android.os.Bundle
import android.util.Log
import android.widget.Toast
import com.google.firebase.database.DataSnapshot
import com.google.firebase.database.DatabaseError
import com.google.firebase.database.FirebaseDatabase
import com.google.firebase.database.ValueEventListener

class MainActivity : AppCompatActivity() {
    // 로그에 TAG 로 사용할 문자열
    val TAG = "MainActivity"

    // 파이어베이스의 test 키를 가진 데이터의 참조 객체를 가져온다.
    val ref = FirebaseDatabase.getInstance().getReference("test")

    override fun onCreate(savedInstanceState: Bundle?) {
        super.onCreate(savedInstanceState)
        setContentView(R.layout.activity_main)

        // 값의 변경이 있는 경우의 이벤트 리스너를 추가한다.
        ref.addValueEventListener(object:ValueEventListener{
            // 데이터 읽기가 취소된 경우 호출 된다.
            // ex) 데이터의 권한이 없는 경우
            override fun onCancelled(error: DatabaseError){
                error.toException().printStackTrace()
            }

            // 데이터의 변경이 감지 되면 호출된다.
            override fun onDataChange(snapshot: DataSnapshot) {
                // test 키를 가진 데이터 스냅샷에서 값을 읽고 문자열로 변경한다.
                val message = snapshot.value.toString()
                // 읽은 문자열을 로깅
                Log.d(TAG, message)
```

```
            // Firebase 에서 전달받은 메세지로 제목을 변경한다.
            supportActionBar?.title = message
        }
    })
    }
}
```

코드를 작성하고 [Run] 버튼을 눌러서 실행해 보세요. 상단의 타이틀이 'Firebase'에서 우리가 저장한 'test'
라는 이름으로 변경된 것을 확인할 수 있습니다. 실시간으로 데이터가 변경되는 것을 확인하기 위해 실행
후 Firebase 데이터베이스에 저장한 값을 변경해 보겠습니다.

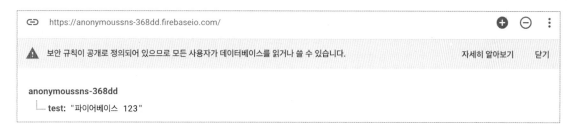

test 키의 값을 '파이어베이스 123'으로 변경해 보세요. 실행된 앱에서 변경된 데이터가 즉시 적용됩니다.

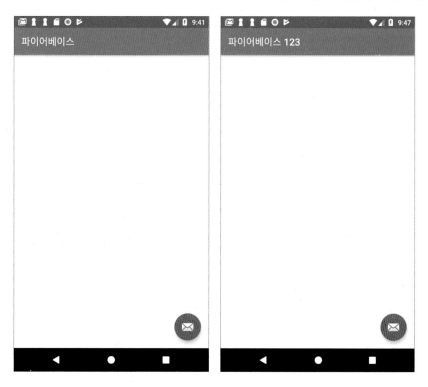

여기까지 진행했다면 안드로이드 연동 테스트도 마친 셈입니다. 다음 과에서는 Firebase를 사용하여 본격적으로 남은 기능들을 구현해 보겠습니다.

## 10.5 │ 게시글 작성 화면 및 기능 구현

### 10.5.01 │ Post, Comment 클래스 구현

앞서 Firebase를 이용하여 백엔드에서 데이터를 공유하는 방법을 살펴보았습니다. 그런데 어떤 데이터를 공유해야 하는 것일까요? 어떤 데이터들이 공유되어야 하는지 살펴보기 위해 잠시 앞서 설계한 화면을 다시 보도록 하겠습니다.

구현할 앱에서 핵심 기능을 살펴보면, '사용자가 쓴 글을 공유'하고 '해당 글에 댓글'을 달며 '그 댓글 역시 공유'하는 것입니다. 즉 공유해야 할 데이터는 '작성한 글'과 '댓글'의 데이터인 셈입니다. 각 데이터를 프로그램에서 사용할 수 있도록 '작성한 글'의 데이터 클래스를 'Post 클래스'로 하고, '댓글'의 데이터 클래스를 'Comment 클래스'로 설계하도록 하겠습니다.

먼저 Post 클래스를 다음과 같이 작성합니다.

```
... 패키지 생략

class Post {
    /**
     * 글의 ID
     */
    var postId = ""
    /**
     * 글 작성자의 ID
     */
    var writerId = ""

    /**
     * 글의 메세지
     */
    var message = ""
    /**
     * 글이 쓰여진 시간
     */
    var writeTime:Any = Any()
    /**
     * 글의 배경이미지
     */
    var bgUri = ""
    /**
     * 댓글의 개수
     */
    var commentCount = 0
}
```

다음에는 'Comment.kt' 파일을 만들고 다음과 같이 작성해 주세요.

```
... 패키지 생략

class Comment {
    /**
     * 댓글의 아이디
     */
```

```
var commentId = ""
/**
 * 댓글의 대상이되는 글의 ID
 */
var postId = ""
/**
 * 댓글작성자의 아이디
 */
var writerId = ""
/**
 * 댓글 내용
 */
var message = ""
/**
 * 작성시간
 */
var writeTime:Any = Any()
/**
 * 배경 이미지
 */
var bgUri = ""
}
```

각 주석을 보면 클래스가 어떤 데이터를 가지는지 알 수 있는데요. 글에는 크게 '배경 이미지, 메세지, 쓰여진 시간' 등이 화면에 나타나므로 데이터 클래스에 반드시 포함되야 합니다. 또 UI 상으로는 보이지 않지만 '각 글의 ID'가 있어야 '댓글과 작성한 글의 연관성'을 파악할 수 있을 것입니다.

**댓글** 역시 'UI 상으로 보이는 메세지'와 '배경 이미지'에 대한 정보가 있고, 보이지 않지만 '댓글이 어떤 글에 포함되는지'를 나타내는 'postId'와 '댓글의 ID', 그리고 '작성자의 ID' 등이 있습니다.

---

**NOTE**

**댓글은 게시글에 달리는 것이니, 게시글(Post) 클래스에 멤버로 넣으면 안 될까요?**

댓글의 데이터를 별도의 데이터가 아닌, Post 클래스 안에 포함시킬 수도 있습니다. 예를 들면 Post 클래스가 멤버 변수로 '댓글의 집합'을 갖는 형태로 만들 수도 있겠죠. 하지만 이렇게 하지 않은 이유는 Post 클래스 안에 댓글의 집합을 포함시킬 경우 게시글 목록을 읽을 때마다 댓글의 목록 역시 전부 읽어 와야 하기 때문에 성능이 느려지기 때문입니다.

---

Firebase는 데이터를 저장하거나 불러올 때 Class의 인스턴스를 바로 사용할 수 있으므로, 클래스를 설계해 두면 편하게 작업할 수 있습니다. 다음 과정에서는 작성한 클래스를 이용하여 '게시글 작성' 기능을 구현해 보도록 하겠습니다.

## 10.5. 02 게시글 작성 레이아웃 구현

[게시글 작성] 화면과 기능을 구현하기 위해 먼저 UI부터 만들어 보겠습니다. [게시글 작성] 화면을 위해 새로운 Activity인 'WriteActivity'를 Empty Activity로 생성합니다. 생성 후 레이아웃 파일인 'activity_write.xml' 파일을 다음과 같은 방법으로 편집합니다.

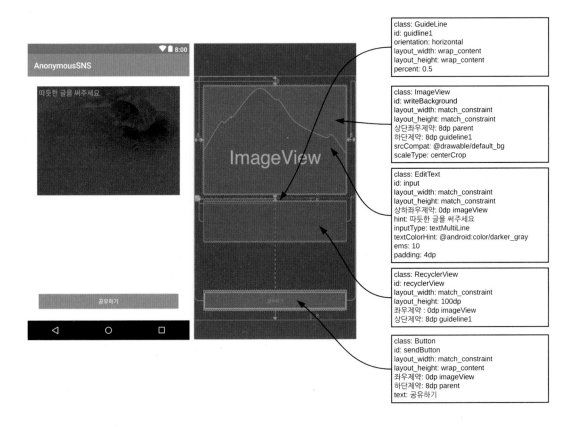

그리고 그 XML 파일은 다음과 같습니다.

```xml
<?xml version="1.0" encoding="utf-8"?>
<androidx.constraintlayout.widget.ConstraintLayout
    xmlns:android="http://schemas.android.com/apk/res/android"
```

```xml
    xmlns:app="http://schemas.android.com/apk/res-auto"
    xmlns:tools="http://schemas.android.com/tools"
    android:layout_width="match_parent"
    android:layout_height="match_parent"
    android:padding="16dp"
    tools:context=".WriteActivity">

    <androidx.constraintlayout.widget.Guideline
        android:id="@+id/guideline1"
        android:layout_width="wrap_content"
        android:layout_height="wrap_content"
        android:orientation="horizontal"
        app:layout_constraintGuide_percent="0.5" />

    <ImageView
        android:id="@+id/writeBackground"
        android:layout_width="0dp"
        android:layout_height="0dp"
        android:layout_marginStart="8dp"
        android:layout_marginLeft="8dp"
        android:layout_marginTop="8dp"
        android:layout_marginEnd="8dp"
        android:layout_marginRight="8dp"
        android:layout_marginBottom="8dp"
        android:scaleType="centerCrop"
        app:layout_constraintBottom_toTopOf="@+id/guideline1"
        app:layout_constraintEnd_toEndOf="parent"
        app:layout_constraintStart_toStartOf="parent"
        app:layout_constraintTop_toTopOf="parent"
        app:srcCompat="@drawable/default_bg" />

    <EditText
        android:id="@+id/input"
        android:layout_width="0dp"
        android:layout_height="0dp"
        android:background="#aa000000"
        android:ems="10"
        android:gravity="top"
        android:hint="따뜻한 글을 써주세요"
        android:inputType="textMultiLine"
        android:padding="4dp"
```

```
    android:textColor="@android:color/white"
    android:textColorHint="@android:color/darker_gray"
    app:layout_constraintBottom_toBottomOf="@+id/writeBackground"
    app:layout_constraintEnd_toEndOf="@+id/writeBackground"
    app:layout_constraintStart_toStartOf="@+id/writeBackground"
    app:layout_constraintTop_toTopOf="@+id/writeBackground" />

<androidx.recyclerview.widget.RecyclerView
    android:id="@+id/recyclerView"
    android:layout_width="0dp"
    android:layout_height="100dp"
    android:layout_marginTop="8dp"
    app:layout_constraintEnd_toEndOf="@+id/input"
    app:layout_constraintStart_toStartOf="@+id/input"
    app:layout_constraintTop_toTopOf="@+id/guideline1" />

<Button
    android:id="@+id/sendButton"
    android:layout_width="0dp"
    android:layout_height="wrap_content"
    android:layout_marginBottom="8dp"
    android:text="공유하기"
    app:layout_constraintBottom_toBottomOf="parent"
    app:layout_constraintEnd_toEndOf="@+id/input"
    app:layout_constraintStart_toStartOf="@+id/input" />
</androidx.constraintlayout.widget.ConstraintLayout>
```

이제 [글 작성] 화면의 전체 UI는 완성되었지만, 글의 배경을 선택하는 각각의 카드 UI는 아직 작성되지 않았습니다. 다음에는 [배경 선택] 카드의 UI를 작성해 보겠습니다.

## 10.5. 03 배경 이미지 목록 카드 UI 작성

[배경 이미지 목록] 카드의 UI를 작성하기 위하여 새로 레이아웃 파일을 생성해야 하므로 파일명을 'card_background'로 하여 생성합니다. card_background는 배경 ImageView만 있으면 되기 때문에 매우 심플합니다. 생성된 'card_background.xml' 파일을 다음과 같이 변경해 주세요.

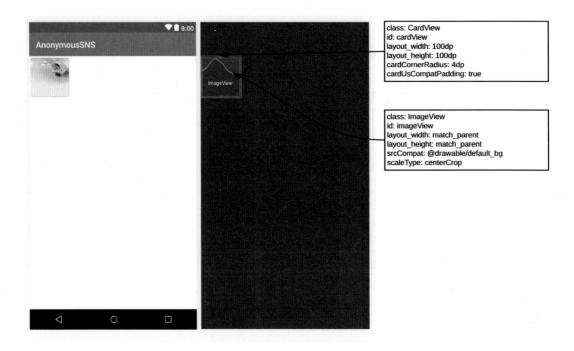

다음은 완성된 XML 코드입니다.

```xml
<?xml version="1.0" encoding="utf-8"?>
<androidx.cardview.widget.CardView xmlns:android="http://schemas.android.com/apk/res/android"
    xmlns:app="http://schemas.android.com/apk/res-auto"
    android:id="@+id/cardView"
    android:layout_width="100dp"
    android:layout_height="100dp"
    app:cardCornerRadius="4dp"
    app:cardUseCompatPadding="true">

    <ImageView
        android:id="@+id/imageView"
        android:layout_width="match_parent"
        android:layout_height="match_parent"
        android:scaleType="centerCrop"
        app:srcCompat="@drawable/default_bg" />
</androidx.cardview.widget.CardView>
```

이제 [글 작성] 화면에서 사용하는 UI 레이아웃 작업은 모두 마친 셈입니다. 다음 과정에서는 배경 화면 목록을 'RecyclerView'에 적용하여 선택할 수 있도록 하겠습니다.

## 10.5.04 배경 화면 선택 목록용 RecyclerView 적용

이제 앞서 만든 '배경 카드' 레이아웃을 사용해서 'RecyclerView'에 적용해 볼 텐데요. '카드 배경'을 선택하는 RecyclerView에서 이미지를 로딩할 때, Picasso라는 이미지 로드 라이브러리를 사용할 예정입니다. 라이브러리를 사용하는 이유는 다음과 같습니다.

1. 이미지 로딩을 UI 쓰레드에서 작업하게 되면, 여러 개의 이미지를 불러올 경우에 해당 코드 때문에 UI 터치 반응을 할 수 없습니다.

2. 별도로 Thread 처리를 하지 않는 경우, 여러 장의 이미지를 불러올 때 동시에 이미지를 다운로드하거나 로딩할 수 없습니다.

3. 네트워크의 이미지 등을 사용하는 경우 별도로 코드를 구현하지 않으면 매번 네트워크에서 이미지를 다운로드하기 때문에 성능이 떨어지게 됩니다.

'Picasso 라이브러리'는 안드로이드 개발에서는 꽤 자주 사용되는 '이미지 로딩 라이브러리'입니다. 메모리의 효율적인 관리를 위한 'Lazy Loading' 및 '캐시'를 지원하면서 문법 또한 간결하기 때문에, 비슷한 역할을 하는 'Glide'와 더불어 안드로이드 개발자의 사랑을 받고 있는 라이브러리죠. 다음 코드에서 Picasso 라이브러리를 어떻게 사용하는지 유의해서 살펴보세요.

다음과 같이 'WriteActivity.kt' 파일을 편집합니다.

```
... 패키지 생략

import android.net.Uri
import android.os.Bundle
import androidx.appcompat.app.AppCompatActivity
import androidx.recyclerview.widget.LinearLayoutManager
import androidx.recyclerview.widget.RecyclerView
import android.view.LayoutInflater
import android.view.View
import android.view.ViewGroup
import com.squareup.picasso.Picasso
import kotlinx.android.synthetic.main.activity_write.*
```

```kotlin
import kotlinx.android.synthetic.main.card_background.view.*

class WriteActivity : AppCompatActivity() {
    /**
     * 배경 리스트 데이터
     * res/drawable 디렉토리에 있는 배경 이미지를 uri 주소로 사용한다.
     * uri 주소로 사용하면 추후 웹에 있는 이미지 URL 도 바로 사용이 가능하다.
     */
    val bgList = mutableListOf(
            "android.resource://[패키지이름을 넣으세요]/drawable/default_bg"
            , "android.resource://[패키지이름을 넣으세요]/drawable/bg2"
            , "android.resource:/[패키지이름을 넣으세요]/drawable/bg3"
            , "android.resource://[패키지이름을 넣으세요]/drawable/bg4"
            , "android.resource://[패키지이름을 넣으세요]/drawable/bg5"
            , "android.resource://[패키지이름을 넣으세요]/drawable/bg6"
            , "android.resource://[패키지이름을 넣으세요]/drawable/bg7"
            , "android.resource://[패키지이름을 넣으세요]/drawable/bg8"
            , "android.resource://[패키지이름을 넣으세요]/drawable/bg9"
    )


    override fun onCreate(savedInstanceState: Bundle?) {
        super.onCreate(savedInstanceState)
        setContentView(R.layout.activity_write)

        // actionbar 의 타이틀을 "글쓰기" 로 변경
        supportActionBar?.title = "글쓰기"

        // recyclerView 에서 사용할 레이아웃 매니저를 생성한다.
        val layoutManager = LinearLayoutManager(this@WriteActivity)
        // recyclerView 를 횡으로 스크롤 할것이므로 layoutManager 의 방향을 HORIZONTAL 로 설정한다.
        layoutManager.orientation = LinearLayoutManager.HORIZONTAL

        // recyclerView 에 레이아웃 매니저를 방금 생성한 layoutManger 로 설정한다.
        recyclerView.layoutManager = layoutManager
        // recyclerView 에 adapter 를 설정한다.
        recyclerView.adapter = MyAdapter()
    }


    // RecyclerView 에서 사용하는 View 홀더 클래스
    inner class MyViewHolder(itemView: View) : RecyclerView.ViewHolder(itemView) {
```

```kotlin
        val imageView = itemView.imageView
    }

    // RecyclerView 의 어댑터 클래스
    inner class MyAdapter : RecyclerView.Adapter<MyViewHolder>() {
        // RecyclerView 에서 각 Row(행)에서 그릴 ViewHolder 를 생성할때 불리는 메소드
        override fun onCreateViewHolder(parent: ViewGroup, viewType: Int): MyViewHolder {
            // RecyclerView 에서 사용하는 ViewHolder 클래스를 card_background 레이아웃 리소스 파일을 사용하도록
            // 생성한다.
            return MyViewHolder(LayoutInflater.from(this@WriteActivity).inflate(R.layout.card_
            background, parent, false))
        }

        // RecyclerView 에서 몇개의 행을 그릴지 기준이 되는 메소드
        override fun getItemCount(): Int {
            //
            return bgList.size
        }

        // 각 행의 포지션에서 그려야할 ViewHolder UI 에 데이터를 적용하는 메소드
        override fun onBindViewHolder(holder: MyViewHolder, position: Int) {
            // 이미지 로딩 라이브러리인 피카소 객체로 뷰홀더에 존재하는 imageView 에 이미지 로딩
            Picasso.get()
                    .load(Uri.parse(bgList[position]))
                    .fit()
                    .centerCrop()
                    .into(holder.imageView)

            // 각 배경화면 행이 클릭된 경우에 이벤트 리스너 설정
            holder.itemView.setOnClickListener {
                // 이미지 로딩 라이브러리인 피카소 객체로 뷰홀더에 존재하는 글쓰기 배경 이미지뷰에 이미지 로딩
                Picasso.get()
                        .load(Uri.parse(bgList[position]))
                        .fit()
                        .centerCrop()
                        .into(writeBackground)
            }
        }

    }

}
```

주석에 쓰여진 것처럼 이미지 로딩을 'URI 주소'로 하게 되면 웹에 있는 'URL'도 적용할 수 있기 때문에 확장이 용이하죠. 'mutableList'를 사용하여 '배경 이미지의 집합'을 관리하고, 배경 이미지 URI 주소 개수만큼 RecyclerView에 보여지는 것이죠. 여기까지 진행하였다면 배경 목록이 하단에 나타나고, 각 배경을 클릭하면 글쓰기 뒷배경이 선택한 배경으로 변하게 됩니다.

## 10.5.05 Firebase에 게시글 업로드 기능 구현

이번 과정에서 [글 작성] 화면에 구현할 작업을 크게 나눠 보면 다음과 같습니다.

1. [글 목록] 화면에서 하단의 [floatingActionButton]을 클릭하면 'WriteActivity'로 이동

2. [공유하기] 버튼이 클릭되는 경우, UI에 작성된 배경 이미지와 텍스트를 기반으로 Firebase에 저장

먼저 첫 번째 작업인 "[floatingActionButton]을 클릭했을 때 WriteActivity로 이동하도록" 코드를 수정하겠습니다. MainActivity.kt 파일을 다음과 같이 수정하세요.

```
... 패키지 생략

import android.content.Intent
import android.os.Bundle
import androidx.appcompat.app.AppCompatActivity
import kotlinx.android.synthetic.main.activity_main.*

class MainActivity : AppCompatActivity() {

    override fun onCreate(savedInstanceState: Bundle?) {
        super.onCreate(savedInstanceState)
        setContentView(R.layout.activity_main)

        // actionbar 의 타이틀을 "글목록" 으로 변경
        supportActionBar?.title = "글목록"

        // 하단의 floatingActionButton 이 클릭될때의 리스너를 설정한다.
        floatingActionButton.setOnClickListener {
            // Intent 생성
            val intent = Intent(this@MainActivity, WriteActivity::class.java)
            // Intent 로 WirteActivity 실행
```

```
            startActivity(intent)
        }
    }
}
```

이제 MainActivity에서 [글쓰기] 버튼을 누르면 WriteActivity로 이동하게 됩니다. 이어서 WriteActivity는 [공유하기] 버튼을 누르는 경우 현재 쓰여진 글의 내용으로 Firebase에 데이터를 저장해야 하죠. 또 글을 쓴 사람이 누군지 구분해야 하는데 '회원 가입'을 사용하진 않을 것이므로, 디바이스의 고유한 값으로 사용자를 구별하도록 해야 합니다. 그 때문에 '디바이스의 고유한 값을 반환하는 메소드'를 먼저 만들도록 하겠습니다.

WriteActivity.kt 파일을 다음과 같이 변경해 주세요.

```
... 패키지 생략

import android.net.Uri
import android.os.Bundle
import android.provider.Settings
import androidx.appcompat.app.AppCompatActivity
import androidx.recyclerview.widget.LinearLayoutManager
import androidx.recyclerview.widget.RecyclerView
import android.text.TextUtils
import android.view.LayoutInflater
import android.view.View
import android.view.ViewGroup
import android.widget.Toast
import com.google.firebase.database.FirebaseDatabase
import com.google.firebase.database.ServerValue
import com.squareup.picasso.Picasso
import kotlinx.android.synthetic.main.activity_write.*
import kotlinx.android.synthetic.main.card_background.view.*

class WriteActivity : AppCompatActivity() {
    // 현재 선택된 배경이미지의 포지션을 저장하는 변수
    var currentBgPosition = 0

    /**
```

```kotlin
   * 배경 리스트 데이터
   * res/drawable 디렉토리에 있는 배경 이미지를 uri 주소로 사용한다.
   * uri 주소로 사용하면 추후 웹에 있는 이미지 URL 도 바로 사용이 가능하다.
   */
val bgList = mutableListOf(
        "android.resource://[패키지이름을 넣으세요]/drawable/default_bg"
        , "android.resource://[패키지이름을 넣으세요]/drawable/bg2"
        , "android.resource://[패키지이름을 넣으세요]/drawable/bg3"
        , "android.resource://[패키지이름을 넣으세요]/drawable/bg4"
        , "android.resource://[패키지이름을 넣으세요]/drawable/bg5"
        , "android.resource://[패키지이름을 넣으세요]/drawable/bg6"
        , "android.resource://[패키지이름을 넣으세요]/drawable/bg7"
        , "android.resource://[패키지이름을 넣으세요]/drawable/bg8"
        , "android.resource://[패키지이름을 넣으세요]/drawable/bg9"
)


override fun onCreate(savedInstanceState: Bundle?) {
    super.onCreate(savedInstanceState)
    setContentView(R.layout.activity_write)

    // actionbar 의 타이틀을 "글쓰기" 로 변경
    supportActionBar?.title = "글쓰기"

    // recyclerView 에서 사용할 레이아웃 매니저를 생성한다.
    val layoutManager = LinearLayoutManager(this@WriteActivity)
    // recyclerView 를 횡으로 스크롤 할것이므로 layoutManager 의 방향을 HORIZONTAL 로 설정한다.
    layoutManager.orientation = LinearLayoutManager.HORIZONTAL

    // recyclerView 에 레이아웃 매니저를 방금 생성한 layoutManger 로 설정한다.
    recyclerView.layoutManager = layoutManager
    // recyclerView 에 adapter 를 설정한다.
    recyclerView.adapter = MyAdapter()

    // 공유하기 버튼이 클릭된 경우에 이벤트리스너를 설정한다.
    sendButton.setOnClickListener {
        // 메세지가 없는 경우 토스트 메세지로 알림.
        if(TextUtils.isEmpty(input.text)) {
            Toast.makeText(applicationContext, "메세지를 입력하세요.", Toast.LENGTH_SHORT).show()
            return@setOnClickListener
        }
```

```kotlin
        // Post 객체 생성
        val post = Post()
        // Firebase 의 Posts 참조에서 객체를 저장하기 위한 새로운 카를 생성하고 참조를 newRef 에 저장
        val newRef = FirebaseDatabase.getInstance().getReference("Posts").push()
        // 글이 쓰여진 시간은 Firebase 서버의 시간으로 설정
        post.writeTime = ServerValue.TIMESTAMP
        // 배경 Uri 주소를 현재 선택된 배경의 주소로 할당
        post.bgUri = bgList[currentBgPosition]
        // 메세지는 input EditText 의 텍스트 내용을 할당
        post.message = input.text.toString()
        // 글쓴 사람의 ID 는 디바이스의 아이디로 할당
        post.writerId = getMyId()
        // 글의 ID 는 새로 생성된 파이어베이스 참조의 키로 할당
        post.postId = newRef.key
        // Post 객체를 새로 생성한 참조에 저장
        newRef.setValue(post)
        // 저장성공 토스트 알림을 보여주고 Activity 종료
        Toast.makeText(applicationContext, "공유되었습니다.", Toast.LENGTH_SHORT).show()
        finish()


    }
}


/**
 * 디바이스의 ID 를 반환하는 메소드
 * 글쓴 사람의 ID 를 인식합니다.
 */
fun getMyId(): String {
    return Settings.Secure.getString(this.contentResolver, Settings.Secure.ANDROID_ID)
}


/**
 * RecyclerView 에서 사용하는 View 홀더 클래스
 */
inner class MyViewHolder(itemView: View) : RecyclerView.ViewHolder(itemView) {
    val imageView = itemView.imageView
}


/**
 * RecyclerView 의 어댑터 클래스
```

```kotlin
*/
inner class MyAdapter : RecyclerView.Adapter<MyViewHolder>() {
    /**
     * RecyclerView 에서 각 Row(행)에서 그릴 ViewHolder 를 생성할때 불리는 메소드
     */
    override fun onCreateViewHolder(parent: ViewGroup, viewType: Int): MyViewHolder {
        // RecyclerView 에서 사용하는 ViewHolder 클래스를 card_background 레이아웃 리소스 파일을 사용하도록
            생성한다.
        return MyViewHolder(LayoutInflater.from(this@WriteActivity).inflate(R.layout.card_
        background, parent, false))
    }


    /**
     * RecyclerView 에서 몇개의 행을 그릴지 기준이 되는 메소드
     */
    override fun getItemCount(): Int {
        //
        return bgList.size
    }


    /**
     * 각 행의 포지션에서 그려야할 ViewHolder UI 에 데이터를 적용하는 메소드
     */
    override fun onBindViewHolder(holder: MyViewHolder, position: Int) {
        // 이미지 로딩 라이브러리인 피카소 객체로 뷰홀더에 존재하는 imageView 에 이미지 로딩
        Picasso.get()
                .load(Uri.parse(bgList[position]))
                .fit()
                .centerCrop()
                .into(holder.imageView)

        // 각 배경화면 행이 클릭된 경우에 이벤트 리스너 설정
        holder.itemView.setOnClickListener {
            // 선택된 배경의 포지션을 currentBgPosition 에 저장
            currentBgPosition = position
            // 이미지 로딩 라이브러리인 피카소 객체로 뷰홀더에 존재하는 글쓰기 배경 이미지뷰에 이미지 로딩
            Picasso.get()
                    .load(Uri.parse(bgList[position]))
                    .fit()
                    .centerCrop()
```

```
                    .into(writeBackground)
            }
        }
    }
}
```

코드가 길기 때문에 코드를 끊어서 살펴보겠습니다. 먼저 getMyId( ) 함수를 보겠습니다. 'getMyId( )' 함수는 디바이스(스마트폰 등)의 아이디를 가져오는 함수입니다. 앞서 언급했듯 디바이스의 아이디를 가져오는 이유는 별도의 회원 가입이 없는 상태에서, 내가 쓴 글과 다른 사람의 글을 구분하기 위해서입니다.

그 다음 bgList 변수를 주목해 주세요. 변수 중 'bgList'는 글쓰기 배경 화면으로 사용할 이미지 집합을 가지고 있습니다. 'RecyclerView'는 bgList의 이미지 목록으로 배경 화면 목록을 보여 주고, 각 이미지가 선택될 때 선택된 이미지 포지션을 변경합니다. 그리고 이미지를 'URI' 형태로 저장한 것은, 웹에 있는 이미지도 이후 적용하기 위해서입니다.

마지막으로 [공유하기] 버튼의 클릭 이벤트 리스너를 봐 주세요. 클릭 이벤트 리스너에서 'Post 클래스'의 객체를 생성하고 Firebase에 저장하죠. 이렇게 저장하기 전에 'push( )' 함수를 이용하여 키를 생성하는데, 이것은 동시에 여러 디바이스에서 저장될 때의 문제를 피하기 위해서입니다.

예를 들어 글의 키를 '1,2,3,4…' 형태와 같이 순차적으로 증가시킨다고 생각해 보죠. 동시에 2명 이상이 작성할 글의 키값을 정하기 위해 기존의 키값 중 가장 큰 값을 구한다면 2명 모두 같은 키값으로 데이터를 저장하려고 시도하게 될 것입니다.

그래서 Firebase는 유니크한 키값을 생성하기 위해 'push( )'라는 메소드를 제공합니다. push( ) 메소드를 사용하면 유니크한 키값이 생성되는 것을 보장합니다.

또 글이 작성된 시간은 'ServerValue.TIMESTAMP'로 처리하고 있는 것을 봐 주세요. 클라이언트 측의 시간은 장비마다 오차가 있거나 사용자가 수정할 수 있기 때문에 시간값을 저장하는 기준은 '서버의 시간'으로 설정하는 것이죠.

이런 경우 서버의 시간값을 가져와서 객체에 저장하면 될 것이라고 생각할 수 있지만, '객체를 생성하는 시간'과 '실제로 데이터가 저장되는 시간'은 다르기 때문에 시간에 대한 값을 바로 저장하는 것이 아니라 값을 'ServerValue.TIMESTAMP' 형태로 설정하는 것입니다. ServerValue.TIMESTAMP 값을 쓰면 Firebase에서 '데이터가 저장되는 시점'에 서버 시간을 저장하게 됩니다.

**코드에서의 주의 사항**

코드 중 'bgList' 선언부의 리스트는 반드시 '자신의 패키지 이름'으로 설정해야 합니다. 안드로이드는 자기 자신의 리소스 주소를 URI 형태로 가져오는데, 주소에 패키지 이름을 사용합니다. 패키지 이름이 '아이디' 역할을 하기 때문인데요. 그렇기 때문에 코드에서 bgList 변수 부분을 앱의 패키지 이름으로 변경해야 이미지가 정상적으로 출력됩니다.

[Run] 버튼으로 앱을 실행하여 실제로 배경을 선택한 뒤 글을 쓰고 [공유하기] 버튼을 눌러 보세요. Firebase에 다음과 같이 저장되는 것을 확인할 수 있습니다.

이제 데이터를 저장하는 것까지 구현되었으니 '저장된 데이터를 목록 화면에서 보여 주도록' 작업해 보겠습니다.

# 10.6 | 게시글 목록 및 상세 보기 기능 구현

## 10.6.01 게시글 목록 보기 기능 구현

지금까지 '게시글을 저장하는' 기능을 구현했으니, 이번에는 '게시글 목록을 메인에서 보여 주는' 화면의 기능을 구현해 보도록 하겠습니다. 앞서 우리는 글에 대한 카드 UI를 미리 생성해 두었기 때문에, 'Firebase에서 데이터를 가져오고 UI와 연결하는' 코드를 작성하기만 하면 됩니다. 먼저 Firebase에서 글 목록에 대한 데이터를 저장할 변수가 필요합니다.

MainActivity 클래스를 다음과 같이 변경해 주세요.

```
... 패키지 생략

import android.content.Intent
import android.net.Uri
import android.os.Bundle
import androidx.appcompat.app.AppCompatActivity
import androidx.recyclerview.widget.LinearLayoutManager
import androidx.recyclerview.widget.RecyclerView
import android.view.LayoutInflater
import android.view.View
import android.view.ViewGroup
import android.widget.ImageView
import android.widget.TextView
import com.google.firebase.database.ChildEventListener
import com.google.firebase.database.DataSnapshot
import com.google.firebase.database.DatabaseError
import com.google.firebase.database.FirebaseDatabase
import com.squareup.picasso.Picasso
import kotlinx.android.synthetic.main.activity_main.*
import kotlinx.android.synthetic.main.card_post.view.*
import org.joda.time.DateTime
import org.joda.time.Days
import org.joda.time.Hours
import org.joda.time.Minutes
import java.text.SimpleDateFormat
import java.util.*

class MainActivity : AppCompatActivity() {
    //
    val posts: MutableList<Post> = mutableListOf()

    override fun onCreate(savedInstanceState: Bundle?) {
        super.onCreate(savedInstanceState)
        setContentView(R.layout.activity_main)
```

```kotlin
// actionbar 의 타이틀을 "글목록" 으로 변경
supportActionBar?.title = "글목록"

// 하단의 floatingActionButton 이 클릭될때의 리스너를 설정한다.
floatingActionButton.setOnClickListener {
    // Intent 생성
    val intent = Intent(this@MainActivity, WriteActivity::class.java)
    // Intent 로 WirteActivity 실행
    startActivity(intent)
}

// RecyclerView 에 LayoutManager 설정
val layoutManager = LinearLayoutManager(this@MainActivity)

// 리사이클러뷰의 아이템을   역순으로 정렬하게 함
layoutManager.reverseLayout = true
// 리사이클러뷰의 아이템을 쌓는 순서를 끝부터 쌓게 함
layoutManager.stackFromEnd = true

recyclerView.layoutManager = layoutManager
recyclerView.adapter = MyAdapter()

// Firebase 에서 Post 데이터를 가져온 후 posts 변수에 저장
FirebaseDatabase.getInstance().getReference("/Posts")
        .orderByChild("writeTime").addChildEventListener(object : ChildEventListener {
            // 글이 추가된 경우
            override fun onChildAdded(snapshot: DataSnapshot?, prevChildKey: String?) {
                snapshot?.let { snapshot ->
                    // snapshop 의 데이터를 Post 객체로 가져옴
                    val post = snapshot.getValue(Post::class.java)
                    post?.let {
                        // 새 글이 마지막 부분에 추가된 경우
                        if (prevChildKey == null) {
                            //글 목록을 저장하는 변수에 post 객체 추가
                            posts.add(it)
                            // RecyclerView 의 adapter 에 글이 추가된 것을 알림
                            recyclerView.adapter?.notifyItemInserted(posts.size - 1)
                        } else {
                            // 글이 중간에 삽입된 경우 prevChildKey 로 한단계 앞의 데이터의 위치를 찾은
                            뒤 데이터를 추가한다.
```

```kotlin
                    val prevIndex = posts.map { it.postId }.indexOf(prevChildKey)
                    posts.add(prevIndex + 1, post)
                    // RecyclerView 의 adapter 에 글이 추가된 것을 알림
                    recyclerView.adapter?.notifyItemInserted(prevIndex + 1)
                }
            }


        }
    }


    // 글이 변경된 경우
    override fun onChildChanged(snapshot: DataSnapshot?, prevChildKey: String?) {
        snapshot?.let { snapshot ->
            // snapshop 의 데이터를 Post 객체로 가져옴
            val post = snapshot.getValue(Post::class.java)
            post?.let { post ->
                // 글이 변경된 경우 글의 앞의 데이터 인덱스에 데이터를 변경한다.
                val prevIndex = posts.map { it.postId }.indexOf(prevChildKey)
                posts[prevIndex + 1] = post
                recyclerView.adapter?.notifyItemChanged(prevIndex + 1)
            }


        }
    }


    // 글의 순서가 이동한 경우
    override fun onChildMoved(snapshot: DataSnapshot?, prevChildKey: String?) {
        // snapshot
        snapshot?.let {
            // snapshop 의 데이터를 Post 객체로 가져옴
            val post = snapshot.getValue(Post::class.java)

            post?.let { post ->
                // 기존의 인덱스를 구한다
                val existIndex = posts.map { it.postId }.indexOf(post.postId)
                // 기존에 데이터를 지운다.
                posts.removeAt(existIndex)
                recyclerView.adapter?.notifyItemRemoved(existIndex)
```

```kotlin
                        // prevChildKey 가 없는 경우 맨마지막으로 이동 된 것
                        if (prevChildKey == null) {
                            posts.add(post)
                            recyclerView.adapter?.notifyItemChanged(posts.size - 1)
                        } else {
                            // prevChildKey 다음 글로 추가
                            val prevIndex = .posts.map { it.postId }.indexOf(prevChildKey)
                            posts.add(prevIndex + 1, post)
                            recyclerView.adapter?.notifyItemChanged(prevIndex + 1)
                        }
                    }
                }
            }


            // 글이 삭제된 경우
            override fun onChildRemoved(snapshot: DataSnapshot?) {
                snapshot?.let {
                    // snapshot 의 데이터를 Post 객체로 가져옴
                    val post = snapshot.getValue(Post::class.java)


                    //
                    post?.let { post ->
                        // 기존에 저장된 인덱스를 찾아서 해당 인덱스의 데이터를 삭제한다.
                        val existIndex = posts.map { it.postId }.indexOf(post.postId)
                        posts.removeAt(existIndex)
                        recyclerView.adapter?.notifyItemRemoved(existIndex)
                    }
                }
            }


            // 취소된 경우
            override fun onCancelled(databaseError: DatabaseError?) {
                // 취소가 된경우 에러를 로그로 보여준다
                databaseError?.toException()?.printStackTrace()
            }
        })


    }

    // RecyclerView 에서 사용하는 View 홀더 클래스
```

```kotlin
inner class MyViewHodler(itemView: View) : RecyclerView.ViewHolder(itemView) {
    // 글의 배경 이미지뷰
    val imageView: ImageView = itemView.imageView
    // 글의 내용 텍스트뷰
    val contentsText: TextView = itemView.contentsText
    // 글쓴 시간 텍스트뷰
    val timeTextView: TextView = itemView.timeTextView
    // 댓글 개수 텍스트뷰
    val commentCountText: TextView = itemView.commentCountText
}


// RecyclerView 의 어댑터 클래스
inner class MyAdapter : RecyclerView.Adapter<MyViewHodler>() {
    // RecyclerView 에서 각 Row(행)에서 그릴 ViewHolder 를 생성할때 불리는 메소드
    override fun onCreateViewHolder(parent: ViewGroup, viewType: Int): MyViewHodler {
        return MyViewHodler(LayoutInflater.from(this@MainActivity).inflate(R.layout.card_post,
        parent, false))
    }

    // RecyclerView 에서 몇개의 행을 그릴지 기준이 되는 메소드
    override fun getItemCount(): Int {
        return posts.size
    }


    // 각 행의 포지션에서 그려야할 ViewHolder UI 에 데이터를 적용하는 메소드
    override fun onBindViewHolder(holder: MyViewHodler, position: Int) {
        val post = posts[position]
        // 배경 이미지 설정
        Picasso.get().load(Uri.parse(post.bgUri)).fit().centerCrop().into(holder.imageView)
        // 카드에 글을 세팅
        holder.contentsText.text = post.message
        // 글이 쓰여진 시간
        holder.timeTextView.text = getDiffTimeText(post.writeTime as Long)
        // 댓글 개수는 현재 상태에서는 0 으로 일단 세팅
        holder.commentCountText.text = "0"
    }
}


// 글이 쓰여진 시간을 "방금전", " 시간전", "yyyy년 MM월 dd일 HH:mm" 포맷으로 반환해주는 메소드
fun getDiffTimeText(targetTime: Long): String {
```

```
        val curDateTime = DateTime()
        val targetDateTime = DateTime().withMillis(targetTime)

        val diffDay = Days.daysBetween(curDateTime, targetDateTime).days
        val diffHours = Hours.hoursBetween(targetDateTime, curDateTime).hours
        val diffMinutes = Minutes.minutesBetween(targetDateTime, curDateTime).minutes
        if (diffDay == 0) {
            if (diffHours == 0 && diffMinutes == 0) {
                return "방금 전"
            }
            return if (diffHours > 0) {
                "" + diffHours + "시간 전"
            } else "" + diffMinutes + "분 전"

        } else {
            val format = SimpleDateFormat("yyyy년 MM월 dd일 HH:mm")
            return format.format(Date(targetTime))
        }
    }
}
```

소스가 길기 때문에 MainActivity에서 어떤 작업을 하는지 살펴보도록 하겠습니다. 코드의 주석을 살펴보면서 어떤 작업을 하고 있는지 이해해 주세요.

먼저 살펴볼 함수는 **getDiffTimeText( )** 함수입니다. 게시글을 보여줄 때, 글이 쓰여진 시간에 따라 "x 분 전", "x 시간 전" 또는 "yyyy 년 MM 월 dd 일 HH:mm" 등의 형태로 보여 줘야 하겠죠. 'getDiffTimeText( )' 함수는 'SimpleDateFormat' 클래스와 'Joda Time' 라이브러리의 'DateTime( )' 클래스로 해당 기능을 구현하고 있습니다.

다음으로 살펴볼 코드는 'RecyclerView'를 사용하는 코드입니다. 이 부분은 WriteActivity에서와 비슷한데요. RecyclerView는 'RecyclerView.ViewHolder' 클래스와 'RecyclerView.Adapter' 클래스를 구현해야 하죠.

그 다음은 Firebase에서 데이터베이스를 가져오는 코드인 'ChildEventListener'를 확인해 주세요. **Firebase 데이터베이스에서 데이터를 읽거나 변경을 감지하는 방법**은 크게 'ValueEventListener'를 등록하는 방법과 'ChildEventListener'를 등록하는 방법이 있습니다.

우선 'ValueEventListener'로 "/Posts" 참조의 변경을 감지하는 경우, 글의 내용이 추가되거나 수정될 때 변경된 데이터만 읽는 것이 아닌 전체 데이터를 읽게 되어 성능 상 불리합니다.

때문에 지금 상황처럼 여러 개의 집합 데이터를 관리하는 경우엔 'ChildEventListener'를 등록해야 합니다. 이런 경우 변경된 글 또는 추가된 글만 리스너로 데이터가 넘어오게 되죠. ChildEventListener 의 콜백 메소드는 'onChildAdded, onChildChanged, onChildMoved, onChildRemoved, onCancelled' 등이 있습니다.

각각을 간략하게 표로 알아보도록 하겠습니다.

| 메소드 | 설명 |
|---|---|
| onChildAdded | '목록 데이터의 항목 추가' 또는 '검색에 대한 이벤트'를 수신합니다. 지정한 경로의 하위 항목이 추가될 때 호출됩니다. |
| onChildChanged | 지정한 경로의 하위 항목이 변경될 때 호출됩니다. |
| onChildMoved | 하위 항목의 순서가 변경될 때 호출됩니다. |
| onChildRemoved | 하위 항목이 삭제될 때 호출됩니다. |
| onCancelled | Firebase Database에서 규칙에 위배되거나 다른 이유로 등록 요청한 리스너가 제거되는 경우 호출됩니다. 파라미터로 에러의 내용을 확인 가능합니다. |

여기까지 구현되었다면 저장되어 있는 글 목록을 UI 에 보여 주는 부분까지 완성된 셈입니다. [Run] 버튼을 눌러 실행하면 다음과 같은 화면이 나오게 됩니다.

이제 '글 쓰기' 기능과 '목록 보기' 기능이 모두 완성되었습니다. 다음 과정에서는 '게시글 상세 보기' 기능을 만들어 보도록 하겠습니다.

'게시글 쓰기' 기능과 '게시글 목록 보기' 기능을 구현했으니, 이제 '게시글 상세 보기' 기능을 구현할 차례입니다. '게시글 상세 보기'는 게시글의 구체적인 내용과, 댓글 리스트를 보여 주는 화면인데요. 앞서 구현했던 방법처럼 먼저 UI를 만들고, Firebase와 연동하여 기능을 구현해 보겠습니다.

[New 〉 Activity 〉 Empty Activity]로 'DetailActivity'를 생성하고, 다음과 같이 'activity_detail.xml' 파일의 UI를 다음과 같이 작성해 주세요.

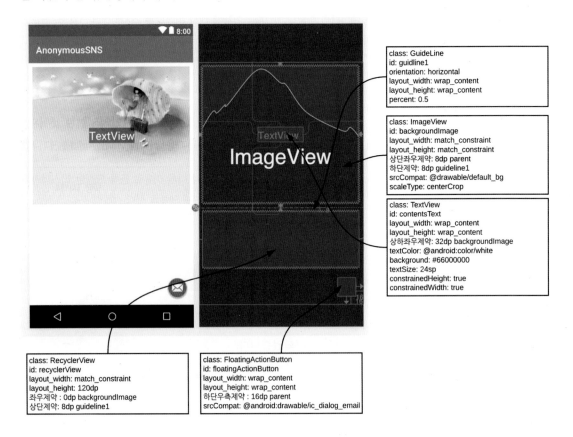

다음은 완성된 XML 코드입니다.

```xml
<?xml version="1.0" encoding="utf-8"?>
<androidx.constraintlayout.widget.ConstraintLayout xmlns:android="http://schemas.android.com/apk/
res/android"
    xmlns:app="http://schemas.android.com/apk/res-auto"
    xmlns:tools="http://schemas.android.com/tools"
```

```xml
    android:layout_width="match_parent"
    android:layout_height="match_parent"
    tools:context=".DetailActivity">

    <androidx.constraintlayout.widget.Guideline
        android:id="@+id/guideline1"
        android:layout_width="wrap_content"
        android:layout_height="wrap_content"
        android:orientation="horizontal"
        app:layout_constraintGuide_percent="0.6" />

    <ImageView
        android:id="@+id/backgroundImage"
        android:layout_width="0dp"
        android:layout_height="0dp"
        android:layout_marginStart="8dp"
        android:layout_marginLeft="8dp"
        android:layout_marginTop="8dp"
        android:layout_marginEnd="8dp"
        android:layout_marginRight="8dp"
        android:layout_marginBottom="8dp"
        android:scaleType="centerCrop"
        app:layout_constraintBottom_toTopOf="@+id/guideline1"
        app:layout_constraintEnd_toEndOf="parent"
        app:layout_constraintStart_toStartOf="parent"
        app:layout_constraintTop_toTopOf="parent"
        app:srcCompat="@drawable/default_bg" />

    <TextView
        android:id="@+id/contentsText"
        android:layout_width="wrap_content"
        android:layout_height="wrap_content"
        android:layout_marginStart="32dp"
        android:layout_marginLeft="32dp"
        android:layout_marginTop="32dp"
        android:layout_marginEnd="32dp"
        android:layout_marginRight="32dp"
        android:layout_marginBottom="32dp"
        android:background="#66000000"
```

```xml
        android:gravity="center"
        android:text="TextView"
        android:textSize="24sp"
        app:layout_constrainedHeight="true"
        app:layout_constrainedWidth="true"
        app:layout_constraintBottom_toBottomOf="@+id/backgroundImage"
        app:layout_constraintEnd_toEndOf="@+id/backgroundImage"
        app:layout_constraintStart_toStartOf="@+id/backgroundImage"
        app:layout_constraintTop_toTopOf="@+id/backgroundImage" />


    <androidx.recyclerview.widget.RecyclerView
        android:id="@+id/recyclerView"
        android:layout_width="0dp"
        android:layout_height="120dp"
        android:layout_marginTop="8dp"
        app:layout_constraintEnd_toEndOf="@+id/backgroundImage"
        app:layout_constraintStart_toStartOf="@+id/backgroundImage"
        app:layout_constraintTop_toTopOf="@+id/guideline1" />


    <com.google.android.material.floatingactionbutton.FloatingActionButton
        android:id="@+id/floatingActionButton"
        android:layout_width="wrap_content"
        android:layout_height="wrap_content"
        android:layout_marginEnd="16dp"
        android:layout_marginRight="16dp"
        android:layout_marginBottom="16dp"
        android:clickable="true"
        app:layout_constraintBottom_toBottomOf="parent"
        app:layout_constraintEnd_toEndOf="parent"
        app:srcCompat="@android:drawable/ic_dialog_email" />
</androidx.constraintlayout.widget.ConstraintLayout>
```

이제 UI 작업이 되었으니 [게시글 목록 보기] 화면에서 카드를 클릭한 경우 [상세 보기] 화면으로 연결해 보겠습니다. 버튼을 클릭해 이동하게 되므로, '클릭 이벤트 리스너'를 설정하면 되겠죠.

MainActivity.kt 파일의 'MyAdapter' 클래스의 'onBindViewHodler( )' 메소드를 다음과 같이 수정합니다.

```
/**
* 각 행의 포지션에서 그려야할 ViewHolder UI 에 데이터를 적용하는 메소드
*/
override fun onBindViewHolder(holder: MyViewHodler, position: Int) {
    ... 생략

    // 카드가 클릭되는 경우 DetailActivity 를 실행한다.
    holder.itemView.setOnClickListener {
        // 상세화면을 호출할 Intent 를 생성한다.
        val intent = Intent(this@MainActivity, DetailActivity::class.java)
        // 선택된 카드의 ID 정보를 intent 에 추가한다.
        intent.putExtra("postId", post.postId)
        // intent 로 상세화면을 시작한다.
        startActivity(intent)
    }
}
```

holder 의 'itemView'는 RecyclerView 에서 한 개의 '열(Row)'에 해당하는 View 입니다. itemView 의 '클릭 이벤트 리스너'를 등록하고 '상세 화면'을 호출합니다. 이때 상세 화면에서 '선택된 게시글'을 보여 줘야 하므로 '선택된 게시글의 ID'를 'putExtra'로 전달합니다.

이제 프로그램을 실행해 동작을 확인해 보세요. 이제 [게시글 목록] 화면에서 카드를 클릭하면 상세 화면으로 화면이 이동하게 됩니다. 이제 [상세 보기] 화면을 Firebase 로 연동해 구현하도록 하겠습니다.

[상세 보기]] 화면에서는 전달받은 'postId'로 '게시글의 내용'과 '댓글 목록'을 받아 와야 합니다. 먼저 댓글에서 사용할 UI 부터 만들겠습니다.

[app 〉 res 〉 layout]에 'card_comment.xml' 파일을 만들고 다음과 같이 편집해 주세요.

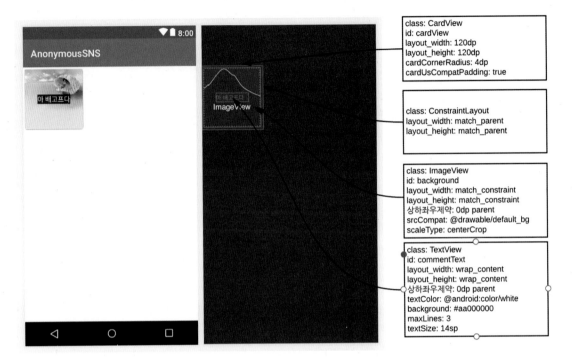

완성된 XML 코드는 다음과 같습니다.

```xml
<?xml version="1.0" encoding="utf-8"?>
<androidx.cardview.widget.CardView xmlns:android="http://schemas.android.com/apk/res/android"
    xmlns:app="http://schemas.android.com/apk/res-auto"
    xmlns:tools="http://schemas.android.com/tools"
    android:layout_width="wrap_content"
    android:layout_height="wrap_content"
    android:clickable="true"
    android:foreground="?android:attr/selectableItemBackground"
    app:cardBackgroundColor="@android:color/white"
    app:cardCornerRadius="4dp"
    app:cardUseCompatPadding="true">

    <androidx.constraintlayout.widget.ConstraintLayout
        android:layout_width="120dp"
        android:layout_height="120dp">
```

```xml
<ImageView
    android:id="@+id/background"
    android:layout_width="0dp"
    android:layout_height="0dp"
    android:scaleType="centerCrop"
    app:layout_constraintBottom_toBottomOf="parent"
    app:layout_constraintEnd_toEndOf="parent"
    app:layout_constraintStart_toStartOf="parent"
    app:layout_constraintTop_toTopOf="parent"
    app:srcCompat="@drawable/default_bg" />

<TextView
    android:id="@+id/commentText"
    android:layout_width="wrap_content"
    android:layout_height="wrap_content"
    android:layout_margin="12dp"
    android:background="#aa000000"
    android:gravity="center"
    android:maxLines="3"
    android:textColor="@android:color/white"
    android:textSize="14sp"
    app:layout_constraintBottom_toBottomOf="parent"
    app:layout_constraintEnd_toEndOf="parent"
    app:layout_constraintStart_toStartOf="parent"
    app:layout_constraintTop_toTopOf="parent"
    tools:text="아 배고프다" />
    </androidx.constraintlayout.widget.ConstraintLayout>
</androidx.cardview.widget.CardView>
```

DetailActivity.kt 파일을 다음과 같이 수정하세요.

```kotlin
... 패키지 생략

import android.content.Intent
import android.net.Uri
import android.os.Bundle
import androidx.appcompat.app.AppCompatActivity
import androidx.recyclerview.widget.LinearLayoutManager
```

```kotlin
import androidx.recyclerview.widget.RecyclerView
import android.view.LayoutInflater
import android.view.View
import android.view.ViewGroup
import android.widget.ImageView
import android.widget.TextView
import com.google.firebase.database.*
import com.squareup.picasso.Picasso
import kotlinx.android.synthetic.main.activity_detail.*

class DetailActivity : AppCompatActivity() {
    val commentList = mutableListOf<Comment>()

    override fun onCreate(savedInstanceState: Bundle?) {
        super.onCreate(savedInstanceState)
        setContentView(R.layout.activity_detail)

        val postId = intent.getStringExtra("postId")

        val layoutManager = LinearLayoutManager(this@DetailActivity)
        layoutManager.orientation = LinearLayoutManager.HORIZONTAL
        recyclerView.layoutManager = layoutManager
        recyclerView.adapter = MyAdapter()

        // 게시글의 ID 로 게시글의 데이터로 다이렉트로 접근한다.
        FirebaseDatabase.getInstance().getReference("/Posts/$postId")
                .addValueEventListener(object : ValueEventListener {
                    override fun onCancelled(error: DatabaseError?) {
                    }

                    override fun onDataChange(snapshot: DataSnapshot?) {
                        snapshot?.let {
                            val post = it.getValue(Post::class.java)
                            post?.let {
                                Picasso.get().load(it.bgUri)
                                contentsText.text = post.message
                            }
                        }
                    }
                }
```

```kotlin
    })

// 게시글의 ID 로 댓글 목록에 ChildEventListener 를 등록한다.
FirebaseDatabase.getInstance().getReference("/Comments/$postId").addChildEventListener(object
: ChildEventListener {
    override fun onCancelled(error: DatabaseError?) {
        error?.toException()?.printStackTrace()
    }


    override fun onChildMoved(snapshot: DataSnapshot?, prevChildKey: String?) {
        if (snapshot != null) {
            val comment = snapshot.getValue(Comment::class.java)
            comment?.let {
                // 기존의 인덱스를 구한다
                val existIndex = commentList.map { it.commentId }.indexOf(it.commentId)
                // 기존에 데이터를 지운다.
                commentList.removeAt(existIndex)

                // prevChildKey 다음 글로 추가
                val prevIndex = commentList.map { it.commentId }.indexOf(prevChildKey)
                commentList.add(prevIndex + 1, it)
                recyclerView.adapter?.notifyItemInserted(prevIndex + 1)
            }
        }
    }


    override fun onChildChanged(snapshot: DataSnapshot?, prevChildKey: String?) {
        snapshot?.let { snapshot ->
            // snapshop 의 데이터를 Post 객체로 가져옴
            val comment = snapshot.getValue(Comment::class.java)
            comment?.let { comment ->
                // 글이 변경된 경우 글의 앞의 데이터 인덱스에 데이터를 변경한다.
                val prevIndex = commentList.map { it.commentId }.indexOf(prevChildKey)
                commentList[prevIndex + 1] = comment
                recyclerView.adapter?.notifyItemChanged(prevIndex + 1)
            }
        }
    }


    override fun onChildAdded(snapshot: DataSnapshot?, prevChildKey: String?) {
```

```kotlin
        snapshot?.let { snapshot ->
                // snapshop 의 데이터를 Post 객체로 가져옴
                val comment = snapshot.getValue(Comment::class.java)
                comment?.let {
                        // 새 글이 마지막 부분에 추가된 경우
                        // 글이 중간에 삽입된 경우 prevChildKey 로 한단계 앞의 데이터의 위치를 찾은 뒤 데이터를 추
가
                        val prevIndex = commentList.map { it.commentId }.indexOf(prevChildKey)
                        commentList.add(prevIndex + 1, comment)
                        // RecyclerView 의 adapter 에 글이 추가된 것을 알림
                        recyclerView.adapter?.notifyItemInserted(prevIndex + 1)
                }
        }
    }


    override fun onChildRemoved(snapshot: DataSnapshot?) {
        snapshot?.let {
                // snapshot 의 데이터를 Post 객체로 가져옴
                val comment = snapshot.getValue(Comment::class.java)

                comment?.let { comment ->
                        // 기존에 저장된 인덱스를 찾아서 해당 인덱스의 데이터를 삭제한다.
                        val existIndex = commentList.map { it.commentId }.indexOf(comment.commentId)
                        commentList.removeAt(existIndex)
                        recyclerView.adapter?.notifyItemRemoved(existIndex)
                }
        }
    }


})

// 하단 댓글쓰기 버튼에 클릭 이벤트 리스너 설정
floatingActionButton.setOnClickListener {
    // 글쓰기 화면으로 이동할 Intent 생성
    val intent = Intent(this@DetailActivity, WriteActivity::class.java)
    // 글쓰기 화면에서 댓글쓰기 인것을 인식할수 있도록 글쓰기 모드를 comment 로 전달
    intent.putExtra("mode", "comment")
    // 글의 ID 를 전달
    intent.putExtra("postId", postId)
    // 글쓰기 화면 시작
    startActivity(intent)
```

```kotlin
        }
    }


    // RecyclerView 에서 사용하는 View 홀더 클래스
    inner class MyViewHolder(itemView: View) : RecyclerView.ViewHolder(itemView) {
        val imageView = itemView.findViewById<ImageView>(R.id.background)
        val commentText = itemView.findViewById<TextView>(R.id.commentText)
    }


    // RecyclerView 의 어댑터 클래스
    inner class MyAdapter : RecyclerView.Adapter<MyViewHolder>() {
        // RecyclerView 에서 각 Row(행)에서 그릴 ViewHolder 를 생성할때 불리는 메소드
        override fun onCreateViewHolder(parent: ViewGroup, viewType: Int): MyViewHolder {
            // RecyclerView 에서 사용하는 ViewHolder 클래스를 card_background 레이아웃 리소스 파일을 사용하도록
            // 생성한다.
            return MyViewHolder(LayoutInflater.from(this@DetailActivity).inflate(R.layout.card_
            comment, parent, false))
        }


        // RecyclerView 에서 몇개의 행을 그릴지 기준이 되는 메소드
        override fun getItemCount(): Int {
            return commentList.size
        }


        // 각 행의 포지션에서 그려야할 ViewHolder UI 에 데이터를 적용하는 메소드
        override fun onBindViewHolder(holder: MyViewHolder, position: Int) {
            val comment = commentList[position]
            comment?.let {
                // 이미지 로딩 라이브러리인 피카소 객체로 뷰홀더에 존재하는 imageView 에 이미지 로딩
                Picasso.get()
                        .load(Uri.parse(comment.bgUri))
                        .fit()
                        .centerCrop()
                        .into(holder.imageView)
                holder.commentText.text = comment.message
            }
        }
    }
}
```

코드에서 수행한 일을 요약하면 다음과 같습니다.

1. Intent 로 전달받은 postId 로 Firebase 데이터 URL 에 직접 접근하여 카드 글 데이터를 불러옵니다.

2. 전달받은 postId 로 댓글 목록을 불러옵니다.

3. [글쓰기] 버튼에 클릭 이벤트 리스너를 등록하고 글 쓰기 화면으로 이동합니다. 이때 '댓글 쓰기'인 것을 알리기 위해 Intent 에 mode 값을 전달한다.

코드 내용이 조금 길었지만, 결국 코드에서 한 작업은 요약된 3가지 작업인 것입니다. 이제 마지막으로 글 쓰기 화면에서 '댓글 쓰기' 기능을 추가하면 됩니다. 조금만 더 힘내서 완성하도록 하겠습니다.

## 10.6.05 댓글 쓰기 기능 구현

앞서 제작한 글 쓰기 화면은 댓글 기능을 생각하지 않고 만들었기 때문에 '댓글 쓰기' 기능을 위해서는 조금 코드를 변경해야 합니다. 하지만 다행스러운 건 '댓글 쓰기'와 '글 쓰기'의 기능이 거의 같다는 것입니다. "어떤 클래스를 어디에 저장하는 것인가?"라는 부분만 다르기 때문이죠.

WriteActivity.kt 파일을 다음과 같이 변경합니다.

```
... 패키지 생략

import android.net.Uri
import android.os.Bundle
import android.provider.Settings
import androidx.appcompat.app.AppCompatActivity
import androidx.recyclerview.widget.LinearLayoutManager
import androidx.recyclerview.widget.RecyclerView
import android.text.TextUtils
import android.view.LayoutInflater
import android.view.View
import android.view.ViewGroup
import android.widget.Toast
import com.google.firebase.database.FirebaseDatabase
import com.google.firebase.database.ServerValue
import com.squareup.picasso.Picasso
import kotlinx.android.synthetic.main.activity_write.*
import kotlinx.android.synthetic.main.card_background.view.*
```

```kotlin
class WriteActivity : AppCompatActivity() {
    ... 생략

    // 글쓰기 모드를 저장하는 변수
    var mode = "post"

    // 댓글쓰기인 경우 글의 ID
    var postId = ""

    ... 생략

    override fun onCreate(savedInstanceState: Bundle?) {
        super.onCreate(savedInstanceState)
        setContentView(R.layout.activity_write)

        // 전달받은 intent 에서 댓글 모드인지 확인한다.
        intent.getStringExtra("mode")?.let {
            mode = intent.getStringExtra("mode")
            postId = intent.getStringExtra("postId")
        }

        // actionbar 의 타이틀을 "글쓰기" 로 변경
        supportActionBar?.title = if (mode == "post") "글쓰기" else "댓글쓰기"

        ... 생략

        // 공유하기 버튼이 클릭된 경우에 이벤트리스너를 설정한다.
        sendButton.setOnClickListener {
            // 메세지가 없는 경우 토스트 메세지로 알림.
            if (TextUtils.isEmpty(input.text)) {
                Toast.makeText(applicationContext, "메세지를 입력하세요.", Toast.LENGTH_SHORT).show()
                return@setOnClickListener
            }

            if (mode == "post") {
                // Post 객체 생성
                val post = Post()
                // Firebase 의 Posts 참조에서 객체를 저장하기 위한 새로운 카를 생성하고 참조를 newRef 에 저장
                val newRef = FirebaseDatabase.getInstance().getReference("Posts").push()
```

```kotlin
            // 글이 쓰여진 시간은 Firebase 서버의 시간으로 설정
            post.writeTime = ServerValue.TIMESTAMP
            // 배경 Uri 주소를 현재 선택된 배경의 주소로 할당
            post.bgUri = bgList[currentBgPosition]
            // 메세지는 input EditText 의 텍스트 내용을 할당
            post.message = input.text.toString()
            // 글쓴 사람의 ID 는 디바이스의 아이디로 할당
            post.writerId = getMyId()
            // 글의 ID 는 새로 생성된 파이어베이스 참조의 키로 할당
            post.postId = newRef.key
            // Post 객체를 새로 생성한 참조에 저장
            newRef.setValue(post)
            // 저장성공 토스트 알림을 보여주고 Activity 종료
            Toast.makeText(applicationContext, "공유되었습니다.", Toast.LENGTH_SHORT).show()
            finish()
        } else {
            val comment = Comment()
            // Firebase 의 Posts 참조에서 객체를 저장하기 위한 새로운 키를 생성하고 참조를 newRef 에 저장
            val newRef = FirebaseDatabase.getInstance().getReference("Comments/$postId").push()
            comment.writeTime =  ServerValue.TIMESTAMP
            comment.bgUri = bgList[currentBgPosition]
            // 메세지는 input EditText 의 텍스트 내용을 할당
            comment.message = input.text.toString()
            // 글쓴 사람의 ID 는 디바이스의 아이디로 할당
            comment.writerId = getMyId()
            // 글의 ID 는 새로 생성된 파이어베이스 참조의 키로 할당
            comment.commentId = newRef.key
            // 댓글이 속한 글의 ID
            comment.postId = postId
            newRef.setValue(comment)
            // 저장성공 토스트 알림을 보여주고 Activity 종료
            Toast.makeText(applicationContext, "공유되었습니다.", Toast.LENGTH_SHORT).show()
            finish()
        }
    }
}
```

... 생략

기존 코드에 중간중간 mode를 체크하여 '댓글 쓰기'인 경우 작성된 글을 'Comment' 클래스로 만들어

Firebase에 저장하는 코드입니다. 코드의 내용을 요약하면 다음과 같습니다.

1. '글 쓰기' 모드가 댓글인 경우 제목을 '댓글 쓰기'로 변경

2. 전송 버튼을 눌렀을 때, 댓글 쓰기 모드라면 작성된 글을 기반으로 Comment 클래스를 생성하고 Firebase에 저장

여기까지 진행되면 이제 '댓글 쓰기'도 완성되었습니다. Firebase를 이용해 백엔드 구현을 최소화하면서도 '익명 마이크로 블로그'를 만든 셈입니다. 프로그램을 실행하고 글을 쓰거나 댓글을 쓰면 최초에 의도한 대로 동작하는 것을 확인할 수 있습니다.

# 10.7 | 정리 및 연습 문제

## 10.7.01 정리

· 서비스를 다른 사람과 공유하기 위해서는 보통 '서버'라고 불리는 '백엔드 프로그래밍'이 필요합니다.

· Firebase(파이어베이스)는 구글의 주도 하에 개발되고 있는 앱 개발을 위한 통합 플랫폼입니다.

· Firebase의 'Realtime Database' 기능은 백엔드 서버 프로그래밍 없이 실시간으로 데이터를 저장하고 공유할 수 있도록 하는 서비스입니다.

· Firebase가 제공하는 기능 위주로 앱을 개발하면 각 기능을 위해 백엔드 서버를 구축하는 것보다 빠르게 개발 작업을 수행할 수 있습니다.

· Firebase로 모든 서버의 기능을 대체할 수 있는 것은 아니며 필요한 경우 백엔드 서버도 구축해야 합니다.

· Firebase는 Rule을 임의로 정의하여 각 데이터의 스키마마다 세분화하여 접근을 제어할 수 있습니다.

· 비슷한 유형의 데이터의 집합을 다루는 경우 RecyclerView와 CardView를 사용하면 좋습니다.

· RecyclerView는 'RecyclerView.ViewHolder' 클래스와 'RecyclerView.Adapter' 클래스를 구현해야 합니다.

## 10.7.02 연습 문제

1. 댓글의 개수가 메인 목록 화면에 나오도록 코드를 수정해 보세요.

2. 자신이 쓴 글 또는 댓글인 경우 수정할 수 있도록 구현해 보세요.

3. Firebase(파이어베이스)에서 지원하는 이메일, 전화번호(SMS), Google 로그인, 트위터 로그인, 페이스 북 로그인, Github 로그인을 각각 구현해 보세요.

　・ 힌트　https://firebase.google.com/docs/auth/android/start/?hl=ko